suhrkamp taschenbuch
wissenschaft 2199

Ob Juristen, Philosophen oder Theologen, ob Publizisten oder Politiker: Alle berufen sich auf die Würde des Menschen und ihre Unantastbarkeit. Doch niemand vermag genau zu sagen, was darunter zu verstehen ist. Manfred Baldus versucht in seinem Gang durch die jüngere deutsche Rechts- und Ideengeschichte zu erklären, wie es zu dieser paradoxen Lage kommen konnte. Er berichtet von christlichen Dominanzgewinnen und verzweifelten Positionsbehauptungen, ideologiekritischen Eindämmungsversuchen, soziologischen Gegenkonzepten und ausgefeilten Minimierungsstrategien, kurz: von mitunter erbittert geführten Meinungsschlachten. Und er fragt, ob es einen Ausweg aus der verfahrenen Lage gibt, sich also klären lässt, was es mit der Menschenwürde auf sich hat.

Manfred Baldus ist Professor für Öffentliches Recht und Neuere Rechtsgeschichte an der Staatswissenschaftlichen Fakultät der Universität Erfurt und Mitglied des Thüringer Verfassungsgerichtshofs.

Manfred Baldus
Kämpfe um die Menschenwürde

Die Debatten seit 1949

Suhrkamp

Bibliografische Information der Deutschen Nationalbibliothek
Die Deutsche Nationalbibliothek verzeichnet diese Publikation in der Deutschen Nationalbibliografie; detaillierte bibliografische Daten sind im Internet über http://dnb.d-nb.de abrufbar.

suhrkamp taschenbuch wissenschaft 2199
Erste Auflage 2016

Umschlag nach Entwürfen
von Willy Fleckhaus und Rolf Staudt
Druck: Druckhaus Nomos, Sinzheim
Printed in Germany
ISBN 978-3-518-29799-5

Inhalt

Vorwort

Seit mehr als zehn Jahren beschäftigt mich die Frage, wie das vorzustellen und zu denken ist, was gemeinhin mit »Würde des Menschen« benannt wird – und natürlich, was diese Norm genau zu bedeuten hat, die im Grundgesetz der Bundesrepublik Deutschland von dieser Würde spricht. Das vorliegende Buch ist ein Ergebnis dieser Beschäftigung, es enthält allerdings keine neuen Antworten auf diese Fragen. Ich möchte darin nur berichten und erklären, warum diese Norm nach Ende des Zweiten Weltkrieges an den Anfang der deutschen Verfassung gesetzt wurde und wie sie sich in den Folgejahrzehnten zu einer alles überstrahlenden Leitgröße in Recht und Politik hat entwickeln können.

Vielen ist an dieser Stelle zu danken, vor allem aber denen, die mir in den letzten Jahren ihre Aufmerksamkeit geschenkt haben, wenn ich wieder einmal, was nicht selten geschah, das Gespräch auf das Thema »Menschenwürde« zu lenken versuchte. In besonderem Maße ist indessen Michael Stolleis zu nennen, nicht nur wegen der Unterstützung, die er mir auch bei diesem Buch hat zuteilwerden lassen. Zu danken ist auch Ulrike Will, Sabrina Hörning, Falk Streubel, Nils Kepeschziuk und Martin Mayer; sie waren mir an der Staatswissenschaftlichen Fakultät der Universität Erfurt in ganz unterschiedlicher Weise behilflich. Hans Peter Bull und Ralf-Uwe Beck, die Teile des Textes durchgesehen haben, dürfen ebenfalls nicht vergessen werden, und erst recht nicht Jan-Erik Strasser. Durch ihn habe ich zum ersten Mal erfahren dürfen, was Lektorieren tatsächlich bedeutet und wie wertvoll es sein kann. Außerdem durfte ich in den letzten Jahren Thesen und Inhalte des Buches vorstellen, und zwar am Lehrstuhl von Christoph Enders in Leipzig, bei Vorträgen an den Juristischen Fakultäten der Universität Bochum sowie der Keio-Universität in Tokio und nicht zuletzt in Jeriwan im Rahmen einer Konferenz des armenischen Verfassungsgerichtshofs, an der Verfassungsrichter aus west- und osteuropäischen Ländern sowie den Kaukasus-Staaten teilnahmen. Ein sehr wichtiger Arbeitsschritt gelang mir im Übrigen während eines Forschungsfreisemesters, das mir die Deutsche Forschungsgemeinschaft finanzierte.

Literatur und Rechtsprechung zum Menschenwürdethema, die nach dem 31.12.2015 erschienen bzw. ergangen ist, habe ich nicht mehr berücksichtigen können.

Dieses Buch möge denen nützlich sein, die sich nach wie vor schwer damit tun, von der Menschenwürde im Tonfall unerschütterlicher Gewissheit zu sprechen. Ich widme es Helge, Max und Simon, die mir die Nächsten sind. Ihnen danke ich für all das, was an dieser Stelle nicht näher zu bestimmen ist.

Manfred Baldus, im Frühjahr 2016

Hinweise für den Leser

Soweit direkt aus Quellen zitiert wurde, sind die Textstellen kursiv gesetzt und mit Anführungszeichen versehen. Autorinnen und Autoren, die mit markanten Äußerungen zur Würdenorm Stellung genommen haben, sind in der Regel unmittelbar im Text genannt; der Name steht dann, in Klammern gesetzt, direkt hinter der jeweiligen Äußerung. Die zahlreichen Nachweise finden sich in den Anmerkungen am Ende des Bandes, so dass der Lesefluss nicht unnötig unterbrochen werden muss.

Kapitel 1: Verstörende Lage

I. Norm aller Normen – doch große Unbekannte

Sie ist eine Norm der Superlative. Die Würde des Menschen – wie oft ist dies zu hören oder zu lesen – ist oberster Wert des Grundgesetzes und oberster Zweck alles Rechts. Doch mehr noch: Ihre Garantie in Artikel 1 Absatz 1 des Grundgesetzes ist tragendes Konstitutionsprinzip, oberstes und unverfügbares Prinzip der verfassungsmäßigen Ordnung, Leitstern, Fundamentalnorm der Verfassung und Grundnorm der Rechtsordnung, Staatslegitimations- oder Staatsfundamentierungsnorm, Ausgangs- und Mittelpunkt des Staatsverständnisses, juristisches Axiom eines Verfassungskonzepts, norma normans des Grundgesetzes, archimedischer Punkt des Verfassungsstaates, der Rechtsordnung, der Sozialphilosophie, ja, sie ist der Brennpunkt, in dem die obersten Prinzipien wie Demokratie, Rechtsstaat und Sozialstaat sich sammeln und dessen Strahlen beherrschend auf alle materiellen Bestimmungen der Verfassung zurückwirken.[1]

Diese Würdenorm soll also alles halten, alles tragen, der feste Boden sein, auf dem das Ganze steht. Doch zugleich haftet ihr etwas merkwürdig Rätselhaftes an: So zentral und so gründend sie ist, so ungesichert ist ihr Gehalt. Niemand vermag klar zu sagen, unmissverständlich und ohne mit einem Einwand rechnen zu müssen, was mit diesem Satz des Verfassungsrechts genau gemeint, wie er genau zu verstehen ist. Es gibt kaum eine Facette dieser Norm, bei der man mit einer übereinstimmenden Antwort rechnen darf. So hoch auch die Gestimmtheit, mit der sie beschrieben, so zahlreich auch die Fälle und Themen, bei denen sie eingesetzt wird: Die so große Norm von der Würde des Menschen ist doch auch eine der großen Unbekannten des deutschen Verfassungsrechts.

Natürlich mangelt es nicht an Versuchen, den Gehalt der Norm, ihren *Sinn*, zu bestimmen. Es existiert dazu sogar eine beeindruckende Anzahl nicht selten ausgesprochen anspruchsvoller Theorien. Doch ihr Ergebnis ist Ratlosigkeit. Die zahlreichen Versuche, die Norm zu deuten und ihren Inhalt zu beschreiben, lassen sich in ihren Kernaussagen, Prämissen und Konsequenzen kaum miteinander vereinbaren. Denn wie ist die Würde des Menschen im

Sinne der grundgesetzlichen Fundamentalnorm nun zu verstehen? Bringt sie die Freiheitsfähigkeit des Menschen zum Ausdruck? Ist sie ihm eigen, weil er sich seiner selbst bewusst werden, sich selbst bestimmen und seine Umwelt gestalten kann? Befähigt sie ihn zum »Selbstentwurf« und zur »Partizipation an der Kultur«? Oder meint sie doch nur die innere Freiheit des Menschen? Folgt sie aus dem christlichen Menschenbild, mithin aus der Gottesebenbildlichkeit des Menschen, seiner Gottesnähe, und damit aus seiner Sonderstellung in der Natur? Oder liegt sie im menschlichen Dasein »um seiner selbst willen«? Muss dagegen bei ihrer Bestimmung »die Soziabilität des Menschen« im Vordergrund stehen, etwa mit der Folge, dass sie sich in Momenten der Kommunikation ergibt, in Momenten, in denen der Mensch sich und damit sein Selbst den anderen darstellt? Wenn dies aber wiederum abwegig sein sollte: Ist sie dann vielleicht eher im Modell des Gesellschaftsvertrages zu denken? Konstituiert sie sich in sozialer Anerkennung, durch positive Bewertung von sozialen Achtungsansprüchen? Ist sie gar im Kern als mitmenschliche Solidarität zu begreifen? Entsteht sie just in dem Augenblick, in dem ein Mensch einen anderen Menschen als autonom und damit als Person anerkennt? Liegt sie dementsprechend »im wechselseitigen (nicht-reziproken) Erkennen der irreduziblen Einzigkeit und Verletzlichkeit des Anderen, seiner wehrlosen Nacktheit und seinem Ausgesetztsein zum Tode«? Oder lässt sie doch nur in empirisch nachweisbarer Form den Unterschied zwischen Mensch und Tier erkennbar werden? Sagt sie überhaupt etwas aus über die Stellung des Menschen in der Welt? Oder beschränkt sie sich nicht etwa allein darauf, aus dem empirischen Menschen einen Träger von Rechten und Pflichten zu machen, mithin ein Rechtssubjekt? Worin besteht sie nun? Am Ende möglicherweise doch nur im Interesse der Menschen, nicht erniedrigt und gedemütigt zu werden? Und so weiter und so fort.[2]

Angesichts dieser wuchernden Fülle von Bestimmungsversuchen ist es auch nicht wirklich verwunderlich, dass sich inzwischen sogar schon angesichts der entscheidenden Vorfrage, mit welcher *Methode* die Würdenorm zu interpretieren ist, ein eigenes Feld der Kontroverse gebildet hat. So wird etwa eingefordert, bei der Ausdeutung der Würdenorm auf die christliche Theologie, die philosophische Tradition, die Erkenntnisse der empirischen Wissenschaften oder den jeweiligen Stand des gesellschaftlichen Diskurses zurückzugreifen. Andere fragen wiederum nach den Funktionen der Würdenorm, vertrauen ihrer Intuition oder wollen ihren Inhalt in interdisziplinär-kulturtheoretischer Weise, völkerrechtsorientiert oder wiederum gänzlich verfassungsautonom ermitteln.[3]

Die Würdenorm als Norm aller Normen – auf dieses strahlende Bild fallen aber noch weitere Schatten. Die Problematik der Blüte um Blüte treibenden Deutungsvielfalt und die Ratlosigkeit angesichts einer Fülle von Interpretationsmethoden, die zu gänzlich voneinander wegstrebenden Gehalten der Norm führen, haben sich inzwischen noch weiter verschärft. Die Debatten um diese Norm werden nämlich nicht mehr nur innerhalb der Wissenschaft vom Verfassungsrecht ausgetragen. Zahlreiche Autoren aus der Philosophie und Theologie beschränken sich schon seit längerem nicht mehr darauf, allein die *Idee* der Menschenwürde zu reflektieren, deren Spuren sich weit in die Religions- und Geistesgeschichte zurückverfolgen lassen. Nein, inzwischen formulieren sie ebenfalls diverseste Thesen zur *Norm* von der Menschenwürde – und dies nicht ohne Selbstbewusstsein, sei doch »die Menschenwürde als solche« gar kein »juristischer Begriff«.[4]

Und noch dunkler wird das Bild schließlich in den Momenten, in denen man auf gesellschaftliche und politische Debatten blickt, in denen die Würde des Menschen und ihre grundgesetzliche Garantie als Argument eingesetzt werden. So weit entfernt die politischen Parteien sich im politischen Alltag auch stehen, das Bekenntnis zur Würde des Menschen fehlt in fast keinem ihrer aktuellen Programme. Ja, sogar Vertreter gänzlich entgegengesetzter weltanschaulicher oder gesellschaftspolitischer Positionen berufen sich in gleichem Maße darauf. Ein Beispiel aus den letzten Jahren: 2011 erklärte eine Abgeordnete des deutschen Bundestages, sie bleibe der Rede von Papst Benedikt XVI. im Parlament fern, da er Positionen vertrete, »die nicht in Übereinstimmung gebracht werden« könnten »mit dem Satz, dass die Würde des Menschen unantastbar sei«. Und just in dieser Rede führte Papst Benedikt aus, »die Idee der Menschenrechte, die Idee der Gleichheit aller Menschen vor dem Recht« und »die Erkenntnis der Unantastbarkeit der Menschenwürde in jedem einzelnen Menschen« sei entwickelt worden »von der Überzeugung eines Schöpfergottes her«. Ein weiteres Beispiel: Die Debatte um ein Verbot der Prostitution. Während eine meinungsstarke Publizistin in einer deutschlandweit bekannten sonntäglichen Fernseh-Gesprächsrunde ein solches Verbot mit dem Slogan »Prostitution verstößt gegen die Menschenwürde« begründete, entgegnete in derselben Sendung eine Prostituierte, die in Berlin ein eigenes Bordell betreibt: »Das ist Ihr ganz großer Fehler. Frauen, die es freiwillig tun, die fühlen nicht, dass sie ihre Würde in einem Bordell verlieren. Sie sind sehr stolz. Das ist keine Frage vom Verlust der Menschenwürde. Das unterstellen Sie einfach den Frauen. Aber das ist ein vollkommen falscher Gedankengang.«[5]

II. Fragen

Die Würde des Menschen als Essenz einer Supernorm des deutschen Verfassungsrechts, zugleich aber bedrückende Ungewissheit über ihren genauen Gehalt: Angesichts einer solchen Lage sehen manche Beobachter in ihr nur mehr einen »windigen Begriff« (Malte Hossenfelder), ein hohles Schlagwort, abgegriffen, weil beliebig verwendbar, fähig, etwas und zugleich sein Gegenteil zu begründen und zu rechtfertigen. Und gerade deshalb werde auch, so meinen andere, das »Gerede über die Menschenwürde« (Michael Pawlik) munter weitergehen.

Doch sind diese Einschätzungen vielleicht ganz und gar überzogen, vor allem aber irreführend? Möglicherweise wird dabei verkannt, dass die Würdenorm ihre exzeptionelle Stellung gerade dieser zunächst prekär erscheinenden inhaltlichen Offenheit verdankt? Und außerdem: Gibt es nicht auch noch das Bundesverfassungsgericht? Liefert dieses Gericht, ausgestattet mit der Kompetenz zur letztverbindlichen Entscheidung, nicht immer wieder maßgebliche Urteile, um diese irritierende, ja verstörende Lage zu überwinden und die mitunter erbittert geführten Auseinandersetzungen um die Menschenwürde zu befrieden?

Diese Fragen sind ohne Zweifel berechtigt und wichtig. Doch bevor sie erörtert werden, soll einer ganz anderen Frage nachgegangen werden, nämlich der, wie es überhaupt zu dieser Lage kommen konnte. Im folgenden Bericht wird geschildert, wie sich die Würdenorm zur herausragenden Größe der deutschen Rechtsordnung entwickeln konnte und welche Kräfte dabei wirkten. Aber nicht nur das: In ihm wird auch zu sehen sein, wie zugleich die Gewissheit über den Gehalt dieser Norm, ihre dogmatischen Eigenheiten und ihre Rechtsfolgen mehr und mehr verloren ging. Der Bericht setzt ein mit den Geschehnissen im Bonn der Jahre 1948 und 1949, mit der Umsetzung des Auftrags der drei westlichen Besatzungsmächte, eine Verfassung für Westdeutschland zu erarbeiten – und der dabei getroffenen Entscheidung, an die Spitze dieser Verfassung des neu zu errichtenden westdeutschen Teilstaates jene Norm zu setzen, die die Würde des Menschen für unantastbar erklärte und überdies alle staatliche Gewalt verpflichtete, sie zu achten und zu schützen.

Kapitel 2: Parlamentarischer Rat

Ohne die Entscheidung des Parlamentarischen Rates, die neue Verfassung gleich mit dieser Norm von der Würde des Menschen beginnen zu lassen, hätte diese wohl kaum jene herausragende und alles überwölbende Stellung erreichen können. Aber war dies vom Parlamentarischen Rat beabsichtigt? Was bewog ihn bei seiner Entscheidung, die, aus der Retrospektive betrachtet, von so außerordentlicher Wirkung war? Und: Welche Vorstellungen verband er mit dieser Norm?

Schon seit längerer Zeit wird intensiver diskutiert, was die Mitglieder des Parlamentarischen Rates in den Jahren 1948 und 1949 motiviert hat. Die Diskussion kreist um die folgenden Fragen:

- Wollte der Parlamentarische Rat die Grundrechte durch die Würdenorm naturrechtlich verankern? Ging er davon aus, dass dem positiven staatlichen Recht ein Komplex naturrechtlicher Normen vorgelagert ist, ja jenem zugrunde liegt und ihn im Kollisionsfall verdrängt?
- Hatte er vor, mit dieser Norm Stellung zu nehmen zu einem großen Thema der Philosophie- und Theologiegeschichte, zu Fragen wie der nach der Stellung des Menschen in der Welt, seinen Attributen, den Merkmalen, die ihn gegenüber anderen Lebewesen auszeichnen?
- Beabsichtigte der Rat, mit dieser Norm eine Brücke zu bauen hin zu den zahlreichen, kaum zu überschauenden Würdekonzepten der Geistesgeschichte, damit sich die späteren Rechtsanwender ermächtigt sehen konnten, diese Konzepte zu ermitteln und sie dann bei ihren Argumentationen und Entscheidungen zugrunde zu legen? Zielte er also darauf, eine offene Formel zu installieren, die im Grunde zur Rezeption jener Konzepte aufforderte?
- Reagierte der Parlamentarische Rat mit der Würdenorm allein auf die nationalsozialistische Vergangenheit oder auch auf die 1948 und 1949 bekannten Erscheinungsformen bolschewistischer Herrschaft der UdSSR, die seit Ende des Zweiten Weltkrieges bestrebt war, die von ihr besetzten Gebiete in Osteuropa

zu sowjetisieren? Oder hatte er einen von der unmittelbaren historischen Realität völlig losgelösten Umgang mit der Menschenwürde im Sinn?

- Welche *konkreten* Inhalte legte der Parlamentarische Rat der Würdenorm bei?
- Welche Art von Norm hatte der Rat im Sinn? Wollte er sie als Grundsatz oder als Grundrecht verstanden wissen? Sollte sie allein gegenüber dem Staat oder auch zwischen Bürgern gelten?[6]

Zu diesen Fragen lassen sich den edierten Quellen zur Arbeit des Parlamentarischen Rates Schlüsselzitate entnehmen, die im Folgenden wiedergegeben werden. Diese Zitate stammen von Teilnehmern des Verfassungskonventes von Herrenchiemsee, von Mitgliedern des Parlamentarischen Rates und zudem von Richard Thoma, der als Verfassungsexperte eine kritische Würdigung zu dem vom Grundsatzausschuss beschlossenen Grundrechtskatalog verfasst hatte. Diese Würdigung war den Mitgliedern des Rates zur Kenntnis gebracht und in die Beratungen eingeführt worden.

I. Vorstellungen und Absichten

1. Naturrechtliche Verankerung?

Im Abs. 1 wird ausgedrückt, daß die Grundrechte auf vorstaatlichen Rechten beruhen, die von Natur aus gegeben sind.

(Ludwig Bergsträsser; SPD, September 1948)

Wir wollten dem Art. 1 eine Fassung geben, mit der auf dem Naturrecht aufgebaut wird. [...] Die Sätze des Naturrechts wurden daher in den auf Art. 1 folgenden Grundrechtsartikeln, auf die Abs. 3 verweist, aufgezeichnet und in die für die unmittelbare Rechtsanwendung erforderliche Form gebracht. Diese Verweisung stellt für die Auslegung fest – es ist wichtig, sich das klar zu machen –, daß die folgenden Grundrechte auf dem Untergrund des Naturrechts ruhen und die Rechtsprechung diesen Untergrund des Naturrechts bei der Auslegung heranziehen kann. [...] So besteht die Möglichkeit, die naturrechtlichen Auffassungen in die Grundrechte, wie sie hier gefaßt worden sind, stets neu hinein zu interpretieren. [...]. Art. 1 gibt die Möglichkeit, auf Grund der Verweisung auf das Naturrecht die Grundrechte den Erfordernissen und Bedürfnissen der Zeit anzupassen.

(Hermann von Mangoldt, CDU, September 1948)

Nun ist Abs. 1 schon eine bedenkliche Sache. [...] Nicht zu allen Zeiten hat man an Rechte, die einem von Natur zustehen, so geglaubt, wie heute. Ich erinnere da an den Satz des erstaunlichen Burke, der im Gegenstoß gegen die französische Revolution das Wort sagte, ›von Natur aus‹ habe der Mensch überhaupt keine Rechte; was als konkrete Rechte der Menschen in Erscheinung trete, seien Dinge, die dem Menschen geschichtlich zugewachsen sind, Produkte von Dezisionen, Institutionen im Lauf seiner Geschichte. [...] wobei ich mir nicht versagen möchte, darauf hinzuweisen, daß die nazistische Rechtstheorie auch auf dem ›Naturrecht‹ beruhte, allerdings auf einem, das nicht von dem Begriff des Menschen bei Lamettrie ausging, sondern von dem Darwins. Naturrecht absolut zu setzen, ist eine gefährliche Sache. [...] Wenn wir an dem Satz von dem naturgegebenen Recht festhalten, müssen wir uns darüber klar sein, daß wir damit jedermann freistellen, zu sagen, Naturrecht, wie ich es auffasse. Man muß enumerativ vorgehen und so eine zu willkürliche Ausdehnung ausschließen.

(Carlo Schmid, SPD, September 1949)

Es ist an sich richtig, die Betonung der Vorverfassungsmäßigkeit der Grundrechte führt zu einer gewissen Uferlosigkeit. Die Rückkehr zum Naturrecht, die wir heute erleben, ist die Reaktion auf einen falsch verstandenen Rechtspositivismus. [...] Ich bin der Auffassung, dass man keine Naturrechtssätze unmittelbar anwenden kann.

(Georg August Zinn, SPD, September 1948)

Vielmehr müssen wir von einem historischen Naturrechtsbegriff, der nur scheinbar eine contradictio in adjecto ist, ausgehen und sagen: In dieser Sphäre der geschichtlichen Entwicklung sind wir Deutsche nicht bereit, unterhalb eines Freiheitsstandards zu leben, der den Menschen die und die Freiheiten als vom Staate nicht betreffbar garantiert.

(Carlo Schmid, SPD, September 1948)

Aber ich glaube nicht an die von Natur aus eigenen Rechte.

(Theodor Heuss, FDP, September 1948)

Man kann nicht alles aus dem Naturrecht ableiten. Aber das Naturrecht ist gleichwohl wichtigste Grundlage.
(Helene Weber, CDU, September 1948)

Ich möchte das Naturrecht als Katalog von Rechtsverbindlichkeiten nicht nehmen, sondern das Naturrecht nur als Basis und Mittel einer moralischen Überprüfung ansehen. [...] In meinem Vorschlag steht die »Würde des menschlichen Wesens« als nicht interpretierte These. Deshalb sage ich nicht, daß sie vom Staate geschützt wird, sondern daß sie im Schutze der staatlichen Ordnung steht. Ich sehe darin schon eine Abwendung vom Staat als Machtapperatur. Auch hier gilt der Satz: Homo homini lupus. (Theodor Heuss, FDP, September 1948)[7]

2. Brücke zu Würdekonzepten aus Philosophie und Theologie?

Im übrigen haben wir Wert darauf gelegt, die Artikel so zu formulieren, daß sie eine gewisse Wirkung haben, gut klingen, aber auch die ethische Grundlage des neuen Gebildes klar herausstellen.
(Ludwig Bergsträsser, SPD, September 1948)

Was ist die Menschenwürde? Das müsste definiert werden. Die Verfassung von Württemberg-Baden hat eine solche Definition zu geben versucht. (Carlo Schmid, SPD, September 1948)

Der erste Satz muss sozusagen das Ganze decken. Ich habe da vor mir selber ein Gefühl der Unsicherheit. Ich möchte bei der Formung des ersten Absatzes von der Menschenwürde ausgehen, die der Eine theologisch, der Andere philosophisch, der Dritte ethisch auffassen kann.
(Theodor Heuss, FDP, September 1948)

Es bleibt dem Einzelnen unbenommen, ob er von religiösen, philosophischen, ethischen oder geschichtlichen Einsichten ausgeht. Aber daß wir in der geschichtlichen Stunde die Würde des Menschen an den Anfang der Verfassung stellen, halte ich für sehr bedeutsam.
(Helene Weber, CDU, September 1948)

Die Formulierung beginnt sehr zweckmäßig mit der Würde, eine Eigenschaft, die bestimmend für den Menschen ist und den Menschen von anderen Geschöpfen unterscheidet. Der Mensch ist innerhalb der Schöpfungsordnung ein Wesen, dem eine spezifische Würde zukommt. Dann wird gesagt: Die Würde, dieses Attribut des Menschen, steht im Schutze der staatlichen Ordnung. Die Würde ist das Primäre, der Schutz durch die staatliche Ordnung das Sekundäre.

(Carlo Schmid, SPD, September 1948)

Die Formulierung »Die Würde des Menschen steht im Schutze der staatlichen Ordnung« […] löst […] beim einfachen Mann, der sich nicht in philosophischen Gedankengängen zu bewegen pflegt, eine gewisse erhebende Wirkung aus. (Anton Pfeiffer, CSU, September 1948)

Um eine Antwort auf die Frage, worin die eigentümliche Würde begründet ist, die wir allem, was Menschenantlitz trägt, zusprechen, müssen sich Philosophen und Theologen bemühen. Der Verfassungsgesetzgeber kann diese Antwort nicht geben und jedenfalls ist die Menschenwürde nicht »in ewigen Rechten« begründet, sondern sind umgekehrt die Menschenrechte aus der Menschenwürde abzuleiten. In dem Maße, in dem sich die in der Ethik des Christentums wurzelnden humanitären Postulate der Aufklärungsphilosophie durchgesetzt haben und weiterhin durchsetzen, fordert das geläuterte Rechtsbewußtsein der Nationen des abendländischen Kulturkreises einen Ausbau seines Straf-, Prozeß-, Zivil-, Staats-, Verwaltungs- und Völkerrechtes, welcher die Würde eines jeden Menschen respektiert und durch Schaffung von Rechtspositionen, subjektiven Rechten und Rechtsschutzansprüchen in die Sphäre des positiven institutionell geschützten Rechts emporhebt. (Richard Thoma, Oktober 1948)

Wenn in der Eingabe von Herrn Prof. Thoma gesagt worden ist, daß das Verhältnis der Menschenrechte zu der Menschenwürde eine Angelegenheit sei, die man den Philosophen überlassen müsse, so kann ich dem nicht ganz beipflichten. Ich werde das gleich an der Präambel der Menschenrechte zeigen, die von einer Kommission der Vereinten Nationen herausgebracht worden ist.

(Hermann von Mangoldt, CDU, November 1948)

Aber Menschenwürde ist doch der tragende Grundpfeiler von allem menschlichen Dasein. […] Der eine sieht die Menschenwürde begründet in der Humanität, der andere in der christlichen Auffassung von der

Gottähnlichkeit des Menschen. Aber in dem Begriff der Menschenwürde als dem in der Diesseitigkeit höchsten Wert stimmen wir überein.
(Adolf Süsterhenn, CDU, Januar 1949)[8]

3. Reaktion auf Nationalsozialismus und Sowjetherrschaft?

Im Absatz 2 haben wir absichtlich erklärt, daß das deutsche Volk sich nach den bitteren Erfahrungen in der Nazizeit erneut zu ihnen als der Grundlage aller menschlichen Gemeinschaft bekennt.
(Ludwig Bergsträsser, SPD, September 1948)

Nein, wir können die Geschichte nicht nur als eine Pointierung gegen den Nationalsozialismus auffassen.
(Theodor Heuss, FDP, September 1948)

Es handelt sich nicht darum, etwas gegen den Nationalsozialismus zu pointieren. Eine Verfassung ist sehr häufig eine metanoia, eine Umkehr im Denken, im Fühlen. (Carlo Schmid, SPD, September 1948)

Wir wollten mit der Fassung des Art. 1 insbesondere auch den Gegensatz zu dem ausdrücken, was wir in der unmittelbaren Vergangenheit erlebt haben. Die Verletzung der Menschenwürde hat unter dem Nazi-Regime eine große Rolle gespielt. Worin hat sie bestanden? Sie hat gelegen in der Verletzung der Rechtspersönlichkeit des Menschen, in der Verletzung des Mindeststandards an Rechten, die die Rechtspersönlichkeit ausmachen. (Hermann von Mangoldt, CDU, September 1948)

Viele unter uns und Tausende andere haben die Würde in der Nazizeit hochgehalten, haben dafür Opfer gebracht und sind dafür in den Tod gegangen. Aber die Würde wurde getreten, wie es schlimmer nicht möglich war. (Josef Schrage, CDU, September 1948)

Der Sozialismus, aber auch andere Strömungen der Zeit, gehen nicht von der Würde des Menschen aus, sondern unmittelbar vom Staat und stellen den Menschen unter den Staat, geben ihm keine Rechte vor dem Staat. (Helene Weber, CDU, September 1948)

Angesichts der entsetzlichen, die Würde des Menschen unter die Füße tretenden Entrechtungen, Erniedrigungen, Versklavungen, grausamer

Quälereien und Massenmorden, deren sich die nationalsozialistische Gewaltherrschaft in Deutschland schuldig gemacht hat und deren sich die bolschewistische Gewaltherrschaft noch immer schuldig macht, ist es zu begrüßen, daß der Grundrechtskatalog sofort in seinen ersten Sätzen die Würde des Menschen unter den Schutz des Staates stellt.
(Richard Thoma, Oktober 1948)

Der Art. 1 war für uns von grundsätzlicher Bedeutung, indem er zunächst die Würde des Menschen herausstellte, deren wir uns nach den Ereignissen der Vergangenheit zu allererst annehmen mußten.
(Hermann von Mangoldt, CDU, November 1948)

Gerade nach den Erfahrungen im Dritten Reich scheint es mir notwendig zu sein, die Menschenwürde hervorzuheben. Menschenwürde ist ein sehr treffender, einfacher und schlichter Ausdruck.
(Helene Weber, CDU, November 1948)[9]

4. Konkrete Gehalte der Norm

Würde des Menschen. Art. 1 soll auch Privatpersonen verpflichten. Zu denken ist etwa daran, daß ein privater Unternehmer sich an der Arbeitsversklavung beteiligt. Die Verletzung der menschlichen Würde kann zwar als solche noch unter keine Sanktion gestellt werden, sie wird aber da, wo es auf die Rechtswidrigkeit des Verhaltens ankommt, nunmehr einen solchen Vorwurf begründen. (Verfassungsausschuss der Ministerpräsidentenkonferenz, August 1948)

Die grundsätzliche Aufgabe, die es zu lösen gilt, ist die Abwehr der Bedrohung der persönlichen Freiheit und Würde des Menschen. Diese Bedrohung ergibt sich zunächst aus der Verelendung der Massen, aus der Herrschaft der Technik über die Menschen, die durch die Verödung der geistigen und seelischen Kräfte eingetreten ist, aus der Umwandlung des Rechtes auf Arbeit in Arbeitszwang und Zwangsarbeit, aus der Übersteigerung des Staates zur Totalität der Lebensregelung und damit zum polizeistaatlichen Terror, zur Diktatur einer frechgewordenen Bürokratie, zum Untergang des Rechtsstaates und zum Triumph der Macht-vor-Recht-Einstellung gegenüber den Menschen, damit letzten Endes zur Vermassung der arbeitenden und schaffenden Menschen.
(Hans-Christoph Seebohm, DP, September 1948)

Vor dem Staat soll der Mensch kommen. Wir vindizieren dem Menschen Rechte, die er für sich beansprucht, ehe er anfängt, dem Staat andere Rechte zuzuerkennen. Vielleicht könnte man diesen Gedanken in der Formulierung des Art. 1 Ausdruck verleihen.

(Carlo Schmid, SPD, September 1948)

Es handelt sich um eine Entscheidung, das staatliche Leben nach einer gewissen Richtung hin zu formen. Diese Entscheidung kann der Parlamentarische Rat treffen. (Carlo Schmid, SPD, September 1948)

Es ist der einzelne Mensch, dessen Würde geschützt werden soll. Wenn wir vom menschlichen Leben sprechen, dann wird das mit einer Reihe anderer Artikel kollidieren. [...] Wir lehnen die Vergottung des Staates ab, wie wir sie unter dem Nazi-Regime erlebt haben.

(Ludwig Bergsträsser, SPD, September 1948)

Ich erinnere an das schöne Gleichnis des Epiktet von dem an seine Bank angeschmiedeten Galeerensklaven, der immer noch seine immanente Menschenwürde bewahrt. Wenn ich von der »Würde des menschlichen Daseins« ausgehe, ist dieses Attribut des Menschen als auszeichnend anerkannt. (Carlo Schmid, SPD, September 1948)

Die Würde des Menschen ruht in ihm selber; aber ihre Anerkennung innerhalb der sozialen Gemeinschaft setzt einen anderen voraus. Dieser Andere ist der organisierte Andere, der Träger des Gemeinschaftslebens.

(Theodor Heuss, FDP, September 1948)

Um so mehr sollte man diesen Worten unmittelbar die Tat folgen lassen, in Gestalt eines Rechtssatzes, welcher aller öffentlichen Gewalt durch Verpflichtung zur Achtung und Schonung der Menschenwürde eines jeden und sei es auch niedrigen und strafwürdigen Menschen eine unantastbare Grenze setzt, und der so entschieden und allgemein gestaltet ist, daß er einzelne Aufzählungen von verbotenen Humanitätsmißachtungen (wie Grausamkeiten aller Art, Zwangssterilisierungen, Sippenbestrafungen, Unterstützungsverweigerungen, Versklavung und Brandmarkung) entbehrlich macht.

(Richard Thoma, Oktober 1948)

Uns stand klar vor Augen, daß diese Würde des Menschen irgendwie in engstem Zusammenhang mit den Freiheitsrechten steht.
(Hermann von Mangoldt, CDU, November 1948)

Ohne die Anerkennung einer verantwortungsbewußten und in sich freien Persönlichkeit gibt es keine Menschenwürde. Das wollen wir hier zum Ausdruck bringen.
(Hermann von Mangoldt, CDU, November 1948)

Menschenwürde schließt jeden Zwang aus, gegen seine Überzeugung zu handeln. Dies scheint mir eins der wichtigsten Merkmale der Menschenwürde zu sein. Menschenwürde schließt aus, daß jemand geprügelt wird. (Ludwig Bergsträsser, SPD, November 1948)

Man müsste sagen: »Keinesfalls dürfen die Mindestanforderungen für Nahrung, Kleidung und Wohnung in Frage gestellt werden« oder so ähnlich. [...] Man darf einen nicht verhungern lassen. [...] Das ist Inhalt der Menschenwürde. Wenn einer da ist, muß man ihn entweder zurückstellen oder man muß ihm die Mindestforderungen gewähren. [...] Das entspricht der Menschenwürde. Man kann einen nicht verhungern lassen. Aber das Zurückschicken kann man nicht verhindern. Es gibt Fälle, wo das durchaus gerechtfertigt ist.
(Hermann von Mangoldt, CDU, Dezember 1948)[10]

5. Art und Eigenschaften

Es ist selbstverständlich, daß, wenn auf der einen Seite für den einzelnen dieser Schutz gegenüber Übergriffen des Staates gefordert wird, auf der anderen Seite die Gemeinschaft ein Recht hat auf den Schutz gegen solche verantwortungslosen Elemente, die die Freiheit und Würde des Menschen mißbrauchen.
(Hans-Christoph Seebohm, DP, September 1948)

Wir sind im Laufe unserer Diskussionen darauf gekommen, daß es doch wohl richtig wäre, an die Spitze der Grundrechte einige Sätze zu stellen, die Absicht, Sinn und Grund der Grundrechte ganz kurz deutlich machen. (Ludwig Bergsträsser, SPD, September 1948)

[…] stellt gewissermaßen die Generalklausel für den ganzen Grundrechtskatalog auf. In seiner systematischen Bedeutung ist er der eigentliche Schlüssel für das Ganze. (Carlo Schmid, SPD, September 1948)

Schließlich ist notwendig, daß Gesetzgebung, Rechtspflege und Verwaltung die Grundrechte, auf denen die Würde des Menschen beruht, als unmittelbar verpflichtendes Recht anerkennen.
(Helene Weber, CDU, September 1948)

Worin liegt die Würde begründet, worauf ruht sie? Auf Rechten, die den Menschen jedermann gegenüber Schutz bieten, Menschen und Obrigkeiten. Damit ist der Mindeststandard charakterisiert, von dem wir ausgehen wollen, die absolute Schranke, die gegenüber der Staatsraison aufgerichtet ist. Die von niemand bestrittene notwendige Staatsraison muß an einer bestimmten Barriere halt machen.
(Carlo Schmid, SPD, September 1948)

Dieses »erneut« soll die Menschenwürde abgrenzen gegen eine übertriebene Staatsraison, nicht nur nach außen, sondern nach innen. Der Staat muß bestimmte Rechte des Menschen anerkennen, einerlei, ob ihre Außerachtlassung für einen augenblicklichen staatlichen Zweck nützlich wäre oder nicht. Von diesem Staatsraison-Utilitarismus wollen wir loskommen. […] Wenn wir von der Würde des Menschen sprechen, so sind wir uns im Unterausschuss darüber klar gewesen, daß wir nicht einen Katalog allgemeinster Grundrechte, auch sozialer Grundrechte, sondern nur einen Katalog echter Grundrechte schaffen wollten.
(Ludwig Bergsträsser, SPD, September 1948)

Denn jeder Artikel für sich gewährleistet ein Stück Freiheit, das notwendig ist, um die Menschenwürde zu gewährleisten.
(Hermann von Mangoldt, CDU, November 1948)

In dem ersten Satz ist klargestellt: »Die Würde des Menschen ist unantastbar.« Das ist eine absolute Feststellung, die sich gegen jedermann wendet, sowohl gegen die staatliche Gewalt wie auch gegen jeden Privaten und jede gesellschaftliche Institution. […] Außerdem ist es sachlich nicht ganz richtig, daß jedermann verpflichtet ist, die Würde des Menschen zu schützen. Diese Schutzfunktion ist Aufgabe der öffentlichen Gewalt des Staates. Dagegen die Menschenwürde zu achten ist Verpflichtung für jedermann. (Adolf Süsterhenn, CDU, Januar 1949)[11]

II. Erkenntnisse und Folgerungen

Die vorstehenden Äußerungen von Mitgliedern des Parlamentarischen Rates sowie von Richard Thoma erlauben folgende Schlussfolgerungen:

Keinen Konsens gab es hinsichtlich der Frage, ob die Würdenorm als Bindeglied zwischen Grundrechten und *Naturrecht* gedacht werden sollte. Soweit dieser Gedanke thematisiert wurde (Bergsträsser, von Mangoldt, Weber) traf er auf Kritik und Ablehnung (Zinn, Schmid, Heuss). Es gab Bestrebungen, mit der Würdenorm bestimmte philosophische oder theologische Konzepte von der Würde des Menschen in das Grundgesetz aufzunehmen und diese verfassungsgesetzlich festzuschreiben (Schmid, von Mangoldt). Diesen Bestrebungen wurde jedoch mit dem Argument entgegengetreten, die Würde des Menschen könne in sehr unterschiedlicher Weise verstanden werden. Inhaltlich sollte keine Festlegung erfolgen, die Würdenorm also offen bleiben (Heuss, Weber, Thoma, Süsterhenn).

Mehrheitlich wurde deutlich zum Ausdruck gebracht, dass mit den in das Grundgesetz aufzunehmenden Grundrechten und insbesondere mit der Würdenorm eine *Abkehr* von der *nationalsozialistischen Vergangenheit* dokumentiert werden sollte (Bergsträsser, Heuss, von Mangoldt, Schrage, Weber). Doch die Mitglieder des Parlamentarischen Rates blickten nicht nur zurück, sondern auch nach Osten: In der Würdenorm sollte sich auch die *Ablehnung* der Erscheinungsformen *bolschewistischer Gewaltherrschaft* manifestieren (Heuss; Thoma; Weber; von Mangoldt, der die Würdigung Thomas in die Beratungen durch Verlesung eingeführt hatte). Die Würdenorm wurde mithin als Absage an die damals bekannten Formen des Totalitarismus verstanden, als antitotalitäre Grundnorm der neu zu schaffenden Verfassung.

Dieser Grundaussage entsprach es, dass die Norm gegen jegliche Form einer Verabsolutierung des Staates gerichtet war (Seebohm, Schmid, Weber, Bergsträsser). Dabei wurden auch ganz konkrete, mit der Würde des Menschen *unvereinbare Sachverhalte und Tatbestände* benannt. Im Einzelnen waren dies:

- Arbeitszwang und Zwangsarbeit,
- Übersteigerung des Staates zur Totalität der Lebensregelung und damit zum polizeistaatlichen Terror (Seebohm);

- Arbeitsversklavung (Verfassungsausschuss der Ministerpräsidenten);
- Entrechtungen,
- Erniedrigungen,
- Versklavungen,
- grausame Quälereien,
- Massenmorde,
- Zwangssterilisierungen,
- Sippenbestrafungen,
- Brandmarkungen (Thoma);
- Zwang, gegen seine Überzeugung zu handeln,
- Prügel (Bergsträsser);
- Unterstützungsverweigerungen (Thoma);
- Infragestellung der Mindestanforderungen für Nahrung, Kleidung und Wohnung,
- Verhungern lassen,
- Verletzung der Rechtspersönlichkeit des Menschen, des Mindeststandards an Rechten, die die Rechtspersönlichkeit ausmachen (von Mangoldt).

In Äußerungen von zwei Mitgliedern des Parlamentarischen Rates finden sich zudem *positive Umschreibungen* der Würde des Menschen. Es war die Rede von

- einer Eigenschaft des Menschen,
- der Bewahrung immanenter Menschenwürde als ein den Menschen auszeichnendes Attribut,
- der Würde des menschlichen Daseins (Schmid) sowie
- der Anerkennung einer verantwortungbewussten und in sich freien Persönlichkeit, ohne die es keine Menschenwürde gebe (von Mangoldt).

Die Art der Norm wurde nicht weiter präzisiert. Ausschließen lässt sich aber, dass sie als eigenes, selbständiges Grundrecht gedacht war (Bergsträsser, Schmid, Weber, von Mangoldt). Entweder wurden die Grundrechte als Grund der Menschenwürde (Weber), als Mittel zur Gewährleistung der Menschenwürde (von Mangoldt) oder aber, umgekehrt, die Menschenwürde als Grund der Grundrechte (Bergsträsser, Schmid) verstanden. Zudem sollte die Würdegarantie als absolute Schranke gegenüber Staatsraison-Vorstellungen dienen (Schmid, Bergsträsser). Betont wurde schließlich ihre Wirkung auch zwischen Privatpersonen (Verfassungsausschuss der Ministerpräsidenten, Schmid, Süsterhenn) sowie die von ihr ausgehende Verpflichtung des Staates zu ihrem Schutz (Seebohm, Schmid, Süsterhenn).

Im Kern ging es der Mehrheit der Mitglieder des Parlamentarischen Rates, die sich zur Würdenorm äußerten, also nicht um eine Stellungnahme zu einem in der Sache schon mehr als zweitausend Jahre lang erörterten Thema der abendländischen Philosophie und Theologie. Es ging der Mehrheit eher um ein Wort, um eine sprachliche Wendung, mit der sie eine unwiderrufliche Abkehr von totalitären Herrschaftsformen artikulieren und einen ideellen Grundstein der neu zu errichtenden Ordnung legen konnte.

Diese Norm enthielt als antitotalitäres Versprechen eine Absage an jeglichen Staatsabsolutismus, also an das kollektivistische Staatsdenken sowohl des Nationalsozialismus wie auch des Bolschewismus. Mit dieser Norm sprach sich der Parlamentarische Rat für ein individualistisches Staatskonzept mit dem prinzipiellen Vorrang des Einzelnen vor dem Staat aus.[12]

Diesem zentralen Anliegen entsprach es, dass der Rat in dieser Norm eine Verpflichtung des Staates sah, jedem Menschen einen *Mindeststandard an Rechten* zuzuerkennen. Aber er ging auch darüber hinaus: Er betrachtete diese Norm auch als Grund einer staatlichen Pflicht, *konkrete würdewidrige Tatbestände* in der neu zu schaffenden Ordnung gar nicht erst entstehen zu lassen oder sie gegebenenfalls zu beseitigen.

Zu betonen ist schließlich noch: Der Rat reflektierte nicht, ob sich spätere Rechtsanwender durch diese Norm ermächtigt sehen sollten, aus der Vielzahl philosophischer oder theologischer Würdekonzepte eine Auswahl zu treffen oder eine Synthese zu bilden. Ebenfalls fehlen Anhaltspunkte dafür, dass die Würdenorm eine alles überstrahlende und alles erfassende Supernorm der neu zu schaffenden Verfassungsordnung werden sollte.

Kapitel 3: Kontexte

I. Verfassungen der Länder

Der Parlamentarische Rat war nicht die erste gesetzgebende Körperschaft in Deutschland, die sich entschied, eine Würdenorm in eine neu auszuarbeitende Verfassung aufzunehmen. Entsprechende Beschlüsse hatten zuvor schon die Verfassungsgeber in Württtemberg-Baden, Hessen, Bayern, Rheinland-Pfalz, Bremen und im Saarland, aber auch in Thüringen, Sachsen-Anhalt, Mecklenburg und Sachsen gefasst. Welche Vorstellungen und Zwecke verbanden sie damit?

1. Würdemissachtung als Kennzeichen des Nationalsozialismus

Einige Landesverfassungen reagierten mit der Wendung von der Würde des Menschen zunächst auf die erschütternde geistig-moralische Bilanz, die nach dem Ende der nationalsozialistischen Herrschaft zu ziehen war. Mit ihr sollte beschrieben und benannt werden, was vor 1945 geschehen war. Besonders deutlich kam dies in der im Dezember 1946 beschlossenen Verfassung Bayerns zum Ausdruck. Sie sprach – ähnlich wie rund zehn Monate später die bremische Verfassung – in ihrer Präambel von einem »*Trümmerfeld […], zu dem eine Staats- und Gesellschaftsordnung ohne Gott, ohne Gewissen und ohne Achtung vor der Würde des Menschen die Überlebenden des zweiten Weltkrieges geführt*« habe. Zugleich ordnete die bayerische Verfassung in ihrem Abschnitt über Grundrechte und Grundpflichten an, dass »*die Würde der menschlichen Persönlichkeit […] in Gesetzgebung, Verwaltung und Rechtspflege zu beachten*« (Artikel 100) sei.

Maßgeblich verantwortlich war dafür Hans Nawiasky. Er hatte bis 1933 mit großem Erfolg als Staatsrechtslehrer an der Münchener Juristischen Fakultät gewirkt, war dann nach St. Gallen emigriert und nach 1945 wieder zurückgekehrt. Nach seiner Rückkehr arbeitete Nawiasky im bayerischen Verfassungsausschuss. Während der Beratungen warb er um die Aufnahme dieser Würdenorm in die bayerische Verfassung. Es sei »*unbedingt notwendig*«, »*nach den*

Geschehnissen der vergangenen Zeit« einen solchen Satz aufzunehmen; *»diese Würde der menschlichen Persönlichkeit«* sei *»in der Weise niedergetreten worden, daß die neue Verfassung das ausdrücklich hervorheben«* solle. Dieses Argument überzeugte offenkundig, der Beschluss zur Aufnahme der Norm wurde einstimmig gefasst.[13]

In jenen Jahren war es durchaus verbreitet, mit Hilfe dieser Rede von der Würde der menschlichen Persönlichkeit oder von der Würde des Menschen zum Nationalsozialismus Stellung zu nehmen. Die exzessive Missachtung der Menschenwürde als dessen hervorstechendes Merkmal: In diesem Sinne äußerten sich etwa sozialdemokratische Politiker in Programmschriften, Konrad Adenauer in Grundsatzreden als Vorsitzender der Christlich-Demokratischen Union der Britischen Zone, Friedrich Meinecke in seiner Schrift über »Die deutsche Katastrophe« oder auch der katholische Religionsphilosoph Romano Guardini in seinem Versuch, die Rasselehre und den Züchtungsgedanken des Nationalsozialismus zu deuten. Die Ausführungen in Guardinis Schrift *Der Heilbringer in Mythos, Offenbarung und Politik* aus dem Jahre 1946 sind dabei besonders aufschlussreich. Nach Guardini wurde in der Rasselehre *»alles herabgesetzt und zurückgedrängt, was Urteilsfähigkeit, Überzeugung, Gewissen, Freiheit des Einzelnen, Wahrheit, Recht heißt; mit einem Wort, alles, was in der Würde und Verantwortung der Person wurzelt. Das ganze Denken wurde biologisiert. Der Mensch wurde daran gewöhnt, sich selbst als ein Lebewesen anzusehen, das zwar entwickelter, begabter, wertvoller als das Tier ist, wesentlich aber in dessen Reihe steht. [...]. An einem Grundgedanken tritt das besonders klar hervor, dem der Züchtung. Trotz aller Fragwürdigkeiten im Einzelnen war man vorher doch gewöhnt, das Wesentliche des Menschen in der Persönlichkeit, ihrer Eigenart, ihrer Würde und Verantwortung, ihrem zeitlichen und ewigen Wert zu sehen. [...]. Jetzt wurde der Schwerpunkt ganz in die Gattung gelegt. Der Einzelne war nichts als ein Glied in ihr. Sein Wert bestand darin, die Werte der Gattung zu verwirklichen. Sache der maßgebenden Instanzen, das heißt aber des Staates, war es, dafür zu sorgen, daß die jetzt lebenden Individuen immer bessere, dem aufgestellten Idealbild immer mehr entsprechende hervorbringen – das aber hieß »züchten«. [...]. Dieser Begriff wurde nun – maßgebenderweise durch Nietzsche, praktisch durch die Weltanschauung und Pädagogik des NS-Regimes – der Behandlung des Menschen zugrunde gelegt. [...]. Und immer mehr verschwand, was dem Menschen Halt in sich selber* *gibt: das Gefühl geistiger Würde, die Fähigkeit zu persönlichem Urteil, das Bewußtsein vom ewigen Wert des Einzelnen.«*[14]

2. Achtung der Menschenwürde als Verpflichtung der neuen Ordnungen

Bei der Entscheidung der Verfassungsgeber, Würdenormen in ihre Landesverfassungen aufzunehmen, wirkte allerdings noch ein weiterer Impetus. Mit diesen Normen sollten die neu zu errichtenden Ordnungen einer zentralen Verpflichtung unterworfen werden. So legten die Landesverfassungen allgemein fest, die Menschenwürde anzuerkennen, zu achten und zu sichern; Bayern und Bremen deklarierten die Achtung der Menschenwürde sogar als Bildungs- und Erziehungsziel, und die Verfassung Hessens sprach zum ersten Mal davon, dass neben Leben, Gesundheit und Ehre auch die Würde des Menschen »*unantastbar*« sei, auch wenn dies offenbar nicht »uneinschränkbar« heißen sollte.[15]

Auch für diese Art, die Rede von der Würde des Menschen einzusetzen, gab es Vorbilder, insbesondere in den politisch-programmatischen Schriften der vierziger Jahre. Schon der deutsche Widerstand hatte »*die Anerkennung der unverletzlichen Würde der menschlichen Person als Grundlage der zu erstrebenden Rechts- und Friedensordnung*« gefordert, so der Kreisauer Kreis in seinen Grundsätzen für die Neuordnung von August 1943, oder, kaum anders, Carl Friedrich Goerdeler in den »Aufgaben der deutschen Zukunft«. Ähnlich klangen Stellungnahmen aus den Reihen des deutschen Katholizismus: Es sei »*heute heilige Pflicht, die personhafte Würde und Stellung des Menschen energisch in Schutz zu nehmen*«. Und nicht zuletzt: Mit einer im Kern identischen Ausrichtung gebrauchten zudem der Londoner Vorstand der SPD im Jahre 1945 die Wendung von der menschlichen Würde, die Liberaldemokratische Partei sowie der Zonenausschuss der Christlich-Demokratischen Union in der britischen Zone. Im März 1946 formulierte dieser: »*An der Würde und den unveräußerlichen Rechten der Person findet die Macht des Staates ihre Grenzen.*«[16]

3. Gewährleistung eines menschenwürdigen Daseins

Es gab sogar noch eine dritte Variante, in der die Wendung von der Menschenwürde in die Verfassungen der neuen Länder einfloss. Diese Variante wird bei der Betrachtung wirtschaftspolitischer Bestimmungen erkennbar. Die »*Ordnung des Wirtschaftslebens*«, so lauteten etwa die Verfassungen Bayerns, Badens und Bremens, müsse den »*Grundsätzen der Gerechtigkeit entsprechen*«, und das Ziel dieser Ordnung sei »*die Gewährleistung eines menschenwürdigen Daseins*«; diese Ziel begrenze die »*wirtschaftliche Freiheit des Einzelnen*«. Die bayerische Verfassung hob für den Agrarsektor sogar besonders hervor, dass der »*landwirtschaftlichen Bevölkerung*« ein »*menschenwürdiges Auskommen auf der ererbten Heimatscholle gewährleistet*« werde. Zudem verlangten die Verfassungen allgemein, die »*Arbeitsbedingungen*« so zu gestalten, dass neben der Existenz, dem Familienleben und den kulturellen Ansprüchen der Arbeitnehmer auch deren »*Würde*« gesichert sei.

Dieses generelle Gebot, die Wirtschaftsordnung unter das Ziel zu stellen, ein menschenwürdiges Dasein zu gewährleisten, hielt aber nicht nur Einzug in die Verfassungen der westlichen Länder. Die zwischen Dezember 1946 und Februar 1947 beschlossenen Verfassungen Thüringens, Sachsen-Anhalts, Mecklenburgs und Sachsens enthielten ebenfalls, allesamt wortlautidentisch, eine solche Klausel. Offenkundig war sie dem Entwurf der Sozialistischen Einheitspartei Deutschlands (SED) für eine Verfassung der Deutschen Demokratischen Republik entnommen, den der Parteivorstand der SED im November 1946 veröffentlicht hatte.[17]

Siebzig Jahre später – und vor allem nach den Revolutionen von 1989 – mag es überraschen, dass damals länder- und zonenübergreifend, ja über die Grenzen der großen politischen Ideenlager hinweg diese wirtschaftspolitischen Würdeklauseln in nahezu identischer Weise verwendet wurden. Nach dem Ende des Zweiten Weltkrieges lagen die ordnungspolitischen Vorstellungen der bestimmenden politischen Kräfte indessen sehr nahe beieinander. Es war eine Zeit, in der sich etwa die Christlichen Demokraten Kölns zu einem »*wahren christlichen Sozialismus*« bekannten, die nordrhein-westfälische CDU in ihrem Ahlener Programm sogar für eine Verstaatlichung des Bergbaus und der Schwerindustrie eintrat und die Christlich-Soziale Union wie selbstverständlich »*das*

Anrecht eines jeden auf ein menschenwürdiges Dasein« und darüber hinaus *»den Anspruch eines jeden auf ausreichende Arbeit, Nahrung, Kleidung und Wohnung, auf Familiengründung und ein sorgenfreies Alter«* anerkannte.

Es hatte indes einen einfachen Grund, warum die Bestimmungen in den Länderverfassungen bis in den Wortlaut und die Satzstellung hinein übereinstimmten: Die Verfassungsgeber hatten auf Artikel 151 der Weimarer Verfassung zurückgegriffen; er lautete: *»Die Ordnung des Wirtschaftslebens muß den Grundsätzen der Gerechtigkeit mit dem Ziele der Gewährleistung eines menschenwürdigen Daseins für alle entsprechen.«* Dieser Artikel war die »Generalklausel des Weimarer Sozialstaatsprogramms« (Ernst Rudolf Huber), durch die 1919 eine wesentliche Forderung der Sozialdemokratie verfassungsrechtlich umgesetzt worden war. Diesen Artikel, mit dem der Abschnitt über das Wirtschaftsleben begann, nutzten die Länder nach dem Ende der nationalsozialistischen Herrschaft als Vorlage.[18]

II. Gerichte und juristische Fachliteratur

1. Verbrechen gegen die Menschlichkeit

Die Formel von der Würde des Menschen als eine Art Gegenbild, mit dem die nationalsozialistische Unrechts- und Terrorherrschaft erfasst und charakterisiert werden konnte: In dieser Weise wurde sie vor dem Zusammentreten des Parlamentarischen Rates auch in Gerichtsurteilen und rechtswissenschaftlichen Texten verwendet – und zwar im Kontext der Diskussion um den Straftatbestand der »Verbrechen gegen die Menschlichkeit«. Der Alliierte Kontrollrat hatte im Dezember 1945 das Kontrollratsgesetz Nr. 10 erlassen, das diesen rechtsstaatlich äußerst problematischen, weil denkbar weit gefassten Tatbestand enthielt. Er umfasste *»Gewalttaten und Vergehen«*, einschließlich der *»nicht erschöpfenden Beispiele: Mord, Ausrottung, Versklavung; Zwangsverschleppung, Freiheitsberaubung, Folterung, Vergewaltigung oder andere an der Zivilbevölkerung begangene unmenschliche Handlungen; Verfolgung aus politischen, rassischen oder religiösen Gründen, ohne Rücksicht darauf, ob sie das nationale Recht des Landes, in welchem die Handlung begangen worden ist, verletzen.«*

Doch nicht nur wegen dieser Weite war dieser Tatbestand problematisch. Er war im Dezember 1945 in Kraft gesetzt worden, um Personen zu bestrafen, die sich Kriegsverbrechen, Verbrechen gegen den Frieden oder gegen die Menschlichkeit »schuldig gemacht« hatten. Damit sollte er auch Taten erfassen, die zum Zeitpunkt ihrer Begehung noch gar nicht unter Strafe standen oder aufgrund von Rechtfertigungsgründen, die zu jenem Tatzeitpunkt galten, strafrechtlich nicht geahndet werden konnten. Dem Tatbestand der »Verbrechen gegen die Menschlichkeit« stand daher offenkundig das Prinzip *nulla poena sine lege* (Keine Strafe ohne Gesetz) entgegen.

Das Landgericht Konstanz war eines der ersten Gerichte, das bei der Interpretation dieses Tatbestandes mit der Würde des Menschen argumentierte. Im Verfahren gegen die Mörder des Weimarer Reichsfinanzministers Matthias Erzberger entschied das Gericht im Februar 1947, Schutzgut dieses Tatbestandes sei »*der Mensch mit seinen fundamentalsten Rechten, wie sie die abendländische Kultur, die Kultur der zivilisierten Völker*« offenbare. Und zu diesen Rechten zählte es, unter Verweis auf die »*vier großen Freiheiten*«, die der US-amerikanische Präsident Franklin D. Roosevelt im Januar 1941 formuliert hatte, das Recht auf Leben und den eigenen Körper, die Freiheit des Gewissens und der Religion, auf Ehe und Familie und auf den Erwerb des Lebensnotwendigen sowie »*das Recht darauf, nicht in einer der Würde des Menschen widersprechenden Weise fremden Zwecken unterworfen zu werden*«.

»*Diese elementarsten Menschenrechte und damit auch die kulturelle Auffassung von der Menschenwürde*« seien, so das Gericht, seit dem Ersten Weltkrieg in Gefahr geraten, weil politische Bewegungen »*Begriffe wie Volk, Nation, Rasse zu absolut gültigen Werten erklärt*« hätten: Die Bewegungen, so erklärte das Gericht, »*entwürdigten den Menschen einmal dadurch, daß sie ihre eigenen Anhänger sich zu bedingungsloser Gefolgschaftspflicht ohne eigenes Recht auf Meinung und Geltung unterwarfen und weiter auch dadurch, daß sie alle Außenstehenden für vogelfrei erklärten und sie mit aller Rücksichtslosigkeit und unter Mißachtung aller Menschenrechte bekämpften. Diese Herabsetzung des Kulturwertes Mensch war nicht nur die Folge des eigenen kollektiven machtpolitischen Gestaltungswillens, seine Verneinung entsprang vielmehr einer weltanschaulichen Umwertung bisher anerkannter Kulturwerte. Eine ungeheure Zersetzung der ganzen abendländischen Kultur bereitete sich vor, der die grundlegenden Begriffe von Menschenrecht und Menschenwürde zum Opfer zu fallen drohten.*« Der Nationalsozialismus habe dieser Strömung »*die letzte Richtung ins Radikale gegeben*«. Die Formen, in denen er sich durchgesetzt habe, müsse »*als ein neues politisches und auch kriminelles Phänomen bezeichnet werden*«, das bislang »*strafrechtlich noch nicht bekannt*« gewesen sei.

Wie argumentierte also das Gericht? Im Kern nahm es hinsichtlich der nationalsozialistischen Verbrechen eine Strafbarkeitslücke an, die durch das Kontrollratsgesetz geschlossen wurde. Die außergewöhnliche Weite des Tatbestandes »Verbrechen gegen die Menschlichkeit« begrenzte es, indem es nicht jeden Mord als darunter subsumierbar ansah: Vielmehr müsse die jeweilige Tat »*unter dem Einfluss eines politischen Machtwillens und einer Idee*« begangen worden sein, »*die das anerkannte Recht auf Menschenwürde verneint*« habe. In dem Umstand, dass die Taten, als sie begangen wurden, noch gar nicht unter Strafe standen, sah das Gericht sodann kein Strafbarkeitshindernis. Die Begründung lautete: Der Grundsatz »*nulla poena sine lege*« sei kein Gemeingut aller zivilisierten Völker; insbesondere im angelsächsischen Strafrecht werde er »*nicht durchgeführt*«.[19]

Die strafrechtliche Literatur begrüßte dieses Urteil nicht nur, Gustav Radbruch lobte es sogar als »*hochwertige juristische Leistung*«; es sei ein »*wichtiger Fortschritt in der Erfassung der Humanitätsdelikte*«. Zudem verwies er darauf, dass die Literatur bei ihrer eigenen Interpretation des Tatbestandes »Verbrechen gegen die Menschlichkeit« ebenfalls auf die Menschenwürde abstelle. Das »Verbrechen gegen die Menschlichkeit« sei »*in jenem dreifachen Sinne der Grausamkeit gegen menschliches Dasein, der Entehrung der Menschenwürde und der Zerstörung menschlicher Bildung zu deuten*«. Es umfasse »*Fälle der Entwürdigung, die von unserem Strafgesetzbuch in ihrem eigentlichen Kern nicht getroffen würden, z. B. den Fall, daß im KZ Gesinnungsgenossen genötigt wurden, sich gegenseitig zu ohrfeigen, oder daß ein Gefangener durch Prügel zu dem Ausrufe gezwungen wurde: ›Mein Vater ist ein Landesverräter‹.*« Auch andere Strafrechtler äußerten sich in dieser Weise. So sah Thomas Würtenberger in dem »Verbrechen gegen die Menschlichkeit« »*Taten, die über die einzelnen Rechsgutsverletzungen des Strafgesetzbuches hinausgehend, dem Menschen offensichtlich zugleich das sittliche Recht der Persönlichkeit, also die Menschenwürde als solche*« absprächen. Als

Hauptfall nannte er »*Morde an Geisteskranken*«. Die »*Mißachtung der Menschenwürde*« offenbare sich allgemein »*in einer weit vorangetriebenen Versachlichung des Mitmenschen, in der die Verneinung der sittlichen Werthaftigkeit der Person zum Gipfel geführt wurde*«.[20]

2. Kern einer neuen naturrechtlichen Begründung des Rechts?

Die Rede von der Würde des Menschen tauchte indessen in der rechtswissenschaftlichen Literatur zwischen Kriegsende und Beginn der Arbeiten am Grundgesetz noch in einem weiteren Diskussionszusammenhang auf, nämlich anlässlich der Frage nach einer neuen, naturrechtlichen Begründung des positiven Rechts.

Nach 1945 machte sich bei vielen eine moralische Bestürzung breit, die nicht nur die Frage drängend werden ließ, auf welchem geistig-ideellen Grund die neu zu schaffende politische Ordnung stehen sollte. In den Vordergrund schob sich auch die damit zusammenhängende Frage, ob nicht auch das positive Recht auf ein neues Fundament gestellt werden müsse. In der Rechtsordnung des nationalsozialistischen Staates wurzelte die Geltung und Verbindlichkeit des Rechts im Führerprinzip; seine materialen Gehalte erfuhr es aus dem Rassegedanken oder dem Grundsatz, dass Gemeinnutz immer vor Eigennutz gehe. Hingegen genügte es in der Nachkriegszeit vielen nicht mehr, den Grund der Geltung positiven Rechts in seiner Rückführbarkeit auf einen staatlichen Akt der Setzung und Durchsetzung zu sehen, so wie dies bis in die dreißiger Jahre des zwanzigsten Jahrhunderts hinein die herrschende Vorstellung gewesen war.

Gustav Radbruch hatte 1945 diese rechtstheoretische Grundsatzfrage nach einem »*übergesetzlichen Recht*« auf die Tagesordnung gebracht, einem Recht, dessen Geltung über der des positiven, staatlich gesetzten Rechts steht und dieses im Konfliktfall verdrängen kann. In einem Beitrag für die Rhein-Neckar-Zeitung hatte Radbruch geschrieben: »*Es gibt Rechtsgrundsätze, die stärker sind als jede rechtliche Satzung, so daß ein Gesetz, das ihnen widerspricht, der Geltung bar ist. Man nennt diese Grundsätze das Naturrecht oder das Vernunftrecht.*«

Zu diesen »*Rechtsgrundsätzen*« setzte in der Folgezeit eine breite Debatte ein, in der eine Äußerung Helmut Coings als besonders markant herausragt. »*Daß die Rechtswissenschaft*«, so begann Coings 1947 erschienene Schrift über die »Obersten Rechtsgrundsätze des Rechts«, »*sich vom Positivismus befreien und wieder einer an die Rechtsidee gebundenen Auffassung vom Recht zuwenden müsse, ist heute eine Selbstverständlichkeit geworden, die man sich beinahe scheut auszusprechen. Es ist auch verständlich, daß die Erschütterungen unserer Zeit, wo sie nicht zu Verzweiflung und Skepsis gegenüber dem Recht überhaupt führen, zu naturrechtlichen Überzeugungen drängen; sie allein scheinen gegenüber den Ansprüchen der politischen Macht und der nackten Gewalt dem Recht einen Halt zu gewähren.*«[21]

Doch worauf sollten diese – wie Coing es ausdrückte – »*naturrechtlichen Überzeugungen*« beruhen? Aus welchen Ideen sollten sie bestehen? Problemträchtig waren diese Fragen auch deshalb, weil gerade der Protestantismus der Vorstellung eines inhaltlich feststehenden Naturrechts traditionell mit großer Skepsis begegnete. Coings Antwort verwies auf die Idee vom Menschen, also darauf, dass er sich durch seine Würde auszeichne; die »*naturrechtlichen Überzeugungen*« fanden ihren Grund in einem würdebestimmten Menschenbild. Der Mensch, so Coing, sei »*vor allem ein geistig-sittliches Wesen*«, »*fähig, sittlich zu handeln und Träger sittlicher Werte zu sein*«. Als »*Person*«, »*als Einzelner*«, besitze er »*einen unvertauschbaren Eigenwert*«; in diesem Wert verkörpere »*sich eine besondere und einmalige Zusammenfassung geistig-seelischer und vitaler Werte*«. Und daraus fließe »*seine besondere Würde*«, deren Ausdruck »*die Freiheit […] als Wesen alles echten geistigen Lebens*« sei.

Dieser Gedanke blieb dabei nicht nur im Abstrakten. Für die Gestalt der sozialen Ordnung folge daraus, dass diese »*den Eigenwert des Menschen*« achten müsse. Sie dürfe ihn »*niemals zum bloßen Mittel zur Erreichung eines Zweckes erniedrigen, sei es eines Mitbürgers, sei es der Gemeinschaft selbst*«. Mehr noch: Die »*Würde der Person*« sei nicht nur Kernelement einer ethischen Fundierung der neuen Ordnung, nicht nur rechtsethisches Postulat. Sie umschließe auch konkrete »*Ansprüche*«, nämlich solche »*auf Zuerkennung und Schutz von privatem Eigentum überhaupt und auf Sicherung eines gewissen tatsächlichen Mindesteinkommens*«. Kurz: »*Die Personwürde*« begründe »*also bestimmte Grundrechte des Menschen*«.

Zurückhaltender äußerte sich dagegen Ernst Forsthoff, denn für die »*Erneuerung des Rechts*« waren seiner Auffassung nach keinesfalls »*neue Normen*« notwendig, sondern »*die Wiederherstellung von*

Ordnungen und Institutionen«. Gleichwohl verwies auch er auf das von Coing aktualisierte christliche Menschenbild. Durch dieses sei »*ein Maß gegeben*«. Forsthoff berief sich dabei auf den Schweizer Theologen Emil Brunner: Es sei zum einen »*der abgefallene, der Versuchung des ›eritis sicut deus‹ ausgesetzte Mensch, der als solcher der disziplinierenden Ordnung*« bedürfe; zudem sei es »*aber nicht weniger der durch den Kreuzestod Christi in seiner Würde wieder hergestellte Mensch, der als solcher den Anspruch auf Ehre, Achtung und Freiheit*« habe und »*nicht zum Mittel irgendwelcher, und sei es auch noch so hoher, Zwecke herabgewürdigt werden*« dürfe.[22]

3. Erste Deutungen einer verfassungsgesetzlichen Würdenorm

Bevor der Parlamentarische Rat seine Arbeit aufnahm, erfuhr schließlich eine der frühesten landesverfassungsgesetzlichen Würdenormen eine erste Interpretation und rechtsdogmatische Einordnung. Im Frühjahr 1948 hatte der Bayerische Verfassungsgerichtshof über eine Verfassungsbeschwerde zu entscheiden, in der der Beschwerdeführer rügte, durch die Nichtbehandlung einer Strafanzeige und eine bewusst unwahre Auskunftserteilung der bayerischen Justiz sei sein in der Würdenorm der Verfassung (Artikel 100) enthaltener Achtungsanspruch verletzt worden. Er behauptete, ein Staatssekretär des Justizministeriums habe die Staatsanwaltschaft angewiesen, eine Strafanzeige nicht zu verfolgen und ihren Eingang nicht zu bestätigen.

In diesem Verfahren konnte sich zeigen, ob das maßgeblich für die Deutung und Anwendung der bayerischen Würdenorm zuständige Gericht der Forderung Hans Nawiaskys, des Urhebers der Norm, nachkam, sie nicht nur als pathetische Formel, sondern als eine im realen Rechtsleben relevante Bestimmung zu verstehen. Nawiasky hatte ja während der Beratungen der bayerischen Verfassung argumentiert, ein solcher Satz von der Würde des Menschen sage ganz deutlich, dass »*in der ganzen Staatstätigkeit dieses Gut der Würde [...] entsprechend richtunggebend*« sei. Und zwei Jahre später hatte er in einer ersten Kommentierung der bayerischen Verfassung noch zusätzlich erläutert, wie er dies gemeint hatte: Der Würdeartikel der bayerischen Verfassung habe eine »*eminent praktische Bedeutung, insofern er die Legitimation zur Ergreifung von Rechtsschutzmit-*

teln, z. B. der Verfassungsbeschwerde« gewähre; er könne aber auch bei der Ausfertigung der Gesetze als »*Verweigerungsgrund*« geltend gemacht werden. Nawiaskys Kernaussage war: »*Der Natur der Sache nach handelt es sich um ein Menschenrecht*«.

Der Verfassungsgerichtshof verstand diese Norm tatsächlich in diesem Sinne. Er griff eben jenen Satz Nawiaskys ausdrücklich auf, wonach das Gut der Würde der menschlichen Persönlichkeit in der »*ganzen Staatstätigkeit richtunggebend sein*« solle. Dies sei der Zweck der Norm, der aber wiederum nur erreicht werden könne, »*wenn Art. 100 nicht als programmatische Erklärung, sondern als bindender Rechtssatz aufgefasst*« werde, »*der sämtliche Staatsorgane zu einem entsprechenden Verhalten*« verpflichte; im Übrigen gehe sein »*zwingender Charakter*« aber auch »*aus der Formulierung als Muß-Vorschrift (›ist‹ zu beachten) hervor*«.

Sodann deutete der Gerichtshof die Norm wertetheoretisch: Wörtlich führte er zu ihrem Tatbestand aus: »*Der Mensch als Person ist Träger höchster geistig-sittlicher Werte und verkörpert einen sittlichen Eigenwert, der unverlierbar und auch jedem Anspruch der Gemeinschaft, insbesondere allen rechtlichen und politischen Zugriffen des Staates und der Gesellschaft gegenüber eigenständig und unantastbar ist. Würde der menschlichen Persönlichkeit ist dieser innere und zugleich soziale Wert- und Achtungsanspruch, der dem Menschen um dessentwillen zukommt.*«

Was aber sollte konkret aus diesem Verständnis der Norm folgen? Welche Konsequenzen hatte ein solcher verfassungsgesetzlicher Schutz eines »*inneren und zugleich sozialen Wert- und Achtungsanspruchs*«? Im Ergebnis wohl eine Art allgemeines Persönlichkeitsrecht, das auch gerichtlich durchsetzbar sein sollte. Die entscheidende Passage des Urteils lautete: »*Art. 100 der Verfassung zeichnet für alle Rechtsgebiete eine einheitliche bindende Richtlinie vor, nach der sich alle Spezialtatbestände des Persönlichkeitsrechts auszurichten haben. Er begründet zugleich ein subjektives öffentliches Recht des einzelnen auf ein Verhalten der vollziehenden Organe ihm gegenüber, das der Rechtsnorm des Art. 100 der Verfassung entspricht. Der Träger eines höchsten sittlichen Wertes, der Würde der menschlichen Persönlichkeit, muß auch selbst berufen sein, ihn gegenüber rechtswidrigen Eingriffen des Staates durchzusetzen. Dafür ist ihm der Rechtsschutz der Verfassungsbeschwerde an die Hand gegeben.*«

Das Problem, den Tatbestand der Würdenorm damit sehr weit

und abstrakt gefasst zu haben, blieb aber bestehen. Der Gerichtshof erkannte dies zwar, rechtfertigte sich jedoch mit dem Argument, der »*Mangel einer festumrissenen Begrenzung des gesetzlichen Tatbestandes*« sei eben »*mit der Übernahme von Werten der Sittlichkeit in die Rechtswelt notwendig verbunden*« und hindere »*nicht die Annahme einer zwingenden Rechtsnorm und eines daraus entspringenden subjektiven Rechts*«; ihre »*nähere Konkretisierung unter dem vom Gesetzgeber angegebenen Gesichtspunkt*« sei dann »*Aufgabe der Rechtsprechung*«.

Für diese Konkretisierung gab er lediglich eine Differenzierung vor: die zwischen der Würde eines konkreten Menschen und der Würde als solcher. Für die Annahme einer Würdeverletzung, so das Gericht, müsse »*eine Beeinträchtigung des Persönlichkeitswertes derart vorliegen, daß über die Auswirkung für den Betroffenen selbst hinaus die menschliche Würde als solche ohne Berücksichtigung der Einzelperson getroffen*« erscheine. »*Die Anerkennung des sittlichen Grundwertes der menschlichen Würde als ›Rechtswert‹*« sei »*die Voraussetzung für die Anerkennung aller Freiheitsrechte.*«

In dem konkret zu entscheidenden Fall brauchte der Verfassungsgerichtshof diese Vorgabe jedoch nicht weiter zu thematisieren. Er war der Auffassung, dass die Verfassungsbeschwerde unzureichend begründet war und einen Sachverhalt betraf, der sich vor dem Inkrafttreten der bayerischen Verfassung ereignet hatte.

Angesichts dieser Entscheidung sah sich Hans Nawiasky, der in den Beratungen zur bayerischen Verfassung die Aufnahme der Würdenorm vorgeschlagen hatte, später dann doch sehr überrascht, obwohl er ja für eine rechtspraktische Bedeutung der Würdenorm argumentiert hatte. Er habe nämlich in keinem Augenblick an »*die Aufstellung eines zentralen Rechtsgutes als elementare Grundlage der Grundrechte*« gedacht. Problematisch fand er dies jedoch nicht. Er meinte vielmehr, seine »*bescheidene legislative politische Anregung*« habe so »*ein ungeahntes großartiges Schicksal erlebt!*«.[23]

4. Einfluss auf den Parlamentarischen Rat?

Hat der Parlamentarische Rat die Würdenorm des Grundgesetzes nun unter dem Eindruck und Einfluss etwa der Rechtsprechung und der rechtswissenschaftlichen Diskussion der unmittelbaren Nachkriegszeit sowie der schon existierenden Würdebestimmungen in den Länderverfassungen geschaffen? Darüber lässt sich nur spekulieren, auch wenn davon auszugehen ist, dass die Würdenormen, die in die Länderverfassungen Eingang gefunden hatten, sowie die Würdeargumentationen in den Entscheidungen der Gerichte sowie in den rechtswissenschaftlichen Beiträgen den Mitgliedern des Rates bekannt waren.

Eines lässt sich aber aufgrund der Materialien mit Sicherheit ausschließen – dass nämlich der Parlamentarische Rat sich in seiner Mehrheit die Vorstellung von der Menschenwürde als naturrechtlichem Grund des positiven Rechts, die ja durchaus in der wissenschaftlichen Diskussion jener Zeit verbreitet war, zu eigen machte und im Grundgesetz zum Ausdruck bringen wollte.

Allerdings springen zwei Gemeinsamkeiten ins Auge. Die Rede von der Würde des Menschen diente nämlich auch im Parlamentarischen Rat dazu, eine Haltung gegenüber den nationalsozialistischen Verbrechen zu artikulieren. Ohne Zweifel gab es in jenen Jahren nicht wenige, die Berichte über Konzentrationslager, Folter und Mord nicht mehr hören und die nationalsozialistischen Verbrechen am liebsten verdrängen, ja vergessen wollten. Doch viele, die sich nach Kriegsende am Aufbau einer neuen politischen und rechtlichen Ordnung beteiligten, dachten anders. Angesichts des vorausgegangenen »Zivilisationsbruchs« hielten sie es für angemessen, sich dieser Hypothek der Vergangenheit zu stellen, sie gerade nicht zu verschweigen und zu übergehen. Die Rede von der Würde des Menschen bot ihnen dabei die Möglichkeit, das – wie man es in jener Zeit ausdrückte und wohl auch empfand – Dämonische und Apokalyptische des Nationalsozialismus zu benennen und sich zugleich davon in komprimierter wie unmissverständlicher Form zu distanzieren.

Ebenso – und dabei handelt es sich um die zweite Gemeinsamkeit – entsprang dieser auf die unmittelbare Vergangenheit ausgerichteten Wendung von der Würde des Menschen ein Versprechen für die Zukunft: Die Würde des Menschen, ihre Achtung und ihre Sicherung, wurde zu einem zentralen Gebot erhoben, zu einer fundamentalen Verpflichtung der neu zu schaffenden politischen und rechtlichen Ordnungen. Ein solches Versprechen erlaubte gewiss nicht, sich von den schweren Lasten der Vergangenheit zu befreien; diese Lasten ließen sich mit ihm aber wohl etwas leichter tragen.[24]

III. Allgemeine Erklärung der Menschenrechte

Die Entscheidung des Parlamentarischen Rates, das Grundgesetz mit einer Norm beginnen zu lassen, die von der Würde des Menschen sprach, stand nicht nur in einem nationalen Kontext. Zu diesem Zeitpunkt existierten auch schon zahlreiche völkerrechtliche Dokumente, die ähnliche Bestimmungen enthielten. So begründete im Dezember 1948 die Generalversammlung der Vereinten Nationen ihren Beschluss einer »Allgemeinen Erklärung der Menschenrechte« unter anderem damit, dass

- »*die Anerkennung der angeborenen Würde und der gleichen und unveräußerlichen Rechte aller Mitglieder der Gemeinschaft der Menschen die Grundlage von Freiheit, Gerechtigkeit und Frieden in der Welt*« bilde,
- »*die Nichtanerkennung und Verachtung der Menschenrechte zu Akten der Barbarbei geführt*« und diese Akte »*das Gewissen der Menschheit mit Empörung*« erfüllt hätten und
- »*die Völker der Vereinten Nationen in der Charta ihren Glauben an die grundlegenden Menschenrechte, an die Würde und den Wert der menschlichen Person und an die Gleichberechtigung von Mann und Frau erneut*« bekräftigten.

Darüber hinaus legte die Generalversammlung fest, dass

- jeder »*als Mitglied der Gesellschaft das Recht auf soziale Sicherheit*« habe,
- zudem einen Anspruch darauf, »*durch innerstaatliche Maßnahmen und internationale Zusammenarbeit sowie unter Berücksichtigung der Organisation und der Mittel des Staates in den Genuß der wirtschaftlichen, sozialen und kulturellen Rechte zu gelangen, die für seine Würde und die freie Entwicklung seiner Persönlichkeit unentbehrlich*« seien, und ebenfalls
- jedem, der arbeite, das »*Recht auf gerechte und befriedigende Entlohnung*« zustehe, einer Entlohnung, »*die ihm und seiner Familie eine der menschlichen Würde entsprechende Existenz*« sichere.

Die Allgemeine Erklärung der Menschenrechte war auch nicht das erste völkerrechtliche Dokument, das Normen enthielt, die von der

Würde des Menschen handelten. Drei Jahre zuvor, im November 1945, war der Organisation der Vereinten Nationen für Erziehung, Wissenschaft und Kultur, der UNESCO, eine Verfassung gegeben worden. Darin erklärten die unterzeichnenden Regierungen im »*Namen ihrer Völker*«, dass

- »*der große und schreckliche Krieg, der soeben zu Ende gegangen*« sei, »*nur dadurch möglich wurde, daß das demokratische Ideal der Würde, der Gleichheit und der gegenseitigen Achtung des Menschen verleugnet wurde, um an seine Stelle, unter Ausbeutung von Unwissenheit und Vorurteilen, die Lehre von der Ungleichheit der Rassen und der Menschen zu setzen*«, und
- eine »*weite Ausbreitung der Kultur und Erziehung aller zur Gerechtigkeit, Freiheit und Friedfertigkeit für die Würde des Menschen unerlässlich*« sei.

Wiederum nur wenige Monate früher, im Juni 1945, also einen Monat nach dem Kriegsende in Europa, hatten die Vereinten Nationen sich in ihrem Gründungsdokument, der UN-Charta, als fest entschlossen erklärt,

- »*künftige Geschlechter vor der Geißel des Krieges zu bewahren, die zweimal zu unseren Lebzeiten unsagbares Leid über die Menschen gebracht*« habe, sowie
- den »*Glauben an die Grundrechte des Menschen, an Würde und Wert der menschlichen Persönlichkeit, an die Gleichberechtigung von Mann und Frau sowie von allen Nationen, groß oder klein, erneut zu bekräftigen*«.

Und schließlich: Auch schon *vor* Ende des Zweiten Weltkrieges war in einem internationalen Dokument von der Würde des Menschen die Rede. So postulierte die Internationale Arbeitsorganisation in ihrer im Mai 1944 beschlossenen Erklärung über ihre Ziele und Zwecke, dass »*alle Menschen, ungeachtet ihrer Rasse, ihres Glaubens und ihres Geschlechts*«, das Recht hätten, »*materiellen Wohlstand und geistige Entwicklung in Freiheit und Würde, in wirtschaftlicher Sicherheit und unter gleich günstigen Bedingungen zu erstreben*«.[25]

»*Angeborene Würde*«, »*Würde und Wert der menschlichen Person*«, »*demokratisches Ideal der Würde*«, »*Würde des Menschen*«, »*Würde *und Wert der menschlichen Persönlichkeit*«, »*menschenwürdige Existenz*«, »*Freiheit und Würde*«: In Dokumenten des Völkerrechts waren also in den Jahren vor dem Zusammentreten des Parlamentarischen Rates schon vielfältige Würdeformeln in Gebrauch. Waren diese Formeln für den Parlamentarischen Rat aber auch von Bedeutung, und haben sie die Entstehung der Würdenorm des Grundgesetzes beeinflusst? Bekannt war den Mitgliedern des Rates auf jeden Fall ein Entwurf der Menschenrechtserklärung von Oktober 1947, der ihnen als Drucksache vorlag. Er war in der »Neuen Zeitung« erschienen, die von der amerikanischen Information Control Division herausgegeben wurde. Aus Äußerungen von Mitgliedern des Parlamentarischen Rates lässt sich zudem schließen, dass sie von den Arbeiten an einer Allgemeinen Rechteerklärung wussten.[26]

Aber nochmals: In welcher Weise können die Allgemeine Erklärung der Menschenrechte und ähnliche Dokumente tatsächlich Einfluss genommen haben auf die Entscheidung des Parlamentarischen Rates, die von ihm zu schaffende Verfassung mit einer Würdenorm einsetzen zu lassen? In der Literatur finden sich dazu ganz verschiedene Antworten: Die Rechteerklärung bzw. ihre Vorentwürfe hätten eine Vorbildfunktion gehabt. Von ihr sei sogar ein unmittelbarer Einfluss ausgegangen. Mit ihrer Hilfe sei der Durchbruch bei den Beratungen gelungen, eine entsprechende Bestimmung an der Spitze des Grundgesetzes zu platzieren. Nicht zuletzt: Aus dem internationalen Entstehungskontext lasse sich sogar ableiten, dass die Würdenorm als präzedenzlose und absolute Garantie interpretiert werden müsse. Um zu klären, welche dieser Einschätzungen zutreffend oder zumindest plausibel sind, ist ein genauerer Blick auf die Vorgänge zu werfen, die zum Beschluss einer Allgemeinen Erklärung der Menschenrechte geführt haben.[27]

1. Entwürfe aus UN-Gremien

Schon einer der ersten Entwürfe einer internationalen Charta der Menschenrechte, der im Juni 1947 verfasste »*Draft Outline of an International Bill of Human Rights*«, sprach von der Würde des Menschen. Die Verfasser dieses nach John P. Humphrey, dem Leiter der Menschenrechtsabteilung des UN-Sekretariats für die Menschenrechtskommission, benannten Entwurfs schlugen vor, dass die Präambel der Erklärung folgendenPassus enthalten sollte: »*Solange der*

Krieg oder die Kriegsgefahr nicht gebannt sind, kann es keine menschliche Freiheit oder Würde geben [That there can be no human freedom or dignity unless war and the threat of war are abolished].« Zudem hieß es an anderer Stelle: »*Sklaverei und Zwangsarbeit sind mit der Würde des Menschen unvereinbar und daher durch diese Charta der Rechte verboten. [Slavery and compulsory labor are inconsistent with the dignity of man and therefore prohibited by this Bill of Rights.]*«

Die Charta der Vereinten Nationen war der Grund, warum in jenen Jahren UN-Gremien überhaupt eine Allgemeine Erklärung der Menschen auszuarbeiten begannen. Die Charta ordnete nämlich an, Untersuchungen zu veranlassen und Empfehlungen abzugeben, um »*zur Verwirklichung der Menschenrechte und Grundfreiheiten für alle ohne Unterschied der Rasse, des Geschlechts, der Sprache oder der Religion beizutragen*«. Entsprechend wurde der Wirtschafts- und Sozialrat der Vereinten Nationen ermächtigt, Empfehlungen auszusprechen, »*um die Achtung und Verwirklichung der Menschenrechte für alle zu fördern*«. Zudem erhielt dieser Rat den Auftrag, eine Kommission zur »*Förderung der Menschenrechte*« einzusetzen. Diesem Auftrag kam er auch nach: Im Februar 1946 nahm die *Commission on Human Rights* ihre Arbeit auf und legte ein gutes Jahr später den genannten »Humphrey-Entwurf« vor.

Dieser »Humphrey-Entwurf« war auch nicht der einzige, in dem Wendungen von der Würde des Menschen auftauchten. In zahlreichen anderen Entwürfen jener Zeit stachen ebenfalls solche Wendungen hervor, so etwa in den »*Empfehlungen, die durch den Vertreter Frankreichs für die Artikel der Internationalen Erklärung der Menschenrechte eingereicht wurden [Suggestions Submitted by the Representative of France for Articles of the International Declaration of Human Rights]*.« Verantwortlich für diese Empfehlungen war René Cassin, der Repräsentant Frankreichs in jener *Kommission für Menschenrechte*. In ihnen hieß es: »*1. Ignoranz und Missachtung der Menschenrechte gehören zu den wesentlichen Ursachen für die Leiden der Menschheit, insbesondere für die Massaker der beiden Weltkriege, die die Erde beschmutzt haben; 2. Frieden kann es nur geben, wenn die Rechte und Freiheiten der Menschen respektiert werden, und, umgekehrt, solange der Krieg und die Kriegsgefahr nicht beseitigt sind, können menschliche Freiheit und Würde nicht respektiert werden; 3. Als Hauptziel des jüngsten Konfliktes wurde proklamiert, dass die Menschen Rede- und Religionsfreiheit und die Freiheit von Furcht und*

Entbehrung genießen; 4. In der Charta vom 26. Juni 1945 haben wir unseren Glauben an die grundlegenden Menschenrechte, an die Würde und den Wert der menschlichen Person sowie an die Gleichberechtigung zwischen Mann und Frau erneut bestätigt. [*1. Ignorance and contempt of human rights have been among the principal causes of the sufferings of humanity and particularly of the massacres which have polluted the earth in two world wars; 2. There can be no peace unless human rights and freedoms are respected and, conversely, human freedom and dignity cannot be respected as long as war and threat of war are not abolished; 3. It was proclaimed as the supreme aim of the recent conflict that human beings should enjoy freedom of speech and worship and be free from fear and want; 4. In the Charter of June 26 1945 we reaffirmed our faith in fundamental human rights, in the dignity and worth of the human person and in the equal rights of men and woman*].«

Als Artikel 1 der Menschenrechtserklärung schlug Cassin dann vor: »*Als Mitglieder einer Familie sind alle Menschen frei, sie besitzen gleiche Würde und Rechte, und sie sollen sich als Brüder betrachten. [All men, being members of one family, are free, possess equal dignity and rights, and shall regard each others as brothers].*« Und ähnlich wie im »Humphrey-Entwurf« wurde das Verbot der Sklaverei mit ihrer Würdewidrigkeit begründet: »*Sklaverei*«, so hieß es knapp und klar, »*ist mit der Menschenwürde unvereinbar und daher verboten.* [*Slavery, being inconsistent with human dignity, is prohibited*].«

Das *Komitee der Menschenrechtskommission für die Erarbeitung von Vorschlägen für Artikel einer internationalen Erklärung der Menschenrechte*, das *Drafting Committee*, übernahm dann Teile dieses »*Cassin-Entwurfs*«. So war insbesondere Artikel 1 der Vorschläge dieses Komitees stark an die entsprechende Bestimmung im »*Cassin-Entwurf*« angelehnt: Er lautete: »*Alle Menschen sind Brüder. Ausgestattet mit Vernunft und Gewissen, sind sie Mitglieder einer Familie. Sie sind frei und besitzen gleiche Würde und Rechte.* [*All men are brothers. Being endowed with reason and conscience, they are members of one family. They are free, and possess equal dignity and rights.*]« Das Sklaverei-Verbot wurde sogar fast wörtlich übernommen: »*Sklaverei*«, so hieß es jetzt, »*welche unvereinbar mit der Würde des Menschen ist, ist in all ihren Formen verboten.* [*Slavery which is inconsistent with the dignity of man, is prohibited in all its forms.*]«

Nachdem das *Drafting Committee* seinen Entwurf der Menschenrechtskommission vorgelegt hatte, ging die Kommission nun daran, einen eigenen Entwurf auszuarbeiten. Dabei wurde Artikel 1 dieses im Dezember 1947 in Genf beschlossenen Textes von der Kommission wiederum leicht modifiziert. Dieses Mal lautete die Bestimmung: »*Alle Menschen sind frei und gleich an Würde und Rechten geboren. Sie sind von Natur aus mit Vernunft und Gewissen begabt, und sie sollen einander wie Brüder begegnen.* [*All men are born free and equal in dignity and rights. They are endowed by nature with reason and conscience, and should act towards one another like brothers.*]« Geringfügig verändert wurde zudem die Bestimmung über das Verbot der Sklaverei: »*Sklaverei, in all ihren Formen mit der Würde des Menschen unvereinbar, soll durch Gesetz verboten sein.* [*Slavery, in all its forms, being inconsistent with the dignity of man, shall be prohibited by law.*]« Neu war in diesem Entwurf allerdings, dass im Zusammenhang mit dem Verbot der Folter von »*Erniedrigung*« die Rede war: »*Niemand*«, so hieß es, »*soll der Folter oder grausamer oder unmenschlicher Bestrafung oder Erniedrigung unterworfen sein.* [*No one shall be subjected to torture, or to cruel or inhuman punishment or indignity.*]«

Rund ein halbes Jahr später, im Juni 1948, kam bei einer Sitzung der Menschenrechtskommission in Lake Success im Staat New York wiederum ein neuer Entwurf zustande. Die Menschenrechtskommission verabschiedete dort ihren *Lake Success Draft*. Dieser Entwurf enthielt – anders als alle Vorgänger – eine Einleitung, die schon sehr der späteren Präambel der Allgemeinen Erklärung der Menschenrechte ähnelte. Sie lautete: »*DA die Anerkennung der allen Mitgliedern der menschlichen Familie innewohnenden Würde und der gleichen und unveräußerlichen Rechte die Grundlage für Freiheit, Gerechtigkeit und Frieden in der Welt ist und DA die Nichtanerkennung und Verachtung der Menschenrechte vor und während des Zweiten Weltkrieges zu Akten der Barbarei geführt haben, die das Gewissen der Menschheit mit Empörung erfüllten, wurde klar, dass die grundlegenden Freiheiten eines der Hauptthemen des Konfliktes waren, und DA es notwendig ist, die Menschenrechte durch die Herrschaft des Rechts zu schützen, damit der Mensch nicht gezwungen ist, als letztes Mittel zum Aufstand gegen Tyrannei und Unterdrückung zu greifen, und DA die Völker der Vereinten Nationen in der Charta beschlossen haben, ihren Glauben an die grundlegenden Menschenrechte und an die Würde und den Wert der menschlichen Person erneut zu bekräftigen und den sozialen Fortschritt und bessere Lebensbedingungen in größerer Freiheit zu fördern […], verkündet nun die Generalversammlung diese Allgemeine Erklärung der Menschenrechte.* [*WHEREAS recognition of the inherent dignity and of the equal and inalienable rights of all members of the human family is the foundation of freedom, justice and peace in the world, and WHEREAS disregard and contempt for human rights resulted, before and during the Second World War, in barbarous acts which outraged the conscience of mankind and made it apparent that the fundamental freedoms were one of the supreme issues of the conflict, and WHEREAS it is essential, if mankind is not to be compelled as a last resort to rebel against tyranny and oppression, that human rights should be protected by a regime of law, and WHEREAS the peoples of the United Nations have in the Charter determined to reaffirm faith in fundamental human rights, and in the dignity and worth of the human person and to promote social progress and better standards of life in larger freedom […], now therefore the General Assembly proclaims this Declaration of Human Rights.*]« Artikel 1 wurde wiederum gegenüber seinen Vorgänger-Fassungen abgewandelt. Jetzt hieß es: »*Alle Menschen sind frei und gleich an Würde und Rechten geboren. Sie sind von Natur aus mit Vernunft und Gewissen begabt und sollen einander im Geist der Brüderlichkeit begegnen.* [*All human beings are born free and equal in dignity and rights. They are endowed by nature with reason and conscience, and should act towards one another in a spirit of brotherhood.*]« Auffällig ist, dass hier in den Bestimmungen über das Verbot der Sklaverei und der Folter die Worte »*Würde*« sowie »*Erniedrigung*« nicht mehr verwendet wurden.

Diesen *Lake Success Draft* legte die Menschenrechtskommission sodann dem Wirtschafts- und Sozialrat der Vereinten Nationen vor, der ihn wiederum an die Generalversammlung weiterleitete. Der von ihr eingesetzte dritte Ausschuss beriet über diesen Entwurf und beschloss im Dezember 1948 den *Third Committee Draft*. In diesen Entwurf ging dann die nur mit wenigen Änderungen versehene Präambel des *Lake Success-Entwurfs* ein, vor allem aber dessen Artikel 1.

Jedoch *eine* nennenswerte Neuerung enthielt dieser *Third Committee Draft*. In den Bestimmungen über soziale Sicherheit und Entlohnung tauchten nun ebenfalls Sätze mit Wendungen von der Würde des Menschen auf. So hieß es in Artikel 20: »*Jeder hat als Mitglied der Gesellschaft das Recht auf soziale Sicherheit und einen Anspruch darauf, durch innerstaatliche Maßnahmen und internatio-*

nale Zusammenarbeit sowie unter Berücksichtigung der Organisation und der Mittel jedes Staates in den Genuss der wirtschaftlichen, sozialen und kulturellen Rechte zu gelangen, die für seine Würde und die freie Entwicklung seiner Persönlichkeit unentbehrlich sind. [*Everyone, as a member of society, has the right to social security and is entitled to the realization through national effort and international cooperation, and in accordance with the organization and resources of each State, of the economic, social and cultural rights indispensable for his dignity and the free development of his personality.*]« Und Artikel 21 legte fest: »*Jeder, der arbeitet, hat das Recht auf gerechte und auskömmliche Entlohnung, die seiner Familie und ihm eine der menschlichen Würde entsprechende Existenz sichert, gegebenenfalls ergänzt durch andere soziale Schutzmaßnahmen.* [*Everyone who works has the right to just and favorable remuneration insuring for his family and himself an existence worthy of human dignity and supplemented, if necessary, by other means of social protection.*]«[28]

2. Inoffizielle und private Stellungnahmen und Entwürfe

Die in den zahlreichen Entwürfen zum Ausdruck kommende Idee einer völkerrechtlichen Rechteerklärung mit Normen, die den Gedanken von der Würde des Menschen auch textlich sichtbar machten, trat indessen nicht erst auf, als sich die Vereinten Nationen zur Verwirklichung der Menschenrechte verpflichtet und dazu eine Menschenrechtskommission eingesetzt hatten. Die Idee war schon deutlich früher verbreitet, wie nicht wenige Äußerungen und Stellungnahmen von Privatpersonen und nichtstaatlichen Organisationen der frühen vierziger und sogar schon der dreißiger Jahre des vergangenen Jahrhunderts belegen.

Schon kurz nach dem »Blitzkrieg« und der deutschen Besetzung Frankreichs veröffentlichten in den USA namhafte amerikanische und europäische Intellektuelle, darunter Hermann Broch und Thomas Mann, eine »*Erklärung zur Weltdemokratie* [*Declaration on World Democracy*]«. Diese Deklaration war anlässlich einer *City of Man Conference* in Atlantic City (New Jersey) entstanden, die der Schwiegersohn Thomas Manns, Giuseppe Borgese, einberufen hatte und deren Konzept bereits Ende der dreißiger Jahre entwickelt worden war. In diesem Dokument bezeichneten die Autoren die

Demokratie als würdegemäße Form antitotalitärer nationaler und internationaler Politik, betrachteten die Menschenwürde aber zugleich angewiesen auf den Schutz durch das Recht. Die insoweit zentralen Passagen dieser Deklaration lauteten: »*Die universelle und reine Demokratie ist die Grundlage der Freiheit und des Lebens, welche die Würde des Menschen der Sklaverei und dem geistigen Tod in einer totalitären Autokratie entgegenstellt. Kein anderes System kann der Würde des Menschen entsprechen, denn allein die Demokratie vereint die grundlegenden Merkmale des Rechts, der Gleichheit und der Gerechtigkeit.*[*Universal and total democracy is the principle of liberty and life which the dignity of man opposes to the principle of slavery and spiritual death represented by totalitarian autocracy. No other system can be proposed to the dignity of man, since democracy alone combines the fundamental characteristics of law, equality, and justice.*]« Sodann heißt es: »*Die Befürworter der totalitären Philosophie sagten, daß ›alles im Staat, nichts gegen den Staat und nichts außerhalb des Staates sein darf‹. Die Demokratie lehrt, dass alles in der Humanität und nichts gegen die Humanität sein darf. Die Diktatur der Humanität auf der Basis eines Rechts, das die Menschenwürde schützt, ist die einzige Regel, von der wir für uns und für die gefallenen Nationen Leben und Auferstehung erwarten dürfen.* [*The teachers of totalitarian philosophy have said that ›everything must be within the state, nothing against the state, nothing outside the state‹. Democracy teaches that everything must be within humanity, nothing against humanity, nothing outside humanity. The dictatorship of humanity, on the basis of a law for the protection of human dignity, is the only rule from which we may hope for life for ourselves and resurrection for the nations that have fallen*].«

Mitverantwortlich für diese Deklaration war offenbar der mitunterzeichnende österreichische Schriftsteller Hermann Broch, der schon 1937 eine »*Völkerbund-Resolution*« geschrieben und diese auch Thomas Mann zugesandt hatte. Broch hatte darin aufgrund des sehr »*innigen Zusammenhang(s)*« von »*Friede und Menschenwürde*« gefordert, dass der Völkerbund sich »*zum unbedingten Hüter und Schützer der menschlichen Würde und ihrer Unantastbarkeit*« erklären müsse. In Fragen, »*welche die menschliche Würde*« berührten, dürfe es »*keine innerstaatliche Autonomie*« geben. Der Völkerbund müsse deshalb von seinen Mitgliedern verlangen, die »*unbedingte Achtung vor der menschlichen Persönlichkeit und vor der Absolutheit menschlicher Würde als regulatives Prinzip in ihren Verfassungen*« zu verankern. Broch forderte sogar, der Völkerbund dürfe sich nicht auf die direkte Kriegsverhinderung beschränken. Er müsse darüber hinaus alles »*als Verbrechen*« behandeln, »*was gegen die absolute Würde des Menschen*« verstoße, »*also eine Vergewaltigung der natürlichen humanen Rechte*« bedeute.

Zwei Jahre später, 1939, schrieb Broch zudem noch den Text »Zur Diktatur der Humanität innerhalb einer totalen Demokratie«. Dort formulierte er ein »*Gesetz zum Schutz der Menschenwürde*« aus, das aus einer umfangreichen Strafrechtsnorm bestand. Selbst nach Ende des Krieges ließen seine Aktivitäten nicht nach. 1946 verfasste er »Bemerkungen zur Utopie einer ›International Bill of Rights and of Responsibilities‹«, die er an Eleanor Roosevelt schickte, die Witwe des inzwischen verstorbenen amerikanischen Präsidenten, die ab 1946 als Vorsitzende der Menschenrechtskommission der Vereinten Nationen amtierte und die Entstehung der Allgemeinen Erklärung der Menschenrechte stark beeinflusste. Broch betonte in diesen »Bemerkungen«, es gehe nun um »*einen gesetzlichen Schutz der Menschenwürde selber*«. Der »*konkrete Bürger*« sei »*nicht nur, wie es in der Bill of Rights*« geschehe, »*vor Übergriffen der Staatsbehörden, sondern auch vor Anschlägen des Nebenbürgers*« zu bewahren. Werde die »*Würde des konkreten Menschen Schädigungen durch Nebenmenschen ausgesetzt, so [werde] mittelbar auch der Staat als demokratische Institution geschädigt*« und, umgekehrt, »*werde diese mittelbar geschützt*«, »*wenn des konkreten Menschen Würde unter wirksamen Schutz gestellt*« werde. Dieser Schutz verlange allerdings ein »*rasch wirkendes, verlässliches Instrument in der Hand demokratischer Staaten*«. Broch dachte dabei an »*ein internationales Gericht (das z. B. dem in Haag anzuschließen wäre)*«. Das Gericht, so stellte sich Broch vor, sollte dann Verstöße gegen das von ihm ausgearbeitete »*Gesetz zum Schutz der Menschenwürde*« verfolgen und ahnden.

Dass überhaupt, vor allem seit Beginn der vierziger Jahre, Privatpersonen und nichtstaatliche Organisationen über die Idee einer internationalen Rechteerklärung nachdachten und sich für deren Umsetzung engagierten, dürfte maßgeblich auf die »*Four-Freedom-Speech*« Roosevelts zurückzuführen sein. In einer im Januar 1941 vor dem Kongress gehaltenen Rede hatte dieser von einer Welt gesprochen, die auf »*vier unverzichtbare menschliche Freiheiten gegründet [founded upon four essential human freedoms]*« sei: »*Die Rede- und*

Ausdrucksfreiheit, die Freiheit jedes Menschen, Gott auf seine eigene Art und Weise anzubeten, die Freiheit von Not und die *Freiheit von Angst* [*freedom of speech and expression, freedom of every person to worship God in his own way, freedom from want, freedom from fear*]«. Wenn ein amtierender US-Präsident eine solch programmatische Erklärung abgab, schien die Zeit für eine internationale Rechteerklärung offenbar günstig zu sein.

Über das tatsächliche Ausmaß der nichtstaatlichen Bemühungen um eine internationale Rechteerklärung, die nach Roosevelts Rede einsetzten, gibt eine Bemerkung John P. Humphreys Aufschluss, des schon erwähnten Leiters der Menschenrechtsabteilung des Sekretariats der Vereinten Nationen für die Menschenrechte. Auf die Frage, welche Texte und Entwürfe er bei der Ausarbeitung seines eigenen Entwurfs herangezogen habe, antwortete er: »*Einer war von Gustavo Gutierrez vorbereitet worden und hat wahrscheinlich den Entwurf einer Erklärung der internationalen Rechte und Pflichten des Individuums, den Kuba zur San-Francisco-Konferenz eingebracht hat, inspiriert. Außerdem gab es von Irving A. Isaacs, von Rev. Wilfred Parsonas, S.J., Rollin McNitt und von einem Komitee unter Vorsitz von Viscount Sankey vorbereitete Texte, die im Rahmen einer öffentlichen Debatte im Daily Herald entstanden waren. Einer war von Professor Lauterpacht und ein anderer von H. G. Wells vorbereitet worden. Darüber hinaus kamen Texte vom American Law Institute, von der American Association for the United Nations, dem American Jewish Congress, der World Government Association, dem Institut de droit international sowie den Herausgebern der Free World. Die American Bar Association hatte eine Aufzählung von Themen übersandt.* [*One of them had been prepared by Gustavo Gutierrez and had probably inspired the draft declaration of the international duties and rights of the indvidual which Cuba had sponsered at the San Francisco Conference. There were also texts prepared by Irving A. Isaacs, by the Rev. Wilfred Parsonas, S.J., by Rollin McNitt and by a committee chaired by Viscount Sankey after a public debate conducted in retain by the Daily Herald. One had been prepared by Professor Lauterpacht and another by H. G. Wells. Still others came from the American Law Institute, the American Association for the United Nations, the American Jewish Congress, the World Government Association, the Institut de droit international and the editors of Free World. The American Bar Association had sent in an enumeration of subjects*].«

Bemerkenswert ist, wie sehr in diesen Entwürfen die Rede von der Würde des Menschen verbreitet war. Dazu einige Beispiele. 1945 veröffentlichte der von Humphrey schon erwähnte britische Völkerrechtler Hersch Lauterpacht mit Unterstützung des American Jewish Committee eine *Internationale Charta der Menschenrechte* [*International Bill of the Rights of Man*]. Darin schlug er eine Präambel mit folgender Passage vor: »*Da die Inthronisierung der Menschenrechte von den Vereinten Nationen als Ziel der Kriegsführung verkündet wurde; […]. Da die Menschenwürde, die Bestimmungen der Gerechtigkeit und die Grundlagen der sozialen Solidarität in der modernen Gesellschaft voraussetzen, dass niemand an unverschuldeter Not leidet und der Staat effektiv das Recht auf Arbeit unter angemessenen Arbeitsbedingungen, auf Bildung und auf soziale Sicherheit schützt, […] nehmen die Vereinten Nationen nun diese internationale Erklärung der Menschenrechte an.* [*Whereas the enthronement of the rights of man has been proclaimed to be the purpose of the war waged by the United Nations; […] Whereas the dignity of man, the dictates of justice, and the principles of social solidarity in modern society require that no person shall suffer undeserved want and that the state shall safeguard effectively the right to work under proper conditions of employment, to education, and to social security, […] the United Nations of the World now adopt this International Bill of the Rights of Man.*]«

Ein weiteres Beispiel: Die Schrift *Die Rechte des Menschen und das Naturrecht* [*The Rights of Man and Natural Law*] des französischen Philosophen Jacques Maritain, die 1943 erstmals erschien. Maritain, der nach 1945 Botschafter Frankreichs beim Vatikan wurde und ab 1948 als Professor in Princeton tätig war, führte das Naturrecht darauf zurück, dass allen Menschen eine gemeinsame Natur, eine Würde, eigne und diese bei allen Menschen dieselbe sei. Diese Würde meine dabei nichts anderes, als dass der Mensch Anspruch auf Achtung habe und Rechte besitze, die auf nichts anderem als auf dem Faktum beruhten, dass er ein Mensch sei: »*Die Würde des Menschen? Der Ausdruck bedeutet nichts, wenn nicht der Mensch, auf der Grundlage des Naturrechts, das Recht hat, respektiert zu werden, Rechtssubjekt zu sein und Rechte zu besitzen. Es gibt Dinge, die dem Menschen geschuldet sind, gerade weil er Mensch ist.* [*The dignity of the human person? The expression means nothing if it does not signify that by virtue of natural law, the human person has the right to be respected, is the subject of rights, possesses rights.*

There are things which are owed to man because of the very fact that he is man.]« In der 1947 veröffentlichten Schrift »*Christianisme et Démocratie*« ließ er dann keine Zweifel, dass es ihm dabei um die Würdevorstellung eines christlichen Naturrechts ging. Unter dem »*in der Geschichte wirksamen Einfluss des Evangeliums*«, so Maritain, habe »*weltliches Denken die Würde des Volkes und die Würde des menschheitlich gesehenen Menschen begriffen*«. Um »*an die Würde der Person und der Gesamtmenschheit, an die Menschenwürde und an die Gerechtigkeit, das heißt an wesentlich geistige Werte zu glauben*«, bedürfe es der »*Kräftigung und Belebung der Vernunft durch eine heroische Begeisterung und eines heroischen Glaubens, die kein anderer in der Welt wachgerufen*« habe als »*Jesus von Nazareth*«.

Ähnlich klang auch die Erklärung *Grundlegende Postulate des Judentums und des Christentums in Bezug auf die soziale Ordnung*, die auf einer Konferenz jüdischer und christlicher Theologen 1946 in Oxford beschlossen wurde. Mit ihr wurde das aus göttlicher Offenbarung abgeleitete Bekenntnis abgelegt, dass aus der göttlichen Schöpfung des Menschen auch dessen Würde, Rechte und Pflichten flössen. Die persönliche Würde [»*personal dignity*«] sei Grund eines Anspruchs wie auch einer Verpflichtung: »*Jedes Individuum besitzt einen Wert als Person und muss andere als eine solche behandeln, während ihm andere Personen und die Gemeinschaft dieselbe Behandlung zukommen lassen müssen.* [*Each individual possesses worth as person and must treat others as such, while other persons and the community must accord similar treatment to him.*]«

Ein weiteres Beispiel: Die von amerikanischen Katholiken verkündete *Erklärung der Menschenrechte. Eine von einem durch die nationale katholische Wohlfahrtskonferenz bestellten Komitee entworfene Stellungnahme*. Darin wurden die Rechte des Einzelnen mit den Worten begründet: »*Die nach dem Abbild Gottes geschaffene Würde des Menschen verpflichtet ihn dazu, im Einklang mit dem Gesetz zu leben, das ihm durch Gott auferlegt wurde. Folglich ist er als Individuum und als Mitglied der Gesellschaft mit unveräußerlichen Rechten ausgestattet.* [*The dignity of man created in the image of God, obligates him to live in accordance with law imposed by God. Consequently, he is endowed as an individual and as a member of society with rights which are inalienable.*]«

Und nicht zuletzt: Auch in der im Juli 1947 vom *UNESCO-Komitee für die theoretischen Grundlagen der Menschenrechte* erarbeiteten Studie über »*Die Gründe einer internationalen Erklärung der Menschenrechte*« wurde die Würdeformel an zentraler Stelle eingesetzt. Die Autoren hofften dabei, dass eine Reflexion des theoretischen und philosophischen Grundes der Menschenrechte für die mit der Ausarbeitung einer internationalen Rechteerklärung beauftragte Kommission des Wirtschafts- und Sozialrates der Vereinten Nationen nützlich sein könne. Die Suche nach einer »*gemeinsamen Basis zur Verständigung und zur Erklärung möglicher Ursachen der Unterschiede*« führte die Autoren zu der Erkenntnis, dass der »*Glaube an Freiheit und Demokratie*« auf dem »*Glauben an die allen Menschen innewohnende Würde*« basiere. Dementsprechend erklärte dieses Komitee: »*Die Vereinten Nationen können ihr Ziel, auf das sie sich verpflichtet haben, nur erreichen, wenn sie so handeln, dass diese Würde zunehmende Anerkennung erfährt und Schritte unternommen werden, um die Bedingungen zu schaffen, unter denen ein Mehr an Würde auf einem stetig höheren Niveau erreicht werden kann.* [*That faith in freedom and democracy is founded on the faith in the inherent dignity of men and women. The United Nations cannot succeed in the great purposes to which it is committed unless it so acts that this dignity is given increasing recognition, and unless steps are taken to create the conditions under which this dignity may be achieved more fully and at constantly higher levels.*]«[29]

3. Anlässe und Sinngehalte der Rede von der Würde des Menschen

Was waren aber nun genau Anlass und Sinn der Rede von der Würde des Menschen in der Allgemeinen Erklärung der Menschenrechte? Was lässt sich erkennen und feststellen, wenn man den Text der Erklärung betrachtet und dabei auch die zitierten Passagen und Stellen aus den zahlreichen Entwürfen der Erklärung in den Blick nimmt sowie die UN-Charta, die Verfassung der UNESCO und die einschlägigen Texte von Privatpersonen und nichtstaatlichen Organisationen, die den Kontext der Menschenrechtserklärung bildeten?

Die Rede von der Würde des Menschen wurde eingesetzt, um das ungeheuerliche Ausmaß an Humanitätsverletzungen infolge totalitärer – und dies hieß nicht nur, aber vor allem: nationalsozialistischer – Herrschaft zu benennen. Das spezifische Kennzeichen jener Herrschaft war aus Sicht derer, die die Erklärung erarbeiteten, die Missachtung der Menschenwürde durch die Nichtanerkennung von Menschenrechten. Man hoffte, so die schlüssige Folgerung, die missachtete und verletzte Würde wiederherstellen zu können, indem für die Zukunft in einem internationalen Dokument allen Menschen auf der Welt Rechte zuerkannt wurden – Rechte, auf die sich jeder Mensch sollte berufen können. Die Universalität solcher Menschenrechte sollte das Mittel zur Erneuerung der Menschenwürde sein. Den Verfassern der Erklärung war die Würde des Menschen eine Begründung und Rechtfertigung allgemein gültiger Menschenrechte, gewonnen aus der Reflexion unmittelbar erlebter gewaltgetränkter Geschichte.

War aber die Motivation der Verfasser alleine darauf beschränkt? Entsprang die Rede von der Würde des Menschen allein der Anschauung der vor allem nationalsozialistischen Verbrechen, war sie nichts anderes als eine Formel zu deren moralischer Verurteilung, gänzlich losgelöst von metaphysischen Implikationen? Oder waren auch andere Impulse im Spiel? War die Rede von der Würde nicht doch auch Ausfluss von philosophischen Lehren oder Religionen?

Dazu ein klares Nein. Dass dieses Reden von der Würde des Menschen weder philosophisch noch religiös verankert werden sollten, legt schon eine einfache Überlegung nahe: Wäre die Würde des Menschen als Begründung und Rechtfertigung universaler Menschenrechte selbst wiederum auf ein bestimmtes philosophisches oder religiöses Konzept zurückgeführt worden, etwa auf christliche, jüdische, islamische oder hinduistische, rationalistische oder materialistische Lehren, so wäre dies in einen unauflöslichen Konflikt geraten mit dem Ziel der Universalität der Erklärung. Die Verfasser repräsentierten ein denkbar weites Spektrum sehr unterschiedlicher ideologischer und philosophischer Richtungen. Entsprechend wurden auch mehrfach Vorschläge wieder zurückgezogen, die Erklärung auf Gott oder die Natur zu beziehen, unter anderem mit der Begründung, über den göttlichen Ursprung des Menschen könne man nicht abstimmen. Außerdem fehlen Anhaltspunkte dafür, dass die Initiative der UNESCO, eine philosophische Begründung der Menschenrechte zu liefern, von den Verfassern der Erklärung wahrgenommen und verarbeitet worden wäre. Und nicht zuletzt: Angesichts des Ausmaßes der nationalsozialistischen Verbrechen, angesichts dieser auch menschheitsgeschichtlich ganz exzeptionellen Gewalterfahrung bedurfte es keiner philosophischen oder religiösen Verankerung. Infolge dieser Verbrechen wirkte während der Ausarbeitung der Rechterklärung ein ausreichend starker moralischer Intuitionismus.

Abgesehen von der Begründung und Rechtfertigung universaler Menschenrechte manifestierte sich in der Rede von der Würde des Menschen aber ebenfalls noch eine wirtschafts- und sozialpolitische Zielformel, die sich nicht auf einen direkten Zusammenhang mit den unmittelbar erlebten Gewalterfahrungen zurückführen lässt. Die Bestimmungen über soziale Sicherheit und gerechte Entlohnung wurden überraschenderweise ohne breitere Debatte aufgenommen. Es ist nicht auszuschließen, dass sich hierbei Forderungen der internationalen Arbeiterbewegung niederschlugen, *diese* Rede von der Würde des Menschen daher jener Tradition zuzurechnen ist.[30]

4. Erklärung als Vorbild?

Helfen die vorstehenden Feststellungen nun, die eingangs aufgeworfene Frage zu klären, in welcher Weise und in welchem Maße die Rede von der Würde des Menschen in der Allgemeinen Menschenrechtserklärung den Parlamentarischen Rat bei seiner Entscheidung über eine Würdenorm in der Verfassung des westdeutschen Teilstaates beeinflusst hat? Wohl schon. Zunächst fallen die textlichen Übereinstimmungen ins Auge. Die Erklärung, die Würde des Menschen sei »*unantastbar*« (Artikel 1 des Grundgesetzes), ist nicht weit entfernt von einer »*Anerkennung der angeborenen Würde […] aller Mitglieder der Gemeinschaft der Menschen*« sowie der Feststellung, dass alle Menschen »*gleich an Würde*« geboren seien (Allgemeine Erklärung der Menschenrechte). Auch wurden die Beratungen zur Menschenrechtserklärung zu einem Zeitpunkt abgeschlossen, als die Arbeit des Parlamentarischen Rates noch in vollem Gange war. Die Entwürfe der Menschenrechtserklärung waren den Mitgliedern bekannt, mitunter wurde sogar ausdrücklich auf sie Bezug genommen.

Und nicht nur das. In beiden Rechtsdokumenten entstammte der Entschluss, Bestimmungen mit Wendungen von der Würde des Menschen aufzunehmen, dem gleichen Motiv. Sowohl bei den Beratungen der Menschenrechtserklärung wie auch bei denen des

Grundgesetzes diente die Bezugnahme auf die Würde des Menschen wenn nicht ausschließlich, so doch vor allem dazu, die Verbrechen des Nationalsozialismus zu benennen. Und mehr noch: In beiden Fällen war die Missachtung und Verletzung der Menschenwürde die Formel, um die nationalsozialistische Herrschaft zu erfassen und moralisch zu verurteilen. Zugleich floss daraus eine Vorgabe für die Zukunft, eine Bedingung für eine zukünftig friedliche Welt. Das Mittel, diese Bedingung zu gewährleisten, war, den Menschen »*Grundrechte*« bzw. »*unveräußerliche Rechte*« zuzusprechen. Kurzum: In Hinsicht auf den unmittelbaren historischen Anlass sowie die Begründung jener Rechte stimmte die Bezugnahme auf die Würde des Menschen im Grundgesetz mit der in der Allgemeinen Erklärung der Menschenrechte überein – wobei zudem die Verfasser der Erklärung die so motivierte Bezugnahme in ihrem Dokument schon kurze Zeit vor dem Parlamentarischen Rat zum Ausdruck gebracht hatten.

Doch sind die Präambel sowie Artikel 1 der Allgemeinen Menschenrechtserklärung daher auch als *Vorbild* für die Würdenorm des Grundgesetzes anzusehen? Die Antwort auf diese Frage muss wohl lauten: Ja und nein. Der Rechteerklärung einen bestimmten Vorbildcharakter zuzusprechen, ist gewiss nicht ganz unplausibel. Mit gleicher Stärke ist dies dann aber auch im Hinblick auf die Würdebestimmungen der deutschen Landesverfassungen zu tun, die schon vor Beginn der Beratungen des Parlamentarischen Rates als verbindliches Verfassungsrecht in Kraft gesetzt waren. Die textlichen Übereinstimmungen waren hier sogar noch größer. Und auch wenn in der Forschungsliteratur oft das Gegenteil behauptet wird: Es lässt sich nicht belegen, dass gerade die Würdebestimmungen der Allgemeinen Erklärung der Menschenrechte den »Durchbruch« in den Debatten des Rates um die Würdenorm des Grundgesetzes gebracht haben.

Bezüglich *einer* Thematik ist eine Vorbildwirkung sogar mit Sicherheit auszuschließen. Es steht zwar außer Zweifel, dass sich während der Diskussion der Entwürfe der Menschenrechtserklärung allmählich der Konsens herausbildete, die Würde des Menschen *nicht* in einem bestimmten philosophischen oder religiösen Sinne zu verstehen. Doch es fehlt, wiederum entgegen den Behauptungen in der Literatur, jeglicher Anhalt, dass *dieser* Konsens die Mitglieder des Parlamentarischen Rates bewog, auch die

Würdebestimmung des Grundgesetzes weltanschaulich im Unbestimmten zu lassen. Protokolle oder Informationen über den genauen Verlauf der Beratungen der Rechteerklärung mit den dabei diskutierten Argumenten lagen in Bonn nicht vor. Vielmehr haben die Mitglieder des Parlamentarischen Rates ihre Entscheidung, die Bedeutung der Würde des Menschen in Artikel 1 *nicht* auf eine bestimmte weltanschauliche Tradition oder Lehre auszurichten und zu fixieren, aufgrund eigenständiger Überlegungen und Argumentationen getroffen.

Schließlich ist zu betonen, dass der Parlamentarische Rat in einem nicht unwesentlichen Punkt deutlich von der Menschenrechtserklärung abgewichen ist. Dem Grundgesetz fehlen Bestimmungen zur sozialen Sicherheit und Entlohnung, in denen auf die Würde des Menschen verwiesen wird. Dies überrascht insofern, als es schon seit 1946 in mehreren Landesverfassungen entsprechende, am Vorbild der Weimarer Verfassung formulierte Bestimmungen gab. Die Abstinenz des Parlamentarischen Rates erklärt sich indessen aus seiner grundsätzlichen Entscheidung, keine sozialen Grundrechte in das zunächst als Provisorium gedachte Grundgesetz aufzunehmen.[31]

Kapitel 4: Erste Anwendungen und Deutungen

Die Würdenorm des Grundgesetzes sollte *keine* Brücke zu den vielfältigen Würdekonzepten der philosophischen und theologischen Tradition schlagen, sondern Ausdruck der Abkehr von verbrecherischer nationalsozialistischer Gewaltherrschaft sowie der Distanzierung von den Erscheinungsformen bolschewistischer Unrechtsstaaten sein, verfassungsrechtliche Schranke gegen jegliche Form verabsolutierter Staatsgewalt – kein Grundrecht, sondern Verpflichtung, jedem Menschen ein Mindestmaß an Rechten zuzuerkennen, und, nicht zuletzt, ein Verbot konkreter, mit Blick auf die unmittelbare Vergangenheit bestimmter würdewidriger Sachverhalte und Tatbestände: Dies waren der Sinn und die Bedeutung, die der Parlamentarische Rat dieser Norm mehrheitlich beigelegt hat, mit diesem Verständnis hatte der Rat sie im Mai 1949 beschlossen. Doch was wurde in der Folgezeit daraus? Wie wurde diese Norm in den ersten Jahren nach Inkrafttreten des Grundgesetzes durch die Rechtsprechung angewendet und in der Literatur gedeutet?

Eines ist sogleich hervorzuheben, auch wenn es angesichts des heute wuchernden Einsatzes der Rede von der Würde des Menschen durchaus irritieren mag: Der Umgang mit der Würdenorm zählte keinesfalls zu den verfassungsrechtlichen Fragen, die die junge Bundesrepublik in ihrem ersten Jahrzehnt an allererster Stelle beschäftigten. Wichtiger als die Ausdeutung der Norm, die der Parlamentarische Rat an die Spitze der Verfassung gestellt hatte, war der formelle und materielle Rechtsstaat, waren Status und Grenzen der Verfassungsgerichtsbarkeit, Rechtsfragen der Länderneugliederung, das Wahlrecht, die Stellung und das Verbot von Parteien oder die Weiterbeschäftigung belasteter Beamter. Der erste Fall, in dem die Würdenorm eine besondere Rolle spielte, betraf dagegen das Versorgungsrecht.

I. Grundlage für Ansprüche auf staatliche Fürsorge?

1. Bundesverfassungsgericht: Kein Schutz vor materieller Not!

Der Parlamentarische Rat hatte die Würdenorm auch als Verbot bestimmter würdewidriger Tatbestände und Sachverhalte verstanden. Aber gehörte dazu auch die materielle Not? Untersagte die Würdenorm dem neu errichteten Staat, eine solche Lage tatenlos hinzunehmen, oder floss aus ihr eine entsprechende Verhaltenspflicht? Konkret: Wie war es um die »*Gewährleistung eines menschenwürdigen Daseins*« bestellt, die die Verfassungen Bayerns, Badens, Hessens und Bremens versprochen hatten, ebenso wie im Übrigen auch die Landesverfassungen der in der Sowjetischen Besatzungszone gegründeten Länder sowie die Verfassung der Deutschen Demokratischen Republik, die im Oktober 1949 in Kraft gesetzt worden war? Auch die Verfassung des ostdeutschen Staates enthielt eine Bestimmung, die sich fast vollständig mit dem schon erwähnten Artikel 151 der Weimarer Verfassung deckte, wonach die »*Ordnung des Wirtschaftslebens [...] allen ein menschenwürdiges Dasein*« zu sichern hatte. Und sogar die Allgemeine Erklärung der Menschenrechte sprach vom Recht eines jeden auf soziale Sicherheit und von einem Anspruch darauf, in den Genuss der Rechte zu gelangen, die für seine Würde unentbehrlich seien.

Doch der Parlamentarische Rat hatte sich *gegen* die Aufnahme einer allgemeinen staatlichen Pflicht zur Gewährleistung eines menschenwürdigen Daseins entschieden und darüber hinaus auch generell die Aufnahme sozialer Grundrechte in die neue Verfassung abgelehnt. Lediglich Hermann von Mangoldt hatte im Parlamentarischen Rat geäußert, dass wegen der »*Menschenwürde*« keinesfalls »*die Mindestanforderungen für Nahrung, Kleidung und Wohnung in Frage gestellt werden*« dürften; »*man dürfe einen nicht verhungern lassen*«. Aber Vorschläge, ein solches Gebot ausdrücklich ins Grundgesetz aufzunehmen, waren abgelehnt worden; eine entsprechende Regelung, die in einen Entwurf Eingang gefunden hatte, hatte man sogar wieder gestrichen.[32]

Insofern war die Entscheidung des Bundesverfassungsgerichts aus dem Jahre 1951 nachvollziehbar, wonach der zweite Satz des Artikels 1 Absatz 1 den Staat »*zwar zu dem positiven Tun des ›Schüt-*

zens« verpflichte, doch damit keinen »*Schutz vor materieller Not*« meine, sondern »*Schutz gegen Angriffe auf die Menschenwürde durch andere, wie Erniedrigung, Brandmarkung, Verfolgung, Ächtung usw.*«.

Die Witwe eines im Krieg getöteten Rechtsanwalts hatte das Bundesverfassungsgericht angerufen; sie machte geltend, die nach dem damaligen Bundesversorgungsgesetz ausgesprochene Versorgung sei unzulänglich und verletze Artikel 1 Absatz 1 GG. Das Gericht wies diesen Vortrag aber nicht nur mit dem Argument zurück, dass die in der Würdenorm enthaltene Schutzpflicht nicht den Schutz vor materieller Not umfasse. Es argumentierte auch grundrechts- und entstehungsgeschichtlich: Die Grundrechte hätten sich aus dem im 18. Jahrhundert proklamierten Recht der Freiheit und Gleichheit entwickelt; ihr Grundgedanke sei der Schutz des Einzelnen gegen den als allmächtig und willkürlich gedachten Staat, nicht aber der »*vergleichsweise neue*« Gedanke der »*Fürsorge durch den Staat*«. Nur in beschränktem Maße habe dieser Gedanke Eingang in die Grundrechte gefunden. Außerdem sei eine vom Ausschuss für Grundsatzfragen des Parlamentarischen Rates vorgeschlagene Bestimmung über das Recht auf ein Mindestmaß an Nahrung, Kleidung und Wohnung später ja auch wieder gestrichen und damit eben nicht Teil des geltenden Grundgesetzes geworden.

Eine kleine Hintertür hielt sich das Gericht allerdings noch offen. Seine Argumentation besage nicht, »*daß der Einzelne überhaupt kein verfassungsmäßiges Recht auf Fürsorge*« habe. Das Grundgesetz enthalte ein »*Bekenntnis zum Sozialstaat*«, das den Gesetzgeber verpflichte, »*sich um einen erträglichen Ausgleich der widerstreitenden Interessen und um die Herstellung erträglicher Lebensbedingungen für alle zu bemühen, die durch die Folgen des Hitlerregimes in Not geraten*« seien. Wenn der Gesetzgeber diese Pflicht »*willkürlich, d.h. ohne sachlichen Grund*« vernachlässige, dann könnte »*möglicherweise dem Einzelnen hieraus ein mit der Verfassungsbeschwerde verfolgbarer Anspruch erwachsen*«. Aber von mehr als einer bloßen Möglichkeit sprach das Gericht nicht.

Diese Entscheidung blieb nicht unkommentiert. Günter Dürig, Nachfolger von Carlo Schmid auf einer staatsrechtlichen Professur in Tübingen, wies dabei 1953 auf den »*Ausgangspunkt der Grundrechte*«: Artikel 1 Absatz 1 zeige, dass der »*Mensch des Grundgesetzes*« nicht der »*gerade existierende, sondern der ›menschenwürdig‹ lebende Mensch*« sei. »*Der von Skeptikern gern belächelte Satz von der Men-*

schenwürde« zeitige »*hier bereits die sehr reale Folge, daß unter dem ›Recht auf Leben‹ nicht nur das ›Recht auf Atmen‹ verstanden werden«* könne, sondern »*ein Recht auf ein Mindestmaß an lebensnötigen Gütern statuiert«* werde. Ähnlich argumentierte Otto Bachof in dem Vortrag über »*Begriff und Wesen des sozialen Rechtsstaates«*, den er 1954 auf einer Tagung der Vereinigung der Staatsrechtslehrer hielt: »*Nach den Erfahrungen der Jahre nach 1945«* bedürfe es »*keines näheren Beweises der Tatsache, dass mit dem Fortfall aller materiellen Grundlagen eines menschenwürdigen Daseins auch die Menschenwürde selbst verloren«* gehe; nicht ohne Grund hätten einige Landesverfassungen das Sozialprinzip in die unmittelbare Nachbarschaft des Bekenntnisses zur Menschenwürde gestellt. Hans Carl Nipperdey formulierte dann noch prägnanter: »*Menschenwürde fordert ›menschenwürdige Existenz‹.«*

Nipperdey betrieb einigen Argumentationsaufwand, um diese These auch rechtsnormativ zu begründen. Während Dürig noch versucht hatte, die Aussage des Bundesverfassungsgerichts, die Würdenorm schütze nicht gegen materielle Not, mit dem Hinweis zu entschärfen, das Gericht habe ja ausdrücklich offengelassen, ob der Einzelne überhaupt kein verfassungsmäßiges Recht auf Fürsorge habe, setzte Nipperdey bei der Art der Norm an, die Artikel 1 statuiere. Dieser Würdeartikel begründe zwar kein »*Grundrecht des Einzelnen auf gesetzliche Regelung von Ansprüchen auf angemessene Versorgung durch den Staat«*. Aber das Bundesverfassungsgericht verkenne »*die Bedeutung des Art. 1 Abs. 1 als Gewährung eines status positivus«*. Dass der Parlamentarische Rat die ursprünglich geplante Regelung wieder gestrichen habe, sei aufgrund der vom Bundesverfassungsgericht selbst eingenommenen Haltung gegenüber dem Willen des Verfassungsgebers nicht negativ zu bewerten. Aus Artikel 1 ergebe sich im Zusammenspiel mit anderen Normen des Grundgesetzes (Artikel 2 Absatz 2, Artikel 20 und 28), »*daß dem Hilfsbedürftigen ein mit der Klage im Verwaltungsgerichtsverfahren verfolgbarer öffentlich-rechtlicher Rechtsanspruch auf öffentliche Fürsorge«* zustehe. »*Die Menschenwürde«* erfordere, »*den Einzelnen nicht als Objekt öffentlicher Machtausübung, sei es auch fürsorgerischer Art, zu behandeln, sondern seine persönlichen Rechte gegenüber der Staatsgewalt deutlich abzugrenzen und ihm zu gestatten, diese seine Rechtsposition vor unabhängigen Gerichten gegenüber der Verwaltung zu klären und zu verteidigen«*. Im Klartext hieß dies: Der

Bürger konnte vor Gericht das einfordern, »*was zum Weiterleben unerläßlich notwendig und nach den Bestimmungen, Richtlinien und Rechtssätzen vorgeschrieben*« sei. Zur Begründung dieser Auffassung zitierte Nipperdey im Übrigen auch die einschlägigen Bestimmungen der Länderverfassungen sowie der Allgemeinen Erklärung der Menschenrechte.[33]

2. Bundesverwaltungsgericht: Einklagbarkeit bestehender Fürsorgeansprüche

Nipperdeys, Dürigs und Bachofs Argumentationen blieben nicht ohne Resonanz. Offenkundig beeindruckt zeigte sich das Bundesverwaltungsgericht, das 1954 die Frage zu entscheiden hatte, ob es überhaupt »*Rechtsansprüche auf dem Gebiete der öffentlichen Fürsorge*« gebe und ob diese gegebenenfalls auch gerichtlich durchsetzbar seien. In dieser Entscheidung nahm das Bundesverwaltungsgericht zwar gegenüber dem Bundesverfassungsgericht keine wirklich konträre Position ein, es setzte allerdings einen deutlich anderen Akzent.

Nach altem preußischen, bis in die Weimarer Zeit geltendem Recht galt der Grundsatz, dass dem Bedürftigen Fürsorge, in jener Zeit noch »Armenpflege« genannt, lediglich aus Gründen der öffentlichen Ordnung zu gewährleisten sei, keinesfalls aber um seiner selbst willen. Der Bedürftige war nicht Subjekt, sondern Objekt staatlicher Fürsorgeverpflichtung. Diese Auffassung sei aber, so das Bundesverwaltungsgericht, nun, nach Inkrafttreten des Grundgesetzes, nicht mehr haltbar. Dessen »*Leitgedanken*« forderten vielmehr, »*das Fürsorgerecht so auszulegen, daß die Rechtspflicht zur Fürsorge deren Träger gegenüber dem Bedürftigen*« obliege und »*dieser einen entsprechenden Rechtsanspruch*« habe. Das Gericht umschrieb die »*Leitidee*« des Grundgesetzes »*über das Verhältnis des Menschen zum Staat*« mit den Worten: »*Der Einzelne ist zwar der öffentlichen Gewalt unterworfen, aber nicht Untertan, sondern Bürger. Darum darf er in der Regel nicht lediglich Gegenstand staatlichen Handelns sein. Er wird vielmehr als selbständige sittlich verantwortliche Persönlichkeit und deshalb als Träger von Rechten und Pflichten anerkannt. Dies muß besonders dann gelten, wenn es um seine Daseinsmöglichkeiten geht.*«

Das Bundesverwaltungsgericht unternahm damit eine fürsorgerechtliche Kehrtwendung, die fundamentaler nicht hätte sein können. Nun war der Bedürftige nicht mehr Objekt, sondern Subjekt, trotz staatlicher Fürsorge. Diese neue Leitidee ergebe sich, so das Gericht, aus mehreren Vorschriften des Grundgesetzes; es nannte Artikel 1 und 20 in Verbindung mit Artikel 79 Absatz 3, Artikel 2 und 19. Mit Nachdruck betonte es dabei aber die Würdenorm: »*Die unantastbare, von der staatlichen Gewalt zu schützende Würde des Menschen (Art. 1)*« verbiete es, »*ihn lediglich als Gegenstand staatlichen Handelns zu betrachten, soweit es sich um die Sicherung des ›notwendigen Lebensbedarfs‹*«, »*also seines Daseins überhaupt*« handele. Sein Ergebnis: »*Soweit das Gesetz dem Träger der Fürsorge zugunsten des Bedürftigen Pflichten auferlegt, hat der Bedürftige entsprechende Rechte und kann daher gegen ihre Verletzung den Schutz der Verwaltungsgerichte anrufen.*«

Mit dieser Entscheidung hatte das Bundesverwaltungsgericht aus der Verfassung gewiss keinen Anspruch auf staatliche Fürsorgeleistungen oder gar ein Grundrecht auf Gewährleistung eines menschenwürdigen Daseins abgeleitet. Bis zur Anerkennung eines solchen Grundrechts sollten noch mehr als fünf Jahrzehnte vergehen. Unter Berufung auf die Würdenorm hatte das Gericht aber tatsächlich das Fürsorgerecht subjektiviert. Während das Bundesverfassungsgericht nur davon gesprochen hatte, dass der Einzelne unter bestimmten Voraussetzungen *möglicherweise* Ansprüche auf Fürsorgeleistungen auch gerichtlich einklagen konnte, ging das Bundesverwaltungsgericht einen entscheidenden Schritt weiter. Es ließ diese Möglichkeit zur Wirklichkeit werden: Nun war der Bedürftige mit dem Recht ausgestattet, solche Ansprüche auch auf dem Rechtsweg durchzusetzen.

Diese Entscheidung selbst nahm der Gesetzgeber allerdings nicht zum Anlass, Anfang der sechziger Jahre in dem neu geschaffenen Bundessozialhilfegesetz die Sozialhilfe unter die Aufgabe zu stellen, »*dem Empfänger der Hilfe die Führung eines Lebens zu ermöglichen, das der Würde des Menschen entspricht*« (§ 1 Absatz 2 Bundessozialhilfegesetz). Diese Aufgabenstellung begründete der damalige Bundesminister des Innern, Gerhard Schröder, zwar damit, dass sie »*Forderungen des Grundgesetzes*« entspreche, doch er verwies dabei gerade nicht auf die Entscheidung des Bundesverwaltungsgerichts. Er erwähnte sie lediglich in einem anderen Zusammenhang: Aus ihr ergebe sich, dass nun dort, wo das Fürsorgerecht dem Träger der

Fürsorge bestimmte Pflichten auferlege, der Hilfsbedürftige auch entsprechende Rechte habe.

Dagegen wies die Gesetzesbegründung ganz ohne tiefer gehende Erörterung darauf hin, dass hinsichtlich der Pflicht zur Gewährleistung eines menschenwürdigen Daseins der Gesetzgeber »*von den Bestimmungen des Grundgesetzes*« auszugehen habe, »*nach denen jeder das Recht auf Leben (Art. 2)*« habe und »*die Würde des Menschen zu achten und zu schützen*« sei. Auch hier könnten die Argumentationen Nipperdeys, Dürigs und Bachofs ausschlaggebend gewesen sein. In der Aussprache stellten selbst Abgeordnete der Freien Demokratischen Partei (FDP) die staatliche Pflicht, ein menschenwürdiges Leben zu ermöglichen, nicht grundsätzlich in Frage. Allerdings klagten sie, man rede heute »*soviel von der Würde des Menschen*«; zu dieser Würde des Menschen gehöre aber »*auch seine eigene Arbeit*«. Wer daher nicht durch eigene Arbeit sein Brot verdienen wolle, so forderten sie, solle »*ruhig dann eine Rückzahlung leisten, wenn er aus dem selbstverschuldeten Zustand in einen normalen Zustand zurückgekehrt*« sei.[34]

II. Erste Deutungen

Die ersten Autoren, die sich zur Würdenorm allgemein, also ganz losgelöst von konkreten Fällen äußerten, zeigten sich verunsichert. Fast scheint es, als habe sie die Frage, was es mit dieser Norm eigentlich auf sich hatte, in Verlegenheit gebracht. So unterblieben zunächst Versuche, den Tatbestand der Norm, die Würde des Menschen, präzise zu definieren. Als Fritz Münch im November 1951 in seiner Bonner Antrittsvorlesung »*Die Menschenwürde als Grundforderung unserer Verfassung*« der Frage nachging, wie die Norm »*sachlich zu verstehen*« sei, fand er »*wenig Anhaltspunkte*«, um »*eine klare Antwort zu finden*«. Und Günter Dürig wies kurze Zeit später darauf hin, dass es sich um eine »*neuartige*« Bestimmung im deutschen Verfassungsrecht handele. Zugleich glaubten manche Autoren, schon eine gewisse Ahnung zu haben: Von dieser Norm könne eine beträchtliche Energie und Dynamik ausgehen, ja eine »*ethische Unruhe*«, die nicht nur die gegen den Staat gerichteten subjektiven Rechte erfasse, sondern möglicherweise die gesamte Rechtsordnung. Diese Norm wäre dann nicht nur »*Anker für einige*

Grundrechte, Rechtsgüter und Institutionen«, sondern ein »*Rechtssatz für das Leben und Auftrag an die Behörden, in jede Art von Lebensverhältnis einzugreifen*«.

In einem Punkt war man sich hingegen sicherer, nämlich hinsichtlich der Motivation, die zur Aufnahme dieser Norm in das Grundgesetz geführt hatte: Sie sei »*Protest gegen die totalitäre Staatsauffassung*«, dem »*Bedürfnis der deutschen Menschen*« entsprungen, »*ihre persönliche Freiheit gegen die in der nationalsozialistischen Zeit erlebte und im sowjetischen Herrschaftsbereich auch heute noch zu beobachtende Vergewaltigung durch den Staat zu sichern*«. Mit ihr habe »*der Geist des neuen Staatswesens in seiner ganzen Gegensätzlichkeit zu dem System der im Mai 1945 vernichteten Staatsordnung gekennzeichnet werden*« sollen.

Das Bundesverfassungsgericht übernahm diese Deutung des Würde-Artikels als antitotalitäre Fundamentalnorm des Grundgesetzes. So entschied es in seinem Urteil über das Ahndungsgesetz, das eine nachträgliche Hemmung von Verjährungsfristen anordnete, die Menschenwürde nach Artikel 1 Grundgesetz fordere keine sofortige Ahndung einer begangenen Tat. Denn dieses Gesetz gehe davon aus, dass Taten in der Zeit von 1933 bis 1945 aus politischen Gründen deshalb nicht bestraft worden seien, weil die »*nationalsozialistischen Machthaber den durch die Straftat Verletzten als minderwertig*« angesehen, »*ja ihm menschlichen Wert und menschliche Würde gänzlich abgesprochen*« hätten. Und im Urteil über das Verbot der Sozialistischen Reichspartei stellte es heraus, die freiheitliche demokratische Ordnung im Sinne des Grundgesetzes sei »*das Gegenteil des totalen Staates*«, der »*als ausschließliche Herrschaftsmacht Menschenwürde, Freiheit und Gleichheit*« ablehne.

Vor diesem Hintergrund ist auch gut zu verstehen, warum man in den fünfziger Jahren kaum Versuche unternahm, die Würde des Menschen zu definieren, jedoch ein weitgehender Konsens über die Sachverhalte und Tatbestände existierte, in denen die Würde des Menschen als verletzt anzusehen sei. »*Erniedrigung, Brandmarkung, Verfolgung, Ächtung*«, grausame Strafen, Verschleppungen, Zwangsarbeit, Versklavung, Terror, Massenmord, aber auch das Verabreichen von Vernehmungsdrogen, die körperliche Durchsuchung von weiblichen Gefangenen in Anwesenheit von männlichen Beamten, das Photographieren von Häftlingen zu nichtkriminalistischen Zwecken oder das Eintätowieren von Kennzeichen, »*etwa nach Art der ›KZ-Nummern‹*«: In diesen Fällen nahm man in den fünfziger Jahren eine Würdeverletzung an, ohne dafür eine weiter gehende Begründung für nötig zu halten. Aber auch ein allgemeines Kriterium einer Verletzung wurde vorgeschlagen: Generell sollte eine Würdeverletzung immer dann zu bejahen sein, wenn ein »*Mensch zur Sache*« werde, »ein *Mittel zum Zweck von anderen*«.[35]

Allerdings: Die Würdenorm sprach doch von der Würde *des* Menschen. Sie deutete damit zumindest *auch* etwas Allgemeines an, etwas, das über das Verhältnis des Menschen zu einer konkreten staatlichen Gewalt, über seine Gefährdung, Verletzung oder Vernichtung durch eine verbrecherische Staatsgewalt hinauszureichen schien. Sagte die Norm daher auch etwas darüber aus, wie der Mensch an sich, wie er ganz allgemein, eben als Mensch, begriffen werden sollte?

1. Würde als Wert

Schon der Bayerische Verfassungsgerichtshof hatte 1948, also noch vor Inkrafttreten des Grundgesetzes, die Würdenorm der bayerischen Verfassung in einer besonderen, einer wertetheoretischen Weise interpretiert. Ihm zufolge brachte die Bestimmung der bayerischen Verfassung, die von der »*Würde der menschlichen Persönlichkeit*« sprach, etwas Besonderes zum Ausdruck, nämlich dass der »*Mensch als Person*« ein »*Träger höchster geistig-sittlicher Werte*« sei und »*einen sittlichen Eigenwert*« verkörpere. Die »*Würde der menschlichen Persönlichkeit*« sei der »*innere und zugleich soziale Wert- und Achtungsanspruch, der dem Menschen um dessentwillen*« zukomme.

Genau in diesem Sinne äußerten sich viele auch zur Würdenorm des Grundgesetzes. Etwa Arno Köttgen: Das Bekenntnis des Grundgesetzes zur unantastbaren Menschenwürde erläuterte er mit den Worten: »*Eigenwert und Eigenständigkeit des Menschen schlechthin sollen hier gegenüber allen instrumentalen Tendenzen zur indiskutablen Grundlage der Gesellschaftsordnung gemacht werden*«. Nicht anders der Strafrechtler Gotthold Bohne in einer Rede mit dem Titel »*Menschenwürde und Strafrecht*«, die er bei seiner Übernahme des Rektorats der Universität Köln hielt. Er bezeichnete darin die Würde ebenfalls als »*Wert des Menschen*«, dabei allerdings ergänzend, dass dieser Wert in der »*Freiheit zur sittlichen Entscheidung*« liege. Oder Hermann von Mangoldt: Er sah den Sinn dieser Norm darin, »*Eigenwert und Eigenständigkeit des Menschen schlechthin [...] als unverbrüchliche Grundlage der Gesamtordnung*« anzuerkennen. Nicht zuletzt: Theodor Maunz und Fritz Münch. Auch sie vertraten kurze Zeit später dieses Würdeverständnis, Münch allerdings nicht ganz ohne Sorge. Wenn der Würdebegriff als Wertbegriff verstanden werde, diese Gefahr glaubte er zu erkennen, könnten »*allzu persönliche Auffassungen, ja Stimmungen zu Worte kommen*«. Doch am Ende überwog bei ihm doch die Zuversicht: Er traute der »*Kasuistik der Praxis*« zu, »*Wertbegriffe einigermaßen zu meistern*«.

Diese Kasuistik setzte dann in der Tat kurze Zeit später ein, und zwar mit der Rechtsprechung des Bundesverfassungsgerichts. In der Entscheidung über das Verbot der Sozialistischen Reichspartei aus dem Jahre 1952 sprach das Gericht zwar zunächst nur davon, dass die freiheitliche demokratische Grundordnung im Sinne des Grundgesetzes »*eine wertgebundene Ordnung*« sei. 1956, in der zweiten Parteiverbotsentscheidung, der Entscheidung über die Kommunistische Partei Deutschlands, stellte es dann aber heraus, Artikel 1 gehöre zu den »*tragenden Konstitutionsprinzipien des Grundgesetzes*« und die Würde des Menschen sei »*im Grundgesetz der oberste Wert*«. Das Gericht definierte diesen Wert zwar nicht explizit, leitete aber aus dieser Bestimmung der Würde als Wert ab, dass dem einzelnen Bürger »*ein letzter unantastbarer Bereich menschlicher Freiheit*« verfassungskräftig vorbehalten und dieser zudem »*der Einwirkung der gesamten öffentlichen Gewalt entzogen*« sei. Diesen Gedanken wiederholte es dann ein Jahr später in der »Elfes-Entscheidung«. Nach einem weiteren Jahr erlebte die Qualifizierung der Würde als oberster Wert einen zusätzlichen, äußerst folgenreichen Bedeutungszuwachs. Die Würde des Menschen wurde sogar zum Zentrum eines Wert*systems*. Das Grundgesetz, so deklamierte das Bundesverfassungsgericht in seinem grundrechtsdogmatisch revolutionären Lüth-Urteil, habe sogar ein »*Wertsystem*« errichtet, »*das seinen Mittelpunkt in der innerhalb der sozialen Gemeinschaft sich frei entfaltenden menschlichen Persönlichkeit und ihrer Würde*« finde. Als »*verfassungsrechtliche Grundentscheidung*« müsse dies »*für alle Bereiche des Rechts gelten*«. »*Gesetzgebung, Verwaltung und Rechtsprechung*«, so hieß es weiter, empfingen von ihm »*Richtlinien und Impulse*«, die so »*selbstverständlich auch das bürgerliche Recht*« beeinflussten. Keine bürgerlich-rechtliche Vorschrift dürfe »*in Widerspruch zu ihm stehen*«, jede müsse »*in seinem*

Geiste ausgelegt werden«. Die schon sehr früh in der Literatur geäußerte Ahnung, von der Würdenorm könne eine beträchtliche, die gesamte Rechtsordnung erfassende und sie verändernde Dynamik und Energie ausgehen, hatte sich also recht schnell bewahrheitet.[36]

2. Christlich-naturrechtliche Begründung

Die Würde also als Wert und der Würdeartikel des Grundgesetzes als Norm, die ganz allgemein *dem* Menschen einen Wert zuschrieb, der sogar oberster Wert der gesamten Rechtsordnung war und inhaltlich bestimmt wurde als gemeinschaftsgebundene Fähigkeit zur freien Persönlichkeitsentfaltung – dieses Verständnis der Norm verbreitete sich rasch in den fünfziger Jahren. Möglicherweise ist das auch darauf zurückführbar, dass es seit der Weimarer Zeit nichts völlig Ungewöhnliches war, Rechtsnormen als Ausdruck von Werten zu begreifen und überhaupt in den Grundrechten ein Wertsystem zu erblicken, das zur Integration und Legitimation einer politischen Ordnung beitrug. Rudolf Smend hatte dies schon in anspruchsvoller Weise 1928 in seinem Werk *Verfassung und Verfassungsrecht* vorgedacht. Doch die Lehre Smends besagte nur, *dass* sich in Normen Werte manifestierten, sich mithin über den verfassungstextlich erkennbaren positiven Normen eine zweite Ebene befand, ein Reich von Werten, das diese Normen sachlich und substanziell aufzuladen vermochte. Die entscheidende Frage, die das wertetheoretische Verständnis der Würdenorm in den fünfziger Jahren aufwarf, war daher: Wo kam dieser Wert her, den die Würdenorm zum Ausdruck brachte, woher bezog er seinen konkreten sachlich-substanziellen Gehalt, wo lagen seine inhaltlichen Wurzeln?

Der Wert, den man in dieser Norm zum Ausdruck gebracht sah, wurde in den fünfziger Jahren nicht als Ergebnis einer Verarbeitung vorausgegegangener menschenverachtender, totalitärer Gewaltherrschaft verstanden, nicht als deren Reflex. In jener Zeit lautete die ganz dominierende Antwort auf *jene* Frage: Das Verständnis der Würde als Wert sei christlichem Naturrecht zu entnehmen, denn das Grundgesetz habe das christliche Menschenbild übernommen. Die Würde, von der das Grundgesetz spreche, komme dem Menschen infolgedessen nicht von sich aus, sondern als Abbild Gottes zu, das nicht erniedrigt werden dürfe.

Bei dieser Argumentation waren sich Repräsentanten beider christlichen Konfessionen einig. Aus katholischer Sicht formulierte Oswald von Nell-Breuning, dass der nach Gottes Ebenbild geschaffene Mensch »*als Person*« ein »*seiner selbst bewußtes und denkendes*« und »*frei sich selbst bestimmendes Wesen*« sei. Gerade in Zeiten, in denen der Massenmensch auf seine Freiheit verzichte, um blindlings die Befehle einer Partei oder des totalen Staates auszuführen, gelte es, »*Wesen, Würde und Rechte der menschlichen Person zu schützen und zu verteidigen*«. Und dabei widerspreche es der »*Würde der Person*« auch, ihre Arbeit wie eine Ware zu behandeln. Aus evangelischer Sicht beschrieb Hermann Weinkauff den zentralen Gedankengang des christlichen Naturrechts ähnlich: »*Der Mensch*« sei »*Kreatur, Geschöpf Gottes und als solches in bestimmte, uns im Umriß einsichtige, seinsollende Schöpfungsordnungen, etwa der Familie, des Berufs, des Volkes, des Staates, der Menschheit hineingestellt, innerhalb deren er in brüderlicher Gemeinschaft mit den anderen leben und das Seinsollende erfüllen soll*«. Als »*Gottes Ebenbild*« geschaffen, sei der Mensch »*Person, d. h. zur freien und selbstverantwortlichen [...] Erfüllung des Gesollten berufen*«. Als Person sei er »*notwendig von Natur frei, d. h. von einem für seinesgleichen völlig unantastbaren Rechts- und Freiheitskreis umgeben*«. Deswegen besitze er »*Würde, die nicht verletzt werden*« dürfe.

Es ist offensichtlich, wogegen sich diese christlich-naturrechtliche Position richtete: Sie wurde in Anschlag gebracht gegen das klassisch-liberale Denken über die Stellung der Einzelperson in der politischen Ordnung. Arnold Köttgen argumentierte etwa, inzwischen habe eine »*Gegenbewegung*« eingesetzt gegen die »*Säkularisierung des öffentlichen Lebens*«, die Zerstörung der »*Gebundenheit der Welt an jenes Offenbarungswissen*« und die »*folgenreiche Emanzipation des Geistes*«. Inzwischen seien sogar Zeichen einer »*antiliberalen*«, »*geistesgeschichtlichen Wendung*« zu erkennen: Nicht mehr »*die in Weimar den Grundrechtsteil tragende ›Einzelperson‹*« charakterisiere »*die geistige Situation*«, sondern »*der Versuch erneuter dogmatischer Bindung*«.

Diese Sicht vertrat in jener Zeit nicht nur Köttgen; sie fand rasch weitere Anhänger. Hermann von Mangoldt meinte, es sei zwar gegenwärtig noch nicht wirklich absehbar, ob tatsächlich eine geistesgeschichtliche Wendung eingetreten sei. Jedenfalls sei es aber Wille des Verfassungsgebers gewesen, dass »*nicht mehr die Einzelperson im alten liberalen Sinne im Mittelpunkt«* stehen solle. Und Günter Dürig warnte vor der Gefahr, den Satz von der Menschenwürde zur »*magna charta des Individualismus*« zu machen, auch wenn er gerade »*als Reaktion gegen den Kollektivismus entstanden*« sei. Würde haben heiße nämlich »*Persönlichkeit sein*«. Es sei eine Leistung des Christentums gewesen, »*den Einzelnen dadurch wirklich frei gemacht zu haben, daß es ihn als Persönlichkeit der innerlich begründeten Gemeinschaftsbindung unterworfen*« habe. Diesen »*christlichen Persönlichkeitsbegriff*« habe der Verfassungsgeber rezipiert, und er habe dies deshalb gewagt, weil die »*tragende Überzeugung der Mehrheit unseres Volkes*« noch die »*christliche*« sei.

Solche Argumentationen wurden damals nur selten kritisiert. Ernst Forsthoff bemerkte zwar kühl, der Grundgesetzgeber sei der Rechtsprechung in der Verwirklichung »*pathetischer sittlicher Ideale in Art. 1 Abs. 1*« vorausgegangen; ein Gesetz verliere jedoch seine rechtsstaatliche Form, wenn es ethische oder religiöse Gehalte aufnehme, unter welche nicht mehr subsumiert werden könne – je höher die Auslegung greife, desto mehr werde die Rechtsverwirklichung verunsichert. Doch dies war die Position eines Außenseiters. Die christlich-naturrechtliche Fundierung des wertetheoretischen Verständnisses der Würdenorm war derart dominant, dass manche Autoren, etwa Nipperdey oder Josef M. Wintrich, sogar so weit gingen, Artikel 1 des Grundgesetzes nur mehr eine deklaratorische Bedeutung zuzuerkennen.[37]

Es ist daher auch nicht verwunderlich, dass das naturrechtlich fundierte Verständnis zudem die allmählich beginnende Diskussion der Detailfragen zu prägen begann, welche die Würdenorm als positivierter Satz der neuen Verfassung aufwarf. So zeigte sich jenes Verständnis der Würdenorm nicht selten auch bei der Auseinandersetzung um Fragen wie denen nach

- dem Grundrechtscharakter der Würdenorm,
- ihrem Verhältnis zu sonstigen Grundrechten, insbesondere den Freiheitsrechten,
- dem Subjekt dieser Norm, ob also auch ungeborene Kinder sowie Tote erfasst sind,
- einer möglichen Kollision zwischen der von der Norm angeordneten Achtungs- und der ebenfalls explizit ausgesprochenen Schutzpflicht,

– ihrer Geltung im Staatsnotstand oder
– ihrer Eignung als Ermächtigung für die Aufstellung von Streitkräften.[38]

Naturrechtlich unterlegt war gewiss auch das Verständnis der Würdenorm in der frühen Rechtsprechung des Bundesverfassungsgerichts. Im Urteil zur Neugliederung in Baden, Württemberg-Baden und Württemberg-Hohenzollern ließ es zwar noch eher en passant und unabhängig von der Würdenorm die Wendung von den »*jedem geschriebenen Recht vorausliegenden überpositiven Rechtsgrundsätze(n)*« einfließen, und in der Entscheidung zum Verbot der Sozialistischen Reichspartei führte es allgemein aus, der freiheitlich-demokratischen Grundordnung liege die Vorstellung zugrunde, »*daß der Mensch in der Schöpfungsordnung einen eigenen selbständigen Wert*« besitze. Kurze Zeit später hieß es dann aber, der »*Gesetzgeber des Grundgesetzes*« habe »*in seine Grundentscheidung Normen einbezogen und damit im Grundgesetz positiviert*«, die »*vielfach als übergesetzlich bezeichnet werden (etwa in Art. 1, aber auch in Art. 20 GG)*«.

Allerdings wurde dieser Verweis auf einen naturrechtlichen Grund der Würdenorm später nicht mehr wiederholt. Ende der fünfziger Jahre distanzierte sich das Gericht sogar ausdrücklich von der Vorstellung, positives Verfassungsrecht sei auf naturrechtliche Vorstellungen zurückzuführen. Es hob stattdessen die »*Vielfalt der Naturrechtslehren*« hervor, die zutage träten, sobald »*der Bereich fundamentaler Rechtsgrundsätze verlassen*« werde. Als Maßstab komme daher »*nur das Grundgesetz in Betracht*«. Damit wurde in der Rechtsprechung des Bundesverfassungsgerichts die Verankerung der Würdenorm im christlichen Naturrecht gekappt, wenngleich das Verständnis der Norm als Wertzuschreibung auch in den Folgejahren erhalten blieb. Das Gericht bestimmte diesen Wert von nun an verfassungsimmanent – allerdings nur vordergründig. Denn tatsächlich kamen situativ und fallabhängig die nur eingeschränkt rationalisier- und verobjektivierbaren Wertvorstellungen der Verfassungsrichter zur Geltung, die an den jeweiligen Entscheidungen beteiligt waren. Inzwischen sind allerdings diese Großformeln von den Grundrechten als Wertsystem oder der Verfassungsordnung als objektive Wertordnung mehr und mehr in der Hintergrund getreten und in den Entscheidungen kaum mehr zu finden. Die von ihnen intendierten Folgen zeigen indessen nach wie vor Wirkung; bis heute gehören sie zum selbstverständlichen Bestand des deutschen Verfassungsrechts.[39]

III. Dürigs große Kompilation

Günter Dürig gehörte zu den Autoren, die sich in den fünfziger Jahren mehrfach und sehr wirkungsvoll mit der Würdenorm, dieser neuartigen Bestimmung in der Bonner Verfassung, beschäftigt haben. Er tat dies 1952 in dem Aufsatz »Die Menschenauffassung des Grundgesetzes«, 1956 in dem Beitrag »Der Grundrechtsatz von der Menschenwürde. Entwurf eines praktikablen Wertsystems der Grundrechte aus Art. 1 Abs. 1 in Verbindung mit Art. 19 Abs. II des Grundgesetzes« und, zwei Jahre später, in der Kommentierung zu Artikel 1 des Grundgesetzes im *Maunz/Dürig*.

Wirkungsmächtig sind Dürigs Stellungnahmen zur Würdenorm noch heute. Anders als noch in den fünfziger Jahren zitiert das Bundesverfassungsgericht Dürig zwar nicht mehr, wenn es die Würdegarantie zu prüfen hat, doch der Hinweis auf Dürig fehlt in kaum einem der unzähligen Grundgesetzkommentare, die sich heute, mehr als fünfzig Jahre später, auf dem Markt tummeln. Gleiches gilt für Monographien, die sich der Würdegarantie widmen. Und damit nicht genug: Selbst heute noch wird Dürigs Deutung der Menschenwürde mit Blick auf neue Problem- und Fragestellungen für »überzeugend« oder doch zumindest für »grundlegend« und berücksichtigungsfähig gehalten. Sie atme – so stellt man mit offenbar überschäumend fabulierender Begeisterung fest – den »Geist des Ursprungs«, komme, wenn nicht authentisch, der Authentizität nahe, ja, sie bilde gleichsam »das Urmeter« (Josef Isensee).

In den achtziger Jahren hat Dürig seine Beiträge zur Würdenorn selbst beschrieben: *»Ich habe damals ziemlich ohne Netz arbeiten müssen in einer konkreten Situation weitgehend fehlender Hilfsmittel, ohne doppelten Boden. [...] Es kam darauf an, tatsächlich erst mal Faden zu schlagen, ein paar Schneisen anzulegen, ein paar Rollbahnen zu ziehen: Dort geht's lang, Freunde, dort geht's lang! [...] Wenn man manchmal vom »Pilotcharakter« dieser Kommentierung der ersten drei Grundgesetz-Artikel spricht, dann ist daran semantisch etwas richtig.*

Man muss freilich an einen Blindflug denken, ein Peilstrich war kaum vorhanden, Funkfeuer sehr, sehr weit. Bis zu Kant mußte man zum Teil schauen können, und der Kompaß, den man bei sich hatte, den hat man sich selber gebastelt. Es ist wohl auch richtig, daß diese Konzeption angekommen ist. Das hat zwei ganz einfache Gründe: Zwei Instanzen haben mitgezogen. Erstens das deutsche Bundesverfassungsgericht und zweitens der deutsche Repetitor. Dann hilft gar nichts, dann werden Sie zum Klassiker. Viel zitiert, das stimmt auch, haben die mich gerade mit dem »obersten Konstitutionsprinzip«, das bin also tatsächlich ich. […] Ich habe zwischen Individualismus und Kollektivismus den Personalismus durchgezogen und durchgehalten und offenbar doch mit einigem Erfolg. Und die wissenschaftliche Tat oder die sittliche Tat oder, wie es Luhmann nennen würde, der intellektuelle Trick war, daß ich die voluntas des Individuums überhöht habe durch die Dignitas der Person, nicht im antiken Sinne verstanden, sondern im christlichen Sinne, das konzediere ich gern.«

In der Tat eine beeindruckende Selbstbeschreibung, voller Kraft, Selbstbewusstsein und auch Stolz über das Erreichte und Geleistete. Aber ist Dürigs Beschreibung der eigenen Arbeit an der Würdenorm tatsächlich zutreffend? Es sind mehr als nur Zweifel angebracht! Doch zunächst: Aus welchen Komponenten bestand die angeblich so pionierhafte Interpretationsleistung Dürigs?

Dürig ging davon aus, dass – wie schon erwähnt – der »*bewußt oder unbewußt christliche Persönlichkeitsbegriff in das GG rezipiert wurde*«. Dieser Begriff beinhalte – Dürig berief sich dabei gleichermaßen auf die protestantische wie auch katholische Sozialethik – »*seit jeher ein Zweifaches*«: Einmal den Menschen »*als Person (Individuum) kraft seines Geistes*«, der ihn abhebe »*von der unpersönlichen Natur und ihn aus eigener Entscheidung*« dazu befähige, »*sich selbst bewußt zu werden, sich selbst zu bestimmen und sich selbst zu gestalten*«. Sodann der Mensch, der zur Person erst durch die Gemeinschaftsbindung werde. Wörtlich: In »*der Seinsordnung*« stehe die Person »*wesensmäßig bereits in Beziehung zu Werten*«. Im Dialog »*mit dem ewigen ›Du‹ Gottes, dem ›Du‹ des Mitmenschen und dem ›Wir‹ der Gemeinschaft, in deren ›Koexistenz‹ die Person nur ›existiert‹*«, erkenne sie erst, »*daß sie Person*« sei. Bejahe die »*Person aus innerer Freiheit diese Werte*« und diene sie ihnen, dann reife »*die Person zur ›Persönlichkeit‹*«. »*Person*« sei dabei ein »*ontologischer Seinsgehalt*«, »*Persönlichkeit*« dagegen ein »*axiologischer Wertgehalt*«.

Von dieser »*Menschenauffassung*« ausgehend, auf die sich die Verfassungsgeber geeinigt hätten, definierte Dürig die »*Wertaussage*« der Würdenorm: Dieser Norm liege eine »*Aussage über eine Seinsgegebenheit*« zugrunde, die, so Dürig, »*unabhängig von Zeit und Raum ›ist‹ und rechtlich verwirklicht werden ›soll‹*«. Der Schlüsselsatz in Dürigs Deutung der Würdenorm lautete: »*Mensch ist der Mensch kraft seines Geistes, der ihn abhebt von der unpersönlichen Natur und ihn aus eigener Entscheidung dazu befähigt, seiner selbst bewußt zu werden, sich selbst zu bestimmen und sich und die Umwelt zu gestalten.*«

Dürig lässt dabei keinen Zweifel, dass es sich bei seiner Deutung der Norm um eine aus christlichem Naturrecht fließende »*Wertfundierung*« handelt. Man könne zwar, so gesteht er, »*auch sagen, daß Art. 1 I das ›Naturrecht neuzeitlicher Prägung‹ rezipiert habe*«. Doch das Grundgesetz lasse »*keine Diskrepanz zwischen ›christlichem‹ und ›profanem‹ Naturrecht*« erkennen. Niemals sei es »*unjuristisch, wenn man zur Interpretation des von der Verfassung rezipierten, ihr vorausliegenden Rechts spezifisch christliche Lehren*« verwende; die christliche Naturrechtsauffassung umspanne »*stets auch die gültige profane Lehre, selbst wenn es letztere ad hoc nicht wahrhaben*« wolle.

In der so verstandenen und begründeten Würdenorm, die den »*Charakter eines obersten Konstitutionsprinzips allen objektiven Rechts*« habe, sieht Dürig die »*Basis für ein ganzes Wertsystem*«, dessen Elemente aus dem Bekenntnis des Grundgesetzes zu den Menschenrechten (Artikel 1 Absatz 2), der Grundrechtsbindung der öffentlichen Gewalt (Artikel 1 Absatz 3), den Freiheits- und Gleichheitsrechen (Artikel 2 ff.), der Wesensgehaltsgarantie (Artikel 19 Absatz 2) und der Veränderungssperre (Artikel 79 Absatz 3) bestünden. Dieses oberste Konstitutionsprinzip alles objektiven Rechts sei dann verletzt, wenn – und hier klingt eine Wendung aus Kants moralphilosophischem Würdekonzept, die sogenannte Objekt-Formel, an – »*der konkrete Mensch zum Objekt, zu einem bloßen Mittel, zur vertretbaren Größe herabgewürdigt*« werde.[40]

Doch was ist nun an diesem Dürig'schen Konzept der Würdenorm grundlegend, was neu, was gar originell? Im Ergebnis kaum etwas! Die christlich-anthropologische Deutung der Norm, das Verständnis der Würde des Menschen als dessen Eigenständigkeit, als dessen Freiheit zur sittlichen Entscheidung, unter gleichzeitiger, gegen einen vermeintlich übersteigerten Liberalismus gerichteter

Betonung seiner Gemeinschaftsgebundenheit – dies war schon *vor* Dürig gedacht und niedergeschrieben worden, etwa durch Köttgen, Bohne oder von Mangoldt. Und der Verweis auf den angeblichen Willen des Verfassungsgebers, der diese christlich-anthropologische Sicht, das christliche Menschenbild rezipiert habe? An keiner Stelle belegt Dürig diese These, nicht mit den Protokollen der Beratungen des Parlamentarischen Rates und auch nicht in sonstiger Weise. Zudem erfasste dieses von Dürig gezeichnete christliche Menschenbild keinesfalls alle menschlichen Geschöpfe Gottes; es differenzierte und exkludierte. Heraus fielen etwa Sadisten, Menschen, die den Kampf gegen Gesetz und Recht verherrlichten, Tiere quälten oder auch nur die Nacktkultur zum Glaubensprinzip erhoben. Diesen Menschentypus kenne das Grundgesetz als Freiheitsträger gar nicht; »*kein Freiheitssrecht*« schütze, so Dürig noch 1952, den »›*Untermenschen*‹«. Was ferner »*das oberste Konstitutionsprinzip*« betrifft, das von Dürig stammen soll: Josef Wintrich hatte diese Charakterisierung vor Dürig eingeführt; Dürig selbst hatte in den fünfziger Jahren sogar auf Wintrichs Äußerung von 1952 hingewiesen, wonach die Personwürde mit der Rechtsgleichheit zu den »*Konstitutionsprinzipien des Rechts*« gehöre. Auch die Objekt-Formel stammt nicht von Dürig. Sie wurde – wie schon berichtet – in der Zeit zwischen Kriegsende und Beginn der Arbeiten des Parlamentarischen Rates etwa von Forsthoff als Kriterium einer Verletzung der Menschenwürde vorgeschlagen, und nach Inkrafttreten des Grundgesetzes hatte Münch dies ebenfalls vertreten. Und die Vorstellung von den Grundrechten als »*Wertesystem*«? Bekanntlich hatte Rudolf Smend bereits 1928 erklärt, der inhaltliche Sinn eines Grundrechtskataloges bestehe darin, ein »*Wert- oder Güter, ein Kultursystem*« zu normieren.

Worin bestand also Dürigs Interpretationsleistung tatsächlich? Gewiss nicht in ihrer Originalität. Dürig war keinesfalls der Pionier, der in den fünfziger Jahren mit Mut und Kraft daranging, unbekanntes Terrain zu erkunden. Dürigs Leistung bestand in der bündigen und strukturierten Zusammenfassung dessen, was andere schon erdacht, erarbeitet und auch ausgeführt hatten. Seine Leistung war die gelungene und ausführliche Kompilation; alles andere ist nur Legende.[41]

IV. Christlicher Personalismus und abendländische Wertegemeinschaft

In den ersten Jahren nach Inkrafttreten des Grundgesetzes war es keineswegs so, dass man den Würdebegriff zunächst – wie dies ein Beobachter heutiger Zeit (Uwe Volkmann) vermutet – »einer Definition überflüssig befand«, dass er »gefühlsmäßig, aus sich heraus verständlich« war, »ohne dass es einer Interpretation, überhaupt einer juristischen Übersetzung bedurfte«. Das Gegenteil war der Fall: Gerade aufgrund seiner Neuartigkeit wurde er als Herausforderung empfunden. Die argumentativen Anstrengungen, um ihn juristisch handhabbar und einer Definition zugänglich zu machen, waren immens.

Dabei kam es zu einem bemerkenswerten Umdeutungsprozess. Binnen weniger Jahre wurde aus einer antitotalitären Fundamentalnorm eine auf christliches Naturrecht zurückgeführte und auf *den* Menschen bezogene Wertzuschreibung. Anders formuliert: Binnen kurzer Zeit wurde die Würde des Menschen zu einem theologisch begründeten Wert und die Würdenorm zu einer Wertaussage, und der unmittelbare historische Ursprung der Norm trat rasch in den Hintergrund. In juristisch-methodischer Hinsicht war dies nicht wirklich anstößig, zumindest nicht auf den ersten Blick. Der Wortlaut der Norm war relativ offen und ließ die philosophische und theologische Tradition wenigstens anklingen. Doch nur ganz vereinzelt, dazu im Fußnotentext versteckt, wurde die zeitgenössische Philosophie – etwa die Anthropologie Nicolai Hartmanns – als mögliche Quelle eines naturrechtlichen Verständnisses bemüht. Die große Mehrheit der Interpreten griff in jener Zeit, in der noch sechsundneunzig Prozent der Gesellschaft Mitglied der christlichen Kirchen waren, vielmehr auf die Kernelemente der christlichen Anthropologie zurück, um so dem Menschen aufgrund seiner Gottesbeziehung Würde zuzusprechen und damit – auch dies ein Kernelement des christlichen Menschenbildes – zugleich seine Gemeinschaftsgebundenheit betonen zu können. Auf diesem Weg hielt die Denkfigur des Personalismus Einzug in die verfassungsrechtliche Argumentation. Diese Figur, zur Transzendenz hin geöffnet und die Überwindung des Antagonismus von Individualismus und Kollektivismus propagierend, erlaubte eine markante Abgrenzung sowohl gegenüber dem traditionellen Liberalismus als auch gegenüber dem vergangenen National- und dem damals noch gegenwärtigen Sowjetsozialismus.

Unterstellt wurde dabei, dass der Verfassungsgeber selbst die Würdenorm in diesem personalistischen, christlich-naturrechtlichen Sinne verstanden wissen wollte. Das *Jahrbuch des öffentlichen Rechts der Gegenwart* hatte indes schon 1951 in Band 1 seiner neuen Folge über die Entstehungsgeschichte der Artikel des Grundgesetzes informiert, und die dort zu findende Zusammenfassung der Diskussion des Parlamentarischen Rates zu Artikel 1 gestattete keinesfalls den Schluss, den Verfassungsgeber habe mehrheitlich ein solches christlich-naturrechtliches Verständnis inspiriert. Dessen tatsächliches Motiv, mit Hilfe der Würdenorm die vergangene nationalsozialistische und die gegenwärtige realsozialistische Realität zu bewerten und den neu zu schaffenden Staat als antitotalitäres Gegenmodell darzustellen, wurde weitestgehend ausgeblendet – und damit auch dessen Anliegen, eine Norm nicht aus wertetheologischem Räsonnement, sondern aus der Reflexion menschenverachtender Gewaltherrschaft zu statuieren. Dieses mit der Würdenorm zum Ausdruck gebrachte Anliegen verschwand nicht völlig, spielte im juristischen Diskurs aber nur noch eine ganz untergeordnete Rolle. Es fand dann seinen Platz eher noch in der Sprache der politischen Rhetorik, in Gestalt einer Formel, die von Seiten der Bundesrepublik kämpferisch zur Delegitimierung des sowjetisierten Ostdeutschlands eingesetzt wurde.[42]

Dieser Vorgang dürfte tiefer liegende Gründe haben. Die Gesellschaft der frühen Bundesrepublik war weltanschaulich erschüttert, und Gesellschaften dieser Art neigen eher zur überpositiven Begründung ihres neu zu schaffenden Rechts. Das bloße Vertrauen auf einen Rechtssatz lediglich des positiven Rechts, auch wenn er aufgrund reflektierter Gewalterfahrung geschaffen wurde, ist in solchen Momenten weniger stark ausgeprägt. Vielmehr herrschte in jener Zeit die Erwartung vor, dass es, wie der Freiburger Historiker Gerhard Ritter damals formulierte, »*niemals gelingen*« werde, »*die Freiheit und Menschenwürde oder das Recht der Massen auf menschenwürdiges Dasein durch irgendwelche Verfassungsparagraphen zu schützen*«. Die Fundierung zentraler Bestimmungen in einem übergeordneten theologischen Normenbestand versprach in jenem Moment ein höheres Maß an normativer Stabilität und Sicherheit.

Die Orientierung am Menschenverständnis der christlichen Anthropologie fügte sich aber gewiss auch nahtlos in die allgemeine Ideenlandschaft der fünfziger Jahre ein. Das christliche Menschenbild konnte als vermeintliches Abwehrstrategem dienen gegen eine in jener Zeit schon empfundene und artikulierte Auflösung jeglicher Individualität sowie auch gegen die Folgen, die von der modernen Technik für die Unversehrtheit und Geschlossenheit der Persönlichkeit im Massenzeitalter ausging. Zudem war die Geltendmachung des christlichen Menschenverständnisses hilfreich im Umgang mit den mentalen Folgen des Nationalsozialismus. Der menschenverachtenden Vergangenheit und Gegenwart konnte ein positives Werturteil über den Menschen entgegengestellt werden, ohne dies weiter ausbreiten oder ausführen zu müssen. Mit der Ausrichtung auf das ideale Menschenbild der christlichen Tradition ließ sich ein wirklichkeitsorientierter und bohrender Blick auf das, was den Menschen zum Menschen macht, vermeiden – ein Blick, der angesichts des Ausmaßes an verbrecherischer Barbarei der nationalsozialistischen Diktatur zu bedrückenden Erkenntnissen hätte führen und die geistig-mentale Verunsicherung noch verstärken müssen. Dies lässt auch verstehen, warum die Fixierung auf das christliche Menschenbild so stark war und eine Auseinandersetzung mit den Menschenbildern ausblieb, die in jener Zeit in den philosophischen Debatten durchaus diskutiert wurden. Die Existentialphilosophien Jean-Paul Sartres und Martin Heideggers oder auch die Anthropologie Arnold Gehlens waren nicht nur in ihrem deutlichen Gegensatz zur Imago-Dei-Auffassung der christlichen Philosophie, dem Verständnis des Menschen als gottesebenbildlichem Wesen, verbunden, sondern auch durch eine auf das reale Dasein des Menschen ausgerichtete Grundperspektive. Eine solche nichtideale Menschenbetrachtung, also eine Betrachtung unter Einbeziehung der grauenvollen Wirklichkeiten der unmittelbaren Vergangenheit, hätte indessen zu einer intensiveren Auseinandersetzung mit den unfassbar brutalen Verbrechen gezwungen, zu denen Menschen in jener Zeit der nationalsozialistischen Herrschaft imstande gewesen waren.

Nicht zuletzt bot die Berufung auf das christliche Menschenbild aber auch eine Chance: Es ließ sich demonstrieren, dass man in diesem neu gegründeten westdeutschen Staat auch bei der Deutung einer so zentralen Verfassungsnorm wieder zur großen Tradition der christlich-abendländischen Kultur zurückgefunden hatte.

Die Rückkehr in die abendländische Kulturgemeinschaft, dies war der ideenpolitische Horizont der fünfziger Jahre, wurde in jener Zeit häufig als rettende Antwort auf die Katastrophe des Nationalsozialismus beschworen, einhergehend mit einer Rück- und Wiederbesinnung auf das Religiöse. So konnte auch mit der christlich-naturrechtlichen Deutung der Würdenorm, der ersten Norm der Verfassung des neu gegründeten Staates, hervorgehoben werden, dass der 1933 eingeschlagene Weg als Irrweg erkannt und zum Ende gekommen war. Auch nach außen hin konnte sich die neu geschaffene Ordnung nun als geläutert zeigen.[43]

V. Rechtsdogmatische Ausformungen

Der Eingangsartikel des Grundgesetzes – dies war die herrschende Sicht, die sich in den fünfziger Jahren rasch durchgesetzt hatte – enthielt eine Wertaussage. Die Würdenorm schrieb, verankert im christlichen Naturrecht, dem Menschen schlechthin einen Wert zu. Mit dieser Deutung hatte die juristische Literatur der fünfziger Jahre und die ihr folgende Rechtsprechung vor allem des Bundesverfassungsgerichts einen zentralen Grundstein für den geistigen Wiederaufbau des neuen Staates zu formen versucht. In den Folgejahren löste sich das Bundesverfassungsgericht dann zwar von der Vorstellung einer christlich-naturrechtlichen Verankerung der Würdenorm, hielt aber an deren wertetheoretischem Verständnis fest und setzte dieses Verständnis rechtsdogmatisch um. Die Würdenorm wurde ihm zu einem wichtigen Element des Freiheitsschutzes, diente aber auch als Rechtfertigung von Freiheitsbeschränkungen. Der Bundesgerichtshof nutzte die Norm zudem als Legitimation für eine folgenreiche Rechtsfortbildung.

1. Freiheitsschützende Ableitungen

Für die Rechtsprechung, die der Würdenorm Maßstäbe und Grenzlinien für staatliches, in die Freiheitssphäre der Bürgerinnen und Bürger eingreifendes Handeln entnahm, war vor allem die Entscheidung des Bundesverfassungsgerichts zum »Mikrozensus« von Bedeutung, also zur Durchführung einer Repräsentativstatistik zur Bevölkerung und zum Erwerbsleben. Die staatlicherseits veranlasste Befragung der Bevölkerung sollte sich auch auf deren »Erholungs- und Urlaubsreisen« erstrecken. Eine Bürgerin hatte sich geweigert, diese Fragen zu beantworten.

In seiner Entscheidung wiederholte das Gericht zunächst die Wendung aus dem Elfes-Urteil, wonach die Menschenwürde in der Wertordnung des Grundgesetzes der »*oberste Wert*« sei. Darüber hinausgehend betonte es nun aber, »*dieses Bekenntnis zu der Würde des Menschen*« beherrsche »*wie alle Bestimmungen des Grundgesetzes auch den Art. 2 Abs. 1 GG*« und gewähre damit »*dem einzelnen Bürger einen unantastbaren Bereich privater Lebensgestaltung*«, der »*der Einwirkung der öffentlichen Gewalt entzogen*« sei.

Das Gericht blieb dabei nicht stehen. Es gab auch ein Kriterium für die Prüfung einer Würdeverletzung an – die Objekt-Formel: Es widerspreche »*der menschlichen Würde, den Menschen zum bloßen Objekt im Staat zu machen*«. Als Beleg zitierte das Gericht überraschenderweise seine Entscheidungen zum Verbot der KPD sowie zu Lüth, obwohl in diesen Entscheidungen an keiner Stelle die Rede davon gewesen war. Die Formel, nach der die Würde dann verletzt sei, wenn der Einzelne zum Objekt staatlichen Handelns werde, war vielmehr schon in den Jahren vor Inkrafttreten des Grundgesetzes in der Literatur als Kriterium einer Würdeverletzung vorgeschlagen worden.

Bezogen auf den Anlass der Entscheidung, die Zulässigkeit einer staatlichen Befragung, hielt das Gericht dann entsprechend fest: Mit »*der Menschenwürde*« wäre es nicht zu vereinbaren, »*wenn der Staat das Recht für sich in Anspruch nehmen könnte, den Menschen zwangsweise in seiner ganzen Persönlichkeit zu registrieren und zu katalogisieren, sei es auch in der Anonymität einer statistischen Erhebung, und ihn damit wie eine Sache zu behandeln, die einer Bestandsaufnahme in jeder Beziehung zugänglich*« sei. Zudem sei »*ein solches Eindringen in den Persönlichkeitsbereich durch eine umfassende Einsichtnahme in die persönlichen Verhältnisse seiner Bürger*« dem Staat auch deshalb versagt, »*weil dem Einzelnen um der freien und selbstverantwortlichen Entfaltung seiner Persönlichkeit willen ein ›Innenraum‹ verbleiben*« müsse, »*in dem er […] ›sich selbst besitzt‹ und ›in den er sich zurückziehen kann, zu dem die Umwelt keinen Zutritt hat, in dem man in Ruhe gelassen wird und ein Recht auf Einsamkeit genießt‹*«. Dabei zitierte das Bundesverfassungsgericht explizit aus einem Text von Josef M. Wintrich, in dem dieser sich zum »*Men-*

schenbild des Art. 1 Abs. 1« geäußert hatte – ein Beispiel dafür, wie von der Rechtswissenschaft Impulse für das bundesverfassungsgerichtliche Verständnis der Würdenorm ausgingen.

Im Ergebnis verneinte das Gericht jedoch eine Verletzung der Menschenwürde. Denn »*als gemeinschaftsbezogener und gemeinschaftsgebundener Bürger*« müsse jedermann »*die Notwendigkeit statistischer Erhebungen über seine Person in gewissem Umfang, wie z. B. bei einer Volkszählung, als Vorbedingung für die Planmäßigkeit staatlichen Handelns hinnehmen*«. Eine statistische Befragung zur Person könne deshalb »*dort als entwürdigend und als Bedrohung des Selbstbestimmungsrechtes empfunden werden, wo sie den Bereich menschlichen Eigenlebens*« erfasse, der »*von Natur aus Geheimnischarakter*« habe, »*und damit auch diesen inneren Bezirk zu statistisch erschließbarem und erschließungsbedürftigem Material*« erkläre. Wo dagegen die statistische Erhebung nur an das Verhalten des Menschen in der Außenwelt anknüpfe, werde »*die menschliche Persönlichkeit von ihr in aller Regel noch nicht in ihrem unantastbaren Bereich privater Lebensgestaltung ›erfaßt‹*«.

2. Rechtfertigung von Freiheitsbeschränkungen

Anders als in der Entscheidung über den Mikrozensus setzte das Bundesverfassungsgericht die Würdenorm aber auch in entgegengesetzter Richtung ein, also nicht mit freiheitsschützender, sondern mit freiheitsbeschränkender Wirkung. Zu nennen ist dabei vor allem die Entscheidung über die Verfassungsmäßigkeit der Wehrpflicht, die es 1960 traf.

Im Zuge der Wiederbewaffnung Westdeutschlands war 1956 auch die allgemeine Wehrpflicht wieder eingeführt worden. Vier Jahre später legte dann ein Verwaltungsgericht dem Bundesverfassungsgericht die Frage vor, ob die Wehrpflicht überhaupt mit der Verfassung vereinbar sei. Das Verwaltungsgericht hatte nämlich im Ausgangsverfahren über einen zweiundzwanzigjährigen Mann zu entscheiden, dessen Antrag auf Anerkennung als Kriegsdienstverweigerer abgelehnt worden war. Wäre die Wehrpflicht verfassungswidrig gewesen, wäre es darauf natürlich gar nicht mehr angekommen. Das Verwaltungsgericht hielt die Wehrpflicht für verfassungswidrig, weil sie gegen »*die unbedingte Achtung der Menschenwürde*« verstoße.

Das Bundesverfassungsgericht wies die Vorlage des Verwaltungsgerichts jedoch zurück. Seine Begründung: Das Grundgesetz sei »*eine wertgebundene Ordnung, die den Schutz von Freiheit und Menschenwürde als den obersten Zweck allen Rechts*« anerkenne; sein Menschenbild sei »*nicht das des selbstherrlichen Individuums, sondern das der in der Gemeinschaft stehenden und ihr vielfältig verpflichteten Persönlichkeit*«; es könne »*nicht grundgesetzwidrig sein, die Bürger zu Schutz und Verteidigung dieser obersten Rechtsgüter der Gemeinschaft, deren personale Träger sie selbst sind, heranzuziehen*«.

Ganz anders als dem Verwaltungsgericht, das in der Würdenorm einen Grund für die Verfassungswidrigkeit der Wehrpflicht erblickte, diente dem Bundesverfassungsgericht umgekehrt die Berufung auf die Würde des Menschen dazu, die sehr weitgehende Beschränkung der Freiheit junger Männer zu rechtfertigen, die mit der Ableistung des Wehrdienstes einhergeht. Und mehr noch: Das Gericht blendete bei dieser Argumentation aus, dass ein Soldat, der seine Wehrpflicht in einem Kriegseinsatz zu erfüllen gezwungen wird, doch mit hoher Wahrscheinlichkeit Zustände und Situationen hinnehmen und ertragen muss, die mit seiner Würde erheblich in Konflikt treten können. Dass die Menschenwürde als oberster Wert der Rechtsordnung in Spannung geraten kann zu dem Anspruch eines konkreten Würdeträgers auf Schutz seiner ihm als Individuum zustehenden Würde, wurde nicht thematisiert. Das Gericht ging auf die Bedeutung des Satzes in Artikel 1, wonach die Würde zu schützen »*Verpflichtung aller staatlichen Gewalt*« ist, nicht weiter ein.

Diesen aus der Würdenorm fließenden Schutzanspruch akzentuierte das Gericht wiederum in der ebenfalls in den sechziger Jahren ergangenen Entscheidung über die Grenzen des elterlichen Rechts und damit ihrer Freiheit, die Adoption eigener Kinder durch Dritte verweigern zu können. 1961 hatte der Gesetzgeber den Vormundschaftsgerichten die Kompetenz zugewiesen, die Einwilligung der Eltern durch eine eigene Entscheidung zu ersetzen, wenn diese Eltern ihre Pflichten gegenüber dem Kind dauernd gröblich verletzt oder ihre elterliche Gewalt verwirkt hatten.

In dieser Entscheidung betonte das Gericht, dass die Verpflichtung des Staates, die Pflege und Erziehung der Kinder sicherzustellen, nicht allein aus dem legitimen Interesse der staatlichen Gemeinschaft an der Erziehung des Nachwuchses, aus sozialstaatlichen Erwägungen oder aus allgemeinen Gesichtspunkten der öffentlichen Ordnung folge. Dies Pflicht ergebe sich vielmehr »*in erster Linie daraus, daß das Kind als Grundrechtsträger selbst Anspruch auf den Schutz des Staates*« habe. »*Das Kind*« sei »*ein Wesen mit eigener Menschenwürde und dem eigenen Recht auf Entfaltung seiner Persönlichkeit im Sinne der Art. 1 Abs. 1 und Art. 2 Abs. 1 GG.*« Eine Verfassung, »*welche die Würde des Menschen in den Mittelpunkt ihres Wertsystems*« stelle, könne »*bei der Ordnung zwischenmenschlicher Beziehungen grundsätzlich niemandem Rechte an der Person eines anderen einräumen, die nicht zugleich pflichtgebunden*« seien »*und die Menschenwürde des anderen*« respektierten. Der Staat müsse darüber wachen, ob ein Kind der Hilfe bedürfe, »*um sich zu einer eigenverantwortlichen Persönlichkeit innerhalb der sozialen Gemeinschaft zu entwickeln, wie sie dem Menschenbilde des Grundgesetzes*« entspreche. Und notfalls müsse er das Kind davor bewahren, »*daß seine Entwicklung durch einen Mißbrauch der elterlichen Rechte oder eine Vernachlässigung Schaden*« leide.

In dieser Entscheidung, dies machen deren Schlüsselsätze deutlich, betont das Gericht aber nicht nur erneut die wertetheoretische Deutung der Würdenorm, um sie als Rechtfertigung einer Freiheitsbeschränkung einzusetzen, konkret: der Freiheit der Eltern, über ihre eigenen Kinder zu bestimmen und sich einer vom Staat veranlassten Adoption zu widersetzen. Das Gericht verwendet hier die Würdenorm auch als Rechtfertigung, um Privatrechtsverhältnisse zu gestalten. Der Schutzgehalt der Würdenorm richtet sich nicht nur gegen schicksalhafte Wechselfälle des Lebens, nicht nur gegen Notlagen, die keiner konkreten Person zuzurechnen sind. Sie wirkt nun auch gegen »Dritte«, also auch dann, wenn Private die Würde anderer Privater angreifen.

In jener Zeit war in der Fachgerichtsbarkeit eine solche freiheitsbeschränkende und drittwirkende Verwendung der Würdenorm schon geläufig. So entschied das Bundesverwaltungsgericht, dass ein Verbot, eine Bibliothek zu nutzen, rechtmäßig ausgesprochen wurde, weil ein Benutzer zu einem anderen Benutzer, einem jüdischen Professor, gesagt hatte: »*Er ist ja wohl ein Jude, das sieht man ja.*« Denn die Meinungsfreiheit decke eine solche Aussage nicht. Diese Freiheit finde nämlich eine Schranke im »*Recht der persönlichen Ehre*«, das wiederum »*einen Bestandteil der menschlichen Würde*« bilde. Von der Äußerung über den jüdischen Professor sei indessen ein unmittelbarer Angriff auf die menschliche Würde ausgegangen. Diese zu schützen, sei aber Verpflichtung aller staatlichen Gewalt, so dass das Benutzungsverbot rechtmäßig ausgesprochen worden sei.[44]

3. Legitimation richterrechtlicher Rechtsfortbildung

Die rechtsdogmatische Umsetzung des wertetheoretischen Verständnisses der Würdenorm beschränkte sich in den fünfziger und sechziger Jahren nicht auf die Rechtfertigung von Freiheitsbeschränkungen oder die Begründung von unantastbaren Freiheitsräumen. Besonders wirkungsvoll war die Berufung auf die Würdenorm als Wertaussage auch bei der richterrechtlichen Entwicklung des allgemeinen Persönlichkeitsrechts.

Schon in den fünfziger Jahren hatte der Bundesgerichtshof entschieden, dass das allgemeine Persönlichkeitsrecht als »*verfassungsmäßig gewährleistetes Grundrecht angesehen werden*« müsse. Die Begründung: Das Grundgesetz habe nunmehr »*das Recht des Menschen auf Achtung seiner Würde und das Recht auf freie Entfaltung seiner Persönlichkeit als privates, von jedermann zu achtendes Recht*« anerkannt; die Bestimmungen des Artikels 1 und des Artikels 2 brächten die »*menschliche Personhaftigkeit*« als »*einen der übergesetzlichen Grundwerte der Rechtordnung*« zum Ausdruck. Dabei berief sich der Bundesgerichtshof auch auf eine Stellungnahme Helmut Coings aus dem Jahre 1947. Coing hatte damals zum einen gefordert, die Würde auch als privates Recht anzuerkennen, sie unter den Schutz des § 823 BGB zu stellen und im Falle ihrer Verletzung auch Schadensersatz zuzusprechen. Zum anderen hatte er die Rechtsprechung zu einer entsprechenden Rechtsfortbildung aufgerufen.

Diesem Aufruf kam der Bundesgerichtshof nach – auch dies ein Beispiel dafür, wie sehr naturrechtlich orientierte Beiträge aus der Rechtswissenschaft in jener Zeit die Rechtsprechung prägten. Der Bundesgerichtshof erkannte das aus den grundgesetzlichen Bestimmungen über die Würde des Menschen sowie der freien Entfaltung der Persönlichkeit abgeleitete und »*im Rechtsverkehr gegenüber jedermann*« geltende allgemeine Persönlichkeitsrecht zunächst als ein »*sonstiges Recht*« im Sinne des § 823 Absatz 1 des Bürgerlichen Gesetzbuches an. Sodann entschied er im Jahre 1961, dass im Fall einer

Verletzung dieses »*sonstigen Rechts*« auch eine Sanktion in Gestalt einer Geldentschädigung zuzusprechen sei, ganz so wie es Coing zwei Jahre vor Inkrafttreten des Grundgesetzes gefordert hatte. Das besondere rechtsdogmatische Problem dabei war allerdings, dass das Bürgerliche Gesetzbuch keinen Anspruch auf Geldentschädigung bei immateriellen Schäden kannte. Das Gericht setzte sich darüber mit der folgenden Argumentation hinweg: Die »*unter dem Einfluß der Wertentscheidung des Grundgesetzes erfolgte Ausbildung des zivilrechtlichen Persönlichkeitsschutzes*« wäre in einer nicht hinzunehmenden Weise »*lückenhaft und unzureichend, wenn eine Verletzung des Persönlichkeitsrechts keine der ideellen Beeinträchtigung adäquate Sanktion auslösen würde*«; ohne immateriellen Schadensersatz würden »*Verletzungen der Würde und Ehre des Menschen ohne eine Sanktion der Zivilrechtsordnung*« bleiben und die Rechtsordnung »*auf das wirksamste und oft einzige Mittel verzichten*«, um »*die Respektierung des Personenwertes des einzelnen zu sichern*«.

Bei dieser Rechtsprechung des Bundesgerichtshofs handelte es sich – wie Beobachter notierten – wohl um die »*die bedeutendste Rechtsfortbildung durch Gerichte in der Nachkriegszeit*«. Ihre Ursachen dürften gleichwohl deutlich weiter zurückreichen. Die Rechtsprechung des Bundesgerichtshofs reagierte auf einen technischen und sozialen Wandel, der schon um die Jahrhundertwende eingesetzt hatte. Neue Formen der Publizität und Werbung, die stärkere Betonung des Rechts der Bürger und Bürgerinnen sowie der Öffentlichkeit auf Information, nicht zuletzt auch die technische Entwicklung hatten schon während der Weimarer Republik die Möglichkeiten gesteigert, in den persönlichen Bereich des Einzelnen einzudringen. Mit der Berufung auf die Menschenwürde setzte sich nun rund ein halbes Jahrhundert später der Bundesgerichtshof über das Versäumnis des Gesetzgebers hinweg, bei Inkraftsetzung des Bürgerlichen Gesetzbuches im Jahre 1900 die Ehre und die Intimsphäre unter den Schutz des Rechts zu stellen. Die Würdenorm diente mithin dem höchsten Zivilgericht dazu, seine von ihm als dringlich befundene Rechtsfortbildung zu legitimieren. Der Bundestag unternahm dann zwar 1959 einen Versuch, diese richterrechtliche Schöpfung durch eine gesetzliche Regelung zu ersetzen, da doch »*das deutsche Recht in erster Linie am Gesetz und nicht am Fallrecht orientiert*« sei. Aber der »*Entwurf eines Gesetzes zur Neuordnung des zivilrechtlichen Persönlichkeits- und Ehrenschutzes*« trat nie in Kraft. Die Medien sahen in ihm einen Anschlag auf die Pressefreiheit, eine Kommerzialisierung der Ehre und eine Einladung an jeden Querulanten. Ihre Kritik war von einer solchen Vehemenz, dass aus diesem und auch aus einem späteren Entwurf kein Gesetz werden und es beim richterrechtlich aus der Würdenorm heraus entwickelten Persönlichkeitsschutz bleiben sollte.[45]

Kapitel 5: Gegenkonzepte und ihre Folge

I. Protestantisches Unbehagen

Wilhelm Wertenbruch, Autor einer Habilitationsschrift zur Würdenorm, fasste 1960 das Deutungskonzept zusammen, das im vorausgeganenen Jahrzehnt so rasch Dominanz erlangt hatte – das Konzept eines im christlichen Naturrecht fundierten und als Wertaussage zu verstehenden Eingangsartikels des Grundgesetzes. In dem von der katholischen Görres-Gesellschaft herausgegebenen »Staatslexikon« stellte er dabei zunächst apodiktisch fest, dass die »*geistesgeschichtliche Wurzel*« der Menschenwürde »*im Christentum*« liege; erst »*die Gottesebenbildlichkeit des Menschen*« vermöge »*dem Einzelnen einen solchen metaphysischen Rang zu verleihen, der ihn sowohl über die Natur als auch über die soziale Gemeinschaft*« erhebe. Gewiss kenne die Geistesgeschichte auch andere Würdekonzepte. Die Behauptung, die Würde sei historisch im Christentum verwurzelt, erfahre dadurch aber keine Einschränkung. Denn, so Wertenbruch, die »*neuzeitlichen, im Geist des Humanismus und der Aufklärung getragenen Bekenntnisse*« zur Menschenwürde stellten »*letztlich nichts anderes als säkularisierte Formen der christlichen Personalitätsidee dar*«. Nicht »*aus dem Geist des Individualismus und Liberalismus*« sei die Menschenwürde zu verstehen, »*sondern aus der Einsicht in die untrennbare Wesenseinheit von Personalität und Sozialität*«.

Es kann an dieser Stelle dahinstehen, ob diese These haltbar ist und die Würdekonzepte etwa von Kant oder Pico della Mirandola tatsächlich als Variationen eines christlichen Urkonzepts zu begreifen sind. Von größerer Bedeutung ist hier die Frage: Wie sollte dieses christliche Würdekonzept genau Eingang in das Grundgesetz gefunden haben? Wertenbruchs Erklärung: Nach den »*Mißbräuchen der Staatsgewalt*« während der Nazizeit habe »*nach 1945 ein spontanes Bekenntnis zur Würde des Menschen*« nahegelegen. Und indem das Grundgesetz »*in Anlehnung an die Präambel und Art. 1 Absatz I der UN-Deklaration allen übrigen Normen*« den Verfassungsrechtssatz von der Würde des Menschen vorangestellt habe, sei diese ein »*verfassungsrechtlicher Grundbegriff geworden*«; sie gelte nun »*als der höchste Rechtswert*« und sei »*oberstes Konstitutionsprinzip allen objektiven Rechts*«.

Doch auch damit war noch nicht begründet, dass für diesen Grundbegriff, diesen Wert und dieses Prinzip das christliche Konzept maßgeblich und verbindlich sein sollte. Wertenbruch blieb eine Antwort auf diese Frage am Ende aber nicht schuldig. Er verwies auf das Verständnis der Würdenorm als Rezeptionsnorm, als Brücke, die das positive Verfassungsrecht mit der Philosophie und Theologie verbinde und über die deren Gehalte in das Recht transportiert würden. Wertenbruch wörtlich: »*Das durch Art. 1, Absatz I GG eingeleitete Wert- und Anspruchssystem*« könne in »*seiner vollen Bedeutung nur sichtbar werden, wenn die vorerst noch im Brennpunkt stehende Frage nach der rechtlichen Bedeutung dieser Norm durch die Frage nach ihrem geistigen Gehalt fundiert*« werde; die Menschenwürde sei »*ein Begriff, der weit in die Bereiche der Theologie und Philosophie*« hineinreiche, Artikel 1 Absatz 1 GG umgreife »*Sein und Sollen jedes Menschen und jeder Gemeinschaft in ihrer ganzen metaphysischen Realität*«. Und wenn damit die christliche Würdeidee als Urgrund aller neuzeitlichen Würdeideen erkannt war, dann war es tatsächlich nur folgerichtig, die »*über Art. 1 GG enthaltene Rezeption des Naturrechts*« als Rezeption des christlichen Naturrechts zu verstehen.

So wie Wertenbruch dachten in jener Zeit auch protestantische Juristen; insoweit bestand Anfang der sechziger Jahre ein gewisser konfessionsübergreifender Konsens. Helmut Simon, später Richter am Bundesverfassungsgericht und Präsident des Evangelischen Kirchentages, meinte sogar, dass sich dieses christliche Verständnis der Würdenorm schon in der Rechtsprechung des Bundesverfassungsgerichts niedergeschlagen habe. In seiner ebenfalls zu Beginn der sechziger Jahre erschienenen Schrift über die »*Katholisierung des Rechtes?*« feierte er nicht nur die Rechtsprechung des Bundesverfassungsgerichts als eine inzwischen schon »*große*« und »*geschichtliche Tatsache*«. Zudem und vor allem stellte er heraus, dass diese Rechtsprechung mit der Würdevorstellung der katholischen Soziallehre »*im wesentlichen im Einklang*« stehe und die »*evangelische Ethik*« diese »*an Wert und Würde der menschlichen Persönlichkeit orientierte Rechtsprechung im Grundsatz nur begrüßen*« könne.

Der konfessionelle Konsens war in jener Zeit also groß, aber ganz vollständig war er nicht. Die von Wertenbruch und anderen katholischen Autoren inthronisierte Sicht hinterließ bei Simon nämlich ein gewisses »*Unbehagen*«. Warum? Ein alter Konfessionsgegensatz machte sich bemerkbar: das liberalere Verständnis individueller Freiheit im Protestantismus. Simon sah die Gefahr, dass durch jene katholisch dominierte Sicht »*der Schutz nach dem optimistischen Leitbild einer zur Vervollkommnung angelegten und befähigten Persönlichkeit überstrapaziert*« werde. Vor allem die Rechtsprechung zum richterrechtlich entwickelten allgemeinen Persönlichkeitsrecht war Simon ein Dorn im Auge. Sie gehe »*auf Kosten der Meinungs- und Pressefreiheit*« und führe »*zur Verkümmerung des ohnehin unterentwickelten Freiheitsbewußtseins*«.[46]

II. Methodologische, grundrechts- und wissenschaftstheoretische Kritik

Das protestantische Unbehagen war im Ergebnis freilich nur ein zurückhaltend geäußerter Vorbehalt gegenüber dem Konzept einer christlich fundierten wertetheoretischen Deutung, allein bezogen auf deren freiheitsverkürzende Effekte. Doch dabei blieb es nicht. In den sechziger Jahren setzte auch eine Kritik auf grundsätzlicher Ebene ein, eine scharfe, ja wuchtige Kritik, die auf den Kern und die Annahmen des herrschenden Konzepts zielte, es erschütterte und den Weg für Gegenkonzepte ebnete. Ihr Ansatz war einfach: Sie fragte nur, auf welchem juristischen Methodenverständnis die herrschende Sicht beruhte, welches grundrechtstheoretische Denken sich in ihr manifestierte und von welchen wissenschaftstheoretischen Prämissen sie ausging.

Peter Badura, damals noch Privatdozent, stellte fest, dass die in Theorie und Praxis dominierende Auslegung der Würdenorm zwar eine beträchtliche »*Anzahl ethischer, anthropologischer, metaphysischer und selbst theologischer Gesichtspunkte zutage gefördert*« habe, »*die in dieser Norm rezipiert sein sollen*«. Und es habe sich auch die »*nahezu einhellige Auffassung gebildet*«, dass die »*Anthropologie der idealistischen, ›personalen‹ Ethik verfassungsrechtlich verankert*« worden sei. Doch, so Badura, dafür seien »*bisher kaum methodische Kriterien angegeben worden*«. Badura hielt dies im Übrigen auch nicht für möglich, weil das Grundgesetz »*weder explizit noch implizit einen Hinweis darauf*« enthalte, »*daß durch seinen Art. 1 I eine personale und materiale Ethik zur Basis des Verfassungsrechts und damit der gesamten Rechtsordnung gemacht werden sollte*«.

Mit dieser grundsätzlichen, gegen die Rezeption des christlichen Naturrechts gerichteten Kritik stand Badura auch keineswegs allein. Peter Schneider warf ebenfalls die Frage auf, ob die Würdenorm nicht die Funktion eines »*trojanisches Pferdes*« erfülle, durch das »*in die Rechtsordnung heterogene Wert- und Weltanschauungen*« eindrängen und deren Einheit in Frage stellten. Er warnte vor der Gefahr einer »›*Politisierung*‹ *der Verfassungs- und Rechtsordnung*«. Und Reinhold Zippelius forderte: Die Auslegung des Artikel 1 Absatz 1 dürfe »*nicht kurzerhand einen der vorgefundenen theologischen oder philosophischen Würdebegriffe unterlegen*«. Sein »*spezifischer Sinn*« sei vielmehr »*durch die juristische Hermeneutik zu erschließen*«.

Methodenkritisch war auch die Position Ernst Forsthoffs motiviert, allerdings reichte sie darüber hinaus. Nicht ausschließen wollte er sogar, dass die juristische Hermeneutik vor der Menschenwürde kapitulieren müsse, die er zu den »*ethisch aufgeladenen, pausbäckigen Begriffen*« zählte. Es handele sich nämlich um einen der »*nicht allgemeinempirischen Begriffe*«, unter die »*nicht subsumiert werden*« könne. Im Zentrum seiner Kritik stand indessen das grundrechtstheoretische Denken, das sich im herrschenden Umgang mit der Würdenorm zeige. Die Würdenorm, so Forsthoff, sei wie auch andere Grundrechte nicht mehr nur auf »*die individuelle Freiheit*«, nicht mehr nur auf Abschirmung eines »*Freiheitsreservates*« angelegt, sondern insbesondere durch ihre Geltung auch zwischen Privaten, durch ihre Drittwirkung, in das »*technisch strukturierte soziale Ganze einbezogen*«, in die »*staatliche Integration*«. Diese Auffassung führe zu der »*bedenklichen ›Freiheit wozu‹, von der es über das Quis judicabit nur ein kurzer Schritt zur Unfreiheit*« sein könne, zum »*Marsch in den Kollektivismus*«.

Niklas Luhmanns Kritik, in dem 1965 erschienenen Werk über *Grundrechte als Institution* formuliert, bewegte sich schließlich ganz über den Rahmen juristischer Methodik oder Grundrechtstheorie hinaus. Seine Kritik richtete sich gegen die wissenschaftstheoretischen Prämissen der herrschenden Sicht. Luhmann bemängelte zunächst ganz grundsätzlich, dass die »*heutige Verfassungsdogmatik*« den Begriff der Würde »*ohne jede Rücksicht auf die Wissenschaften*« interpretiere, die »*sich mit dem Menschen und der menschlichen Gesellschaft*« befassten. Konkret monierte er die Ausblendung der »*empirischen Wissenschaften*«. Die »*menschliche Persönlichkeit*« werde »*nach wie vor als Substanz gedeutet*«. Als »*Substanz*« sei der Mensch aber »*zunächst er selbst*« – was aber wiederum bedeute, »*daß die soziale Natur des Menschen erst nachträglich hinzugedacht werden*« könne.

Davon ausgehend attackierte Luhmann konkrete Komponenten der herrschenden Dogmatik – nicht selten mit spöttischem Unterton. So bemerkte er zu Nipperdeys Argumentation, die Würde sei im »*Wesen des Menschen*« enthalten und deshalb habe der Mensch auch »*ein Recht auf Würde*«, nur ganz lapidar: Beide Sätze schlössen sich aus. Denn Rechte könne man »*nur haben auf etwas, was man verlieren*« könne, das »*Wesen*« sei »*aber gerade die unverlierbare Eigenart einer Substanz*«. Beliebig ließen sich »*Beispiele für solche Gedankenlosigkeiten in Grundfragen*« vermehren. Sie zeigten, dass es »*für die integrierende Funktion der Grundrechte auf die Korrektheit des Denkens*« offenbar nicht ankomme.

Ähnlich äußerte sich Luhmann auch mit Blick auf konkrete Elemente der inzwischen entwickelten Rechtsdogmatik zur Würdenorm, insbesondere zur Objekt-Formel. Sie erweise sich als nichts anderes denn als »*Leerformel*«. Jedes Behandeln eines Menschen setze »*Vergegenständlichung voraus*«. Offen bleibe dann lediglich, »*wann ein solches Behandeln so skandalös*« sei, »*daß eine wesentliche Grundrechtsverletzung*« vorliege. Solche »*Leerformeln*« verdeckten »*zumeist apokryphe Normen*« oder, was noch schlimmer sei, »*Normbildungskompetenzen*«.[47]

Wie lassen sich diese ins Grundsätzliche zielenden Kritiken an der in den fünfziger Jahren aufgestiegenen christlich-naturrechtlichen Deutung der Würdenorm erklären? Es dürften mehrere Faktoren zusammenkommen. Vor allem die jüngere Generation zeigte sich zutiefst unzufrieden mit einer ins Metaphysische ausschweifenden Rechtsbegründung, einer Ausblendung von Empirie und einem Mangel an juristisch-methodischer Rationalität. Ihre Kritik am herrschenden Würdekonzept fiel in die Zeit des Aufbruchs der Rechtstheorie, die in den sechziger Jahren als das schlechthin Moderne galt gegenüber einer in »metaphysischen, wolkigen und politisch verdächtigen Zonen verharrenden Rechtsphilosophie« (Michael Stolleis).

Die Kritiken dürften aber auch darauf zurückzuführen sein, dass das christliche Naturrecht insgesamt in den sechziger Jahre an Bedeutung verlor. Mit der Konsolidierung der politischen, sozialen und wirtschaftlichen Verhältnisse in Westdeutschland wuchs auch das Vertrauen in die neue Rechts- und Verfassungsordnung, deren überpositive Absicherung immer seltener als notwendig erachtet wurde. Die nachlassende Wirkung des christlich fundierten naturrechtlichen Denkens verlief dabei zeitlich parallel mit einer allgemeinen Unruhe, die seit Beginn der sechziger Jahre vor allem den Katholizismus ergriff. In dieser Zeit wurde die katholische Kirche von ihrer jüngeren Geschichte eingeholt: Ihre Rolle zur Zeit der nationalsozialistischen Machteroberung, insbesondere antisemitische Äußerungen ihrer höchsten Amts- und Würdenträger, wurde Gegenstand öffentlicher Debatten. Und nicht zuletzt: Die Distanz gegenüber der Fundierung der Würdenorm in der christlichen Theologie entstammte offenkundig auch einem anderen Staatsverständnis. Viele Autoren überzeugte es immer weniger, die Interpretation der obersten Verfassungsnorm eines weltanschaulich neutralen Staates aus dem Ideenbestand einer Konfession zu füllen, zu deren Dogmen nicht nur die Gottesebenbildlichkeit des Menschen gehörte, sondern auch der Anspruch, über das Monopol endgültiger Wahrheiten sowie über einen mit unfehlbarer Autorität ausgestatten Stellvertreter Gottes auf Erden zu verfügen.[48]

III. Gegenkonzepte

Die Kritiker des herrschenden Würdekonzepts kritisierten aber nicht nur. An ihre zum Teil mit Vehemenz vorgetragenen Einsprüche schlossen sich neue Deutungen an, die sich allerdings in methodologischer Hinsicht selbst wiederum deutlich voneinander unterschieden. Besondere Hervorhebung verdienen dabei die in den sechziger Jahren präsentierten Deutungen von Peter Badura, Werner Maihofer und Niklas Luhmann.

Badura plädierte dafür, die »*werttheoretische und personalistische Interpretation*« der Würdenorm gänzlich zu verabschieden und sie stattdessen mit den Mitteln der klassischen juristischen Hermeneutik zu bestimmen. Er sprach sich für eine »*teleologische Auslegung*« aus, dabei die erfahrungsgesättigte Erkenntnis zugrunde legend, dass Grundrechte »*Antworten auf Gewalt, Unterdrückung und Willkür*« seien. Davon ausgehend hielt er mit Blick auf Artikel 1 Absatz 1 fest: Diese Norm reagiere zum einen »*auf die allgemeine Erfahrung, daß Abhängige, psychisch Abnorme, Asoziale, Angehöri-*

ge weltanschaulicher und rassischer Minderheiten und der staatlichen Strafgewalt Ausgesetzte in ihrer Rechtsstellung und persönlichen Integrität besonders gefährdet« seien, zum anderen aber auf *»die besonderen Erfahrungen des ›Dritten Reiches‹«*. Dessen *»Willkür und Terror«*, sein *»atavistische[r] Rückfall hinter die in Jahrhunderten errungenen zivilisatorischen Regeln der Menschlichkeit«* seien für den Verfassungsgeber des Grundgesetzes der Grund gewesen, *»vor dem überkommenen Katalog der Grundrechte einen Satz über die Würde des Menschen zu stellen«*. Deutlicher als jede Theorie über die sittliche Persönlichkeit des Menschen vermöge diese *»geschichtliche Erfahrung«* Aufschluss zu geben, wie der Schutz der *»Würde des Menschen in Art. 1 I GG vorzustellen«* sei. Davon ausgehend leitete Badura dann aus der Würdenorm zahlreiche Ver- und Gebotstatbestände ab. Damit brachte er das vom Parlamentarischen Rat gewollte Verständnis der Norm als antitotalitäres Versprechen wieder ins Spiel.

Anders als Badura wollte Werner Maihofer dagegen an der Deutung der Würdenorm als Wertaussage festhalten. In seiner Schrift *Rechtsstaat und menschliche Würde* aus dem Jahr 1968 definierte Maihofer allerdings – *»entgegen der traditionellen Metaphysik«* und *»idealistischen Konzeptionen von Persönlichkeit«* – Werte nicht *»als objektive außermenschliche Gegebenheiten«*. Er wollte sie vielmehr verstanden wissen als *»intersubjektive menschliche Bedingungen«*, als *»Gesichtspunkte von Erhaltungs- und Entfaltungsbedingungen des Menschen in seinem Sein in der Welt des Menschen«*. Für die Interpretation der Würdenorm war dies nicht ohne Belang. Denn so gedacht, müsse *»auch der Wert der Menschenwürde«* seinen *»ontologisch-anthropologischen Grund«* in der Welt haben, also in einer *»Seinstatsache«*.

Maihofers Wertaussagen und Wertzuschreibung gingen also aus einer *»soziologischen Betrachtung«* hervor. Bezogen auf den *»Unrechts- und Machtstaat«* der nationalsozialistischen Zeit bedeutete dies zunächst: *»Antastungen der Menschenwürde«* seien *»die ›Norm‹ im Sinne (des soziologischen Normbegriffs) der ›tatsächlichen Übung‹«* gewesen. Und diese *»geschichtlich erfahrenen Verletzungen und Gefährdungen der Menschenwürde«* hätten den Verfassungsgeber veranlasst, *»sich mit diesem Faktum im Hinblick nicht nur auf die Vergangenheit, sondern mit Blick auf Gegenwart und Zukunft ausdrücklich auseinanderzusetzen«* und dabei wertbegründend und -bestimmend tätig zu werden.

Maihofer versuchte also, die Erhaltens- und Entfaltungsbedingungen, die der Wert der Menschenwürde erfasse, durch die Betrachtung und Reflexion von »*Grenzsituationen*« zu bestimmen, konkret: der »*Situation der Tortur*«, »*deren konkrete Unmenschlichkeit unter dem nationalsozialistischen Regime die Väter unserer Verfassung als ein historisches Faktum bei der Proklamation der Menschenwürde vor Augen*« gehabt hätten. Die in einer solchen Situation zu machende Erfahrung der »*absoluten Wehrlosigkeit angesichts des Überwältigtseins durch den Anderen*« vernichte die »*Basis des Vertrauens in die prinzipielle Personalität meines Selbst*«; mehr noch, die Erfahrung der »*absoluten Hilflosigkeit angesichts des Verlassenseins von den Anderen*« zerstöre das »*Vertrauen in die prinzipielle Solidarität der Anderen*«. Dort, wo »*dieses Fundament der Personalität und Solidarität*« erschüttert werde, dort sei von »*einer Antastung der Menschenwürde*« zu reden. Auch Maihofer benannte davon ausgehend zahlreiche konkrete Tatbestände, bei denen eine solche Antastung gegeben sei.

Ein solcher ontologisch-anthropologischer Ansatz war gewiss originell, und er unterschied sich von der herrschenden, christlich-naturrechtlich fundierten Wertetheorie der Menschenwürde. Das Besondere dieses Ansatzes dürfte jedoch die Gewinnung und Bestimmung eines Wertes aus der Reflexion von Empirie gewesen sein. Der Modus, mit dem dabei von existenziellen Erfahrungen auf den Wert der Menschenwürde geschlossen wurde, war einer der Evidenz. Die werterzeugende und -bestimmende Qualität solcher Erfahrungen leuchtet unmittelbar ein, sie überzeugt intuitiv, ohne dass es einer weiteren Begründung bedarf.

Maihofer wie Badura bezogen sich sich bei ihren Normdeutungen auf die Absichten des Verfassungsgebers. Genau in diesem Punkt unterschieden sie sich wiederum von Niklas Luhmanns Versuch, dem herrschenden Verständnis der Würdenorm ein Alternativkonzept entgegenzusetzen. Für diesen spielte die ursprüngliche Absicht des Verfassungsgebers nämlich keine besondere Rolle.

Luhmann entwickelte seine Interpretation von einem gänzlich neuen Grundrechtsverständnis aus, das wiederum seinen Grund fand in einer mit einem besonderen soziologischen Methodenverständnis konzipierten Gesellschaftstheorie. Grundrechte dienten dieser Theorie zufolge »*als eine unter vielen funktional äquivalenten Institutionen der industriell-bürgerlichen Sozialordnung dazu, das*

Kommunikationswesen so zu ordnen, daß es im großen und ganzen für eine Differenzierung offen« bleibe; die Gewährung von Grundrechten sei daher nichts anderes als *»eine Garantie von Kommunikationschancen«*. Dabei verstand Luhmann eine Größe als funktional, wenn sich die *»Bedingungen ihrer Ersetzbarkeit«* angeben ließen, seinem *»Funktionsbegriff«* legte er mithin die *»Ausrichtung der menschlichen Vernunft«* auf das zugrunde, *»was anders sein könnte«*.

Dies voraussetzend, fragte Luhmann, *»welchen Sinn«* Begriffe wie Würde und Freiheit *»in einer industriell-bürokratischen Gesellschaft«* haben und *»welche Funktion«* den *»durch sie bezeichneten Tatsachen in einer differenzierten Sozialordnung«* zukommen könnten. Eine *»idealistische Überformung«* der Persönlichkeit oder ihr Verständnis als *»Substanz«* schloss er aus, denn die *»neuzeitliche Wissenschaft«* habe *»im Grunde seit langem die Prämissen der ontologischen Metaphysik gesprengt«*. Aus diesem Grund seien Begriffe wie Freiheit und Würde *»mit Bezug auf empirische Forschungen bzw. Forschungsmöglichkeiten zu bestimmen«*. Luhmann dachte dabei an die moderne Psychologie, Anthropologie und Soziologie. In ihnen gewönnen Theorien an Boden, *»welche die Selbstidentifikation des Menschen als Vorgang«* begriffen, *»der sich im sozialen Kontakt – und in Auseinandersetzung mit den dadurch eröffneten Gefährdungen«* vollziehe.

Das Ergebnis von Luhmann Argumentation war: Die Begriffe »Freiheit« und »Würde« bezeichneten *»Grundbedingungen des Gelingens der Selbstdarstellung des Menschen als individuelle Persönlichkeit«*. Es handele sich um *»werthaft formulierte Bezeichnungen für die Außen- bzw. die Innenproblematik menschlicher Selbstdarstellungen«*. Konkret hieß dies: *»Würde«* war für Luhmann *»keineswegs eine Naturausstattung wie vermutlich gewisse Grundanlagen der Intelligenz«*, nicht einfach *»ein ›Wert‹, den der Mensch wegen einer bestimmten Naturausstattung«* habe oder in sich trage. *»Würde«* sei stattdessen ein *»Wunschbegriff«*, der die *»gelungene Selbstdarstellung«* bezeichne – woraus sich eine folgenschwere, aber unvermeidliche Konsequenz ergab: Wenn Würde als gelungene Selbstdarstellung zu verstehen war, musste sie in Kommunikationen *»konstituiert«* werden. Gelang dies nicht und missglückte die geplante Selbstdarstellung, so konnte auch ein *»Würdeverlust«* eintreten. *»Würde«* sei daher *»eines der empfindlichsten menschlichen Güter«*. Eine *»einzige Entgleisung, eine einzige Indiskretion«* könne sie *»radikal zerstören«*; daher sei sie auch *»alles andere als ›unantastbar‹«*.

Die Luhmann'sche Deutung der Würdenorm, die in den Folgejahren eine ausgesprochen starke Resonanz erfuhr, verdankte sich einem fundamentalen grundrechtstheoretischen Prämissenwechsel. Die Anwendung und Auslegung der Norm orientierte sich nicht an ihrem historischen Entstehungsgrund, aus Unrechts- und Willkürerfahrungen lernen und deren Wiederholung verhindern zu wollen. Dies war für Luhmanns Konzept völlig irrelevant. Von allen historischen Implikationen und Bedingtheiten losgelöst, fragte Luhmann nach der Funktion der Würdenorm in einer modernen Industriegesellschaft. Er verstand sie, und damit war er gewiss nicht allein in jener Zeit, als Problem der sozialen Wirklichkeit. Die Methode dieser Deutung war die der empirischen Reflexion. In Luhmanns einfallsreicher und ganz unkonventioneller Deutung spiegelte sich gewiss auch der in den fünfziger und sechziger Jahren zu verzeichnende Aufstieg der Soziologie zu einer Schlüsselwissenschaft moderner Gesellschaften, der allmählich auch in den verfassungsrechtlichen und rechtstheoretischen Debatten Spuren hinterließ.[49]

IV. Vielfalt als Problem?

Das war nun die Lage am Ende der sechziger und zu Beginn der siebziger Jahre: Das christlich-naturrechtliche Verständnis der Würdenorm hatte seine Dominanz eingebüßt. Es sah sich mit einer Kritik konfrontiert, die gewiss nicht allein auf einem antimetaphysischen oder antiidealistischen Reflex beruhte, sondern mehreren Motiven entsprang. Sie mochte die Inkonsistenzen hinsichtlich einzelner Elemente nicht übergehen (These der Unverlierbarkeit, Objekt-Formel als Kriterium einer Verletzung), lehnte eine Ethisierung des Verfassungsrechts ab und sprach sich gegen die Öffnung der Würdenorm für unterschiedlichste Weltanschauungen aus. Die Kritik monierte, dass die herrschende Sicht entstehungsgeschichtlich nicht abgesichert sei, nicht auf die soziale Wirklichkeit blicke und hinter die inzwischen erreichten Erkenntnisse der neuzeitlichen Wissenschaften zurückfalle, die jegliche ontologische Metaphysik habe haltlos werden lassen.

Die auf der Basis dieser Kritik formulierten Gegenvorschläge rückten zum Teil wieder den Willen des Parlamentarischen Rates in den Vordergrund, mit der Würdenorm eine antitotalitäre Grundnorm zu statuieren, die darauf ausgerichtet war, eine Willkür- und Unrechtsherrschaft für alle Zukunft zu verhindern – wobei sich diese Ansätze entweder auf die klassische juristische Auslegungslehre (Badura) stützten oder auf eine Wertebegründung, die aus der Reflexion von Empirie mit Evidenzcharakter hervorging (Maihofer). Zum Teil blieb das entstehungsgeschichtliche Motiv der Würdenorm aber auch gänzlich ausgeblendet, und die Deutung der Norm stellte das Leben und Handeln der Menschen in einer modernen Industriegesellschaft in den Mittelpunkt, ihr dabei die Funktion zuweisend, die Grundbedingungen gelingender Selbstdarstellung des Menschen in der Kommunikation mit anderen zu schützen (Luhmann).

Damit war allerdings ein neues Problem entstanden: das der Vielfalt konkurrierender Deutungen. Welche Interpretation dieser zentralen Verfassungsnorm sollte nun die maßgebliche sein? In verschärfter Form stellte sich diese Frage auch deshalb, weil die Versuche, die Würdenorm unter Rückgriff auf theologische Konzepte zu bestimmen, keineswegs verschwanden und nun zudem auch Konzepte aus der Philosophie herangezogen wurden. So trat etwa Rudolf Wiethölter für die These ein, die »*philosophische Konzeption*« Immanuel Kants habe »*Eingang in das Bonner Grundgesetz gefunden*«, also der Gedanke, dass der Mensch »*in seinen Pflichten gegen sich selbst Persönlichkeit*« sei, deren »*Sittlichkeit die Würde des Menschen*« ausmache und für welche wiederum die »*Autonomie den Grund*« bilde. Und Walter Leisner etwa beschrieb, ganz unbeirrt von den inzwischen formulierten Kritiken, die Würdenorm als »*höchste Norm des Rechts*«, die als »*große Brücke*« »*Staat und Recht mit dem Glauben und Jenseits*« verbinde; das »*Religiöse allein*« legitimiere »*den Satz von der Würde des Menschen*«, nur aus ihm könne er »*sichere Inhalte gewinnen*«. Leisner räumte dabei zwar ein, dass »*das Höchste nicht das Klarste*« sei und viele sich vergeblich um Erkenntnis bemühten, da sie »*nicht die Öffnung nach oben*« sähen. Doch »*ohne das Ebenbild Gottes im Menschen*« bliebe die Würde nur »*ein leeres Wort, ein inhaltsloser Begriff des Juristen*«.

Das Problem der Vielzahl an Deutungen der Würdenorm wurde schon bald wahrgenommen und diskutiert. Sehr deutlich wurde dies auf einer Sitzung der Rheinisch-Westfälischen Akademie der Wissenschaften im Jahr 1974, auf der Ernst Benda zum Thema

»Gefährdungen der Menschenwürde« vortrug. Im Rahmen der Diskussion, die sich an Bendas Vortrag anschloss, beschrieb der evangelische Theologe Wilhelm Schneemelcher diese Problematik sehr prägnant: »*Das Problem der Menschenwürde ist natürlich uralt. Es ist – wenn ich von meinem Fachgebiet her rede – bei den Kirchenvätern mit dem Begriff des Bildes Gottes erfaßt. Diese Auffassung ist heute vielleicht nur noch für eine kleine Anzahl von Menschen maßgebend. Für andere ist das biologische Menschenbild wichtiger, und zwar auch unreflektiert. Andere kommen vom Ökonomischen her und betrachten den Menschen als ein Produkt seiner wirtschaftlichen Verhältnisse. Ist hier nicht der Jurist schlicht und einfach überfordert? [...] Wie soll er sich in einem Feld zurechtfinden, in dem eine Pluralität herrscht, die früher nicht vorhanden war?*«

Natürlich hatten nicht nur Theologen und Philosophen dieses Vielfaltsproblem schon wahrgenommen, sondern auch Staatsrechtslehrer und Verfassungsjuristen. Zu nennen sind vor allem Reinhold Zippelius, Werner Krawietz und Erhard Denninger. Den Grund dieses Problems sahen sie aber erstaunlicherweise nicht in der Unbestimmtheit und Offenheit des Würdebegriffs, der die Interpreten ja zumindest auf den ersten Blick geradezu aufforderte, ihn mit unterschiedlichsten Inhalten zu füllen.

Reinhold Zippelius bestritt etwa, dass »*der vom Verfassungsgeber gebrauchte Begriff der Würde genau das gleiche wie der christliche oder wie der Kantsche Würdebegriff*« meine; denn *diese* Begriffe erhielten »*juristische Relevanz nur dadurch und nur insoweit, als angenommen werden*« könne, »*daß der Verfassungsgeber seinen Begriff in einer Bedeutung verwenden wollte, die sich an die vorgefundenen Begriffe*« anlehne; eine solche Übernahme sei jedoch »*nicht erweislich*«. In der bisherigen juristischen Auslegungspraxis habe sich der Begriff der Würde vielmehr »*als eine Formel*« erwiesen, »*die mit Vorstellungen des zur Zeit herrschenden Sozialethos, teils auch mit Weltanschauungsgut partikulärer Gruppen aufgefüllt*« werde.

Werner Krawietz betonte sogar ausdrücklich, dass die »*offensichtlich fehlende Bestimmtheit des verfassungsgesetzlichen Tatbestandes des Art. 1 Abs. 1 GG*« keinesfalls einen Mangel darstelle. Wenn man den Grund alles Rechts nämlich nicht »*in einer von Verfassungs wegen zu schützenden Substanz*« sehe, sondern »*in seiner Funktion*«, so könne in der Würdenorm ohne weiteres eine grundrechtliche »*Generalklausel*« gesehen werden. Und für Erhard Denninger gehörte die

Würdenorm sogar zu den »*Leerformeln*«, denen »*als solche*« sogar »*die normative Kraft*« fehle, »*als Richtschnur zur Abgrenzung konfligierender Interessensphären zu dienen*«. Gleichwohl seien sie »*alles andere als harmlos-überflüssiger Verfassungszierat*«. Denn diese Leerformeln hätten eine »*politisch-soziale Funktion*«, die sie »*gerade nur dank ihrer ›Leere‹ erfüllen*« könnten. Mit ihrer Hilfe lasse sich demonstrieren, dass »*gesellschaftliche Wertvorstellungen, die [sich] (gerade wegen ihrer Vagheit) eines breiten Massenkonsenses sicher sein*« dürften, »*auch an der Spitze der (angeblich handlungsleitenden und handlungsbegrenzenden) normativen Verfassung*« rangierten.

Dies klang alles gewiss schön, und es klang auch gut. Doch selbst wenn diese Offenheit und Unbestimmtheit der Würdenorm Vorteile bieten sollte, so blieb das Problem: Welche Deutung sollte die maßgebliche sein, welches »*Weltanschauungsgut partikularer Gruppen*« bzw. welche »*gesellschaftlichen Wertvorstellungen*« sollten Vorrang genießen? Insbesondere im Konfliktfall stellte sich diese Frage mit besonderer Dringlichkeit. Zippelius, Krawietz und Denninger favorisierten eine institutionentheoretische Lösung, sie setzten auf den überzeugenden Spruch der Gerichtsbarkeiten, insbesondere der Verfassungsgerichtsbarkeit. »*Schärfere Konturen und größere Verläßlichkeit*«, so Zippelius, gewinne der Begriff der Menschenwürde »*erst durch die Kasuistik einer den Würdebegriff konkretisierenden Gesetzgebung und einer gefestigten Rechtsprechung*«. Und damit meinte er natürlich zuvorderst die Verfassungsgerichtsbarkeit: Die letzte Präzisierung erhalte ein Begriff wie der der Menschenwürde »*erst im Fortschritt autoritativer Verfassungspraxis*«, die »*durch die Notwendigkeit erzwungen*« werde, »*über konkrete Anwendungsprobleme zu entscheiden*«. Krawietz schloss sich Zippelius explizit an. Die mangelnde Bestimmtheit der Würdenorm erweise sich als »*ein normatives Strukturproblem*«, das »*durch nachträgliche Entscheidungsleistungen in Prozessen der Rechtsanwendung bewältigt werden*« könne, eben »*im Fortschritt autoritativer Verfassungspraxis*«. Und Denninger ergänzte: Leerformeln wie die Würdenorm könnten »*eine Funktion politischer Integration*« erfüllen, böte doch »*ein und dasselbe Leerbegriffs-Dach*« durchaus »*sehr unterschiedlichen politischen Auffassungen und ihren Verfechtern normativ-verbale Zuflucht*«. Für »*die verfassungsmäßig bestellten Hüter solcher Begriffe (etwa die Verfassungs- und Revisionsrichter)*« bedeute dies dann Aufgabe und Chance, »*ihren unvermeidlich dezisionären ›Interpretationen‹ maximalen Konsens zu verschaffen.*«

Das Vielfaltsproblem, sein Auftreten, seine Wahrnehmung und die Lösungsversuche sind ein starkes Indiz dafür, dass in den siebziger Jahren »der Vorrat an metaphysischen Gemeinsamkeiten« (Michael Stolleis) auch hinsichtlich der Norm von der Würde des Menschen endgültig aufgebraucht war. Das nun erkannte Problem der Deutungspluralität wurde für unvermeidlich, überraschenderweise aber auch für lösbar gehalten. Man glaubte und hoffte, dass die Würdenorm als Leerformel oder Generalklausel sich unterschiedlichen gesellschaftlichen Auffassungen öffnen konnte und insbesondere die Verfassungsgerichtsbarkeit dabei imstande war, die zutage tretenden Differenzen auszugleichen und mögliche Konflikte aufzulösen. Der Gerichtsbarkeit wurde eine Integrationsaufgabe übertragen, die sie durch konsensorientierte Dezisionen erfüllen sollte. In diesem Ansatz scheint deutlich das außerordentlich große Vertrauen in die Leistungen und Wirkungen insbesondere der Verfassungsgerichtsbarkeit durch, das diese sich seit 1950 erworben hatte. Nicht mehr die Ermittlung dessen, was der Verfassungsgeber mit dieser Norm im Sinn hatte, sollte das Problem mit der Würdenorm lösen helfen, nicht mehr der Rückgriff auf philosophische, theologische oder soziologisch begründete Würdekonzepte und deren Rezeption im Verfassungsrecht. Nein, die Institution der Verfassungsgerichtsbarkeit wurde beauftragt, den gesellschaftlichen Konsens zur Würdenorm festzustellen und diesen bei der Anwendung der Norm zugrunde zu legen.

Doch konnte ein solcher Konsens immer als gegeben und ermittelbar vorausgesetzt werden? Diese Frage wurde *nicht* erörtert, obwohl es dazu durchaus Anlass gegeben hätte, denn schon in den siebziger Jahren wurde das Bundesverfassungsgericht gerade wegen seines Umgangs mit der Würdenorm heftig kritisiert. Als das Gericht in der »Abhör-Entscheidung« (1970) kein generelles Kriterium für eine Würdeverletzung angeben wollte, sondern entschied, dass diese Frage immer vom jeweils konkreten Fall abhängig sein und es letztlich sogar auf die Würdeverletzungsabsicht des Staates ankommen sollte, warf man sogar die Frage auf, ob damit nicht ein Fall »*verfassungswidriger Verfassungsrechtsprechung*« vorliege; denn die vom Gericht praktizierte Subjektivierung des Verletzungskriteriums gehe auf »*Kosten der Bürgerfreiheit bzw. der Menschenwürde*« und wirke »*zugunsten der Staatsraison*«. Und das Urteil zum Schwangerschaftsabbruch von 1975, in dem das Gericht aus der

Würdenorm eine Pflicht zum staatlichen Strafen abgeleitet hatte, zog Kundgebungen, Schweigemärsche und Protestaktionen von Frauengruppen, Gewerkschaftern und Jungsozialisten nach sich. Diese Entscheidungen sollten im Übrigen keine Ausnahmen sein. Auch in der Folgezeit wirkte die Rechtsprechung zur Würdenorm keinesfalls immer integrierend, sondern war nicht selten Ursache für sich vertiefende und verhärtende Dissense.[50]

Kapitel 6: Expansionen

I. Ausbau der Rechtsdogmatik

Das Vielfaltsproblem war also nach der damals herrschenden Sicht im Grunde gar kein Problem, und wenn doch, dann war es institutionell, vor allem durch die Verfassungsgerichtsbarkeit, lösbar. Dieser Haltung zur Unbestimmtheit und Offenheit der Würdenorm entsprach es, dass das Bundesverfassungsgericht in den siebziger Jahren daranging, die Dogmatik der Würdenorm weiter zu formen und auszubauen. Das Gericht bestimmte das von der Würdenorm geschützte Rechtsgut (Autonomiefähigkeit) und auch dessen Zusammenhang mit anderen grundrechtlich geschützten Rechtsgütern (Leben) näher, es äußerte sich zur Frage, wie die aus der Norm sich ergebenden Pflichten zu bestimmen waren (Berücksichtigung des historischen Wandels), stellte Eigenarten des von dieser Norm ausgehenden Schutzes (Unantastbarkeit) heraus, präzisierte den Umfang dieses Schutzes, befand über den zeitlichen Anwendungsbereich der Würdenorm (vorgeburtliches Leben und Tod) sowie schließlich auch über die Kriterien einer Würdeverletzung.

Der Ausbau der Würdenormdogmatik geschah gewiss nicht fernab der politischen und gesellschaftlichen Ereignisse und Entwicklungen jener Jahre. Die Debatte um eine Liberalisierung des Strafvollzugs; die in den sechziger Jahren geplante und 1968 beschlossene Notstandsverfassung; die dadurch mitbedingten Studentenunruhen und -proteste, die Tötung des Studenten Benno Ohnesorg, der Mordanschlag auf Rudi Dutschke, eine Führungsfigur der Protestbewegung; die Radikalisierung dieser Protestbewegung bis hin zur Bildung terroristischer Gruppierungen, die Brandanschläge, Geiselnahmen und Ermordungen verübten; die Gegenreaktion des Staates durch administrative und legislative Terrorismusbekämpfung – vor diesem realpolitischen Hintergrund erfuhr die Dogmatik der Würdenorm eine durchaus facettenreiche Weiterentwicklung in zahlreichen Entscheidungen des Bundesverfassungsgerichts.[51]

1. Schutzgut und Bestimmungsmethode

Was schützte die Würdenorm eigentlich? Wie war das vorzustellen und zu denken, was die Norm mit »Würde des Menschen« bezeichnete und was zu achten und zu schützen sie »aller staatlichen Gewalt« aufgab? Wie war also das Rechtsgut der Norm zu bestimmen? Diese Frage fand 1977 eine Antwort in der Entscheidung zur Verfassungsmäßigkeit der lebenslangen Freiheitsstrafe. Die Thematik dieser härtesten Strafe, die das deutsche Strafrecht vorsieht, hatte ein Landgericht vor das Bundesverfassungsgericht gebracht. Es hatte argumentiert, wissenschaftlichen Untersuchungen zufolge träten *»bei langjährigem Freiheitsentzug persönlichkeitsschädigende Folgen«* auf. Nach 10, 15, 20 oder jedenfalls 25 Jahren Haft werde *»praktisch bei jedem Strafgefangenen ein Stadium erreicht, das durch Abflauen guter Affekte, Resignation, Stumpfheit und Gleichgültigkeit eine Persönlichkeitsänderung bewirke, die in Lebensuntauglichkeit, Unschuldssophisterei, präsenilem Begnadigungswahn und häufig in Verblödung«* ende. Nach ungefähr 20 Jahren *»sei der Gefangene körperlich und seelisch nichts als ein Wrack«*. Eine darüber hinausgehende Strafzeit sei weder zum Rechtsgüterschutz noch unter dem Aspekt der Resozialisierung vertretbar. Folglich, so das vorlegende Gericht, würde durch den endgültigen Ausschluss des Straftäters aus der Gesellschaft und die damit verbundene psychische Vernichtung *»die dem Gesetzgeber in Art. 1 GG aufgegebene Pflicht zur Achtung der Menschenwürde«* verletzt, *»die jedem menschlichen Wesen«* zukomme, *»auch dem gemeinen Verbrecher«*.

Im Ergebnis schloss sich das Bundesverfassungsgericht dieser Argumentation nicht an. Es bezweifelte, dass der Vollzug der lebenslangen Freiheitsstrafe zwangsläufig zu irreparablen Schäden psychischer oder physischer Art führte, und sah daher die Menschenwürde auch nicht verletzt. In der Begründung seiner Entscheidung bestimmte es indessen zum ersten Mal das von der Würdenorm geschützte Rechtsgut näher. In früheren Entscheidungen hatte es sich regelmäßig der Problematik entzogen, positiv zu bestimmen, was die Norm eigentlich schützte. Es hatte mehr oder weniger die näheren Umstände eines potentiell würdewidrigen Sachverhalts (Erniedrigung, Brandmarkung, Verfolgung, Ächtung, Ausforschung, heimliche Überwachung) thematisiert, ohne aber das Rechtsgut zu beschreiben und zu fixieren. Dies aber wagte das

Bundesverfassungsgericht nun: Der Verpflichtung der staatlichen Gewalt, die Würde zu achten und zu schützen, liege »*die Vorstellung vom Menschen als einem geistig-sittlichen Wesen zugrunde, das darauf angelegt*« sei, »*in Freiheit sich selbst zu bestimmen und sich zu entfalten*«. Die »*unverlierbare Würde des Menschen als Person*« bestehe »*darin, daß er als selbstverantwortliche Persönlichkeit anerkannt*« bleibe. Dies bedeute gewiss nicht, dass diese Freiheit »*prinzipiell unbegrenzt*« sei. Aber dennoch müsse »*die Eigenständigkeit der Person gewahrt bleiben*«; auch »*in der Gemeinschaft*« müsse »*grundsätzlich jeder Einzelne als gleichberechtigtes Glied mit Eigenwert anerkannt werden*«.

Wie war das zu verstehen: der Mensch als geistig-sittliches Wesen, fähig, in Freiheit sich selbst zu bestimmen und zu entfalten? Das Bundesverfassungsgericht stellte in seiner Beschreibung den Menschen als vernunftbegabt und moralfähig heraus, imstande, sich zu verwirklichen und dabei in seine Umwelt einzugreifen. Es bedarf keines allzu scharfen philsophiehistorischen Blicks, um zu erkennen, dass dem Gericht die Autonomiefähigkeit des Menschen Rechts- und Schutzgut der Würdenorm war.

Was die Achtung dieses Gutes dann im Einzelnen forderte, welche Verpflichtungen sich daraus für den Staat ergaben, präzisierte das Gericht in jener Entscheidung nicht näher. Es äußerte sich indessen zur Methode, mit der diese Pflichten zu ermitteln seien. Dabei betonte es, dass die »*Erkenntnis dessen*«, was das Gebot, die Würde zu achten, erfordere, »*nicht von der historischen Entwicklung zu trennen*« sei; die Geschichte der Strafrechtspflege zeige deutlich, dass an die Stelle grausamster Strafen immer mildere Strafen getreten seien. Demzufolge könne auch das »*Urteil darüber, was der Würde des Menschen*« entspreche, »*nur auf dem jetzigen Stande der Erkenntnis beruhen und keinen Anspruch auf zeitlose Gültigkeit erheben*«. Rechtserkenntnis unter Berücksichtigung des historischen Wandels – so lautete also das würdenormbezogene Methodenpostulat des Gerichts in seiner Entscheidung zur lebenslangen Freiheitsstrafe.

Dass das Verfassungsgericht im Ergebnis die Frage der Würdewidrigkeit lebenslanger Freiheitsstrafe verneinte, wurde schon erwähnt. Es hatte Zweifel, ob die vom vorlegenden Gericht angeführten wissenschaftlichen Untersuchungen die schädlichen Wirkungen dieser Strafe tatsächlich methodisch und sachlich korrekt nachwiesen. Allerdings zog es aus der Würdenorm eine wichtige strafvollzugsrechtliche Konsequenz: Der Strafgefangene müsse »*seine Freiheit wiedererlangen*« können; ihm stehe mithin ein »*Anspruch auf Resozialisierung*« zu, dem die bis dahin ausschließlich geübte Begnadigungspraxis nicht gerecht werde. Das Gericht gab dem Gesetzgeber daher auf, das Strafvollzugsrecht neu zu regeln. Zum ersten Mal in seiner Rechtssprechung leitete das Verfassungsgericht aus der Würdenorm des Grundgesetzes würdeschützende Legislativpflichten des einfachen Gesetzgebers ab.

2. Verletzungskriterium

Die Frage nach einem Kriterium, mit dessen Hilfe eine Würdeverletzung zu prüfen war, hatte das Bundesverfassungsgericht schon in der Mikrozensus-Entscheidung beantwortet, indem es auf die Objekt-Formel abgestellt hatte: Es widerspreche »*der menschlichen Würde, den Menschen zum bloßen Objekt im Staat zu machen*«. Diese Formel war, wie schon erwähnt, in der rechtswissenschaftlichen Literatur in der Zeit zwischen Kriegsende und vor Inkrafttreten des Grundgesetzes als Kriterium einer Würdeverletzung vorgeschlagen worden.

Genau auf diese Formel stützte die hessische Landesregierung dann Ende der sechziger Jahre auch ihre Klage gegen den Teil der »Notstandsverfassung«, durch den das grundrechtlich verbürgte Brief-, Post- und Fernmeldegeheimnis empfindlich beschränkt worden war. Aufgrund dieser Neuregelung sollte es nun den Sicherheitsbehörden möglich sein, unter bestimmten Voraussetzungen Briefe zu öffnen und Gespräche mitzuhören, und zwar ohne spätere Mitteilung an den Betroffenen und unter Ausschluss des Rechtsweges.

Die hessische Regierung trug in diesem Verfahren vor, die Würde des Menschen fordere, dass über das Recht der Bürger »*nicht kurzerhand von Obrigkeits wegen verfügt*« werden dürfe. In besonders starkem Maße geschehe dies aber gerade dann, »*wenn eine Person Objekt behördlicher Maßnahmen werden könne, ohne daß vorher oder nachher ein Richter über die Zulässigkeit dieser Maßnahmen entscheide*«, zumal wenn ein solcher Eingriff »*den Kernbereich der Privatsphäre des Bürgers berühre, zu deren Schutz das Brief-, Post- und Fernmeldegeheimnis in den Rang eines Grundrechts erhoben worden sei*«.

Das Bundesverfassungsgericht machte in seiner Entscheidung, dem dann 1970 ergangenen »Abhör-Urteil«, sehr deutlich, dass es die Objekt-Formel gerade nicht in diesem Sinn verstanden wissen wollte. Es widersprach aber nicht nur mit Nachdruck der Art, wie die hessische Regierung die Objekt-Formel gedeutet und auf die Regelung der Notstandsverfassung angewendet hatte, sondern es konkretisierte und relativierte diese Formel sogar entscheidend. Es lasse sich nämlich nicht »*generell sagen*«, wann eine Würdeverletzung festzustellen sei, »*sondern immer nur in Ansehung des konkreten Falles*«. Das Gericht dazu wörtlich: »*Allgemeine Formeln wie die, der Mensch dürfe nicht zum bloßen Objekt der Staatsgewalt herabgewürdigt werden, können lediglich die Richtung andeuten, in der Fälle der Verletzung der Menschenwürde gefunden werden können. Der Mensch ist nicht selten bloßes Objekt nicht nur der Verhältnisse und der gesellschaftlichen Entwicklung, sondern auch des Rechts, insofern er ohne Rücksicht auf seine Interessen sich fügen muß. Eine Verletzung der Menschenwürde kann darin allein nicht gefunden werden.*«

Zu was diente die Objekt-Formel aber dann? Und wie konnte und musste eine Würdeverletzung geprüft werden, wenn mit der Anwendung dieser Formel, das stand nach diesen Ausführungen nun außer Zweifel, die Prüfung einer Würdeverletzung noch gar nicht abgeschlossen war? Was musste noch hinzukommen, damit die Prüfung zu mehr als nur zu einem solchen Indiz einer Würdeverletzung führte? Hinzukommen musste dem Gericht zufolge, dass der Bürger einer Behandlung ausgesetzt werde, »*die seine Subjektqualität prinzipiell in Frage*« stelle, »*oder daß in der Behandlung im konkreten Fall eine willkürliche Mißachtung der Würde des Menschen*« liege. »*Die Behandlung des Menschen durch die öffentliche Hand, die das Gesetz vollzieht*«, müsse »*also, wenn sie die Menschenwürde berühren soll, Ausdruck der Verachtung des Wertes, der dem Menschen kraft seines Personseins zukommt, also in diesem Sinne eine ›verächtliche Behandlung‹ sein*«.

Zur Behandlung des Bürgers als Objekt musste also noch etwas hinzutreten, was in den Motiven des Staates und seiner Bediensteten zu verorten war, sozusagen ein subjektives Element auf Seiten der potentiellen Verletzer der Menschenwürde. Mit welcher Intention handelten sie also, mit welchen Absichten schränkten sie die Freiheiten der Bürger ein? Nahmen sie die Bürger ernst, respektierten sie ihre Subjektqualität, brachten sie ihnen Achtung entgegen, so war eine Würdeverletzung im Ergebnis zu verneinen – trotz gegenläufiger, durch die Anwendung der Objekt-Formel zunächst ermittelter Indizes einer solchen Verletzung.

Zur Verneinung einer Würdeverletzung kam das Gericht dann auch im konkreten Fall. Eine verächtliche Behandlung konnte das Gericht nicht erkennen, weder hinsichtlich des Verzichts auf eine Benachrichtigung über einen Eingriff in das Brief- und Fernmeldegeheimnis noch bezüglich des Rechtswegausschlusses. Auch die Möglichkeit, diese Regelungen zu missbrauchen, mache sie noch nicht verfassungswidrig. Vielmehr sei davon auszugehen, dass sie in einer freiheitlich-rechtsstaatlichen Demokratie »*korrekt und fair*« angewendet würden.

3. Umfassende Schutzpflicht

Die Würde des Menschen nicht nur zu achten, sondern auch zu schützen, war, so ordnete Artikel 1 des Grundgesetzes ja an, »Verpflichtung aller staatlichen Gewalt«. Was hatte es mit dieser Würdeschutzpflicht genau auf sich? Was war ihr Inhalt, was im Einzelnen ihr Anwendungsumfang? Auch auf diese juristisch-dogmatische Frage gab die Rechtsprechung des Bundesverfassungsgerichts in den siebziger Jahren Antworten.

Zunächst entschied sie, dass diese Schutzpflicht des Staates sich nicht allein auf den lebenden Menschen beschränke. Diese Pflicht reiche vielmehr über dessen Tod hinaus. Es sei nämlich, so stellte das Bundesverfassungsgericht in seiner Entscheidung über die Veröffentlichung von Klaus Manns Roman *Mephisto* heraus, mit dem Gebot der Unverletzlichkeit der Menschenwürde unvereinbar, »*wenn der Mensch, dem Würde kraft seines Personseins*« zukomme, »*in diesem allgemeinen Achtungsanspruch auch nach seinem Tode herabgewürdigt oder erniedrigt werden dürfte*«. Sodann traf es in den siebziger Jahren ebenfalls eine Festlegung hinsichtlich der Frage, ob die Schutzpflicht der Würdenorm sich auch schon auf das vorgeburtliche Leben erstreckt – eine sehr folgenreiche Festlegung, wie sich vor allem ab der Jahrtausendwende zeigen sollte. In seinem Urteil über die Verfassungsmäßigkeit des Schwangerschaftsabbruchs bejahte es jene Frage und entschied, dass die Würdeschutzpflicht auch das vorgeburtliche Leben erfasse: Das »*sich entwickelnde Leben*« nehme nicht nur am Schutz des durch Artikel 2 Absatz 2 GG begründeten Rechts auf Leben teil, sondern auch an dem Schutz, *»den Art. 1 Abs. 1 GG der Menschenwürde«* gewähre. *»Wo menschliches Leben existiert, kommt ihm Menschenwürde zu«* – dies war einer der Schlüsselsätze, der die Debatte um die Würdenorm auch in späteren Jahrzehnten noch sehr stark prägen sollte. Die Begründung dieses Satzes: Für den Würdeschutz sei nicht entscheidend, *»ob der Träger sich dieser Würde bewußt«* sei und sie *»selbst zu wahren«* wisse; die *»von Anfang an im menschlichen Sein angelegten potentiellen Fähigkeiten«* genügten, *»um die Menschenwürde zu begründen«*.

Was diese sich damit auf lebende, verstorbene und noch ungeborene Menschen erstreckende Schutzpflicht nun vom Staat im Einzelnen verlangte – dazu äußerte sich das Bundesverfassungsgericht in den siebziger Jahren ebenfalls mehrfach. In Hinsicht auf den Würdeschutz des ungeborenen Menschen sah das Gericht den Staat unter Umständen sogar in der Pflicht, das Strafrecht einzusetzen, denn die sich aus der Würdenorm ergebende Schutzpflicht des Staates sei *»umfassend«*. Sie gebiete dem Staat, *»sich schützend und fördernd vor dieses Leben zu stellen«*, dieses Leben also *»auch vor rechtswidrigen Eingriffen von seiten anderer zu bewahren«*. Zudem müsse sie *»umso ernster genommen werden, je höher der Rang des in Frage stehenden Rechtsgutes innerhalb der Wertordnung des Grundgesetzes anzusetzen«* sei. Da das menschliche Leben *»innerhalb der grundgesetzlichen Ordnung einen Höchstwert«* darstelle und es *»die vitale Basis der Menschenwürde und die Voraussetzung aller anderen Grundrechte«* sei, könne daher der Gesetzgeber – dies war eine Pointe dieser Entscheidung – im äußersten Fall auch *»verpflichtet sein, zum Schutze des sich entwickelnden Lebens das Mittel des Strafrechts einzusetzen«*, nämlich dann, wenn *»der von der Verfassung gebotene Schutz auf keine andere Weise zu erreichen«* sei.

Konnten dann aber mit dieser Argumentation – Schutzpflicht gegenüber dem Leben als Höchstwert des Grundgesetzes, als Basis der Würde – auch staatliche Behörden verpflichtet werden, inhaftierte Terroristen freizulassen? Diese Frage zog im Jahre 1977 große Aufmerksamkeit auf sich, als Terroristen den Präsidenten der deutschen Arbeitgeberverbände, Hanns Martin Schleyer, entführt und zu töten gedroht hatten, falls der Staat nicht bereit wäre, ihre inhaftierten Gesinnungsgenossen freizulassen. Die Angehörigen von Schleyer hatten das Bundesverfassungsgericht angerufen und dabei argumentiert, der Staat müsse aufgrund seiner Würdeschutzpflicht gegenüber dem Entführten den Forderungen der Terroristen nachkommen.

In seiner Entscheidung hob das Bundesverfassungsgericht hervor, dass sich aufgrund der Schutzpflicht des Staates unter bestimmten Umständen tatsächlich die Freiheit der staatlichen Organe in der Wahl der Mittel zum Schutz des Lebens sogar »*auf die Wahl eines bestimmten Mittels verengen*« könne, nämlich dann, wenn »*ein effektiver Lebensschutz auf andere Weise nicht zu erreichen*« sei. Allerdings sei ein solcher Fall im Hinblick auf den entführten Arbeitgeberpräsidenten nicht gegeben. Das Gericht führte mehrere Gründe an, zunächst die Eigenart des Schutzes gegen lebensbedrohende terroristische Erpressungen: Sie sei »*dadurch gekennzeichnet, daß die gebotenen Maßnahmen der Vielfalt singulärer Lagen angepaßt sein*« müssten und »*weder generell im voraus normiert noch aus einem Individualgrundrecht als Norm hergeleitet werden*« könnten. Die zuständigen staatlichen Organe müssten in der Lage sein, »*auf die jeweiligen Umstände des Einzelfalles angemessen zu reagieren*«; schon dies schließe eine Festlegung auf ein bestimmtes Mittel aus, da ansonsten ja auch die »*Reaktion des Staates für Terroristen von vornherein kalkulierbar würde*«. Zudem gebiete die Schutzpflicht gegenüber dem entführten Arbeitgeberpräsidenten aber auch deshalb nicht die Freilassung der Terroristen, weil das Grundgesetz eine Schutzpflicht »*nicht nur gegenüber dem Einzelnen, sondern auch gegenüber der Gesamtheit aller Bürger*« begründe – das Gericht dachte hierbei offenbar auch an weitere Terrorakte der inhaftierten Terroristen, falls diese tatsächlich freikommen sollten.

Am Ende hieß dies: umfassende Schutzpflicht der staatlichen Behörden, aber weites Ermessen hinsichtlich der Frage, wie diese Pflicht zu erfüllen sei. Theoretisch blieb der Fall denkbar, dass das Verfassungsgericht die Behörden zum Einsatz eines ganz bestimmten Mittels verpflichtet sah – aber eben nur theoretisch.

4. Unabwägbarkeit

Was sollte es nun schließlich bedeuten, dass die Würde des Menschen, wie es ja im ersten Satz des ersten Artikels des Grundgesetzes heißt, »unantastbar« ist? Dies war ebenfalls eine Frage der Würdenormdogmatik, zu der die Rechtsprechung in den siebziger Jahren mehrfach Stellung nahm. Sollte »unantastbar« so viel bedeuten wie

»unabwägbar«? Sollte die Würde des Menschen also nicht anderen Rechten und Rechtsgütern gegenübergestellt und mit ihnen in einen Ausgleich gebracht werden können? Galt sie stets und überall vorrangig?

Genau dieses Verständnis, Unantastbarkeit als Unabwägbarkeit, legte die frühe Rechtsprechung des Bundesverfassungsgerichts nahe. In einem Verfahren, in dem es um die Verwertung einer heimlich aufgenommenen privaten Tonbandaufnahme in einem strafrechtlichen Ermittlungsverfahren ging, knüpfte das Gericht an die mit der Elfes-Entscheidung aus den fünfziger Jahren begründeten Rechtsprechung an, wonach »*das Grundgesetz dem einzelnen Bürger einen unantastbaren Bereich privater Lebensgestaltung*« gewähre, »*der der Einwirkung der staatlichen Gewalt entzogen*« sei. Das Gebot, diesen Kernbereich zu achten, habe zwar seinen Grund in dem durch Artikel 2 Absatz 1 Grundgesetz verbürgten Recht auf freie Entfaltung der Persönlichkeit. Bei der Bestimmung des Inhalts und der Reichweite dieses Rechts müsse aber berücksichtigt werden, »*daß nach der Grundnorm des Art. 1 Abs. 1 GG*« die Würde des Menschen »*unantastbar*« sei. »*Selbst überwiegende Interessen der Allgemeinheit*« könnten »*einen Eingriff in den absolut geschützten Kernbereich privater Lebensgestaltung nicht rechtfertigen*«. Eine »*Abwägung nach Maßgabe des Verhältnismäßigkeitsgrundsatzes*« finde nicht statt.

Dies waren klare Worte. Aber genau so klar waren die Worte und die Praxis in anderen Entscheidungen jener Jahre, in denen das Gericht sehr wohl nach Maßgabe des Verhältnismäßigkeitsgrundsatzes die Würde gegen andere Rechtsgüter abwog, etwa in dem schon erwähnten »Abhör-Urteil«: Dort stellte es der Menschenwürde den Schutz des Staates und seiner Ordnung entgegen. Zunächst hielt es dabei fest, dass »*die Ersetzung des Rechtswegs durch eine anderweitige Rechtskontrolle*« die Menschenwürde nicht verletze. Zwar verlange »*die Rücksicht auf die Subjektqualität des Menschen normalerweise, daß er nicht nur Träger subjektiver Rechte*« sei, »*sondern auch zur Verteidigung und Durchsetzung seiner Rechte den Prozeßweg beschreiten und vor Gericht seine Sache vertreten*« könne. Es gebe aber seit je Ausnahmen von dieser Regel – wie in dem zu entscheidenden Fall: Denn es verletze jedenfalls »*die Menschenwürde nicht, wenn der Ausschluß des Gerichtsschutzes nicht durch eine Mißachtung oder Geringschätzung der menschlichen Person, sondern durch die Notwendigkeit der Geheimhaltung von Maßnahmen zum Schutze der demokratischen Ordnung und des Bestandes des Staates motiviert«* werde.

Sodann die Entscheidung über den Schwangerschaftsabbruch: Auch in ihr stellte es Abwägungsüberlegungen an. In dieser Entscheidung, in der es das Rechtsgut »Leben« ebenfalls der Würdenorm zugeordnet hatte, konstatierte es nämlich: »*Ein Ausgleich, der sowohl den Lebensschutz des nasciturus*« gewährleiste »*als auch der Schwangeren die Freiheit des Schwangerschaftsabbruchs*« belasse, sei »*nicht möglich, da Schwangerschaftsabbruch immer Vernichtung des ungeborenen Lebens*« bedeute. »*Bei der deshalb erforderlichen Abwägung*« seien folglich »*beide Verfassungswerte in ihrer Beziehung zur Menschenwürde als dem Mittelpunkt des Wertsystems der Verfassung zu sehen*«.

Ferner: die Entscheidung über Klaus Manns Roman *Mephisto*. In ihr konstatierte das Gericht, dass »*eine Spannungslage zwischen den durch Art. 1 Abs. 1 und Art. 5 Abs. 3 Satz 1 GG geschützten Bereichen*« bestehe und dass »*diese durch eine Abwägung gelöst werden*« müsse. Ähnlich auch eine Entscheidung über die Ausstrahlung eines Fernsehfilms, der die Tat eines sich inzwischen wieder in Freiheit befindlichen Straftäters dokumentierte. Das Gericht stützte sein Ausstrahlungsverbot auch auf eine Abwägung zwischen der Rundfunkfreiheit und dem aus der Würdegarantie fließenden Resozialisierungsanspruchs des Straftäters.

Die Reihe solcher Entscheidungen, in denen deutlich erkennbar wurde, dass das Bundesverfassungsgericht die Menschenwürde durchaus für abwägungsfähig hielt, lässt sich fortsetzen. So hieß es in der schon erwähnten Entscheidung über die lebenslange Freiheitsstrafe, die Menschenwürde werde »*auch dann nicht verletzt, wenn der Vollzug der Strafe wegen fortdauernder Gefährlichkeit des Gefangenen notwendig*« sei »*und sich aus diesem Grunde eine Begnadigung*« verbiete. Es sei »*der staatlichen Gemeinschaft nicht verwehrt, sich gegen einen gemeingefährlichen Straftäter durch Freiheitsentzug zu sichern*«. Dass bei der »*Bestimmung der Gefährlichkeit eines Straftäters der Grundsatz der Verhältnismäßigkeit beachtet werden*« müsse, bedürfe keiner weiteren Begründung. Und ebenfalls in der Entscheidung über die Freilassung von Terroristen zur Befreiung des Arbeitgeberpräsidenten Schleyer betonte das Gericht, das Grundgesetz begründe »*eine Schutzpflicht nicht nur gegenüber dem Ein-*

zelnen, sondern auch gegenüber der Gesamtheit aller Bürger«. Und schließlich: Im Beschluss über ein Gesetz, das die Verhängung einer Kontaktsperre zwischen inhaftierten Terroristen erlaubte, stellte es ganz grundsätzlich und allgemein heraus, dass eine wertgebundene Ordnung »*schlechthin schrankenlose Rechte*« nicht anerkennen könne. Das Grundgesetz verwehre nämlich »*dem Staat nicht schlechthin, verfassungsrechtlich geschützte Rechtsgüter auf Kosten anderer Güter, deren Bestand ebenfalls verfassungsrechtlich verbürgt*« sei, zu bewahren, selbst wenn es sich »*bei solchen Rechtsgütern um Grundrechte oder andere, verfassungsrechtlichen Schutz genießende Belange handeln*« möge. Diese Abwägung sei verfassungsrechtlich unausweichlich, »*wenn sonst die staatlichen Organe die ihnen nach dem Grundgesetz und der verfassungsmäßigen Ordnung obliegenden Aufgaben nicht mehr sachgerecht wahrnehmen*« könnten.

Diese Entscheidungen, in denen ganz ohne Zweifel das, was die Würdenorm schützte, gegen andere Rechtsgüter abgewogen wurde, führten in der Literatur nicht zu Nachfragen, Kritik oder gar flammendem Widerspruch. Wirklich überraschen kann dies nicht. Denn schon in den frühen fünfziger Jahren hatten zahlreiche Autoren die Auffassung vertreten, die Würdegarantie könne zumindest in bestimmten Konstellationen nicht unbeschränkt gelten. Nipperdey etwa ging davon aus, dass Staatsnotwehr und Staatsnotstand einen Eingriff in die Menschenwürde rechtfertigen konnten, und auch Dürig hielt die Würde für abwägungsfähig: So bezweifelte er etwa, ob für den Bereich der strafjustitiellen Wahrheitsermittlung die bisherige, »*einhellig allein auf die Würde des Vernommenen abstellende Interpretation durch Gesetzgebung und Rechtsanwendung schon das letzte Wort*« darstelle; denn von den beteiligten Menschen her gesehen bestehe eine »*Güterkollision (Art. 1 I Satz 1) und vom Staat her gesehen eine Pflichtenkollision einerseits zur Achtung und andererseits zum Schutz (Art. 1 I Satz 2)*«. Jedenfalls hindere die Würdenorm nicht, *de lege ferenda* bei aussichtslosen normalen Wahrheitsermittlungen weiter gehende Methoden der Wahrheitserforschung zugunsten des schuldlosen Opfers auszuschöpfen. Ein weiterer Autor, der die Würde trotz der Formulierung von ihrer Unantastbarkeit für abwägbar hielt, war Friedrich Klein. Er meinte, es müsse gegenüber der herrschenden Meinung mit Nachdruck gefragt werden, ob nicht zumindest gegenüber besonders »›*ausgekochten*‹ *vorbestraften Beschuldigten zur Wahrung der Würde etwa einer vergewaltigten Frau oder einer durch Verkehrsmord unter Alkoholeinfluss ums Leben gekommenen Person doch die Anwendung der durch § 136a StPO verbotenen psychologischen Beweismittel oder sonstigen Vernehmungstechniken zulässig sei, ja von Art. 1 Abs. 1 geradezu gefordert*« werde. Und als Michael Kloepfer in den siebziger Jahren zur Frage der Abwägbarkeit Stellung nahm, beschränkte er sich nicht mehr auf die Erörterung bestimmter Lagen und Bereiche staatlichen Handelns, etwa Staatsnotwehr oder Wahrheitsermittlungen im Strafverfahren, in denen der von der Würdenorm ausgehende Schutz Grenzen finden konnte. Er sprach sich mit Verve dafür aus, die Würdenorm grundsätzlich als Norm zu verstehen, deren Schutzbereich – wie eben bei anderen Normen auch – beschränkbar sei: Eingriffe in diesen Bereich seien möglich und könnten unter bestimmten Voraussetzungen gerechtfertigt sein. In einer detailgenauen Auseinandersetzung mit der bis dahin vorliegenden Rechtsprechung des Bundesverfassungsgerichts plädierte er dafür, auch bei der Würdegarantie zwischen Verbürgung und Begrenzung zu unterscheiden und damit die Möglichkeit von zulässigen und unzulässigen Beschränkungen der Menschenwürdegarantie anzuerkennen. Eine breitere Resonanz fand diese Forderung aber nicht – vorerst nicht.[52]

II. Neue Themenfelder

Für die mit Beginn der sechziger Jahre einsetzende Entwicklung ist noch ein Drittes kennzeichnend: Neben den Versuchen in der Literatur, den Inhalt der Würdenorm neu zu bestimmen, sowie dem von der Rechtsprechung vorangetriebenen Ausbau ihrer Dogmatik ist zu beobachten, wie sie mehr und mehr als verfassungsrechtliches Argument in weitestgehend neuen Themenfeldern eingesetzt wurde. Es ging dabei stets um große rechts- und allgemeinpolitische Fragen, um widerstreitende Konzepte politischer oder wirtschaftlicher Ordnung, um den richtigen Umgang mit dem technischen Fortschritt oder um die angemessene Reaktion auf den sozialen Wandel. Das Kaleidoskop der Themen, in denen die Würdenorm von den sechziger Jahren bis in die Phase der Wiedervereinigung Deutschlands hinein zur Geltung gebracht wurde, umspannte so unterschiedliche Gegenstände wie die Kapitalismuskritik, das informationelle Handeln des Staates, die Wirkungen des medizinischen Fortschritts, den Schutz von Tieren, das Streikrecht im öffentlichen Dienst, weibliche Nacktheit oder die Begründung eines Umweltgrundrechts. Über einige dieser Themen ist eingehender zu berichten.[53]

1. Kapitalismuskritik

Die Würde des Menschen als Argument der westdeutschen Kapitalismuskritik: 1968 schrieb Martin Walser in seinem Buch *Heimatkunde*, die »*Würde eines Menschen, der in Abhängigkeit*« arbeite, sei »*antastbarer*« »*als die Würde eines unabhängigen, der ein höheres Einkommen*« habe. Noch einen Schritt weiter ging man in der gewerkschaftlichen Arbeiterbildung: Die Würdenorm sei nach herrschender Sicht ein »*Verfassungsauftrag*« und »*oberster Leitsatz*« der gesamten Rechtsordnung; daher müsse sie doch von jedermann auch gegenüber seinen Mitmenschen geachtet werden, folglich auch vom Unternehmer gegenüber seinen Arbeitnehmern in Betrieb und Büro. Doch wie sehe die Arbeitswelt tatsächlich aus? Die Antwort der Gewerkschafter: In vielfältiger Weise werde »*der einzelne Arbeitnehmer in seiner Menschenwürde verletzt*« – und dies, obwohl die bestehende Industriegesellschaft »*zum ersten Mal in der Geschichte Möglichkeiten und auch bereits konkrete Ansätze zur Verwirklichung der ›Würde des Menschen‹ im gesamten gesellschaftlichen Bereich*« biete. Diese »*Unterdrückung der Arbeitnehmer in Betrieb und Gesellschaft*« sei »*aufzuheben*«, der »*Kampf um die Menschenwürde*« müsse beginnen.

Solche Gedankengänge und Folgerungen blieben natürlich nicht unwidersprochen. Ende der sechziger Jahre betonte Alfred Söllner, das Betriebsverfassungsrecht wolle den Arbeitnehmer doch gerade davor schützen, »*zu einem reinen Produktionsfaktor und zum bloßen Objekt von Leitungs- und Kontrollmaßnahmen herabgewürdigt zu werden*«. Abhängige Arbeit sei »*als solche nicht ›menschenunwürdig‹*«. Die Menschenwürde werde erst dort getroffen, »*wo die Willkür eines Mächtigen über einen Unterlegenen*« herrsche, »*der Mächtige mit dem Unterlegenen nach seinem Belieben*« verfahre, der Unterlegene keine andere Wahl habe, »*als jede Art der Behandlung hinzunehmen*«. Söllner gab dafür auch ein Beispiel, nämlich die »*sinnlose Beschäftigung von Arbeitnehmern mit schwerer körperlicher*

Arbeit beim Ausbleiben von Materiallieferungen (Hin- und Hertragen von Säcken; Hin- und Zurückschaufeln von Sand)«.

Solche Überlegungen brachten die mit der Würdenorm argumentierende Kapitalismuskritik jedoch nicht zum Verstummen. Ein Beitrag aus der in jenen Jahren neu gegründeten linken juristischen Fachzeitschrift *Kritische Justiz* identifizierte sogar einen »*bürgerlichen Würdebegriff*«, der »*die gegenwärtige Arbeitswelt, die Situation der Menschen in den Betrieben, völlig außerhalb des Blickfelds*« lasse und die Menschenwürde erst dort angetastet sehe, »*wo der Arbeitgeber willkürlich, nach seinem Belieben über die Arbeitnehmer*« herrsche. Die »*unter der Fahne der Würde und Autonomie des Menschen angetretene bürgerliche Gesellschaft*« sehe allein »*das mit Eigentum ausgestattete Individuum*« und missachte »*die Würde des von ihr hervorgebrachten Proletariats eigentumsloser Menschen*«. Es gelte daher »*gerade im Hinblick auf Art. 1 Abs. 1 GG*«, diesen »*heruntergekommenen Würdebegriff des bürgerlichen Individualismus zu überwinden und die historische emanzipatorische Funktion des Würdebegriffs wiederherzustellen*«.

Aber wie? Strategische Überlegungen wurden angestellt: Die Würde des Menschen sollte zu einer »*Emanzipationsforderung*« erhoben und dann zu einer wichtigen Waffe innerhalb eines »*Verfassungskampfes*« werden. Bezogen auf die betrieblichen Arbeitsbedingungen hieß dies konkret: »*Abbau aller Diskriminierung bestimmter Personengruppen gegenüber anderen, insbesondere die Abschaffung der geschichtlich überholten, unterschiedlichen Behandlung von Angestellten und Arbeitern, die Benachteiligung der Frauen gegenüber den Männern, der Jugendlichen gegenüber den Erwachsenen, der Ausländer gegenüber den Einheimischen.*«

Bei diesem Einsatz der Würdenorm scheint im Hintergrund gewiss die damals geführte Debatte um die Legitimationsprobleme im Spätkapitalismus auf, um die Funktionen »bürgerlicher Ideologien«, welche die Widersprüche in Gesellschaft und Arbeitswelt verhüllten. Ebenso klang aber auch die Utopie der orthodoxen Linken an, durch eine andere Organisation des Kapitalismus, gleichwohl aber auch durch Modernisierung und Fortschritt das Reich des Notwendigen überwinden, soziale Ungleichheiten beseitigen und den Menschen befreien zu können.

Diesen »*Kampf um die Menschenwürde*«, diesen »*Verfassungskampf*«, sah man im Übrigen jenseits der deutsch-deutschen

Grenze schon gewonnen – jener Grenze, die damals noch durch Selbstschussanlagen gegen die eigene Bevölkerung gesichert war. Erkennbar wurde dies schon bei einem Blick auf die neue Verfassung, die sich die Deutsche Demokratische Republik 1968 gegeben hatte, um die Verfassung von 1949 abzulösen, die ja nur wenige Monate nach dem Grundgesetz in Kraft getreten war. Die Verfassung von 1949 enthielt keine Norm über die Achtung und den Schutz der Menschenwürde. In ihr fanden sich lediglich Bestimmungen darüber, dass das »*Arbeitsentgelt*« und die »*Ordnung des Wirtschaftslebens*« ein »*menschenwürdiges Dasein*« zu gewährleisten hatten. Die Gründe, diese Verfassung zu ersetzen, hatte Walter Ulbricht, zu jener Zeit Vorsitzender des Staatsrates und Erster Sekretär des Zentralkomitees der SED, im Dezember 1967 in einer langen Rede vor der Volkskammer erläutert. Die alte Verfassung, so Ulbricht, habe dem sozialistischen deutschen Staat »*gute Dienste beim Voranschreiten in eine glückliche Zukunft und bei der Errichtung der Fundamente des Sozialismus geleistet*«. Die »*neuen Bedingungen*« der gesellschaftlichen Entwicklung, die »*neuen Aufgaben und die weiteren Horizonte der sozialistischen Gesellschaft und des sozialistischen Staates*« verlangten jedoch nach einer neuen Verfassung. Die Juristen, die Ulbricht mit dieser Aufgabe betraut hatte, stellten sich dabei dann auch die Frage, ob sie »*den Begriff der Menschenwürde im Sozialismus auch angesichts der Tatsache, daß er im Grundgesetz der Bundesrepublik eine solche große Rolle spielt, näher definieren*« sollten.

Zu einer solchen Definition ist es dann zwar nicht gekommen. Aber der Begriff der Menschenwürde tauchte tatsächlich an mehreren Stellen in dieser Verfassung auf, die nach einer »Volksaussprache« und einem »Volksentscheid« im April 1968 von 94,49 % der abstimmungsberechtigten Bürgerinnen und Bürger – so die Angaben in der zeitgenössischen Literatur der DDR – befürwortet worden war. Sie enthielt den Grundsatz, dass die dem »*Wohle des Volkes dienende Macht*« die »*freie Entwicklung des Menschen*« gewährleiste und »*seine Würde*« wahre. Sodann gebot sie allen staatlichen Organen, gesellschaftlichen Kräften und jedem Einzelnen, die »*Würde und Freiheit der Persönlichkeit*« zu achten und zu schützen. Schließlich erklärte sie auch, wie jeder Bürger »*Freiheit und Würde seiner Persönlichkeit*« verwirklichen könne: Jeder habe nämlich »*frei von Ausbeutung, Unterdrückung und wirtschaftlicher Abhängigkeit*« »*vielfältige Möglichkeiten [...] seine Fähigkeiten in vollem Umfang zu entwickeln und seine Kräfte aus freiem Entschluß zum Wohle der Gesellschaft und zu seinem eigenen Nutzen in der sozialistischen Gemeinschaft ungehindert zu entfalten*«.

In einem von einem Autorenkollektiv verfassten Kommentar hieß es dazu, nun sei »*die Wahrung der Menschenwürde zum ersten Male keine wohlklingende Verheißung mehr, sondern reale und realisierbare Arbeitsmaxime aller staatlichen Organe*«. Die Verhältnisse, unter denen die Menschen lebten, ließen »*eine Ausbeutung des Menschen*« nicht mehr zu. »*Gesellschaftliche Zustände, in denen sich reiche Nichtstuer auf Kosten der arbeitenden Massen ein bequemes Leben*« einrichteten, gehörten »*für immer der Vergangenheit*« an. Die »*Ausbeutungsverhältnisse*«, die »*ihrer Natur nach einen permanenten Angriff auf die Würde und Freiheit der Menschen*« darstellten«, seien durch die Aufhebung des Klassenantagonismus »*endgültig beseitigt*«. »*Jedem*« sei »*soziale Sicherheit gewährleistet, ohne die Freiheit und Würde papierne Formeln*« blieben.

Die Würde des Menschen war diesen Autoren keine wie im Einzelnen auch immer zu bestimmende Eigenschaft des Menschen. Sie bezogen sie auf die ökonomische und gesellschaftliche Lage, unter der die Bevölkerung in der DDR lebte. Sie sahen die DDR dabei als politisches System, das, anders als der Westen, würdegemäße Zustände nicht nur versprach, sondern zu schaffen und zu sichern imstande war. Die Vorstellung von der Würde des Menschen war mit Blick auf den eigenen sozialistischen Staat kein Postulat mehr, keine Sollensnorm, an der die eigenen Verhältnisse zu messen waren. Würdegemäße Zustände waren in der DDR Realität.

So diente die Rede von der Würde des Menschen im Verfassungsrecht des sozialistischen deutschen Staates dazu, das eigene politische System zu legitimieren und dasjenige des Klassenfeindes zu diffamieren – was sich im Übrigen auch in konkreten Verfassungsbestimmungen über die Grenzen der Forschungsfreiheit und der Bedeutung der »*sozialistischen Nationalkultur*« zeigte. So verbot die Verfassung jeden »*gegen den Frieden, die Völkerverständigung, gegen das Leben und die Würde des Menschen*« gerichteten Missbrauch der Wissenschaft. Dieses Verbot, so erklärten die Autoren, sei aufgrund der Rolle der Wissenschaft und deren Verwertung in der »*imperialistischen Ordnung*« aufgenommen worden, die dort im »*Dienst der Raub- und Aggressionspolitik, der Manipulierung des Menschen und der organisierten Menschenvernichtung*« stehe. Die sozialistische Nationalkultur bekämpfe dagegen »*die imperialistische Unkultur, die der psychologischen Kriegsführung und der Herabwürdigung des Menschen*« diene.

Die Verfassung von 1968 hatte in der Rechtswirklichkeit natürlich keine nennenswerte Wirkung. Insbesondere die grundrechtlichen Bestimmungen waren für das tatsächliche Geschehen in Staat und Gesellschaft weitgehend bedeutungslos. Es ist nicht bekannt, dass Bürger oder Bürgerinnen sich auf die Bestimmungen über die Achtung und den Schutz der Würde des Menschen in Verwaltungs- oder Gerichtsverfahren in nennenswerter Weise berufen haben. Der propagandistische Impetus dieser Bestimmungen, ihre Funktion als politische Rhetorik, ist demgegenüber mit Händen zu greifen. Einen anderen Akzent verdienen allenfalls wohl die Bestimmungen über die Beseitigung ökonomischer Ungleichheit in der sozialistischen Gesellschaft. Hierbei knüpfte die Verfassung zwar nicht terminologisch, aber doch inhaltlich an die Formel von der »*Gewährleistung eines menschenwürdigen Daseins*« an, die in der Nachkriegszeit in die Verfassungen der Länder sowohl des Ostens wie auch des Westens Eingang gefunden hatte. Das, was sich die DDR dabei jedoch zugute hielt, betraf einen Lebensstandard, dessen Niveau die ostdeutschen Bürger und Bürgerinnen in den folgenden Jahren zunehmend als unzureichend empfanden, nicht zuletzt durch den direkten Vergleich mit den Lebensbedingungen im Westen.[54]

2. Informationshunger des Planungsstaates

Ein weiteres Themenfeld, auf dem die Menschenwürde seit Ende der sechziger Jahre eine herausragende Bedeutung erlangte, war die Gefährdung der Persönlichkeitssphäre durch einen Staat, dessen Informationshunger rapide zunahm. Durch die informationstechnische Revolution, durch die Erfindung von Siliziumchips und Mikroprozessoren hatten sich in jenen Jahren in atemberaubender Schnelle gerade auch für die staatlichen Behörden in außerordentlichem Maße die Möglichkeiten verbessert, Informationen zu sammeln und zu verwalten.

Es war Ernst Benda, seit 1971 Präsident des Bundesverfassungsgerichts, der gegenüber dieser neuen Entwicklung die Würdenorm zur Geltung brachte. »*Die Hauptfront, an der die Würde des Men-*

schen zu verteidigen« sei, liege »*heute weniger dort, wo der einzelne Mensch zum Objekt staatlicher Willkür werden könnte, sondern vielmehr da, wo, um der Notwendigkeit planender und regulierender Staatstätigkeit willen, der einzelne nur noch Zählwert*« habe, er »*also nicht als konkrete Persönlichkeit, sondern nur als einer unter vielen*« interessiere. »*Je weniger die in der Geschichte der Völker erfahrenen offensichtlichen Kränkungen der Menschenwürde aktuell*« seien, desto wichtiger würde »*die Aufgabe, den in Gegenwart und Zukunft erkennbaren neuartigen Gefährdungen des Menschen zu begegnen*«.

Was Benda Sorgen bereitete, war das Informationsbedürfnis des »planenden Staates«. In den sechziger und siebziger Jahren war »*Planung*« zu einem der Schlüsselbegriffe in Politik und Verwaltung geworden, Planung verstanden als »*der systematische Entwurf einer rationalen Ordnung auf der Grundlage alles verfügbaren Wissens*«. Dieses Denken, dieses Vertrauen, mittels wissenschaftlicher Methoden Gesellschaft und Staat ideologiefrei mit »*planender Vernunft*« steuern zu können, musste aber unweigerlich zu der Frage führen, ob dieser exorbitante Wissensdurst des planenden Staates nicht auch Grenzen finden musste – und zwar deshalb, weil er den von der Würdenorm geschützten Bereich des Persönlichen beeinträchtigen konnte. Dazu Benda: »*Statistische und andere Erhebungen*« seien oft die Voraussetzung für die Planmäßigkeit staatlichen Handelns; doch sie könnten »*die Menschenwürde gefährden, wenn sie jenen Bereich menschlichen Eigenlebens*« erfassten, der »*von ›Natur aus Geheimnischarakter*‹« besitze. Mehr noch: Es müsse sogar befürchtet werden, dass »*der Konflikt zwischen dem Gebot der Achtung der Menschenwürde im Bereich der Privatsphäre und den Erfordernissen des Gemeinwohls seinen Höhepunkt noch nicht erreicht*« habe. Eine eigene Idee für die Lösung dieses Konflikts hatte Benda 1975 noch nicht, allerdings stand für ihn außer Zweifel, dass die Achtung und der Schutz der Menschenwürde »*Vorrang vor der Perfektionierung des Planens*« hätten. Benda forderte, »*Kriterien für eine durch Art. 1 Abs. 1 GG gebotene Datensicherung zu erarbeiten*«.

Das 1983 unter der Mitwirkung von Benda ergangene »Volkszählungsurteil« des Bundesverfassungsgerichts scheint dann der Versuch gewesen zu sein, genau dieser Forderung zu entsprechen. In diesem wirkungsstarken Urteil betonte das Gericht einmal mehr, dass »*im Mittelpunkt der grundgesetzlichen Ordnung […] Wert und Würde der Person*« stünden, »*die in freier Selbstbestimmung als*

Glied einer freien Gesellschaft« wirke. Und in großer Nähe zu Bendas Terminologie führte es dann aus: Dem Schutz dieser Person diene neben den speziellen Freiheitsverbürgungen das »*in Art. 2 Abs. 1 in Verbindung mit Art. 1 Abs. 1 GG gewährleistete allgemeine Persönlichkeitsrecht [...], das gerade auch im Blick auf moderne Entwicklungen und die mit ihnen verbundenen neuen Gefährdungen der menschlichen Persönlichkeit Bedeutung gewinnen*« könne. Die bisherigen Konkretisierungen dieses Rechts durch die Rechtsprechung seien keinesfalls abschließend. Es umfasse zudem die »*Befugnis des Einzelnen, grundsätzlich selbst zu entscheiden, wann und innerhalb welcher Grenzen persönliche Sachverhalte offenbart*« würden.

Diese Befugnis, so das Gericht weiter, bedürfe unter den gegenwärtigen und zukünftigen Bedingungen der automatischen Datenverarbeitung »*in besonderem Maße des Schutzes*«, vor allem »*weil bei Entscheidungsprozessen nicht mehr wie früher auf manuell zusammengetragene Karteien und Akten zurückgegriffen werden*« müsse, sondern »*heute mit Hilfe der automatischen Datenverarbeitung Einzelangaben über persönliche oder sachliche Verhältnisse einer bestimmten oder bestimmbaren Person technisch gesehen unbegrenzt speicherbar und jederzeit ohne Rücksicht auf Entfernungen in Sekundenschnelle abrufbar*« seien. Auch könnten diese Angaben »*vor allem beim Aufbau integrierter Informationssysteme mit anderen Datensammlungen zu einem teilweise oder weitgehend vollständigen Persönlichkeitsbild zusammengefügt werden, ohne daß der Betroffene dessen Richtigkeit und Verwendung zureichend*« kontrollieren könne. Die Möglichkeiten einer »*Einsicht- und Einflußnahme*« hätten sich also »*in einer bisher unbekannten Weise erweitert*«.

Angesichts einer solchen beunruhigenden Analyse stellte sich die natürlich die Frage: Wie konnte auf eine solche Situation reagiert, wie die menschliche Persönlichkeit gegen diese bislang ungekannten Gefährdungen geschützt werden? Auf diese Frage antwortete das Gericht mit der Erfindung eines neuen Grundrechts. Zunächst hielt es fest, dass die freie Entfaltung der Persönlichkeit »*unter den modernen Bedingungen der Datenverarbeitung den Schutz des Einzelnen gegen unbegrenzte Erhebung, Speicherung, Verwendung und Weitergabe persönlicher Daten*« voraussetze. Und daraus leitete es dann ein »*Recht auf informationelle Selbstbestimmung*« ab. Dieses Recht sei zwar nicht schrankenlos gewährleistet; Beschränkungen bedürften aber einer gesetzlichen Grundlage, »*aus der sich die Vor-*

aussetzungen und der Umfang der Beschränkungen klar und für den Bürger erkennbar« ergäben. Auch müsse das Gesetz »*dem rechtsstaatlichen Gebot der Normenklarheit*« entsprechen und den Grundsatz der Verhältnismäßigkeit beachten. Und nicht zuletzt nahm das Gericht – wie auch in der Entscheidung über die lebenslange Freiheitsstrafe – den Gesetzgeber in die Pflicht: Angesichts der »*Gefährdungen durch die Nutzung der automatischen Datenverarbeitung*« seien mehr als früher »*auch organisatorische und verfahrensrechtliche Vorkehrungen zu treffen, welche der Gefahr einer Verletzung des Persönlichkeitsrechts*« entgegenwirkten.

Dieses »*Recht auf informationelle Selbstbestimmung*«, das später sogar zum »*Grundrecht auf informationelle Selbstbestimmung*« aufgewertet wurde und offenkundig auch als Vorbild eines speziell auf die Persönlichkeitsgefährdungen im Internetzeitalter zugeschnittenen »*Grundrechts auf Gewährleistung der Vertraulichkeit und Integrität informationstechnischer Systeme*« diente, war Akt einer verfassungsgerichtlichen Rechtsschöpfung, nicht die Entdeckung und Erkenntnis eines bislang nur verborgenen Rechts. Es war der Versuch, den Gesetzgeber unter Verweis auf die Würdenorm anzuhalten, Regelungen zum Schutz gegen exzessives staatliches Informationshandeln zu erlassen. Durch die Erfindung dieses »*Rechts*« bzw. »*Grundrechts*« wurde eine wahrhafte Normierungslawine losgetreten; in der Folgezeit entstanden ausgesprochen umfangreiche, inhaltlich komplexe und infolgedessen nur schwer anwendbare allgemeine und bereichsspezifische Datenschutzgesetze. Es konnte daher nicht überraschen, dass in der Folgezeit immer häufiger die schützende Wirkung der exorbitanten »Vergesetzlichung« möglichst sämtlicher Datenverarbeitungsvorgänge bezweifelt wurde. An die Stelle der Euphorie, die das »Volkszählungsurteil« lange Zeit begleitete, ist zwischenzeitlich vor allem angesichts des unüberschaubaren Datenaufkommens und -verkehrs im Internetzeitalter Ernüchterung und Ratlosigkeit getreten.[55]

3. Reproduktionsmedizin und Genmanipulation

In den siebziger und achtziger Jahren fanden auch außerhalb des Bereichs der Datenverarbeitung bemerkenswerte Entwicklungen statt, bei deren Diskussion ebenfalls die Würdenorm ins Zentrum rückte. In jener Zeit verbesserten sich auch die Möglichkeiten der

Humangenetik sowie der künstlichen Fortpflanzung signifikant. Insbesondere die Möglichkeiten, die die *Reproduktionsmedizin* inzwischen entwickelt hatte, waren vielfältig. Sie umfassten die homologe und heterologe Insemination, also die Befruchtung einer Frau mit dem Samen ihres Mannes oder eines fremden Samenspenders ohne Geschlechtsakt; die homologe und heterologe In-vitro-Fertilisation, mithin die Befruchtung außerhalb des Mutterleibes, indem die zuvor der Frau nach einer Hormonbehandlung durch operativen Eingriff entnommenen Eier in einer Petrischale mit dem Samen des Mannes oder eines fremden Spenders befruchtet wurden, woran sich dann die Einpflanzung des Embryos in die Gebärmutter der Frau anschloß (1978 wurde in Großbritannien Louise Brown, das erste »Retortenbaby«, geboren); die Möglichkeit einer »Leih-Mutterschaft«, das hieß die Einpflanzung des in der Petrischale entstandenen Embryos in die Gebärmutter einer anderen Frau als der, der das Ei entnommen wurde; schließlich das Klonen sowie die Erzeugung von Chimären. Zu den *gentechnischen Methoden*, die in den achtziger Jahren diskutiert wurden, zählten die pränatale Diagnose, Eingriffe in Körperzellen sowie solche in Keimbahnzellen, also Veränderungen des Genbestandes eines Menschen durch Veränderungen der Desoxyribonukleinsäure (DNS) einer Zelle, die entweder zum Zwecke der Heilung (negative Eugenik) oder zur Optimierung bestimmter Fähigkeiten (positive Eugenik) vorgenommen wurden.[56]

Dass bei der in jenen Jahren beginnenden Diskussion um die rechtliche Zulässigkeit dieser neuen Methoden der Fortpflanzungsmedizin und Humangenetik die Würdenorm rasch in den Mittelpunkt der Debatte geriet, hatte einen ganz bestimmten Grund: Die 1975 ergangene Enscheidung des Bundesverfassungsgerichts zum Schwangerschaftsabbruch. Da das Gericht das vorgeburtliche Leben in den Anwendungsbereich der Würdenorm einbezogen hatte, stellte sich zwangsläufig die Frage, wie diese neuen medizinischen und gentechnischen Möglichkeiten im Hinblick auf die Menschenwürdeverpflichtung des Grundgesetzes zu bewerten waren. Rasch bildeten sich in dieser Debatte zwei Lager: Das eine erkannte in der Würdenorm eine recht klare Verbotslinie, das andere forderte dagegen Zurückhaltung im Umgang mit dieser Norm ein.

Mit Optimismus und Entschlossenheit griffen vor allem Ernst Benda, Christian Starck und Wolfgang Graf Vitzthum auf die

Würdenorm zu, um aus ihr zahlreiche Verbote humangenetischer Techniken abzuleiten. Insbesondere Christian Starck ging davon aus, dass das Bundesverfassungsgericht das ungeborene Leben zwar bislang nur von der Einnistung an in den Schutzbereich der Würdenorm einbezogen hatte. Doch er glaubte, dieser Schutz müsse sich schon deshalb auf die Eizelle erstrecken, weil es Abgrenzungsprobleme mit sich brächte, sofern dem menschlichen Leben seine Würde erst von einer bestimmten Entwicklungsstufe an zuerkannt würde.

Die Würdewidrigkeit der heterologen In-vitro-Fertilisation begründete indessen Ernst Benda. Sein Argument: Das sich aus der Würdenorm ergebende Menschenbild der Verfassung. Diesem Bild zufolge sei der Mensch ein Wesen, das soziale Verantwortung trage. Dem widerspreche jedoch die heterologe In-vitro-Fertilisation, da der Samenspender jede Verantwortung für das genetisch von ihm stammende Kind ablehne. Erst recht dürfe ein Arzt keinesfalls das Sperma eines von ihm für besonders befähigt gehaltenen, körperlich oder geistig besonders herausragenden Mannes verwenden. Denn dies wäre »*Menschenzüchtung*«. Benda wörtlich: »*Der neue Mensch, dessen naturgegebene Unvollkommenheit durch genchirurgische Eingriffe aufgehoben würde, wäre nicht mehr der uns bekannte Mensch und nicht der, von dem das Grundgesetz*« ausgehe. »*Verfassungsrechtliche Grenzen für die Möglichkeiten der Humangenetik*« ergäben »*sich aus Art. 1 GG daher immer dann, wenn über den medizinisch gebotenen Heileingriff hinaus der Mensch qualitativ ›verbessert‹ werden*« solle.

Auch die Leihmutterschaft hielt Benda für würdeverletzend. Da die kindliche Entwicklung im Mutterleib ein wichtiger Teil der Persönlichkeitsentwicklung sei, bestehe das Risiko, dass die durch technische Manipulation bewirkte widernatürliche Aufspaltung der Mutter-Kind-Beziehung Schäden für die spätere Entwicklung des Kindes mit sich brächte. Die Leihmutterschaft führe zu einem »*Verstoß gegen die auf die Natur des Menschen gerichtete Achtung der Menschenwürde*«.

Dass das Klonen gegen die Menschenwürde verstoße, ergab sich für Benda daraus, dass jeder Mensch das »*Recht auf eigene, unwiederholbare Identität*« habe. Er solle »*er selbst sein, nicht die Kopie eines anderen*«. Die »*Unwiederholbarkeit des Menschen*« gehöre »*zu den Grundelementen der Menschenwürde*«. Und die Bildung von

Chimären, dieses Argument brachte Christian Starck vor, verstoße gegen die Menschenwürdegarantie, weil diese die Grenze zwischen Mensch und Tier sichere.

Die genannten Autoren waren sich auch einig, dass die Forschung an Embryonen, die zuvor bei den Reproduktionsvorgängen entstanden waren, aber dann doch nicht eingepflanzt wurden, würdewidrig sei. Dafür formulierte Graf Vitzthum die Begründung: Ziel des Eingriffs sei dann nicht das *»individuelle Leben, sondern ein außerhalb dessen liegendes Forschungsvorhaben«*. Menschliches Leben sei dann nicht mehr Zweck und Subjekt, sondern *»Mittel, Objekt«*.

Was die pränatale Diagnostik anging, so lautete der Einwand: Würden *»Menschen standardisiert oder ›lebensunwertes‹ Leben ›selektiert‹«*, werde die Würde des Menschen angetastet. Die pränatale Diagnostik dürfe deshalb nicht als Instrument bevölkerungspolitischer Auswahlentscheidungen missbraucht werden. Genau dieses Argument, das Verbot der Selektion, spreche sodann auch gegen Eingriffe in Keimbahnzellen. Die Befreiung der Menschheit von schweren Erbkrankheiten durch Eingriffe in solche Zellen sei zwar ein wünschenswertes Ziel. Es würde aber, so Ernst Benda, das *»Selbstbestimmungsrecht des Menschen und damit seine Würde in schwerster Weise verletzen, wenn andere für ihn, ja vor ihm in noch so wohlmeinender Absicht darüber entscheiden dürften, was krankhafte Abweichung von einer Norm«* sei – einer Norm, die dann doch besage, *»wie Menschen beschaffen sein sollten«*. Graf Vitzthum argumentierte noch pointierter: *»Menschen optimieren, schöner, leistungsfähiger machen«* sei positive Eugenik. *»Genetisch normierte Menschen«* könnten aber keine Identität gewinnen; sie ähnelten *»cum grano salis Menschen, denen ihre Steuerungsfähigkeit durch Psychopharmaka oder chirurgische Eingriffe geraubt«* worden sei. Man war sich in diesem Punkt sehr einig: Bei diesen Methoden handele es sich um Menschenzüchtung, und diese widerspreche der Menschenwürdegarantie.[57]

Doch wie schon erwähnt: In den achtziger Jahren gab es nicht nur das Lager derer, die die Würdenorm mit Blick auf die neuen Möglichkeiten der Gentechnik und Reproduktionsmedizin als eine sehr weitreichende Verbotsnorm deuteten. Es gab durchaus auch namhafte Autoren, die das vorgeburtliche Leben und seinen verfassungsrechtlichen Schutz aus einer ganz anderen Perspektive betrachteten. Zu nennen ist vor allem der damalige Präsident des

Bundesverfassungsgerichts, Wolfgang Zeidler. Bei einer Diskussion im Rahmen der Vollversammlung der Katholiken bekannte er, den Fötus vor der Einnistung nicht als schmerzempfindlichen und schon individuierten Menschen anzusehen, sondern als »*himbeerartiges Gebilde*«.

Die Fachdebatte brachte zahlreiche Gegenargumente hervor. So wandte Erich Fechner bezüglich der In-vitro-Fertilisation ein, der Vorwurf, der Mensch werde zum Objekt entwürdigt, sei nicht nachvollziehbar. In der modernen Gesellschaft gebe es doch vielfach entpersönlichende Vorgänge, es komme aber auf den jeweiligen Verwendungszweck an. Und zu dem Argument, der Samenspender verhalte sich unsozial, weil er sich seiner Verantwortung entziehe, entgegnete Peter Lerche: Das Menschenbild der Verfassung sei gewiss das des sozial Handelnden. Aber bei dieser Erkentnis müsse man sich »*des darin liegenden finalen Überschusses idealistischer Ethik bewußt sein*«. Ein unsoziales Verhalten dürfe »*nicht ohne weiteres zu einem menschenunwürdigen gemacht werden*«.

Nach Lerche ging es zudem bei der Leihmutterschaft »*nicht eigentlich um die Substanz der Menschenwürde*«. Und zur Frage der Embryonen verbrauchenden Forschung argumentierte Hasso Hofmann, die Entstehung bloß gattungsspezifischen, aber noch nicht körperlich-individuellen menschlichen Lebens löse »*von Verfassungs wegen im Reagenzglas so wenig wie im Mutterleib das Recht auf Fortexistenz aus*«. Wäre dies ein »*Tatbestand, der unter dem Aspekt der Menschenwürde betrachtet werden müsste*«, so wiederum Lerche, käme »*nur das radikale Verbot jeglicher einschlägiger Praktiken in Betracht, weil und soweit sie einen solchen unerwünschten Zusatzeffekt nicht ausschließen*« könnten. Aber: Es gehe doch um »*Lebensschutz, nicht um Menschenwürde*«.

Auch hinsichtlich der Veränderung des menschlichen Erbgutes durch Eingriffe in Keimbahnzellen setzten diese Autoren einen anderen Akzent. Es handele sich um nichts »*völlig Neuartiges*«. Der vielfach vorgetragene Einwand, der Mensch verliere »*durch die Veränderung der Erbmasse seine Identität und Eigenart*«, sei nicht wirklich schlüssig. »*Eingriffe in das Erbgut*« müssten – so argumentierte Erich Fechner – »*doch gar nicht in jedem Fall Mannigfaltigkeit und Eigensein einebnen*«; sie könnten »*ebenso das Gegenteil (Individuation) anstreben*«. Und Peter Lerche ergänzte: Solche Eingriffe fänden keinen wirklichen Widerstand am Tatbestand des Würdeschutzes.

Selbstbestimmung könne »*nicht beliebige Vorgänge ergreifen, die eher umgekehrt erst das Erbmaterial*« bestimmten, das den Menschen künftig prägen werde. Anderenfalls müsste es einen Abwehrschutz auch gegenüber der Zeugung geben, die immer eine Fremdbestimmung darstelle, ja »*den elementarsten Fall von Fremdbestimmung*«.

Noch tiefgehender reflektierte Christoph Enders diese Frage: Bei der Manipulation von Genen eines als eigenständiges Individuum noch gar nicht vorhandenen Menschen könne »*es einen (mit sich identischen) Träger dieser Würde überhaupt nicht geben*«. An seine Stelle trete »*die Menschheit*«, wie sie sich in einem bestimmten Menschenbild widerspiegele. Das in einem solchen Menschenbild sich objektiv niederschlagende Prinzip der Menschenwürde werde dabei vollständig von seinem subjektiv-freiheitlichen Gehalt gelöst und stehe in Gefahr, »*gegen diesen ausgespielt zu werden*«. Die Würdenorm biete keine taugliche normative Handhabe, um der durch die neuen Techniken verursachten Situation gerecht zu werden. Ähnlich äußerte sich auch Rupert Scholz: Das Prinzip der Menschenwürde könne nicht ohne weiteres auf ein rein abstraktes Menschenbild bezogen werden, um dann aus diesem wiederum auf die konkrete menschliche Existenz zurückzuschließen. Dies verfehle den gerade von der Würdenorm bezweckten Schutz konkreter Individualität.[58]

4. Intensivmedizinische Defektheilungen

Parallel zu den bemerkenswerten Entwicklungen in der Reproduktions- und Gentechnik verbesserten sich in den siebziger und achtziger Jahren auch die Möglichkeiten der Intensivmedizin. So konnten nun Menschen gerettet werden, die früher nach einem Unfall wegen einer schweren Hirnverletzung gestorben wären – allerdings meistens nur unter Inkaufnahme schwerer und dauerhafter gesundheitlicher Schäden. Der Münchener Strafrechtler und Rechtsphilosoph Arthur Kaufmann fragte daher in einem 1983 in der Zeitschrift *Medizinrecht* veröffentlichten Aufsatz offen und direkt: »*Sind solche ›Defektheilungen‹ sinnvoll?*« Kaufmann verdeutlichte darin die Problematik der neuen medizinischen Möglichkeiten mit einem Bündel von Detailfragen: »*Hätte der Arzt den in die Intensivstation eingelieferten bewußtlosen Schwerstverletzten nicht besser sterben lassen sollen? Durfte er überhaupt annehmen, daß dieser Schwerstverletzte, wäre er nicht bewußtlos gewesen, zugestimmt hätte, daß man ihn in ein Leben zurückruft, das schwerlich noch als lebenswert bezeichnet werden kann? Und was soll ein Arzt tun, wenn ein Sterbender verlangt, daß man ihn nicht weiter durch lebens- und leidensverlängernde Maßnahmen quält, sondern in Frieden sterben läßt? Oder wenn ein hoffnungslos darniederliegender Patient gar die ›Erlösungsspritze‹ erfleht?*« Es ist leicht erkennbar, welche Problematik in rechtlicher, moralischer und historischer Hinsicht zugrunde lag. Es ging um die Erlaubnis passiver und aktiver Sterbehilfe sowie der Tötung auf Verlangen, eine Problematik, auf der das nationalsozialistische »Euthanasieprogramm« wie ein tiefdunkler Schatten lag.

In den Beiträgen, in denen in den achtziger Jahren vereinzelt die Möglichkeiten der Intensivmedizin verfassungsrechtlich erörtert wurden, widmeten sich die Autoren auch der Frage, ob aus der Würdenorm ein Recht auf den eigenen Tod sowie auf bestimmte Bedingungen des Sterbens folgten – aber auch umgekehrt, ob der Staat, der Würdenorm wegen, gehalten sei, bestimmte Arten der Sterbehilfe zu verbieten.

Auch bei der Erörterung dieser Fragen geschah – wie bei der Debatte um die Reproduktionsmedizin und die Humangenetik – schnell das, was auch in den späteren Jahrzehnten immer wieder zu beobachten sein wird. Es formierten sich rasch zwei Lager, die sich zur Begründung und Untermauerung ihrer Positionen gleichermaßen auf die Würdenorm stützten, obwohl diese Positionen in einem unversöhnlichen Gegensatz zueinander standen.

Sehr gut lässt sich dies an der Debatte um die juristische Bewertung der Selbsttötung illustrieren. Harro Otto argumentierte 1986 in einem Gutachten für den Deutschen Juristentag, »*die nach der christlichen Lehre gegebene Verankerung des Menschen, seines Lebens und seiner Freiheit in Gott*« lasse »*keinen Raum zur positiven Bewertung der selbstherrlichen Selbsttötung*«. Durch das Bekenntnis des Grundgesetzes zur Unantastbarkeit menschlicher Würde sei diese Lehre ohne weiteres geltendes Recht geworden. In völliger Opposition dazu jedoch die Stellungnahme von Reinhold Zippelius: Die Selbsttötung dürfe keinesfalls als »*würdeloses Handeln*« qualifiziert werden, denn das entspräche »*der Vorstellung eines paternalistischen Staates, der dem einzelnen nicht die moralische Kompetenz*« zugestehe, »*über solche höchstpersönlichen Fragen selbst zu entscheiden*«. Die

Würdenorm enthalte keinesfalls ein Verbot der Selbsttötung, sondern begründe umgekehrt sogar ein Recht auf den selbstbestimmten eigenen Tod. Zippelius führte dazu ein Zitat Karl Jaspers' aus dessen Schrift *Der philosophische Glaube angesichts der Offenbarung* an. Jaspers hatte darin geschrieben: »*Daß der Mensch, nur der Mensch sich das Leben nehmen kann, in hellem, reinem Entschluß, ohne Trübung durch Affekt, vielmehr sich selber treu, darin liegt eine Würde. Alle Despotien, alle Kirchen, alle Gewalt, die von Menschen über Menschen ausging, den Anspruch erhebend auch auf ihre Seele, haben den Selbstmord perhorresziert: hier bezeugte sich die Freiheit des Einzelnen, des Menschen als Menschen, der sich der Unterdrückung und dem vernichtenden Leiden entzieht.*«

Doch nicht nur das Recht auf den eigenen Tod wurde in der Debatte als Ausfluss der Würdenorm betrachtet. In dieser Norm sei auch ein Recht auf menschenwürdiges Sterben und dementsprechend auf menschenwürdige Behandlung enthalten. Es sei deshalb unzulässig, »*den sterbenden Menschen gegen seinen Willen durch letztlich überflüssige medizinische Maßnahmen hieran zu hindern und ihn immer wieder seinen Qualen zurückzugeben*«. Die Frage, inwieweit der Staat aufgrund der Pflicht, die Würde zu schützen, bestimmte sterbehelfende oder lebensbeendende Handlungen Dritter unterbinden müsse, wurde indessen nur vereinzelt erörtert.[59]

5. Tierschutz – Testfall der Menschlichkeit?

Ein weiteres Themenfeld, in dem die Würdenorm in den achtziger Jahren zu einem zentralen verfassungsrechtlichen Argument wurde, war der Tierschutz. Aus heutiger Sicht mag dies nicht so leicht nachvollziehbar sein: Schutz der Tiere – Würde des Menschen: hat beides überhaupt etwas miteinander zu tun? Doch damals vertraten nicht wenige, dass aus der Würdenorm auch eine Pflicht fließe, Tiere zu schützen. Einen solchen Zusammenhang herzustellen, hatte aber freilich einen rechtsdogmatischen Grund. Das Grundrecht der Wissenschaftsfreiheit war schrankenlos gewährleistet. Sollte es mit Blick auf die in der wissenschaftlichen Forschung üblichen und notwendigen Tierversuche begrenzt werden, musste der Tierschutz als ein mit Verfassungsrang ausgestattetes Gut ausgewiesen werden, das forderte die allgemeine Grundrechtsdogmatik. An einer entsprechenden ausdrücklichen verfassungsgesetzlichen Regelung, die den Tierschutz in den Verfassungsrang gehoben hätte, fehlte es aber.

Niemand anderes als der Göttinger Rechtsphilosoph Ralf Dreier argumentierte gemeinsam mit Christian Starck in dem 1984 erschienenen Sammelband *Tierschutz – Testfall unserer Menschlichkeit*, die Pflicht zum Tierschutz sei in der Würdenorm verankert. Das »*Gebot der Wahrung der Menschenwürde*« fordere, »*den Tierschutz als Kollektivgut aufzufassen, welches der individuellen Grundrechtsausübung Schranken*« setze. Unterstützung erfahre diese Argumentation durch die Präambel des Grundgesetzes: Danach habe das deutsche Volk das Grundgesetz »*im Bewußtsein seiner Verantwortung vor Gott und den Menschen*« beschlossen, was »*die Mitverantwortung des Menschen für die Schöpfung und das ›seiner Obhut anheimgegebene Lebewesen‹*« einschließe. Der Tierschutz sei daher ein »*mit Verfassungsrang ausgestatteter Rechtswert*« und stelle ein Kollektivgut dar, »*dem das Grundgesetz vermöge des ihm zugrunde liegenden Menschenbildes in Verbindung mit dem Würdeprinzip (Art. 1 Abs. 1 GG) Verfassungsrang verliehen*« habe. Griffen wissenschaftliche Tierversuche in dieses Rechtsgut ein, müsse eine am Verhältnismäßigkeitsgrundsatz orientierte Güterabwägung stattfinden.

Martin Kriele, ebenfalls Autor in dem genannten Band, glaubte, den Tierschutz auch deshalb aus der Menschenwürde ableiten zu können, »*weil Grausamkeiten gegenüber Tieren eine Verrohung der gesamten sittlichen Persönlichkeit (des Menschen) zur Folge haben*« könnten. Und Günter Erbel, Bonner Staatsrechtslehrer, meinte, der dem Staat überantwortete Schutz der Menschenwürde umfasse auch die Pflicht, »*der Selbstentwürdigung des Menschen dann entgegenzutreten, wenn mit dieser eine evidente Verletzung des Sittengesetzes verbunden*« sei – wie bei einer Tierquälerei evidentermaßen der Fall: Der Mensch gehe »*wie ein ›Unmensch‹, also menschenunwürdig mit dem Tier um*« und verstoße dabei »*in tierethischer Dimension zugleich gegen das Sittengesetz*«.

Natürlich blieben solche Argumentationen nicht ohne Widerspruch. Rainer Wahl verwies auf die Tradition des Menschenwürdekonzepts und der Grundrechtsverbürgungen des Grundgesetzes: Sie seien »*Ergebnisse der großartigen philosophischen und staatstheoretischen Tradition des Natur- und Vernunftrechts*«. Nach dieser Tradition seien Grundrechte aber »*Menschenrechte und nichts anderes*«, also Rechte, die auf den Menschen bezogen seien, den Menschen als *»Beherrscher der Natur und der Umwelt«*. Noch vehementer trat Michael Kloepfer der Auffassung entgegen, aus der Würdenorm ließe sich eine Verfassungspflicht zum Tierschutz begründen. Die Würdenorm basiere nämlich auf *»der Einzigartigkeit des Menschen«* und verbiete daher eine *»Gleichbehandlung von Mensch und Tier«*. So wie die Verfassung keine Tiergrundrechte kenne, sei *»Art. 1 GG kein Tier-, sondern ein Menschenrecht«*. Die Norm schütze *»die Menschenwürde, nicht die ›Tierwürde‹«*. Unhaltbar wäre es, *»die gesamten ethischen Vorstellungen der Bevölkerung (oder realistischerweise von Teilen der Bevölkerung) [...] als eine in Art. 1 GG wurzelnde Legitimation für Grundrechtsbeschränkungen zu bewerten«*. Die Würdenorm, so forderte Kloepfer mit Nachdruck, dürfe *»nicht als Einfallstor für beliebige politische oder sittliche Forderungen in die Verfassung«* missbraucht werden.[60]

6. Weibliche Nacktheit

Zu einem weiteren bemerkenswerten Einsatz kam die Würdenorm in den achtziger Jahren anlässlich einer Entscheidung des Bundesverwaltungsgerichts zu »Peep-Shows«. Das Gericht hatte damals darüber zu befinden, ob der Betrieb einer solchen Show den »guten Sitten« im Sinne der Gewerbeordnung zuwiderlief.

Das Gericht bejahte diese Frage. Die Menschenwürde werde verletzt, wenn die einzelne Person zum Objekt herabgewürdigt werde – und dies auch dann, wenn der Angriff von einem Privaten ausgehe. Anders als bei *»üblichen Stripteasedarbietungen«* bewege sich eine Peep-Show nicht mehr in *»einem Rahmen, der in der Tradition der herkömmlichen Bühnen- oder Tanzschau«* stehe und *»die personale Subjektsituation der Darstellerin unberührt«* lasse. Bei einer Peep-Show werde vielmehr *»der auftretenden Frau eine entwürdigende objekthafte Rolle zugewiesen«* – und zwar aufgrund mehrerer Umstände, etwa durch *»die durch die Art der Bezahlung vermittelte Atmosphäre eines mechanisierten und automatisierten Geschäftsvorganges, bei dem der Anblick der nackten Frau wie die Ware eines Automaten durch Münzeinwurf verkauft und gekauft [werde]«*; *»die durch den Fensterklappenmechanismus und den einseitigen Sichtkontakt hervorgehobene verdinglichende Isolierung der als Lustobjekt zur Schau gestellten Frau vor im Verborgenen bleibenden Voyeuren; den durch diesen Geschehensablauf besonders kraß hervortretende[n] Ein-*

druck einer entpersonifizierenden Vermarktung der Frau; die Isolation auch des allein in der Kabine befindlichen Zuschauers und das damit verbundene Fehlen einer sozialen Kontrolle; die durch das System der Einzelkabine bewußt geschaffene Möglichkeit der Selbstbefriedigung und deren kommerzielle Ausnutzung.«

Es möge durchaus so sein, dass die sich nackt zeigende Frau freiwillig handle. Dies ändere aber nichts, so das Gericht, an der Feststellung, dass eine Peep-Show mit einer Verletzung der Menschenwürde einhergehe. Die Würde des Menschen sei »*ein objektiver, unverfügbarer Wert, auf dessen Beachtung der einzelne nicht wirksam verzichten könne*«. Im vorliegenden Fall müsse »*die Menschenwürde wegen ihrer über den einzelnen hinausreichenden Bedeutung auch gegenüber der Absicht des Betroffenen verteidigt werden, seine vom objektiven Wert der Menschenwürde abweichenden subjektiven Vorstellungen durchzusetzen*«. Würde dagegen dem Belieben des Unternehmers oder der Darstellerinnen »*anheimgegeben*«, darüber zu befinden, ob die Art und Weise der Darbietungen die Menschenwürde der Darstellerinnen verletzten, verlöre der Schutz der Würdenorm »*für den hier in Rede stehenden Bereich seine normative Kraft und seine für die verfassungsmäßige Ordnung des sozialen Zusammenlebens konstitutive Bedeutung*«.

Diese Entscheidung wurde vernichtend kritisiert. Es ging eine Kaskade ganz grundsätzlicher Einwände auf sie nieder, formuliert von den Verfechtern eines liberalen, die Autonomie des konkreten einzelnen Menschen in den Mittelpunkt stellenden Würdeverständnisses: Eine Menschenwürde, die »*sich gegen die freie Entscheidung des einzelnen kehren könnte*«, kenne das Grundgesetz nicht; das Urteil zeige, wie sehr sich das Menschenwürdeprinzip eigne, den oft sehr persönlich geprägten Wertungen »*eine pseudoobjektive Scheinlegitimation zu bieten*«; dem einzelnen Menschen werde in »*der überkommenen paternalistischen Manier vorgeschrieben*«, wie »*er seiner eigenen Würde die gebührende Achtung entgegenzubringen habe, obschon seine Autonomie doch das Herzstück dieser Würde*« sei; ja, es handele sich um ein »*Würde-Oktroi*« und bringe einen »*letzlich totalitären Werte-Absolutismus*« zum Ausdruck, der keinen Raum mehr lasse für »*divergierende Anschauungen*«; statt der freien Entscheidung des Einzelnen lasse sie nur noch gelten, »*was eine letztverbindlich entscheidende staatliche Instanz für die ›wahre‹ Verwirklichung der Menschenwürde*« halte.

Das Ausmaß und die Heftigkeit dieser Kritik sind allem Anschein nach nicht ohne Wirkung geblieben. In einer in den neunziger Jahren ergangenen Entscheidung zu einem ähnlichen Fall zogen die Richter des Bundesverwaltungsgerichts die Würdenorm nicht mehr heran, um die Verträglichkeit einer Peep-Show mit den guten Sitten zu beurteilen. Doch in der juristischen Literatur floß seither stetig ein wenn auch kleiner, so doch nennenswerter Strom an Beiträgen, in denen immer wieder die Würdenorm als Verbot sozial oder sittlich anstößigen Verhaltens thematisiert wurde. Telefon-Sex, Weitwürfe mit Minderwüchsigen, Reality-TV, Big-Brother-Shows, Mixed-Martial-Arts, Tötungsspiele (Paintball, Gotcha), Ausstellung plastinierter Leichen, Vollverschleierung: Solche Manifestationen menschlicher Freiheit – und um solche handelt es sich doch, selbst wenn sie noch so anstößig sein sollten – gaben seither immer wieder Anlass, eine Beschränkung dieser Freiheit unter Berufung auf die Würdenorm einzufordern.[61]

III. Inflation und Interdisziplinarität

1. Problemlöser für alles?

Die expansive Verwendung des Würdearguments in unterschiedlichsten Themenfeldern blieb nicht unkommentiert: »*Man ›fuchtelt‹, wie es gerade paßt, überall mit der Menschenwürde herum*« – treffender ließ sich jene Entwicklung wohl kaum beschreiben. Zurschaustellung von Nacktheit, intensivmedizinische Lebensverlängerung, Selbsttötung, Reproduktionsmedizin, Gentechnik, Tierschutz, automatische Datenverarbeitung – diese und andere Themen lagen sicher völlig außerhalb der Vorstellungen, die die Verfassungsgeber mit der Würdenorm in den vierziger Jahren verbunden hatten. Wie aber lässt sich erklären, dass die Würdenorm in die Diskussion dieser Themen hineingezogen wurde? Gewiss, neue technische und soziale Entwicklungen, wissenschaftliche Entdeckungen und der Wandel von Werten und Anschauungen verunsichern jede Gesellschaft. Bei einer Umfrage im Jahre 1982 verbanden 91% der Deutschen mit dem Begriff »Technik« zwar den Gedanken an Fortschritt, zugleich aber nannten rund zwei Drittel dazu auch die Stichworte »Zerstörung der Umwelt« und »Angst«.

Solche Verunsicherungen und Sorgen führen im modernen säkularen Verfassungsstaat dazu, Antworten und Orientierung auch aus dem Bestand des vorhandenen Verfassungsrechts zu entwickeln. Hinsichtlich des Grundgesetzes war dieser Zusammenhang in besonders starkem Maße ausgeprägt. Seit 1949 hatte sich ein außerordentliches Vertrauen in die neue Verfassung herausgebildet. Ihr war, so hat dies Wolfgang Graf Vitzthum in jenen Jahren sehr klarsichtig festgestellt, inzwischen sogar schon die Rolle einer zivilreligiösen Bibel zugewachsen. In einem an unbelasteten Traditionen und Institutionen armen Gemeinwesen wurde die Verfassung zu einer entscheidenden Größe der Orientierung und Legitimation.

Aber dennoch: Wie ist der Drang zu erklären, sich *gerade* auf die Menschenwürdenorm zu konzentrieren und sie in den Mittelpunkt der Diskussion zu stellen, obwohl doch zur Zeit ihrer Aufnahme in das Grundgesetz noch niemand an jene Themenfelder denken konnte, in denen sie dann als zentrales Argument Verwendung fand?

Ein wesentlicher Grund dürfte die in den achtziger Jahren immer stärker wahrgenommene Gen- und Reproduktionstechnologie gewesen sein. Sie wurde, so formulierte es Graf Vitzthum, als »*undeutlich bedrohliche(r) Sachverhalt*« empfunden, der eine Gefahr der »*Zerstörung des Unzerstörbaren*« befürchten ließ. Dies rief das Bedürfnis hervor nach einer »*der Größe der Bedrohung angemessenen Schutznorm, einer letzten Schranke, die ein Abstürzen in die prinzipielle Verfügbarkeit des Menschen*« verhindert. Die Würdenorm war den meisten dann »*diese Notbremse im System des verfassungsrechtlichen Rechtsgüterschutzes*«.

Der Wortlaut der Norm lud dabei gewiss mit dazu ein, sie unmittelbar auf die wahrgenommenen neuen Gefährdungen des Menschseins zu beziehen. Der inhaltliche Abstand zum unmittelbaren Anlass ihrer Entstehung, ihr antitotalitärer Impetus, wurde dadurch natürlich weiter vergrößert. Doch man empfand dies keinesfalls als Bruch, denn die Tür hin zur Berücksichtigung des sozialen Wandels bei der Bestimmung des Gehalts der Würdenorm war schon in den siebziger Jahren geöffnet worden. In der schon erwähnten Entscheidung über die lebenslängliche Freiheitsstrafe hatte das Bundesverfassungsgericht ja im Grunde einen methodologischen Freibrief ausgestellt. Es hatte einerseits zwar betont, dass die Würde des Menschen »*etwas Unverfügbares*« sei; doch dann hatte es festgestellt, dass die »*Erkenntnis dessen, was das Gebot, sie zu achten*«, erfordere, »*nicht von der historischen Entwicklung zu trennen*« sei. Das Urteil darüber, was der Würde des Menschen entspreche, könne »*daher nur auf dem jetzigen Stande der Erkenntnis beruhen und keinen Anspruch auf zeitlose Gültigkeit erheben*«. Ähnlich hatte dies im Übrigen einige Jahre zuvor schon der Hessische Staatsgerichtshof gesehen: Die Interpretation des Würdebegriffes erfordere »*eine Analyse der herrschenden rechtsethischen Vorstellungen*«, und maßgeblich seien hierbei »*nicht nur die Vorstellungen, die bei der Schaffung der Verfassung obwalteten*«, sondern »*auch die inzwischen eingetretenen Konkretisierungen, Differenzierungen und Wandlungen dieser Vorstellungen*«. Auch die Literatur griff die Idee, die Würdenorm sei zeitabhängig zu bestimmen, gerne auf. Ansonsten, so meinte etwa Ernst Benda, ginge es bei ihr »*nur um solche Vorgänge, die glücklicherweise bei uns keine aktuelle Gefahr*« mehr darstellten, und dann würde sie ja »*gegenwärtig keine praktische Bedeutung*« mehr haben.[62]

Dennoch: Die in den siebziger und achtziger Jahren stetig expandierende Bedeutung der Würdenorm, ihr Einsatz in zahlreichen neuen Themenfeldern, wurde keinesfalls nur einhellig begrüßt und gerechtfertigt; im Würdediskurs insbesondere der achtziger Jahre mangelte es keinesfalls an kritischen und warnenden Stellungnahmen. Vorsichtig und zurückhaltend drückte sich noch Theodor Maunz aus: Bedauerlicherweise hätten die Folgerungen aus der Gewährleistung der Menschenwürde »*einen allzu weitgespannten Bereich ergriffen, ja einen mitunter verflüchtigenden Sinn und Umfang angenommen*«. So wertvoll es auch sei, »*daß die Menschenwürde zur zentralen Rechtsposition unserer Verfassung erhoben worden*« sei, so habe sich andererseits in der praktischen Auswirkung gezeigt, »*daß manche Mitbürger und auch manche Staatsorgane weit davon entfernt*« seien, »*diesen Höhenflug der Verfassung zu verstehen*«. Wolfgang Graf Vitzthum fand dagegen drastischere Worte: Ihm bereitete die »*inflationäre Verwendung*« des Würdearguments Unbehagen. Zu groß sei die »*Gefahr, daß dem Zwang zu tragfähiger, nachvollziehbarer Auslegung und Begründung ausgewichen*« werde »*zugunsten von ›Naturrechtlichem‹, ›Ideologischem‹, ›Wertsystematischem‹*«. Setze »*nicht ein deflationärer Trend*« ein, werde »*die Würdegarantie zur ›Wanderdüne ohne Halt‹*«. Ähnlich dachte Peter Lerche, der sogar forderte, »*den Schutzbereich der Menschenwürde auf jenem engen Raum festzuhalten, von dem früher die Rede*« gewesen sei. Weite man, wie es jetzt geschehe, diesen »*Gehalt auf Substanzen aus, die bisher keinen Boden in ihm*« gefunden hätten, zersplittere »*sich das Rechtsbewußtsein und der Sinn des Einmütigen*« gehe verloren. Quasi-naturrechtliche Überhöhungen könnten die Fortdauer dieses Einmütigen nur scheinbar retten; sie hielten sich in einer derart abstrakten Atmosphäre, dass aus ihnen keine konkreten Entscheidungen ableitbar wären. Angesichts neu entstandener Schutzbedürfnisse könnte stattdessen »*an Verfassungszusätze in Gestalt geschriebener Verfassungsänderung gedacht werden*«. Die »*einzigartige Substanz des Art. 1 GG*« solle hingegen, so forderte er, »*nicht durch interpretativen Handstreich verbreitert und damit zugleich verdünnt werden*«.

Auch Rainer Wahl äußerte sich ähnlich: Es sei zwar festzustellen, dass die auf den Menschen bezogene Tradition der Menschenrechte die Grenzen ihrer Leistungsfähigkeit erreicht habe; keinesfalls sei dies aber »*die Stunde der Verfassungsinterpretation, die behaupten könnte, dies sei alles schon 1949 vorbedacht gewesen oder heute gemäß der Figur des stillen Verfassungswandels immanent fortschreibbar*«. Nein, die wesentliche Herausforderung, zu der eine korrekte und sich beschränkende Verfassungsinterpretation beitragen könne, liege in der Feststellung, »*daß neue Ideen, vielleicht auch neue verfassungspolitische Ideen zu entwickeln und gegebenenfalls in die Verfassung aufzunehmen*« seien. Durch »›*fortschreibende Verfassungsinterpretation*‹« ließen sich nicht alle neuen Problemlagen »*in den Bereich des verfassungsrechtlich Vorentschiedenen*« hereinholen. Mit Nachdruck warnte Wahl davor, bei allen Problemen, »*die in den Einzelgrundrechten nicht geregelt oder scheinbar nicht geregelt*« seien, »*die Menschenwürde als Auffangproblemlöser einzusetzen*«. Die Menschenwürde könne nach den Erfahrungen vergangener Barbarei zwar historische Einsichten über ein erreichtes Kulturniveau wahren, »*aber keinen geistigen Zauberstab für die humane Bewältigung aller Zukunftsprobleme*« an die Hand geben. »*Für das juristische Konzept der Menschenwürde*«, so resümierte er seine Position zum expansiven Einsatz der Würdenorm, »*wäre nichts fataler, als wenn wir heute die Fahnen des Menschenwürde-Schutzes über Bastionen aufziehen würden, die in einigen Jahren nach neueren Einsichten zu räumen wären.*«[63]

Die schier grenzenlose Einsetz- und Verwendbarkeit der Würdenorm und die damit einhergehende Gefahr ihrer Entwertung war aber nur eines der Kardinalprobleme, das nun, rund dreißig Jahre nach Inkraftsetzen der Norm, sehr klar sichtbar geworden war. Das zweite große Problem, das der Vielfalt an Deutungen, bestand weiter fort. Entstanden war es, weil die in der frühen Bundesrepublik so rasch dominierende christlich-naturrechtliche Interpretation der Norm von den sechziger Jahren an mehr und mehr mit grundsätzlichen Einwänden belegt worden war und demzufolge an Überzeugungskraft verloren hatte. Die Kritik an dieser christlich inspirierten Interpretation fand auch in den achtziger Jahren ihre Fortsetzung, allerdings wurde sie kaum mehr mit rechtsdogmatischen oder wissenschaftstheoretischen Argumenten begründet. Im Vordergrund stand nun die Frage, ob nicht die Werte- und Religionsvielfalt einer pluralistischen Gesellschaft eine christlich fundierte Deutung ausschloss. So wies etwa Eibe Riedel darauf hin, dass *»christologische Begründungsansätze mit Absolutheitsansprüchen«* den *»notwendigen gesellschaftlichen Grundkonsens«* überfordern könnten. Erich Fechner sah die *»aktuelle Schwäche«* der christlichen Begründung sogar in *»der Gebrochenheit des christlichen Glaubens, der nicht mehr Gemeingut der Rechtsgemeinschaft«* sei; schon ein *»Blick in die darstellende Kunst der Gegenwart«* zeige den Schwund, den der Glaube an die Ebenbildlichkeit des Menschen erfahren habe. Und hinzu komme noch die im protestantischen Denken vorherrschende Auffassung von *»der totalen Korruption des gefallenen Menschen, der, unfähig sich aus eigener Kraft aus seiner Verworfenheit zu befreien, allein durch Gottes Gnade erlöst werden«* könne. Dieser Auffassung schloss sich auch Klaus Stern an. Er war ebenso der Auffassung, dass der christliche Glaube *»nicht mehr Gemeingut der Rechtsgemeinschaft«* sei. Der *»schwankende Agnostiker und der rigorose Atheist«* müssten aber gleichermaßen *»wie der gläubige Christ die Grundlagen der verfassungsrechtlichen Ordnung«* und damit auch den Rechtssatz von der Würde des Menschen anerkennen können. Es verbiete sich darum *»eine Vorgabe weltanschaulich geschlossener Wert- und Weltbilder«*.[64]

Solche Äußerungen und Stellungnahmen konnten den Eindruck erwecken, das unumstößliche Ende der christlich fundierten Deutung der Würdenorm sei in den achtziger Jahren besiegelt worden – nicht zuletzt auch deshalb, weil das Bundesverfassungsgericht in der einige Jahre zuvor ergangenen Entscheidung über die lebenslange Freiheitsstrafe die Vorstellung von der Selbstbestimmung und -entfaltung des Menschen als Grund der Würdenorm ausgewiesen und damit offensichtlich den kantischen Autonomiegedanken als ihren Gehalt propagiert hatte. Doch dieser Eindruck wäre falsch. Die Protagonisten der christlichen Würdedeutung sahen sich im Gegenteil durch die seit den sechziger Jahren wiederholt vorgetragene Kritik und Ablehnung herausgefordert. Einiges deutet darauf hin, dass sie sich in den achtziger Jahren zu formieren versuchten, um neue Argumente und Thesen zur Untermauerung der christlichen Deutung zu erarbeiten.

Als Indiz kann ein von Ernst-Wolfgang Böckenförde und Robert Spaemann initiiertes Kolloquium über *Menschenrechte und Menschenwürde* gelten, das 1985 in Wien Theologen, Juristen, Philosophen, Historiker und Soziologen aus West- und Osteuropa zusammenbrachte. Den Initiatoren, die mit dem in Wien ansässigen »Institut für die Wissenschaften vom Menschen« zusammenarbeiteten, ging es dabei zunächst einmal darum, Fragen nach dem *»geistesgeschichtlichen Ursprung der Menschenrechte«* zu stellen. Von besonderem Interesse war für sie aber ein ganz bestimmter Aspekt dieser Ursprungsfrage: Sie wollten wissen, ob *»von der Würde des Menschen als dem tragenden Grund für die Existenz von Menschenrechten gesprochen«* werden könne. Und dabei wollten sie sich auch Klarheit darüber verschaffen, was diese Würde des Menschen denn überhaupt sei: Sei sie *»in ihrem Kern das Unverlierbare, das den Menschen«* auszeichne, *»die metaphysische Verankerung seines personalen Seins, aus der die Menschenrechte«* flössen *»und die selbst jeder Disposition entzogen«* sei? Oder bedeute Menschenwürde *»primär die Fähigkeit zur autonomen Selbstbestimmung«*, sei *»sie im Kern das Recht auf diese Selbstbestimmung und Selbstdarstellung?«* Lasse sie sich *»immanent-rational, mit den Mitteln autonomer Vernunft und aus der Vernunftbegabtheit des Menschen begründen«*, oder bedürfe es *»zur ihrer Begründung des Rückgriffs auf etwas Vorausliegendes, Transzendentes, das letztlich nur metaphysisch oder religiös-theologisch auszumachen«* sei?

Diese Fragen waren klar und genau formuliert – genau wie die Antworten, die im Laufe des Kolloquiums erarbeitet wurden. In der Aussprache über Robert Spaemanns Referat »Über den Begriff der Menschenwürde« ließen Spaemann selbst, aber auch Ernst-Wolfgang Böckenförde, Martin Kriele und Josef Isensee keinen Zweifel: Eine Alternative zu einer christlichen Fundierung der Würdenorm konnte es nicht geben – allen gegenläufigen Tendenzen und Kritiken zum Trotz. So wurde in das Protokoll dieser Aussprache etwa der aufschlussreiche Satz Spaemanns aufgenommen: »*Auch Atheisten können die Menschenwürde achten, sind aber letztlich außerstande, dies schlüssig zu begründen*«. Und, so das Protokoll weiter, »*Isensee, Kriele und Böckenförde unterstrichen die Bedeutung der Begründung der Menschenwürde aus dem christlichen Glauben*«. Konkret für Josef Isensee wurde die Aussage notiert: »*Es sei wichtig, Menschenwürde auf den christlichen Glauben zurückzuführen, denn darüber, daß Menschenwürde zu achten sei, bestehe zwar ein pluralistischer Konsens, für den aber keine Gründe angegeben werden könne und der deshalb fragil bleibe*«. Schließlich wird Böckenförde noch mit der Bemerkung zitiert, er bestätige »*die aktuelle praktische Notwendigkeit der religiös-theologischen Begründung der Menschenwürde*«; »*ein anderer Begründungsansatz, der tragfähig sei, sei für ihn nicht ersichtlich*«. Man war sich also, mit einem Wort, einig, »*daß der Gedanke der Menschenrechte nur auf dem Boden der älteren metaphysisch-religiösen Idee der Menschenwürde entspringen konnte*«.

Aber welche genauere Begründung boten diese Vertreter der christlichen Interpretation für den behaupteten Kausalzusammenhang von Christentum, Menschenwürde und Menschenrechten an? Christian Starck, der zwar nicht an jenem Kolloquium teilnahm, aber ebenfalls zu den Vertretern der christlichen Deutung zu zählen ist, verwies an anderer Stelle darauf, dass das im Grundgesetz zum Ausdruck kommende Menschenbild »*entwicklungsgeschichtlich aufs engste mit dem Christentum verbunden*« sei. Gegen eine Herleitung der Menschenwürde aus dem Christentum könnten gewiss »*geschichtliche Ereignisse*« ins Feld geführt werden, doch widerlegten Verfehlungen der christlichen Kirchen gegen die Menschenwürde nicht deren Herkunft aus dem Christentum. Gerade die Verwendung des Wortes »Menschenwürde« im politischen Leben zeige, dass »*die metaphysisch entwurzelte Menschenwürde im Wege des Interpretationswandels den verfassungsrechtlichen Menschenwürdeschutz zur Wanderdüne zu machen in der Lage*« sei.

Worauf spielte eine solche Äußerung an? Starck nannte als

Beispiel für einen aus seiner Sicht problematischen Interpretationswandel eine Bundestagsdebatte, in der das angeblich aus der Menschenwürde fließende Selbstbestimmungsrecht der Frau dem Lebensrecht des ungeborenen Kindes vorgeordnet worden sei. Geriete die metaphysische Begründung der Menschenwürde in Vergessenheit, dann, so Starck, stünden die Worte des Grundgesetzes beliebiger Deutung offen. Das Grundgesetz könne dann »*als Heilsersatz die Bedeutung eines heiligen Textes erlangen*«. Die Verfassung als »*säkularisierte Bibel oder gar als Sakrament mit vagabundierenden, aus ihren Wurzeln gelösten Begriffen brächte den staatlichen Funktionsträgern einen umermeßlichen Machtzuwachs*«. Diese Begriffe stünden dann jeder quasi-religiösen Reformpolitik offen, »*heute unter wohlfahrtsstaatlichen, morgen unter tugendstaatlichen Vorzeichen*«.

Starck argumentierte also für die christliche Deutung, indem er die aus seiner Sicht inakzeptablen Folgen eines nichtchristlichen Würdeverständnisses aufzeigte. Anders dagegen Josef Isensee, der sich um eine positiv-inhaltliche Begründung der christlichen Deutung bemühte. Er warf die Behauptung in die Debatte, die »*Würde des Menschen*«, die von der deutschen Staatsrechtslehre als Grundlage der Menschenrechte erkannt werde, sei »*unmittelbares Derivat des Christentums*«, sei »*von jeher Lehre der Kirche*«. Die »*dignitas humana*« habe »*keine andere Begründung als den christlichen Glauben*«. Er hielt es für ausgeschlossen, dass eine »*transzendenzlose Philosophie*« eine Begründung leisten könne. Außerhalb des Glaubens könne die Personwürde postuliert, »*nicht aber weiter abgeleitet und begründet werden*«. Es möge für die »*zeitgenössische Pluralismustheorie*« provozierend klingen, jedoch: die »*säkulare Deutung der Menschenwürde als der ethischen Konsensbasis der Gesellschaft*« zehre »*von der christlichen Restsubstanz*«. Ergänzt wurde Isensees Position der christlichen Fundierung der Würdenorm noch durch Argumente von Alfred Gern, einem Oberrechtsrat aus der Stadtverwaltung von Lahr im Schwarzwald und Lehrbeauftragten der dortigen Fachhochschule. Gern betonte, die Fundierung der Würdenorm im christlichen Glauben finde ihre Rechtfertigung darin, dass etwa »*95% aller Rechtsgenossen Mitglieder einer christlichen Kirche*« seien. Und nicht zu vergessen sei auch die Präambel des Grundgesetzes; danach sei »*die Verfassung im Lichte der ›Verantwortung vor Gott‹ zu sehen*«.[65]

Mit solchen Argumenten stritt man also in den achtziger Jahren für die christliche Deutung der Würdenorm. Doch die offensichtlich erhoffte Wirkung blieb aus. Die argumentative Hegemonie der christlichen Deutung stellte sich nicht wieder ein – was gewiss auch auf die mangelnde Absicherung und Qualität jener Argumente zurückzuführen sein dürfte. Der Verweis auf die Präambel konnte nicht überzeugen, da der Wille des Verfassungsgebers in unmissverständlicher Weise darauf gerichtet war, eine philosophische oder theologische Festlegung gerade zu vermeiden. Allenfalls noch für die Jahre um 1970 traf die Behauptung zu, dass 95 Prozent der deutschen Bevölkerung einer der beiden christlichen Kirchen angehörten, im Jahre 1987 war dieser Anteil schon auf rund 85 Prozent zurückgegangen. Die Gefahr eines Tugendstaates an die Wand zu malen, wenn die christliche Deutung der Würdenorm aufgegeben wurde, war zudem ausgesprochen spekulativ. Und bei der »Derivatsbehauptung« Isensees handelte es sich nicht nur um eine »wahrlich steile« These (Friedrich Wilhelm Graf), sondern um eine offenkundige Falschaussage. Begriffshistorische Betrachtungen zwingen zu dem Schluss, dass die *dignitas humana* von Cicero geprägt wurde und das Christentum lediglich daran anknüpfte, mithin das christliche Würdeverständnis ein Derivat der antiken Philosophie ist. Zudem durfte sich aus der Gottesebenbildlichkeit des Menschen kaum Klares und Verbindliches für die Bedeutung der Würde des Menschen in einer sozialen und politischen Ordnung entnehmen lassen, sondern allenfalls etwas über die Sonderstellung des Menschen in der Schöpfungsordnung. Und schließlich: Diese Derivatsthese vertrug sich schlecht mit der Dogmen- und Realgeschichte. Wohlwollen gegenüber der Idee der Menschenrechte haben sich die beiden großen christlichen Kirchen erst mühsam abringen müssen; lange Zeit erhoben sie Fundamentaleinwände, und erst in der zweiten Hälfte des zwanzigsten Jahrhundert haben sie sich mit ihr ausgesöhnt.

Dass mit solchen doch äußerst schwachen und leicht angreifbaren Argumenten für die christliche Deutung der Würdenorm gestritten wurde, ja, dass ein doch durchaus angesehener und namhafter Staatsrechtslehrer sich sogar zu einer gänzlich unhaltbaren Herkunftsthese hat hinreißen lassen, ist gewiss bemerkenswert und erklärungsbedürftig. War es ein verzweifelter Versuch, dem durch sozialliberale Reformprojekte seit den siebziger Jahren mitverursachten und genährten Zeitgeist der Emanzipation und Libertinage Einhalt zu gebieten? Und wird daran das tatsächliche Ausmaß an Begründungsverlegenheit sichtbar, die große Argumentationsnot, in welcher die christlich verwurzelten Deuter der Würdenorm inzwischen steckten? Doch selbst wenn diese Fragen zu bejahen wären: Auch dann bliebe zu klären, warum man von einem so schwachen argumentativen Grund für die christliche Deutung eingetreten und damit ein so hohes Risiko des raschen und einfachen Widerlegtwerdens eingegangen war. War vielleicht noch etwas anderes im Spiel? Es scheint so. Das hartnäckige Engagement für eine christlich fundierte Würdeinterpretation in den achtziger Jahren, das im Rückblick fast wie blanker Voluntarismus anmutet, dürfte in einem engeren Zusammenhang stehen mit einem der Gründe, die dazu geführt haben, dass die beiden christlichen Kirchen überhaupt ihren Frieden mit den Menschenrechten geschlossen haben.

Es ist nämlich auffällig, dass die katholische wie auch die evangelische Kirche seit den fünfziger Jahren zu betonen begannen, dass die Menschenrechte ihre Grundlage in der jedem Menschen zukommenden Würde fänden. Dass es sich dabei um die christlich-naturrechtlich zu verstehende Würde handelte, war dabei selbstverständlich vorausgesetzt. Mit anderen Worten: Die christlichen Kirchen konnten ihre lange Zeit verfochtenen Einwände gegen die Menschenrechte als erledigt ansehen und sich mit ihnen aussöhnen, weil diese Rechte nun als Aussfluss, als Niederschlag einer christlichen Idee erschienen. Die christlich gedeutete Menschenwürde wurde das Glied, das ab der zweiten Hälfte des zwanzigsten Jahrhunderts die traditionell menschenrechtsfeindlichen, zumindest aber menschenrechtsskeptischen christlichen Kirchen mit den modernen Menschenrechten verband. Wenn diese Rechte auf einer christlichen Vorstellung beruhten, konnten die Kirchen sie begrüßen und bejahen. Andererseits hieß dies aber auch: Sollte sich diese Theorie von der christlich fundierten Menschenwürde als Grundlage der Menschenrechte als substanz- und haltlos erweisen, wäre die Frage, warum die Kirchen sie nach der langen Zeit ihrer Fundamantalablehnung nun doch annahmen, wieder offen. Am Ende hätte dann vielleicht sogar die Vermutung bestanden, diese Bejahung sei nur mehr ein Kotau vor dem individualistisch-liberalen Zeitgeist. Die mit Verve betriebene Verteidigung einer christlichen Deutung der Würdenorm konnte also helfen, ein nicht unwichtiges ideenpolitisches Problemfeld der christlichen Kirchen, nämlich ihr Verhältnis zur Idee der Menschenrechte, zu stabilisieren und abzuschirmen.

Vermutlich ist so das Engagement für eine christliche Würdedeutung in den achtziger Jahren zu erklären. Am Ende war es dann aber nicht mehr als der Versuch einer Positionsbehauptung in einer zwischenzeitlich erreichten Phase äußerster Interpretationsvielfalt. Dem christlichen Würdekonzept ist es seither nicht mehr gelungen, die verloren gegangene Dominanz der fünfziger Jahre zurückzugewinnen.[66]

3. Integrierbare Vielfalt?

Auch infolge des Versuchs, die christliche Interpretation der Würdenorm gegen die seit den sechziger Jahren vorgelegten Alternativkonzepte zu behaupten, blieb das Problem der Deutungsvielfalt in unverminderter Stärke erhalten, ja, in den achtziger Jahren verstärkte es sich sogar noch. Es wurden weitere Deutungen der Norm präsentiert, wobei zwei Autoren dabei besonders hervorzuheben sind: Adalbert Podlech und Peter Häberle.

Podlech legte seine neue Interpretation zur Würdenorm im Rahmen der von ihm übernommenen Aufgabe vor, in einem »*Alternativkommentar*« zum Grundgesetz den Artikel 1 zu kommentieren. Die Herausgeber rechtfertigten ihren neuen Kommentar damit, dass »*die herrschende Verfassungsinterpretation überwiegend konservativ ausgerichtet*« sei. Im »*Kampf um das Recht*« sollten »*auch andere Stimmen als bisher*« zu Gehör kommen und, im Sinne eines »*freiheitlichen Pluralismus*«, sonst eher »*vernachlässigte Denkansätze*« ihren Raum in den Debatten haben.

Podlechs neue Interpretation der Würdenorm folgte durchaus dieser programmatischen Linie. Seiner Sicht nach erschloß sich die Bedeutung dieser Norm dann, »*wenn man nach der Rolle, der Funktion*« frage, die der Ausdruck »*Würde*« im Kontext des Artikels 1 besitze. Mit diesem Ansatz kam Podlech dann zu dem Schluss, dass die Verfasser mit der Würdenorm »*eine grundsätzliche Aussage über die neue staatliche Ordnung*« hätten machen, und konkret: eine »*Grenze*« und eine »*Aufgabe*« staatlicher Gewalt formulieren wollen. Würde sei dementsprechend »*nichts Faktisches*«, aber auch »*nichts rein Normatives*«, sondern als Begrenzung und Aufgabe staatlicher Gewalt »*Bedingung für die Möglichkeit einer ausgezeichneten normativen Ordnung, nämlich einer solchen, der die Unterworfenen jederzeit sollen zustimmen*« können. Denke man die Würde so im Modell des Gesellschaftsvertrages, so sei sie »*dasjenige, das nicht als möglicher Gegenstand einer im Rechtsbereich wirksamen Verfügung gedacht werden*« könne, »*weil es dasjenige*« sei, »*was Zustimmung und Einordnung*« ermögliche, »*nämlich, dass jeder Mensch Zweck an sich selbst*« sei, also eine »*selbstverantwortende Persönlichkeit*«. Dementsprechend definierte Podlech die Würde des Menschen als »*Inbegriff der Bedingungen, unter denen die Zustimmung von Menschen zu der seine Gesellschaft regelnden Ordnung und insbesondere zur Ausübung staatlicher Gewalt allein gedacht werden*« könne. Er beließ es aber nicht nur bei dieser Definition, sondern benannte auch die Voraussetzungen einer solchen Zustimmungsfähigkeit. Konkret setze die »*Akzeptabilität einer staatlichen Ordnung*« unter »*den politischen und technischen Bedingungen vollindustrialisierter Gesellschaften*« mindestens fünferlei voraus: die Sicherheit individuellen und sozialen Lebens, die rechtliche Gleichheit der Menschen, die Wahrung menschlicher Identität und Integrität, die Begrenzung staatlicher Gewaltanwendung und die Achtung der körperlichen Kontingenz der Menschen.

Auch Peter Häberle bereicherte in den achtziger Jahren die Debatte um die Interpretation der Würdenorm. Auf den ersten Blick trug auch er damit zu einer Verschärfung des Vielfaltsproblems bei. Allerdings schwebte ihm eine Art kulturtheoretische Deutung vor, die eine Vermittlung und Integration der vielfältigen Deutungen, also in gewissem Sinne ihre Reduzierung, zu ermöglichen schien. Dabei ging er in einem Beitrag über »Menschenwürde und Verfassung am Beispiel von Art. 2 Abs. 1 Verf. Griechenland 1975« zunächst davon aus, dass »*der Grundsatz der Menschenwürde dem Individuum bestimmte normative ›Personvorstellungen‹*« vermittele, »*die, wie jede Rechtsordnung, durch die Kultur geprägt*« seien. Dennoch – damit schränkte er diese These der Kulturgeprägtheit wieder ein – sei die Menschenwürde nicht allein »*kulturspezifisch inhaltlich analysierbar*«. Vielmehr zeige sich schon »*beim Blick auf interkulturell gültige Identitätskonzepte*«, dass »*bestimmte grundlegende Komponenten menschlicher Persönlichkeit in allen Kulturen berücksichtigt werden*« müssten. Und diese Komponenten seien auch »*Inhalt eines nicht kulturspezifisch reduzierbaren Menschenwürdekonzepts*«.

Darüber hinaus werde die allgemeine Kulturgeprägtheit von Menschenwürdekonzepten durch zwei weitere Faktoren beeinflusst. Zum einen sei die Menschenwürde »*Teil jenes Orientierungsrahmens, vor dessen Hintergrund sich in freier, aber orientierter Entfaltung der Mensch zur Person*« finde. Dieser Hintergrund sei jedoch kein statischer; vielmehr werde im Laufe der Zeit »*auch der Orientierungsrahmen durch die wachsende Zahl seiner Orientierungsmöglichkeiten immer flexibler und differenzierter, was eine Rückkehr zu überkommen-starren Vorstellungen schwer, ja unmöglich*« mache: Menschenwürde sei in diesem Sinne »*die gewachsene und wachsende Biographie des Verhältnisses Staat-Bürger*«.

Das zweite Korrektiv eines rein kulturspezifischen Begriffs der Menschenwürde ergebe sich »*aus der Aufbrechung der staatlichen und kulturellen Grenzen*«. Würdekonzepte entwickelten »*sich heute nicht mehr nur innerhalb einer Gesellschaft*« oder »*innerhalb einer Kultur*«, sondern »*durch den Austausch mit anderen Kulturen, zumal im Zeichen der Menschenrechtspakte*«. Bei der Entwicklung von Menschenwürdekonzepten dürfe mithin »*die ›individuelle‹ Kultur des politischen Gemeinwesens*«, um das es gehe, »*nicht außer acht gelassen, aber auch nicht verabsolutiert werden*«.

Was es nun auch immer mit diesem Würdekonzept, das zwischen interkultureller, spezifischer und allgemeiner Kulturgeprägtheit oszillierte, genau auf sich und was sich Häberle auch immer wirklich dabei gedacht hatte: Das Interessante an diesem Konzept waren weniger die Gedanken zur kulturellen Abhängigkeit des Rechts und der Würdenorm als vielmehr die Gedanken zur Methode der Interpretation. Denn Häberle forderte, die Würde des Menschen »*nicht allein aus ihrem juristischen Text*« zu bestimmen, sondern »*auch aus ihrem Kon-Text, der von vornherein Teil ihres Textes*« sei. Menschenwürde sei »*ein interdisziplinär zu erarbeitender Begriff*«: Neben der Jurisprudenz seien die »*Medizin, Sozialethik, Anthropologie, ja auch die Theologie gleichermaßen kompetent und gefordert*« – ja, »*jede wissenschaftliche, insbesondere philosophische oder sozialwissenschaftliche Äußerung zur Menschenwürdeproblematik*« sei »*potentiell über die Brücke juristischer Rezeptionsvorgänge ein Produktionselement des Menschenwürdetextes*«. Für den »*juristischen Text*« sei dieser »*kulturelle Kontext*« unentbehrlich. Die Frage, wie man diesen Kontext dann bei konkreten Auslegungsfragen zur Geltung zu bringen und zu verarbeiten habe, blieb Häberle ebenfalls nicht schuldig. Bei solchen Fragen sei dann »*in pragmatischer Integration von Theorieelementen und Praxiserkenntnissen auszugehen*«.[67]

Häberles Methodenvorschlag war ein besonderer Moment in der Entwicklung des Würdediskurses. In den achtziger Jahren war unübersehbar: Keine Deutung der Norm vermochte das Feld allein zu beherrschen. Es gab inzwischen zahlreiche, sehr unterschiedliche Ansätze. In jener Zeit wurde zudem die metaphysische Offenheit der Norm ausdrücklich propagiert, was – dies war allen klar – eine Pluralität von Deutungsmöglichkeiten einschloss. Häberles Ansatz wies einen Weg, den der Interdisziplinarität, über den sich das inzwischen deutlich verschärfte Vielfaltsproblem vielleicht lösen ließ. Allerdings: Häberles Ansatz enthielt keine Maßstäbe und Kriterien für den Fall, dass sich bei der konkreten Anwendung der Würdenorm die Unvereinbarkeit der vielfältigen Deutungen herausstellen und sich die »*pragmatische Integration*« als schwierig oder gar als unlösbar erweisen sollte – wenn ein um den Gedanken der Autonomiefähigkeit des Menschen zentriertes Würdeverständnis etwa kollidierte mit der Vorstellung vom Menschen als ein durch religiöse Normen gebundenes und metaphysisch umwobenes Wesen. Zu kritischen Einwänden führte dies zunächst aber nicht. Das Vertrauen in die Methode der Interdisziplinarität schien damals unbegrenzt.[68]

Kapitel 7: Weitere Wachstumsschübe

I. Wiedervereinigung

1. Neue Verfassung für die DDR

Glasnost und Perestroika im großen sozialistischen Bruderstaat, ernste ökonomische Schwierigkeiten seit Mitte der achtziger Jahre, im Frühjahr 1989 Fälschungen bei den Kommunalwahlen, Öffnung der ungarisch-österreichischen Grenze im September, Oppositionsgruppen und Demonstrationen im Herbst 1989, dann die Öffnung der Berliner Mauer am 9. November 1989 – diese Ereignisse und Vorgänge trugen wesentlich zur Auflösung der DDR bei. Die damalige Regierung unter Hans Modrow gab dem Drang oppositioneller Gruppen nach Mitwirkung und Mitgestaltung nach und berief im Dezember 1989 einen »Runden Tisch« ein. Je 15 Vertreter der Opposition und der Nationalen Front sollten an diesem Tisch sitzen, unter dem Vorsitz von Kirchenvertretern. Die Mitglieder dieses runden Tisches sahen sich in »*tiefer Sorge um unser in eine Krise geratenes Land, seine Eigenständigkeit und seine dauerhafte Entwicklung*«. Dabei war man sich im Klaren, »*keine parlamentarische oder Regierungsfunktion*« ausüben zu können. Was man aber konnte und wollte, war, sich »*mit Vorschlägen zur Überwindung der Krise an die Öffentlichkeit*« zu wenden – und zwar unter anderem auch mit dem Vorschlag einer neuen Verfassung der DDR. Der Beschluss, eine solche Verfassung auszuarbeiten, wurde rasch gefasst, der dazu erforderliche Aufwand an Zeit und Kraft aber offenkundig unterschätzt. Die zur Umsetzung des Verfassungsprojekts eingesetzte Arbeitsgruppe »Neue Verfassung der DDR« konnte im März 1990, bei der letzten Sitzung des Runden Tisches, noch keinen fertigen Entwurf vorlegen. Dies gelang einer Redaktionsgruppe erst drei Wochen später, genau an dem Tag, an dem die erste frei gewählte Volkskammer zu ihrer konstituierenden Sitzung zusammentrat.

Die Präambel zu diesem Entwurf hatte Christa Wolf beigesteuert. In ihr hieß es unter anderem, »*die Bürgerinnen und Bürger der Deutschen Republik*« seien entschlossen, »*ein demokratisches und solidarisches Gemeinwesen zu entwickeln, das Würde und Freiheit des einzeln*« sichere. Artikel 1 Absatz 1 des Entwurfs deckte sich fast vollständig mit der Würdenorm des Grundgesetzes: »*Die Würde des Menschen ist unantastbar. Sie zu achten und zu schützen ist die oberste Pflicht des Staates*«, hieß es. In Abweichung vom Grundgesetz schloss sich aber der folgende Passus an, der das Gleichheitsprinzip zum Ausdruck brachte: »*Jeder schuldet jedem die Anerkennung als Gleicher. Niemand darf wegen seiner Rasse, Abstammung, Nationalität, Sprache, seines Geschlechts, seiner sexuellen Orientierung, seiner sozialen Stellung, seines Alters, seiner Behinderung, seiner religiösen, weltanschaulichen oder politischen Überzeugung benachteiligt werden.*« Auch statuierte der Entwurf anders als das westdeutsche Grundgesetz ausdrücklich das Recht eines jeden »*auf Achtung seiner Würde im Sterben*«. Zudem sollten Ausländer »*in kein Land ausgeliefert oder ausgewiesen werden, in dem ihnen die Beeinträchtigung ihrer Menschenwürde oder die Todesstrafe*« drohe. »*Kriegspropaganda sowie die öffentliche Bekundung von menschenwürdeverletzender Diskriminierung*« sollten verboten werden, ebenso wie Parteien, »*die systematisch und nachhaltig in ihrer Programmatik die Menschenwürde*« angriffen. Schließlich wurde der Staat verpflichtet, »*das Recht des einzelnen*« zu fördern, »*seine Arbeitskraft zur Führung eines menschenwürdigen Lebens zu verwenden*«.

In diesem Entwurf war also sehr häufig von der Würde des Menschen die Rede – häufiger als in jedem anderen bis dahin geschaffenen deutschen Verfassungstext. Dies lässt erkennen, dass die Würde des Menschen nun, über vierzig Jahre nach Inkrafttreten des Grundgesetzes, der herausragend wichtige und in zahlreichen Anwendungsbereichen mit zum Teil ganz unterschiedlicher Stoßrichtung einsetzbare Verfassungsbegriff geworden war. Es gab nicht mehr nur eine Würdenorm an einer zentralen Stelle. Nun gab es zahlreiche Würdenormen mit unterschiedlichen Zwecken: Sie sollten vor dem Staat schützen, den Gleichheitssatz bekräftigen, den Staat zu bestimmtem Verhalten verpflichten oder die staatlichen Beschränkungen individueller Freiheit rechtfertigen.

Was den Schutz *vor* dem Staat betraf, so setzte sich der Entwurf hinsichtlich der Auslieferung und Ausweisung von Ausländern indessen auffallend deutlich von der Rechtsprechung des westdeutschen Bundesverfassungsgerichts ab. Es hatte nämlich 1980 entschieden, dass ein Asylrecht dann, wenn eine unmittelbare Gefahr für Leib, Leben oder persönliche Freiheit nicht bestehe, nur begründet werden könne, wenn die Beeinträchtigung dieser

Rechtsgüter nach ihrer Intensität und Schwere die Menschenwürde verletzten *und* über das hinausgingen, was die Bewohner des Heimatstaates aufgrund des dort herrschenden Systems allgemein hinzunehmen hätten. Genau eine solche asylrechtsbezogene Begrenzung des Würdeschutzes wollte der Entwurf jedoch nicht. Für die Entstehung eines Asylanspruchs sollte allein der Umstand einer Würdeverletzung entscheidend sein, ohne Berücksichtigung der jeweiligen politischen Verhältnisse im Heimatstaat.

Doch den Autoren dieses Entwurfs ging es nicht nur um einen verbesserten Würdeschutz im Bereich des Asylwesens. Zudem fügten sie unmittelbar an die grundlegende Würdebestimmung in Artikel 1 Absatz 1 das Postulat an, wonach jeder jedem die Anerkennung als Gleicher schulde, und ergänzten dieses noch mit einem weitgehenden Diskriminierungsverbot. Sie konkretisierten und assoziierten damit die menschliche Würde mit dem Gleichheitsprinzip. Ulrich K. Preuß, der die damaligen Arbeiten beobachtet und als westdeutscher juristischer Berater begleitet hatte, meinte dazu, »*in subtiler Weise*« sei so »*etwas über die politischen Utopien der Autoren des Entwurfs preisgegeben*« worden.

Der Entwurf des Runden Tisches, genauer: einer Redaktionsgruppe dieses Tisches, blieb allerdings ohne unmittelbare Wirkung. Die Volkskammer sprach sich im April 1990 mit 179 zu 167 Stimmen gegen den Antrag aus, den Entwurf zur Beratung an die Ausschüsse zu überweisen. Dieses Votum war unmissverständlich: Die Bürgerinnen und Bürger der DDR hatten bei der Volkskammerwahl im März 1990 dafür votiert, die Wiedervereinigung Deutschlands zügig durch einen Beitritt zur Bundesrepublik Deutschland und eine Geltungserstreckung des Grundgesetzes auf das Gebiet der DDR herbeizuführen. Nur eine Minderheit wollte die DDR reformieren und mit einer neuen Verfassung ausstatten. Christa Wolf kommentierte dies ironisch-bitter: »*Soviel Energie wie in diesem Jahr*« sei »*in der deutschen Geschichte wohl noch nie an Unmögliches gewendet worden. Verschwendet?*« Wolf zeigte sich unsicher, wenn auch nicht ohne Hoffnung: Es gebe »*wohl ein physikalisches Grundgesetz, nach dem Energie nicht verloren*« gehe.

Und in der Tat: Die Energie, die in diese Arbeiten an dem Verfassungsentwurf geflossen waren, wirkte weiter fort. Eine Arbeitsgruppe des inzwischen aufgelösten Runden Tisches ließ sich auch durch das Scheitern des Verfassungsprojekts nicht davon abbringen, ihr Vorhaben einer Verfassungsgebung weiter zu verfolgen, nun sogar für ganz Deutschland. Diese Gruppe erklärte sich zu einem »*Kuratorium für einen demokratisch verfaßten Bund deutscher Länder*«, das dann ein Jahr später einen Verfassungsentwurf vorlegte. Der Entwurf dieses Kuratoriums, das Christa Wolf ein »*utopisches Gebilde*« nannte, belegt ebenfalls, dass die Würde des Menschen auch außerhalb des engeren verfassungsrechtlichen Diskures wie selbstverständlich als zentraler und zugleich vielseitig einsetz- und anwendbarer Verfassungsbegriff betrachtet wurde. So übernahm der Entwurf den Artikel 1 des Grundgesetzes, ergänzte ihn aber um den Satz »*Alle erkennen einander als Gleiche in ihrer Würde an*«. Sodann sollte jeder das Recht auf »*Achtung seiner Würde im Sterben*« haben. Wissenschaftliche Forschungen unterlagen gesetzlichen Beschränkungen, wenn sie geeignet waren, »*die Menschenwürde zu verletzen oder die natürlichen Lebensgrundlagen zu zerstören*«. Eltern hatten »*bei der Erziehung*« die »*Würde des Kindes zu achten*«. Der Staat war verpflichtet, »*für einkommensgerechte Mieten*« und für einen »*die überragende Bedeutung der Wohnung für ein menschenwürdiges Leben*« achtenden »*gesetzlichen Kündigungsschutz*« zu sorgen. Ausländer sollten nicht in ein Land ausgeliefert oder abgeschoben werden, »*in dem ihnen Todesstrafe, Folter oder sonstige Verletzungen ihrer Menschenwürde*« drohten. Und Parteien sollten verboten werden können, wenn sie darauf zielten, die »*Grundsätze*« des Würdeartikels zu beseitigen.[69]

Die Energie, die das Kuratorium in seinen für das wiedervereinigte Deutschland gedachten Verfassungsentwurf mit seinen zahlreichen Würdebestimmungen hatte fließen lassen, schlug sich zunächst noch nicht in positivem Verfassungsrecht nieder. Seit Oktober 1990 existierte die DDR nicht mehr, und im wiedervereinigten Deutschland gab es nur ganz wenige, die das Grundgesetz, das sich in den Jahrzehnten zuvor doch bewährt hatte, durch eine neue, gesamtdeutsche Verfassung ablösen wollten. Doch die Mühen um eine neue Verfassung blieben nicht ganz ohne Wirkung. Teile der Entwürfe – und dabei insbesondere die Würdenormen – fanden den Weg in die Verfassungen der neuen Länder, die zwischen 1991 und 1993 in Brandenburg, Mecklenburg-Vorpommern, Sachsen, Sachsen-Anhalt und Thüringen sowie 1995 in Berlin ausgearbeitet und in Kraft gesetzt wurden.

2. Neue Länder und neue Verfassungen

Die Verfassungsgeber in den neuen Bundesländern übernahmen den Text des grundgesetzlichen Würdeartikels – und zwar fast ausnahmslos mit identischem Wortlaut. Darüber hinaus fügten sie in die neuen Verfassungen aber auch Normen ein über die Achtung und Schutz der Würde »*im Sterben*«, eine gesetzliche Beschränkung von Forschungen, wenn diese geeignet waren, »*die Menschenwürde zu verletzen*«, über »*Kinder*«, die »*als eigenständige Personen das Recht auf Achtung ihrer Würde*« hätten, über »*die Bedeutung der Wohnung für ein menschenwürdiges Leben*« oder über das Verbot »*öffentliche[r], die Menschenwürde verletzende[r] Diskriminierungen*«. Sämtliche dieser Bestimmungen waren auch schon in den Entwürfen der Arbeitsgruppe des Runden Tisches sowie des Kuratoriums enthalten.

Aber es tauchten auch Regelungen auf, die in ganz neuartiger Weise die Menschenwürde als Tatbestandselement enthielten. So sollte »*Erziehung und Bildung*« die Aufgabe haben, die »*Achtung vor der Würde*« anderer »*zu fördern*«. Die »*Ausübung einer Religion oder Weltanschauung*« durfte die »*Würde anderer nicht verletzen*«. Der Strafvollzug wurde auf die »*Würde des Menschen*« verpflichtet. Der Staat sollte sich um die »*soziale Sicherheit*« sorgen, die wiederum ausgerichtet war auf »*eine menschenwürdige und eigenverantwortliche Lebensgestaltung*«. Er wurde sogar angehalten, »*im Rahmen seiner Möglichkeiten*« beizutragen, die in »*der Vergangenheit*« geschehenen »*Folgen verletzter Menschenwürde*« zu mindern. Schließlich nahmen die Verfassungsgeber besondere Bestimmungen darüber auf, dass die »*Unantastbarkeit der Würde des Menschen*« die »*Quelle aller Grundrechte*« sei, die »*Würde aller*« im »*Land lebenden oder sich hier aufhaltenden Menschen*« geschützt werden müsse, sowie darüber, dass jeder »*jedem die Anerkennung seiner Würde*« schulde.

Diese große Anzahl weitgehend neuer Würdenormen ist verblüffend. Würde im Sterben, die der Kinder oder der sich im Land befindlichen Menschen, ihr Schutz im Strafvollzug, gegenüber Verletzungen durch Forschung und Religionsausübung, die staatliche Pflicht zur Sicherung eines menschenwürdigen Lebens oder die Pflicht eines jeden, die Würde jedes anderen anzuerkennen – die Verfassungsgeber in den neuen Ländern hoben vieles von dem, was bis in die neunziger Jahre zum Teil schon von Rechtsprechung und Literatur aus der Würdenorm des Grundgesetzes abgeleitet worden war, auf die Ebene des Landesverfassungsrechts. Dabei zeigte sich einmal mehr, wie sehr die Würde des Menschen inzwischen zu einem herausgehobenen und zentralen Begriff des Verfassungsrechts geworden war. Aber nicht nur das: An diesem Vorgang lässt sich auch gut ablesen, wie stark und selbstverständlich in der Zwischenzeit der Drang war, die Vorstellung von der Würde des Menschen in vielfältigsten und unterschiedlichsten Themenfeldern einzusetzen.[70]

3. Erich Honeckers Würde

Im Zuge der Wiedervereinigung wurde nicht nur an den Verfassungen der neuen Länder die besondere Bedeutung und Eigenart erkennbar, die die Vorstellung von der Würde des Menschen in den neunziger Jahren erlangt hatte. Aussagekräftig für Verständnis und Relevanz der Würdenorm ist auch eine im Januar 1993 ergangene Entscheidung des Berliner Verfassungsgerichtshofs, die eine große Welle der Kritik und Ablehnung nach sich zog. Das Gericht hatte über die Haftverschonung Erich Honeckers zu befinden. Honecker saß in jener Zeit in Berlin-Moabit in Untersuchungshaft; der Vorwurf lautete, er sei als Staatsratsvorsitzender sowie Vorsitzender des Nationalen Verteidigungsrates für den Tod zahlreicher Mauerflüchtlinge verantwortlich. Als Mitglied des Verteidigungsrates habe er nicht nur angeordnet, die Grenzanlagen um Berlin und die Sperranlagen zur Bundesrepublik auszubauen. Er habe sich auch dafür ausgesprochen, überall ein einwandfreies Schussfeld zu schaffen, bei Grenzdurchbruchsversuchen rücksichtslos von der Schusswaffe Gebrauch zu machen und die Grenzsoldaten bei entsprechendem Verhalten zu belobigen. Mehrfach hatte Honecker eine Haftverschonung beantragt, da er an Leberkrebs erkrankt war. Aufgrund des Stadiums, den seine Erkrankung erreicht hatte, war nicht mehr damit zu rechnen, dass er den Abschluss des Strafprozesses noch erleben würde. Seine Anträge auf Haftverschonung wurden jedoch abgelehnt. Honecker legte gegen diese ablehnenden Beschlüsse Verfassungsbeschwerde vor dem Berliner Verfassungsgerichtshof ein.

Der Gerichtshof hob die angefochtenen Beschlüsse dann tatsächlich auf. Sie verletzten – dies war das zentrale Argument – »*das Grundrecht*« Honeckers auf »*Achtung seiner Menschenwürde*«. Allerdings: Die Berliner Verfassung enthielt 1993 gar keine Würdenorm. Ihr fehlte eine »*ausdrückliche Verpflichtung der staatlichen Gewalt, die Würde des Menschen zu achten und zu schützen*«. Das Berliner Verfassungsgericht sah darin aber kein allzu großes Problem. Es behalf sich mit folgender Argumentation: Die Verfassung des Gliedstaates eines Bundesstaates sei »*nicht in der Verfassungsurkunde, dem geschriebenen Verfassungstext, allein enthalten*«. In sie hinein wirkten vielmehr auch Bestimmungen der Bundesverfassung. Erst beide Elemente, »*die Verfassungsurkunde und die in sie hineinwirkenden Bestimmungen der Bundesverfassung*«, machten »*die Verfassung des Gliedstaates aus*«. Und zu diesen »*grundlegenden, die Bundesrepublik Deutschland konstituierenden Bestimmungen des Grundgesetzes*« gehöre Artikel 1 Grundgesetz. Indem diese Bestimmung die »*Würde des Menschen für unantastbar*« erkläre und »*die staatliche Gewalt*« dazu verpflichte, »*die Würde des Menschen zu achten und zu schützen*«, stelle er »*die Menschenwürde in den Mittelpunkt der grundrechtlichen Wertordnung*« und erhebe sie »*zum obersten Wert im System der Grundrechte*«. Artikel 1 gehöre »*deshalb zu den Bestimmungen des Grundgesetzes, die in die Landesverfassung*« hineinwirkten und die so zu einem »*konstitutiven Element der verfassungsmäßigen Ordnung in den Ländern*« würden.

Ganz wohl fühlte sich der Gerichtshof mit dieser Argumentation aber offenbar nicht. Denn er brachte noch ein zusätzliches Argument vor: Der Verfassung von Berlin selbst ließen sich ebenfalls gewichtige Anhaltspunkte dafür entnehmen, dass sie, »*wenn auch ohne ausdrückliche Erwähnung, die Würde des Menschen als obersten Wert im System der Grundrechte*« ansehe. Sie gewähre nämlich die Freiheit der Person, die Gleichheit vor dem Gesetz, das Recht der freien Meinungsäußerung, der Freizügigkeit und die Glaubensfreiheit. Und die diesen Landesgrundrechten entsprechenden Grundrechte des Grundgesetzes würden »*vom BVerfG im Zusammenhang mit der Menschenwürde gesehen*«.

Bezogen auf die Krebserkrankung Honeckers verwies das Gericht schließlich noch auf das Bundesverfassungsgericht. Nach dessen Rechtsprechung werde die Würde des Menschen verletzt, wenn eine Person in Untersuchungshaft gehalten werde, obwohl aufgrund ihres nahenden Todes die Durchführung eines Strafverfahrens seinen Sinn verloren habe. Und dies gelte »*selbst gegenüber einem verurteilten Straftäter, der sich in schwerer und unerträglicher*

Weise gegen alles vergangen« habe, »*was die Wertordnung der Verfassung unter ihren Schutz«* stelle. Ungeachtet der besonderen Schwere der Taten, die Honecker zur Last gelegt worden waren, greife »*deshalb auch zu seinen Gunsten das Grundrecht auf Achtung der Menschenwürde«*.

Diese Argumentation überzeugte damals nicht alle. In den Tageszeitungen wurden »*rechtswidrige Kompetenzanmaßungen«* der Berliner Verfassungsrichter beklagt. Die Fachliteratur meinte, die Begründung sei sehr oberflächlich ausgefallen; es handele sich um »*eine Art juristisches Zauberstück«*. Die Menschenwürdegarantie sei wie »*ein Zauberstab über den Sachverhalt und das Strafprozessrecht«* gehalten worden. Auch die Präsidenten des Bundesgerichtshofs und des Bundesverfassungsgerichts meldeten sich zu Wort. Und die Staatsanwaltschaften prüften mehrere Wochen lang, ob sich Richter des Gerichtshofs wegen Rechtsbeugung und Anstiftung zur Strafvereitelung strafbar gemacht hatten; unter anderem hatten acht bayerische Landtagsabgeordnete Strafanzeige erstattet. Ein Konsens hinsichtlich des Inhalts sowie der Art der Anwendung der Würdenorm existierte in diesem Fall also nicht.[71]

II. Weitere rechtsdogmatische Ausformungen

In den neunziger Jahren erlebte der Ausbau der Würdenormdogmatik einen weiteren Schub. Dies betraf die Frage nach dem Träger der Würdenorm (Würde des Menschen als Gattungswesen), der Art und Qualität des von ihr geschützten Rechtsgutes (Unverlierbarkeit) sowie der Modalität des von ihr gewährleisteten Schutzes (Absolutheit).

1. Mensch als Gattungswesen

Im Jahre 1992 hatte das Bundesverfassungsgericht über eine Horrorfilm-Videokassette zu entscheiden. Ein Amtsgericht hatte die Einziehung dieser Kassette bestätigt, weil der Film den strafgesetzlichen Tatbestand der »Gewaltdarstellung« (§ 131 Strafgesetzbuch) erfülle. Er enthalte Sequenzen, »*die grausame oder sonst unmenschliche Gewalttätigkeiten gegen Menschen in einer Art schilderten, die das Grausame oder Unmenschliche des Vorgangs in einer die Men-*

schenwürde verletzenden Weise darstellten«. In diesem Film (*The Evil Dead*, dt.: *Tanz der Teufel*) war unter anderem zu sehen, wie der Kopf einer besessenen Person Feuer fängt, die Gesichtshaut verbrennt, Männer den Körper eines Menschen mit einer Axt zerstückeln oder einen Kopf in Händen halten, aus dessen Halsstumpf Blut austritt.

Der Filmverleih, der die Nutzungsrechte an der Kassette hielt, legte gegen deren Einziehung Verfassungsbeschwerde ein. Die Maßnahme beruhe auf einer strafgesetzlichen Norm, die dem Bestimmtheitsgebot nicht genüge. Der Verleih konnte sich dabei auch auf Rechtsmeinungen in der strafrechtlichen Literatur stützen. Zu unbestimmt, so meinten manche Autoren, sei diese Norm, welche die Verbreitung von Schriften verbot, »*die grausame oder sonst unmenschliche Gewalttätigkeiten gegen Menschen oder menschenähnliche Wesen in einer Art schildern*« und »*das Grausame oder Unmenschliche des Vorgangs in einer die Menschenwürde verletzenden Weise darstellen*«. Es handele sich »*um einen »bedenklichen Grenzfall einer an sich zwar legitimen, in ihrer ›Nebulösität‹ aber kaum noch handhabbaren Normativierung*«.

Überraschenderweise teilte das Bundesverfassungsgericht diese Sicht nicht. Es entschied vielmehr, die strafgesetzliche Norm sei bei verfassungskonformer Auslegung hinreichend bestimmt, sofern man bei Auslegung die Würdenorm des Grundgesetzes heranziehe: »*Mit dem Begriff der Menschenwürde*«, so das Gericht, knüpfe der strafgesetzliche Tatbestand »*erkennbar an den Gehalt des Art. 1 Abs. 1 Satz 1 GG an*«. Mit diesem Würdeartikel, zu verstehen als »*tragendes Konstitutionsprinzip im System der Grundrechte*«, sei wiederum der »*soziale Wert- und Achtungsanspruch des Menschen verbunden*«, der es verbiete, »*den Menschen zum bloßen Objekt des Staates zu machen oder ihn einer Behandlung auszusetzen, die seine Subjektqualität prinzipiell in Frage*« stelle. Dies waren die bekannten Komponenten der Würdenormdogmatik, die sich bis dahin herausgebildet hatten. Dann aber hielt das Gericht, zum ersten Mal darüber hinausgehend, fest: »*Menschenwürde in diesem Sinne ist nicht nur die individuelle Würde der jeweiligen Person, sondern die Würde des Menschen als Gattungswesen.*«

Dementsprechend sah das Bundesverfassungsgericht die Bestimmtheitsanforderungen bei der strafgesetzlichen Norm der Gewaltdarstellung nicht nur in Fällen als gewahrt an, in denen »*die filmische Darstellung konkrete Personen in ihrer Würde verletzt*«. Vielmehr wurden von der Strafnorm auch solche Fälle erfasst, »*in denen die Schilderung des Grausamen und Unmenschlichen eines Vorgangs darauf angelegt*« sei, »*beim Betrachter eine Einstellung zu erzeugen oder zu verstärken, die den fundamentalen Wert- und Achtungsanspruch*« leugne, »*der jedem Menschen*« zukomme. Eine solche Leugnung dieses Anspruchs geschehe insbesondere dann, »*wenn grausame oder sonstwie unmenschliche Vorgänge gezeigt*« würden, »*um beim Betrachter ein sadistisches Vergnügen an dem Geschehen zu vermitteln oder um Personen oder Gruppen als menschenunwert erscheinen zu lassen*«. In ihrer Substanz beruhten solche Darstellungen auf der »*Vorstellung von der Verfügbarkeit des Menschen als bloßes Objekt*«, mit dem »*nach Belieben verfahren werden*« könne. Deshalb könne auch »*eine menschenverachtende Darstellung rein fiktiver Vorgänge [...] das Gebot zur Achtung der Würde des Menschen verletzen*«. Und nicht zuletzt seien solche Darstellungen auch geeignet, einer »*allgemeinen Verrohung Vorschub zu leisten, den Respekt vor der Würde des Mitmenschen beim Betrachter zu mindern und so auch die Gefahr konkreter Verletzungen dieses Rechtsguts zu erhöhen*«.

Dies war keine gänzlich neue und unbekannte Argumentation. Vor Inkrafttreten des Grundgesetzes hatte schon der Bayerische Gerichtshof mit Blick auf die Würdenorm der bayerischen Verfassung entschieden, sie schütze nur dann, wenn »*über die Auswirkung für den Betroffenen selbst hinaus die menschliche Würde als solche ohne Berücksichtigung der Einzelperson*« berührt wäre. In diesem Sinne bestimmte nun auch das Bundesverfassungsgericht den Träger der Würdenorm, also das von dieser Norm geschützte Subjekt. Die Würdenorm sollte nun nicht mehr nur die Würde eines konkreten Menschen schützen, sondern die des Menschen »*als Gattungswesen*«, also die der Gesamtheit aller Menschen, des Menschen schlechthin, mit einem Wort: die Würde der Menschheit.

Ganz einfach zu fassen und zu verstehen war – und ist – diese Erweiterung des Anwendungsbereichs der Würdenorm nicht. Dem Bundesverfassungsgericht war es durch diese Erweiterung gewiss möglich, die Würdenorm auch dann einzusetzen, wenn nicht mehr nur die Würde eines konkreten Menschen gefährdet oder verletzt wurde. Aber wie sollte diese »*Würde des Menschen als Gattungswesen*« bestimmt, wie konnte sie erkannt, wie rational nachvollzogen werden? Dazu bedurfte es einer genaueren Vorstellung vom »*Men-*

schen als Gattungswesen«, mithin eines Menschenbildes. Das, was das Gericht bislang dazu aber ausgeführt hatte, war wenig hilfreich, diese besondere Vorstellung von einer Würde des Gattungswesens Mensch zu begreifen.

Das Bundesverfassungsgericht hatte nämlich in seiner bisherigen Rechtsprechung zwar immer wieder von einem Menschenbild gesprochen, das in den Normen des Grundgesetzes zum Ausdruck komme. Doch die Menschenbilder, die es gezeichnet hatte, waren sehr unterschiedlich, ja in ihrem Kern unvereinbar. So hieß es nicht selten, dass der freiheitliche Staat des Grundgesetzes auf einem »*Menschenbild*« gründe, »*das von der Würde des Menschen und der freien Entfaltung der Persönlichkeit in Selbstbestimmung und Eigenverantwortung bestimmt*« sei. Ebenfalls hatte es schon mehrfach hervorgehoben, dass das Grundgesetz eine »*wertgebundene Ordnung*« sei, die »*den Schutz von Freiheit und Menschenwürde als den obersten Zweck allen Rechts*« erkenne. Zugleich betonte es dagegen aber auch immer wieder, dass das Menschenbild des Grundgesetzes »*allerdings nicht das des selbstherrlichen Individuums*« sei, »*sondern das der in der Gemeinschaft stehenden und ihr vielfältig verpflichteten Persönlichkeit*«. Also sowohl »*Selbstbestimmung*« wie auch »*Gemeinschaftsgebundenheit*« – doch dabei handelte es sich um gänzlich gegenstrebige Menschenbilder, über die kaum zu einem näheren Aufschluss über die Vorstellung vom Menschen als Gattungswesen zu gelangen war.

Und es kam noch ein Weiteres hinzu: Nur selten hatte das Bundesverfassungsgericht dargelegt, was unter der Würde des Menschen positiv zu verstehen war, und wenn es dies tat, dann setzte es Würde mit Autonomie gleich. Dem »*Schutz der Menschenwürde*« liege, so führte es erstmals in der Entscheidung über die lebenslange Freiheitsheitstrafe und später immer wieder aus, »*die Vorstellung vom Menschen als einem geistig-sittlichen Wesen zugrunde, das darauf angelegt*« sei, »*in Freiheit sich selbst zu bestimmen und sich zu entfalten*«. Diese Sicht hatte dann aber zur Konsequenz, dass die Würde des Menschen als Gattungswesen mit der Würde konkreter, individueller Menschen in Konflikt geraten konnte – etwa wenn das Ausleben individueller Freiheit, zum Beispiel die Bereitschaft, sich im Rahmen eines Laserspiels beschießen oder als kleinwüchsiger Mensch zur Belustigung eines Diskothekenpublikums durch die Luft werfen zu lassen, mit dem kollidierte, was jeweils als »Gattungswürde« betrachtet wurde. Wie solche Kollisionslagen aufgelöst werden konnten, sagte das Bundesverfassungsgericht nicht. Es ließ zudem offen, wie diese Würde der Gattung Mensch genau zu konkretisieren war. Seine Erweiterung der Dogmatik eröffnete nun aber die Möglichkeit, unter Berufung auf Moral- und Sittlichkeitsvorstellungen, auf welche im Einzelnen auch immer, die Würde des Menschen als Gattungswesen gegen Freiheits- und Würdeansprüche individueller Menschen zur Geltung zu bringen.[72]

2. Unverlierbarkeit

In der 1992 ergangenen Entscheidung zum Film *The Evil Dead* erweiterte das Bundesverfassungsgericht aber nicht nur den persönlichen Anwendungsbereich der Würdenorm, indem es das überindividuelle Menschsein, die Gattung Mensch, einbezog. In dieser Entscheidung konkretisierte es ebenfalls eine Eigenart ihres Schutzgutes. Das Gericht formulierte zum ersten Mal, »*jeder*« besitze Würde, und zwar »*ohne Rücksicht auf seine Eigenschaften, seine Leistungen und seinen sozialen Status*«. Auch dem sei sie eigen, »*der aufgrund seines körperlichen oder geistigen Zustandes nicht sinnhaft handeln*« könne. »*Selbst durch ›unwürdiges‹ Verhalten*« gehe »*sie nicht verloren*«, und sie könne »*keinem Menschen genommen werden*«. »*Verletzbar*« sei allerdings »*der Achtungsanspruch, der sich aus ihr*« ergebe.

Dies war gänzlich neu. Bis dahin hatte das Gericht lediglich festgestellt, dass das »*Recht auf Achtung seiner Würde auch dem Straftäter nicht abgesprochen werden*« könne, selbst wenn »*er sich in noch so schwerer und unerträglicher Weise gegen alles vergangen*« habe, »*was die Wertordnung der Verfassung unter ihren Schutz*« stelle. Aber dass nicht das Recht auf Achtung der Würde, sondern die Würde selbst, also das Gut dieses Rechts, unverlierbar sein soll, hatte das Gericht bisher noch nicht ausgesprochen. Nur in der frühen Rechtsprechung, auch wiederum des Bayerischen Verfassungsgerichtshofs, war dieser Gedanke einmal kurz angeklungen. Er hatte der Würdenorm der bayerischen Verfassung entnommen, dass »*der Mensch als Person*« einen »*sittlichen Eigenwert*« verkörpere, der »*unverlierbar*« sei.

Doch aus welchem Grund erklärte das Bundesverfassungsgericht die Würde des Menschen für unverlierbar? Es war ihm wahrscheinlich um die Folgerungen zu tun, die sich aus dieser besonderen Eigenschaft der Würde, ihrer Unverlierbarkeit, ergaben. Die Anwendbarkeit der Würdenorm hing nun nicht mehr von einem spezifischen Verhalten, Zustand oder Willen eines konkreten Menschen ab, nicht etwa von einer bestimmten Leistung, wie dies etwa Luhmann in den sechziger Jahren vorgeschlagen hatte. Die freie Entscheidung eines konkreten Menschen, sich in Ausübung seiner Freiheitsrechte in einer bestimmten Weise verhalten zu wollen, war nun völlig irrelevant für die Frage, ob die Würdenorm verletzt war oder nicht. Ein Mensch, der auf seine Würde verzichten will, kann dies wollen. Aber es wird ihm nicht gelingen, diesen Willen zu verwirklichen, haftet die Würde ihm doch als etwas Unverlierbares an. Auch solche Menschen mussten nun in den Schutzbereich der Würdenorm einbezogen werden, denen bestimmte Fähigkeiten wie Vernunftbegabung, Selbstbestimmung, Kommunikation oder Selbstreflexion fehlten. Aber nicht nur Ungeborene, Demente, Komatöse, Hirnlose und Hirntote waren und blieben Träger und Berechtigte der Würdenorm, sondern auch die, welche den von der Rechtsordnung verlangten Respekt vor den Mitmenschen missachtet und sich schwerer Verbrechen schuldig gemacht hatten.

Bei einem ersten Blick deutet einiges darauf hin, dass das Bundesverfassungsgericht bei seiner Unverlierbarkeitsthese auf eine Komponente des christlichen Würdeverständnisses zurückgriff und diese in die verfassungsrechtliche Würdenormdogmatik einbaute. Doch bei näherem Hinsehen zeigt sich ein anderes Bild: Man wird nämlich davon ausgehen müssen, dass in der christlichen Theologie bis zur Neuzeit zwar die Lehre vorherrschte, Gott habe den Menschen mit Würde ausgestattet, doch bei dieser Würde handelte es sich keineswegs um etwas »Unverlierbares«, um nichts »*ontologisch unangreifbar Vorgegebenes*« (Ernst-Wolfgang Böckenförde). Nach dieser Lehre schuf Gott den Menschen nach seinem Ebenbild, und durch Gott war der Mensch auch dazu berufen, sich in freier Selbstverantwortung die Erde untertan zu machen. Genau dies verlieh ihm Würde. Doch diese Würde war verlierbar, und zwar im Moment des Sündenfalls, im Augenblick der Abwendung von Gott. Erst in neuerer Zeit argumentieren Theologen, dass es einen Verlust der Gottesebenbildlichkeit des Menschen und damit seiner Würde nicht geben könne.

Mithin dürfte bei der Rede des Bundesverfassungsgerichts von der Unverlierbarkeit der Würde keine theologische Idee rezipiert worden sein. Das Gericht entwickelte diese Vorstellung von der Unverlierbarkeit vielmehr mit Blick auf ein konkretes Anwendungsproblem der Würdenorm; ihm ging es um die aus dieser Vorstellung abzuleitenden Folgen. Dass das Gericht das Rechtsgut der Norm mit diesem Attribut versah, war dennoch verwunderlich, denn es handelte sich um eine offenkundig unstimmige Vorstellung, die mit der durch Artikel 1 des Grundgesetzes angeordneten Pflicht, die Würde zu achten und zu schützen, nicht zusammenpasste.

Zunächst: Warum sollte das, was gar nicht verloren werden kann, überhaupt durch das Recht geschützt sein, zumal durch eine Norm der Verfassung? Ist der Schutz dessen, was nicht in Gefahr geraten kann, nicht schlicht überflüssig? Gewiss, das Bundesverfassungsgericht judizierte, der Achtungsanspruch, der aus der Würdenorm fließe, sei verletzbar. Doch warum begründete die Rechtsordnung mit einem solchen Anspruch eine Verpflichtung, etwas zu achten, was immer vorhanden ist, dem Menschen stets eignet, weil es ihm doch durch nichts genommen werden kann? Dessen Existenz ist doch gegenüber dieser Pflicht, es zu achten, völlig unabhängig. Es fällt schwer, in der rechtlichen Pflicht etwas Unverlierbares anzuerkennen, einen tieferen Sinn zu erblicken.

Zudem: Das Gericht bejahte ja inzwischen selbst, dass die Würdenorm den Staat verpflichte, jedem ein menschenwürdiges Existenzminimum zu sichern. Sinnvoll gedacht werden konnte diese Pflicht aber doch nur, wenn der Mensch unter bestimmten wirtschaftlichen Verhältnissen gerade auch seine Würde verlieren konnte. Genau aus diesem Grund sollte doch der Staat zur Sicherung eines menschenwürdigen Existenzminimums verpflichtet sein. Und ganz unabhängig von der Lage materieller Not: War es nicht zumindest intuitiv abwegig, auch noch dem grausamsten Würdeverletzer im Moment seiner Tat Würde zuzusprechen – man denke zum Beispiel an Sadisten, Kinder- und Frauenschänder oder psychopathische Diktatoren, die sich an grausamem Tun ergötzen? Man mag einwenden, dass die Vorstellung von der Unverlierbarkeit der Würde nicht auf etwas Faktisches zielte, nicht auf etwas, das in Raum und Zeit existiert, dass es sich bei ihr vielmehr um etwas Übersinnliches und Metaphysisches handeln sollte. Doch musste solches unter den Schutz der Rechtsordnung eines modernen, freiheitlichen Verfassungsstaates gestellt werden? Der Schutz von Transzendentem und Magischem erinnert an Recht aus vormodernen Zeiten.[73]

3. Relativität statt Absolutheit

In den neunziger Jahren war noch eine weitere Komponente der Würdenorm-Dogmatik Gegenstand einer Entscheidung des Bundesverfassungsgerichts. In älterer Rechtsprechung hatte das Gericht gelegentlich zu verstehen gegeben, dass die Würde des Menschen »*absolut*« gelte, es bei ihr mithin keine »*Möglichkeit eines Güterausgleichs*« gebe, keine »*Abwägung nach Maßgabe des Verhältnismäßigkeitsgrundsatzes*«. Nun aber, in seiner zweiten Entscheidung zur verfassungsrechtlichen Zulässigkeit des nach der Wiedervereinigung neu geschaffenen Rechts des Schwangerschaftsabbruchs, waren ganz andere Töne hörbar. Das Gericht brachte nun sehr deutlich zum Ausdruck, dass die Würde des Menschen sehr wohl als abwägungsfähige und abwägungsbedürftige Rechtsposition begriffen werden müsse.

In dieser Entscheidung wiederholte das Gericht den aus seiner ersten Entscheidung zum Schwangerschaftsabbruch bekannten Satz, dass das Grundgesetz den Staat auch zum Schutz des ungeborenen Lebens verpflichte; er habe sich schützend und fördernd vor dieses Leben zu stellen und es vor rechtswidrigen Eingriffen von Seiten anderer zu bewahren. Diese Schutzpflicht habe ihren Grund »*in Art. 1 Abs. 1 GG, der den Staat ausdrücklich zur Achtung und zum Schutz der Menschenwürde*« verpflichte. Und »*Menschenwürde*« komme »*schon dem ungeborenen menschlichen Leben zu, nicht erst dem menschlichen Leben nach der Geburt oder bei ausgebildeter Personalität*«. Dabei handele es sich um ein »*Lebensrecht, das nicht erst durch die Annahme seitens der Mutter begründet*« werde, sondern »*dem Ungeborenen schon aufgrund seiner Existenz*« zustehe. Es sei »*das elementare und unveräußerliche Recht, das von der Würde des Menschen*« ausgehe.

Allerdings ergänzte das Gericht – und dies ist der entscheidende Satz zur Frage der Relativität und Abwägbarkeit der Würdegarantie: Der »*Schutz des Lebens*« sei »*nicht in dem Sinne absolut geboten, daß dieses gegenüber jedem anderen Rechtsgut ausnahmslos Vorrang genösse*«. Der genaue Umfang der Schutzpflicht des Staates gegenüber dem ungeborenen Leben sei nämlich »*im Blick auf die Bedeutung und Schutzbedürftigkeit des zu schützenden Rechtsguts – hier des ungeborenen menschlichen Lebens – einerseits und mit ihm kollidierender Rechtsgüter andererseits zu bestimmen*«. Als »*vom Lebensrecht des Ungeborenen berührte Rechtsgüter*« kämen »*dabei – ausgehend vom Anspruch der schwangeren Frau auf Schutz und Achtung ihrer Menschenwürde (Art. 1 Abs. 1 GG) – vor allem ihr Recht auf Leben und körperliche Unversehrtheit (Art. 2 Abs. 2 GG) sowie ihr Persönlichkeitsrecht (Art. 2 Abs. 1 GG) in Betracht*«. Dies waren die Grundrechtspositionen der schwangeren Frau. Deren Anerkennung führte dazu, dass das Gericht es »*in Ausnahmelagen*« für zulässig hielt, ja »*in manchen dieser Fälle*« sogar für »*geboten*«, ihr eine Rechtspflicht zum Austragen des Kindes eben nicht aufzuerlegen.

Das Gericht ließ auch keinen Zweifel, dass es um ein Entweder-oder ging und auch die Möglichkeit bestand, dass das Lebensrecht des ungeborenen Kindes hinter die Rechte der Schwangeren zurücktrat. Die »*miteinander kollidierenden Rechtsgüter*« könnten »*hier nicht zu einem verhältnismäßigen Ausgleich gebracht werden*«, weil »*auf der Seite des ungeborenen Lebens in jedem Fall nicht ein Mehr oder Weniger an Rechten, die Hinnahme von Nachteilen oder Einschränkungen, sondern alles, nämlich das Leben selbst, in Frage*« stehe. Ein Nachrang des in der Würdenorm wurzelnden Lebensrechts des ungeborenen Kindes könne es nicht nur »*im Falle einer ernsten Gefahr für das Leben der Frau oder einer schwerwiegenden Beeinträchtigung ihrer Gesundheit*« geben, sondern auch bei Belastungen, »*die ein solches Maß an Aufopferung eigener Lebenswerte*« verlangten, »*daß dies von der Frau nicht erwartet werden*« könne.

Dass das Gericht hier so offen die Abwägbarkeit des Würde- und Lebensschutzanspruchs des Kindes an- und aussprach, ist gewiss erklärungsbedürftig. Die Ursache dürfte darin liegen, dass die zu beurteilenden neuen Regelungen des Schwangerschaftsabbruchs auf den Einigungsvertrag zurückgingen. Es handelte sich um einen der wenigen Rechtskomplexe, die als Berücksichtigung und Übernahme von DDR-Recht gelten konnten. Hätte das Gericht diese Regelungen für verfassungswidrig erklärt, hätte es sich über den mehrheitlichen Wunsch der ehemaligen DDR-Bevölkerung, aber wohl auch eines wesentlichen Teils der westdeutschen Bürgerinnen und Bürger hinweggesetzt. Die Entscheidung war daher in besonderem Maße durch die Wiedervereinigung bedingt. Diese deutliche Betonung der Relativität und »Nicht-Absolutheit« des Würdeschutzes findet sich in der späteren Rechtsprechung daher auch kaum mehr. In der Folgezeit formulierte das Bundesverfassungsgericht vielmehr immer wieder, die verfassungsrechtliche Garantie der Menschenwürde sperre sich gegen jede Einschränkung und gegen jegliche Abwägung und gelte daher als absolut. Jedoch: Auch hier zeigte sich bei genauer Analyse, dass die Behauptung des Gerichts, die Würdegarantie sei absolut und damit unabwägbar, nur Rhetorik war. Denn tatsächlich wog das Gericht auch in diesen Entscheidungen stets ab. Und da es dies anders als in jener Entscheidung zum Schwangerschaftsabbruch später nicht mehr offen aussprach, darf man von einer Methode verschleierter Abwägung sprechen, bei der die Menschenwürde gewiss häufig, aber eben nicht stets den Vorrang erhielt.

Dass das Gericht entgegen seinen Absolutheitsbeteuerungen faktisch Abwägung praktizierte, hatte auch einen leicht nachvollziehbaren Grund, nämlich den der Ressourcenknappheit als Realbedingung von Freiheits- und Gleichheitsansprüchen. Diese Knappheit schließt es aus, dass eine Norm, die ein subjektives Recht statuiert und deren Geltungsumfang durch ihren persönlichen, sachlichen oder territorialen Anwendungsbereich bestimmt werden kann, sich gegen ihre Einschränkbarkeit durch gegenläufige Güter kategorisch zu sperren vermag. Im Reich des Unbedingten sind gewiss absolute Freiheit und Gleichheit denkbar. Auf der Ebene der Konkretisierung subjektiver Rechte unter den Bedingungen einer Welt, in der Freiheitsressourcen knapp sind, lassen sich die Kollisionen von Einzelfreiheiten sowie von Freiheit und Gleichheit niemals vermeiden. Sie bedürfen immer einer abwägenden Entscheidung.[74]

III. Reduktion statt Vermehrung?

Die Frage, was genau unter der Würde des Menschen, dem Schutzgut der Würdenorm, zu verstehen war, stand auch in den neunziger Jahren weiter auf der Tagesordnung. Die inzwischen konkurrierenden Deutungen waren in jener Zeit zwar noch überschaubar, aber doch schon so zahlreich, dass ihre Vielfalt und inhaltliche Divergenz seit den siebziger Jahren als Problem wahrgenommen wurde. Wie war der Stand der Diskussion in jenen Jahren? Die einst dominierende christliche Deutung war in ihrem Kern gewiss getroffen und geschwächt, auch wenn ihre Vertreter sich mühten, diese Position in der Debatte zu halten. Der Vorschlag, sich wieder dessen stärker zu vergewissern, was der Parlamentarische Rat ursprünglich mit der Würdenorm im Sinn hatte, stand auch im Raum, fand jedoch nie ein besonderes Echo. Ähnlich erging es den eher en passant in die Debatte geworfenen Thesen, Immanuel Kants Würdeverständnis sei Teil der grundgesetzlichen Würdenorm bzw. diese sei im Modell des Gesellschaftsvertrages zu denken. Auf größere Resonanz stieß dagegen schon Luhmanns Idee, die Würde des Menschen als gelingende Selbstdarstellung zu begreifen.

Wie das Bundesverfassungsgericht sich zu all diesen Vorschlägen verhielt, war nicht recht klar. Die These von der Unverlierbarkeit der Würde war gewiss schlecht in Einklang zu bringen mit dem Ansatz Luhmanns, dem zufolge Würde im Falle misslingender Selbstdarstellung verloren werden konnte. Andererseits: Wenn das Gericht davon sprach, dem Schutz der Menschenwürde liege die Vorstellung vom Menschen als einem geistig-sittlichen Wesen zugrunde, das darauf angelegt sei, in Freiheit sich selbst zu bestimmen und zu entfalten, so erinnerte dies durchaus an Kants Vorstellung, die Würde des Menschen ergebe sich aus dessen Freiheits- und Moralfähigkeit. »Autonomie«, so hatte Kant ja in seiner *Grundlegung zur Metaphysik der Sitten* geschrieben, sei »der Grund der Würde der menschlichen und jeder vernünftigen Natur«.

Doch wollte das Bundesverfassungsgericht sein Würdeverständnis tatsächlich als Ausfluss des kantischen Würdekonzepts verstanden wissen? Dagegen sprachen wiederum seine Ausführungen in der schon erwähnten zweiten Entscheidung zum Schwangerschaftsabbruch aus dem Jahr 1993. Darin hatte das Bundesverfassungsgericht sich explizit dagegen ausgesprochen, die Würdenorm mit Hilfe von Ideen oder Begriffen zu interpretieren, die über oder neben dem Recht standen. In dieser Entscheidung sah es das Lebensrecht des Ungeborenen als elementares und unveräußerliches Recht an, das »*von der Würde des Menschen*« ausgehe und das »*unabhängig von bestimmten religiösen oder philosophischen Überzeugungen*« gelte, »*über die der Rechtsordnung eines religiös-weltanschaulich neutralen Staates kein Urteil*« zustehe. Dieses Verdikt blieb indessen ohne Wirkung auf die Literatur zur Würdenorm. Es wurden in den neunziger Jahren neue Deutungen präsentiert oder bekannte Interpretation vertieft – und zwar unter Rückgriff auf zahlreiche Denker oder Denkfiguren der europäischen Geistesgeschichte.[75]

1. Pico

In der Schrift über *Menschenwürde und Sepulkralkultur in der grundgesetzlichen Ordnung* räumte Rolf Gröschner zwar ein, dass die Würdenorm eine unbestreitbare Reaktion auf die »*nationalsozialistische Menschenverachtung*« sei; dennoch müsse sie in »*größeren historischen und geistesgeschichtlichen Zusammenhängen gesehen werden*«. Gröschners Begründung: Hermann von Mangoldt habe im Verlaufe der Beratungen des Parlamentarischen Rates »*auf die Präambel zur Erklärung der Menschenrechte der Vereinten Nationen vom 10. Dezember 1948 einerseits und auf den Gedanken eines ›gewachsenen Rechts der alten Freiheitsrechte‹ andererseits*« verwiesen. Und daraus, dass der Staat des Grundgesetzes »*weltanschaulich neutral zu sein*« habe, folge nicht, dass »*der Begriff der Menschenwürde als Verfassungsbegriff gänzlich unbestimmt bleiben*« müsse, »*um ihn für jede beliebige Aufladung offenzuhalten*«. Vielmehr sei das Verhältnis von Neutralitätsgebot und Menschenwürdeprinzip umzukehren: Die Menschenwürdekonzeption des Artikel 1 beruhe »*auf einer spezifischen Weltanschauung, auf deren Grundlage die weltanschauliche Neutralität einer Verfassungsordnung überhaupt erst möglich*« werde.

Von dieser Prämisse ausgehend gelangte Gröschner dann zu Giovanni Pico della Mirandola, einem Denker der italienischen Renaissance. Pico hatte im ausgehenden fünfzehnten Jahrhundert eine Schrift verfasst, die Gröschner zufolge nun, am Ende des zwanzigsten Jahrhunderts, in den Mittelpunkt der Deutung der grundgesetzlichen Würdenorm zu stellen sei. Warum? An Picos Text lasse sich »*exemplarisch demonstrieren*«, dass »*die heute gängige ›Wesens‹-Bestimmung der Menschenwürde als Fähigkeit zu geistig-sittlicher Selbstbestimmung ihre ›Wurzeln‹ gerade nicht in einer den Menschen entmündigenden Metaphysik*« habe, sondern in der »*mit der Renaissance beginnenden Aufklärung*«. Nach Pico sei »*Menschenwürde*« nämlich die »*Fähigkeit zur Selbstformierung, zur Gestaltung oder (im weitesten Sinne) Bildung seiner selbst, mithin ein Vermögen, das seinen Träger nicht auf eine bestimmte Weltanschauung, nicht auf die Verfolgung eines bestimmten Telos*« festlege. Diese Fähigkeit sei eine »›*Formierungsfähigkeit*‹«, mithin das »*Vermögen, sein Leben nach einem eigenen Entwurf zu gestalten*«, kurz: das »›*Entwurfsvermögen*‹«.

Für Gröschner ist dieser Rückgriff auf das Denken eines frühneuzeitlichen Renaissancephilosophen und dessen Übertragung auf eine Verfassungsnorm des zwanzigsten Jahrhunderts tatsächlich mehr als nur eine ideenhistorische Spielerei. Die Deutung der Norm mit Hilfe Picos habe gegenüber den anderen vorhandenen Würdedeutungen einen klar benennbaren Vorteil: Durch sie könne der Streit zwischen den beiden rechtsphilosophischen Theorien zur Würdenorm gelöst werden, nämlich der Streit zwischen – diese Etiketten hatte Hasso Hofmann eingeführt – der »*Mitgifttheorie*« und der »*Leistungstheorie*«, also zwischen den Bestrebungen, die Menschenwürde entweder »*aus christlicher Gottesebenbildlichkeit*« bzw. »*philosophischer Vernunftlehre*« oder aber – wie es Luhmann gemacht habe – »*aus dem besonderen Beitrag des Individuums als Teil eines gesellschaftlichen Ganzen*« abzuleiten. Wenn dagegen die Menschenwürde als »*Fähigkeit zum Entwurf einer Lebensform*« gedacht werde, dann sei dies »*die Bedingung dafür, daß der Mensch überhaupt (ihm anrechenbare) Handlungen vollbringen*« könne: »*Wäre ihm Würde nicht ›mitgegeben‹, wäre er zu einer (eigenständigen) Leistung gar nicht fähig*«. Das Verhältnis zwischen »*Mitgift*« und »*Leistung*« sei »*also nicht das von unvereinbaren Gegensätzen, sondern von Bedingung und Bedingtem*«. Woher aber die Würde des Menschen am Ende komme, »*ob sie vernunftvermittelt oder gottgegeben*« sei, habe »*Art. 1 GG bewußt offengelassen*«.

2. Kant

Anders als Rolf Gröschner griffen in den neunziger Jahren Volker Neumann und Ralph Alexander Lorz zur Deutung der Würdenorm nicht auf einen Denker der italienischen Renaissance zurück. Sie zogen einen der großen Philosophen der Aufklärung heran, nämlich Immanuel Kant, dessen Würdekonzept früher auch schon Rudolf Wiethölter der Würdenorm als maßgebliche Auslegungsquelle zugrunde gelegt sehen wollte. Volker Neumann setzte indessen verfassungsgerichtspositivistisch an. Er ging zunächst von der Objekt-Formel aus, mit der das Bundesverfassungsgericht arbeitete, fragte nach deren Ursprung und fand diesen dann in der »*praktische[n] Philosophie Kants*«. Kant habe Würde als »*das Attribut eines ›vernünftigen Wesens‹«* definiert, das »*›keinem Gesetz‹«* gehorche »*›als dem, das es zugleich selbst‹«* gebe. Im ersten Moment scheine es so, als ob damit Menschen, die – wie geistig Behinderte oder psychisch Kranke – in ihrem Vernunftgebrauch eingeschränkt sind, keine Würde zukäme. Doch die Befürchtung, aus Kants Würdebegriff fielen die Schutzbedürftigsten heraus, sei unbegründet: Denn eine solche Beschränkung des Würdebegriffs auf vernunftgemäßes Verhalten passe nicht mit Kants systematischer Philosophie überein. In seiner »Tugendlehre« spreche er nämlich »*vom rechtmäßigen Anspruch eines jeden Menschen auf Achtung, d. h. auf die ›Anerkennung einer Würde‹«*. Diese Formulierung lege einen Würdebegriff nahe, »*der die Erscheinung menschlicher Subjektivität um ihrer selbst willen zu achten*« gebiete.

Im Kern mit derselben Stoßrichtung, wenn auch weiter ausgreifend, argumentierte Ralph Alexander Lorz. Er rechtfertigte zunächst den Rückgriff auf Kants Würdekonzept mit dem aus früheren Debatten bekannten Argument, dem zufolge die Würdenorm »*das Fenster zur Metaphysik offen*« halte: Das »*Unantastbarkeitspostulat des Art. 1 I GG*« weise »*im Zusammenhang mit den überpositiven Bezügen des Art. 1 II GG und dem theologischen Anklang der Präambel zumindest auf einen metaphysischen Grundbezug der Menschenwürde im grundgesetzlichen Verständnis hin*«. Dies erkläre auch, »*warum zur Ausfüllung des grundgesetzlichen Würdebegriffs meistens auf christliche und humanistische Begründungstraditionen zurückgegriffen*« werde – wobei davon nach Lorz' Sicht eine durchaus selektierende Wirkung ausgehe; wegen dieses »*metaphysischen Grundbezuges*« dürften »*nicht alle existierenden Würdekonzepte herangezogen werden*«, insbesondere nicht die »*marxistischen, behavioristischen und soziologischen*« Konzepte.

Aber auf welche Argumente stützte Lorz diese »*weitestgehende Übereinstimmung*« des Würdebegriffs in Artikel 1 Grundgesetz mit der kantischen Würdekonzeption? Er führte vor allem drei Aspekte an: zunächst die Affinität der kantischen Konzeption zum Ansatz selbstbestimmter menschlicher Identitätsbildung – bei Kant stehe die »*Autonomie*« des Menschen im Mittelpunkt, diese sei ihm doch »*›Grund der Würde der menschlichen [...] Natur‹«*; sodann die Stellung, die Kant dem Menschen im »*Reich der Zwecke*« zuweise und die sich in deutlicher Nähe zu dem »*im verfassungsrechtlichen Würdebegriff hervorgehobenen ›Wert‹-Ansatz*« befinde; und schließlich die »*Objektformel*« des Bundesverfassungsgerichts, die »*nahezu wörtlich nach der zweiten Formulierung des kategorischen Imperativs*« klinge: »*Handle so, daß du die Menschheit, sowohl in deiner Person als in der Person eines jeden andern, jederzeit zugleich als Zweck, niemals bloß als Mittel brauchest.*«

Gewiss, so Lorz, gebe es auch Einwände gegen die kantische Deutung der Würdenorm. So könne vorgebracht werden, dass in Kants Konzeption – anders als Volker Neumann vertrat – nicht schon jeder kraft seines Menschseins Würde habe, Würde eher der Menschheit zukomme und nur im Rahmen seiner Pflichtenlehre denkbar, eine Pflichtenseite »*jedoch dem grundgesetzlichen Würdebegriff vollkommen fremd*« sei. Doch diesen Einwänden »*zum Trotz*« bestehe in »*nahezu allen wesentlichen Punkten eine umfassende Parallelität zwischen der Menschenwürdegarantie des Art. 1 I GG und der Würdekonzeption Kants*«. Diese Konzeption sei »*grundsätzlich geeignet, bei der Interpretation des grundgesetzlichen Würdebegriffs mit herangezogen zu werden und das aktuelle grundgesetzliche Würdeverständnis gegenüber alternativen Konzeptionen wie Marxismus oder Behaviorismus zu verteidigen*«.[76]

3. Pufendorf, Nikolaus von Kues, Locke und Rousseau

Auch Hasso Hofmann schlug in den neunziger Jahren ein neues philosophiegeschichtlich verankertes Verständnis der Würdenorm vor. In Hofmanns Augen waren die Würdekonzepte Kants oder Picos, die beide auf dem »*Prinzip der Autonomie des einzelnen*« beruhen, nur wenig geeignet, das Problem der ungesicherten Bedeutung der Würdenorm zu lösen. Und mehr noch: Er fand, dass »*in manchen juristischen Erläuterungen zu Art. 1 GG aus christlichen, stoischen, idealistischen oder wertphilosophischen Motiven*« »*ein ziemlich fragwürdige[r] metaphysische[r] Begründungsbrei*« angerührt worden sei. Hofmann lehnte aber ebenso eine Lösung des Interpretationsproblems durch »*strikte Historisierung*« ab, also durch Rekurs auf das Verständnis dieser Norm als »*Reaktion auf die Nazi-Barbarei*«, so wie es etwas Peter Badura versucht hatte. Denn über eine »*historisierende Einengung*« der Norm auf das »*Verbot von Folter, Minderheitenverfolgung, Menschenversuchen, Vernichtung lebensunwerten Lebens*« lasse sich der Staatszweck der Bundesrepublik nicht beschränken; der Würdeschutz von »*psychisch Abnorme[n],*

Asoziale[n], Angehörige[n] weltanschaulicher und rassischer Minderheiten und der staatlichen Straf- und Polizeigewalt Ausgesetzte[n]« sei fraglos prekär und darum auch wichtig, doch der »*Sinn bundesrepublikanischer Staatlichkeit*« gehe darin nicht auf.

Hofmann verfolgte stattdessen einen staatstheoretischen Ansatz; er sah das hauptsächliche Problem bei der Deutung der Würdenorm in der »*Vernachlässigung der staatsstrukturellen Bedeutung der Würdegarantie*«. Der »*Kern aller Unzulänglichkeiten*« liege »*in dem aus der europäischen Tradition heraus Weltgeltung beanspruchenden Gedanken der einzigartigen Subjektivität des Individuums*«, weswegen die Würde auch »*überwiegend als eine Qualität, als eine ›Seinsgegebenheit‹*«, als »*eine Qualität oder Eigenschaft des Individuums, zumindest aber als eine Leistung des einzelnen gedacht*« werde. So sei die Würde des Menschen aber nicht vorzustellen. Hofmanns Gegenthese lautete: »*Würde*« konstituiere sich »*in sozialer Anerkennung, durch positive Bewertung von sozialen Achtungsansprüchen*«. Sie sei »*kein Substanz-, Qualitäts- oder Leistungs-, sondern ein Relations- oder Kommunikationsbegriff*«. Sie müsse – dabei verwies er auf Samuel von Pufendorf, den, so Hofmann, großen »*Theoretiker menschlicher Sozialität*« – als »*Kategorie der Mitmenschlichkeit des Individuums begriffen*« werden. Schutzgut der Würdenorm sei »*mithin nicht so sehr eine bestimmte Eigenschaft oder Leistung des Individuums als im Kern die mitmenschliche Solidarität*«, die folglich »*nicht losgelöst von einer konkreten Anerkennungsgemeinschaft gedacht werden*« könne.

Eine Frage drängte sich bei diesem Ansatz natürlich sofort in den Mittelpunkt: Welche Menschen sollten denn Teil dieser »*Anerkennungsgemeinschaft*« sein? Gehörten alle Menschen dazu, etwa weil es sich bei der Würdenorm um ein universales Prinzip handelte und sie sich ihrem Wortlaut nach nicht auf einen bestimmten Kreis von Menschen bezog? Daran schloss sich eine Folgefrage an: Musste die an die Norm gebundene staatliche Gewalt dann überall auf der Welt Hungernden Lebensmittel, Frierenden Kleidung oder Obdachlosen Unterkünfte zur Verfügung stellen, ja Verfolgten, Unterdrückten und Drangsalierten, vielleicht auch durch militärische Maßnahmen, zu Hilfe eilen? Hasso Hofmann verneinte diese Frage zum »*Grundwiderspruch zwischen dem universellen Geltungsanspruch des Menschenwürdeprinzips und der Partikularität der Verwirklichungsgemeinschaft in einer Welt differierender Nationalismen*«.

Seine Begründung: Die »*universelle Aussage über die Menschenwürde*« müsse nämlich »*in die Kompetenz der verfassunggebenden Gewalt des deutschen Volkes zurückgeholt*« werden. Als »*wirklich universelles Rechtsprinzip*« könne, so Hofmann, »*die Würde des Menschen nur durch die politisch geeinte und verfaßte Menschheit statuiert werden*«, »*Subjekt der Menschenwürdegarantie des Grundgesetzes aber*« sei »*ausweislich seiner Präambel das Deutsche Volk, das auf diese Fundamentalnorm seinen partikularen Staat*« gegründet habe. Und dies sei mehr als »*bloße Proklamation eines allgemeinen Prinzips oder Artikulation eines kollektiven Wertbewußtseins*« gewesen, sondern »*Staatsgründung*«, eine »*Gemeinschaftsaktion*«, eine »*operation de fondation*«, eine »*Einigung des Willens in Gründungsabsicht*«.

Dies war ein folgenstarker Gedanke. Denn daraus, so Hofmann, ergebe sich auch die Notwendigkeit, deutlich zu unterscheiden zwischen der »*universellen Idee der Menschenwürde als einem moralischen Motiv für verfassungsrechtliche Regelungen*« und der Menschenwürdegarantie als »*Staatsfundamentierungsnorm*«. In dem Staatsgründungsakt, der zur Schaffung dieser Norm geführt habe, sei Würde »*etwas, was die Menschen einander*« zusprächen, »*sich als Rechtsgenossen*« versprächen. Die Würdenorm war – dies war Hofmanns Ergebnis – ein »*für eine partikuläre Staatsgründung konstitutives Versprechen*«, ein »*wechselseitiges Versprechen der Teilhaber der verfassunggebenden Gewalt des Volkes*«.

Es ist offensichtlich, dass bei dieser Deutung eine herausragende Grundfigur des europäischen politik- und staatstheoretischen Denkens Pate stand, wie Hofmann auch offen aussprach. Die Deutung sei »*durch Auseinandersetzung mit der alten Theorie vom Gesellschafts- und Herrschaftsvertrag*« gewonnen, allerdings mit denen der »*eher liberalen oder demokratischen Versionen jener Überlieferung*«, also denen von Nikolaus von Kues, Pufendorf, Locke und Rousseau, die im Gegensatz zu dem von ihm selbst favorisierten Erklärungsmodell »*auf einem abstrakten Individualismus der einzelnen*« beruhten. Deswegen berief sich Hofmann auch ergänzend auf das »*Vorläufer-Modell moderner Staatlichkeit*«, auf die »*mittelalterliche freie Stadt*«. Die Verfassung und das Recht dieser Städte hätten oft auf einer »*conjuratio, einer Verschwörung der Bürger, einer ›Einung‹*«, einer »*Schwurgemeinschaft*« beruht.

Diese so von Hofmann hergeleitete und begründete Deutung der Würdenorm lässt sich kaum ohne die besondere politische

Lage verstehen, in der sich die Bundesrepublik Deutschland in den ersten Jahren nach der Wiedervereinigung befand. Aus Hofmanns Deutung ergaben sich Konsequenzen für alle Nichtdeutschen, auf die er sogar ausdrücklich hinwies: Die Würdenorm könne als ein »*für eine partikuläre Staatsgründung konstitutives Versprechen*« »*nicht jedermann auf der Welt einen Anspruch*« verleihen, »*sofort und ohne weiteres mit allen daraus folgenden Ansprüchen in diese Solidargemeinschaft aufgenommen zu werden*«. Die Würdenorm als »*Staatsgründungsversprechen*« hatte also für »*Deutsche und Nicht-Deutsche nicht genau denselben Gehalt*«. Aus Hofmanns Deutung der Norm war also ein nationaler Unterton herauszuhören, der durchaus zu den ausländer- und asylpolitischen Auseinandersetzungen passte, die zu Beginn der neunziger Jahre erregt und hart geführt wurden. Seine Deutung war aber auch nicht ohne Konsequenz für das Verhältnis der Deutschen untereinander. Denn nach Hofmann forderte die Würdenorm auch die »*Anerkennung des anderen in seiner Eigenart und individuellen Besonderheit mit allem, was er als Teil des Ganzen*« einbringe. Aus dem »*Gründungsversprechen*« ergebe sich daher auch das Gebot, sich »*auf den Weg zu machen*«, und zwar »*auf den schwierige[n] Weg, nach der staatlichen Vereinigung eine Staatsnation zu werden*«.[77]

4. Minimierungsstrategien

Sosehr sich die aus den neunziger Jahren stammenden Interpretationen hinsichtlich ihrer Prämissen, Facetten und Folgerungen im Einzelnen auch unterschieden, in einem Punkt waren sich die meisten Interpreten einig: Es sollte nichts dabei sein, bei der Ausdeutung der Würdenorm in den Fundus der europäischen Geistesgeschichte zu greifen und sich der Ideen und Gedanken Rousseaus, Kants, Lockes, Pufendorfs, Kues' oder Picos zu bedienen. Gewiss, diese herrschende Tendenz blieb in jenen Jahren nicht ganz ohne Widerspruch. So schrieb Horst Dreier 1996 in der ersten Auflage seiner Kommentierung zu Artikel 1, diese Norm sei »*wie jede andere auch zunächst nach den Kunstregeln juristischer Methodik auszulegen*«; es dürfe »*keine Engführung i. S. einer bestimmten philosophischen Schulrichtung eintreten*«, auch das Bundesverfassungsgericht habe »*sich der Bezugnahme auf ein bestimmtes philosophisches Modell oder System weitgehend enthalten*«. Denn anderenfalls bestünde die »*Gefahr, daß die Offenheit des Art. 1 I GG zum Einfallstor für bestimmte Partikularethiken*« werde, die »*ihr spezifisches Verständnis von Menschenwürde als allgemeinverbindliche Maxime des positiven Verfassungsrechts*« ausgäben.

Damit wiederholte Dreier im Grunde nur Einwände, die Peter Schneider und Reinhold Zippelius schon in den sechziger Jahren erhoben hatten. Schneider hatte damals die Würdenorm als trojanisches Pferd bezeichnet, durch das heterogene Wert- und Weltanschauungen in die Rechtsordnung eindrängen, und Zippelius hatte gefordert, den spezifischen Sinn der Würdenorm durch die juristische Hermeneutik zu erschließen. Und bei diesen Einwänden gegen eine philosophische oder theologische Verankerung und Anreicherung der Würdenorm war es ja auch in den folgenden Jahren nicht geblieben. Es war thematisiert worden, dass sich solche Deutungen kaum vertrugen mit einem Staat, der dem Neutralitätsprinzip verpflichtet war. Auch mangelte es nicht an Hinweisen, dass kein Kriterium in Aussicht schien, um die Auswahl einer bestimmten Anreicherung zu begründen. Zudem zogen die wenigsten in Zweifel, dass die pragmatische Integration aller Deutungen ein Ding der Unmöglichkeit war, und schließlich war auch die Hoffnung, dass autoritative verfassungsgerichtliche Praxis zu einem befriedenden Umgang mit der Würdenorm führte, schon oft genug enttäuscht worden. Alle diese Einwände waren also schon seit langem bekannt und in der Diskussion. Und dennoch ließen die Bemühungen um geisteshistorisch angefüllte Würdedeutungen nicht nach. Welche Gründe konnte dies haben?

Eine Erklärung könnte darin liegen, dass die überragende Bedeutung, die der Würdenorm in der Zwischenzeit zugewachsen war, aus einer ihren ganz besonderen Eigenschaften resultierte. Sie war – wie der Strafrechtler Eric Hilgendorf formulierte – offenbar zu einem »*der letzten nahezu allgemein akzeptierten Werte unserer Gesellschaft*« geworden, von dem »*eine einheitsstiftende Wirkung*« ausging. Allgemein akzeptiert und einheitsstiftend – dies kann in der Tat erklären, warum sie in so vielen Themenfeldern Anwendung fand, rechtsdogmatisch stetig weiter ausgebaut wurde und der Wettbewerb um eine philosophische oder theologisch untermauerte Deutung lebhaft weiterging. Allerdings geriet die Würdenorm damit auch in ein ganz »*grundlegendes Dilemma*«. Ihre Attraktivität beruhte auf ihrer vermeintlichen weltanschaulichen Offenheit, darauf, dass sie von ganz unterschiedlichen Prämissen aus gedeutet werden konnte. Ginge man nun aber dazu über, den Inhalt der Norm präziser zu bestimmen, so drohte eine Schwächung ihrer integrierenden Wirkung. Je bestimmter der Inhalt, desto weniger konnten sich darin wiederfinden. Verzichtete man dagegen auf eine inhaltliche Festlegung, blieb zwar die integrierende Wirkung erhalten, doch um »*den Preis, daß der Begriff in der praktischen Anwendung nahezu nutzlos*« wurde.

Einige Autoren glaubten, einen Ausweg aus diesem Dilemma gefunden zu haben. Sie rieten zu einer »*Strategie der Minimierung*«, zu einem »*restriktiven Verständnis*« der Würdenorm. Was war damit gemeint? Man forderte, der Norm »*einen bestimmten theoretischen Gehalt abzusprechen und ihre Bedeutung auf das in praxi Selbstverständliche einzuengen*«, auf das also, »*was nach allgemeiner Überzeugung auch dann gelten würde, wenn es diesen Artikel nicht gäbe*«. Eine solche Strategie sollte einige Vorteile bieten: man glaubte, dem »*geradezu inflationären Gebrauch des Menschenwürdearguments*« entgegenwirken zu können, ebenso den Versuchen, die Diskussion kritischer Themen wie etwa der Gentechnik unter Berufung auf die Würdenorm abzublocken sowie »*der Gefahr einer partikulären gesellschaftlichen Einvernahme durch philosophische oder theologische Überhöhungen vorzubeugen*«.[78]

Eric Hilgendorf war einer der Autoren, die dieses Ziel verfolgten. Er setzte bei seiner Minimierungsstrategie zunächst voraus, dass die Würdenorm den Schutz des »*Eigenwertes*« eines jeden Menschen bezwecke, und folgerte daraus, es sei »*am zweckmäßigsten*«, den Würdebegriff durch »*ein Ensemble von subjektiven Rechten zu erläutern*«. Die von Hilgendorf vorgestellte »*Ensembletheorie der Menschenwürde*«, die »*die Menschenwürde aus dem Begriffshimmel der Verfassungsphilosophen in die Verfassungswirklichkeit*« herabzuholen beanspruchte, bestand letztlich darin, die Bedeutung der Würdegarantie auf die Zuerkennung von genau sieben Rechtspositionen zu reduzieren, zu denen das Recht auf »*das materielle Existenzminimum*«, »*autonome Selbstentfaltung*«, »*Schmerzfreiheit*«, »*Privatsphäre*«, »*geistig-seelische Integrität*«, »*grundsätzliche Rechtsgleichheit*« sowie »*minimale Achtung*« gehörten und die den »*Kern unserer Vorstellung von menschlicher Würde*« ausmachten. Diese Ensembletheorie habe den Vorzug, dass sich zu ihrer Begründung »*nicht nur an unsere kulturelle Tradition, sondern darüber hinaus an empirisch feststellbare allgemeinmenschliche Grundbedürfnisse anknüpfen*« lasse. Die sieben Rechte fassten das zusammen, was »*heute als Kerngehalt einer menschengerechten Sozialordnung nahezu universell anerkannt*« sei.

Für eine noch weiter gehende Reduzierung trat Horst Dreier ein. Seiner Auffassung nach bestand die »*zentrale rechtsdogmatische Problematik*« der Würdenorm darin, dem »*mit Höchstrang versehenen Verfassungsrechtssatz Konturen*« zu verleihen und dabei zugleich »*seine Anwendung methodisch überprüfbar und rational nachvollziehbar*« zu gestalten. Als Problemlösung schlug Dreier vor, den Wucherungen der Würdenorm mit der Ermittlung von »*konsentierte[n] Grundaussagen*« zu begegnen. Bei dieser Strategie reduziere sich der Gehalt der Würdenorm darauf, dass sie erstens – »*als egalitäres Prinzip vor willkürlicher Ungleichbehandlung, Diskriminierung und Demütigung*« schütze, sodann – zweitens – »*als Ausdruck verfassungsstaatlicher Freiheit*« fordere, »*Individualität, Identität und Integrität der menschlichen Persönlichkeit zu respektieren*« und daher Folter, erniedrigende Behandlungsformen, aber auch subtilere Beeinträchtigungen zu verbieten, sowie – drittens – sich aus ihr »*die Garantie eines in Parallele zu den gesamtwirtschaftlichen Entwicklungen konkretisierbaren materiellen Existenzminimums*« ergebe.[79]

Christoph Enders schließlich plädierte für einen noch minimalistischeren Ansatz. In seiner vielbeachteten Monographie *Die Menschenwürde in der Verfassungsordnung* aus dem Jahr 1997 legte er zunächst zugrunde, dass »*die in Art. 1 GG niedergelegte Forderung*« das »*vorstaatliche Postulat menschlicher (unverlierbarer) Subjektqualität als die Basis staatlicher Ordnung*« bezeichne. Dieser Gedanke sei sodann mit Hilfe der Idee der Menschenrechte zu konkretisieren, nämlich einmal durch die Erkenntnis, dass dieser Idee zufolge »*die Befugnis des Staates […] durch das Freiheitsinteresse des Einzelnen begrenzt sein*« solle, sowie ferner dadurch, dass ebendieses »*Freiheitsinteresse des Menschen*« zum »*individuell-subjektiven Recht*« werde, das »*jedem einzelnen als Person*« zustehe. Bei einer solchen Perspektive werde mit der Würdenorm »*das abstrakte Vermögen des Menschen anerkannt, als das Subjekt, das er schon vorstaatlich*« sei, »*auch Rechtssubjekt, Subjekt möglicher Rechte sein zu können*«. Mit anderen Worten: Artikel 1 Grundgesetz erkenne an, dass der Mensch »*ein Recht auf Rechte*« habe, und setze damit »*die Rechtsfähigkeit des Menschen als Menschen*« voraus. Allerdings gewähre dieses »*Recht auf Rechte*«

keinen »*sogleich vollziehbaren Anspruch*«, demzufolge sei es auch »*nicht eigenständig einklagbar*«. Im Grunde sei es ein Recht ohne materialen Inhalt, vielmehr allein ein »*materialer Geltungsgrund*« der Grundrechte.[80]

IV. Normtransfer: Europa und Bayern

Die seit den achtziger Jahren immer wieder ausgesprochenen Mahnungen, zurückhaltender zu sein gegenüber philosophisch und theologisch getränkten Deutungen der Würdenorm und ihrer Einbeziehung in immer neue Themen- und Diskussionsfelder, verhallten letztlich weitgehend resonanzlos im akademischen Raum. In der Rechts- und Verfassungspolitik setzte sich um die Jahrtausendwende sogar fort, was schon nach der Wiedervereinigung während der Verfassungsgebungsprozesse in den neuen Ländern zu beobachten war: Die Würdenorm des Grundgesetzes wurde kopiert und transferiert – in Europa und, dies ist mehr als nur eine Randnotiz wert, auch in Bayern.

1. Mensch statt menschliche Persönlichkeit

Der Freistaat Bayern gab sich im November 2003 eine neue Würdenorm. In der ersten Fassung der bayerischen Verfassung von 1946 lautete der Würdeartikel (Artikel 100): »*Die Würde der menschlichen Persönlichkeit ist in Gesetzgebung, Verwaltung und Rechtspflege zu achten*«. Nun beschloss der Bayerische Landtag, diesen Artikel vollständig durch Artikel 1 Absatz 1 des Grundgesetzes zu ersetzen. Die Begründung: Der Wortlaut des Artikels 100 werde dem Wortlaut von Artikel 1 Absatz 1 GG angepasst, um damit im Verfassungstext selbst klarzustellen, dass die Reichweite des Schutzgehaltes von Artikel 100 mit der des Artikels 1 Absatz 1 GG identisch sei.

Wie kam es zu dieser Anpassung? Die Ökologisch-demokratische Partei (ÖdP) hatte beantragt, Artikel 100 die folgende Fassung zu geben: »*Die Würde des Menschen ist während der gesamten Entwicklung von der Zeugung bis zum Tod in Gesetzgebung, Verwaltung, Rechtspflege und Wissenschaft zu achten. Das Klonen menschlicher Embryonen, die Selektion menschlicher Embryonen und Eingriffe in die Keimbahn des Menschen sind mit der Würde des Menschen unver-*

einbar.« Vollständig wollte sich die verfassungsändernde Mehrheit des Bayerischen Landtages diesem Antrag nicht anschließen, da sein Satz 2 schon durch Bundesgesetz geregelt sei und außerdem der falsche Eindruck entstehen könne, anderes sei von der Menschenwürde nicht geschützt. Man konnte sich dann aber darauf verständigen, die ursprüngliche Fassung durch den Würdeartikel des Grundgesetzes zu ersetzen. Diese Änderung fand dann auch die notwendige Zustimmung bei einem anschließenden Volksentscheid.

In der fachwissenschaftlichen Literatur stieß diese Änderung auf Unverständnis. Es falle Außenstehenden schwer, nachzuvollziehen, warum dann, wenn nach allgemeiner Meinung zwei Vorschriften trotz unterschiedlichen Wortlautes übereinstimmten, diese Unterschiedlichkeit der Korrektur bedürfe. Auch müsse man sich doch fragen, wie viele Bestimmungen der bayerischen Verfassung nun einer vergleichbaren Kosmetik unterzogen werden müssten, um ihre Übereinstimmung mit dem Grundgesetz – wie es in der Begründung der Verfassungsänderung ja hieß – klarzustellen. Hinzu komme schließlich auch Grundsätzliches: Diese Änderung füge dem Selbststand des Landesverfassungsrechts und damit dem Freistaat Schaden zu. Die gänzlich freiwillige und unnötige Kopie des Bundestextes werde die weitere Anpassung der Landesrechtsprechung an Karlsruhe zur Folge haben. »*Welcher wirkliche Föderalist*« – so fragte Christian Graf Pestalozza nicht ohne zornigen Unterton – könne dies aber »*wollen*«?[81]

2. Statt Norm nur Normtexttransfer

Nicht nur Bayern, auch die Europäische Union kopierte die Würdenorm des Grundgesetzes. Die im Jahre 2000 proklamierte Charta der Grundrechte der Europäischen Union beginnt ebenso wie das Grundgesetz mit dem Satz »*Die Würde des Menschen ist unantastbar*«. Allerdings lautet der zweite Satz der Charta nur, dass »*sie*«, also die Würde, zu achten und zu schützen sei. Anders als das Grundgesetz, das die Achtungs- und Schutzpflicht an die staatliche Gewalt adressiert, wollte der Europäische Konvent, der die Charta ausgearbeitet hatte, also keinen Adressaten bestimmen. Dafür beschloss er, dass die Europäische Union »*das Recht älterer Menschen auf ein würdiges und unabhängiges Leben*« anerkannte und achtete

(Artikel 25), zudem ein »*Recht auf eine soziale Unterstützung und eine Unterstützung für die Wohnung*«, um damit wiederum »*allen, die nicht über ausreichende Mittel verfügen, ein menschenwürdiges Dasein*« sicherzustellen (Artikel 34 Absatz 3). Außerdem wurde »*das Recht auf gesunde, sichere und würdige Arbeitsbedingungen*« jeder Arbeitnehmerin und jedes Arbeitnehmers statuiert. Das »*Verbot eugenischer Praktiken, insbesondere derjenigen, welche die Selektion von Menschen zum Ziel haben*«, das »*Verbot, den menschlichen Körper und Teile davon als solche zur Erzielung von Gewinnen zu nutzen*«, sowie das »*Verbot des reproduktiven Klonens von Menschen*« fand dagegen seinen Platz außerhalb des Würdeartikels. Es wurde dem »*Recht auf körperliche und geistige Unversehrtheit*« (Artikel 3) zugeordnet.

Die Normierung der Unantastbarkeit der menschlichen Würde sowie die Verpflichtung, sie zu achten und zu schützen, war ein Novum in der Entwicklung des Grundrechtsschutzes der Europäischen Union. Bis zur feierlichen Proklamation der Grundrechtecharta im Jahre 2000 hatte der Schutz der Menschenwürde in der Rechtsordnung der Europäischen Union keine erwähnenswerte Rolle gespielt. Bis dahin existierten nur wenige Rechtsakte, welche die Würde des Menschen in den Rang eines Rechtsgutes erhoben. Einer dieser Rechtsakte, die Verordnung über die Freizügigkeit der Arbeitnehmer, ordnete an, die Gleichbehandlung müsse sich auf alles erstrecken, »*was mit der eigentlichen Ausübung einer Tätigkeit im Lohn- oder Gehaltsverhältnis und mit der Beschaffung einer Wohnung im Zusammenhang*« stehe, »*damit das Recht auf Freizügigkeit nach objektiven Maßstäben in Freiheit und Menschenwürde wahrgenommen werden*« könne; eine Fernseh-Richtlinie forderte, dass TV-Werbung »*nicht die Menschenwürde*« verletzen dürfe; und die Erklärung des Europäischen Parlaments über Grundrechte und Grundfreiheiten von 1989 enthielt als Artikel 1 den Satz »*Die Würde des Menschen ist unantastbar*«. Diese Erklärung war aber rechtlich unverbindlich.

Auch in der Rechtsprechung des Europäischen Gerichtshofs war die Würde des Menschen bis zur Proklamation der Charta nicht relevant. So hatte zwar schon in den sechziger Jahren einmal ein Kläger vorgetragen, der Bezug verbilligter Butter nur unter Angabe persönlicher Daten verletze die Menschenwürde. Dies geschah in der Rechtssache »Stauder«, einer der herausragenden Entscheidungen, in der der Europäische Gerichtshof Grundrechte als Rechtsgrundsätze des europäischen Rechts zu entwickeln begann. Doch der Gerichtshof ging auf den Vortrag des Klägers mit keinem Wort ein. Er verwies allgemein auf die »*Grundrechte der Person*« und entschied, dass das europäische Recht die namentliche Nennung desjenigen, der verbilligte Butter beziehe, nicht vorschreibe. Lediglich in einer späteren Entscheidung über Transsexuelle findet sich eine Passage, in der von der Würde des Menschen die Rede war. Dem Gerichtshof zufolge liefe eine Diskriminierung wegen einer Geschlechtsumwandlung darauf hinaus, »*daß gegenüber einer solchen Person gegen die Achtung der Würde und der Freiheit verstoßen würde*«, auf die sie aber Anspruch habe und die »*der Gerichtshof schützen*« müsse.

Gibt es eine triftige Erklärung für diese Würdeabstinenz des Europäischen Rechts? Es dürfte auszuschließen sein, dass die schon seit den sechziger Jahren in den deutschen Debatten immer wieder ausgesprochenen Warnungen vor einer ungezügelten Verwendung der Würdenorm in den europäischen Raum hineingewirkt haben, denn diesen war ja selbst im nationalen Raum keine Resonanz beschieden. Die Abstinenz im europäischen Recht lag wohl eher daran, dass die Würde des Menschen als Rechtsprinzip oder als Grundrecht keinesfalls in allen Mitgliedstaaten bekannt war. Außerdem fehlte der Europäischen Menschenrechtskonvention, die als Erkenntnisquelle für die Grundrechte der Europäischen Union galt, eine ausdrückliche Norm, die die Würde des Menschen für unantastbar erklärte; sie enthielt lediglich spezielle Vorschriften zum Verbot der Folter, der Sklaverei und der Zwangsarbeit – was im Übrigen darauf zurückzuführen ist, dass der Europarat bei Schaffung der Konvention dem integralen Freiheitsverständnis, dem die Autoren der Allgemeinen Erklärung der Menschenrechte gefolgt waren, eine liberale Rechterklärung entgegengesetzt hatte: Er wollte in dieser Erklärung nur die klassischen liberalen Freiheitsrechte aufnehmen und die sozialen Rechte sowie die bis dahin noch ungekannte Bestimmung über die Würde des Menschen außen vor lassen. Dementsprechend tauchte der Würdebegriff auch in der Rechtsprechung des Europäischen Gerichtshofs für Menschenrechte zumindest bis zur Jahrtausendwende nur am Rande auf.[82]

Trotzdem kam es dann aber dazu, dass der Europäische Konvent die im Jahre 2000 proklamierte Grundrechtecharta mit einer Würdenorm beginnen ließ, die ganz ohne Zweifel – schon die Wortlautidentität und die hervorgehobene Stellung an der Spitze des Katalog belegen dies – dem Grundgesetz entnommen worden war. Maßgeblich verantwortlich waren dafür Roman Herzog und Jürgen Meyer. Der Deutsche Bundestag hatte sie Ende der neunziger Jahre in den Konvent entsandt. Alt-Bundespräsident Herzog, der zum Vorsitzenden des Konvents gewählt worden war, gab dessen Mitgliedern gleich in seiner Antrittsrede mit auf den Weg, es komme darauf an, einen Grundrechtskatalog zu formulieren, der es ermögliche, »*einen am Menschen orientierten, für die Würde des Menschen eintretenden Geist in der Union zu verwirklichen*«. Und Meyer legte sofort in einer ersten Eingabe einen Diskussionsentwurf zur Charta vor, der als Artikel 1 den Satz »Die Würde des Menschen ist unantastbar« enthielt. Zudem empfahl Herzog dem Konvent später, der Würde des Menschen eine »*Sonderstellung*« einzuräumen und sie »*gewissermaßen vor die Klammer zu ziehen*«.

In den Beratungen des Konvents traten dann zwei Richtungen hervor. Deutsche und österreichische Abgeordnete argumentierten, die Würde des Menschen sei »*Oberbegriff und Grundwert aller Grundrechte und habe Einfluss auf sie alle*«, sei »*Leuchtturm in einem Grundrechtsgebäude*« (Heinrich Neisser), das »*Muttergrundrecht*«, das »*nicht durch Änderungen und Ergänzungen verwässert*« werden dürfe (Jürgen Meyer); in ihm komme »*das europäische Menschenbild*« (Peter Altmaier) zum Ausdruck. Dagegen stand die vor allem von britischen Delegierten vertretene Position. Insbesondere der Regierungsvertreter Großbritanniens, Lord Goldsmith, der als einer der größten Kritiker des ganzen Vorhabens einer Grundrechtecharta galt, bezweifelte, ob es sich bei der Würde des Menschen überhaupt um ein justitiables Recht handele. Die Würde des Menschen sei gewiss ein Gut von elementarer Bedeutung; es sei jedoch nicht selbständig einklagbar und gehöre daher in die Präambel. Diese würdeskeptische Position setzte sich jedoch am Ende nicht durch. Das Präsidium des Konvents formulierte in seinen Erläuterungen zur Charta sogar ausdrücklich, dass die Würde des Menschen »*nicht nur ein Grundrecht an sich*« sei, sondern »*das eigentliche Fundament der Grundrechte*« bilde. Es berief sich dabei auch auf die Allgemeine Erklärung der Menschenrechte von 1948. Außerdem hob es hervor, dass keines der in der Charta festgelegten Rechte genutzt werden dürfe, um die Würde eines anderen Menschen zu verletzen, diese Würde zum Wesensgehalt der in der Charta festgelegten Rechte zähle und bei Einschränkungen eines Rechts »*nicht angetastet werden*« dürfe.

Eines irritierte allerdings: Es fand keine Debatte über den genaueren Inhalt dieser Würdenorm statt. Niemand ließ auch nur anklingen, dass mit dieser Norm an philosophie- oder theologiegeschichtliche Strömungen angeknüpft werden sollte. Auch erinnerte niemand an dunkle Kapitel der europäischen Geschichte, in denen Inhumanität und Menschenverachtung alltäglich waren, etwa, an erster Stelle, an die unvergleichlichen Gräuel des Nationalsozialismus, sodann an den Faschismus, den Kolonialismus, die Verelendung der Arbeiterschaft oder die Sklaverei. Nicht ansatzweise wurde in den Beratungen versucht, dieser Norm inhaltliche Konturen zu geben. Es war ein merkwürdiger Vorgang: Die Mitgliedstaaten der Europäischen Union fanden relativ rasch einen Konsens, an die Spitze der Grundrechtecharta eine dem deutschen Grundgesetz entlehnte Norm zu stellen, und sie waren sich auch einig, ihr damit eine fundamentale Bedeutung zuzusprechen; gleichzeitig unterblieb jegliche Bemühung, den möglichen Gehalt dieser Norm zumindest anzudeuten. Befürchtete man vielleicht, dass eine solche Debatte ergebnislos enden könnte?[83]

Auch in der Rechtsprechung des Europäischen Gerichtshofs in den Jahren nach Proklamation der Charta sucht man vergebens nach einer näheren inhaltlichen Bestimmung. In einer Entscheidung aus dem Jahre 2001 sah der Gerichtshof sich zwar in der Pflicht, »*im Rahmen der Kontrolle der Übereinstimmung der Handlungen der Organe mit den allgemeinen Grundsätzen des Gemeinschaftsrechts die Beachtung der Menschenwürde und des Grundrechts der Unversehrtheit der Person sicherzustellen*«. Das »*Grundrecht auf Menschenwürde*« sei »*Teil des Unionsrechts*«, aus dem »*sich insbesondere*« ergebe, »*dass keines der in der Charta festgelegten Rechte dazu verwendet werden*« dürfe, »*die Würde eines anderen zu verletzen*«; sie gehöre »*zum Wesensgehalt der in der Charta festgelegten Rechte*« und dürfe »*auch bei Einschränkungen eines Rechts nicht angetastet werden*«. Welchen sachlichen Gehalt dieses Grundrecht dabei umfasste, ließ der Gerichtshof jedoch offen.

Ebenso war dies der Fall in einer Entscheidung über ein Spiel, bei dem Tötungen mit Hilfe von Lasergewehren simuliert wurden. Ein deutsches Ordnungsamt hatte dieses Spiel verboten und das mit der Verletzung der Würdenorm des Grundgesetzes begründet. Da der Betreiber dieses Spiels Materialien aus Großbritannien bezog, stellte sich die Frage, ob dieses Verbot nicht die Gewährleistung des freien Dienstleistungsverkehrs in Europa verletzte.

Der Gerichtshof verneinte diese Frage im Jahr 2004 und betonte zwar wiederum, dass die europäische Rechtsordnung »*unbestreitbar auf die Gewährleistung der Achtung der Menschenwürde als eines allgemeinen Rechtsgrundsatzes*« abziele; auch erwähnte er, dass »*in Deutschland dem Grundsatz der Achtung der Menschenwürde die besondere Stellung eines eigenständigen Grundrechts*« zukomme. Doch was der Gerichtshof darunter verstand, blieb auch dieses Mal unklar. Lediglich die Generalanwältin Christine Stix-Hackl hatte in ihrem Schlussantrag eine nähere inhaltliche Ausdeutung versucht. Die Menschenwürde, so Stix-Hackl, wurzele »*insgesamt tief in der Entstehung eines Menschenbildes im europäischen Kulturkreis, der den Menschen als zur Selbständigkeit und Selbstbestimmung begabtes Wesen*« begreife. Aus der in diesem Konzept »*zum Ausdruck kommenden Bezogenheit des Würdebegriffs zur Selbstbestimmung und Freiheit des Menschen*« werde deutlich, »*warum die Idee der Würde des Menschen auch häufig über andere Begriffe und Schutzgüter*« in Erscheinung trete.

Der Gerichtshof griff diesen ersten Bestimmungsversuch nicht auf, sondern führte demgegenüber aus, dass Maßnahmen, durch die der freie Dienstleistungsverkehr eingeschränkt werde, nur dann gerechtfertigt werden könnten, wenn sie zum Schutz der verfolgten Belange »*erforderlich*« seien, und dies »*auch nur insoweit, als diese Ziele nicht mit Maßnahmen erreicht werden*« könnten, »*die den freien Dienstleistungsverkehr weniger*« einschränkten. Dies war bemerkenswert, denn es deutete auf die Möglichkeit hin, dass Grundfreiheit und Würdeschutz gegeneinander abgewogen werden konnten. Zudem hielt der Gerichtshof fest, es sei »*nicht unerlässlich*«, »*dass die von den Behörden eines Mitgliedstaats erlassene beschränkende Maßnahme einer allen Mitgliedstaaten gemeinsamen Auffassung darüber*« entspreche, »*wie das betreffende Grundrecht oder berechtigte Interesse zu schützen*« sei. Mit anderen Worten: Die nationalen Vorstellungen über Art und Umfang des Schutzes der Menschenwürde konnten und durften differieren.

Auch in den folgenden Jahren ist eine deutliche Scheu des Gerichtshofs zu verspüren, sich genauer über den Inhalt der europäischen Würdenorm auszulassen. In der Rechtssache des Bonner Neurowissenschaftlers Oliver Brüstle, der die Herstellung von Stammzellen und deren therapeutische Verwendung patentieren lassen wollte, entnahm er zwar der im konkreten Fall einschlägigen »Richtlinie über den Schutz biotechnologischer Erfindungen«, dass *»bei der Verwertung biologischen Materials«* die *»Grundrechte und vor allem die Menschenwürde gewahrt werden«* müssten; der Unionsgesetzgeber habe jede Möglichkeit der Patentierung ausschließen wollen, *»sobald die der Menschenwürde geschuldete Achtung dadurch beeinträchtigt werden könnte«*. Eine Antwort auf die Frage, was mit der Würdenorm in der Grundrechtecharta der Europäischen Union genauer gewollt war, deutete sich aber in dieser Aussage noch nicht einmal an.

Bis heute hat sich daran nichts geändert. Auch sechzehn Jahre nach Proklamation der Grundrechtecharta und ihrer zwischenzeitlich erfolgten verbindlichen Anerkennung durch den Lissaboner Vertrag über die Europäische Union ist ungewiss, wie diese vom Vorbild des Grundgesetzes inspirierte Würdenorm der europäischen Grundrechtecharta zu verstehen ist. Mitverantwortlich dürfte dafür sicher auch das Präsidium des Grundrechtekonvents sein, das diese Norm als *»Fundament der Grundrechte«* verstanden wissen wollte. Zugleich sollte sie aber auch ein *»Grundrecht«* sein, ohne dass allerdings näher festgelegt wurde, wer zu den Trägern dieses Rechts zählte, was es schützen sollte und wo die Grenzen seines Schutzes verlaufen sollten. Eine weitere mögliche Ursache: In den europäischen Mitgliedstaaten differierten die Vorstellungen nicht nur hinsichtlich dessen, was die Würde des Menschen ausmacht, sondern auch hinsichtlich der Frage, ob es sich bei einer Norm zum Schutz dieser Würde um einen Programmsatz, ein objektivrechtliches Prinzip oder ein Grundrecht handelt, wer zu den Trägern einer solchen Norm gehört, ob eine solche Norm beschränkt werden kann oder ob von ihr ein absoluter Geltungsanspruch ausgeht. Trotz weitgehend identischem Wortlaut und gleicher Stellung konnte dieses Fundament daher nicht analog zur grundgesetzlichen Würdenorm bestimmt werden. Als denkwürdiges Fazit dieses Normtransfers, nein, genauer: Normtexttransfers, bleibt daher festzuhalten: Durch die Platzierung dieser Norm an der Spitze der Grundrechtecharta wurde einmal mehr die Bedeutung unterstrichen, die ihr nun auch im europäischen Raum um die Jahrtausendwende beigemessen wurde. Eine genauere Vorstellung vom Gehalt dieser als so außerordentlich bedeutend angesehenen Norm besaß man jedoch nicht. Die Würdenorm als eigenständiges europäisches Grundrecht wie auch als Fundament der europäischen Grundrechte blieb im Dunkeln.[84]

Kapitel 8: Fakultäten- und Glaubenskämpfe

I. Humangenetik

Die Diskussion um die Würdenorm als Verbotstatbestand angesichts der sich seit den siebziger Jahren des vergangenen Jahrhunderts mehr und mehr abzeichnenden Möglichkeiten humangenetischer Forschungen, Diagnosen und Therapien hatte schon in den achtziger Jahren eingesetzt und war in den neunziger Jahren moderat, mit sporadischen Stellungnahmen, fortgeführt worden. Um die Jahrtausendwende sollte sich dies ändern. Nun begann eine Debatte, die mehr als nur Züge eines Streits der Fakultäten oder Disziplinen hatte. Es brach ein Kulturkampf aus, ja eine Art Glaubenskrieg. Es schien, eine »*Schlacht*« habe begonnen um die Verteidigung der Menschenwürde gegen ihre humangenetischen Angriffe.

Wie kam es dazu? Um die Jahrtausendwende hatte es beträchtliche Fortschritte in der biomedizinischen Forschung gegeben: 1998 war es Forschern in den Vereinigten Staaten zum ersten Mal gelungen, aus menschlichen Embryonen Stammzellen zu isolieren und daraus mehrere Zelllinien zu gewinnen; kurze Zeit später wurde darüber auch öffentlich berichtet. Das britische Parlament beschloss daraufhin, wiederum nur ein Jahr später, therapeutisches Klonen menschlicher Embryonen bis zum 14. Tag zuzulassen. In Großbritannien war schon mit Louise Joy Brown 1978 der erste Mensch geboren worden, der *in vitro*, also außerhalb des menschlichen Körpers, gezeugt worden war. 1997 hatte dann ebenfalls dort die Geburt des geklonten Schafs »Dolly« Aufsehen erregt. Auch in Deutschland reagierte man auf diese Entwicklungen: Die Deutsche Forschungsgemeinschaft beschloss, die Forschung an importierten Stammzellen zu fördern.

In diesen Vorgängen verbarg sich eine ethische Sprengladung. Durch therapeutisches Klonen konnten Stammzellen, Gewebepartikel oder Organe entwickelt werden, wodurch sich die Heilungschancen bei Diabetes, Parkinson, Alzheimer oder anderen Krankheiten erhöhten. Gerade wegen der genetischen Übereinstimmung beim Klonen war die Gefahr gering, dass es zu einer Abstoßung der geklonten Zellen oder Organe kam. Aber: Beim therapeutischen Klonen wurde ein mit dem Patienten identischer Embryo erzeugt.

Und diese Frühform menschlichen Lebens, die sogenannte Blastozyte, musste dann später regelmäßig zerstört oder irreparabel beschädigt werden, um aus ihr überhaupt Stammzellen, Gewebe oder Organe entwickeln zu können. Allein dies schon heizte die Debatte an. Hinzu kam noch, dass im Februar 2001, zwei Forschergruppen fast zeitgleich eine fast vollständig entschlüsselte Sequenz des menschlichen Genoms veröffentlicht hatten. Damit verbesserten sich wiederum die Möglichkeiten der Genomanalyse und damit auch die der Schwangerschaftsdiagnostik. Schwere Krankheiten, an denen ein Kind später mit hoher Wahrscheinlichkeit leiden würde, ließen sich nun besser erkennen – was am Ende dazu führen konnte, so die Befürchtungen, dass viele Mütter die Geburt eines solchen Kindes durch einen Schwangerschaftsabbruch verhindern würden.

1. Rassismus und Kannibalismus?

Sehr schnell geriet die Frage, ob die Stammzellenforschung mit der Menschenwürde verträglich sei, in das Zentrum der Debatte. Richtig Fahrt nahm sie vor allem durch einen in einem gewissen Sinne halbamtlichen Text in einer Tageszeitung auf: Im Januar 2001 stellte der kurz zuvor zum Kulturstaatsminister ernannte Philosoph Julian Nida-Rümelin im Berliner *Tagesspiegel* die Frage »Wo die Menschenwürde beginnt?«. Nida-Rümelins knappe Antwort lautete: Die »*Achtung der Würde*« sei »*dort angebracht, wo die Voraussetzungen erfüllt*« seien, »*dass ein menschliches Wesen entwürdigt werde*« und »*ihm seine Selbstachtung genommen werden*« könne. Dieses »*Kriterium der Menschenwürde*« lasse sich aber »*nicht auf Embryonen ausweiten*«; die »*Selbstachtung eines menschlichen Embryos*« könne man nicht beschädigen.

Kein Würdeanspruch des Embryos also! Die Stammzellenforschung ließ sich folglich ganz ohne die schwierige Würdenorm beurteilen. Natürlich fand dies schärfsten Widerspruch. Es dauerte nur kurze Zeit, bis einer der Wortführer der katholischen Soziallehre in heftigster Form gegen Nida-Rümelin Front machte. Noch im gleichen Monat schrieb Robert Spaemann in der *Zeit*, in den abgelegenen Räumen des philosophischen Seminars müsse »*jede Ungeheuerlichkeit*« vorgebracht werden dürfen. Wenn »*dagegen ein Minister unseres Landes sich in dem ersten öffentlichen Diskussionsbei-*

trag nach seiner Ernennung gegen den ersten Artikel des Grundgesetzes in der rechtsverbindlichen Auslegung durch das Bundesverfassungsgericht« ausspreche, »*ohne diese Auslegung überhaupt der Erwähnung wert zu finden*«, gebe dies Anlass zur Sorge. Dem »*Philosophieprofessor Nida-Rümelin*« bleibe es unbenommen, die Rechtsprechung des Gerichts »*für falsch oder für ›Verfassungslyrik‹*« zu halten. Dagegen dürfe sich »*der Träger eines politischen Amtes [...] verfassungswidrige Äußerungen nicht folgenlos erlauben*«.

Warum aber sollte sich Nida-Rümelin gegen die Würdenorm versündigt haben? Spaemann wandte sich gegen das von Nida-Ruemelin vorgeschlagene Kriterium der Menschenwürde, die Fähigkeit zur Selbstachtung. Denn auch »*die Selbstachtung eines einjährigen Kindes*« lasse »*sich nicht beschädigen, nicht die eines schwer Debilen und nicht die eines Schlafenden*«. Sollte es auf diese Selbstachtung tatsächlich ankommen, so sei Schlimmstes zu befürchten für »*das Leben Tausender von Menschen, die den ministeriellen Kriterien für die Menschenwürde nicht*« genügten und »*deshalb nur Gegenstand jener ›Rücksicht‹*« seien, die »*die Tierschutzgesetze auch für Schweine*« vorschrieben, bevor man sie »*schlachten*« dürfe.

Diese Debatte blieb nicht lange nur ein Disput zwischen zwei Philosophen, die sich um die juristische Deutung einer Verfassungsnorm stritten, mehr als nur ein Aufeinanderprallen zweier Würdekonzepte, einem vernunftbezogenen und einem christlich-anthropologischen. Denn die biomedizinischen Forscher, mithin die, welche die stürmische Entwicklung der Humangenetik zu verantworten hatten, griffen nun ebenfalls ein.

Schon ein Jahr zuvor hatte der Zoologe Hubert Markl, früherer Präsident der Deutschen Forschungsgemeinschaft und um die Jahrtausendwende Präsident der Max-Planck-Gesellschaft, in einem Vortrag vor dem Hamburger Übersee-Club bemerkt, den Biomedizinern werde »*heute gern vorgeworfen, sie dürften nicht bestimmen, was der Mensch sei und was man mit ihm machen dürfe, ohne seine Würde zu verletzen*«. Doch, so Markl, es sei »*schon ein wenig seltsam, dies auch von Leuten zu hören, die den Menschen nun partout als eine Zelle mit einem Satz Genen*« definierten, »*nur weil diese das Potential*« besitze, »*sich zu einem Menschen zu entwickeln*«. Wer argumentiere dabei denn nun biologistisch? Und sei es »*wirklich philosophisch-logisch*« ausgemacht, »*daß ein Potential, eine Entwicklungskompetenz identisch mit dem Entwicklungsergebnis*« sei?

Insistierend fragte Markl weiter: »*Ist ein Ei wirklich ein Huhn, nur weil es dazu werden kann? Ist eine Partitur ein Konzert? Ein Bauplan ein Haus? Ein Gedanke eine Tat?*« Und selbst wenn dies alles falsche Fragen seien: Wer gebe »*den schließlich ebenfalls – nicht anders als die Biologen – ihrer wissenschaftlichen Spezialprofession nachgehenden Philosophen, Theologen oder Juristen das Recht, das zu tun, was die Naturforscher keinesfalls*« sollten, »*nämlich für alle Menschen, für die ganze Gesellschaft verbindliche Normen festzulegen?*« Sei es denn »*nicht eben diese frei verfasste demokratische Gesellschaft, die in Abwägung aller Für- und Wider-Argumente am Ende entscheiden*« müsse? Vielleicht gebe es »*nicht nur eine Machbarkeitshybris der Naturforscher, sondern auch eine Definierbarkeitshybris von Philosophen oder Theologen und eine Normierbarkeitshybris von Juristen*«. Angesichts dieser Lage werde sich mancher Lebenswissenschaftler bald »*nur noch in Begleitung eines Verfassungsjuristen und Moraltheologen ins Labor trauen*«.

Solche Frontverläufe hatte es in der Auseinandersetzung um die Würdenorm bis dato noch nicht gegeben. Der Kampf um ihre Deutung war zu einem Kampf zwischen Natur- und Geisteswissenschaften, zwischen Biologie auf der einen und Philosophie, Theologie sowie Verfassungsrechtswissenschaft auf der anderen Seite geworden. Ernst-Wolfgang Böckenförde wies die von Markl beschriebene naturwissenschaftliche Position in einem noch ausgesprochen moderaten Tonfall zurück: Maßstäbe für das Verhalten von Menschen zu gewinnen, sei »*eine Frage der Philosophie, Ethik und des Rechts, nicht der Naturwissenschaften*«; naturwissenschaftliche Gegebenheiten seien »*nicht Quelle oder Geltungsgrund solcher Gebote*«. In der Tagespresse wurden dagegen andere Kaliber zum Einsatz gebracht. So vermisste der Journalist Stefan Dietrich in einem Leitartikel der *Frankfurter Allgemeinen Zeitung* aus dem Frühjahr 2001 etwa das »*Entsetzen darüber*«, »*daß Wissenschaft und Gesellschaft schon wieder mitten in der Diskussion über den Wert des einzelnen Lebens*« stünden. Hubert Markl spreche zwar nicht von »*Herren- oder Untermenschen*«, sondern von »*Personen*«, die »*ein Lebensrecht*« hätten, von »*biologischen Entwicklungsstufen*«, denen der »*Menschenstatus*« allenfalls eingeschränkt zukomme, doch: »*Im Kern*« sei dies »*Rassismus in neuer Gestalt*«. Ein katholischer Bischof sekundierte. Er erhob gegen die Befürworter verbrauchender Embryonenforschung in einer öffentlichen Debatte den Vorwurf des

»*Kannibalismus*«. Aber jene Befürworter gingen mit ihren Gegnern auch nicht zimperlich um. Michael Ronellenfitsch etwa bezeichnete die Opponenten als »*religiöse Hardliner*«, »*Heuchler*«, »*Demagogen*« oder »*Apokalypsenneurotiker*«.

Auf ein solches Niveau war der Streit um die Menschenwürde noch nie abgerutscht. Die Schärfe und Heftigkeit resultierte gewiss auch daraus, dass der neue Entwicklungsschub der humangenetischen Forschung zur Frage drängte, wie der Mensch sich selbst, wie er sein Menschsein verstehen und deuten wollte. Die neuen Erkenntnisse rührten an die »*Grundfragen der conditio humana*«, wie Horst Dreier treffend feststellte. Sie stellten die Sonderstellung des Menschen innerhalb der Ordnung der Primaten in Frage: Wenn tatsächlich eine genetische Gleichheit von Mensch und Schimpanse von mehr als neunzig Prozent besteht, waren offenbar – dies war ein starker Impuls der Debatte – besondere Anstrengungen nötig, um eine menschliche Würde zu begründen, die über diejenige anderer Primaten hinausreichte – das bemerkten selbst Theologen.

Die mitunter Respekt versagende Schärfe der Debatte erklärt sich aber auch aus der Ambivalenz, die von der stürmischen Entwicklung der Biowissenschaften ausging. »*In Grenzsituationen menschlicher Existenz, in denen man sich früher nur in der Hand des Schicksals, des Zufalls oder der Allmacht Gottes wusste (Zeugung, Geburt und Sterben, Krankheit und Behinderung)*«, seien heute »*gestaltende Eingriffe möglich*«, so formulierte Margot von Renesse, die von 2000 bis 2002 die Enquete-Kommission »*Ethik und Recht der modernen Medizin*« des Deutschen Bundestages leitete. Das löse »*Hoffnung aus, aber auch Erschrecken*«. Mit anderen Worten: Angesichts der jüngsten Entwicklung war die Stimmung bei vielen von Unsicherheit, Unbehagen und wohl auch Angst geprägt – zumal die aufgeworfenen Fragen in »*ethisches Neuland*« (Otfried Höffe) führten. Es erwies sich daher als ausgesprochen schwierig, aus der philosophischen oder theologischen Tradition verhaltensleitende Normen abzuleiten.

Die Würdenorm *musste* damit in dieser Debatte in den Mittelpunkt rücken. Diese Norm sprach doch ganz allgemein von einer Eigenheit des Menschen, über dessen kleinste Bausteine die neue Entwicklung nun aufregende und folgenträchtige Erkenntnisse zutage förderte. Schien sich dadurch ein neuer Horizont der Form- und Machbarkeit *des* Menschen zu öffnen, so musste sich dies einerseits unmittelbar auf das Verständnis dieser Norm auswirken. Zeichnete sich aber andererseits ab, dass die neuen humangenetischen Möglichkeiten und Praktiken das Schutzgut dieser Norm verletzten, so musste aus ihr eine Verbotsnorm werden.[85]

2. Widerstreitende Argumentationen

Die Gegner der neuen Wissenschaftsentwicklung beriefen sich an erster Stelle auf die Entscheidung des Bundesverfassungsgerichts zum Schwangerschaftsabbruch aus den siebziger Jahren, in der das Gericht das menschliche Leben als »*vitale Basis der Menschenwürde*« bezeichnet hatte. »*Wo menschliches Leben existiert*«, so hieß es, komme »*ihm Menschenwürde zu*«. Es sei nicht entscheidend, ob der Träger sich dieser Würde bewusst sei und sie selbst zu wahren wisse. Menschenwürde und Leben, so leiteten die Gegner daraus ab, sei damit untrennbar verkoppelt. Das Rechtsgut »Leben« falle in den Anwendungsbereich der Würdenorm, folglich stehe es damit unter deren absolutem Schutz: Leben dürfe nicht zum Objekt fremder Zwecke degradiert werden.

Doch warum sollten auch die allerfrühesten Formen ungeborenen menschlichen Lebens von diesem Schutz erfasst sein, dieser also schon im Augenblick der Verschmelzung von Ei und Samenzelle einsetzen? Dies ergebe sich aus den sogenannten »*SKIP-Argumenten*«. »*S*« stand dabei für »*Spezies-Argument*« (auch der Embryo gehöre zur Gattung Mensch und sei daher wie jeder geborene Mensch zu schützen), »*K*« für »*Kontinuitäts-Argument*« (vom Augenblick der Verschmelzung beginne eine kontinuierliche Entwicklung, bei der die Festlegung eines späteren Zeitpunktes für den Beginn des Schutzes Willkür sei), »*I*« für »*Identitätsargument*« (Embryo und ausgebildeter Mensch seien genetisch identisch), »*P*« für »*Potentialitätsargument*« (der Embryo sei potentiell ein Mensch, daher müsse er auch Träger der Würdenorm sein und durch diese geschützt werden).

Aus diesen SKIP-Argumenten sollte sich ein Verbot des therapeutischen wie auch des reproduzierenden Klonens ergeben. Therapeutisches Klonen gehe zwangsläufig mit dem Verbrauch von Embryonen einher, menschliches Leben werde dabei instrumentalisiert, verobjektiviert, sei nur noch Mittel zur Verfolgung fremder Zwecke. Ähnlich verhalte es sich beim reproduzierenden Klonen:

Der geklonte Mensch sei Objekt eines fremden Gestaltungswillens, werde damit in seiner Subjektqualität negiert. Und auch das Verbot der Präimplantationsdiagnostik wurde auf die Objekt-Formel gestützt. Ernst-Wolfgang Böckenförde argumentierte sogar, diese Diagnostik führe dazu, »*kranke, genetisch defekte Embryonen auszusondern oder als Föten abzutreiben*«; um das Kind abzutreiben, brauche nicht mehr gewartet zu werden, bis sich die Behinderung im Mutterschoß herausstelle. Von einem »*Dasein um seiner selbst willen*« bleibe dann aber nichts mehr übrig: Das »*Tor zur Selektion nach veränderbaren Kriterien*« werde geöffnet. Und Ute Sacksofsky, Böckenfördes Schülerin, untermauerte das Verbot der PID sogar noch mit der Erinnerung an die finstersten Momente deutscher Geschichte. Sie fragte, was geschähe, wenn es »*eine der PID parallele Maßnahme für geborene Menschen*« gäbe: Die »*Parallele zu den schlimmsten Verbrechen des nationalsozialistischen Regimes*« sei »*offensichtlich*«. Das »*Bild der Selektions-Rampe in Ausschwitz*« tauche dabei ebenso auf »*wie die an behinderten Menschen durchgeführten ›Euthanasie-Programme‹*«.

Das Aufrufen solcher Bilder hatte seine Ursache gewiss auch in der großen Sorge, die neue Entwicklung könne zu einem folgenschweren »*Dammbruch*« führen, zur Züchtung von Menschen, zur Diskriminierung lebender behinderter Menschen oder zum Druck auf Eltern, nur gesunde Kinder auf die Welt zu bringen. Aber es dürfte auch durch ein christliches Denken bedingt gewesen sein, das schon in der frühestmöglichen Verbindung von Eizelle und Spermium den »*göttlichen Funken personaler Existenz und Würde*« zu erkennen glaubte.

Die vehemente Betonung der Würdewidrigkeit der Forschung an embryonalen Stammzellen hat ohne Zweifel in Deutschland mit dazu geführt, dass die einfach-gesetzlichen Regelungen sehr rigide ausgefallen sind. Das im Juni 2002 verabschiedete Stammzellgesetz erlaubte eine Forschung an embryonalen Stammzellen lediglich an importierten Zellen, soweit sie vor Januar 2002 erzeugt worden waren. Die Herstellung embryonaler Stammzellen im Inland blieb aufgrund des Embryonenschutzgesetzes verboten. Bis zum Jahre 2011 galt nach herrschender Sicht ebenfalls die PID als ausnahmslos unzulässig.[86]

Allerdings: Ein uneingeschränktes Verbot der Stammzellenforschung hatten ihre Gegner nicht durchzusetzen vermocht. Die

Erklärung dazu liegt auf der Hand: Die Position, die von der Würdewidrigkeit der Stammzellenforschung ausging, wurde vehement mit Gegenargumenten konfrontiert. Dies betraf zunächst die Frage, ob sich für jene Position der Würdewidrigkeit überhaupt die Rechtsprechung des Bundesverfassungsgerichts in Anspruch nehmen ließ. Das Gegenargument war: Unabhängig davon, dass seine Rechtsprechung sich gar nicht auf den Zeitpunkt der Verschmelzung, sondern auf den der Einnistung der befruchteten Zellen bezogen habe, bleibe das Gericht eine Begründung dafür schuldig, Würde- und Lebensschutz miteinander zu verbinden. Das Gericht verkenne bei seiner These, nach der das Leben die vitale Basis der Menschenwürde sei, eine wichtige normtheoretische Differenz, dass nämlich die Garantie eines Rechts eben nicht die empirischen Voraussetzungen der Ausübung dieses Rechts umfasse. Und vor allem: Der Ansatz des Gerichts sei »*unrettbar widersprüchlich*«: Dem Embryo werde zunächst unantastbare Würde zugesprochen, auf der Rechtsfolgenseite würden dann aber gleichwohl zahlreiche Eingriffe erlaubt. Mache das Gericht mit der Unantastbarkeit und Absolutheit des (hier vorgeburtlichen) Lebens ernst, müsste jede Form der Tötung verboten sein, auch die gerechtfertigte etwa im Falle der Notwehr oder im Verteidigungskrieg. Eine Abwägung sei sonach unausweichlich. Nicht zuletzt zeige sich dies auch darin, dass das Gericht eine »*utilitaristische Gesamtkalkulation*« vornehme.

Auch die »*SKIP-Argumente*« stießen auf Widerspruch. Das Spezies-Argument beruhe auf einem naturalistischen Fehlschluss, der frühe Embryo weise kein einziges Merkmal der Spezies Mensch auf. Gleiches gelte für das Kontinuitätsargument: Keiner der Übergänge stelle einen scharfen Einschnitt dar, trotzdem könne man, bezogen auf die Endpunkte, zwischen hell und dunkel oder groß und klein unterscheiden. Das Potentialitätsargument überzeuge nicht, weil es in einem so frühen Stadium menschlichen Lebens noch keinerlei Sinn habe, von irgendeiner moralisch relevanten Identität des Embryos mit der Person zu sprechen, die er werden könne. Und: Ein Mensch sei mehr als die Summe seiner Gene; wäre das Identitätsargument richtig, könnten eineiige Zwillinge ja gar keine verschiedenen Individuen sein.

Diesen zum Teil sehr differenzierten Argumenten lag ein anderes Naturverständnis zugrunde, nicht das teleologisch-religiöse Verständnis der Natur als Ergebnis eines göttlichen Schöpfungsaktes, den der Mensch hin- und anzunehmen habe. Eine solche religiöse Sichtweise könne – das war der zentrale Einwand der Kritiker – niemals die einer säkularen Verfassungsordnung sein, zumal die christliche Theologie ja selbst kein einheitliches Bewertungs- und Meinungsbild entwickelt habe. Doch ganz abgesehen von diesem religiösen Hintergrund der Debatte: Nicht wenige der Kritiker befürchteten im Grunde auch eine Überforderung der Würdenorm, sofern man von ihr eine rechtliche Begrenzung der sehr komplexen Entwicklungen und Möglichkeiten der Humangenetik erwarte.[87]

3. Immer noch ein Gewinner-Argument?

Ab 2003 verlor die Debatte um den richtigen Umgang mit der Würdenorm angesichts der neuen humangenetischen Möglichkeiten zusehends an Schärfe. Sie ebbte zwar nie ganz ab, doch der Ton wurde sachlicher. Die beiden Lager hatten ihre Linien gezogen und sich dahinter eingegraben. Aus einer offenen Feldschlacht wurde eine Art Stellungskampf – dies wohl auch deshalb, weil die damalige Bundesregierung unter Kanzler Gerhard Schröder schon im April 2001 beschlossen hatte, einen Nationalen Ethikrat zu gründen, »*als nationales Forum des Dialogs über ethische Fragen in den Lebenswissenschaften*«. Der Rat sollte insbesondere zu den Folgen der Entwicklung in den Lebenswissenschaften »*für Individuum und Gesellschaft*« Stellung nehmen und »*Empfehlungen für politisches gesetzgeberisches Handeln*« unterbreiten. In seiner ersten Stellungnahme vom Dezember 2001 plädierte der Rat für eine »*Kultur wechselseitiger Achtung*« und skizzierte unter anderem eine »*Import-Lösung*« zur Frage der Forschung an embryonalen Stammzellen. Diese Lösung fand dann auch Eingang in das »*Stammzellgesetz*«, genauer: in das »*Gesetz zur Sicherstelllung des Embryonenschutzes im Zusammenhang mit der Einfuhr und Verwendung menschlicher embryonaler Stammzellen*«. Mit diesem Gesetz, das im Sommer 2002 in Kraft trat und die Forschung an Stammzellen erlaubte, die vor dem Stichtag des 1. Januar 2002 gewonnen worden waren, fand die zuweilen erbittert geführte Debatte ein Ventil und – so schien auf den ersten Blick – einen befriedenden Kompromiss.

Handelte es sich jedoch wirklich um einen Kompromiss? Zumindest im Rückblick erscheint es eher wie der erste Schritt hin zu einer vollständigen Niederlage der Gegner der humangenetischen Forschung. Böckenförde, gewiss einer der wichtigsten Meinungsführer im Lager derer, die in der Würdenorm ein Verbot der Forschung an embryonalen Stammzellen erblickten, äußerte sich dazu rund zehn Jahre später. Die Stichtagsregelung hätte zwar »*den Charakter eines Kompromisses*« gehabt, aber auch den der »*Perspektive, pro futuro davon Abstand zu nehmen*«. Doch die »*Sache*« sei »*natürlich verloren*« gewesen, »*als die zweite Stichtagsregelung*« im Jahr 2008 gekommen sei. »*Wenn es eine zweite gibt, kommt auch die dritte. Das war dann der Offenbarungseid*«.

Als Verlierer mussten sich die Gegner der humangenetischen Forschung und Handlungsmöglichkeiten auch in dem Augenblick sehen, als der Bundesgerichtshof 2010 entschied, dass die PID entgegen der bis dahin herrschenden Meinung keinem gesetzlichen Verbot unterliege und sie daraufhin vom Deutschen Bundestag im Frühjahr 2011 in Ausnahmefällen ausdrücklich zugelassen wurde. Böckenförde hatte zwar noch wenige Tag vor der entscheidenden Sitzung des Bundestages mit starken Worten in Erinnerung zu rufen versucht, dass »*die PID gegen die Achtung der Menschenwürde des Embryos*« verstoße. »*Der in vitro gezeugte Embryo*« werde »*nicht als solcher, als Subjekt und Zweck an sich selbst anerkannt und gewollt, sondern nur abhängig von bestimmten Anlagen oder Merkmalen, die er hat oder nicht hat*«; deutlicher könne nicht zum Ausdruck kommen, dass er »*keinen Anteil an menschlicher Würde, am Dasein um seiner selbst willen*« habe. Doch die Mehrheit der Abgeordneten ließ sich nicht mehr umstimmen und sprach sich für eine begrenzte Zulassung der PID aus.

Diese Entscheidung des Bundestages und der tags zuvor ungehört verhallende Appell Böckenfördes: Stärker konnte nicht zum Ausdruck kommen, dass die Würdenorm offenkundig nicht mehr der sichere »*Halte- und Orientierungspunkt*« war, den einige Beobachter lange Zeit noch in ihr zu sehen glaubten. Sie war nicht mehr die Leitnorm, die verbindliche und für alle akzeptable Verhaltensmaßstäbe angesichts komplexer und verunsichernder technologischer Herausforderungen lieferte. Das Würdeargument hatte mehr und mehr an Überzeugungskraft verloren, sicherlich auch weil man häufiger als früher über seine Wahrnehmung von außen nachdachte. In vielen europäischen Verfassungsstaaten herrschte eine viel liberalere Haltung gegenüber der neuen Entwicklung vor; würde man mit Furor weiter für die These kämpfen, die Humangenetik verletze die Menschenwürde, käme man in Verdacht, sich als menschenwürderechtlicher Schulmeister der Welt aufzuspielen. Das Beharren auf der Würdegarantie als Verbotsnorm humangenetischer Forschung und Maßnahmen bedeutete zugleich, fremde Verfassungs- und Rechtsordnungen mit liberaleren Regelungen als würdewidrig abzuwerten. Wie schwach das Würdeargument inzwischen geworden war, zeigte sich zudem noch an einem anderen Umstand. Nicht nur die Gegner der Humangenetik, sondern auch ihre Befürworter, die mit ihr weitreichende Hoffnungen verbanden, begannen allmählich, sich auf die Würdenorm zu berufen: Forschen und Heilen sei nämlich ebenfalls Ausdruck der menschlichen Würde und daher durch die Norm geschützt! Das Würdeargument war lange Zeit ein »*Gewinner-Argument*« gewesen, mit dem man Debatten endgültig für sich entscheiden konnte. Nun ließ sich die Erkenntnis aber nicht mehr beiseiteschieben: Diesen Nimbus hatte das Würdeargument verloren.[88]

II. Neuer Terrorismus

Nicht nur bei der Debatte um die Humangenetik zeigte sich, dass die Erwartung trog, mit dem Würdeargument den entscheidenden Trumpf in Händen zu halten. Auch bei der Auseinandersetzung um die Grenzen staatlicher Reaktion auf den neuen Terrorismus wurde erkennbar: Die Würdenorm ließ sich mit gleicher Überzeugungskraft für jede der sich diametral entgegenstehenden und hartnäckig vertretenen Positionen ins Feld führen. Dabei erklärt sich die Intensität, mit der diese Debatte geführt wurde, zum Teil sicher daraus, dass sie durch eine Art Jahrhundertereignis ausgelöst wurde: Die Anschläge vom 11. September 2001. Auf diese folgten dann die Attentate etwa von Djerba (April 2002), Santos (April 2002), Karachi (Juni 2002), Bali (Oktober 2002), Mombasa (November 2002), Riad (Mai und November 2003), Casablanca (Mai 2003), Jakarta (August 2003), Istanbul (November 2003), Madrid (März 2004), London (Juli 2005) und Amman (November 2005) – Taten, die mehrere tausend Zivilisten das Leben kosteten. In diesen Attentaten manifestierte sich eine neue Form politischer Gewalt, die im ersten Moment an die siebziger Jahre des 20. Jahrhunderts erinnerte. Doch diese Taten unterschieden sich zugleich deutlich von den Aktionen der deutschen Rote-Armee-Fraktion, der italienischen Brigate Rosse oder der belgischen Communistes Cellules Combattantes. Denn die Täter des neuen Terrorismus agierten global, schädigten weitgehend wahllos Zivilisten, planten den eigenen Tod mit ein, waren offensichtlich religiös motiviert und verfolgten keine fassbare und konkrete Idee politischer Ordnung.

Deutschland als das Land, in dem sich die Attentäter vom 11. September mehrere Jahre lang unerkannt aufgehalten hatten, reagierte auf diese Welle neuer terroristischer Gewalt nicht nur mit einer Aufrüstung des Sicherheitsapparates. Vielmehr setzte sich auch eine wahre Normierungslawine in Bewegung: Es wurden neue Verbots- und Straftatbestände geschaffen, europarechtlich vorgegebene Bestrafungs- und Verfolgungs- sowie Kooperationspflichten umgesetzt, die Aufgabenfelder der Polizeien, Nachrichtendienste und Streitkräfte erweitert und insbesondere die Sicherheitsbehörden mit einer Vielzahl neuer Eingriffsermächtigungen ausgestattet.

Gerade die Schaffung dieser neuen Ermächtigungen, in die Rechte von Bürgerinnen und Bürgern einzugreifen, rückte die Frage in den Mittelpunkt, wie weit der Staat bei der Terrorismusbekämpfung sollte gehen dürfen. Einem liberalen Rechtsstaat konnte nicht jedes Mittel recht sein, das diese neue Form terroristischer Gewalt erfolgreich zu bekämpfen versprach – wo aber sollten die Grenzen verlaufen? Sollten auch möglicherweise unbescholtene Bürger heimlich überwacht werden dürfen, zumal in ihren privatesten Lebensbereichen, sofern dies sicherheitsbehördlich relevante Erkenntnisgewinne versprach? Oder: Sollte es zulässig sein, unschuldige Passagiere durch den Abschuss eines gekidnappten Flugzeuges zu töten, wenn dadurch eine größere Anzahl von Menschen gerettet werden konnte? Ferner: Durften Informationen auch durch den Einsatz von Gewalt erzwungen, also durch Folter gewonnen werden, falls sich auf diese Weise möglicherweise Informationen zur Rettung von Menschenleben gewinnen ließen? Kurz: Konnte dieses staatliche Handeln, das für sich genommen rechtsstaatlich undenkbar war, deswegen gerechtfertigt sein, weil es erfolgversprechend, ja notwendig schien, um Schlimmeres und Schlimmstes zu verhüten?

Aufwühlende Fragen dieser Art standen in jenen Jahren im Zentrum der Debatte um eine rechtsstaatliche Antwort auf den Terrorismus. Ohne eine letzte Grenze, eine – so hieß es oft – rote Linie, die ein freiheitlicher Rechtsstaat zu beachten hätte, würde er Gefahr laufen, sich den Gewalttätern anzuverwandeln, indem er zu denselben Mitteln wie sie griff, auch wenn seine Ziele andere waren. Und diese rote Linie musste eine absolute sein, unüberwindbar, unverschiebbar, immun gegen abwägendes Räsonieren. Es war die Würdenorm, mit der diese Linie gezogen werden konnte – dies war zumindest die Hoffnung vieler, die an dieser Debatte teilnahmen.[89]

1. Heimliche Überwachung

Die Hoffnung und das Bemühen, eine solche Linie tatsächlich erkennen und ziehen zu können, zeigte sich zunächst in der Entscheidung des Bundesverfassungsgerichts zur heimlichen Wohnraumüberwachung aus dem Jahr 2004. Unmittelbarer Anlass dafür war eine schon 1998 vorgenommene Änderung des Grundgesetzes, zu der sich die Fraktionen von CDU/CSU, FDP und SPD mit dem Ziel durchgerungen hatten, eine verfassungsgesetzliche Grundlage für die »*Verbesserung der Bekämpfung der Organisierten Kriminalität*« zu schaffen. Eine der dabei neu in das Grundgesetz aufgenommenen Normen erlaubte unter bestimmten Voraussetzungen, »*technische Mittel zur akustischen Überwachung von Wohnungen einzusetzen*«. Gegen diese Ermächtigung richteten sich mehrere Verfassungsbeschwerden, die darin verfassungswidriges Verfassungsrecht sahen: Die Änderung des Grundgesetzes verstoße gegen dessen »*Ewigkeitsgarantie*«, sie berühre »*einen unantastbaren Bereich privater Lebensgestaltung*«, der »*der öffentlichen Gewalt schlechthin entzogen sei*«.

a) Unantastbarer Kernbereich privater Lebensgestaltung

Das Bundesverfassungsgericht schloss sich in seiner Entscheidung dieser Auffassung der Beschwerdeführer vom verfassungswidrigen Verfassungsrecht nicht an. Allerdings griff es den Gedanken auf, dass bei heimlichen Überwachungen »*ein unantastbarer Kernbereich privater Lebensgestaltung zu wahren*« sei, es bejahte ihn und baute ihn aus. Und: Das Gericht begründete ihn mit der Würdenorm.

Die Menschenwürde, so das Gericht, sei zwar »*nicht schon dadurch verletzt, dass jemand zum Adressaten von Maßnahmen der Strafverfolgung*« werde, und ein »*heimliches Vorgehen des Staates*« führe »*an sich noch nicht*« zu einer Verletzung des aus der Würdenorm fließenden »*absolut geschützten Achtungsanspruchs*«. Dringe der Staat aber bei Beobachtungen in den »*unantastbaren Kernbereich privater Lebensgestaltung*« ein, dann »*verletzte dies die jedem Menschen unantastbar gewährte Freiheit zur Entfaltung in den ihn betreffenden höchstpersönlichen Angelegenheiten*«. Sogar »*überwiegende Interessen der Allgemeinheit*« könnten »*einen Eingriff in diesen absolut geschützten Kernbereich privater Lebensgestaltung nicht rechtfertigen*«; und der Schutz dieses Kernbereichs dürfe auch »*nicht durch Abwägung mit den Strafverfolgungsinteressen nach Maßgabe des Verhältnismäßigkeitsgrundsatzes relativiert werden*«.

Zum Schutz dieses Bereichs nahm das Gericht sogar den Gesetzgeber in die Pflicht. Dieser habe gesetzliche Regelungen zu schaffen, die Eingriffe in diesen Bereich untersagten, ferner anordneten, dass Überwachungen abgebrochen würden, falls doch einmal in ihn eingedrungen worden sein sollte, sodann zur Löschung von entsprechenden Aufzeichnungen verpflichteten und außerdem jedwede Verwendung von Daten ausschlossen, die durch eine Kernbereichsverletzung erhoben worden waren.

Das Gericht bestimmte dabei auch näher, was man sich genau unter der »*Entfaltung der Persönlichkeit im Kernbereich privater Lebensgestaltung*« vorzustellen hatte. Es definierte diesen Bereich als Möglichkeit, »*innere Vorgänge wie Empfindungen und Gefühle sowie Überlegungen, Ansichten und Erlebnisse höchstpersönlicher Art zum Ausdruck zu bringen*«, einschließlich von »*Gefühlsäußerungen, Äußerungen des unbewussten Erlebens sowie Ausdrucksformen der Sexualität*« – »*und zwar ohne Angst, dass staatliche Stellen dies*« überwachten.

Dieser Kernbereich privater Lebensgestaltung, dies ergänzte das Gericht noch, beschränke sich nicht nur auf Situationen, in denen »*der Einzelne mit sich allein*« sei, sondern erfasse auch solche, in denen er »*mit anderen*« kommuniziere. Daher seien Gespräche mit »*Personen des höchstpersönlichen Vertrauens*« diesem Kernbereich ebenfalls zuzuordnen, also etwa Gespräche mit engsten Familienangehörigen, Ehepartnern, Geschwistern, Geistlichen oder Strafverteidigern.

Allerdings: Nicht alle Gespräche mit Personen dieses »*höchstpersönlichen Vertrauens*« seien geschützt. »*Gespräche, die Angaben über begangene Straftaten*« enthielten, gehörten »*ihrem Inhalt nach nicht dem unantastbaren Kernbereich privater Lebensgestaltung an*«. Ebenso könnten Gespräche »*mit engsten Familienangehörigen, sonstigen engsten Vertrauten und einzelnen Berufsgeheimnisträgern*« abgehört werden, nämlich »*wenn konkrete Anhaltspunkte dafür*« bestünden, »*dass die Gesprächsinhalte zwischen dem Beschuldigten und diesen Personen keinen absoluten Schutz*« erforderten, »*insbesondere bei einer Tatbeteiligung der das Gespräch führenden Personen*«.

Mehrfach hat das Bundesverfassungsgericht in den Folgejahren diesen aus der Menschenwürde fließenden Schutz des unantastbaren, nicht durch Abwägung relativierbaren Kernbereichs privater Lebensgestaltung betont, so in Entscheidungen über die Verwendung von Daten, die für ein strafrechtliches Ermittlungsverfahren unter Verwendung des Global Positioning System (GPS) gewonnen wurden, über Ermächtigungen der Polizei, Daten durch Überwachung der Telekommunikation zur Verhütung von Straftaten mit erheblicher Bedeutung zu erheben, sowie in Hinsicht auf Befugnisse der Verfassungsschutzbehörden, heimlich auf »informationstechnische Systeme«, also private Computer, zuzugreifen und »Online-Überwachungen« durchzuführen.

b) Unantastbarkeit trotz Abwägungsoffenheit?

Dem Bundesverfassungsgericht war es gelungen, mit der aus der Würdenorm abgeleiteten Vorstellung eines »*Kernbereichs privater Lebensgestaltung*« eine absolute Grenze rechtsstaatlicher Verbrechens- und Terrorismusbekämpfung zu ziehen, eben eine rote Linie, die sich gegenüber jeglicher Abwägung als resistent erwies. Dies war zumindest der Eindruck, den manche, die sich zu dieser Entscheidung äußerten, gewonnen hatten. Doch sie übersahen dabei schon, dass das Gericht sich selbst bei dieser Frage nicht einig war. Zwei Richterinnen wiesen in einem Sondervotum darauf hin, dass nach dem Konzept der Mehrheit »*stets ein Eingriff*« in den Kernbereich hingenommen werde. Ihr Argument: Wegen der Abgeschlossenheit einer Wohnung sei es für einen Außenstehenden zunächst gar nicht erkennbar, »*ob zu einem bestimmten Zeitpunkt in ihr höchstpersönliche Dinge oder aber solche zur Sprache*« kämen, »*die die Sphäre anderer oder Belange der Gemeinschaft*« berührten. Gewissheit, ob etwas dem höchstpersönlichen Bereich zuzuordnen sei, bekäme man erst, wenn die Abgeschlossenheit der Wohnung durchbrochen und Kenntnisse von dem gewonnen würden, was in ihr passiere, es also zu einem Eingriff in den Bereich käme, der doch *»durch die eigenen vier Wände gerade absoluten Schutz«* genießen solle.

Und dies war nicht der einzige Einwand, der gegen die Vorstellung von einem abwägungsresistenten Kernbereich im Raum stand. Nach Meinung einiger, die sich mit dem Urteil auseinandersetzten, behauptete das Bundesverfassungsgericht diese Unantastbarkeit des Kernbereichs nur. In Wirklichkeit sei es selbst in Abwägungsüberlegungen verstrickt, und zwar bei der Bestimmung des unter dem Schutz der Würdenorm stehenden Höchstpersönlichen und damit dessen, was es als unantastbaren Kernbereich ausweise. Denn straftatenbezogene Gespräche und Aufzeichnungen, deren kaum mehr steigerbarer höchstpersönlicher Charakter in den eben genannten Fällen doch augenscheinlich sei, ordne es diesem Kernbereich gerade nicht zu. Dass das Gericht sich gegen eine solche Zuordnung ausgesprochen hatte, ließ sich sicher gut begründen, nämlich durch einen Verweis auf die Rechtsgüter, die die Rechtsordnung mit dem Instrument strafrechtlicher Sanktionsdrohungen und deren Durchsetzung in Gestalt der Strafverfolgung schütze, oder dadurch, dass dem Schutz dieser Rechtsgüter Vorrang eingeräumt werde vor dem Höchstpersönlichen. Doch wie dem auch sei: Damit habe das Gericht auf jeden Fall Abwägungsüberlegungen angestellt. Und mehr noch: Das Gericht habe zwar ausdrücklich formuliert, dass *»selbst überwiegende Allgemeininteressen«* einen Eingriff in den absolut geschützten Kernbereich *nicht* rechtfertigen könnten. Wenn es in diesem Kontext aber kein einziges Wort dazu sagte, dass dies auch im Falle überwiegender Individualinteressen zu gelten habe, dränge sich die Schlussfolgerung geradezu auf, dass eine Rechtfertigung von Eingriffen in den Kernbereich im Falle solcher überwiegender Individualinteressen durchaus möglich sei.

Doch was hieß dies in letzter Konsequenz für das Konzept eines unantastbaren Kernbereichs privater Lebensgestaltung? Nichts anderes, als dass der Kernbereich keinesfalls eine abwägungsresistente Größe darstellte. Unabwägbar und unantastbar war vielmehr erst das, was zuvor erfolgreich einen Abwägungsvorgang durchlaufen hatte. Paradox formuliert: Das Unantastbare war dem Gericht zufolge zwar absolut geschützt, aber dennoch abwägungsoffen. Im Ergebnis war es dem Bundesverfassungsgericht mit seinem Konzept des Kernbereichs privater Lebensgestaltung also nicht gelungen, durch Rückgriff auf die Würdenorm eine absolute, abwägungsresistente Linie zu ziehen, die in klarer und nicht weiter deutbarer Weise sichtbar machte, welches staatliche Handeln beim Kampf gegen verbrecherische oder terroristische Gewalt verboten war.[90]

2. Flugzeugabschuss

Das zweite Thema, das nach 2001 die Frage nach einer absoluten Grenze staatlicher Terrorismus- und Verbrechensbekämpfung aufwarf, war die Ermächtigung, ein gekidnapptes Flugzeug abschießen zu dürfen, sofern absehbar war, dass es zum Absturz gebracht werden sollte, um am Absturzort möglichst viele Menschen zu töten. Durch die Geschehnisse in New York und Washington im September 2001 war dieses Szenario keine bloße Fiktion mehr. Zwei Jahre später erhielt die Diskussion dieser Frage zudem weiteren Auftrieb. In Frankfurt am Main hatte ein geistesgestörter Mann eine kleinmotorige Maschine in seine Gewalt gebracht und in ein Hochhaus zu fliegen gedroht, falls ihm nicht ein Telefonat mit dem Präsidenten der Vereinigten Staaten ermöglicht werde.

Auf diese Ereignisse reagierte der Deutsche Bundestag und beschloss ein Gesetz zur Neuregelung von Luftsicherheitsaufgaben. Dieses Gesetz gab den Streitkräften die Befugnis, zur wirksamen Bekämpfung eines schweren Unglücksfalles ein Luftfahrzeug abzudrängen, zur Landung zu zwingen, den Einsatz von Waffengewalt anzudrohen oder Warnschüsse abzugeben. Doch nicht nur das: Das Gesetz ermächtigte die Streitkräfte auch zur unmittelbaren Einwirkung mit Waffengewalt, wenn, so der genaue Wortlaut, »*nach den Umständen davon auszugehen ist, dass das Luftfahrzeug gegen das Leben von Menschen eingesetzt werden soll, und sie das einzige Mittel zur Abwehr dieser gegenwärtigen Gefahr ist.*«

Dieses Gesetz stand von Anfang an im rechtspolitischen Streit, zunächst aber nur deshalb, weil es eine neue Ermächtigung für den Streitkräfteeinsatz zur Abwehr von Straftätern vorsah, mithin eine Ermächtigung für das Militär in einem traditionellen Aufgabenfeld der Polizei. Doch neben und bald auch vor diese Problematik schob sich mehr und mehr die Frage, ob die Würdenorm nicht einem solchen Gesetz entgegenstand. Nicht wenige verneinten diese Frage: Den bei einem Abschuss getöteten Passagieren werde nicht der Achtungsanspruch als Mensch abgesprochen, und es werde ihnen auch kein menschenunwürdiges Leid zugefügt; eine solche zum Tod der Passagiere führende Maßnahme ziele alleine darauf, das Leben der Menschen zu retten, die am Zielort des Absturzes bedroht seien, die Tötung der Passagiere werde dabei lediglich in Kauf genommen; es handele sich um die »*klassische Situation eines moralischen Dilemmas*«: jede der möglichen Handlungen führe zwar zu Folgen, die man für sich genommen nicht wollen könne, doch fatalistisches Nichtstun führe in einer solchen Lage nur zu einer Vermehrung der Opfer, so dass sich die Rechtfertigung des Abschusses aus utilitaristischen Nutzenerwägungen ergebe. Andere überzeugte eine solche Argumentation nicht: Sie sahen in dem Abschuss vielmehr eine »*Opferung*« und »*Verdinglichung*« der Passagiere, was die Würdenorm aber gerade verbiete. Mit diesem Gedanken begründeten einige Bürger auch eine Verfassungsbeschwerde gegen das Luftsicherheitsgesetz. Es mache sie zum bloßen Objekt staatlichen Handelns; Wert und Erhaltung ihres Lebens würden in das Ermessen des Staates gestellt, der nach mengenmäßigen Gesichtspunkten und mit Blick auf die ihnen den Umständen nach vermutlich verbleibende Lebenserwartung entscheiden dürfe. Sie sollten im Ernstfall geopfert und vorsätzlich getötet werden. Daher werde ihr Recht aus Artikel 1 Absatz 1 des Grundgesetzes verletzt.[91]

a) Schutz der gekidnappten Passagiere

Das Bundesverfassungsgericht gab dieser Beschwerde statt und übernahm im Kern auch die Argumentation der Beschwerdeführer. Zunächst betonte es dabei noch einmal die aus seiner Rechtsprechung bekannten Komponenten seines Würdeverständnisses: Das menschliche Leben sei vitale Basis der Menschenwürde als tragendem Konstitutionsprinzip und oberstem Verfassungswert; jeder Mensch besitze als Person diese Würde, ohne Rücksicht auf seine Eigenschaften, seinen körperlichen oder geistigen Zustand, seine Leistungen und seinen sozialen Status; niemandem könne sie genommen werden; verletzbar sei aber der Achtungsanspruch, der sich aus ihr ergebe – und dies gelte »*unabhängig auch von der voraussichtlichen Dauer des individuellen menschlichen Lebens*«.

Im »*Hinblick auf dieses Verhältnis von Lebensrecht und Menschenwürde*« sei es, so das Gericht weiter, einerseits dem Staat untersagt, »*durch eigene Maßnahmen unter Verstoß gegen das Verbot der Miss-*

achtung der menschlichen Würde in das Grundrecht auf Leben einzugreifen«. Andererseits sei »*er auch gehalten, jedes menschliche Leben zu schützen*«. Diese Schutzpflicht gebiete es »*dem Staat und seinen Organen, sich schützend und fördernd vor das Leben jedes Einzelnen zu stellen*«, was vor allem heiße, »*es auch vor rechtswidrigen An- und Eingriffen von Seiten Dritter zu bewahren*«.

Bezogen auf die konkrete Ermächtigung der Streitkräfte, unter bestimmten Voraussetzungen ein entführtes Flugzeug abzuschießen und dabei auch unschuldige Insassen zu töten, leitete das Gericht dann ab: Unter »*der Geltung des Art. 1 Abs. 1 GG*« sei es »*schlechterdings unvorstellbar, auf der Grundlage einer gesetzlichen Ermächtigung unschuldige Menschen, die sich wie die Besatzung und die Passagiere eines entführten Luftfahrzeugs in einer für sie hoffnungslosen Lage befinden, gegebenenfalls sogar unter Inkaufnahme solcher Unwägbarkeiten vorsätzlich zu töten*«. Solche Maßnahmen seien »*als Streitkräfteeinsätze nichtkriegerischer Art mit dem Recht auf Leben und der Verpflichtung des Staates zur Achtung und zum Schutz der menschlichen Würde nicht zu vereinbaren*«. Menschliches Leben und menschliche Würde genössen »*ohne Rücksicht auf die Dauer der physischen Existenz des einzelnen Menschen gleichen verfassungsrechtlichen Schutz*«. Wer dies leugne oder in Frage stelle, verwehre »*denjenigen, die sich wie die Opfer einer Flugzeugentführung in einer für sie alternativlosen Notsituation befinden, gerade die Achtung, die ihnen um ihrer menschlichen Würde willen*« gebühre.

Das Gericht beließ es aber nicht bei diesen apodiktischen Sätzen. Es baute auch möglichen Einwänden vor: So sei eine andere Beurteilung auch nicht durch die Annahme gerechtfertigt, dass der, der »*an Bord eines Luftfahrzeugs in der Gewalt von Personen festgehalten werde*«, die das Flugzeug als Tatwaffe gegen das Leben anderer Menschen einsetzen wollten, »*selbst Teil dieser Waffe*« sei und »*sich als solcher behandeln lassen*« müsse. Denn diese Auffassung bringe »*geradezu unverhohlen zum Ausdruck, dass die Opfer eines solchen Vorgangs nicht mehr als Menschen wahrgenommen, sondern als Teil einer Sache gesehen und damit selbst verdinglicht*« würden. Mit »*dem Menschenbild des Grundgesetzes und der Vorstellung vom Menschen als einem Wesen, das darauf angelegt*« sei, »*in Freiheit sich selbst zu bestimmen, und das deshalb nicht zum reinen Objekt staatlichen Handelns gemacht werden*« dürfe, sei dies nicht zu vereinbaren. Der Gedanke, »*der Einzelne sei im Interesse des Staatsganzen notfalls ver-*

pflichtet, sein Leben aufzuopfern, wenn es nur auf diese Weise möglich« sei, *»das rechtlich verfasste Gemeinwesen vor Angriffen zu bewahren, die auf dessen Zusammenbruch und Zerstörung«* abzielten, führe *»ebenfalls zu keinem anderen Ergebnis«*. Denn im Anwendungsbereich der angegriffenen Regelung des Luftsicherheitsgesetzes gehe *»es nicht um die Abwehr von Angriffen, die auf die Beseitigung des Gemeinwesens und die Vernichtung der staatlichen Rechts- und Freiheitsordnung gerichtet«* seien. Daher könne die Frage offenbleiben, *»ob und gegebenenfalls unter welchen Umständen dem Grundgesetz über die mit der Notstandsverfassung geschaffenen Schutzmechanismen hinaus eine solche solidarische Einstandspflicht entnommen werden«* könne.

b) Schutzlosigkeit der anderen?

Viele atmeten nach dieser Entscheidung des Bundesverfassungsgerichts auf. Mit Erleichterung registrierten sie, dass sich das Gericht gegenüber den zahlreichen Sicherheitsgesetzen *»als immer wacherer Wächter«* erweise. Einmal mehr habe es sich zur Objekt-Formel bekannt, der jede Abwägungsoffenheit fehle und die keine Relativierung dulde. Auch habe es sich von *»jedem utilitaristischen Ansatz«* distanziert, da es noch einmal mit Nachdruck betont habe, dass jeder Mensch Würde besitze, ohne Rücksicht auf seine Eigenschaften und unabhängig davon, wie lange er noch zu leben habe. Menschliche Leben könnten eben nicht wie materielle Werte gegeneinander aufgerechnet und abgewogen werden. Extremsituationen entzögen sich einer Regelung im Gefahrenabwehrrecht. Solche Situationen seien, darin stimmten viele ein, eben tragischer Art. Sollten Amtsträger sich dennoch zum Abschuss entscheiden, um Menschenleben am Boden zu retten, so sei für sie ein Straferlass vorzusehen. Diese Lösung habe das Gericht selbst angedeutet: es habe ja ausdrücklich hervorgehoben, es sei *»nicht zu entscheiden, wie ein gleichwohl vorgenommener Abschuss und eine auf ihn bezogene Anordnung strafrechtlich zu beurteilen wären«*.

Genau an dieser Überlegung entzündete sich zornigste Polemik. Kritiker der Entscheidung sahen in ihr *»eine unglaubwürdige Verfassungsheuchelei«*. Blende man Notsituationen aus und berufe sich dabei auch noch darauf, dass Grenzentscheidungen nicht verrechtlicht werden dürften, leugne man das Grundprinzip, dass alles, was

Staatsgewalt tue, verfassungsrechtlich verantwortbar sein müsse. In der Entscheidung manifestiere sich mithin ein »*schizophrener Idealismus*«, ja ein »*Verfassungsautismus*«. Durch den Rückgriff auf die Würdenorm gestatte das Gericht dem Staat, »*im Wasser grundrechtlicher Unschuld seine Pilatushände zu waschen*«.

Aber in solchen giftigen Anwürfen erschöpfte sich die Diskussion keinesfalls. Es wurde auch sachlich-nüchtern nachgefragt, warum das Gericht bei seiner Betrachtung die potentiellen Opfer an der Absturzstelle nicht berücksichtigt hatte. Sofern diese Opfer nicht mehr in der Lage seien, den Unglücksort zu verlassen, seien sie doch ebenfalls wie die unschuldigen Passagiere in einer ausweglosen Lage und damit bloße Objekte. Sollte der Staat ihnen und ihrer Subjektstellung gegenüber nicht aufgrund der Würdenorm zum Schutz verpflichtet sein? Im Falle einer Kollision von Pflichten, der Pflicht, die Würde der Passagiere zu achten, sowie der Pflicht, die Würde der Menschen an der Absturzstelle zu schützen, fände die Abwägungsfestigkeit der Menschenwürde – dies war Kern dieses Arguments – ihre Grenze.

Außerdem zeigten sich manche auch davon irritiert, dass das Gericht von einer »*solidarischen Einstandspflicht*« gesprochen hatte, davon, dass der Bürger »*im Interesse des Staatsganzen notfalls verpflichtet*« sei, »*sein Leben aufzuopfern, wenn es nur auf diese Weise möglich*« sei, »*das rechtlich verfasste Gemeinwesen vor Angriffen zu bewahren, die auf dessen Zusammenbruch und Zerstörung*« abzielten. Sollte es nun also trotz des aus der Würdenorm abgeleiteten kategorischen Verbots eines Abschusses doch Situationen geben, in denen die Würdenorm eine Einschränkung erfahren konnte, sie also zu relativieren und damit für Abwägungsüberlegungen offen war? Auch aus einem anderen Grund stellte sich diese Frage: Das Gericht hatte mehrfach bekräftigt, über Maßnahmen »*nicht-kriegerischer Art*« zu entscheiden. Erlaubte es daher die Würdenorm bei Maßnahmen kriegerischer Art, das hieß also bei Kriegseinsätzen, die Tötung unschuldiger Zivilisten in Kauf zu nehmen? Diese Frage lief auf einen insoweit »*gespaltenen Würdebegriff*« hinaus. Für die Annahme eines solchen geteilten und differenzierten Würdeschutzes sprach, dass ansonsten das Grundgesetz die militärischen Handlungsoptionen deutscher Streitkräfte in wesentlich stärkerem Maße beschränkte als das humanitäre Völkerrecht. Dieses erlaubte nämlich ausdrücklich, bei einem Waffeneinsatz gegen ein militärisches Ziel den Vorteil seiner Ausschaltung gegen die kollaterale Tötung oder Verwundung ansonsten strikt geschützter Zivilisten abzuwägen, also das Leben von Zivilpersonen als quantifizierbare Rechengröße in eine Abwägung einzubeziehen.

Möglicherweise hat das Gericht alle diese Folgefragen nicht ausreichend bedacht. Aber selbst wenn doch: Es würde nur belegen, dass es dem Gericht ebenso wie im Fall des von ihm eingeführten unantastbaren Kernbereichs privater Lebensgestaltung misslungen war, mit Hilfe der Würdenorm eine klare und unverschiebbare Linie staatlicher Terrorismus- und Verbrechensbekämpfung zu ziehen. Gewiss: Es hatte unmissverständlich entschieden, dass der Abschuss einer entführten Maschine die Würde unschuldiger Passagiere verletze. Doch Rechtsklarheit und -sicherheit brachte dies nicht. Nicht nur die Frage nach der solidarischen Einstandspflicht und die Begrenzung der Entscheidung auf nichtkriegerische Maßnahmen zeigte dies, sondern vor allem die Tatsache, dass der Würdeschutzanspruch der potentiellen Opfer an der Absturzstelle ausgeblendet blieb.[92]

3. Rettungsfolter

Die dritte Thematik, in deren Zentrum die Frage nach der Würdenorm als unüberwindliche Linie der Verbrechens- und Terrorismusbekämpfung stand, betraf die Frage, ob der Staat mit seinen Amtsträgern körperliche Gewalt gegen Entführer und Erpresser anwenden darf, um sie zu einer Aussage zu zwingen, damit in Lebensgefahr befindliche Geiseln befreit werden können. Aufgeworfen wurde sie durch einen realen Fall.

Magnus Gäfgen, ein Frankfurter Jurastudent, hatte im September 2002 den elfjährigen Jakob von Metzler entführt und getötet, um von der Familie des bereits getöteten Jungen ein Lösegeld zu erpressen. Die Polizei – so wurde später gerichtlich festgestellt – hatte ihn bei der Abholung des Lösegeldes beobachtet und kurze Zeit später festgenommen. Bei der Durchsuchung der Wohnung Gäfgens fanden sich wesentliche Teile des Geldes sowie Notizen zur Vorbereitung der Tat. Während der Ermittlungen ging die Polizei davon aus, dass der entführte Junge noch am Leben sei und in einem Versteck festgehalten werde. Daher richtete sie ihre Bemühungen zunächst darauf, dessen Aufenthaltsort festzustellen.

Gäfgen hatte die Polizei durch seine Aussagen mehrfach in die Irre geführt. Der damalige Vizepräsident der Frankfurter Polizei, Wolfgang Daschner, der für die Ermittlungen verantwortlich war, ordnete daraufhin an, bei der weiteren Befragung mit dem Einsatz physischen Zwangs zu drohen. Damit sollte Gäfgen dazu gebracht werden, den Aufenthaltsort des entführten Jungen preiszugeben. Daschner hielt später in einem Vermerk fest: »*Zur Rettung des Lebens des entführten Kindes habe ich angeordnet, dass Gäfgen nach vorheriger Androhung unter ärztlicher Aufsicht durch Zufügung von Schmerzen (keine Verletzungen) erneut zu befragen ist. Die Feststellung des Aufenthaltsortes des entführten Kindes duldet keinen Aufschub; insoweit besteht für die Polizei die Pflicht, im Rahmen der Verhältnismäßigkeit alle Maßnahmen zu ergreifen, um das Leben des Kindes zu retten.*« Der bei den Ermittlungen mitwirkende Kriminalhauptkommissar Ortwin Ennigkeit, so hieß es in dem Vermerk weiter, wurde »*angewiesen, den Beschuldigten Gäfgen auf die bevorstehende Verfahrensweise vorzubereiten*«. Wenig später teilte Ennigkeit dann mit, »*dass Gäfgen ›im Konjunktiv‹ eingeräumt habe, dass Jakob Metzler tot sei. Später ergänzte er die Aussage durch den Hinweis auf eine Hütte im Bereich des Langener Waldes und den Fundort der Leiche bei Birstein. Durch das inzwischen abgelegte Geständnis war die Maßnahme entbehrlich.*«

Dieser Vorgang wurde rund ein halbes Jahr nach der Befragung, im Februar 2003, öffentlich bekannt und löste sogleich eine breite Debatte aus. Die damalige Bundesjustizministerin Brigitte Zypries billigte den ermittelnden Polizeibeamten einen »*rechtfertigende[n] Notstand*« zu: Wenn ein überwiegendes Rechtsgut zu schützen sei, sei die Tat nicht rechtswidrig. Auch der damalige Innenminister Brandenburgs, Jörg Schönbohm, zeigte Verständnis. Er hielt ein solches Handeln jedenfalls dann für rechtmäßig, wenn durch Terroristen eine große Zahl von Menschen bedroht werde. Der Vorsitzende des Deutschen Richterbundes, Geert Mackenroth, argumentierte ähnlich: Es seien »*Fälle vorstellbar, in denen auch Folter oder ihre Anwendung erlaubt sein können*«, etwa um dadurch Anschläge wie im September 2001 in New York zu verhindern. Am deutlichsten nahm Oskar Lafontaine Stellung, zu jener Zeit noch Politiker der SPD: Wenn Folter im Hinblick auf die Menschenwürde verboten sei, dann gelte »*das ja nicht nur für den Verbrecher, sondern auch für das entführte Kind*«. Es wäre eine »*Katastrophe für den Rechts-*

staat«, wenn der ermittelnde Beamte bestraft würde, denn dieser habe »*nach elementarsten sittlichen Geboten unseres Rechtsstaats gehandelt*«. Man könne nicht »*ein unschuldiges Kind qualvoll krepieren lassen, nur weil man sich auf formale Verfassungsartikel*« berufe.

Auch bei dieser Debatte stand also rasch wieder die Frage nach der Norm von der Würde des Menschen im Mittelpunkt, schließlich verbot diese die Folter doch kategorisch. Sollte sie aber ihre Absolutheit verlieren, wenn die Beachtung der Norm selbst eine Würdeverletzung zur Folge hätte, wenn etwa der Schutz der Würde des Entführers unweigerlich mit der Verletzung der Würde des Opfers einherginge? Sollte also würdeverletzender Zwang zur Aussage- und Informationsgewinnung gegen einen Entführer zulässig sein, wenn eine solche würdewidrige »Rettungsfolter« gegen den Täter als einziges Mittel übrig bliebe, um die Würde des Entführten zu schützen? Seit Inkrafttreten des Grundgesetzes war diese Frage hin und wieder unter Fachwissenschaftlern erörtert worden, in einem sachlichen Tonfall, ganz weitgehend ohne Aufgeregtheit.

a) Güter- und Pflichtenkollision

In den fünfziger Jahren waren es Günter Dürig und Friedrich Klein, die die Würdegarantie in Situationen für beschränkbar hielten, die dem Frankfurter Entführungsfall ähnelten. So bezweifelte Dürig, ob für den Bereich der strafjustitiellen Wahrheitsermittlung die bisherige, »*einhellig allein auf die Würde des Vernommenen abstellende Interpretation durch Gesetzgebung und Rechtsanwendung schon das letzte Wort*« darstelle. Denn von den beteiligten Menschen her gesehen bestehe eine »*Güterkollision (Art. 1 I Satz 1) und vom Staat her gesehen eine Pflichtenkollision einerseits zur Achtung und andererseits zum Schutz (Art. 1 I Satz 2)*«. Die Würdenorm hindere jedenfalls nicht, *de lege ferenda* weiter gehende Methoden der Wahrheitserforschung zugunsten des schuldlosen Opfers auszuschöpfen, wenn normale Ermittlungen aussichtslos schienen. Ähnlich argumentierte Friedrich Klein. Er zog das Kategorische der herrschenden Meinung in Zweifel, die von einem uneingeschränkten Verbot eines Zwangsmitteleinsatzes ausging. Es müsse mit Nachdruck gefragt werden, ob nicht zumindest gegenüber besonders »›*ausgekochten*‹ *vorbestraften Beschuldigten zur Wahrung der Würde etwa einer vergewaltigten Frau oder einer durch Verkehrsmord unter Alkoholeinfluss ums Leben gekommenen Person doch die Anwendung der durch § 136a StPO verbotenen psychologischen Beweismittel oder sonstigen Vernehmungstechniken zulässig sei, ja von Art. 1 Abs. 1 geradezu gefordert«* werde.

Eine breitere Diskussion dieser Frage fand in den folgenden Jahren aber nicht statt. Erst 1976 griff Ernst Albrecht diese Thematik wieder auf, in dem Jahr, als Albrecht, ein Jurist, niedersächsischer Ministerpräsident wurde und der Terrorismus der sechziger und siebziger Jahre seine Höhepunkte erlebte. Albrecht sprach sich für die Zulässigkeit der Folter aus, sofern mehrere Bedingungen gegeben seien. Seine Position beschrieb er mit den folgenden Worten: Wenn *»es z. B. etabliert wäre, daß ein bestimmter Kreis von Personen über moderne Massenvernichtungswaffen«* verfügte und entschlossen wäre, *»diese Mittel innerhalb kürzester Frist zu verbrecherischen Zwecken einzusetzen, und angenommen, dieses Vorhaben könnte nur vereitelt werden, wenn es«* gelänge, *»rechtzeitig den Aufenthaltsort dieser Personen zu erfahren«*, dann könne es *»sittlich geboten sein, diese Information von einem Mitglied des betroffenen Personenkreises auch durch Folter zu erzwingen, sofern dies wirklich die einzige Möglichkeit wäre, ein namenloses Verbrechen zu verhindern«*. Albrecht räumte zwar ein, es falle schwer, *»auch nur diese kleine Tür für Eingriffe in das zur Erörterung stehende Grundrecht zu öffnen«*, nach dem *»was gerade unsere Zeit wieder an Unmenschlichkeiten erlebt«* habe. Eine *»theoretische Analyse«* könne *»jedoch zu keinem anderen Ergebnis gelangen«*.

Anfang der neunziger Jahre war es dann Niklas Luhmann, der sich in einem Vortrag in Heidelberg mit dem Titel *»Gibt es in unserer Gesellschaft noch unverzichtbare Normen?«* anhand eines Gedankenspiels ebenfalls der Thematik annahm: *»[Angenommen, in] Ihrem Lande – und das könnte in nicht zu ferner Zukunft auch Deutschland sein – gäbe es viele linke und rechte Terroristen, jeden Tag Morde, Brandanschläge, Tötungen und Schäden für zahlreiche Unbeteiligte. Sie hätten den Führer einer solchen Gruppe gefangen. Sie könnten, wenn Sie ihn folterten, vermutlich das Leben vieler Menschen retten – zehn, hundert, tausend, wir können den Fall variieren. Würden Sie es tun?«* Am Ende seines Vortrages dachte Luhmann *»ungeachtet aller legalistischen Bedenken auf Grund von Artikel 1 Grundgesetz«* über die *»Zulassung von Folter durch international beaufsichtigte Gerichte«* nach, über eine *»Fernsehüberwachung der Szene in Genf oder Luxem-*

burg« und »*telekommunikative Fernsteuerung*«. Er hielt dies zwar für »*insgesamt keine sehr befriedigende Lösung*«, aber es befriedige »*ja auch nicht, wenn man gar nichts*« tue »*und Unschuldige dem Fanatismus der Terroristen*« opfere.

Im Folgenden wandte sich dann Winfried Brugger mehrmals dieser Thematik zu. Unter anderem legte er 1995 eine umfassende verfassungsjuristische Argumentation zur Position Luhmanns vor und trat mit Nachdruck für die These ein, dass der »*Rechtsstaat ausnahmsweise foltern*« dürfe. Brugger argumentierte, nicht nur der Entführer, der sich in der Gewalt der Polizei befinde, sei durch die Würdenorm geschützt, sondern auch das Entführungsopfer, das durch eine erzwungene Aussage des Täters gerettet werden könne. Das Opfer befinde sich nicht nur in Lebensgefahr, sondern in einer entwürdigenden Lage, in der es durch den Entführer zum reinen Objekt degradiert werde. Artikel 1 des Grundgesetzes verlange vom Staat jedoch, die Würde des Menschen nicht nur zu achten, sondern auch zu schützen. Aufgrund dieser Schutzpflicht sei die Würdeverletzung, die der Entführer dem Opfer zufüge, dem Staat zuzurechnen, sofern dieser in einer solchen Lage untätig bliebe. Es stehe also Würde gegen Würde, Achtungspflicht gegen Schutzpflicht.

Die Konsequenz von Bruggers Argumentation war: In einem solchen Fall kollidierender Pflichten galt die Würdenorm nicht absolut; es war vielmehr abzuwägen – und zwar zugunsten des Entführungsopfers. Für dieses Abwägungsergebnis sprach nach Ansicht Bruggers vieles: Das Opfer habe seine Notlage nicht verschuldet, es bewege sich auf dem Boden des Rechts; die Rechtsordnung ermächtige durch ihre Notwehr- und Notstandsvorschriften auch die Angehörigen des Opfers, auf den Entführer mit Zwang einzuwirken, sofern sie seiner habhaft werden könnten; die Rechtsordnung erlaube zudem den finalen Rettungsschuss, also die Tötung eines Täters zur Rettung von Menschenleben, folglich führe es zu einem gravierenden Wertungswiderspruch, wenn das Leben, die vitale Basis der Menschenwürde, zwar genommen werden dürfe, körperlicher oder seelischer Zwang aber verboten sei Die sich daraus für Brugger ergebende rechtsmethodische Folge war: Sämtliche Normen der Verfassung oder des einfachen Rechts, die einer Rettungsfolter entgegenstünden, seien teleologisch zu reduzieren, also ihre die Folter verbietenden Aussagen im Hinblick auf den Lebensschutz der Opfer einzuschränken.[93]

b) Unlösbarer Monsterfall?

Als das Handeln der Frankfurter Polizei im Fall des Kindsmörders Gäfgen bekannt wurde, setzte eine leidenschaftliche Debatte ein. Sie hält im Grunde bis heute an und sticht unter den zahlreichen Auseinandersetzungen, die um die Deutung der Würdenorm seit 1949 geführt wurden, wohl noch etwas deutlicher heraus als die Debatte um die Grenzen der Humangenetik. Dies dürfte nicht zuletzt auch an den bedrückenden Bildern von Guantánamo und Abu Ghraib liegen, die die Weltöffentlichkeit in den Jahren nach 2001 allmählich zu sehen bekam, auch wohl an den Berichten über Geheimgefängnisse, in denen mutmaßliche islamistische Terroristen durch US-amerikanische Kräfte in vielfältiger Weise gefoltert wurden. Jene Bilder und dieses Wissen erschwerten es manchem, nüchtern die Frage zu erörtern, was staatlicherseits zu tun war und getan werden konnte, um unverschuldet entführte Menschen aus ihrer Not zu befreien. So erklärt sich etwa, dass ein anerkannter Wissenschaftler und ehemaliger Direktor des Deutschen Instituts für Menschenrechte offenbar ganz ohne Furcht vor Reputationsverlust mit Nachdruck eine Emotionalisierung der Debatte einforderte. Denn wer über Folter *»emotionsfrei«* spreche, so der jetzige Ordinarius für Menschenrechte und Menschenrechtspolitik Heiner Bielefeldt, wisse nicht, worum es gehe, und habe *»keinen Zugang zur Sache«*.

Es ging bei dieser Debatte aber nicht nur um Sachlichkeit als Maxime der Wissenschaft. Ihre besondere Qualität zeigte sich auch daran, dass Positionen, die eingenommen, und Stellungnahmen, die irgendwann einmal abgegeben worden waren, nicht folgenlos blieben. Sie konnten sogar Karrieren kosten. Zu spüren bekam dies etwa Horst Dreier, gewiss einer der renommiertesten deutschen Verfassungsjuristen der Gegenwart. Er hatte in dem von ihm herausgegebenen und 2004 erschienenen Grundgesetz-Kommentar mit Blick auf den Fall der Rettungsfolter geschrieben, in solchen Konstellationen *»dürfte der Rechtsgedanke der rechtfertigenden Pflichtenkollision nicht von vornherein auszuschließen sein«*. Zusätzlich verwies er in einer Fußnote auf einen Aufsatz seines Schülers Fabian Wittreck, in dem dieser präventiv-polizeiliche Folter zum Schutz von Entführungsopfern als zulässig angesehen hatte. Nachdem die SPD Dreier im Januar 2008 für das Amt des Vizepräsidenten des

Bundesverfassungsgerichts ins Gespräch gebracht hatte, wurde dieser Vorschlag scharf und laut kritisiert. Mit Dreiers Wahl als Verfassungsrichter werde »*die Würde des Menschen antastbar*«, so lauteten Kommentare in der Tagespresse, ja, die »*Folterdebatte*« werfe einen »*Schatten auf zukünftigen Karlsruher Verfassungsrichter*«. Am Ende zog die SPD Dreier dann tatsächlich als Kandidaten zurück.

War aber Dreiers Position verfassungsrechtlich tatsächlich so unhaltbar und unvertretbar, dass ihm die Eignung für ein so hohes Richteramt fehlte? War seine Sicht wirklich so abwegig, dass es sich verbot, ihm ein solches Amt anzuvertrauen? Viele sahen dies so. Das Folterverbot war für sie nicht relativierbar, nicht einschränkbar. Die Würdenorm schloss den Einsatz einer Rettungsfolter kategorisch aus. Im Einzelnen stützten sie sich vor allem auf folgende Argumente:

- Es bleibe bei jeder Zwangsmaßnahme ein beträchtliches Maß an Ungewissheit, ob die Maßnahme ihr Ziel erreiche und die lebensrettende Information tatsächlich erlangt werde.
- Bei einer Einschränkung des Folterverbotes wären Dammbrüche zu erwarten, die den Rechtsstaat im Kern beschädigten. Solche Dammbrüche würden weitere nach sich ziehen.
- Im Unterschied zum finalen Rettungsschuss sei Folter ein Angriff auf die Personalität des Menschen, mithin auf etwas Fundamentaleres als das Leben. Der Gefolterte existiere nicht mehr als Person, sondern nur noch als Bündel von Schmerzen.
- Der Rechtsstaat gerate bei einer Einschränkung des Folterverbots in einen eklatanten Selbstwiderspruch. Er zerstöre seine eigenen Grundlagen und gehe daran zugrunde. Die Selbstachtung der Gesellschaft gebiete, an der Absolutheit des Folterverbots festzuhalten.
- Aufgrund der historischen Unrechtserfahrungen müsse man langfristig denken und notfalls auch hochrangige Rechtsgüter opfern, um nicht langfristig die Zivilität einer Rechtsordnung zu gefährden oder gar zu zerstören.
- Es handele sich um tragische Fälle, die das Recht überforderten; das Recht stoße hierbei an seine Grenzen.
- Das Denken vom extremen Notfall her verfehle den Charakter des Rechts. Mit solchen »Monsterfällen« könne man sich den Blick für eine gute Regelung trüben.

Hielt man mit diesen Argumenten am absoluten Verbot der Folter fest, so bedeutete dies allerdings, die Schutzlosigkeit des Entführungsopfers, dessen qualvolle Lage und die Wahrscheinlichkeit seines Todes auszublenden. Manche, die für ein Festhalten an der Absolutheit des Verbots eintraten, sahen dies und verwiesen auf die Tragik einer solchen Situation, darauf, das ihr ein Dilemma anhafte, das aber nicht auflösbar sei: Werde auf Zwang verzichtet, um den Aufenthaltsort des Opfers zu ermitteln, führe dies zur Fortdauer seiner würdewidrigen Lage und könne am Ende seinen Tod bedeuten – werde dagegen Zwang eingesetzt, werde das absolute Folterverbot verletzt. Solche Konstellationen überforderten das Recht, es stoße an seine Grenzen. Als Ausweg bleibe nur die Hoffnung, dass sich am Ende ein Amtsträger finde, der trotz des Wissens um das Verbotensein der Folter dennoch bereit sei, das Notwendige zu tun und die Maßnahmen zur Rettung des Entführungsopfers durchzuführen. Ein solcher Amtsträger habe für sein Handeln dann zwar die Verantwortung zu tragen, solle dann jedoch nur milde bestraft werden.

Dieser Verweis auf einen heroischen Polizeibeamten überzeugte wiederum nicht alle, denn bei einer solchen Lösung würde der Schutz des Entführungsopfers vom Zufall abhängig gemacht. Die Rettung des Opfers hinge letztlich allein davon ab, ob unter den im konkreten Fall handelnden Polizeibeamten jemand genügend Mut besäße, gegen das absolute Folterverbot zu verstoßen – oder eben nicht. So argumentierten diejenigen, die das Folterverbot für einschränkbar hielten. Sie stützten sich zudem auf ein Bündel weiterer Argumente:

- Beide Rechtspflichten, die die Würdenorm dem Staat auferlege, die Pflicht, die Würde zu achten, und die Pflicht, die Würde zu schützen, stünden gleichberechtigt nebeneinander. Kollidierten beide Pflichten, so müsse abgewogen werden. Der Würdeschutzanspruch des Opfers wiege dabei aber schwerer als der Würdeachtungsanspruch des Täters.
- Der Verfassungsgeber habe bei seinen Beratungen gar nicht die Möglichkeit eines Falles bedacht, in dem allein mit einem Eingriff in die Würde des Täters die Menschenwürde sowie das Leben des Opfers geschützt werden könne.
- Ungewissheit sei eine spezifische Eigenart präventiven, gefahr-

abwehrenden Handelns. Wäre dem Staat lebensrettende Folter verboten, weil ihm sicheres Wissen fehle, müsse er auch in anderen Lagen der Gefahrenabwehr untätig bleiben. Der Staat könne damit seine ureigenste Aufgabe, Rechtsgüter der Bürgerinnen und Bürger zu schützen, nicht mehr ausüben.

- Die Erwartung eines Dammbruchs beruhe auf einer Spekulation. Auch in der Debatte um den finalen Rettungsschuss, die in den siebziger Jahren mit ähnlicher Intensität geführt worden sei, habe man mit dieser Befürchtung argumentiert. Sie habe sich aber als unbegründet erwiesen.
- Wenn die Rechtsordnung die vorsätzliche Tötung desjenigen, der das Leben eines anderen bedrohe, als ultima ratio erlaube, müsse es erst recht zulässig sein, dem Täter mit körperlichen Schmerzen zu drohen und sie ihm auch zuzufügen, sofern kein anderes Mittel zur Rettung des Lebens ersichtlich sei.
- Die Gesellschaft gebe ihre Selbstachtung gerade dann auf, wenn sie nicht nur sehenden Auges eines ihrer Mitglieder, das unverschuldet in schlimmste Not geraten sei, dem Schicksal preisgäbe, sondern überdies auch den noch privilegiere, der für diese Not verantwortlich sei.
- Der Rechtsstaat verfiele bei einer ausnahmsweisen Zulassung der Rettungsfolter keinesfalls in einen Selbstwiderspruch. Wenn es sich überhaupt um einen Widerspruch handele, so sei er in der Würdenorm selbst angelegt, nämlich darin, dass Achtungs- und Schutzpflicht nebeneinander stehen.
- Der Verweis auf die Tragik der Fälle, verbunden mit der These, das Recht stoße hier an seine Grenzen, komme einer Kapitulation des Rechtsstaates gleich. Dieser zeichne sich doch gerade dadurch aus, dass er auch in schwierigen Fällen verbindliche Normen setze und die Entscheidung nicht der Willkür und dem Zufall überlasse.
- Um »*Monsterfälle*« handele sich allenfalls insofern, als die Entführer den Opfern in ihrer existentiellen Angst möglicherweise tatsächlich wie leibhaftige Monster erschienen. Gewiss handele es sich um extreme Ausnahmefälle, nicht um Alltagskriminalität. Gleichwohl seien die Fälle real und jederzeit möglich. Man dürfe vor ihnen nicht die Augen verschließen.[94]

Die Gerichte, die über das Vorgehen der Frankfurter Polizei zu entscheiden hatten, ließen sich von diesen Argumenten jedoch nicht beeindrucken. Sie bestätigten und bekräftigten die Absolutheit des Folterverbotes, fügten allerdings eine überraschende Pointe hinzu.

c) Verletzung des Höchsten, doch nur mildeste Sanktion

Im Juli 2003 verurteilte das Landgericht Frankfurt am Main den Entführer Gäfgen wegen Mordes, erpresserischen Menschenraubs mit Todesfolge, falscher Verdächtigung sowie Freiheitsberaubung zu lebenslanger Freiheitsstrafe. Das Gericht hielt dabei auch fest, die durch das Verhalten der Polizei ausgelöste Diskussion über die Zulässigkeit von Foltermaßnahmen zeige, dass »*der Rechtsstaatlichkeit dieses Landes Schaden zugefügt worden*« sei. Zuvor hatte es in einem Beschluss ein Verwertungsverbot für einige polizeiliche Vernehmungen und Vermerke angeordnet.

Rund anderthalb Jahre später entschied das Frankfurter Landgericht auch im Strafverfahren gegen den Vize-Polizeipräsidenten Daschner, der angeordnet hatte, Gäfgen Schmerzen zuzufügen, sowie gegen den Kriminalhauptkommissar Ennigkeit, der sie Gäfgen dann tatsächlich angedroht hatte. Ganz im Sinne des Strafurteils gegen Gäfgen betonte das Gericht, die »*Achtung der Menschenwürde*« sei »*Grundlage des Rechtstaates*«; der Verfassungsgeber habe sie ganz bewusst an den Anfang der Verfassung gestellt. Das Recht auf Leben und körperliche Unversehrtheit dagegen sei erst in Artikel 2 Absatz 2 Grundgesetz normiert, was seinen Grund »*in der Geschichte dieses Staates*« habe. Die Dokumente aus der Zeit der Entstehung der Bundesrepublik Deutschland machten »*unschwer deutlich, dass den Mitgliedern des Parlamentarischen Rates die Gräueltaten des nationalsozialistischen Regimes noch sehr deutlich vor Augen*« gestanden hätten. Sein »*fundamentales Anliegen*«, so das Gericht, sei es gewesen »*so etwas wie damals nie wieder entstehen zu lassen und mit der Fassung dieses Grundgesetzes einen deutlichen Riegel vor jegliche Versuchung zu schieben. […] Der Mensch sollte nicht ein zweites Mal als Träger von Wissen behandelt werden können, das der Staat aus ihm herauspressen will, und sei es auch im Dienste der Gerechtigkeit.*« Daraus erkläre sich schließlich auch, dass Artikel 1 Absatz 1 Grundgesetz unabänderlich sei. Der Verfassungsgeber habe »*dem Gedanken ›Wehret den Anfängen‹ Ausdruck verliehen*«. Der Rechtsstaat »*würde sich selber aufgeben*«, leiste er »*diesem strikten Gebot keine Folge*«.

Die Absicht der Polizisten, das Kind aus einer lebensgefährlichen Notlage zu befreien, erlaubte nach Auffassung des Gerichts nicht, die Würdenorm einzuschränken. Ein »*Verstoß gegen die Achtung der Menschenwürde*« sei »*auch als verwerflich anzusehen, wenn dieser – subjektiv – zu dem Zweck*« erfolge, »*das Leben eines Kindes zu retten*«. Denn »*eine Ausnahme von der eindeutigen Gesetzeslage*« zu machen, bedeute, »*dass der verfassungsrechtliche Schutz der Menschenwürde in seiner Absolutheit durchbrochen und einer Abwägung zugänglich gemacht würde*«. Dies käme einem »*Tabubruch*« gleich.

Am Ende bestrafte das Gericht Daschner dann mit einer Geldstrafe in Höhe von 90 Tagessätzen zu 120 Euro, bei Ennigkeit waren es 60 Tagessätze zu 60 Euro. Insgesamt setzte das Gericht für die Verletzung der Würdenorm, für diesen, wie es ja selbst hervorgehoben hatte, Tabubruch, also lediglich eine Geldstrafe in Höhe von rund elf- bzw. dreieinhalbtausend Euro fest. Überdies hielt es Daschner sogar noch eine »*ehrenwerte, verantwortungsbewusste Gesinnung*« zugute, weil er den Sachverhalt in einem Vermerk festgehalten habe. Bei Ennigkeit sei zu berücksichtigen gewesen, dass er als weisungsabhängiger Beamter gehandelt und nur kurze Zeit gehabt habe, um sich zu weigern. Die Verteidigung der Rechtsordnung habe indessen die Klarstellung verlangt, »*dass die bestehenden Gesetze und die in ihnen verkörperten Verfassungsgrundsätze von Repräsentanten der Staatsgewalt beachtet werden, auch in Situationen, in denen es persönlich sehr schwer fallen*« möge, »*sich danach zu richten*«. Aufgrund der öffentlichen Diskussion, die das Verfahren entfacht habe, könne ihm sogar »*eine kathartische, also reinigende Wirkung nicht abgesprochen werden*«. Durch die umfangreiche Resonanz in der Öffentlichkeit bestehe die Hoffnung, »*dass sich der Blick auch für die Gefahren*« weite, »*die ein Abweichen von der Absolutheit des Artikel 1 Absatz I 1 GG mit sich*« bringe.

Der Angeklagte Ennigkeit äußerte sich dazu später mit den Worten: »*Wir klammern uns an den Begriff Menschenwürde. Aber was war mit der Würde von Jakob, wenn wir ihn sterben ließen, nur um die Würde des Entführers zu wahren?*« Dennoch: Das Frankfurter Gericht blieb bei seiner Linie. Im Jahre 2011 sprach es Gäfgen sogar eine Geldentschädigung in Höhe von 3000 Euro zu, denn Daschner und Ennigkeit hätten »*die Menschenwürde des Klägers in schwerwiegender Weise schuldhaft verletzt*«. Durch die Androhung der Schmerzzufügung sei »*planvoll, vorsätzlich und in Kenntnis der*

Rechtswidrigkeit dieses Tuns und der Gefahr der Unverwertbarkeit der Aussage in die Menschenwürde« eingegriffen worden, die »*das höchste Verfassungsgut darstelle*«, nicht »*unter einem Gesetzesvorbehalt*« stehe und »*keiner Abwägung zugänglich*« sei. Die »*Zufügung von Schmerzen durch einen Beamten, der sich mit körperlichen Dingen*« auskenne, sei »*in hohem Maße Angst einflößend*«. Und bei dieser Beurteilung sei es »*gänzlich unerheblich*«, »*dass der Kläger zuvor eine Straftat begangen*« habe. Das Recht auf Achtung seiner Würde könne auch »*einem Straftäter nicht abgesprochen werden*«, möge er sich »*auch in noch so schwerer und unerträglicher Weise gegen die Werteordnung der Verfassung vergangen haben*«. Menschenwürde komme jedem Wesen der Gattung »Mensch« zu und könne keinem Menschen aberkannt werden. Dies sei, so das Gericht, »*ein wesentliches Element des Rechtsstaats, das es zu beachten*« gelte, wenn es »*angesichts des von dem Kläger begangenen Verbrechens auch schwer fallen*« möge. Zusätzlich berief sich das Gericht auf eine Entscheidung des Europäischen Gerichtshofs für Menschenrechte, den Gäfgen schon 2005 angerufen hatte. In dieser Entscheidung hatte der Gerichtshof festgestellt, die Behandlung Gäfgens durch die Frankfurter Polizei erfülle zwar nicht den Tatbestand der »*Folter*« im Sinne der Menschenrechtskonvention, wohl aber den der »*unmenschlichen Behandlung*«.[95]

Was zeigen nun die Entscheidungsgründe der Gerichte? Gewiss lassen sie das Bemühen und den Willen erkennen, der staatlichen Verbrechensbekämpfung mit Hilfe der Menschenwürdenorm eine klare Grenze zu ziehen. Doch die außerordentlich intensiv und selbst im wissenschaftlichen Feld sehr emotional und mit harter Frontenbildung geführte Debatte um die Frage der Rettungsfolter zeigt ebenso: Eine Linien- und Grenzziehung gelang nur, weil die Würdenorm vereinseitigt und verkürzt wurde, der Blick allein auf das staatliche Einwirken auf den Täter gerichtet und die Not und Schutzbedürftigkeit des Opfers ausgeblendet blieb. Dem Gericht, das die beiden Polizeibeamten wegen der Androhung von Schmerzen verurteilte, schien dies bewusst gewesen zu sein. Denn anders lässt sich kaum erklären, warum es zwar einen Verstoß gegen die Würdenorm und damit eine Verletzung des Fundamentalsten und Höchsten der Verfassung feststellte, diese Verletzung am Ende aber lediglich mit einer Geldstrafe ahndete, also der mildesten Sanktion, die das Strafrecht für Erwachsene kennt. An diesen irritierenden, nicht zueinander passen wollenden Wertungen und an der Heftigkeit der Debatte über das Verboten- oder Gebotensein der Rettungsfolter aufgrund ein- und derselben Norm lässt sich ablesen, wie groß das Ausmaß an Entzweiung angesichts derjenigen Norm geworden war, die doch das Ganze tragen und zusammenhalten sollte.

Bei den Debatten um die Rettungsfolter sowie den Flugzeugabschuss standen sich am Ende zwei Lager unversöhnlich gegenüber, eines, das mit der Würdenorm das Verbotensein, ein anderes, das mit ihr ein Gebotensein solcher Maßnahmen zu begründen suchte. Nicht zuletzt an dieser Spaltung lässt sich ersehen: Auch bei der Thematik der rechtsstaatsgemäßen Verbrechensbekämpfung hatte die Würdenorm ihre steuernde, orientierende und einigende Kraft eingebüßt. Sie trennte mehr, als dass sie verband, und eine rote Linie war ihr nicht mehr zu entnehmen. Sie führte inzwischen allenfalls auf ein rötliches Gebiet mit nicht mehr klar auszumachenden Begrenzungen, ein Gebiet, auf dem sehr schwierige Abwägungsfragen verortet waren, denen sich eine aufgeklärte Gesellschaft aber zu stellen hatte.

Kapitel 9: Facetten der Selbstbestimmung

Welchen positiven Inhalt hatte die Würdenorm? Welches Rechtsgut schützte sie? In seiner zweiten Entscheidung zum Schwangerschaftsabbruch hatte das Bundesverfassungsgericht zwar betont, das diese Frage »*unabhängig von bestimmten religiösen oder philosophischen Überzeugungen*« zu beantworten sei. Gleichwohl hatte das Gericht in seiner Rechtsprechung mehrfach festgehalten, dass dem Schutz der Menschenwürde »*die Vorstellung vom Menschen als einem geistig-sittlichen Wesen zugrunde*« liege, »*das darauf angelegt*« sei, »*in Freiheit sich selbst zu bestimmen und sich zu entfalten*«. Manchmal hatte es soger geheißen, Artikel 1 Absatz 1 Grundgesetz schütze die Würde des Menschen, »*wie er sich in seiner Individualität selbst*« begreife und »*seiner selbst bewußt*« werde – und dazu gehöre, dass »*der Mensch über sich selbst verfügen und sein Schicksal eigenverantwortlich gestalten*« könne.

Mit dieser Inhaltsbestimmung, die im Übrigen auch von zahlreichen Autoren der verfassungsrechtlichen Literatur geteilt wurde, hatte das Gericht aber sehr wohl ein Grundthema der Philosophiegeschichte aufgerufen. Es war der Gedanke der Selbstbestimmung, der Autonomie, der Fähigkeit des Menschen, sich und die Welt zu gestalten. Besonders wirkungsvoll hatte Kant ihn formuliert, auch Schiller hatte ihn ausgesprochen und gefeiert, ja, schon in der frühen Neuzeit war er eindrucksvoll beschrieben worden, etwa in dem Text *Die Würde des Menschen* des schon erwähnten Renaissancephilosophen Pico della Mirandolla. Philosophiehistoriker sehen in diesem »*Selbstverständnis des sich selbst bestimmenden Menschen*« sogar etwas, das »*zur modernen Selbstverständlichkeit*« wurde – was sich nicht nur an den gerade genannten Autoren, sondern auch etwa an Machiavelli, Montaigne, Hobbes, Spinoza, Leibniz oder Rousseau zeigen lasse.

In den letzten anderthalb Jahrzehnten kam dieses Thema der Selbstbestimmung, welches das Bundesverfassungsgericht und Teile der Literatur als Kerngehalt der Würdernorm ausgewiesen hatten, in mehrfacher Weise auf: angesichts der neuen Erkenntnisse und Thesen der Hirnforscher, als neue Verankerung des Demokratieprinzips, anlässlich der Frage, ob der Mensch ein Recht habe, über sein Lebensende zu verfügen, und schließlich im Kontext der staatlichen Pflicht, ein menschenwürdiges Existenzminimum zu gewährleisten.[96]

I. Selbstbestimmung – nur eine Illusion?

Wenn das Bundesverfassungsgericht und große Teile der verfassungsrechtlichen Literatur davon ausgingen, dass der Würdenorm die Vorstellung vom Menschen als einem zur Selbstbestimmung und -entfaltung fähigen Wesen zugrunde lag, so trafen sie dabei eine bestimmte Annahme: Bei dieser Fähigkeit handelte es sich um ein *tatsächlich* gegebenes Vermögen des Menschen, um eine real vorhandene Möglichkeit, aus freier Willensentscheidung heraus auf sich selbst und seine Umwelt steuernd einzuwirken.

Diese Annahme wurde im letzten Jahrzehnt allerdings in einer Weise in Frage gestellt, die massiver und radikaler nicht hätte sein können, denn mehrere prominente Neurobiologen erklärten sie schlichtweg zu einer Fiktion. So forderte etwa Wolf Singer, ehemals Direktor am Max-Planck-Institut für Hirnforschung in Frankfurt am Main, »*wir sollten aufhören, von Freiheit zu sprechen*«, unsere »*Entscheidungen und Handlungen*« würden nämlich »*durch neuronale Prozesse vorbereitet*« und folgten »*deterministischen Naturgesetzen*«. Wir erlebten uns zwar »*als freie mentale Wesen*«, die »*naturwissenschaftliche Sicht*« lasse aber »*keinen Raum für ein mentales Agens wie den freien Willen, das dann auf unerklärliche Weise mit den Nervenzellen wechselwirken müsste, um sich in Taten zu verwandeln*«. Diese Erkenntnisse der modernen Hirnforschung seien »*noch viel problematischer*« als zum Beispiel diejenigen der Quantenphysik. Damals hätte das Problem noch darin bestanden, »*Unvorstellbares anschaulich zu machen*«, heute müsse dagegen etwas vermittelt werden, »*das einem Frontalangriff auf unser Selbstverständnis und unsere Menschenwürde*« gleichkomme.

Neben Singer erklärte auch Gerhard Roth, ebenfalls ein prominenter Hirnforscher, dass es eine »*Illusion*« sei zu glauben, der Wille werde bewusst durch den steuernden Akt eines souveränen Ichs zur Tat. Nach »*Ansicht aller neurobiologischen Fachleute*« gebe es bislang »*keinen überzeugenden Hinweis dafür, dass es im menschlichen Gehirn zumindest auf der für die Verhaltenssteuerung relevanten*

Ebene nicht-kausal determiniert zuginge«. Aus »*experimentalpsychologischer Sicht*« könne kein Zweifel bestehen, dass »*unter den gegebenen experimentellen Bedingungen [...] der subjektiv empfundene Willensakt oder -ruck*« den schon im Gehirn vorhandenen und dort registrierbaren »*Bereitschaftspotentialen*« nachfolge. Selbst »*das rationale Abwägen*« geschehe »*nicht weniger determiniert als das affektiv-emotionale Entscheiden*«, wir erlebten es nur anders. Es treffe zwar zu, darauf wies Wolfgang Prinz, der ehemalige Direktor am Max-Planck-Institut für Kognitions- und Neurowissenschaften in Leipzig, außerdem noch hin, dass die meisten Menschen sich selbst als freie und autonome Wesen sähen. Doch dabei handele es sich nur um »*alltagspsychologische Intuitionen*«. Unsere »*Vorstellungen vom Ich und der Willensfreiheit*« seien »*soziale Konstruktionen*«. Wir täten nicht, was wir wollten, so Prinz, sondern wir wollten, was wir täten.

Von diesen Thesen ging in der Tat ein Frontalangriff auf jene Vorstellung vom Menschen aus, welche die Rechtsprechung sowie große Teile der Literatur als Kerngehalt der Menschenwürdenorm betrachteten. Im Grunde musste die Akzeptanz dieser Thesen zum Umsturz der gesamten Konzeption führen. Wäre die Annahme der Selbstbestimmungs-, der Freiheits- und Moralfähigkeit des Menschen falsch, beruhte die Würdenorm auf einer unwahren Annahme. Das ganze Fundament der Rechtsordnung wäre Ideologie. Gewiss, die Aussagen in einem Manifest elf führender Forscher über *Gegenwart und Zukunft der Hirnforschung* aus dem Jahre 2004 fielen etwas zurückhaltender aus als die Thesen von Roth, Singer und Prinz. Nach »*welchen Regeln das Gehirn*« arbeite, wie »*das innere Tun als ›seine‹ Tätigkeit erlebt*« werde und »*wie es zukünftige Aktionen*« plane, verstehe man »*nach wie vor nicht einmal in Ansätzen*«. Doch der äußerst beunruhigende Tatbestand blieb: Führende Naturwissenschaftler setzten hinter die von der Würdenorm vorausgesetzte Selbstbestimmungsfähigkeit ein großes Fragezeichen.

Wie reagierten Rechtsprechung und Verfassungsrechtswissenschaft auf diese umstürzlerischen Thesen? Zeigten sie sich erschüttert oder zumindest in einem nennenswerten Maße beunruhigt? Keine Spur! Die Erkenntnisse und Thesen der modernen Hirnforschung wurden keineswegs als Angriff auf die Grundvorstellung vom Menschen als einem zur Selbstbestimmung fähigen Wesen empfunden. Es gab keine breitere Diskussion dieser Thesen, nur vereinzelt wurde Stellung genommen. Und man war sich einig, dass kein Anlass bestand, die Vorstellung von der Freiheits- und Selbstbestimmungsfähigkeit des Menschen tatsächlich zu hinterfragen; lediglich die Argumente differierten, mit denen die Thesen der Hirnforscher für irrelevant erklärt wurden. So meinten systemtheoretisch inspirierte Autoren etwa, der Anspruch der Neurowissenschaften, »*den Konkurs über das Vermögen des Subjekts eröffnen zu können*« komme zu spät; das Verfahren sei längst abgeschlossen. Es handele sich um »*naiven Empirismus*«; die Hirnforschung werde den »*Prozessen sozialer Sinnproduktion*« nicht gerecht. Martin Kriele attackierte zudem die angeblichen weltanschaulichen Prämissen der Hirnforscher, ihren »*monistischen Materialismus*«, der wie selbstverständlich voraussetze, »*Materie könne Leben, Geist, Seele und Icherfahrung hervorbringen*«. Diese Prämisse mache zahllose Phänomene unerklärbar und sei »*schon deshalb gegen alle Wahrscheinlichkeit*«. Josef Isensee vertrat dagegen die Meinung, »*das Problem der Willensfreiheit*« liege ganz »*außerhalb des Blickfeldes der Staatsrechtslehre*«. Überhaupt sei »*grundrechtliche Freiheit*« als »*normative Konstruktion*« zu begreifen, die »*von außernormativen Erfahrungen und Theorien nicht berührt*« werde. Und manche dachten sogar über eine »*normative Pflicht*« nach, »*naturwissenschaftliche Erkenntnisse unbeachtet zu lassen*«. Denn es gehe doch darum, »*kulturell und normativ gewachsene, aus naturwissenschaftlicher Befangenheit emanzipierte Überzeugungen von Richtigkeit*« zu bewahren. Möglicherweise folge daher aus der Würdenorm sogar eine Pflicht des Staates, »*solche wissenschaftlichen Erkenntnisse zu ignorieren, die Art. 1 Abs. 1 GG selbst in Frage*« stellten.

Manchen Autoren gingen solche Überlegungen wiederum entschieden zu weit. Denn eine »*Pflicht zum Ignorieren entgegenstehender wissenschaftlicher Erkenntnisse würde die Jurisprudenz etwa auf das Niveau der mittelalterlichen Rechtskultur zurückwerfen, wo etwa die Täterschaft im Strafrecht mittels Gottesbeweis ermittelt*« worden sei; auch das Arbeiten mit einer »*Fiktion*« der Willensfreiheit, selbst wenn sie eine »*staatsnotwendige*« sein sollte, sei »*bei ihrer Widerlegung auf Dauer nicht aufrechtzuerhalten*«. Aber auch den Autoren, die sich gegen grobe Abschottungsstrategien aussprachen, schien es auf jeden Fall noch viel zu früh, um über grundsätzliche Konsequenzen nachzudenken. An diesem Stand der Diskussion hat sich bis heute nichts geändert. Vielmehr hat die Vorstellung vom Menschen als selbstbestimmungsfähigen Wesen, die der Würdenorm zugrunde liege, seither in der Rechtsprechung des Bundesverfassungsgerichts sogar noch eine bemerkenswerte Bekräftigung erfahren.[97]

II. Anspruch auf Demokratie

Schon in seiner sehr frühen Rechtsprechung hatte das Bundesverfassungsgericht einen Zusammenhang von Menschenwürde und Demokratie hergestellt und dabei die Demokratie als ein aus der Menschenwürde sich ergebendes Postulat verstanden. In seiner Entscheidung zum Verbot der Sozialistischen Reichspartei bezeichnete es die freiheitliche Grundordnung als *»das Gegenteil des totalen Staates«*, der *»als ausschließliche Herrschaftsmacht Menschenwürde, Freiheit und Gleichheit«* ablehne. Als es dann 1958 die Kommunistische Partei Deutschlands verbot, hob es nicht nur hervor, dass *»in der freiheitlichen Demokratie«* die *»Würde des Menschen der oberste Wert«* sei. Aus ihr leitete es auch ab, dass der Mensch *»eine mit der Fähigkeit zu eigenverantwortlicher Lebensgestaltung begabte ›Persönlichkeit‹«* sei und *»um der Würde willen«* dem Menschen *»eine möglichst weitgehende Entfaltung seiner Persönlichkeit gesichert werden«* müsse. Diesen Gedanken übertrug es dann auf den *»politisch-sozialen Bereich«*. Es genüge nicht, *»wenn eine Obrigkeit sich«* bemühe, *»noch so gut für das Wohl von ›Untertanen‹ zu sorgen«*. Der Einzelne solle *»vielmehr in möglichst weitem Umfange verantwortlich auch an den Entscheidungen für die Gesamtheit mitwirken«*. Die Essenz dieser Reflexionen war: Aus der Menschenwürde ergaben sich Anforderungen an die Gestaltung der freiheitlich-demokratischen Grundordnung.

Allerdings hatten diese Wendungen in den Parteiverbotsverfahren keine unmittelbar verfassungsrechtsdogmatische Bedeutung. Sie betrafen eher das ideelle Verhältnis von Demokratie und Menschenwürde. Dies galt im Übrigen auch für eine Äußerung des Gerichts über die demokratische Legitimation funktionaler Selbstverwaltung, die es etliche Jahrzehnte später traf. 2002 hatte es in einer Entscheidung über die Verfassungsmäßigkeit von Wasserverbänden in Nordrhein-Westfalen betont, dass sowohl *»das Demokratieprinzip in seiner traditionellen Ausprägung einer ununterbrochen auf das Volk zurückzuführenden Legitimationskette für alle Amtsträger als auch die funktionale Selbstverwaltung als organisierte Beteiligung der* *sachnahen Betroffenen an den sie berührenden Entscheidungen«* die *»sie verbindende Idee des sich selbst bestimmenden Menschen in einer freiheitlichen Ordnung«* verwirklichten – und dazu hatte es zur Begründung die Norm des Artikel 1 Absatz 1 Grundgesetz zitiert. Weiter vertieft hatte das Gericht diesen Gedanken jedoch auch in dieser Entscheidung nicht. Und auch in der Literatur wurde das Verhältnis von Demokratie und Menschenwürde seit Inkrafttreten des Grundgesetzes lediglich unter verfassungssystematischen, rechtspolitischen oder ideenhistorischen Vorzeichen erörtert. Dies sollte sich dann aber mit der 2009 ergehenden Entscheidung des Bundesverfassungsgerichts zum Lissabon-Vertrag ändern.

In dieser Entscheidung stellte das Gericht zunächst fest, dass das Recht der Bürger, in Freiheit und Gleichheit durch Wahlen und Abstimmungen die öffentliche Gewalt personell und sachlich zu bestimmen, der *»elementare Bestandteil des Demokratieprinzips«* sei. An diese Feststellung fügte es sodann die folgenden Sätze an: *»Der Anspruch auf freie und gleiche Teilhabe an der öffentlichen Gewalt ist in der Würde des Menschen (Art. 1 Abs. 1 GG) verankert. Er gehört zu den durch Art. 20 Abs. 1 und Abs. 2 GG in Verbindung mit Art. 79 Abs. 3 GG als unveränderbar festgelegten Grundsätzen des deutschen Verfassungsrechts.«* Was es unter der Würde des Menschen verstanden wissen wollte, legte es in dieser Entscheidung ebenfalls offen: Dem Schutz dieser Würde liege *»die Vorstellung vom Menschen als einem geistig-sittlichen Wesen zugrunde, das darauf angelegt ist, in Freiheit sich selbst zu bestimmen und sich zu entfalten«*.

Die als Fähigkeit zur Selbstbestimmung zu verstehende Menschenwürde also als Wurzel eines Rechtsanspruchs auf Demokratie: Diesen Satz hatte das Gericht offenkundig nicht nur en passant verfasst, etwa um abstrakt das Verhältnis der Bundesrepublik Deutschland zur Europäischen Union zu umschreiben. Denn kurze Zeit später, nämlich 2011, hat es diesen Satz wiederholt und dabei noch etwas pointierter formuliert. In der Entscheidung zur Griechenland-Hilfe führte es zum Verhältnis von Demokratie und Würdenorm aus: *»Der letztlich in der Würde des Menschen wurzelnde Anspruch des Bürgers auf Demokratie«* – es verwies dabei auf seine Entscheidung zum Lissabon-Vertrag – *»wäre hinfällig, wenn das Parlament Kernbestandteile politischer Selbstbestimmung aufgäbe und damit dem Bürger dauerhaft seine demokratischen Einflussmöglichkeiten entzöge«*. Das Grundgesetz habe *»den Zusammenhang zwi-*

schen Wahlrecht und Staatsgewalt in Art. 79 Abs. 3 und Art. 20 Abs. 1 und Abs. 2 GG für unantastbar erklärt«.

Auf den ersten Blick haftete diesem Rechtsanspruch auf Demokratie, der in der Würdenorm enthalten war, gar nichts Besonderes an. In ihm kam die Vorstellung zum Ausdruck, dass jeder sich auf ein ihm zustehendes Recht berufen kann, über die Herrschaft mitzubestimmen, der er unterworfen ist. Die politische Freiheit erschien dabei als Fähigkeit des Menschen, sich an der Bildung des gemeinschaftlichen Willens zu beteiligen, daran mitzuwirken und damit die politischen Angelegenheiten auch mit zu beeinflussen. Diese Freiheit war also nichts anderes als eine Komponente der allgemeinen und in der Würdenorm zum Ausdruck kommenden Fähigkeit des Menschen zur Selbstbestimmung und Selbstentfaltung.

Doch bei einem zweiten Blick wurde sichtbar, dass das Gericht in dieser Entscheidung doch mehr als lediglich eine demokratietheoretische Banalität zum Inhalt auch eines verfassungrechtlichen Anspruchs erhoben hatte. Es hatte vielmehr mit dieser Entscheidung der Würdenorm eine neue Dimension zugesprochen. Nach der bisherigen Dogmatik kam der Würdenorm erstens eine abwehrrechtliche Dimension zu: Sie sollte den Einzelnen gegen staatliche Würdeverletzungen in Gestalt etwa einer »*Erniedrigung, Brandmarkung, Verfolgung und Ächtung*« schützen, dagegen, dass der Staat ihn zum »*bloßen Objekt*« machte, in seinen »*Kernbereich privater Lebensgestaltung*« eindrang oder dagegen, dass er ihn in »*grausamer, unmenschlicher oder erniedrigender Weise*« bestrafte. Zum Zweiten hatte die Würdenorm eine leistungsrechtliche Dimension: Sie verpflichtete den Staat dazu, dem Bürger die Voraussetzungen für ein »*menschenwürdiges Dasein*« zu sichern, erforderlichenfalls auch durch die Bereitstellung von Sozialleistungen zur Sicherung des sozialen Existenzminimums. Und nun kam ihr zusätzlich auch eine demokratiesichernde Dimension zu, indem sie einen Rechtsanspruch der Bürgerinnen und Bürger auf Demokratie begründete. Aus der Würdenorm floß also nicht mehr nur ein Recht auf Abwehr gegen den Staat sowie ein Recht auf Schutz durch den Staat; aus ihr ergab sich nun auch ein Recht auf demokratische Teilhabe am Staat.

Im Ergebnis stellte das Gericht damit die Demokratie auf ein neues verfassungsrechtliches Fundament: Bislang sah man das Demokratieprinzip in den Staatszielbestimmungen (Artikel 20 Absatz 1, Artikel 28 Absatz 1 Grundgesetz) und den Bestimmungen über das Wahlrecht (Artikel 38 Grundgesetz) verankert. Indem das Gericht nun den Anspruch auf Demokratie auch der Würdenorm (Artikel 1 Absatz 1 Grundgesetz) entnahm, schuf es eine neue Begründung, ja, es sorgte nun für eine Begründungs-Verdreifachung. War dies aber überhaupt nötig? Bedurfte es einer weiteren verfassungsrechtlichen Fundierung des Demokratieprinzips? Dies konnte man mit guten Gründen bezweifeln. Aber was mochte das Gericht zu diesem Schritt bewogen haben? Offenkundig war es ihm um einen Schutz deutscher Hoheitsgewalt vor weiteren Kompetenzübertragungen auf die Europäische Union zu tun, um eine Sperre gegen weitere Europäisierungen nationaler Hoheitsgewalt. Das Gericht stellte ausdrücklich heraus, dass der in der Würdenorm verankerte Anspruch auf Demokratie zu den *»unveränderbar festgelegten Grundsätzen des deutschen Verfassungsrechts«* zähle. Diesen Anspruch auf Demokratie nun auch auf die Würdenorm zurückzuführen, hatte offenbar den Zweck, das schon im Europa-Artikel des Grundgesetzes (Artikel 23 Absatz 1 Satz 3 in Verbindung mit Artikel 79 Absatz 3 Grundgesetz) enthaltene Verbot unbegrenzter schleichender Souveränitätsverlagerungen weiter zu verstärken. Würde der Bundestag sich also für solche Verlagerungen entscheiden und weitere substantielle Gestaltungsrechte abgeben, so verletzte er damit in Zukunft auch die Würdenorm und berührte zudem die »Grundsätze« der Ewigkeitsgarantie.

In seinem Bemühen, mit Hilfe eines aus der Würdenorm abgeleiteten Rechtsanspruchs auf Demokratie eine weitere Hürde vor neuen Souveranitätsübertragungen auf die Europäische Union zu errichten, hatte das Gericht aber eine prekäre Konsequenz dieser Operation übersehen: Wenn der Anspruch auf Demokratie in der Würde des Menschen wurzelte, mussten dann nicht *alle*, die von der deutschen Staatsgewalt betroffen waren, über diese Gewalt auch mitbestimmen dürfen? Das Grundgesetz sprach ja nicht nur von der Würde der Deutschen, sondern von der Würde aller Menschen. Anders formuliert: Wenn der Anspruch auf Demokratie in dieser Würde aller Menschen gründete, musste er doch auch Ungeborenen, Minderjährigen, den aus anderen Gründen bislang vom Wahlrecht Ausgeschlossenen oder auch Personen zustehen, die nicht dem deutschen Volk angehörten, kurz: allen, die nach der

Rechtsprechung des Gerichts vom persönlichen Anwendungsbereich der Norm erfasst wurden.

Die rechtsdogmatischen Folgen dieser Wendung des Bundesverfassungsgerichts von der Verwurzelung des Anspruchs auf Demokratie in der Menschenwürde waren in der Tat prekär: Mit ihr wurden die konkreten und speziellen Aussagen des Grundgesetzes überspielt, denen zufolge eben nicht jeder, welcher der deutscher Staatsgewalt unterliegt, auch berechtigt ist, über diese Staatsgewalt mit zu bestimmen. Vermeiden ließ sich diese so herbeigeführte dogmatische Inkonsistenz nur, wenn der aus der Würdenorm abgeleitete Rechtsanspruch auf Demokratie als *einschränkbarer* Anspruch hätte gedacht werden können. Doch dieser Lösungsweg war nach der Rechtsprechung des Gerichts versperrt: Es hatte ja oft genug betont, dass es sich bei dieser Norm um eine Norm mit absoluter Geltung handele, sie daher eben *uneinschränkbar* sei.[98]

III. Recht auf selbstbestimmten Tod

Der Mensch als ein sich selbst bestimmendes Wesen: Es gab noch eine weitere Facette dieser als Kerngehalt der Würdenorm ausgewiesenen Vorstellung, die in den letzten anderthalb Jahrzehnten die Aufmerksamkeit auf sich zog. Diese Facette betraf die Frage, was aus der Selbstbestimmung für das Lebensende folgte. Ergab sich etwa aus der Würdenorm ein Recht, über den eigenen Tod entscheiden zu können – dies wiederum verbunden mit der Folgefrage, ob der Sterbende von seinen Mitmenschen, Verwandten, Vertrauten, Ärzten oder Pflegern Sterbehilfe erbitten konnte, ohne diese dabei in einen Konflikt mit dem Strafgesetz drängen zu müssen? Dass die Diskussion seit 2000 an Intensität zunahm, war auch dadurch bedingt, dass sich inzwischen die Möglichkeiten der Intensiv- und Apparatemedizin zur Lebensverlängerung noch einmal deutlich verbessert hatten. Zudem dürfte sich um die Jahrtausendwende in der Medizinethik endgültig ein Paradigmenwechsel weg vom Arztpaternalismus, hin zur Arzt-Patient-Partnerschaft sowie zur Patientenautonomie vollzogen haben. Vor allem aber sorgte die Entwicklung in europäischen Nachbarstaaten für ein Aufleben der Debatte. Begleitet von europaweit hörbaren Stimmen, die um die Jahrtausendwende für eine Liberalisierung der aktiven Sterbehilfe eintraten, verabschiedeten die Niederlande im Jahre 2001 ein Gesetz, das Euthanasie unter bestimmten Voraussetzungen straffrei stellte. Ein Jahr später folgte Belgien, dessen noch liberaleres Euthanasiegesetz die aktive Tötung von Sterbewilligen sogar dann erlaubte, wenn der sterbewillige Patient sich noch nicht im Endstadium seiner Krankheit befand.

Anders aber als etwa bei der Debatte um die Grenzlinien einer rechtsstaatlichen Verbrechens- und Terrorismusbekämpfung stand bei der Diskussion um Sterbewunsch und Sterbehilfe die Würdenorm nicht alleine im Zentrum. Sie war nicht die alles überstrahlende Bezugsgröße, sondern rangierte gleichrangig neben anderen Normen wie dem Recht der allgemeinen Handlungsfreiheit, der körperlichen Unversehrtheit, dem Schutz von Ehe und Familie oder der Gewissens- und Religionsfreiheit. Auch war diese Diskussion nicht von harten Thesen, Erregtheit oder scharfen Untertönen geprägt. Der Bundesgerichtshof äußerte in einem Beschluss über die Verbindlichkeit einer Patientenverfügung aus dem Jahre 2003 sogar, die Verfassung biete »*keine sichere Handhabe, die im Widerstreit der Schutzgüter von Leben und Menschenwürde eine dem jeweiligen Einzelfall gerecht werdende, rechtlich verlässliche und vom subjektiven Vorverständnis des Beurteilers unabhängige Orientierung*« ermögliche.

Gleichwohl stieß eine solche verfassungsrechtsskeptische Haltung, wie sie der Bundesgerichtshof eingenommen hatte, rasch auf deutliche Ablehnung. Nicht wenige, die an der verfassungsrechtlichen Diskussion teilnahmen, glaubten, der Würdenorm sehr wohl eine Antwort auf die Frage nach dem Recht auf einen selbstbestimmten Tod und nach den Grenzen der Sterbehilfe entnehmen zu können – und zwar eine negative! Für sie war die Würdenorm ein starkes verfassungsrechtliches Argument gegen ein mutmaßliches Recht auf einen selbstbestimmten Tod und gegen jegliche Form aktiver Sterbehilfe. Die Würdenorm statuiere nämlich »*die Unveräußerlichkeit höchstpersönlicher Rechtsgüter*«, und dazu gehöre »*in erster Linie das menschliche Leben*«. Und dieses Leben wiederum, die »*biologisch-physische Existenz des Menschen*«, sei die »*essentielle Voraussetzung für die Menschenwürde*«, im Grunde deren transzendentale Bedingung. Mit anderen Worten: Als »*vitale Voraussetzung der Menschenwürde*« sei das Leben der »*Höchstwert*«, der nicht relativiert werden dürfe. Die Selbsttötung dagegen, so argumentierte auch Ernst-Wolfgang Böckenförde, negiere das Leben als Voraussetzung der Selbstbestimmung und sei folglich »*ein Widerspruch in sich*«; sie zerstöre »*die Existenz des Menschen als sittliches Subjekt und damit seine eigene Würde*«. Nicht zu verkennen war, dass bei dieser Position auch das christliche Verständnis des Lebens als Geschenk Gottes mitschwang, die Idee, dass Gott dieses Geschenk dem Menschen anvertraut, ihm jedoch nicht zur absoluten Disposition überlassen habe.

Natürlich blieb diese religiös grundierte Sichtweise selbst nicht ohne Widerspruch. Bemerkenswert war aber, dass sich auch die Gegenposition dabei wie selbstverständlich auf die Würdenorm stützte. Sie wandte sich gegen die aus ihrer Sicht »*biologistische Überdehnung*« der Norm und sah vielmehr gerade in ihr »*die Grundlage*« eines Rechts auf den eigenen Tod. Denn »*Selbstbestimmung*« sei ein »*Kern der Menschenwürde*«, mithin sei der »*gewünschte Abbruch einer Therapie, die Verweigerung der Nahrungsaufnahme und das verfügte Verbot lebensverlängernder Maßnahmen im Falle der Einwilligungsunfähigkeit*« nichts anderes als der »*Ausdruck menschenwürdiger Selbstbestimmung*«. Hindere der Staat unter Berufung auf den Schutz der Menschenwürde »*einen verantwortlichen und einsichtsfähigen Menschen an der Verfügung über das eigene Leben*«, so wäre dies »*eine Verkehrung des verfassungsrechtlichen Sinnes von Art. 1 Abs. 1 GG*«, und zwar ungeachtet »*des Umstandes, dass zu den Bedingungen der Selbstbestimmungsfähigkeit das Leben*« gehöre. Mit Blick auf die christliche Konnotierung der Thematik, der schöpfungstheologischen Sicht des Lebens als Geschenk Gottes, stellte man die Gegenfrage: Warum sollte ein Beschenkter »*über das Geschenk gar nicht verfügen*« und warum der Einzelne sein »*Leben nicht selbst in Gottes Hand zurückgeben*« dürfen?

Wie schon in anderen Debatten griffen auch hier wieder einander konträr gegenüberstehende Meinungslager in gleichem Maße auf die Würdenorm zu, um die eigene Position zu begründen und zu verteidigen. Die einen sahen die Verfügbarkeit über das eigene Leben durch diese Norm geschützt; den anderen zufolge stand die Norm dieser Verfügbarkeit gerade entgegen; die einen beriefen sich auf den Gedanken, die Würdenorm sei Ausdruck der menschlichen Fähigkeit zur Selbstbestimmung, die anderen auf ein Verständnis, das in dieser Norm gerade eine Grenze dieser Selbstbestimmung erblickte. Auch in der aktuellen Diskussion um ein Verbot der organisierten Suizidhilfe lässt sich eine solche gegenstrebige Berufung auf die Menschenwürde übrigens wieder beobachten.[99]

IV. Selbstbestimmung in menschenunwürdigem Dasein?

Problemträchtig erwies sich in den letzten Jahren die Vorstellung von der Selbstbestimmungsfähigkeit des Menschen als Grund und Gehalt der Würdenorm schließlich noch in einer weiteren Hinsicht: Wie vertrug sich diese Vorstellung mit der ebenfalls der Würdenorm entnommenen Pflicht, ein menschenwürdiges Dasein zu gewährleisten? Wie sollte es möglich sein, die Pflicht zum Schutz der Selbstbestimmung wie auch zugleich die Pflicht zur Gewährleistung einer menschenwürdigen Existenz aus ein- und derselben Würdenorm abzuleiten? Schloss sich beides nicht aus – da es doch zu den hervorstechendsten Eigenschaften des Menschen gehören, ihn sogar auszeichnen dürfte, dass er gerade auch unter menschenunwürdigen Lebensbedingungen selbstbestimmt handeln kann? Wenn also der Würdenorm die Vorstellung von der Selbstbestimmungsfähigkeit zugrunde lag: wie konnte diese Norm dann aber ebenso ein Grundrecht auf Gewährleistung eines menschenwürdigen Daseins zum Inhalt haben? Eine besondere Relevanz erfuhr diese Frage im Jahr 2010 durch die »Hartz-IV«-Entscheidung des Bundesverfassungsgerichts.

Bis zu dieser Entscheidung hatte das Gericht niemals klar und unmissverständlich ausgesprochen, dass die Würdenorm eine staatliche Pflicht zur Gewährleistung eines menschenwürdigen Daseins – und damit korrespondierend: einen entsprechenden Leistungsanspruch des Einzelnen – enthielt. Zu Beginn der fünfziger Jahre hatte es, entgegen der damals herrschenden Sicht der Staatsrechtslehre, sogar dezidiert abgelehnt, aus der Würdenorm einen Anspruch »*auf Schutz vor materieller Not*« abzuleiten. Erst 1975 hieß es zum ersten Mal, dass »*die Fürsorge für Hilfsbedürftige zu den selbstverständlichen Pflichten eines Sozialstaates*« gehöre – was »*notwendig die soziale Hilfe für die Mitbürger*« einschließe, »*die wegen körperlicher oder geistiger Gebrechen an ihrer persönlichen und sozialen Entfaltung gehindert und außerstande*« seien, »*sich selbst zu unterhalten*«. Die staatliche Gemeinschaft müsse »*ihnen jedenfalls die Mindestvoraussetzungen für ein menschenwürdiges Dasein sichern*«. Von dieser Entscheidung an ließ sich davon sprechen, dass das Bundesverfassungsgericht eine verfassungs- und nicht nur eine einfach-gesetzliche Pflicht zur Gewährleistung eines menschenwürdigen Daseins kannte, auf eine Besonderheit war aber zu achten: Der verfassungsrechtliche Grund dieser Pflicht war nicht die Würdenorm, sondern das Sozialstaatsprinzip.

Dies änderte sich dann zwar schon zwei Jahre später. In der Entscheidung über die lebenslange Freiheitsstrafe formulierte das Gericht nämlich, dass »*aus Art. 1 I GG in Verbindung mit dem Sozialstaatsprinzip*« die Verpflichtung des Staates herzuleiten sei, »*jenes Existenzminimum zu gewähren, das ein menschenwürdiges Dasein überhaupt erst*« ausmache. Allerdings war sich das Gericht auch dieses Mal seiner Sache nicht so ganz sicher, denn wiederum einige Jahre später ließ es ausdrücklich offen, »*ob Art. 1 Abs. 1 GG ein Grundrecht des Einzelnen auf gesetzliche Regelung von Ansprüchen auf angemessene Versorgung begründen*« könne – und dabei verwies es auf seine Entscheidung über die Witwenversorgung von 1951, in der es einen solchen Anspruch ja ausdrücklich verneint hatte. Es griff nun wieder allein auf das Sozialstaatsprinzip zurück, um das zwingende Gebot zu begründen, dass »*der Staat die Mindestvoraussetzungen für ein menschenwürdiges Dasein seiner Bürger*« zu sichern habe.

Dieses Changieren fand dann wie gesagt 2010 ein Ende. In seiner Entscheidung über »Hartz-IV« erkannte das Bundesverfassungsgericht zum ersten Mal ein »*Grundrecht auf Gewährleistung eines menschenwürdigen Existenzminimums*« an, das sich aus »*Art. 1 Abs. 1 GG in Verbindung mit Art. 20 Abs. 1 GG*« ergebe: »*Wenn einem Menschen die zur Gewährleistung eines menschenwürdigen Daseins notwendigen materiellen Mittel fehlen, weil er sie weder aus seiner Erwerbstätigkeit noch aus eigenem Vermögen noch durch Zuwendungen Dritter erhalten kann, ist der Staat im Rahmen seines Auftrages zum Schutz der Menschenwürde und in Ausfüllung seines sozialstaatlichen Gestaltungsauftrages verpflichtet, dafür Sorge zu tragen, dass die materiellen Voraussetzungen dafür dem Hilfebedürftigen zur Verfügung stehen. Dieser objektiven Verpflichtung aus Art. 1 Abs. 1 GG korrespondiert ein Leistungsanspruch des Grundrechtsträgers, da das Grundrecht die Würde jedes individuellen Menschen schützt und sie in solchen Notlagen nur durch materielle Unterstützung gesichert werden kann*«.

Das Gericht konkretisierte sogar den Inhalt dieses Anspruchs;

er erfasse diejenigen Mittel, »*die zur Aufrechterhaltung eines menschenwürdigen Daseins unbedingt erforderlich sind. Er gewährleistet das gesamte Existenzminimum durch eine einheitliche grundrechtliche Garantie, die sowohl die physische Existenz des Menschen, also Nahrung, Kleidung, Hausrat, Unterkunft, Heizung, Hygiene und Gesundheit, als auch die Sicherung der Möglichkeit zur Pflege zwischenmenschlicher Beziehungen und zu einem Mindestmaß an Teilhabe am gesellschaftlichen, kulturellen und politischen Leben umfasst, denn der Mensch als Person existiert notwendig in sozialen Bezügen*«. Zwei Jahre später stellte das Gericht überdies fest, dass es sich bei diesem Grundrecht auf Gewährleistung eines menschenwürdigen Existenzminimums um ein »*Menschenrecht*« handele, das deshalb deutschen und ausländischen Staatsangehörigen, die sich in der Bundesrepublik Deutschland aufhielten, gleichermaßen zustehe.[100]

Diese unmissverständliche Anerkennung eines Grundrechts auf Gewährleistung eines menschenwürdigen Existenzminimums lässt sich durchaus als Antwort auf die seit Ende der neunziger Jahre zu beobachtenden Tendenzen der Sozialpolitik verstehen, sich von den Konzepten des klassischen Wohlfahrtsstaates zu lösen und zu einem Rückbau des überkommenen Sozialstaates überzugehen. Dem zum Leistungsab- und -umbau bereiten einfachen Gesetzgeber wollte das Gericht wohl eine unüberwindliche sozialpolitische Grenze setzen. Doch was auch immer das Gericht bei dieser Entscheidung motiviert haben mag – die Frage blieb: Wie sollte es möglich sein, aus der Würdenorm, der doch, so die Prämisse des Gerichts, die Vorstellung vom Menschen als einem zur Selbstbestimmung befähigten Wesen zugrunde lag, die Pflicht zur Gewährleistung eines menschenwürdigen Daseins zu deduzieren? Um es noch einmal zu verdeutlichen: In eine menschenunwürdige Lage zu geraten, bedeutet keinesfalls, auch unweigerlich die Fähigkeit zur Selbstbestimmung zu verlieren. Auch im Zustand bitterer materieller Not, bei Hunger, Durst und Kälte, auch bei menschenverachtender Herzlosigkeit der Mitmenschen bleiben Handlungsoptionen, bei deren Wahrnehmung der Einzelne seine Vernunft-, Freiheits- und Moralfähigkeit unter Beweis stellen kann. Gewiss, in einer solchen Lage verringert sich die Anzahl solcher Optionen, doch grundsätzlich bleibt die Wahl, etwa weiter zu hungern oder sich aber unter Verletzung moralischer oder rechtlicher Normen etwas Essbares zu verschaffen. Bei der Selbstbestimmungsfähigkeit des Menschen und bei den Bedingungen menschenwürdiger Existenz handelt es sich um unterschiedliche Vorstellungen und Größen. Mit gutem Grund hatte daher Volker Neumann schon einige Jahre zuvor darauf hingewiesen, dass staatliche Leistungen, die ein menschenwürdiges Dasein gewährleisten sollen, gerade nicht auf den Schutz der Menschenwürde im Sinne der Selbstbestimmungsfähigkeit zielen. Dass das Bundesverfassungsgericht dennoch die Pflicht des Staates, dem Einzelnen ein menschenwürdiges Existenzminimum zu gewährleisten, aus der Würdenorm ableitete, ist mithin in dogmatisch-systematischer Hinsicht mehr als verwunderlich. Es dürfte sich allerdings ideenhistorisch erklären lassen.[101]

Schon für den Sprachgebrauch zum Ende des achtzehnten Jahrhunderts ist eine Rede von der Menschenwürde nachweisbar, die sich auf bestimmte Bedingungen eines erträglichen, ja guten menschlichen Lebens bezog. Georg Forster etwa, Naturforscher, Ethnologe und führende Figur des Mainzer Jakobinerclubs, schrieb 1793 in seinem Werk *Über die Beziehung der Staatskunst auf das Glück der Menschheit*: »*Der wohlhabendere Mann, der allen Überfluß seiner fetten Äcker und Wiesen genießt, gut gekleidet ist und in einem netten, reinen, mit schönem Geräte versehenen Hause wohnt [...] ist wohl in all seinen Verhältnissen, [...] und fängt an, sich seiner Menschenwürde bewußt zu sein. Der ausgemergelte Sklav des sarmatischen Edelmanns hingegen, in einer morschen, räucherischen, nackten Hütte, im schmutzigen Schafspelze, vom Ungeziefer halb verzehrt, bei schwerer Arbeit und geringer, wo nicht gar ungesunder Kost, kennt bloß tierische Affekte, ruhet gedankenleer von seiner Anstrengung, und stirbt hin, ohne den höheren Sinnengenuß gekostet, ohne sich seiner Geisteskräfte gefreuet oder sie hier nur gekannt zu haben, um den Zweck seines Hierseins gänzlich betrogen.*« Ähnlich formulierte Friedrich Schiller 1797 das Distichon: »*Würde. Nichts mehr davon, ich bitt euch. Zu essen gebt ihm, zu wohnen. Habt ihr die Blöße bedeckt, gibt sich die Würde von selbst.*«

Auch für das neunzehnte Jahrhundert lässt sich ein solcher Sprachgebrauch feststellen. So stellte etwa der »Bund der Geächteten«, eine in den 1830er Jahren in Paris entstandene Vorläuferorganisation der politischen Arbeiterbewegung, im Jahre 1834 ein Programm auf, das nicht nur »*das Glück aller ihrer Glieder*« zum höchsten Zweck der Gesellschaft erklärte. Es verpflichtete die Gesellschaft auch dazu, einem jeden die Mittel zu »*verbürgen*«, um

»sich auf eine leichte Weise ein Auskommen zu verschaffen, welchem ihm nicht nur die Bedürfnisse des Lebens, sondern auch eine menschenwürdige Stellung in der Gesellschaft« sichere. Auch das *Manifest der kommunistischen Partei* lässt sich heranziehen. Karl Marx und Friedrich Engels hielten darin fest, dass die Bourgeoisie *»die persönliche Würde in den Tauschwert aufgelöst und an die Stelle der zahllosen verbrieften und wohlerworbenen Freiheiten die eine gewissenlose Handelsfreiheit gesetzt«* habe; der *»mit religiösen und politischen Illusionen verhüllten Ausbeutung«* sei die *»offene, unverschämte, direkte, dürre Ausbeutung«* gefolgt. Ferner: Ein Zitat Friedrich Lassalles. Er forderte in der zweiten Jahrhunderthälfte für die Arbeiter und Kleinbürger, dass der Staat *»sein ganzes Sinnen und Trachten darauf«* zu richten habe, *»wie die kummervolle und notbeladene materielle Lage der arbeitenden Klassen zu verbessern, und wie auch ihnen zu […] einem wahrhaft menschenwürdigen Dasein zu verhelfen sei«*. Schließlich August Bebel. Dieser warf 1874 einem Kaplan in einer Streitschrift vor, er lebe in Heiterkeit und Freude und genieße die Früchte anderer, während *»das Volk nach menschenwürdiger Existenz und dem Ertrage seiner Mühe und Arbeit«* strebe.

Bei diesen Wendungen von der »menschenwürdigen Existenz« oder vom »menschenwürdigen Dasein« handelte es sich zweifellos um Topoi der sozialistischen Tradition. Sie transportierten die Forderung nach erträglichen und guten Lebensbedingungen insbesondere für die Arbeiterschaft. Diese Wendungen und die mit ihnen verbundenen Forderungen verblieben jedoch interessanterweise nicht allein im Kontext sozialistischer Texte, sondern fanden später sogar Verwendung bei Autoren, die zu den politischen und weltanschaulichen Gegenkräften zu rechnen waren.

Dies lässt sich etwa an Friedrich List illustrieren. Der Nationalökonom und Mitherausgeber des *Staatslexikons*, des Sprachrohrs des liberalen Bürgertums, bezeichnete in den dreißiger Jahren des neunzehnten Jahrhunderts einen Zustand, in dem *»Abgaben so groß sind, daß sie dem freien Arbeiter bei übermäßigen Anstrengungen keine geistigen Genüsse und nur so viele leibliche übrig lassen, als absolut nötig ist, um nicht zu verhungern«*, als *»Entwürdigung der arbeitenden Klassen«*. Ein weiteres Beispiel: In einer Rede vor dem Deutschen Reichstag im April 1881 rechtfertigte Otto von Bismarck die Einführung der Arbeiter-Unfallversicherung mit den Worten: *»Vor dem Verhungern ist der invalide Arbeiter durch unsere heutige Armen-*

gesetzgebung geschützt. [...] Das genügt aber nicht, um den Mann mit Zufriedenheit auf sein Alter und seine Zukunft blicken zu lassen, und es liegt in diesem Gesetze auch die Tendenz, das Gefühl menschlicher Würde, welches auch der ärmste Deutsche meinem Willen nach behalten soll, wachzuerhalten, daß er nicht rechtlos als reiner Almosenempfänger dasteht, sondern daß er ein peculium an sich trägt, über das niemand außer ihm verfügen kann und das ihm auch nicht entfremdet werden kann und das ihm manche Tür leichter öffnet, die ihm sonst verschlossen wird, ihm in dem Hause, in dem er Aufnahme gefunden hat, eine bessere Behandlung sichert, wenn er den Zuschuß, den er mit hineinbringt, aus dem Hause auch wieder entfernen kann. [...] Also sage ich, wir haben das Bedürfnis, in diesem Gesetz auf eine menschenwürdige Behandlung zunächst dieser Sorte von Armen zu wirken.«

Auch in den Schriften liberaler Protestanten finden sich entsprechende Wendungen. Julian Kaftan, ein Berliner Professor für Systematische Theologie, führte in einem Vortrag auf dem evangelisch-sozialen Kongress im Jahre 1890 über »Christentum und Wirtschaftsordnung« aus, die Wirtschaftsordnung sei »*um des Menschen willen und nicht der Mensch um der Wirtschaft willen gemacht*«. »*Der Mensch*« dürfe »*nie und in keinem Fall zum bloßen Mittel herabgewürdigt werden*«. Es sei notwendig, die Missbräuche zu beseitigen, »*die den Grundsatz von der Menschenwürde*« verletzten. Und Friedrich Naumann schrieb 1904 in der dritten Auflage seiner Schrift *Demokratie und Kaisertum*: »*Der einzelne will menschenwürdig leben! In diesen Begriff ›menschenwürdig‹ legt der Arbeiter seine materiellen wie sittlichen Ansprüche hinein.*« Nicht zuletzt dürften diese Stellungnahmen dann auch dazu beigetragen haben, dass bei den Verhandlungen der Weimarer Verfassung, in denen Naumann als Vorsitzender des Grundrechte-Ausschusses mitwirkte, sich die Auffassung durchsetzte, mit Hilfe der Formel von der »*Gewährleistung eines menschenwürdigen Daseins*« in der neuen Verfassung die »*soziale Funktion*« der Freiheit zu verankern.[102]

Was wird nun bei diesem Überblick über die Verwendungen der Formel vom menschenwürdigen Dasein in der Zeit zwischen dem Ende des achtzehnten bis zum Beginn des zwanzigsten Jahrhunderts sichtbar – insbesondere hinsichtlich der Frage, wie sich die vom Bundesverfassungsgericht vorgenommene Ableitung eines Grundrechts auf Gewährleistung eines menschenwürdigen Existenzminimums aus der Würdenorm erklären lässt? Diese begriffs-

und ideenhistorischen Schlaglichter lassen erkennen, dass die Formel zunächst ein sozial- und wirtschaftspolitisches Postulat der sozialistischen Arbeiterbewegung trug, Frucht der sozialistischen Tradition war, die dann allerdings in den allgemeinen politischen Sprachgebrauch des liberalen Bürgertums, der Konservativen und vor allem des Sozialprotestantismus einsickerte. Das Thema dieser Formel war nicht die Stellung des Menschen in der gottgegebenen Ordnung, nicht die Differenz von Natur und Geist, auch nicht die Fähigkeit des Menschen, sich selbst zu bestimmen, wodurch er von anderen Lebewesen unterscheidbar und seine Sonderstellung in der Welt begründbar sein sollte. Das Thema dieser Formel war auch nicht das der Unterdrückung, Drangsalierung und Vernichtung von Individuen in einem totalitären Staat. Ihr Thema war stattdessen ein Leben ohne Armut, ohne Kälte, Durst und Hunger und die damit notwendigerweise verbundene Frage nach der Gestaltung einer politischen, sozialen und wirtschaftlichen Ordnung, die ein solches Leben sicherte. Die Vorstellung von einer Würde im Sinne der Selbstbestimmungsfähigkeit und das Postulat eines menschenwürdigen Daseins stehen also in verschiedenen geistesgeschichtlichen Traditionen. Das Bundesverfassungsgericht hat diese unterschiedlichen Traditionen, so lässt sich seine »Hartz-IV«-Entscheidung erklären, in der Würdenorm des Grundgesetzes zusammenfließen lassen.[103]

Kapitel 10: Jüngere Metadebatten

Ungefähr seit der Jahrtausendwende wird die Würdenorm vor allem in die teilweise erbittert geführten Auseinandersetzungen um das Ausmaß und die Art ihrer Geltung in konkreten Anwendungsfeldern hineingezogen. Neue Deutungen der Norm sind für diesen Zeitraum hingegen nicht zu verzeichnen. Hin und wieder wurde gewiss versucht, Würdeideen und -konzepte aus der Philosophie auf die Würdenorm des Grundgesetzes zu übertragen. Doch letztlich beschränkten sich diese Versuche darauf, Deutungen zu wiederholen oder in Erinnerung zu rufen, die aus der schon damals rund ein halbes Jahrhundert währenden Interpretationsgeschichte längst bekannt waren. Erschien etwas bei einer ersten Lektüre neu oder unbekannt, so zeigte es sich bei genauerem Hinsehen allenfalls als geringfügige Variation tradierter Sichtweisen und Lesarten.

So wurde die Norm weiter als Ausdruck der Selbstbestimmungsfähigkeit des Menschen, seiner Freiheits- und Moralfähigkeit, verstanden. Oder es hieß, sie schütze einen Eigenwert des Menschen, der im christlichen Menschenbild wurzele; als Zeuge wurde dafür natürlich nicht selten Dürig genannt. Auch die von Niklas Luhmann eingeführte Konzeption – Würde als gelingende Selbstdarstellung – blieb in der Diskussion, ebenso wie der von Hasso Hofmann eingebrachte Gedanke, die Würde des Menschen auf den kommunikativen Akt zurückzuführen, in dem der eine den anderen als Subjekt möglicher Verantwortung anerkenne. Schließlich wurde nach wie vor die These verfochten, es handele sich bei der Wendung von der Würde des Menschen um nichts anderes als um eine ideologische Leerformel, denn niemandem sei es bislang ja gelungen, eine begründungstheoretisch brauchbare Definition zu liefern.

Dennoch nahm die Debatte in den Jahren nach 2000 eine bemerkenswerte Wendung, denn sie drang in einer bis dahin nicht gekannten Art und Intensität auf eine Metaebene vor. Nach einem halben Jahrhundert konkurrierender Auslegungen und Deutungskämpfe verlagerte sich die Debatte auf die Klärung der entscheidenden Vorfrage: *Wie*, mit welcher Methode, war das zu bestimmen, was das Grundgesetz die Würde des Menschen nennt?[104]

I. Staatsrechtliche Methode statt naturrechtliche Interpretation?

Auslöser dieser Vorfragen-Debatte war Matthias Herdegens neue Kommentierung zur Würdenorm im »*Maunz-Dürig*«, dem Grundgesetz-Kommentar, der wohl bis in die achtziger Jahre hinein als führend galt. Im Vorwort zu dessen erster Auflage hatten die Herausgeber 1958 ihre Entscheidung, den Kommentar in Lose-Blatt-Form vorzulegen, noch damit begründet, »*dass alle Teile des Kommentars möglichst auf dem neuesten Stand gehalten werden*« sollten. Das »*wichtigste Anliegen für den Benützer*« sei »*die Aktualität des Inhalts*«. Deshalb möge man doch, so baten sie, »*die technische Mühe des Einordnens*« in Kauf nehmen. In den Folgejahren schonten die Herausgeber allerdings die Nutzer ihres Kommentars, jedenfalls soweit es die Kommentierung zu Artikel 1 betraf. Von 1958 bis zum Jahre 2003 blieb Dürigs ausgesprochen wirkungsstarke und dessen eigenem Verständnis nach auf einer christlich-naturrechtlichen Deutung beruhende Kommentierung unverändert.

In der neuen Kommentierung brach Herdegen nun mit diesem Interpretationsansatz – und dies mit einer Schärfe der Diktion und Härte der Argumentation, dass man durchaus von einer Kehrtwende sprechen konnte. Herdegen erteilte naturrechtlichen Deutungen der Würdenorm eine Absage, die klarer und unmissverständlicher nicht hätte sein können. Die Vorstellung, das Grundgesetz übernehme mit der Menschenwürdeklausel deklaratorisch einen Staat und Verfassung vorgeordneten Anspruch ins positive Recht, habe zwar noch »*beachtliche Suggestivkraft*« und wirke auch in »*metaphysischen Interpretationsansätzen*« fort. Für die Deutung der Norm sei dagegen eine »*staatsrechtliche Betrachtung*« maßgeblich und damit »*allein die unantastbare Verankerung im Verfassungstext und die Exegese der Menschenwürde als Begriff des positiven Rechts*«. Wie umstürzlerisch und radikal diese methodologische Wende war, wurde auch an den Folgerungen erkennbar, die Herdegen daraus für konkrete Anwendungsfragen zog. In seiner Kommentierung verlor die Menschenwürde ihre Unantastbarkeit, ihre Absolutheit und ihre Unabwägbarkeit. Die »*Konkretisierung des Würdeanspruchs*« lasse »*im einzelnen Fall Raum für die Berücksichtigung des Schutzes anderer hochrangiger Verfassungsbelange*«; trotz »*des kategorialen Würde-*

anspruchs aller Menschen« seien *»Art und Maß des Würdeschutzes für Differenzierungen durchaus offen«*.

Herdegens neue Kommentierung wurde außergewöhnlich viel Aufmerksamkeit zuteil. Dies galt allerdings weniger für die juristische Fachliteratur, wo sie sich neben anderen solide erarbeiteten und informativen Erläuterungen zu Artikel 1 einreihte. Außergewöhnlich war die Resonanz vielmehr, weil die Kommentierung Schlagzeilen machte. Im September 2003 titelte die *Frankfurter Allgemeine Zeitung*: »Streit über Würde im Grundgesetz«. Ernst-Wolfgang Böckenförde hatte sich mit Herdegens Kommentierung in einem Text intensiv und kritisch auseinandergesetzt, den die *FAZ* im Feuilleton abdruckte.

Böckenförde sah in der neuen Kommentierung einen *»Epochenbruch«*. Herdegen habe mit einem *»grundlegend veränderten Ansatz«* Dürigs Kommentierung nicht fort-, sondern umgeschrieben. Indem er die Menschenwürde *»rein staatsrechtlich«*, also *»aus sich heraus positivrechtlich«* interpretiere, werde diese – Böckenförde fühlte sich *»an Labands Staatsrecht«* erinnert – als rechtlicher Begriff *»ganz auf sich gestellt, abgelöst (und abgeschnitten) von der Verknüpfung mit dem vorgelagerten geistig-ethischen Inhalt, der dem Parlamentarischen Rat präsent und Dürig«* so wichtig gewesen sei. Die Folge liege auf der Hand: der *»Wechsel im Verständnis der Menschenwürdegarantie vom tragenden Fundament der neu errichteten staatlichen Ordnung«* zu *»einer Verfassungsnorm auf gleicher Ebene neben anderen«*! Der *»Rückgriff auf die geistigen und geschichtlichen Grundlagen«* des Würdebegriffs verliere *»seine Relevanz«*, die fundamentale Norm des Grundgesetzes gehe *»der tragenden Achse verlustig«*, der *»Erkennbarkeit eines festen Bodens«*. Die Würdenorm sei *»nicht mehr die Grundfeste und meta-positive Verankerung der grundgesetzlichen Ordnung, nicht mehr ›Pfeiler im Strom‹ des verfassungsrechtlichen Diskurses«*, sondern fließe *»darin mit, anheimgegeben und anvertraut der Gesellschaft der Verfassungsinterpreten, für die kein verbindlicher Kanon der Interpretationswege«* existiere.

Böckenförde ging mit aller Deutlichkeit auf Distanz zu Herdegens Ansatz, die Würdenorm von vorpositiven Gehalten abzutrennen, die für Böckenförde, dies zeigten insbesondere seine Äußerungen in den achtziger Jahren sowie seine Stellungnahmen zur humangenetischen Forschung und Praxis, nur aus dem christlich fundierten Menschenbild fließen konnten. Sehr auffällig war aber, dass er sich Herdegens neuem Ansatz keinesfalls argumentativ entgegenstemmte. Er historisierte ihn vielmehr: Die Väter und Mütter des Grundgesetzes hätten *»einen Damm für alle Zukunft aus der bitteren Erfahrung des massiven Unrechts und der kaum übersteigbaren Verachtung der Menschenwürde im ›Dritten Reich‹«* errichten wollen. Doch, so fragte Böckenförde noch, wie lange ließen *»sich damit Generationen binden, die diese Erfahrung nicht mehr«* gemacht hätten, *»für die das ›Dritte Reich‹ schon und nur Geschichte«* sei, *»für die die Notwendigkeit eines bleibenden, unabdingbaren Halte- und Orientierungspunktes für die Ordnung des Zusammenlebens der Menschen keine Evidenz mehr«* habe?

Als Herdegen seine Kommentierung zwei Jahr später ergänzte, reagierte er auf Böckenfördes Kritik – und spitzte seine Position noch einmal zu! Auch dieses Mal brachte die *Frankfurter Allgemeine Zeitung* diesen Vorgang aus der verfassungsrechtlichen Fachliteratur, den wahrscheinlich sonst nur Fachjuristen und am Verfassungsrecht besonders interessierte Studenten zur Kenntnis nahmen, auf die Titelseite. Die Schlagzeile lautete dieses Mal: *»Menschenwürde in der Abwägung«*. Der daran anschließende Text berichtete, Herdegen kritisiere in seiner ergänzenden Kommentierung sowohl *»das zähe Festhalten«* deutscher Staatsrechtslehrer an einem *»überpositiven Charakter der Menschenwürdegarantie«* wie auch das Verständnis der Norm als *»Einbruchstelle für naturrechtliche Vorstellungen«*. Wer bestreite, dass für die rechtliche Betrachtung allein die Verankerung im Verfassungstext und die Exegese der Menschenwürde als Begriff des positiven Rechts maßgeblich sei, könne nur auf das *»Hohepriestertum seiner höchstpersönlichen Ethik«* setzen, verbunden *»mit der Intoleranz gegenüber allen, denen der rechte Zugang zu den Gewißheiten einer überpositiven Wertordnung versagt«* sei.

Das Bemerkenswerte an dieser Kontroverse war, dass die Frage nach der juristischen Methode, eine der »ewigen« Fragen des Staats- und Verfassungsrechts, für die Tagespresse einen Nachrichtenwert besaß, nämlich die Frage, ob und in welchem Maße die Deutung einer Norm des positiven Rechts weltanschauliches Räsonnement verträgt oder braucht. Dies zeigt, welch außerordentliche Bedeutung die Norm von der Würde des Menschen inzwischen auch für die Öffentlichkeit erlangt hatte.[105]

II. Christliches Menschenbild als Mitte aller Deutungen?

In der Metadebatte um die richtige Methode, mit der die Würdenorm inhaltlich zu bestimmen sei, fand Herdegens »*staatsrechtliche*« Position, das Postulat verfassungsautonomer und positivistischer Auslegung der Würdenorm, mehr Kritik als Zustimmung. Welchen Einwänden sah sie sich ausgesetzt? Man brachte vor, bei einer solchen Auslegung werde die Norm von dem »*vorgelagerten geistig-ethischen Inhalt*« abgeschnitten; es fehle ihr »*ein inhaltliches Richtmaß*«, und sie verliere »*jede Anschlussfähigkeit*« an weltanschauliche Debatten. Folglich hielten die meisten Autorinnen und Autoren an einer überpositiven Verankerung der Würdenorm fest, an deren Verständnis als offene Norm, offen für den Rückgriff auf die philosophische, geistesgeschichtliche Tradition, die christliche Theologie, Erkenntnisse der empirischen Wissenschaften oder den gesellschaftlichen Diskurs.

Nicht alle, die insbesondere eine weltanschauliche Offenheit propagierten und davon ausgingen, dass alle Würdenorminterpreten »*zur Metaphysik verdammt*« seien, verschlossen dabei die Augen davor, dass die Würdenorm des Grundgesetzes Norm eines liberalen Staates war und daher etwas schützte, was mit den Worten des höchsten deutschen Gerichts »*unabhängig von bestimmten religiösen oder philosophischen Überzeugungen*« galt, »*über die der Rechtsordnung eines religiös-weltanschaulich neutralen Staates kein Urteil*« zustand. Einige Befürworter der philosophisch-metaphysischen Deutung stellten sich diesem Problem und boten auch eine Lösung an: die Methode der Synthesenbildung. Sie setzten darauf, dass die Differenzen und Widersprüche unterschiedlicher Würdeideen aufgelöst und diese zu einem allgemein akzeptablen Konzept zusammengeführt werden konnten. Paul Kirchhof etwa gehörte zu den Optimisten. 2001 führte er aus, »*bei der Interpretation der in der Menschenwürdegarantie verdichteteten Kulturerfahrung [müsse] man auf antike Vorstellungen der dignitas, auf die christliche Idee der Ebenbildlichkeit Gottes, auf die humanistisch-aufklärerische Vorstellung der mit Verstand begabten, zur selbstbestimmten Zwecksetzung befähigten Person, auch auf nützlichkeitstheoretische Erwägungen der Gegenseitigkeit und systemtheoretische Zuordnungen von Gewährleistungsinhalt und Gewährleistendem zurückgreifen*«. Alle »*diese Begrün-*

dungen, Erklärungen und Auslegungen von Begriff und Rechtsfolge der Menschenwürde« könnten *»die verfassungsrechtliche Gewährleistung festigen, anregen und gegenwartsgerecht erneuern«*.

Viel Beifall erhielt dieser Vorschlag aber verständlicherweise nicht. Bereits die Ergiebigkeit dieses Ansatzes ließ sich bezweifeln; gerade die heftig geführten Debatten etwa um die Humangenetik oder die Thesen der Hirnforschung hatten doch gezeigt, dass die darin aufgeworfenen Fragen früheren Jahrhunderten gänzlich unbekannt waren. Zumindest insoweit ließ sich nicht aus den Beständen der Tradition schöpfen, existierte also keine *»verdichtete Kulturerfahrung«*. Der zentrale Einwand war aber: Wie sollten sich aus der europäischen Geistesgeschichte überhaupt konsensfähige Ansichten zur Würde des Menschen destillieren lassen? In der Tat: Wie ließ sich die Vorstellung, die Menschenwürde sei etwas Unverlierbares, mit der Auffassung vereinbaren, diese Würde beruhe auf einer Leistung und müsse erworben werden? Oder wie der kantische Autonomiegedanke mit dem christlichen Menschenbild, das doch gerade von inhärenten Beschränkungen dieser Autonomie ausging?[106]

Überzeugen konnte eine solche Methode der Synthesenbildung allenfalls dann, wenn die letztlich unüberschaubar zahlreichen Würdekonzeptionen, welche die Geistesgeschichte hervorgebracht hatte, am Ende tatsächlich auf einen ideellen Urgrund zurückgeführt werden konnten. Doch konnte es einen solchen gemeinsamen Ursprung geben? Nicht nur Kirchhof glaubte, dass es einen solchen Urgrund gab – nämlich die Würdeidee des Christentums. Alle Denkweisen, die in der Würdenorm des Grundgesetzes als *»verdichtete Kulturerfahrung«* ihren Niederschlag gefunden hätten, so hieß es, fänden *»im abendländischen, also im christlich geprägten Menschenbild eine Mitte«*. Auf diese Weise wurde also auch im Rahmen der Metadebatte um die richtige Methode, die Würdenorm zu interpretieren, weiter für die These gefochten, die Idee der menschlichen Würde finde ihren *»wirkmächtigen Ausgangspunkt«* im Christentum und das *»christliche Menschenbild, der Mensch als Ebenbild Gottes«*, sei *»das Substrat«*, *»aus dem sich die Würde des Menschen«* speise, von der auch das Grundgesetz spreche.

Dieses unverdrossene Beharren auf einer Verankerung der Würdenorm in der christlichen Religion war schon überraschend und verstand sich gewiss nicht von selbst – vor allem, weil die Debatten der vergangenen Jahre doch zahlreiche, zum Teil außerordentlich gewichtige Einwände hervorgebracht hatten: die Versuche einer christlichen Fundierung der Würdenorm traten in Spannung zum »*Faktum radikaler religiöser Pluralisierung*«; der Parlamentarische Rat wollte die Norm gerade nicht im christlichen Sinne verstanden wissen; in der christlichen Theologie stieß die Würdeidee lange Zeit auf Ablehnung, weil die Zuschreibung von Würde ein Akt menschlicher und gottloser Selbstermächtigung sei; der Gedanke der Würde eines jeden Menschen musste lange Zeit gegen eine im christlichen Namen betriebene Theorie und Praxis der Vertreibung und Verfolgung von Ketzern, der Sklaverei und Leibeigenschaft, der Folter und Todesstrafe durchgesetzt werden; und nicht zuletzt hatte die christliche Religion doch selbst keine einheitliche Lehre von der Würde des Menschen entwickelt, kein einheitlich-biblisches Menschenbild, von dem aus die Würdenorm hätte verstanden oder interpretiert werden können. Dennoch: Dass ein Autor wie Ernst-Wolfgang Böckenförde, der selbst lange Zeit die These vom Ursprung des Würdegedankens im Christentum vertreten hat, sich durch diese Einwände offenbar zur Korrektur seiner Position hat bewegen lassen, blieb die Ausnahme. Wie lässt sich aber verstehen, dass diese These von der christlichen Verankerung der Würdenorm in den Würdedebatten immer noch präsent war? Eine mögliche Erklärung könnte die seit den neunziger Jahren zu beobachtende »Renaissance des Religiösen« liefern.[107]

III. Tabuermittlung oder Konsenssuche?

Die Metadebatte um die richtige Methode, den Inhalt der Würdenorm zu erfassen, bewegte sich indessen nicht allein zwischen den Polen »staatsrechtlich-positivistische Deutung« und »Offenheit der Norm für überpositive Gehalte«. Für manche war damit schon die Grundfrage der Debatte völlig falsch gestellt, sie hielten es nämlich für möglich, die Norm auch jenseits dieses Spektrums methodologischer Prämissen bestimmen zu können.

Einer der dabei vertretenen Ansätze setzte voraus, dass die Würdenorm gleichsam ein Speicher der in der Gesellschaft vorfindlichen und in ihr wirkenden Tabus sei, die sich der Rationalität des Rechtsstaates gänzlich entzögen: Die Würdenorm bilde ein

»*Schutzdach für tabuierte Prämissen und Eigenarten der nationalen wie der europäisch-westlichen Rechtskultur*« und fungiere als »*latenter Kulturvorbehalt*«. Eine moderne Gesellschaft greife bei ihrem Umgang mit der Würdenorm daher auf eine »*archaische Regelungsform*« zurück, indem sie sich weigere, »*überhaupt in eine zweckrationale Argumentation*« einzutreten. Dies hieß also: Der Inhalt der Würdenorm lasse sich gewinnen, indem die von ihr geschützten Tabus ermittelt wurden – Tabus also, die auch in einer modernen, aufgeklärten Gesellschaft angeblich noch existierten.

Eine große Anhängerschaft fand dieser Vorschlag freilich nicht, wie auch? Alle Debatten, alle Kämpfe, die seit 1949 um die Würdenorm ausgetragen worden waren, hatten doch gerade eines gezeigt: das Fehlen diskussionslos hingenommener und nicht hinterfragter Normen. Das Verständnis der Würdenorm als Tabudepot einer modernen Gesellschaft war nicht nur eine »*heikle Defensivposition*«. Es war vielmehr eine Kapitulation vor der Aufgabe des Rechtsstaates, die von ihm zu treffenden Entscheidungen konsistent zu begründen, also mit einer erkennbaren Methode in rational nachvollziehbarer und prüfbarer Weise aus vorgegebenen Normen abzuleiten.

Der zweite Ansatz, der aus der methodologischen Polarität von positivistischer Deutung und überpositiver Offenheit der Norm auszubrechen schien, setzte mit der Frage ein, ob es »*bei der Interpretation der Menschenwürde*« trotz der Vielfalt der Konzepte nicht vielleicht doch einen »*Konsens*« gab – oder zumindest den einen oder anderen allgemein geteilten Gehalt der Norm. Ernst Benda hatte diesen Ansatz schon in den neunziger Jahren ins Spiel gebracht; er hatte gefordert, nach verfassungsrechtlichen Fundamentalkonsensen Ausschau zu halten, nach Selbstverständlichkeiten, die zwar befragt und diskutiert wurden, am Ende aber von allen bejaht werden konnten. Doch auch dieser Vorschlag, der ebenfalls von Horst Dreier vertreten wurde, war ernsthaften Bedenken ausgesetzt: Solche Minimalkonsense als »*Grundaussagen im Sinne zwingender Konsequenzen*« mochten tatsächlich nachweisbar sein, so im Verständnis der Norm als Vorschrift zum Schutz vor diskriminierender und demütigender Ungleichbehandlung, zur Wahrung der Subjektqualität von Menschen und zur Gewährleistung eines materiellen Existenzminimums. Doch musste sich die Würdenorm nicht doch auch und gerade dann bewähren, wenn entweder *kein* Konsens bestand oder aber ein Konsens nachweisbar war, dieser jedoch auf Würdewidriges zielte? Eine mühevolle Suche nach Konsensen, die letzten Endes lediglich zur Ermittlung bekannter und völlig unumstrittener Prinzipien führte, bei deren Anwendung in konkreten Fällen dann aber wieder ein unerbittlicher Streit entbrannte – eine solche Suche, die wieder in einem unversöhnlichen Dissens zu enden drohte, konnte ebenfalls keine Antwort sein auf die Frage dieser Metadebatte um die richtige Methode zur Deutung der Würdenorm.[108]

Kapitel 11: Bilanz und Prognose

I. Resümee

Welche Erkenntnisse lassen sich nun, am Ende dieser Betrachtung von über sechzig Jahren Deutung und Anwendung der Würdenorm, festhalten? Welchen Nutzen hat der vorliegende Bericht gebracht? Zunächst das eine: Die Würdenorm war keinesfalls von Anbeginn an das Nonplusultra des nach der Gründung der Bundesrepublik Deutschland neu entstehenden Verfassungsrechts. Zu Anfang war sie allein deren antitotalitäres Versprechen. Erst nach und nach wuchs ihr eine von niemandem so erwartete, allenfalls vorsichtig erahnte, dann aber kaum mehr steigerbare Bedeutung zu, einhergehend mit einem im Grunde grenzenlosen Anwendungsbereich.

Mit dieser Erkenntnis verknüpft ist sodann ein äußerst frappierender Befund: Inhaltlich ist die Norm weitestgehend unbestimmt geblieben. Der Eifer, sie anspruchsvoll auszudeuten, ließ zwar nie nach, doch keinem der miteinander wetteifernden Konzepte gelang es, über eine längere Zeit eine unangefochtende Dominanz zu erlangen. Mehr noch: In den Meinungskämpfen, in denen die Norm eingesetzt wurde, beriefen sich am Ende sogar gegenüberstehende, ja mitunter bissig gegeneinander streitende Lager gleichermaßen auf sie. Und schließlich: Die zu ihr entwickelte Dogmatik ist inzwischen mit zahlreichen Inkonsistenzen und problemträchtigen Annahmen befrachtet.

Dazu noch einmal im Einzelnen: Die *fundamentale Bedeutung* der Würdenorm ist schon oft beschrieben worden, nicht selten mit hymnischen Wendungen. Ihre außerordentliche Relevanz zeigt sich indessen auch an ihrer Omnipräsenz sowie an der Erregtheit und Schärfe, mit der sowohl in wissenschaftlichen Fachdiskussionen wie auch in gesellschaftlichen und politischen Debatten um sie gekämpft wurde.

Die Rechtsprechung, insbesondere die des Bundesverfassungsgerichts, hat zudem dafür gesorgt, dass der *Anwendungsbereich* der Würdenorm, verglichen mit der Ausgangslage von 1949, stetig erweitert, ja in bemerkenswerter Weise entgrenzt wurde. Die Norm schützt inzwischen die persönliche Ehre, die Fähigkeit zur Selbstbestimmung und -entfaltung, das (auch vorgeburtliche) Leben, Tote, den Menschen als Gattungswesen, die Privatheit sowie das Existenzminium. Doch nicht nur das: Aus ihr und mit ihrer Hilfe wurden besondere subjektive Rechte abgeleitet bzw. statuiert, so der soziale Wert- und Achtungsanspruch, das Recht auf Resozialisierung, das Grundrecht auf informationelle Selbstbestimmung, das Recht auf Vertraulichkeit und Integrität informationstechnischer Systeme, das Grundrecht auf Gewährleistung eines menschenwürdigen Existenzminimums und der Anspruch des Bürgers auf Demokratie. Ginge es nach manchen Autorinnen und Autoren, aber auch nach manchen Fachgerichten, so wäre der Anwendungsbereich der Norm sogar noch weiter zu ziehen. Der Norm wäre dann auch der rechtliche Maßstab dafür zu entnehmen, ob etwa Modefirmen mit schockierenden Bildern werben, Rekruten ihre Haare nur bis zu den Ohren tragen, Wissenschaftler an menschlichen Zellen forschen, Frauen sich nackt zur Schau stellen, Kriegsspielinteressierte mit Laserpistolen aufeinander schießen, Mütter für fremde Ehepaare Kinder austragen, Ärzte plastinierte Leichenteile ausstellen oder Diskothekenbesitzer Weitwürfe mit Kleinwüchsigen veranstalten dürfen.[109]

Gleichwohl und im Kontrast dazu hat die Norm bislang keine halbwegs fassbare *inhaltliche Bestimmung* erfahren. Gewiss, in der Literatur zur Würdenorm hat es unüberschaubar viele Versuche gegeben, dasjenige zu bestimmen und zu definieren, was mit der Würde des Menschen gemeint ist. Doch diese Versuche haben nur dazu geführt, dass hinsichtlich des Norminhalts nunmehr eine beeindruckende Fülle mitunter sehr anspruchsvoller Theorien konkurrieren, diese jedoch bezüglich ihrer Prämissen und der daraus abzuleitenden Folgerungen nicht miteinander zu vereinbaren sind. Zudem ist es keiner dieser Theorien gelungen, in den Debatten eine beherrschende Rolle einzunehmen, vielmehr hat der Streit inzwischen sogar eine Metaebene erreicht: Aus dem Streit um den Inhalt der Norm ist ein Streit um die richtige Methode ihrer Interpretation geworden.

Dementsprechend wird die Norm mittlerweile auch von *diametral entgegenstehenden Positionen und Meinungslagern* in Anspruch genommen. Tatsächlich könnten die Gegensätze nicht größer sein: Die Befürworter eines liberaleren Umgangs etwa mit dem Schwangerschaftsabbruch, der Humangenetik oder der Sterbehilfe berufen und beriefen sich auf die Menschenwürdenorm; sie schütze die

Selbstbestimmung der Frau, des Forschers oder des Sterbenden. Doch die Gegner einer solchen Position führten und führen die Norm ebenfalls an: Sie schütze das Leben und dessen Unverfügbarkeit – und zwar vorrangig vor dem Recht auf Selbstbestimmung. Ähnliches ist zu beobachten bei Reaktionen auf ein als anstößig und unsittlich empfundenes Verhalten. Auf die Würdenorm verweisen diejenigen, die meinen, dass die Mehrheitsgesellschaft solche Verhaltensweisen dulden müsse, schütze die Norm doch auch die Freiheit zu Provokationen und Grenzüberschreitungen, die sich noch im Rahmen der Legalität bewegten. Die Gegner wenden wiederum ein, der Norm liege ein bestimmtes Bild vom Menschen oder von der Menschheit als Gattung zugrunde, woraus dann doch entsprechende Freiheitsbeschränkungen folgten. Ein drittes Beispiel: Die Debatten um die Rettungsfolter oder den Flugzeugabschuss. Die einen berufen sich auf sie zur Rechtfertigung einer solchen Maßnahme, die anderen, um ihr Verbotensein zu begründen.

Und das Bundesverfassungsgericht? Hat es durch seine Rechtsprechung, im Rahmen seiner Möglichkeiten, durch die Entwicklung einer *Rechtsdogmatik zur Würdenorm* entscheidend dazu beigetragen, die Unsicherheit im Umgang mit dieser Norm zu reduzieren, sie zumindest juristisch handhabbar zu machen? Alles andere als das! Das sonderbare Bild, das sich beim Blick auf die Würdenorm zeigt, wird durch die beträchtlichen *Rationalitätsdefizite* ihrer verfassungsgerichtlichen Dogmatik komplettiert, die sich im Laufe der Jahrzehnte herausbildete. Die Rechtsprechung des Gerichts bietet ein rätselhaftes Ineinander unstimmiger dogmatischer Versatzstücke.

In der Dogmatik zur Würdenorm fehlt zunächst eine verbindliche und klare Definition ihres Inhalts. Das Bundesverfassungsgericht hat sich gescheut, exakt zu definieren, was unter der Würde des Menschen zu verstehen ist. Hin und wieder ist in seinen Entscheidungen gewiss zu lesen, dem Schutz der Menschenwürde liege die »*Vorstellung vom Menschen als einem geistig-sittlichen Wesen zugrunde*«, das darauf angelegt sei, »*in Freiheit sich selbst zu bestimmen und zu entfalten*«. Doch mehr als die Freiheits- und Moralfähigkeit des Menschen sagt diese Definition nicht aus. Infolgedessen begnügte sich das Gericht auch nicht selten mit einer negativen Umschreibung des Schutzes, den die Würdenorm bewirke; es beschreibt den »*Begriff der Menschenwürde*« häufig »*vom Verletzungs-*

vorgang her«. Doch wie soll eine Würdeverletzung sicher festgestellt werden können, wenn das, was verletzt wurde, nicht zuvor klar bestimmt worden ist? Das Gericht betonte zwar immer wieder, als Kriterium einer Verletzung sei die so genannte Objekt-Formel heranzuziehen. Doch im selben Atemzug begrenzte und relativierte es dieses Kriterium wiederum durch den Hinweis, der Mensch sei nicht selten bloßes Objekt nicht nur der Verhältnisse und der gesellschaftlichen Entwicklung, sondern auch des Rechts, dem er sich zu fügen habe. Die tatsächlich herangezogenen Kriterien blieben also im Dunkeln.

Sodann: Dem von der Norm benannten Gut, der Würde des Menschen, wurden Merkmale wie Absolutheit und Unverlierbarkeit zugeschrieben – doch diese Merkmale erweisen sich bei näherer Betrachtung als unhaltbar bzw. sinnwidrig. Dem Gericht zufolge sperre sich die Garantie wegen ihrer angeblichen Absolutheit gegen jede Einschränkung und gegen jegliche Abwägung – und zwar ausnahmslos. Jedoch zeigt sich schon bei einer flüchtigen Betrachtung, dass das Bundesverfassungsgericht bei der Anwendung der Menschenwürdegarantie regelmäßig das tat, was es immer tut, wenn es Grundrechte prüft: Es wägt Rechtsgüter ab. In Wirklichkeit ist die Absolutheitsbehauptung für das Gericht daher nur ein rhetorisches Mittel gewesen, um die tatsächlich vorgenommenen Abwägungen zu verschleiern. Und was die angebliche Unverlierbarkeit der Würde angeht: Das Gericht behauptete tatsächlich, dass die dem Menschen zugeschriebene Würde eine unverlierbare Eigenschaft sei, die keinem Menschen genommen werden könne. Doch warum sollte das, was nicht verloren werden kann, überhaupt unter den Schutz des Rechts und gar des Verfassungsrechts gestellt werden? Der Schutz dessen, was unverlierbar ist und daher auch nicht in Gefahr geraten kann, ist schlicht überflüssig.

Abgerundet wird dieses Bild einer inkonsistenten und mit beträchtlichen Rationalitätsdefiziten durchzogenen Dogmatik der Würdenorm schließlich noch dadurch, dass aufgrund des weiten Anwendungsbereiches der Norm sowie der von ihr ausgesprochenen Verpflichtung zum Schutz *und* zur Achtung der Würde in konkreten Fällen sich nicht miteinander zu vereinbarende Rechtsfolgen ergaben. Das Gericht behalf sich dann damit, bestimmte Rechte und Ansprüche, die sonst ganz selbstverständlich als Gehalte der Norm anerkannt waren, schlichtweg auszublenden.[110]

Im Ergebnis zeigt sich die Würdenorm also als eine paradoxe Norm. Ihre exzeptionelle Rolle im Rechtssystem und in der Gesellschaft steht in einem verstörenden Gegensatz zu ihrer Unbestimmtheit, ihrer schier beliebigen, von entgegengesetzten Positionen aus möglichen Verwendbarkeit sowie ihrer widersprüchlichen Dogmatik. Damit sind die ganz zu Beginn gestellten Fragen erneut aufzugreifen: Wie konnte es dazu kommen? Wie war dies möglich? Lässt sich dies alles erklären?[111]

II. Erklärungen

1. Flexibles Begründungselement

Am einfachsten dürften sich noch die erheblichen Rationalitätsdefizite erklären lassen, welche die Dogmatik der Würdenorm kennzeichnen und für die maßgeblich die Rechtsprechung des Bundesverfassungsgerichts verantwortlich ist: Das Gericht nutzte die unbestimmte und offene Norm als flexibles Begründungselement. In seinen Entscheidungen diente sie dazu, Freiheitsbeschränkungen, genauer Begrenzungen der Selbstbestimmung, zu rechtfertigen, sogar in Gestalt einer dieser Norm entnommenen Verpflichtung, zur Durchsetzung einer solchen Beschränkung das Strafrecht einzusetzen. Aber in gleichem Maße griff das Gericht zu dieser Norm, um auf neuartige Freiheitsgefährdungen zu reagieren und im Wege einer verfassungsgerichtlichen Rechtsfortbildung neue Grundrechte und sonstige Schutzpositionen zu kreieren, ja diese sogar gegen den verfassungsändernden Gesetzgeber in Anschlag zu bringen. Das Schutzgut der Norm mit Attributen der Absolutheit und Unverlierbarkeit zu adeln, hatte dann den Zweck, die favorisierten Falllösungen auf ein unüberbietbares Argument stützen und das Entscheidungsergebnis als unausweichlich darstellen zu können.

Die unvermeidliche Konsequenz eines solchen Umgangs mit der Würdenorm aber war, dass sich die zu ihr erarbeitete Dogmatik mit fast jeder Entscheidung immer weiter von dem Anspruch entfernte, ein weitgehend widerspruchsfreies Gebilde an normbeschreibenden und -erklärenden Sätzen zu sein. Sie entwickelte sich zu einem Gemisch von inkonsistenten, mitunter allerdings pathetisch klingenden und rhetorisch eingesetzten Normkomponenten.

2. Verständnis als Rezeptionsnorm

Wie erklärt sich indessen, dass die Würdenorm inhaltlich so unbestimmt geblieben ist – trotz der unzählbaren Versuche in Rechtswissenschaft, Philosophie, Theologie und Politischer Theorie, eine schlüssige und plausible Deutung anzubieten? Dass trotz der so entstandenen beeindruckenden Anzahl von Interpretationsvorschlägen die Würdenorm inhaltlich ganz im Unklaren geblieben ist, hat zunächst einen ganz banalen Grund: es ist ihr Wortlaut.

Dabei lag es keineswegs allein an der Weite des Attributs »Würde«, das die Norm dem »Menschen« zuspricht. Es war vielmehr die emphatisch wirkende Verbindung von »Würde« und »Mensch« in der Wendung von der »Würde *des* Menschen«, die als Aufforderung verstanden werden konnte, im Rahmen der Normauslegung ein großes Thema der Geistes-, Religions- und Philosophiegeschichte zu verhandeln. Dieser Wortlaut der Norm öffnete das Tor, durch das unterschiedlichste ideengeschichtliche Konzepte einströmen konnten: ob Würdekonzepte der Antike, des Christentums, der humanistisch-freiheitsphilosophischen Tradition, des Sozialismus, jüngerer Sozialtheorien oder Anthropologien – sie alle konnten gleichermaßen berechtigt bei der Deutung der Norm zur Geltung gebracht werden. Die damit sich einstellende, kaum mehr zu bändigende Vielfalt an Deutungen, die selbst mit Hilfe gewiss gut gemeinter Textsammlungen, Wörter- und Handbücher nicht mehr wirklich zu überschauen ist, hatte also eine ganz bestimmte Ursache: das Verständnis der Würdenorm als Rezeptionsnorm! Nach nahezu einstimmiger Auffassung aller Interpreten war die Würdenorm als Einladung und zugleich als Ermächtigung zu begreifen, sich aus dem großen Angebot der Philosophien, Theologien sowie, seit den sechziger Jahren des letzten Jahrhunderts, auch der Politik- und Gesellschaftstheorien das herauszupicken, was sinnvoll erschien und gefiel – und dies dann als Gehalt der grundgesetzlichen Würdenorm auszugeben.

Die Interpreten kamen diesem im Wortlaut vermeintlich mitschwingenden Aufruf noch aus einem weiteren Grund mit so großer Bereitschaft nach: Von einer Norm, die so inhaltsoffen, philosophie-, theologie- und theorienah schien, zugleich aber an einer so zentralen Stelle der Verfassung angesiedelt war, ging ein unwiderstehlicher Reiz aus. Gelang es, die jeweils präferierten weltanschaulichen Prämissen und Grundüberzeugungen in die Würdenorm einfließen zu lassen und sie als deren entscheidende Gehalte auszugeben, war ein Weg gefunden, die eigene religiöse und philosophische Haltung als Bestand des geltenden positiven Verfassungsrechts auszuweisen. Konnte dieser Gehalt dann noch mit dem Anspruch des Absoluten versehen werden, besaß man den unüberbietbaren Trumpf, mit dem sich die Debatten nicht nur politisch-moralisch, sondern auch verfassungsrechtlich besetzen und beherrschen ließen. Wer das Würdeargument so einzusetzen verstand, konnte in den Meinungsschlachten nicht besser gerüstet sein. Durch die Würdenorm konnte das Partikulare das Ganze werden, und das sonst übliche und mühsame Geschäft, die unterschiedlichen Interessen, Haltungen und Überzeugungen im demokratischen Verfahren zum Ausgleich zu bringen, erübrigte sich.

Wie stark der Reiz war, die Würdenorm als Rezeptionsnorm, als Brücke hin zur Philosophie, Theologie und Sozialtheorie zu verstehen, lässt sich auch daran ablesen, dass die seit den achtziger Jahren immer wieder vorgetragenen Mahnungen zur Zurückhaltung letzten Endes wirkungslos blieben. Nicht ohne Nachdruck und von gänzlich unterschiedlichen weltanschaulichen und politischen Vorverständnissen aus wurde auf Rationalitätsdefizite hingewiesen, auf eine Moralisierung des Rechts infolge des Verständnisses der Norm als Rezeptionsnorm, auf den damit verbundenen Einbruch des Ideologischen, nicht zuletzt auch auf die Beliebigkeit, die dem Würdeargument damit anhaftete. Doch es ist nicht zu ersehen, dass diese Mahnungen je zu einem veränderten Umgang mit dieser Norm geführt haben. Im Gegenteil: Die Vehemenz, Schärfe und Härte, mit der insbesondere die Debatten seit der Jahrtausendwende geführt wurden, haben deutlich zugenommen. Zu groß war offenbar die Hoffnung, sich so im Getümmel der Meinungskämpfe behaupten zu können.

Die entscheidende Weiche für das Verständnis der Norm als Rezeptionsnorm wurde in den fünfziger Jahren gestellt, als eine wertephilosophische Deutung der Würdenorm rasch Dominanz erlangte, die dem christlich-naturrechtlichen Denken entsprang. Wie auch immer man diesen Moment bewertet, ob als Glücks- oder Sündenfall: Die Brücke zu überpositiven Gehalten, Ideen und Konzepten war damit geschlagen. Die Absicht des Parlamentarischen Rates, diese Norm gerade nicht als Brückenschlag zu Philosophie und Theologie zu verstehen, sondern als antitotalitäres Versprechen, als mahnenden Erinnerungsposten und verfassungsrechtlichen »Nie-Wieder-Appell« – dieses Verständnis geriet relativ rasch in Vergessenheit. Nach der totalen Niederlage und der Besetzung durch die Westalliierten waren die Befürchtungen gering, dass ein Unrechtsregime in Westdeutschland wieder Wirklichkeit werden konnte.

Die Dominanz der christlich fundierten Deutung der Würdenorm, in der – neueren Vermutungen zufolge – sogar Vorstellungen von einer bis in das 19. Jahrhundert zurückreichenden »Sakralisierung der Person« gewirkt haben sollen, währte jedoch nicht lange. Sie sah sich schnell einer durchweg scharfen hermeneutisch-methodischen sowie grundrechts- und wissenschaftstheoretischen Kritik ausgesetzt. Auch trat jene Deutung in Spannung zur allmählich um sich greifenden Überzeugung, dass das Grundgesetz eine weltanschaulich neutral angelegte Verfassung sei und für das Verständnis einer seiner zentralen Normen keine exklusiv christliche Naturrechtslehre oder Theologie maßgeblich sein könne. Im Zuge der in den sechziger Jahren einsetzenden und stetig stärker werdenden Liberalisierung und Pluralisierung Westdeutschlands, der Mutation seiner unmittelbaren Nachkriegsgesellschaft zu einem weltanschaulich pluralistischen Gemeinwesen, verlor christlich geprägtes Denken an Einfluß in Politik und Recht. Jedoch eines hinterließ die christlich fundierte Deutung im nachfolgenden Diskurs: das Verständnis der Würdenorm als offene Norm, offen überhaupt für den Rückgriff auf philosophische und theologische Vorstellungen – wie gegensätzlich diese dann im konkreten Fall auch immer sein sollten.[112]

3. Beruhigung in der Ideenwelt

Am schwierigsten dürfte es sein, den Aufstieg der Würdenorm zur Supernorm der deutschen Rechtsordnung zu erklären. Mehreres scheint dafür als Ursache in Betracht zu kommen, an erster Stelle aber wohl die geradezu übermächtige *Verrechtlichung* des sozialen und politischen Lebens nach 1949 im Zuge einer umfassenden *verfassungsrechtlichen Durchdringung* von Staat und Gesellschaft. Dabei wurde das Grundgesetz zur Basis nationaler Identität und zum herausragenden Integrationsfaktor der bundesrepublikanischen

Gesellschaft. Es entstand ein deutscher Verfassungspatriotismus, der gelegentlich sogar eine Steigerung in der Tendenz erlebte, das Grundgesetz als eine »säkularisierte Bibel« (Wolfgang Graf Vitzthum) zu betrachten.

Der triumphale Aufstieg der westdeutschen Verfassung zu einem in nahezu allen Bereichen wirkenden und nach 1989 auch von der Mehrheit der Ostdeutschen als vorbildhaft angesehenen Normenwerk erklärt den Aufstieg der Würdenorm: Je populärer und maßgeblicher das Grundgesetz wurde, desto bedeutender musste auch die Norm werden, die an seiner Spitze stand. Die Übernahme der grundgesetzlichen Würdenorm in die Verfassungen der neuen Länder oder in die Grundrechtecharta der Europäischen Union ist dafür ein besonders augenfälliger Beleg.

Eine umfassende Verrechtlichung durch Verfassungsrecht konnte es allerdings nur mit einer *effektiven Verfassungsgerichtsbarkeit* geben, einer Gerichtsbarkeit, die mit der Kompetenz ausgestattet ist, den Anspruch auf den Vorrang der Verfassung durchzusetzen, und dabei, dies ist besonders hervorzuheben, auch dafür zuständig ist, über Grundrechtsbeschwerden zu entscheiden. Das Grundgesetz verdankt seine Popularität nicht sich selbst, sondern in ganz herausragendem Maße dem von ihm mit beträchtlichen Entscheidungsbefugnissen ausgestatteten *Bundesverfassungsgericht.* Dieses hat seine Befugnisse nicht nur wahrgenommen, ausgebaut und behauptet, es hat sich dabei auch eine bemerkenswerte Akzeptanz und Autorität erworben und ist zu einem wesentlichen *Machtfaktor* geworden. Beim Aufbau seiner Macht hat es nicht zuletzt auch die Würdenorm mit großer Phantasie und Flexibilität eingesetzt, um Freiheitsbeschränkungen zu rechtfertigen, staatliche Eingriffe zu begrenzen oder subjektive Rechte als Grundrechte darzutun. Mit jeder Entscheidung des Gerichts, in dem es die Würdenorm als zentrales Argument einsetzte, gewann auch diese an Bedeutung.

Dem Bundesverfassungsgericht sind dabei die Fachgerichtsbarkeiten von Bund und Ländern, zudem deren Verfassungsgerichte, nahezu einmütig gefolgt. Erlebt eine Verfassungsnorm auf diese Weise einen kontinuierlichen Gewinn an Relevanz und Resonanz in der Rechtspraxis, zieht sie zwangsläufig auch die Aufmerksamkeit der Fachöffentlichkeit und – mit einer gewissen Verzögerung – auch die der allgemeinen Öffentlichkeit auf sich. Diese konnte sich seit den siebziger Jahren zudem noch durch die Idee der offenen

Gesellschaft der Verfassungsinterpreten legitimiert sehen, nach der die Deutung und Anwendung der Würdenorm nicht allein den Fachwissenschaftlern vorbehalten war.[113]

Die genannten Ursachen – Verrechtlichung durch Verfassungsrecht, Verfassungspatriotismus, Verfassungsgerichtsbarkeit – erklären die außergewöhnliche Stellung der Würdenorm aber nicht vollständig. Zu Recht wird immer wieder darauf hingewiesen: Die omnipräsente Berufung auf die Würdenorm schien nicht nur dem starken Bedürfnis zu entspringen, die politische Ordnung auch zivilreligiös zu verankern und die Sehnsucht nach einem Absoluten zu stillen, das dem Sog des Wertrelativismus zu widerstehen vermochte; mit ihr schien auch eine einheitsstiftende Idee gefunden, die eine heterogene Gesellschaft zusammenzuhalten versprach. Allerdings eines ist dabei bemerkenswert: Ein solches Phänomen – Würdenorm als integrierende Idee – lässt sich in anderen Verfassungsstaaten mit ebenfalls starker Verfassungsgerichtsbarkeit und Würdenormen nämlich nicht beobachten. Dies drängt daher zum dem Schluss, dass es sich um ein Spezifikum der deutschen Entwicklung handelt, ein Spezifikum, das aus den tieferen Schichten der deutschen Geschichte erklärbar sein könnte, genauer: aus ihren ideenpolitischen Unruhen und Umbrüchen seit Beginn des 19. Jahrhunderts.

Zu den hervorstechenden Kennzeichen der jüngeren deutschen Geschichte gehört der »wirre Wechsel in der politischen Ideenwelt« (Hans-Ulrich Wehler). Die Idee der Freiheit und der universellen Menschenrechte, die die nordamerikanische und die französische Revolution im ausgehenden 18. Jahrhundert auf die europäische Tagesordnung gesetzt hatten, wurde in Deutschland durch gegenrevolutionäre Kräfte zunächst erfolgreich abgewehrt. Der Drang zur politischen Einheit war stärker als derjenige zur Freiheit, und auch der durch Liberale und Demokraten forcierte Versuch, die Idee der Einheit mit der Idee der Freiheit zu verbinden und beide zugleich zu verwirklichen, scheiterte in der Revolution von 1848 letztlich kläglich. Die Idee der Einheit wurde dann infolge des deutsch-österreichischen und deutsch-französischen Krieges durch eine »Revolution von oben« verwirklicht; die Freiheitsfrage wurde dabei jedoch nicht gelöst. Die Novemberrevolution von 1918 bescherte Deutschland dann zwar die Republik und eine parlamentarische Demokratie, doch Weimar und seine Ideen waren nach

1945 diskreditiert, weil die Weimarer Republik nicht funktioniert und letztlich den Nationalsozialismus hervorgebracht hatte. Und dass sämtliche der Ideen, die während diesem dunkelsten Kapitel der deutschen Geschichte gewirkt hatten, Volk, Volksgemeinschaft, Nation oder Reich, nach 1945 kontaminiert waren, bedarf keiner weiteren Erklärung.[114]

Vor diesem Hintergrund wurde der westdeutsche Teilstaat geschaffen, vor dem Hintergrund eines extremen ideenpolitischen Schwankens in den vorausgehenden anderthalb Jahrhunderten und dem nicht mehr reparablen Bruch mit den vor 1945 wirkenden Traditionen und Ideenbeständen. Und dies bedeutete: Der neu geschaffene Staat startete mit einer beträchtlichen ideenpolitischen Leerstelle.

Bis in die sechziger Jahre hinein wurde dies im Übrigen immer wieder von aufmerksam beobachtenden Zeitgenossen moniert. Man beklagte, die Bundesrepublik sei ein »Staat ohne geistigen Schatten«, langweilig und ideenlos (Rüdiger Altmann), nicht fähig »zur geistigen Selbstdarstellung« (Ernst Forsthoff), ihre Identität bleibe unbestimmt (Mario Rainer Lepsius) und es bestehe ein »Vakuum des politischen Bewusstseins« (Karl Jaspers). Zweifellos handele es sich um ein wirtschaftlich prosperierendes und aus diesem Grund stabiles Gebilde, doch ideenpolitisch sei dieser Staat blutleer.

In diese ideenpolitische Leerstelle hat sich die Verfassung allgemein, allem Anschein nach aber insbesondere die Würdenorm, allmählich hineingeschoben. Mit ihr war offenbar eine lang ersehnte Leitidee gefunden, die alle Kräfte, selbst wenn sie sonst noch so sehr gegeneinander strebten, auch substanziell bejahen konnten. Diese Idee versprach eine Rückkehr in die Gemeinschaft der westlichen Welt, und mit ihr schien endlich, nach einer sehr langen Zeit großer Unruhe, ein ideeller Grund gefunden zu sein, der eine stabile politische Ordnung dauerhaft zu tragen vermochte, ohne dabei auf belastete Bestände und Reserven der Tradition zurückgreifen zu müssen.

Jedoch hatte dieser Vorgang eine besondere Pointe: Die mit dem Aufstieg der Würdenorm einhergehende Beruhigung der deutschen Ideenwelt, die Beendigung des ideenpolitischen Taumels, war nur eine scheinbare. Natürlich, sämtliche Lager und Strömungen identifizierten sich mit dieser Norm, doch sie taten dies immer nur unter dem Vorbehalt, die Norm mit ihren je eigenen Würdeverständnissen füllen zu können. Das ideelle Fundament, das die Norm zu sein schien, war also nicht wirklich sicher und fest. Unter der Oberfläche gingen die Kämpfe weiter.[115]

III. Verfalls- oder doch Erfolgsgeschichte?

Wie ist vor diesem Hintergrund nun die Geschichte der Würdenorm, die ihrer Interpretationen und Anwendungen, zu charakterisieren und zu bewerten? Handelt es sich bei dieser Geschichte um eine Verfallsgeschichte (Uwe Volkmann), etwa weil die Auseinandersetzungen um diese Norm nie endeten und die Norm, ihrer inhaltlichen Unbestimmtheit wegen, am Ende nur der Schein eines das Ganze tragenden ideellen Grundes ist? Wohl kaum! Blickt man nämlich auf die Ausgangslage Ende der vierziger Jahre, so gab es damals nichts, was überhaupt hätte verfallen können. In den Jahren nach 1949 musste das, was neu geschaffen worden war, erst mit Sinn gefüllt werden. Eine Verfallsgeschichte lässt sich in der Entwicklung der Norm allenfalls dann erblicken, wenn man die christlich-naturrechtliche Interpretation der fünfziger Jahre als »Pfeiler im Strom des verfassungsrechtlichen Diskurses« (Ernst-Wolfgang Böckenförde) betrachtet, der dann in der Folgezeit mehr und mehr durch Kritiken und neue, konkurrierende Interpretationen unterspült und zum Einsturz gebracht wurde.

Doch ist in der Geschichte der Norm dann eine Erfolgsgeschichte zu sehen? Begann 1949 eine triumphale Entwicklung der Menschenwürde (Horst Dreier) – weil nämlich eine durchgehend liberalisierte, pluralistisch gewordene Gesellschaft nun doch eine gemeinsame Größe, eine leitende und das Ganze umfassende Norm gefunden hat, die von allen Kräften dieser Gesellschaft, so fern oder so entgegen sie sich in vielen Dingen auch stehen mögen, inzwischen rückhaltlos bejaht wird und diese Gesellschaft mit jedem gerichtlichen Verfahren und mit jeder gesellschaftlichen und politischen Debatte, bei der sie ins Zentrum rückt, ein integrierendes Moment erlebt? Mit anderen Worten: Bietet die Offenheit und Unbestimmtheit der Würdenorm nicht doch auch handgreifliche Vorteile? Es liegt auf der Hand, dass die Berufung auf die Menschenwürde auf jeden Fall sogleich Erhabenheit suggeriert. Im

Nu gelingt es mit ihr, moralische Hochebenen zu betreten. Oft ist sie die rettende Hand, wenn das Gefühl moralischer Überlegenheit nur noch ein Wort braucht, um sich sicher, ja unanfechtbar zu wähnen. Und auch aufgrund ihrer angeblichen Absolutheit und Unberührbarkeit (Artikel 79 Absatz 3 Grundgesetz) bietet sie enorme argumentationsstrategische Vorzüge; sie zieht nicht nur dem einfachen, sondern sogar dem verfassungsändernden Gesetzgeber Schranken. Dies mag dazu führen, die Würdenorm gerade so zu interpretieren, dass das Ergebnis den weltanschaulichen und politischen Präferenzen der jeweiligen Interpreten entspricht. Doch – und dies ist entscheidend: in einer offenen Gesellschaft kann dies gar nicht anders sein. Ist die Würdenorm Ausdruck der Sehnsucht nach einem Absoluten in einer zutiefst relativistischen Zeit (Horst Dreier), so kommt ihr gezwungenermaßen die Aufgabe zu, das, was in einer pluralistischen Welt auseinander- und gegeneinanderstrebt, einzufangen, zu verbinden und zusammenzuhalten. Eine Idee, die ihre Integrationskraft gerade in den großen weltanschaulichen und religiösen Fragen entfalten und unter Beweis stellen muss, kann dann kaum anders als unbestimmt sein – und in ihrer Anwendung frei von den sonst für Verfassungsnormen üblichen Rationalitätsansprüchen.

Unvermeidlich ist ebenso die sich daraus ergebende Konsequenz: Die inhaltliche Offenheit und rechtspraktischen Inkonsistenzen der Würdenorm sind nicht nur hinzunehmen, sondern sogar zu bejahen. Gebrochen ist damit ohne Zweifel das Monopol der Verfassungsjurisprudenz bei deren Auslegung und Anwendung. Zugleich aber öffnet sich die Norm der gesellschaftlichen Kommunikation, und zwar so, dass verschiedenste Wert- und Moralvorstellungen in ihre Deutung und Verwendung einfließen können. Der nächste und letzte Schritt besteht dann in der Verehrung der Norm als das Heiligste einer pluralistischen Gesellschaft, als letztes Mysterium einer fast restlos aufgeklärten und entzauberten Welt, als etwas, das – und dies ist offenkundig ernst gemeint, keinesfalls karikierend – allein im »heiligen Schauer« (Ulrich Haltern) erspürt werden kann.[116]

Also ist nach über sechzig Jahren Kämpfen um die Menschenwürde doch alles in bester Ordnung? Mitnichten. Denn bei genauerer Betrachtung zeigt sich: Nicht die Idee und die Verfassungsnorm von der Würde des Menschen verbindet die auseinanderstrebenden

Kräfte der pluralistischen Gesellschaft, sondern die Auseinandersetzung, der Streit um sie, der Kampf um diejenige Deutung, die sich am Ende durchzusetzen vermag. Integrierend wirkt allein, dass dann, wenn sich alle auf sie berufen, alle miteinander im Gespräch bleiben. Ist eine Norm imstande, alles in sich aufzunehmen, dann lässt sich mit ihr auch alles begründen. Lässt sich ein Rechtssystem davon mitreißen, so verfehlt es seine Aufgabe, die Ansprüche zu erfüllen, welche die Gesellschaft an die Gewissheit, Berechenbarkeit und Rationalität des Rechts mit gutem Grund stellt. Durch die Öffnung der Würdenorm hin zur gesellschaftlichen Kommunikation mag es vielleicht tatsächlich gelingen, die Gesellschaft näher an die Verfassung und das Recht heranzubringen. Zugleich machen sich Recht und Verfassung damit aber abhängig von den Kommunikationslaunen ebendieser Gesellschaft. Nehmen die Rationalitätsdefizite eines Rechtssystems zu, nimmt seine Legitimität ab.

Und nicht zuletzt: Die Würdegarantie ist eine Norm des positiven Rechts. Bleibt sie unbestimmt, so verliert sie ihre Wirksamkeit. Sie lädt dann ein zu beliebigem Meinen, lässt subjektiv Hintergründiges einbrechen und ruft Unsicherheit und Willkür hervor. Das, was man zu bestimmen sich weigert, kann auch nicht in rational nachvollziehbarer und damit befriedigender wie befriedender Weise angewendet werden.[117]

Was bleibt also? Nur die Feststellung eines weiterhin beunruhigenden, gar bedrückenden Dilemmas? Das Eingeständnis, dass es sich letztlich doch um eine Misserfolgsgeschichte handelt? Die Unbestimmtheit der Norm war und ist das alles entscheidende prekäre Problem. Ihre Unbestimmtheit steht in scharfem Kontrast zu ihrer Ausnahmestellung und hat dazu geführt, dass die Norm in den wichtigen Fragen, in denen man sich von ihr Orientierung verspricht, beliebig einsetzbar wird. Doch andererseits: Eine präzise Bestimmung ihres Inhalts ginge auf Kosten ihrer integrierenden Wirkung. Was also ist zu tun? Sollte man sich damit abfinden, dass die Debatten in eine Sackgasse geführt haben? Oder sollte man nicht nachlassen und weiter darüber nachdenken, ob ein Weg aus diesem Dilemma hinausführt?

IV. Dilemma mit Ausweg?

Die Problematik der besorgniserregenden Lage, in der sich die Würdenorm befindet, ließe sich entschärfen und sogar lösen, wenn es gelänge, die wuchernde Deutungsvielfalt zu beschneiden und die Norm auf einen allseits akzeptablen Gehalt festzulegen. Die Hoffnung aber, ein solcher Gehalt könne sich im Wege einer Zusammenführung und Verschmelzung der vielfältigsten Interpretationen ermitteln lassen, durch die Bildung einer großen Synthese, beruht auf einem naivem Interdisziplinaritätsoptimismus. Die unterschiedlichen Interpretationsansätze sind in ihren zentralen Aussagen nicht miteinander zu vereinbaren und führen zu einem Entweder-oder. Stattdessen ist die entgegengesetzte Richtung einzuschlagen: Es muss Abschied genommen werden vom Verständnis der Würdenorm als Rezeptionsnorm, denn gerade dieses Verständnis ist verantwortlich für die nicht zu bändigende Vielfalt der Deutungen und damit letzten Endes die Unbestimmtheit der Norm. Die Abkehr davon, der Verzicht auf ihre Aufladung mit dem, was Philosophie, Theologie und Sozialtheorie zur Idee der Würde des Menschen zu bieten haben, ist daher der notwendige erste Schritt.

Es müsste dann aber zusätzlich ein Gehalt ermittelbar sein, der philosophie-, theologie- und theoriefrei wäre, zugleich nicht nur von formaler, sondern auch von materialer Substanz, und der sich zudem noch in einer weltanschaulich pluralistischen Gesellschaft als konsensfähig erwiese. Die Suche nach einem solchen konsensfähigen Gehalt einer Rechtsnorm bedeutete freilich auch immer, vor der Aufgabe zu kapitulieren, den Inhalt einer Norm mit einer juristisch-rationalen Methode zu bestimmen. Aber ein anderer Weg scheint nicht in Sicht.

Zudem dürfte ein solcher gesamtgesellschaftlich konsensfähiger Gehalt sich nicht auf Abstrakta beschränken, die wie die Wahrung der Subjektqualität der Menschen, das Verbot demütigender Ungleichbehandlung oder die Gewährleistung eines materiellen Existenzminimums zwar allseits mit Zustimmung rechnen können, entscheidende Anwendungsfragen jedoch offenlassen. Also auch die konkreten Teilelemente eines solchen Gehalts müssten von sämtlichen Gruppen und Kräften der Gesellschaft bejaht werden können.[118]

Kann es einen solchen Gehalt geben – aller weltanschaulichen

Heterogenität der pluralistischen Gesellschaft zum Trotz? Vielleicht ja! Der Weg zu einem solchen Gehalt könnte über eine Vergewisserung des ursprünglichen Verständnisses führen, das insbesondere der Parlamentarische Rat dieser Norm zugrunde gelegt hatte: das Verständnis der Norm als eine dem neu zu errichtenden Staat mitgegebene mahnende Erinnerung an das nationalsozialistische *und* an das seit 1945 auch sowjet-sozialistische Deutschland, also an dessen totalitäres Erbe. Die Würdenorm enthielte dann konkrete Verbotstatbestände – nämlich »*Arbeitszwang und Zwangsarbeit, Übersteigerung des Staates zur Totalität der Lebensregelung und damit zum polizeistaatlichen Terror, Arbeitsversklavung, Entrechtungen, Erniedrigungen, Versklavungen, grausame Quälereien, Massenmorde, Zwangssterilisierungen, Sippenbestrafungen, Brandmarkungen, Zwang, gegen seine Überzeugung zu handeln, Prügel, Unterstützungsverweigerungen, Infragestellung der Mindestanforderungen für Nahrung, Kleidung und Wohnung, Verhungern lassen, Verletzung der Rechtspersönlichkeit des Menschen, des Mindeststandards an Rechten, die die Rechtspersönlichkeit ausmachen*«. Ein so bestimmter Gehalt der Würdenorm dürfte sicher bei allen gesellschaftlichen Gruppen und Kräften, seien sie weltanschaulich noch so weit voneinander entfernt, uneingeschränkten Zuspruch finden. Die Verabscheuung des Nationalsozialismus sowie des Sowjetsozialismus ist in der politischen Kultur Deutschlands tief verwurzelt und wird von keinen ernst zu nehmenden politischen und gesellschaftlichen Kräften in Frage gestellt. Eine allgemeine Umschreibung des Gehalts der Würdenorm lautete dann: So wie in jener Zeit sollen Menschen nicht mehr mit ihresgleichen umgehen dürfen! Darauf dürften sich alle verständigen können.

Der Gedanke, die Norm auf ihr ursprüngliches Verständnis zurückzuführen, ist gewiss nicht neu. Er wurde schon in den sechziger Jahre gedacht und seitdem immer wieder einmal aufgeworfen. Er war dabei kaum Ausdruck eines kruden Originalismus, sondern eher ein Versuch, das sich immer klarer abzeichnende Vielfaltsproblem zu bändigen. Viele Anhänger hat dieser Vorschlag indessen nie gefunden. Dem Standardeinwand zufolge würde eine solche historische Verengung dem Grundansatz der Norm nicht gerecht; sie dürfe nicht allein rückwärtsgewandt begriffen werden, stehe hinter ihr doch eine »ganz bestimmte Auffassung vom Menschen« (Klaus Stern). Doch überzeugt dieser Einwand? Gerade die Öffnung der Norm für Vorstellungen und Bilder vom Menschen hat doch zu dem Vielfaltsproblem geführt, das mitursächlich für die gegenwärtige prekäre Lage ist. Zudem existiert keineswegs ein Zwang, die Norm unter Rückgriff auf ganz unterschiedliche Theorien vom Menschen zu deuten. Die Öffnung der Interpretation für diese Theorien ist keinesfalls naturgegeben, sondern Interpretenwerk; sie beruht auf einer Entscheidung all derer, die die Norm in den fünfziger Jahren zum ersten Mal zu verstehen und zu interpretieren suchten.

Triftiger ist dagegen ein zweiter Einwand: Verengt auf den historischen Gehalt, welcher der Norm bei der Erarbeitung des Grundgesetzes zugedacht war, verlöre sie in einem funktionierenden Rechtsstaat wie dem der Bundesrepublik Deutschland ihre praktische Relevanz. Ihr bliebe nur eine rückwärtsgewandte Mahn- und Erinnerungsfunktion, sie aktivierte sich nur in Ausnahmefällen und bezöge sich allein auf Probleme, die sich hier und heute gar nicht mehr stellten; es wäre kaum etwas anders zu bewerten, wenn es diese Norm nicht mehr gäbe.

Dieser Einwand der rechtspraktischen Irrelevanz ist gewichtig. Begriffe man die Norm als ein in der spezifisch deutschen Geschichte wurzelndes antitotalitäres Versprechen, so käme ihr im Rechtsalltag zweifellos nicht mehr die Bedeutung zu, die ihr inzwischen zugewachsen ist. Doch zu berücksichtigen ist auch: Die gegenwärtige Bedeutungsexpansion der Norm ist eine wesentliche Komponente ihres Dilemmas. Diese Expansion hat zu ihrem schier beliebigen Einsatz geführt, teilweise sogar zu ihrer Banalisierung. Nicht zuletzt auch aus diesem Grund scheint eine Umkehr nötig, hin zu einer Reduzierung der Anwendungsfelder, auf die sich Würdenorm inzwischen erstreckt.

Außerdem: Ganz ohne rechtspraktische Relevanz bliebe die Würdenorm bei einer Rückkehr zu ihrem ursprünglichen Gehalt auch nicht. So steht etwa das Verbot der totalen Erfassung des Menschen, mithin die Vorstellung, dass es einen Raum geben muss, in den der Staat nicht eingreifen darf, in engstem Zusammenhang mit der vom Parlamentarischen Rat ausgesprochenen Absage an jedes totalitäre Staatsverständnis, nach dem das Individuum generell den Bedürfnissen der Gesellschaft und des Staates unterzuordnen ist. Ein ähnlicher Zusammenhang wird bezüglich der Gewährleistung eines menschenwürdigen Existenzminimums sichtbar. Sie lässt sich ohne Umwege auf das vom Parlamentarischen Rat mit der Würdenorm verbundene Verbot zurückführen, Unterstützung zu verweigern und die Mindestanforderungen für Nahrung, Kleidung und Wohnung in Frage zu stellen, auch wenn man sich damals nicht zu einer ausdrücklichen Regelung hat durchringen können.

Aber es lässt sich nicht leugnen: Der Würdenorm, verstanden als eine im wesentlichen antitotalitäre Grundnorm, käme dann vor allem eine Erinnerungs- und Appellfunktion zu: Sie erinnerte nur mehr an das, was an Barbarei möglich ist, und appellierte daran, solche Abstürze in zutiefst unmenschliche Verhältnisse mit aller Kraft zu verhindern. Doch wäre dies ein entscheidender Nachteil? Es wäre doch unhistorisch zu glauben, dass sich tatsächlich niemals mehr die Gefahr einer totalitären politischen Ordnung in Deutschland und Europa verwirklichen könnte.

Bei allen Gründen, die sich für ein solches Verständnis der Norm als antitotalitäres Versprechen anführen lassen, sollte man sich letztlich doch keine falschen Hoffnungen machen. Die Bedeutung der Verfassung, des Verfassungsrechts und seiner Gerichtsbarkeit mag zwar allmählich zurückgehen, die Würdenorm wird aber gleichwohl in Zukunft weiter im Zentrum wichtiger Debatten stehen. Pathetisches und auf moralische Überlegenheit zielendes Reden von der Menschenwürde, das Behaupten, ihr Schutz und ihre Achtung verlange dieses und jenes, die Norm müsse daher so und dürfe keinesfalls anders verstanden werden, wird auch zukünftig zu vernehmen und dabei auch der flotte Rückgriff auf die großen Menschen- und Weltanschauungen weiter zu beobachten sein. Es ist daher nicht damit zu rechnen, dass das Verständnis der Norm als antitotalitäre Grundaussage des Grundgesetzes in Zukunft die Debatten stärker als bisher prägen wird.

Der Grund: In den seltensten Fällen geben Gerichte eingefahrene Entscheidungsmuster aufgrund neuer Erkenntnisse auf; die Lasten der jeweiligen Rechtsprechungstraditionen wiegen schwer und der Geist des Widerspruchs findet nur selten den Weg in die Gerichtsbarkeit. Und was wissenschaftliche Meinungen und Sichtweisen angeht: Korrekturen erfahren sie nicht deshalb, weil Gegenargumente überzeugen. Sie sterben allenfalls aus. Im Falle der Norm von der Würde des Menschen wird dies nicht anders sein. Selbst wenn die heute vertretenen Auffassungen in vielerlei Hinsicht mit frappierenden Trugbildern, inhaltlichen Widersprüchen und methodischen Ungereimtheiten befrachtet sind: Die Mehrheit wird weiter daran glauben, dass die Würdenorm auch in Zukunft das alles entscheidende Argument sein wird in den großen Debatten um die Grundfragen des Menschseins und der Stellung des Einzelnen in Staat und Gesellschaft. Allerdings: Keine Entwicklung ist ganz ohne Wandel, ganz ohne Kontingenz, auch nicht die der Deutungen und Anwendungen der Würdenorm. Ganz so weitergehen wie bisher wird es mit ihr daher auch nicht.[119]

Anmerkungen

1 Beschreibungen der fundamentalen Rolle der Würdegarantie: BVerfGE 5, 85 – KPD-Verbot (1956), S. 204f.; BVerfGE 6, 32 – Elfes (1957), S. 41; BVerfGE 27, 1 – Mikrozensus (1969), S. 66 (oberster Wert); BVerfGE 12, 45 – Kriegsdienstverweigerung I (1960), S. 53 (oberster Zweck allen Rechts); BVerfGE 87, 209 – Tanz der Teufel (1992), S. 228 (tragendes Konstitutionsprinzips); Konrad Hesse, *Grundzüge des Verfassungsrechts der Bundesrepublik Deutschland*, 20. Aufl., Heidelberg 1999, S. 55 (oberstes Prinzip); Josef Isensee, »Die Würde des Menschen«, in: Detlef Merten, Hans-Jürgen Papier (Hg.), *Handbuch der Grundrechte*, Bd. 4, Heidelberg 2011, § 87, Rn. 189 (Leitstern); Werner Maihofer, *Rechtsstaat und menschliche Würde*, Frankfurt/M. 1968, S. 9 (Fundamentalnorm und Grundnorm); Tatjana Geddert-Steinacher, *Menschenwürde als Verfassungsbegriff. Aspekte der Rechtsprechung des Bundesverfassungsgerichts zu Art. 1 Abs. 1 Grundgesetz*, Berlin 1990, S. 106 (Staatslegitimationsnorm); Hasso Hofmann, »Die versprochene Menschenwürde«, in: *Archiv des öffentlichen Rechts* 118 (1993), S. 353, 369 (Staatsfundamentierungsnorm); Ernst Benda, »Die Würde des Menschen ist unantastbar«, in: *Archiv für Rechts- und Sozialphilosophie*, Beiheft 22 (1985), S. 23 (Ausgangs- und Mittelpunkt des Staatsverständnisses des Grundgesetzes); Paul Kirchhof, »Menschenbild und Freiheitsrecht«, in: Rainer Grote u. a. (Hg.), *Die Ordnung der Freiheit. Festschrift für Christian Starck zum siebzigsten Geburtstag*, Tübingen 2007, S. 277f. (juristisches Axiom); Ernst Gottfried Mahrenholz, »Verantwortung vor Gott und den Menschen. Gedanken zur Präambel des Grundgesetzes«, in: *Jahrbuch des öffentlichen Rechts* 57 (2009), S. 61, 79 (norma normans); Wolfram Höfling, »Artikel 1«, in: Michael Sachs (Hg.), *Grundgesetz*, 2. Aufl., München 1999, Rn. 43 (archimedischer Punkt); Ernst Friesenhahn, in: *Verhandlungen des 50. Deutschen Juristentages*, Bd. II, 1974, S. G 11 (Brennpunkt); Horst Dreier, *Säkularisierung und Sakralität. Zum Selbstverständnis des modernen Verfassungsstaates*, Tübingen 2013, S. 79 (archimedischer Punkt der Rechtsordnung und der Sozialphilosophie).

Ergänzend: Udo Steiner, »Der deutsche Sozialstaat auf dem Weg nach Europa – Sind christliche Sozialvorstellungen dabei?«, in: Rainer Manns (Hg.), *Die christlichen Sozialprinzipien als Gestaltungsauftrag für Europa*, 2004, S. 11 (Würde des Menschen und ihre Wahrung mache die Staatsraison der Bundesrepublik Deutschland aus); Udo di Fabio, »Grundrechte als Werteordnung«, in: *Juristenzeitung* 59 (2004), S. 1, 5 (Höchstwert des Weltrechts).

Weitere Nachweise zu superlativischen Charakterisierungen der Würdenorm bei Wolfgang Vögele, »Menschenwürde und Gottesebenbildlichkeit«, in: Jörg Dierken, Arnulf von Scheliha (Hg.), *Freiheit und Menschenwürde. Studien zum Beitrag des Protestantismus*, 2005, S. 265; Nils Teifke, *Das Prinzip Menschenwürde. Zur Abwägungsfähigkeit des Höchstrangigen*, Tübingen 2011, S. 77.

2 **Würdeformel als Unbekannte (große Diskrepanz zwischen hoher Bedeutung und inhaltlicher Unbestimmtheit):** Hasso Hofmann, »Die versprochene Menschenwürde«, in: *Archiv des öffentlichen Rechts* 118 (1993), S. 353, 356 (»*In merkwürdigem Kontrast zu dieser ganz besonderen Hochschätzung steht der – im Verfassungsrecht freilich öfter begegnende – Umstand, dass man nicht genau darzutun vermag, was jener angeblich so außerordentlich wichtige Grundsatz inhaltlich bedeutet.*«); ähnlich: Wolfgang Vögele, *Menschenwürde zwischen Recht und Theologie. Begründungen von Menschenrechten in der Perpektive öffentlicher Theologie*, Gütersloh 2000, S. 385; Matthias Kettner, »Über die Grenzen der Menschenwürde«, in: ders. (Hg.), *Biomedizin und Menschenwürde*, Frankfurt/M. 2004, S. 292 (Menschenwürdebegriff bleibe im Rechtsdiskurs unterbestimmt und könne auch durch sozialphilosophischen Anlauf nicht geklärt werden); Arnd Pollmann, »Menschenwürde«, in: Gerhard Göhler, Matthias Iser, Ina Kerner (Hg.), *Politische Theorie. 22 umkämpfte Begriffe zur Einführung*, Heidelberg 2004, S. 262, 268 (so zentral und wirkungsmächtig der Würdebegriff auch sein möge, so unklar sei, was genau darunter verstanden werden müsse); Kurt Seelmann, *Rechtsphilosophie*, 3. Aufl., München 2004, S. 227; Wolfgang Vögele, »Menschenwürde und Gottebenbildlichkeit«, in: Jörg Dierken, Arnulf von Scheliha (Hg.), *Freiheit und Menschenwürde. Studien zum Beitrag des Protestantismus*, 2005, S. 265 f. (weil alle über die Menschenwürde redeten, wisse niemand so richtig, was damit gemeint sei; der Konjunktur des Würdearguments entspreche eine große Unklarheit darüber, wie die Menschenwürde zu bestimmen sei); Paul Tiedemann, *Menschenwürde als Rechtsbegriff. Eine philosophische Klärung*, Berlin 2007, S. 71; Uwe Volkmann, *Juristischer Studienkurs. Staatsrecht II. Grundrechte*, 2. Aufl., München 2011, S. 19; Heiner Bielefeldt, *Auslaufmodell Menschenwürde? Warum sie in Frage steht und warum wir sie verteidigen müssen*, Freiburg i. B. 2011, S. 8 (»*Bei aller Evidenz, die wir bei der Menschenwürde unterstellen, fällt es jedoch zugleich schwer, genauer anzugeben, was darunter zu verstehen ist.*«); Christoph Möllers, »Legalität, Legitimität und Legitimation«, in: Matthias Jestaedt u. a. (Hg.), *Das entgrenzte Gericht. Eine kritische Bilanz nach sechzig Jahren Bundesverfassungsgericht*, Frankfurt/M. 2011, S. 281, 293 f. (eigentlich alles an ihr sei ungewiss und entsprechend wissenschaftlich umstritten; das Bedeutungsproblem trete in potenzierter Form in Erscheinung); Franz Josef Wetz (Hg.), *Texte zur Menschenwürde*, Stuttgart 2011, S. 13 (Begriff mit großer Aura, aber die meisten gerieten in Verlegenheit, wenn man nach

seinem Sinn frage); Rosemarie Will, »Bedeutung der Menschenwürde in der Rechtsprechung«, in: *Aus Politik und Zeitgeschichte* 61 (2011) Heft 35-36, S. 8, 10 (Problem einer positiven Schutzbereichsbestimmung sei bis heute nicht gelöst); Barbara Zehenpfennig, »Was begründet Menschenwürde? Eine antike Antwort auf eine moderne Frage«, in: Gustav Adolf Lehmann (Hg.), *Armut – Arbeit – Menschenwürde. Die Euböische Rede des Dion von Prusa*, Tübingen 2012, S. 191 f. (der Kerngehalt des demokratischen Systems sei »*letztlich ungeklärt. Wir sind uns unserer eigenen Grundlagen nicht gewiss.*«); Gunnar, Duttge, »Die ›Sakralität‹ des Menschen«, in: *Archiv für Rechts- und Sozialphilosophie* Beiheft 142 (2015), S. 145 (Prominenz des »Menschenwürde«-Begriffs stehe in aktuellen Diskussionen in umgekehrtem Verhältnis zur Gewissheit über seinen Bedeutungsgehalt).

Konkurrierende Inhaltsbestimmungen: BVerfGE 45, 187 – Lebenslange Freiheitsstrafe I (1977), S. 227 (»*Achtung und Schutz der Menschenwürde gehören zu den Konstitutionsprinzipien des Grundgesetzes. Die freie menschliche Persönlichkeit und ihre Würde stellen den höchsten Rechtswert innerhalb der verfassungsmäßigen Ordnung dar (vgl. BVerfGE 6, 32 [41]; 27, 1 [6]; 30, 173 [193]; 32, 98 [108]). Der Staatsgewalt ist in allen ihren Erscheinungsformen die Verpflichtung auferlegt, die Würde des Menschen zu achten und sie zu schützen. Dem liegt die Vorstellung vom Menschen als einem geistig-sittlichen Wesen zugrunde, das darauf angelegt ist, in Freiheit sich selbst zu bestimmen und sich zu entfalten*«); BVerfGE 49, 286 – Transsexuelle I (1978), S. 298 (»*Art. 1 Abs. 1 GG schützt die Würde des Menschen, wie er sich in seiner Individualität selbst begreift und seiner selbst bewußt wird. Hierzu gehört, daß der Mensch über sich selbst verfügen und sein Schicksal eigenverantwortlich gestalten kann*«); BVerfGE 115, 1 – Transsexuelle III (2005), S. 14; BVerfGE 117, 71 – Strafrestaussetzung (2006), S. 89; BVerfGE 123, 267 – Lissabon (2009), S. 413; Günter Dürig, »Der Grundrechtssatz von der Menschenwürde. Entwurf eines praktikablen Wertsystems der Grundrechte aus Art. 1 Abs. 1 in Verbindung mit Art. 19 Abs. II des Grundgesetzes«, in: *Archiv des öffentlichen Rechts* 81 (1956), S. 117, 125 (Selbstbewußtsein, Selbst- und Umweltbestimmung); Martin Morlok, *Selbstverständnis als Rechtskriterium*, Berlin 1993, S. 287 (Autonomie des Einzelnen); Christoph Goos, *Die innere Freiheit. Rekonstruktion des grundgesetzlichen Würdebegriffs*, Göttingen 2011, S. 139 ff. (innere Freiheit); Uwe Volkmann, *Solidarität – Programm und Prinzip der Verfassung*, Tübingen 1998, S. 228 (Forderung individueller Autonomie, die auch das Recht zur Verfolgung egoistischer Interessen einschließe, aber Solidarität darum nicht ausklammere); Christian Starck, »Artikel 1«, in: Hermann von Mangoldt, Friedrich Klein, Christian Starck (Hg.), *Grundgesetz-Kommentar*, Bd. 1, 6. Aufl., München 2010, Rn. 5 ff. (christliches Menschenbild); Ernst-Wolfgang Böckenförde, »Menschenwürde als normatives Prinzip«, in: *Juristenzeitung* 58 (2003), S. 809, 812 (menschliches Dasein um seiner selbst willen; zumindest terminologisch davon abweichend ders. in: ders., *Wissenschaft, Politik, Verfassungsgericht. Aufsätze von Ernst-Wolfgang Böckenförde. Biographisches Interview von Dieter Gosewinkel*, Berlin 2011, S. 453 (Subjektstellung des Menschen als sittliche Person); Niklas Luhmann, *Grundrechte als Institution*, Berlin 1965, S. 53 ff. (Selbstdarstellung in Kommunikation); Adalbert Podlech, »Artikel 1«, in: *Kommentar zum Grundgesetz für die Bundesrepublik Deutschland, Bd. 1, Art. 1-20*, Neuwied 1984, Rn. 12 ff. (Gesellschaftsvertrag); Hasso Hofmann, »Die versprochene Menschenwürde«, in: *Archiv des öffentlichen Rechts* 118 (1993), S. 353, 363 f., 367, 374 f. (gesellschaftliche Anerkennung); ähnlich Heiner Bielefeldt, *Auslaufmodell Menschenwürde? Warum sie in Frage steht und warum wir sie verteidigen müssen*, Freiburg i. B. 2011, S. 51 (allerdings setzt er sich vom Verständnis Hofmanns auf S. 55 insofern ab, als der Zuspruch der Menschenwürde ihm zufolge nicht im Belieben der Gesellschaft stehe, sondern Moment einer angeborenen sozialen Statusposition sei); Winfried Brugger, *Menschenwürde, Menschenrechte, Grundrechte*, Baden-Baden 1997, S. 31 f. (Mensch-Tier-Unterschied); Rolf Gröschner, *Menschenwürde und Sepulkralkultur in der grundgesetzlichen Ordnung*, Stuttgart 1995, S. 42 f. (Selbstentwurf); Christoph Enders, *Die Menschenwürde in der Verfassungsordnung. Zur Dogmatik des Art. 1 GG*, Tübingen 1997, S. 501 ff. (Rechtssubjekt); Robert Alexy, »Menschenrechte ohne Metaphysik?«, in: *Deutsche Zeitschrift für Philosophie* 52 (2004), S. 15, 20 (Anerkennung der Autonomie); Jochen von Bernstorff, »Der Streit um die Menschenwürde im Grund- und Menschenrechtsschutz: Eine Verteidigung des Absoluten als Grenze und Auftrag«, in: *Juristenzeitung* 68 (2013), S. 905, 910 (Entstehung der Menschenwürde im Erkennen der irreduziblen Einzigkeit und Verletzlichkeit des Anderen); Tatjana Hörnle, »Menschenwürde als Freiheit von Demütigungen«, in: *Zeitschrift für Rechtsphilosophie* 2008, S. 41 ff.; dies., »Zur Konkretisierung des Begriffs ›Menschenwürde‹«, in: Jan C. Joerden, Eric Hilgendorf, Natalia Petrillo, Felix Thiele (Hg.), *Menschenwürde und moderne Medizintechnik*, Baden-Baden 2011, S. 57, 66; dies., »Warum sich das Würdekonzept Margalits zur Präzisierung von ›Menschenwürde als geschütztes Rechtsgut‹ eignet«, in: Eric Hilgendorf (Hg.), *Menschenwürde und Demütigung. Die Menschenwürdekonzeption Avishai Margalits*, Baden-Baden 2013, S. 91 ff.; Eric Hilgendorf, »Menschenwürdeschutz als Schutz vor Demütigung?«, in: ders. (Hg.), *Menschenwürde und Demütigung. Die Menschenwürdekonzeption Avishai Margalits*, Baden-Baden 2013, S. 127 ff. (kritisch gegenüber der Verwendung der Theorie Margalits zur Bestimmung der Würdenorm des Grundgesetzes); Paul Tiedemann, »Human dignity as an absolute value«, in: Winfried Brugger, Stephan Kirste (Hg.), *Human Dignity as a Foundation of Law. Proceedings of the Special Workshop held at the 24th World Congress of the International Association for Philosophy of Law and Social Philosophy in Beijing*, Archiv für Rechts- und Sozialphilosophie Beiheft 137 (2013), S. 25, 37 (absolute value by virtue of their ability to form their own free will; dignity refers to the freedom of man to shape his own life according to this plans and according to rules that he has imposed on himself); Bernhard Jakl, »Human Dignity as a fundamental right to freedom in law«, in: Winfried Brugger, Stephan Kirste (Hg.), *Human Dignity as a Foundation of Law. Proceedings of the Special Workshop held at the 24th World Congress of the International Association for Philosophy of Law and Social Philosophy in Beijing*, Archiv für Rechts- und Sozialphilosophie Beiheft 137 (2013), S. 93, 102 (human dignity as a legal concept thus turns out to be every human being's subjective right: to be seen as someone who has the faculty to act); Stephan Kirste, »A legal concept of human dignity as a Foundation of Law«, in: Winfried Brugger, Stephan Kirste (Hg.), *Human Dignity as a Foundation of Law. Proceedings of the Special Workshop held at the 24th World Congress of the International Association for Philosophy of Law and Social Philosophy in Beijing*, Archiv für Rechts- und Sozialphilosophie Beiheft 137 (2013), S. 63, 78 (human dignity as a right to be recognized as a legal subject and if being a legal subject means having rights and duties).

3 **Rückgriff auf christliche Theologie:** Paul Kirchhof, »Die Wertgebundenheit des Rechts, ihr Fundament und die Rationalität der Rechtsfortbildung«, in: Eilert Herms (Hg.), *Menschenbild und Menschenwürde*, Gütersloh 2001, S. 156, 161 f.; Josef Isensee, »Menschenwürde: die säkulare Gesellschaft auf der Suche nach dem Absoluten«, in: *Archiv des öffentlichen Rechts* 131 (2006), S. 173, 206; Walter-Georg Leisner, *Existenzsicherung im Öffentlichen Recht. Minimum – Grundlagen – Förderung*, Berlin 2007, S. 107 (Wurzeln der Menschenwürdegarantie im Christentum); Christian Seiler, Das Grundrecht auf ein menschenwürdiges Existenzminimum. Zum Urteil des Bundesverfassungsgerichts vom 9. 2. 2010, in: *Juristenzeitung* 65 (2010), S. 500, 504 (Gottesebenbildlichkeit der jüdisch-christlichen Tradition ebenso wie in ihrer aufklärerischen Fortsetzung sittlicher Autonomie des vernunftbegabten Individuums); Christian Hillgruber, Kommentar, in: Horst Dreier, *Säkularisierung und Sakralität. Zum Selbstverständnis des modernen Verfassungsstaates*, Tübingen 2013, S. 129 f. (Brücke zur christlichen Theologie aufgrund des Begriffs der »Unantastbarkeit«).

Rückgriff auf philosophische, inbesondere metaphysische Tradition: Uwe Volkmann, *Solidarität – Programm und Prinzip der Verfassung*, Tübingen 1998, S. 230; ders., *Staatsrecht II. Grundrechte*, 2. Aufl., München 2011, Rn. 51 (Begriff der Menschenwürde als Scharnierbegriff, der an vielfältige vor- und außerrechtliche Vorstellungen anknüpfe und diese in sich aufnehme: Stoa, mittelalterliche Scholastik, neuzeitlicher Humanismus, aufgeklärtes Vernunftrecht); Bodo Pieroth, Bernhard Schlink, *Grundrechte. Staatsrecht II*, 18. Aufl., Heidelberg 2002, Rn. 353 (Menschenwürde sei ein Begriff, auf dem zweieinhalbtausend Jahre Philosophiegeschichte laste; davon redend, finde man sich sogleich in einer bestimmten Tradition wieder; anders allerdings nun Bodo Pieroth, Bernhard Schlink, Torsten Kingreen, Ralf Poscher, *Grundrechte. Staatsrecht II*, 31. Aufl., Heidelberg 2015, Rn. 378: der Begriff der Menschenwürde sei durch zweieinhalbtausend Jahre Geistesgeschichte gegangen und habe dabei verschiedene theologische, philosophische und soziologische Interpretationen gefunden, die, bis heute aktuell, auch verschiedene juristische Interpretationen nahelegten); Friedhelm Hufen, »Erosion der Menschenwürde?« in: *Juristenzeitung* 59 (2004), S. 313 f.; Ernst Benda, »Zur Würde des Menschen in der protestantischen Ethik und im Recht«, in: Susanne Bräcklein, Jürgen Meyer, Henning Scherf (Hg.), *Politisches Denken ist. Festschrift für Margot von Renesse*, Frankfurt/M. 2005, S. 41, 44; Rolf Gröschner »Menschenwürde als Konstitutionsprinzip der Grundrechte«, in: Anne Siegetsleitner, Nikolaus Knoepffler (Hg.), *Menschenwürde im interkulturellen Dialog*, Freiburg i. B. 2005, S. 17, 27 (Pico della Mirandola); Karl Eberhard Hain, »Konkretisierung der Menschenwürde durch Abwägung?«, in: *Der Staat* 46 (2006), S. 189, 191-193 (Interpreten zur Metaphysik verdammt); Wolfgang Graf Vitzthum, »Eher Kant als Klon. Ein Zwischenruf im deutschen Bioethikdiskurs«, in: Kristian Kühl (Hg.), *Juristen-Rechtsphilosophie*, Hamburg 2007, S. 213 f.; Mattthias Mahlmann, *Elemente einer ethischen Grundrechtstheorie*, Baden-Baden 2008, S. 99; Rosemarie Will, »Bedeutung der Menschenwürde in der Rechtsprechung«, in: *Aus Politik und Zeitgeschichte* 61 (2011) Heft 35-36, S. 8, 10 (jede Schutzbereichsbestimmung sei notwendig von einer bestimmten philosophischen Tradition geprägt); Hufen, Friedhelm, *Staatsrecht II. Grundrechte*, 3. Aufl., München 2011, § 10, Rn. 1 (Norm als grundrechtsgewordene Ethik); Gunnar, Duttge, »Die ›Sakralität‹ des Menschen«, in: *Archiv für Rechts- und Sozialphilosophie* Beiheft 142 (2015), S. 145, 147 f. (Anerkennung einer metaphysischen Verankerung unvermeidlich, solle der genuine Charakter der Menschenwürdeidee nicht verloren gehen).

Erkenntnisse der empirischen Wissenschaften: Paul Tiedemann, Der Begriff der Menschenwürde. Eine Anfrage an die Sozialphilosophie, in: *e-Journal Philosophie der Psychologie*, 2006, S. 1 ff., ⟨http://www.jp.philo.at/texte/TiedemannP1.pdf⟩, S. 6; ders., »Human dignity as an absolute value«, in: Winfried Brugger, Stephan Kirste (Hg.), *Human Dignity as a Foundation of Law. Proceedings of the Special Workshop held at the 24th World Congress of the International Association for Philosophy of Law and Social Philosophy in Beijing*, Archiv für Rechts- und Sozialphilosophie Beiheft 137 (2013), S. 25, 29 (empirical significance).

Stand des gesellschaftlichen Diskurses: Gerhard Robbers, »Rechtsethische Aspekte der Gentechnologie«, in: *Bitburger Gespräche Jahrbuch* 2003, S. 141, 144 (Zeitgeistabhängigkeit der Würdebestimmung); Hasso Hofmann, »Recht, Politik und Religion«, in: *Juristenzeitung* 57 (2002), S. 377, 384; Erhard Denninger, »Embryo und Grundgesetz. Schutz des Lebens und der Menschenwürde vor Nidation und Geburt«, in: *Kritische Vierteljahresschrift für Rechtswissenschaft und Gesetzgebung* 86 (2003), S. 191, 196 f.; Wolfgang Vögele, »Menschenwürde und Gottesbenbildlichkeit«, in: Jörg Dierken, Arnulf von Scheliha (Hg.), *Freiheit und Menschenwürde. Studien zum Beitrag des Protestantismus*, Tübingen 2005, S. 265, 275 (innerhalb des pluralistischen Würdediskurses seien zu unterschiedlichen Zeiten unterschiedliche Momente und Inhalte des Würdebegriffs zu betonen).

Funktionen der Würdenorm: Ralf Poscher, »Menschenwürde als Tabu«, in: *Frankfurter Allgemeine Zeitung* vom 2. Juni 2004, S. 8; Peter Fonk, »Abwägbare Menschenrechte – Antastbare Menschenwürde«, in: *Ethica* 13 (2005), S. 3, 11 (Funktion des Menschenwürdeartikels in Art. 1 des Grundgesetzes stehe in Analogie zu den Anrufungen Gottes in der Präambel: der Verfassungsgeber bekenne sich damit zu den Grenzen menschlicher Macht; in dieser Sicht könnten sich auch eine Vielzahl der Konfessionen und Weltanschauungen darin noch wiederfinden); Karl Heinz Ladeur, Ino Augsberg, *Die Funktion der Menschenwürde im Verfassungsstaat. Humangenetik – Neurowissenschaft – Medien*, Tübingen 2008, S. 11; Thomas Gutmann, *Struktur und Funktion der Menschenwürde als Rechtsbegriff*, Münster 2010, S. 4; Hartmut Kreß, *Ethik der Rechtsordnung. Staat, Grundrechte und Religionen im Licht der Rechtsethik*, Stuttgart 2012, S. 148 ff.

Interdisziplinär-kulturtheoretische Deutung: Peter Häberle, »Die Menschenwürde als Grundlage der staatlichen Gemeinschaft«, in: Josef Isensee/Paul Kirchhof (Hg.), *Handbuch des Staatsrechts*, Bd. 1, 3. Aufl., Heidelberg 2003, § 20, Rz. 33; Stefan Haack, »L'État – Qu'est-ce que c'est? Die Wissenschaft vom öffentlichen Recht und ihrer Methoden nach sechzig Jahren Arbeit mit dem Grundgesetz«, in: *Der Staat* 49 (2010), S. 107, 123, 125 f. (Bestimmung der Menschenwürde von einem »ordnungsbezogenen Denken« ausgehend, unter Rückriff auf ein »ordnungsimmanentes, in der Gemeinschaft lebendiges und gelebtes Menschenwürdeverständnis«, durch ein »Studium philosophischer, ideengeschichtlicher, theologischer, kulturwissenschaftlicher und möglicherweise sogar künstlerischer Vorarbeiten«).

Erschließen des Würdebegriffs durch Intuition: Kristina Bautze, »›Wenn Ihrs nicht fühlt, Ihr werdet's nicht erjagen‹. Über die Schwierigkeiten des theoretischen Umgangs mit der Menschenwürde«, in: Frederik Roggan/Dörte Busch (Hg.), *Das Recht in guter Verfassung? Festschrift für Martin Kutscha*, Baden-Baden 2013, S. 257, 260 (Würdebegriff als Begriff mit Empfindungsgehalt; intuitiverer Zugang nötig).

Völkerrechtsorientierte Interpretation: Thilo Rensmann, »Die Menschenwürde als universaler Rechtsbegriff«, in: Christian Thies (Hg.), *Der Wert der Menschenwürde*, Paderborn 2009, S. 75, 85, 89.

Verfassungsautonomes Verständnis: Matthias Herdegen, »Artikel 1«, in: Theodor Maunz, Günter Dürig u. a. (Hg.), *Grundgesetz. Loseblatt-Kommentar*, München 2003, Rn. 17, 20; Hans-Jürgen Papier, »Die Würde des Menschen ist unantastbar«, in: Rainer Grote u. a. (Hg.), *Die Ordnung der Freiheit. Festschrift für Christian Starck zum siebzigsten Geburtstag*, Tübingen 2007, S. 371 f.; Ute Sacksofsky, »Der Schutz der Würde des Menschen – ein absolutes Versprechen in Zeiten relativer Gewissheit«, in: Johannes Masing, Joachim Wieland (Hg.), *Menschenwürde – Demokratie – Christliche Gerechtigkeit. Tagungsband zum Festlichen Kolloquium aus Anlass des 80. Geburtstags von Ernst-Wolfgang Böckenförde*, Berlin 2011, S. 23 ff.

4 **Deutungen der Würdenorm des Grundgesetzes durch Autoren der Philosophie und Theologie:** Tine Stein, »›Im Bewusstsein seiner Verantwortung für Gott …‹: Christliches Menschenbild und demokratischer Verfassungsstaat«, in: Matthias Hildebrandt, Manfred Brocker, Hartmut Behr (Hg.), *Säkularisierung und Resakralisierung in westlichen Gesellschaften. Ideengeschichtliche und theoretische Perspektiven*, Wiesbaden 2001, S. 185 f. (Würdenorm sei ohne den durchgreifenden Beitrag, den die jüdisch-christliche Tradition mit Idee der Gottebenbildlichkeit geleistet habe, nicht zu rekonstruieren); Ulrich Barth, »Herkunft und Bedeutung des Menschenwürdekonzepts. Der Wandel der Gottesebenbildlichkeitsvorstellung«, in: ders., *Religion in der Moderne*, Tübingen 2003, S. 345, 360 ff.; Peter Fonk, »Abwägbare Menschenrechte – Antastbare Menschenwürde«, in: *Ethica* 13 (2005), S. 3, 11 (Menschenwürde ohne Transzendenz sei ein Begriff, den man nicht denken könne; wo das Fenster zur Transzendenz verschlossen bleibe, löse sich der Begriff der Menschenwürde auf); Elisabeth Gräb-Schmidt, »Einführung«, in: Wilfried Härle, Reiner Preul (Hg.), *Menschenwürde, Marburger Jahrbuch Theologie* 17 (2005), S. 1 ff.; Eilert Herms, »Menschenwürde«, in: Wilfried Härle, Reiner Preul (Hg.), *Menschenwürde, Marburger Jahrbuch Theologie* 17 (2005), S. 79 ff.; Wolfgang Vögele, »Menschenwürde und Gottesbenbildlichkeit«, in: Jörg Dierken, Arnulf von Scheliha (Hg.), *Freiheit und Menschenwürde. Studien zum Beitrag des Protestantismus*, 2005, S. 265, 268 ff.; Franz Josef Wetz, *Illusion Menschenwürde. Aufstieg und Fall eines Grundwerts*, Stuttgart 2005; Stephan Schaede, »Würde – Eine ideengeschichtliche Annäherung aus theologischer Perspektive«, in: Petra Bahr, Hans-Michael Heinig (Hg.), *Menschenwürde in der säkularen Verfassungsordnung. Rechtswissenschaftliche und theologische Perspektiven*, Tübingen 2006, S. 7 ff.; Anne Kapust, »Menschenwürde auf dem Prüfstand«, in: *Philosophische Rundschau* 54 (2007),

S. 279 ff.; Bernhard Kohl, *Menschenwürde: Relativierung oder notwendiger Wandel? Zur Interpretation in der gegenwärtigen Kommentierung von Art. 1 Abs. 1 GG*, Münster 2007, S. 130 ff. (Kirche und Theologie sollten sich auf die Offenheit des Würdediskurses einlassen); Jörn Müller, »Ein Phantombild der Menschenwürde: Begründungstheoretische Überlegungen zum Zusammenhang von Menschenrechten und Menschenwürde«, in: Gert Brudermüller, Kurt Seelmann (Hg.), *Menschenwürde. Begründung, Konturen, Geschichte*, Würzburg 2008, S. 117 ff., 142; Hermann Barth, »Würde und Wert im Verfassungsrecht«, in: Christian Thies (Hg.), *Der Wert der Menschenwürde*, Paderborn 2009, S. 93 ff.; Jürgen Habermas, »Das Konzept der Menschenwürde und die realistische Utopie der Menschenrechte«, in: *Deutsche Zeitschrift für Philosophie* 58 (2010), S. 343 f.; Winfried Haerle, *Würde. Groß vom Menschen denken*, München 2010, S. 31 (ethisches Verständnis von Würdenormen geboten, weil diese auf ethischen Überlegungen und Begründungen beruhten); Stefan Lorenz Sorgner, *Menschenwürde nach Nietzsche*, Darmstadt 2010, S. 23; Hartmut Kreß, *Ethik der Rechtsordnung. Staat, Grundrechte und Religionen im Licht der Rechtsethik*, Stuttgart 2012, S. 118 ff.; Barbara Zehenpfennig, »Was begründet Menschenwürde? Eine antike Antwort auf eine moderne Frage«, in: Gustav Adolf Lehmann (Hg.), *Armut – Arbeit – Menschenwürde. Die Euböische Rede des Dion von Prusa*, Tübingen 2012, S..191, 198 (Dion von Prusa).

Beobachtungen und Bewertungen der Diskussionen in Philosophie und Theologie: Anne Kapust, »Menschenwürde auf dem Prüfstand«, in: *Philosophische Rundschau* 54 (2007), S. 279, 281 f. (es lasse sich darüber streiten, ob die ungeheure Vielfalt von Definitionsvorschlägen als produktiv betrachtet werden sollte oder sich eher nachteilig auswirkt); Stephan Kirste, »Die Würde des Menschen im Recht«, in: *Archiv für Rechts- und Sozialphilosophie* 89 (2009), S. 420 (kein rechtsethischer Begriff habe wohl in den letzten Jahrzehnten einen derartigen Bedeutungszuwachs erhalten wie derjenige der Würde des Menschen); Wolfgang Vögele, »Die christliche Deutung der Menschenwürde im Kontext gegenwärtiger Debatten«, in: Christian Thies (Hg.), *Der Wert der Menschenwürde*, Paderborn 2009, S. 63 (auf dem Markt der wissenschaftlichen Debatten, der kulturwissenschaftlichen und ethischen Deutungen, aber auch der Sonntagsreden und Predigten konkurrierten eine Unzahl von Interpretationen der Menschenwürde, theologische, juristische, philosophische, ethische und politische), S. 67 (Gründe für die Ausweitung der Diskussion in der Theologie seien die Aktualität des Themas, die Konzentration der Systematischen Theologie auf Fragen der Anthropologie und des christlichen Menschenbildes und die Anlage des Würdebegriffs hin auf interdisziplinäre Forschungs- und Analyseperspektiven); Felix Thiele, »Einführung in Teil A.«, in: Jan Joerden, Eric Hilgendorf, Felix Thiele (Hg.), *Menschenwürde und Medizin. Ein* *interdisziplinäres Handbuch*, Baden-Baden 2013, S. 13 f. (in der praktischen Philosophie der letzten sechzig Jahre sei es zu einem Paradigmenwechsel gekommen: die »Menschenwürde« sei zum neuen Leitmotiv, zur zentralen Begründungsinstanz der praktischen Philosophie und Bioethik geworden und habe das Mantra »Autonomie« verdrängt); Horst Dreier, *Säkularisierung und Sakralität. Zum Selbstverständnis des modernen Verfassungsstaates*, Tübingen 2013, S. 89, Fn. 243 (Menschenwürde habe in der Philosophie der letzten zwanzig oder dreißig Jahre einen Aufschwung ohnegleichen erlebt).

5 **Bekenntnis zur Würde des Menschen in den Programmen der politischen Parteien:** Christlich-demokratische Union, *Düsseldorfer Leitsätze über Wirtschaftspolitik, Landwirtschaftspolitik, Sozialpolitik, Wohnungsbau vom 15. Juli 1949*, ⟨http://www.kas.de⟩, letzter Zugriff 04. 05. 2016, S. 24 (»Im Bewußtsein christlicher Verantwortung bekennt sich die CDU zu einer gesellschaftlichen Neuordnung auf der Grundlage sozialer Gerechtigkeit, gemeinschaftsverpflichteter Freiheit und echter Menschenwürde«); Grundsatzprogramm vom 3. 12. 2007, ⟨https://www.cdu.de/grundsatzprogramm⟩, letzter Zugriff 4. 5. 2016, (»Die CDU ist für jeden offen, der die Würde und die Freiheit aller Menschen anerkennt«); Christlich-soziale Union, *Grundsatzprogramm vom 28. September 2007*, ⟨http://www.csu.de/politik/grundsatzprogramm⟩, letzter Zugriff 4. 5. 2016, S. 28 (Bekenntnis zum christlichen Bild vom Menschen mit unveräußerlicher Würde); Sozialdemokratische Partei Deutschlands, *Godesberger Programm. Grundsatzprogramm der Sozialdemokratischen Partei Deutschlands von 1959*, ⟨http://www.spd.de/partei/organisation/das-grundsatzprogramm⟩, letzter Zugriff 4. 5. 2016, S. 10 (»Das Leben des Menschen, seine Würde und sein Gewissen sind dem Staate vorgegeben«); Hamburger Programm. Grundsatzprogramm der SPD von 2007, ⟨http://www.spd.de/partei/organisation/das-grundsatzprogramm⟩, letzter Zugriff 4. 5. 2016, S. 13 (»Die gleiche Würde aller Menschen ist Ausgangspunkt und Ziel unserer Politik«); Bündnis 90/Die Grünen, *Grundsatzprogramm von 2002*, ⟨https://www.gruene.de/startseite.html⟩, letzter Zugriff 4. 5. 2016, S. 9 (»*Im Mittelpunkt unserer Politik steht der Mensch mit seiner Würde und seiner Freiheit. Die Unantastbarkeit der menschlichen Würde ist unser Ausgangspunkt. Sie ist der Kern unserer Vision von Selbstbestimmung und Parteinahme für die Schwächsten. Als Vernunftwesen ist der Mensch in der Lage zu einem verantwortlichen Leben in Selbstbestimmung*«); Die Linke, *Programm von 2011*, ⟨http://www.die-linke.de/partei/dokumente/programmderparteidielinke/⟩, letzter Zugriff 3. 5. 2016, S. 28 (»*Die Linke lässt sich von dem Ziel leiten, dass alle Menschen [...] selbstbestimmt, in Würde und Solidarität leben können*«), S. 35 (»*Die Linke will, dass jeder Mensch ein*

selbstbestimmtes Leben in Würde und sozialer Sicherheit führen, sein Recht auf Arbeit, auf Bildung und Kultur wahrnehmen kann und nicht diskriminiert und ausgegrenzt wird«); Freie Demokratische Partei, *Freiburger Thesen zur Gesellschaftspolitik von 1971*, ⟨http://www.freiheit.org/⟩, letzter Zugriff 3.5.2016, S. 5 (»*Der Liberalismus war und ist Träger und Erbe der demokratischen Revolutionen, die zu Ende des 18. Jahrhunderts in Amerika und Frankreich vom Gedanken der Freiheit und Würde des Menschen ausgehen*«), S. 8 (»*Liberalismus nimmt Partei für Menschenwürde durch Selbstbestimmung. [...] Behauptung der Menschenwürde und Selbstbestimmung des Einzelnen in Staat und Recht, in Wirtschaft und Gesellschaft gegenüber einer Zerstörung der Person durch die Fremdbestimmung und durch den Anpassungsdruck der politischen und sozialen Institutionen waren und sind die ständige Aufgabe des klassischen wie des modernen Liberalismus*«); Nationaldemokratische Partei Deutschlands, *Programm von 2010*, ⟨https://npd.de/⟩, letzter Zugriff 3.5.2016, S. 5 (»*Gleich sind die Menschen dagegen vor dem Gesetz und in der Unantastbarkeit ihrer Würde*«), S. 6 (»*Die Würde des Menschen als soziales Wesen verwirklicht sich vor allem in der Volksgemeinschaft*«).

6 Naturrechtliche Verankerung vom Parlamentarischen Rat gewollt: Christoph Enders, *Die Menschenwürde in der Verfassungsordnung. Zur Dogmatik des Art. 1 GG*, Tübingen 1997, S. 410 ff.; Hofer, Florian, *Die ideengeschichtlichen Quellen der Grundrechte des Grundgesetzes*, Konstanz 2004, S. 186 (offen nur, ob christliches oder profanes Naturrecht); Georg Lohmann, »Unantastbare Menschenwürde und unverfügbare menschliche Natur«, in: *Studia philosophica* 63 (2004), S. 55, 59 (naturrechtlich und christlich verstandene Menschenwürdekonzeption zugrunde gelegt); Paul Tiedemann, »›Die Würde des Menschen ist unantastbar‹. Versuch einer Aufklärung«, in: *Rechtstheorie* 36 (2005), S. 116 f. (vorstaatliche und vorrechtliche Natur – davon habe sich der Rat leiten lassen); Josef Isensee, »Menschenwürde: die säkulare Gesellschaft auf der Suche nach dem Absoluten«, in: *Archiv des öffentlichen Rechts* 36 (2006), S. 173, 176 (die Renaissance des Naturrechts, die das Rechtsdenken nach der deutschen Katastrophe erlebt habe, habe auf das Bekenntnis der Verfassungsgeber zur Menschenwürde eingewirkt; das Grundgesetz habe Früchte der naturrechtlichen Tradition übernommen und in positives Recht verwandelt, wenn auch keine pauschale Rezeption erfolgt sei); Tine Stein, *Himmlische Quellen und irdisches Recht. Religiöse Voraussetzungen eines freiheitlichen Verfassungsstaates*, Frankfurt/M. u. a. 2007, S. 304, 310 (Verfassungseltern hätten mit Würdenorm ein vorrechtliches normatives Prinzip auch positivrechtlich anerkennen wollen; vorpositiver Geltungsanspruch sei daher in die Interpretation mit einzubeziehen); Josef Isensee, »Die Würde des Menschen«, in: Detlef Merten, Hans-Jürgen Papier (Hg.), *Handbuch der*

Grundrechte, Bd. 4, Heidelberg 2011, § 87, Rn. 27 (naturrechtliche Fundierung, spätere Interpreten sollten nicht freie Hand haben), Rn. 163 (Versuch des Rates, Menschenwürde vom Naturrecht her zu begründen).

Gegenposition: Keine naturrechtliche Verankerung vom Parlamentarischen Rat beabsichtigt: Wolfgang Vögele, *Menschenwürde zwischen Recht und Theologie. Begründungen von Menschenrechten in der Perspektive öffentlicher Theologie*, Gütersloh 2000, S. 295; Matthias Herdegen, »Artikel 1«, in: Theodor Maunz, Günter Dürig u. a. (Hg.), *Grundgesetz. Loseblatt-Kommentar*, München 2003, Rn. 17 (ausdrücklicher Bezug zu naturrechtlichen Grundlagen der Menschenwürde habe sich nicht durchzusetzen vermocht); Franz Josef Wetz, *Illusion Menschenwürde. Aufstieg und Fall eines Grundwerts*, Stuttgart 2005, S. 87 (Antrag von Süsterhenn und Seebohm, Art. 1 Abs. 1 mit Zusatz »von Gott gegeben« zu versehen, sei mit 11 gegen 10 Stimmen abgelehnt worden); Rolf Gröschner, »Menschenwürde als Konstitutionsprinzip der Grundrechte«, in: Anne Siegetsleitner, Nikolaus Knoepffler (Hg.), *Menschenwürde im interkulturellen Dialog*, Freiburg i. Br. 2005, S. 17, 27 (es sei dezidierter Mehrheitswille gewesen, von einem Bezug auf ein vielgestaltiges Naturrecht christlicher Provenienz Abstand zu nehmen); Hasso Hofmann, »Methodische Probleme der juristischen Menschenwürdeinterpretation«, in: Ivo Appel, Georg Hermes (Hg.), *Mensch – Staat – Umwelt*, Berlin 2008, S. 47, 59 f. (katholisches Naturrecht wäre fragwürdige Quelle); Erhard Denninger, »Der Menschenwürdesatz im Grundgesetz und seine Entwicklung in der Verfassungsrechtsprechung«, in: Franz Josef Peine, Heinrich Amadeus Wolff (Hg.), *Nachdenken über Eigentum. Festschrift für Alexander v. Brünneck zur Vollendung seines siebzigsten Lebensjahres*, Baden-Baden 2011, S. 397, 400 (Rat habe unmittelbaren Einbruch naturrechtlicher Argumentation in den juristischen Alltag verhindern wollen); Ignacio Czeguhn, »Das Verhältnis von Menschenwürde und Menschenrechte in historischer Perspektive«, in: Eric Hilgendorf (Hg.), *Menschenwürde und Demütigung. Die Menschenwürdekonzeption Avishai Margalits*, Baden-Baden 2013, S. 3, 21.

Würdegarantie als eine vom Rat gewollte Brücke zu philosophischen oder theologischen Würdekonzepten, als Umsetzung einer philosophischen wie auch theologischen Idee in einer Rechtsnorm: Günter Dürig, »Der Grundrechtssatz von der Menschenwürde. Entwurf eines praktikablen Wertsystems der Grundrechte aus Art. 1 Abs. 1 in Verbindung mit Art. 19 Abs. II des Grundgesetzes«, in: *Archiv des öffentlichen Rechts*, 81 (1956), S. 117, 125; Christian Starck, »Menschenwürde als Verfassungsgarantie im modernen Staat«, in: *Juristenzeitung* 36 (1981), S. 457, 459; Klaus Stern, »Menschenwürde als Wurzel der Menschen- und Grundrechte«, in: Norbert Achterberg u. a. (Hg.), *Recht und Staat im sozialen Wandel. Festschrift für Hans Ulrich Scupin*, Berlin 1983, S. 627, 631; Wolfgang Graf

Vitzthum, »Gentechnologie und Menschenwürde«, in: *Medizinrecht* 3 (1985), S. 249, 252; Hasso Hofmann, »Die versprochene Menschenwürde«, in: *Archiv des öffentlichen Rechts* 118 (1993), S. 353, 361 (Mitgifttheorie habe große Mehrheit des Rates bestimmt); Wolfgang Vögele, *Menschenwürde zwischen Recht und Theologie. Begründungen von Menschenrechten in der Perspektive öffentlicher Theologie*, Gütersloh 2000, S. 297 (Menschenwürde als Begriff des Grundgesetzes, in dem sich mehrere weltanschauliche Perspektiven schneiden würden); Peter Unruh, *Der Verfassungsbegriff des Grundgesetzes. Eine verfassungstheoretische Rekonstruktion*, Tübingen 2002, S. 356 (Anknüpfung an das vorhergehende westliche Verständnis des Würdebegriffs vom Rat gewollt); Edward J. Eberle, *Dignity and Liberty. Constitutional Visions in Germany and the United States*, Westport 2002, S. 52 (»*the drafters sought to anchor the social order to the ideal of human dignity as society's transcendent principle*«); Ernst-Wolfgang Böckenförde, »Bleibt die Menschenwürde unantastbar?«, in: *Blätter für deutsche und internationale Politik* 49 (2004), S. 1216, 1222 (Übernahme eines geistig-philosophisch geprägten Begriffs, der seine Konturen aus seinen Wurzeln in der christlichen Tradition und im Gedankengut der Aufklärung, insbesondere Kants, gewonnen habe); Arnd Uhle, *Freiheitlicher Verfassungsstaat und kulturelle Identität*, Tübingen 2004, S. 142; Günther Kreuzbauer, »Argumentationsanalytische Betrachtungen zum Begriff der Menschenwürde«, in: Michael Fischer (Hg.), *Der Begriff der Menschenwürde. Definition, Belastbarkeit und Grenzen*, 2. Aufl., Frankfurt/M. u. a., 2005, S. 47, 50.

Gegenposition: Vom Rat keine Übernahme philosophischer oder theologischer Würdekonzepte gewollt: Wilhelm Wertenbruch, *Grundgesetz und Menschenwürde. Ein kritischer Beitrag zur Verfassungswirklichkeit*, Köln 1958, S. 23; Reinhold Zippelius, »Menschenwürde«, in: *Evangelisches Staatslexikon*, 2. Aufl., Stuttgart 1975. S. 1554; Christoph Grimm, *Allgemeine Wehrpflicht und Menschenwürde*, Berlin 1982, S. 53; Hubert Cancik, »›Die Würde des Menschen ist unantastbar‹. Religions- und philosophiegeschichtliche Bemerkungen zu Art. 1, Satz 1 GG«, in: Hermann Funke (Hg.), *Utopie und Tradition. Platons Lehre vom Staat in der Moderne*, 1987, S. 73, 90 (Entstehungsgeschichte mache eindeutig klar, dass nach dem Willen der Verfasser des Grundgesetzes eine theologische und christliche Begründung ausgeschlossen werden sollte); Christoph Enders, *Die Menschenwürde in der Verfassungsordnung. Zur Dogmatik des Art. 1 GG*, Tübingen 1997, S. 410 ff., 414 (keine Entscheidung für ein bestimmtes philosophisches oder religiöses Konzept); Karl-Eberhard Hain, *Die Grundsätze des Grundgesetzes. Eine Untersuchung zu Art. 79 Abs. 3 GG*, Berlin 1999, S. 222; Renate Bieritz-Harder, *Menschenwürdig leben. Ein Beitrag zum Lohnabstandsgebot des Bundesozialhilfegesetzes, seiner Geschichte und verfassungsrechtlichen Problematik*, Berlin 2001, S. 229, 232; Tine Stein, »›Im Bewusstsein seiner Verantwortung für Gott …‹: Christliches Menschenbild und demokratischer Verfassungsstaat«, in: Matthias Hildebrandt, Manfred Brocker, Hartmut Behr (Hg.), *Sakulärisierung und Resakralisierung in westlichen Gesellschaften. Ideengeschichtliche und theoretische Perspektiven*, Heidelberg 2001, S.185, 197 (Anträge, Gottesbezug auch im Grundrechtsteil aufzunehmen, seien zurückgewiesen worden); Ulrich Barth, »Herkunft und Bedeutung des Menschenwürdekonzepts. Der Wandel der Gottesebenbildlichkeitsvorstellung«, in: ders., *Religion in der Moderne*, Tübingen 2003, S.345 (Rat habe Basisartikel des Grundgesetzes von religiösen und weltanschaulichen Prämissen möglichst freihalten wollen; diese Position habe sich durchgesetzt); Matthias Schmoeckel, »Die unbekannte Menschenwürde«, in: *Evangelische Theologie* 66 (2006), S.405, 412 (keine konkrete Übernahme gewollt); Rainer Wahl, »Die Rolle des Verfassungsrechts angesichts von Dissens in der Gesellschaft und in der Rechtspolitik«, in: Giovanni Maio (Hg.), *Der Status des extrakorporalen Embryos. Perspektiven eines interdisziplinären Zugangs*, Stuttgart-Bad Cannstatt 2007, S.551, 573; Karl Eberhard Hain, »Konkretisierung der Menschenwürde durch Abwägung?«, in: *Der Staat* 46 (2006), S.189, 194; Stephan Rixen, »Der Embryo zwischen Person und Sache. Zum Umgang von Gesetzgeber und Gerichten mit unscharfen anthropologischen Konzepten. Ein Beitrag zur Rolle des Rechts und der Rechtswissenschaft im kulturwissenschaftlichen Diskurs«, in: Jörg Ahrens, Miriam Biermann, Georg Toepfer (Hg.), *Die Diffusion des Humanen. Grenzregime zwischen Leben und Kulturen*, Frankfurt 2007, S.121, 129 (Rat habe konträren Begriffsgeschichten entscheidenden Einfluss auf neu beginnende Auslegungsgeschichte nehmen wollen); Paul Tiedemann, *Menschenwürde als Rechtsbegriff. Eine philosophische Klärung*, Berlin 2007, S.71 (Rat habe sich auf das Wort geeinigt, nicht aber auf dessen Bedeutung); Hasso Hofmann, »Methodische Probleme der juristischen Menschenwürdeinterpretation«, in: Ivo Appel, Georg Hermes (Hg.), *Mensch – Staat – Umwelt*, Berlin 2008, S.47, 61 (Parlamentarischer Rat habe Bezugnahme auf christlichen Schöpfergott abgelehnt); Christoph Goos, *Innere Freiheit. Eine Rekonstruktion des grundgesetzlichen Würdebegriffs*, Göttingen 2011, S.89 (keine religiöse Fundierung); Christian Hillgruber, »Kommentar«, in: Horst Dreier, *Säkularisierung und Sakralität. Zum Selbstverständnis des modernen Verfassungsstaates*, Tübingen 2013, S.130 (explizites Bekenntnis zum christlichen Naturrecht, wie es CDU/CSU und DP hätten erreichen wollen, habe sich nicht durchsetzen können).

Würdenorm als Reaktion auf den Nationalsozialismus: BVerfGE 124, 300 – Rudolf Heß-Gedenkfeier (2009), S.328 (mit Art. 1 Abs.1 GG begründete das Gericht das Sich-Absetzen von der Unrechtsherrschaft des Nationalsozialismus als historisches Anliegen des Parlamentarischen Rates; das Grundgesetz könne sogar weithin »geradezu als Gegenentwurf zu dem Totalitarismus des nationalsozialistischen Regimes gedeutet werden«); Hasso Hofmann, »Die versprochene Menschenwürde«, in: *Archiv des öffentlichen Rechts* 118 (1993), S. 353, 356 (allerdings gegen Reduzierung des Bedeutungsgehalts der Würdegarantie auf Reaktion auf die Nazi-Barbarei); Wolfram Höfling, »Die Unantastbarkeit der Menschenwürde – Annäherungen an einen schwierigen Verfassungsrechtssatz«, in: *Juristische Schulung* 35 (1995), S. 857, 860 (Gegensatz zu zwölf Jahren Willkürherrschaft); Rolf Gröschner, *Menschenwürde und Sepulkralkultur in der grundgesetzlichen Ordnung – die kulturstaatlichen Grenzen der Privatisierung im Bestattungsrecht*, Stuttgart u. a. 1995, S. 27; Karl-Eberhard Hain, *Die Grundsätze des Grundgesetzes. Eine Untersuchung zu Art. 79 Abs. 3 GG*, Berlin 1999, S. 212; Ernst-Wolfgang Böckenförde, »Menschenwürde als normatives Prinzip. Die Grundrechte in der bioethischen Debatte«, in: *Juristenzeitung* 59 (2003), S. 809 f.; Nishino Mototsugu, »Menschenwürde als Rechtsbegriff in Japan«, in: *Archiv für Rechts- und Sozialphilosophie* Beiheft 101 (2004), S. 116 (Gedanke der Menschenwürde als Bastion gegen eine unmenschliche Ausübung der Staatsgewalt); Christoph Enders, in: Karl Heinrich Friauf, Wolfram Höfling (Hg.), *Berliner Kommentar zum Grundgesetz*, 13. Ergänzungslieferung, Berlin 2005, Artikel 1, Rn. 1 (Abkehr von NS-Gewalt- und Willkürherrschaft); Edzard Schmidt-Jortzig, »Zum Streit um die korrekte dogmatische Einordnung und Anwendung von Art. 1 Abs. 1 GG«, in: Otto Depenheuer u. a. (Hg.), *Staat im Wort. Festschrift für Josef Isensee*, Heidelberg 2007, S. 491, 494; Christoph Möllers, *Das Grundgesetz. Geschichte und Inhalt*, München 2009, S. 31 (Bekenntnis zur Verantwortung gegenüber dem Nationalsozialismus als Resultat einer spezifischen politischen Entscheidung); Wolfram Höfling, Steffen Augsberg, »Grundrechtsdogmatik im Schatten der Vergangenheit«, in: *Juristenzeitung* 65 (2010), S. 1088, 1093 (basale normative Reaktion auf nationalsozialistisches Gewaltregime); Jan Philipp Schaefer, »Das Individuum als Grund und Grenze deutscher Staatlichkeit. Plädoyer für eine radikalindividualistische Konzeption der Menschenwürdegarantie des Grundgesetzes«, in: *Archiv des öffentlichen Rechts* 135 (2010), S. 404 f. (Abkehr vom Nationalsozialismus und von totalitären Staatslehren der Gegenwart); Nils Teifke, *Das Prinzip Menschenwürde. Zur Abwägungsfähigkeit des Höchstrangigen*, Tübingen 2011, S. 55; Josef Isensee, »Die Würde des Menschen«, in: Detlef Merten, Hans-Jürgen Papier (Hg.), *Handbuch der Grundrechte*, Bd. 4, Heidelberg 2011, § 87, Rn. 162.

Würdenorm auch als Reaktion auf Erscheinungsformen bolschewistischer Herrschaft: Tatjana Geddert-Steinacher, *Menschenwürde als Verfassungsbegriff. Aspekte der Rechtsprechung des Bundesverfassungsgerichts zu Art. 1 Abs. 1 Grundgesetz*, Berlin 1990, S. 30 f. (Ausdruck einer antitotalitären Grundüberzeugung, bezogen auf konkrete Unrechtserfahrungen); Detlef Merten, »Das Prinzip Freiheit im Gefüge der Staatsfundamentalbestimmungen«, in: ders., Hans-Jürgen Papier (Hg.), *Handbuch der Grundrechte in Deutschland und Europa*, Bd. 2, Heidelberg 2006, § 27, Rn. 5 (antitotalitär, nicht nur antinationalsozialistisch); Detlef Merten, »Zur Würde des Staates«, in: Otto Depenheuer u. a. (Hg.), *Staat im Wort. Festschrift für Josef Isensee*, Heidelberg 2007, S. 123, 126; Michael Rosen, *Dignity. Its History and Meaning*, 2012, S. 79 (two important requirements: set a line between the New German state and its prodecessors, differentiate it from its rival to the east); Horst Dreier, »Artikel 1«, in: ders. (Hg.), *Grundgesetz – Kommentar*, Bd. I, 3. Aufl., Tübingen 2013, Fn. 126 (ein Bezug, der die damals noch existierende totalitäre Sowjetherrschaft mit umfasst habe).

Würdenorm losgelöst von der unmittelbaren historischen Realität in das Grundgesetz aufgenommen: Kristina Bautze, »›Wenn Ihr's nicht fühlt, Ihr werdet's nicht erjagen‹. Über die Schwierigkeiten des theoretischen Umgangs mit der Menschenwürde«, in: Frederik Roggan, Dörte Busch (Hg.), *Das Recht in guter Verfassung? Festschrift für Martin Kutscha*, Baden-Baden 2013, S. 257 f.

Konkrete Gehalte der Würdenorm: Wolf Cremer, *Freiheitsgrundrechte. Funktionen und Strukturen*, Tübingen Berlin 2003, S. 380 (Vorstellungen zum Recht auf Existenzminimum seien diffus geblieben); Thilo Rensmann, *Wertordnung und Verfassung. Das Grundgesetz im Kontext grenzüberschreitender Konstitutionalisierung*, Tübingen 2007, S. 40 f. (soziales Minimum); Hans D. Jarass, »Artikel 1«, in: ders., Bodo Pieroth, *Grundgesetz*, 10. Aufl., München 2009, Rn. 1 (Abkehr von der Vergötterung des Staates und der Volksgemeinschaft; Vorrang des Menschen vor Staat); Michael Stolleis, *Geschichte des öffentlichen Rechts in Deutschland. Vierter Band. Staats- und Verwaltungsrechtswissenschaft in West und Ost 1945-1990*, München 2012, S. 220, Fn. 41 (Soziales Minimum); Horst Dreier, »Artikel 1«, in: ders. (Hg.), *Grundgesetz – Kommentar*, Bd. I, 3. Aufl., Tübingen 2013, Rn. 24 (in neuem Staat Unzulässigkeit von Humanitätsmissachtungen, Grausamkeiten aller Art, Zwangssterilisierungen, Sippenbestrafungen, Unterstützungsverweigerungen, Versklavung, Brandmarkung), Fn. 130 (Unzulässigkeit von Arbeitsversklavung).

Zur Würdenorm als Statuierung eines Grundrechts: Wolf Cremer, *Freiheitsgrundrechte. Funktionen und Strukturen*, Tübingen 2003, S. 380 (Beratungen deuteten darauf hin, dass Würdegarantie unmittelbar geltendes Recht verkörpern sollte).

Norm als Postulat: Christoph Enders, *Die Menschenwürde in der Verfassungsordnung. Zur Dogmatik des Art. 1 GG*, Tübingen 1997, S. 410 ff. (Rang einer bekenntnishaften Standortbestimmung, eines richtungweisenden Postulats).

Geltung auch unter Privaten: Horst Dreier, »Artikel 1«, in: ders.

(Hg.), *Grundgesetz – Kommentar*, Bd. I, 3. Aufl., Tübingen 2013, Fn. 130 (Unzulässigkeit von Arbeitsversklavung).

7 **Schlüsselzitate aus den Beratungen des Parlamentarischen Rates:** Der Parlamentarische Rat 1948-1949, *Akten und Protokolle*, Bd. 5/I (Ausschuss für Grundsatzfragen), bearbeitet von Eberhard Pikart und Wolfram Werner, Boppard am Rhein 1993, S. 63 (Bergsträsser); S. 64 (von Mangoldt); S. 64 f. (Schmid); S. 66 (Zinn); S. 67 (Schmid); S. 68 (Heuss); S. 68 (Weber); S. 72 (Heuss).

8 Ebd., Bd. 5/I (Ausschuss für Grundsatzfragen), bearbeitet von Eberhard Pikart und Wolfram Werner, Boppard am Rhein 1993, S. 63 (Bergsträsser); S. 66 (Schmid); S. 67 (Heuss); S. 69 (Weber); S. 72 (Schmid); S. 73 (Pfeiffer); S. 362 (Thoma); S. 361, Fn. 3 (Nachweis zur Kenntnisnahme der kritischen Würdigung Thomas durch den Parlamentarischen Rat).

Ebd., Bd. 5/II (Ausschuss für Grundsatzfragen), bearbeitet von Eberhard Pikart und Wolfram Werner, Boppard am Rhein 1993, S. 585 f. (von Mangoldt); S. 915 (Süsterhenn).

9 Ebd., Bd. 5/I (Ausschuss für Grundsatzfragen), bearbeitet von Eberhard Pikart und Wolfram Werner, Boppard am Rhein 1993, S. 63 (Bergsträsser); S. 68 (Heuss), S. 68 (Schmid); S. 71 (von Mangoldt); S. 73 (Schrage).

Ebd., Bd. 5/II (Ausschuss für Grundsatzfragen), bearbeitet von Eberhard Pikart und Wolfram Werner, Boppard am Rhein 1993, S. 585 (von Mangoldt); S. 607 (Weber).

10 Ebd., Bd. 2 (Der Verfassungskonvent auf Herrenchiemsee), bearbeitet von Peter Bucher, Boppard am Rhein 1981, S. 513 (Verfassungsausschuss der Ministerpräsidentenkonferenz der westlichen Besatzungszonen, Bericht über den Verfassungskonvent auf Herrenchiemsee von 10. bis 23. August 1948).

Ebd., Bd. 9 (Plenum), bearbeitet von Wolfram Werner, Boppard am Rhein 1996, S. 120 (Seebohm).

Ebd., Bd. 5/I (Ausschuss für Grundsatzfragen), bearbeitet von Eberhard Pikart und Wolfram Werner, Boppard am Rhein 1993, S. 64, 66 (Schmid); S. 68 (Weber); S. 71 (Bergsträsser); S. 72 (Schmid); S. 72 (Heuss); S. 362 (Thoma).

Ebd., *Akten und Protokolle*, Bd. 5/II (Ausschuss für Grundsatzfragen), bearbeitet von Eberhard Pikart und Wolfram Werner, Boppard am Rhein 1993, S. 585, 590 (von Mangoldt); S. 606 (Bergsträsser); S. 782 (von Mangoldt).

11 Ebd., Bd. 9 (Plenum), bearbeitet von Wolfram Werner, Boppard am Rhein 1996, S. 122 (Seebohm).

Ebd., Bd. 5/I (Ausschuss für Grundsatzfragen), bearbeitet von Eberhard Pikart und Wolfram Werner, 1993, S. 63 (Bergsträsser); S. 64. (Schmid); S. 69 (Weber); S. 70 (Schmid); S. 71 (Bergsträsser).

Ebd., Bd. 5/II (Ausschuss für Grundsatzfragen), bearbeitet von Eberhard Pikart und Wolfram Werner, Boppard am Rhein 1993; S. 591 (von Mangoldt); S. 912 (Süsterhenn).

12 **Zum Totalitarismusbegriff als Kategorie der Geschichtswissenschaft, die Differenzierungen keinesfalls ausschließt:** Alfons Söllner, »Das Totalitarismuskonzept in der Ideengeschichte des 20. Jahrhunderts«, in: ders., Ralf Walkenhaus, Karin Wieland (Hg.), *Totalitarismus. Eine Ideengeschichte ds 20. Jahrhunderts*, Berlin 1997, S. 10 ff.; Karl Heinz Ruffmann, »Autokratie, Absolutismus, Totalitarismus. Bemerkungen zu drei historischen Schlüsselbegriffen«, in: Eckhard Jesse (Hg.), *Totalitarismus im 20. Jahrhundert. Eine Bilanz der internationalen Forschung*, Baden-Baden 1999, S. 43, 48 (Totalitarismus allgemein zu begreifen als zielbewusste Umformung der Gesellschaft mit allen Mitteln der politischen Macht anhand eines ideologischen Leitbildes mit Ausschließlichkeitsanspruch und utopischer Zukunftsverheißung); Hans-Ulrich Wehler, *Deutsche Gesellschaftsgeschichte. Fünfter Band. Bundesrepublik Deutschland und DDR 1949-1990*, München 2008, S. 279 f.; Dietmar Willoweit, *Deutsche Verfassungsgeschichte. Vom Frankenreich bis zur Wiedervereinigung Deutschlands*, 6. Aufl., München 2009, S. 394; Klaus Schroeder, *Der SED-Staat. Geschichte und Strukturen der DDR 1949-1990*, Köln 2013, S. 906 f.

13 **Würdemissachtung als Kennzeichnung des Nationalsozialismus: Verfassung des Freistaates Bayern** vom 2. Dezember 1946: Präambel (»*Angesichts des Trümmerfeldes, zu dem eine Staats- und Gesellschaftsordnung ohne Gott, ohne Gewissen und ohne Achtung vor der Würde des Menschen die Überlebenden des zweiten Weltkrieges geführt hat, in dem festen Entschlusse, den kommenden deutschen Geschlechtern die Segnungen des Friedens, der Menschlichkeit und des Rechtes dauernd zu sichern, gibt sich das Bayerische Volk, eingedenk seiner mehr als tausendjährigen Geschichte, nachstehende demokratische Verfassung*«).

Verfassung der Freien und Hansestadt Bremen vom 21. Oktober 1947: Präambel (»*Erschüttert von der Vernichtung, die die autoritäre Regierung der Nationalsozialisten unter Mißachtung der persönlichen Freiheit und der Würde des Menschen in der jahrhundertealten Freien Hansestadt Bremen verursacht hat, sind die Bürger dieses Landes willens, eine Ordnung des gesellschaftlichen Lebens zu schaffen, in der die soziale Gerechtigkeit, die Mensch-*

lichkeit und der Friede gepflegt werden, in der der wirtschaftlich Schwache vor Ausbeutung geschützt und allen Arbeitswilligen ein menschenwürdiges Dasein gesichert wird«).

Nawiaskys Begründung der Würdenorm in der bayerischen Verfassung: Stenographische Berichte über die Verhandlungen des Verfassungsausschusses, Bd. 1, S. 233 (zehnte Sitzung vom 1. August 1946); Bd. 2, S. 300f. (dreizehnte Sitzung vom 7. August 1946); Verhandlungen der Bayerischen Verfassungsgebenden Landesversammlung. Stenographische Berichte, S. 27 (zweite Sitzung vom 13. August 1946). Weitere Hinweise zur Entstehungsgeschichte: Christian Pestalozza, in: *Die Verfassung des Freistaates Bayern. Kommentar begründet von Hans Nawiasky*, herausgegeben von Karl Schweiger und Franz Knöpfle, München 2000, 12. Ergänzungslieferung, Artikel 100, Rn. 2f.

Aus der Literatur: Willibalt Apelt, »Die bayerische Verfassung«, in: *Deutsche Rechts-Zeitschrift* 2 (1947), S. 1, 2 (durch Art. 100 sei erneut die grundsätzliche Abkehr von jeder autoritären Staatsauffassung bekundet worden; auch habe man angeknüpft an eine christlich-demokratische Wertordnung, wie sie schon durch die Weimarer Verfassung aufgestellt worden sei); Klaus Stern, *Das Staatsrecht der Bundesrepublik Deutschland. Band V. Die geschichtlichen Grundlagen des Deutschen Staatsrechts. Die Verfassungsentwicklung vom Alten Deutschen Reich zur wiedervereinigten Bundesrepublik Deutschland*, München 2000, S. 1083 (Betonung der Menschenwürde in den Landesverfassungen nur verständlich als Antwort auf die gravierende Missachtung der Menschenwürde im nationalsozialistischen Staat).

14 Würdemissachtung als Kennzeichen des Nationalsozialismus (Äußerungen in der zeitgenössischen Literatur): Stampfer/Geyer/Rinner, »Programmentwurf«, abgedruckt in: Erich Matthias (Hg.), *Mit dem Gesicht nach Deutschland. Eine Dokumentation über die sozialdemokratische Emigration. Aus dem Nachlaß von Friedrich Stampfer ergänzt durch andere Überlieferungen*, Düsseldorf 1968, S. 197f. (»*Während in Deutschland der Mensch auf das tiefste erniedrigt, seine Würde mit Füßen getreten, seine Freiheit durch den Terror geknebelt ist*«); Friedrich Stampfer, »Programmentwurf«, abgedruckt in: Erich Matthias (Hg.), *Mit dem Gesicht nach Deutschland. Eine Dokumentation über die sozialdemokratische Emigration. Aus dem Nachlaß von Friedrich Stampfer ergänzt durch andere Überlieferungen*, Düsseldorf 1968, S. 363 (»*Der Faschismus kennt den Begriff der Menschenwürde nicht, er huldigt einer bodenlosen Menschenverachtung*«); Konrad Adenauer, »Grundsatzrede des 1. Vorsitzenden der Christlich-Demokratischen Union für die Britische Zone in der Aula der Kölner Universität«, in: Hans Peter Schwarz (Hg.), *Konrad Adenauer. Reden 1917-1967. Eine Auswahl*, Stuttgart 1975, S. 82, 86 (»*Der Nationalsozialismus war nichts anderes als eine bis ins*

Verbrecherische hinein vorgetriebene Konsequenz der sich aus der materialistischen Weltanschauung ergebenden Anbetung der Macht und Mißachtung, ja Verachtung des Wertes des Einzelmenschen. [...] Diese Auffassung von der Vormacht, von der Allmacht des Staates, von seinem Vorrang vor der Würde und der Freiheit des einzelnen widerspricht dem christlichen Naturrecht.«); Friedrich Meinecke, *Die deutsche Katastrophe*, Wiesbaden 1947, S. 124 f. (»*Mit dem Aufstieg eines neuen Heidentums [...] war das letzte Band zerschnitten, das die bisherigen Säkularisierungen mit dem dogmatischen Christentum verknüpfte, nämlich die Anerkennung des menschlichen Gewissens als des Verkünders göttlicher und ewiger Gebote, vor allem des sittlichen Gebotes der Nächstenliebe, und das hieß auch der Anerkennung der Menschenwürde in jedem uns Begegnenden, und gehöre er auch einer ganz fremden Rasse an. Sittliche Schranken also auch im Völker- und Rassenkampfe! Sie wurden in der Praxis der Geschichte zwar auch von denen, die wir in weitestem Sinne als Sprössling des christlichen Abendlandes ansehen, oft genug mit Füßen getreten. Aber es blieb doch immer ein Stachel des Gewissens in den Völkern lebendig, und den Exzessen folgte in der Regel eine irgendwelche Wiederbesinnung auf die sittlichen Urgebote. Man wage es nicht, sie grundsätzlich außer Kraft zu setzen. Hitler und die Seinen haben es gewagt*«); Romano Guardini, *Der Heilbringer in Mythos, Offenbarung und Politik. Eine theologisch-politische Besinnung*, Stuttgart 1946, S. 55, 63 ff. Ähnliche Verwendung des Würdebegriffs bei: Johannes Hessen, *Der geistige Wiederaufbau Deutschlands. Reden über die Erneuerung des deutschen Geisteslebens*, Stuttgart 1946, S. 49 (»völlige Entwürdigung und Entrechtung der Persönlichkeit im nationalsozialistischen Deutschland«).

15 Verfassung für Württemberg-Baden vom 28 November 1946, Präambel (»*In einer Zeit größter äußerer und innerer Not hat das Volk von Württemberg und Baden im Vertrauen auf Gott sich diese Verfassung gegeben als ein Bekenntnis zu der Würde und zu den ewigen Rechten des Menschen, als einen Ausdruck des Willens zu Einheit, Gerechtigkeit, Frieden und Freiheit*«).

Verfassung des Freistaates Bayern vom 2. Dezember 1946, Art. 100 (»*Die Würde der menschlichen Persönlichkeit ist in Gesetzgebung, Verwaltung und Rechtspflege zu achten*«), Art. 131 Abs. 2 (»*Oberste Bildungsziele sind Ehrfurcht vor Gott, Achtung vor religiöser Überzeugung und vor der Würde des Menschen, Selbstbeherrschung, Verantwortungsgefühl und Verantwortungsfreudigkeit, Hilfsbereitschaft, Aufgeschlossenheit für alles Wahre, Gute und Schöne und Verantwortungsbewußtsein für Natur und Umwelt*«).

Verfassung für Rheinland-Pfalz vom 18. Mai 1947, Präambel (»*Im Bewußtsein der Verantwortung vor Gott, dem Urgrund des Rechts und dem Schöpfer aller menschlichen Gemeinschaft, von dem Willen beseelt, die Freiheit und die Würde des Menschen zu sichern, das Gemeinschaftsleben nach dem*

Grundsatz der sozialen Gerechtigkeit zu ordnen, den wirtschaftlichen Fortschritt zu fördern und ein neues demokratisches Deutschland als lebendiges Glied der Völkergemeinschaft zu formen, hat sich das Volk von Rheinland-Pfalz diese Verfassung gegeben«).

Verfassung der Freien Hansestadt Bremen vom 21. Oktober 1947, Art. 5 Abs. 1 (»*Die Würde der menschlichen Persönlichkeit wird anerkannt und vom Staate geachtet*«); Art. 26 (»*Die Erziehung und Bildung der Jugend hat im wesentlichen folgende Aufgabe: 1. Die Erziehung zu einer Gemeinschaftsgesinnung, die auf der Achtung vor der Würde jedes Menschen und auf dem Willen zu sozialer Gerechtigkeit und politischer Verantwortung beruht, zur Sachlichkeit und Duldsamkeit gegenüber den Meinungen anderer führt und zur friedlichen Zusammenarbeit mit anderen Menschen und Völkern aufruft*«).

Verfassung des Saarlandes vom 15. Dezember 1947, Art. 1 (»*Jeder Mensch hat das Recht, als Einzelperson geachtet zu werden. Sein Recht auf Leben, auf Freiheit und auf Anerkennung der Menschenwürde bestimmt, in den Grenzen des Gesamtwohls, die Ordnung der Gemeinschaft*«).

Verfassung des Landes Hessen vom 1. Dezember 1946, Art. 3 (»*Leben und Gesundheit, Ehre und Würde des Menschen sind unantastbar*«). Zugleich wurde durch Art. 21 Abs. 1 Satz 3 zugelassen, dass bei »*besonders schweren Verbrechen*« ein Täter »*zum Tode verurteilt werden*« kann. Dagegen wurde schon in der Paulskirchenverfassung rund einhundert Jahre zuvor die Todesstrafe nicht nur für abgeschafft erklärt, sondern ihre Abschaffung gerade mit der Würde des Menschen begründet: Die Begründung für die Abschaffung grausamer Strafen (Todesstrafe, Pranger, Brandmarkung etc.) in §139 der Paulskirchenverfassung lautete: »*Ein freies Volk [hat] selbst bei dem Verbrecher die Menschenwürde zu achten*« (zitiert nach Jörg-Detlef Kühne, *Die Reichsverfassung der Paulskirche*, 2. Aufl., Neuwied 1998, S. 344). In den Beratungen äußerte Karl Biedermann: »*Stellen Sie die Menschenwürde in ihrem vollen Wert her! Schaffen Sie die Todesstrafe ab!*« (zitiert nach Wilhelm Ribhegge, *Das Parlament als Nation. Die Frankfurter Nationalversammlung 1848/49*, Düsseldorf 1998, S. 62); ähnlich Sylvester Jordan: »»*Wie verträgt sich die Todesstrafe mit der sittlichen Würde des Menschen?*« (zitiert nach Heinrich Scholler (Hg.), *Die Grundrechtsdiskussion in der Paulskirche*, Darmstadt 1973, S. 125).

16 Kreisauer Kreis, Grundsätze für die Neuordnung vom 9. August 1943: »*Die Regierung des Deutschen Reiches sieht im Christentum die Grundlage für die sittliche und religiöse Erneuerung unseres Volkes, für die Überwindung von Haß und Lüge, für den Neuaufbau der europäischen Völkergemeinschaft […]. Die Reichsregierung ist daher entschlossen, folgende nach innen und außen unverzichtbare Forderungen mit allen ihr zur Verfügung stehenden*

Mitteln zu verwirklichen: […] 3. Brechung des totalitären Gewissenszwangs und Anerkennung der unverletzlichen Würde der menschlichen Person als Grundlage der zu erstrebenden Rechts- und Friedensordnung«; zitiert nach: Wolfgang Benz (Hg.), *Bewegt von der Hoffnung aller Deutschen. Zur Geschichte des Grundgesetzes. Entwürfe und Diskussionen*, Stuttgart 1979, S. 95.

Ähnlich **Carl Friedrich Goerdeler:** Die Aufgaben der deutschen Zukunft: »*1. Recht wiederherstellen. Unabhängige, unabsetzbare Richter […]. 2. Freiheit des Geistes und Gewissens wiederherstellen und damit die menschliche Würde*«); abgedruckt in: Sabine Gillmann, Hans Mommsen (Hg.), *Politische Schriften und Briefe Carl Friedrich Goerdelers*, München 2003, Bd. 2, S. 1013.

Deutscher Katholizismus: Bischof Clemens August Graf von Galen, Entwurf für das Programm einer politischen Partei (Juni 1945), abgedruckt in: Bischof Clemens August Graf von Galen, *Akten, Briefe und Predigten 1933-1946*, Bd. II, 1939-1946, bearbeitet von Peter Löffler, Paderborn u. a. 1996, S. 1169 (»*Anerkennung und Schutz der Würde, der Freiheit und der Rechte der menschlichen Persönlichkeit, ohne Unterschied der Abstammung, des Standes und der Bildung*«, sei eine Grundforderung für die Gestaltung der neuen politischen Ordnung); Eberhard Welty, *Die Entscheidung für die Zukunft. Grundsätze und Hinweise zur Neuordnung im deutschen Lebensraum*, Heidelberg, 1946, S. 40 f. (»*Alles gesellschaftliche Geschehen kreist* um den Menschen. *[…] Angesichts dieser Tatsache, die wir zu allen Zeiten beobachten und die in der Gegenwart zu den allerbedenklichsten Auswüchsen geführt hat, ist es heute heilige Pflicht, die personhafte Würde und Stellung des Menschen energisch in Schutz zu nehmen und sowohl die Menschen selbst wie die menschlichen Gemeinschaften so klar und eindringlich, wie nur möglich daran zu erinnern, was es Großes und Gewaltiges um den Menschen ist. Wir müssen dahin kommen, daß keine Gemeinschaft es mehr wagt, mit den Menschen beliebig umzugehen, ja »umzuspringen«. Wir müssen dahin kommen, daß der Mensch wieder als derjenige gesehen wird, der er ist, und nicht als ein Ding, über das man nach Gutdünken verfügt oder hinwegschreitet*«).

Londoner Vorstand der SPD, Erklärung der deutschen Sozialdemokratie: »*Die Männer und Frauen, die das verhängnisvolle Experiment eines totalen Staates als denkende Menschen miterlebten, gehen mit neuer Entschlossenheit an die Aufgabe, eine politische und soziale Ordnung zu schaffen, die die Freiheit und die Würde des Menschen als die höchsten Güter achtet und schützt*«; erstmals veröffentlicht in: *Sozialistische Mitteilungen*, Nr. 73/74, April-Mai 1945, S. 1 ff.; hier zitiert nach Erich Matthias (Hg.), *Mit dem Gesicht nach Deutschland. Eine Dokumentation über die sozialdemokratische Emigration. Aus dem Nachlaß von Friedrich Stampfer ergänzt durch andere Überlieferungen*, Düsseldorf 1968, S. 363.

Christliche Demokraten Kölns, Vorläufiger Entwurf zu einem Programm, Juni 1945: »*Darum haben wir Christliche Demokraten Deutschlands uns zusammengefunden und folgende Leitsätze für den Wiederaufbau unseres Vaterlandes beschlossen: 1. Die geistige Würde des Menschen wird anerkannt. Der Mensch wird gewertet als selbstverantwortliche Person, nicht als bloßer Teil der Gemeinschaft*«; abgedruckt in: Ossip K. Flechtheim (Hg.), *Dokumente zur parteipolitischen Entwicklung in Deutschland seit 1945. Zweiter Band, Programmatik der deutschen Parteien, Erster Teil*, Berlin 1963, S. 31.

Liberaldemokratische Partei (LDPD), Aufruf von Juli 1945: »*Als nächste Ziele dieser jahrelang zu leistenden schweren Arbeit erkennen wir [...] 2. Achtung vor der Menschenwürde ohne Unterschied von Rasse und Klasse, Alter und Geschlecht*«; abgedruckt in: Ossip K. Flechtheim (Hg.), *Dokumente zur parteipolitischen Entwicklung in Deutschland seit 1945. Zweiter Band, Programmatik der deutschen Parteien, Erster Teil*, Berlin 1963, S. 269 f.

Zonenausschuss der Christlich-Demokratischen Union in der britischen Zone, Programm, März 1946; abgedruckt in: Ossip K. Flechtheim (Hg.), *Dokumente zur parteipolitischen Entwicklung in Deutschland seit 1945. Zweiter Band, Programmatik der deutschen Parteien, Erster Teil*, Berlin 1963, S. 50.

»Demokratisches Deutschland«: Die Achtung vor der Würde als Bildungsziel war 1945 vom Demokratischen Deutschland, einer Organisation von Exilgruppen, in ihren »Grundsätzen und Richtlinien für den deutschen Wiederaufbau im demokratischen und genossenschaftlichen Sinne« im Mai 1945 gefordert worden: »*Die Achtung vor der Würde des Menschen und die Ehrfurcht vor dem Leben des Mitmenschen hat in Zukunft als schlichtes sittliches Prinzip den gesamten pädagogischen Bereich in den Schulen des Volkes und auf der Universität zu erfüllen*«; abgedruckt in: Wolfgang Benz (Hg.), *Bewegt von der Hoffnung aller Deutschen. Zur Geschichte des Grundgesetzes. Entwürfe und Diskussionen*, Stuttgart 1979, S. 114.

17 **Bestimmungen in den Verfassungen der Länder über die Gewährleistung eines menschenwürdigen Daseins als Ziel des Wirtschaftslebens:** Verfassung des Freistaates Bayern vom 2. Dezember 1946, Art. 151 Abs. 1, (»*menschenwürdiges Auskommen*« in der Landwirtschaft: Art. 164 Abs. 1); Verfassung des Landes Baden vom 18. Mai 1947, Art. 43 Abs. 1; Verfassung des Landes Thüringen vom 20. Dezember 1946, Art. 56; Verfassung der Provinz Sachsen-Anhalt vom 10. Januar 1947, Art. 72 Abs. 1; Verfassung des Landes Mecklenburg vom 16. Januar 1947, Art. 73 Abs. 1; Verfassung des Landes Sachsen vom 28. Februar 1947, Art. 71; Entwurf der Sozialistischen Einheitspartei Deutschlands (SED) für eine Verfassung der Deutschen Demokratischen Republik, Art. 18 Abs. 1 (der Entwurf wurde vom Parteivorstand der SED am 14. November 1946 beschlossen und zwei Tage später veröffentlicht; die vom Deutschen Volksrat am 19. März 1949

beschlossene, vom Dritten Deutschen Volkskongress am 30. Mai 1949 bestätigte und durch Gesetz der Provisorischen Volkskammer vom 7. Oktober 1949 in Kraft gesetzte Verfassung der Deutschen Demokratischen Republik enthielt in Art. 19 Abs. 1 ebenfalls die schon im Entwurf der SED zu findende Bestimmung, wonach die Ordnung des Wirtschaftslebens auf das Ziel einer Gewährleistung eines menschenwürdigen Daseins ausgerichtet sein muss); nicht ganz wortlautidentisch, aber ähnlich: Verfassung des Landes Hessen vom 1. Dezember 1946, Art. 27 (»*Die Sozial- und Wirtschaftsordnung beruht auf der Anerkennung der Würde und Persönlichkeit des Menschen*«); Verfassung der Freien Hansestadt Bremen vom 21. Oktober 1947, Präambel (»*[...] willens, eine Ordnung des gesellschaftlichen Lebens zu schaffen, in der die soziale Gerechtigkeit, die Menschlichkeit und der Friede gepflegt werden, in der der wirtschaftlich Schwache vor Ausbeutung geschützt und allen Arbeitswilligen ein menschenwürdiges Dasein gesichert wird*«).

Würdeverträgliche Beschaffenheit der Arbeitsbedingungen: Verfassung des Landes Hessen vom 1. Dezember 1946, Art. 30 Abs. 1; Verfassung des Landes Baden vom 18. Mai 1947, Art. 41 Abs. 2; Verfassung für Rheinland-Pfalz vom 18. Mai 1947, Art. 55; Verfassung der Freien Hansestadt Bremen vom 21. Oktober 1947, Art. 52 Satz 1; Verfassung des Saarlandes vom 15. Dezember 1947, Art. 47 Satz 2.

18 Sozialistische Positionen der Christdemokraten nach 1945: *Christlich-Soziale Union*, Grundsatzprogramm, Dezember 1946, abgedruckt in: Ossip K. Flechtheim (Hg.), *Dokumente zur parteipolitischen Entwicklung in Deutschland seit 1945. Zweiter Band, Programmatik der deutschen Parteien, Erster Teil*, Berlin 1963, S. 214; *Christliche Demokraten Kölns*, Vorläufiger Entwurf zu einem Programm, Juni 1945; abgedruckt in: Ossip K. Flechtheim (Hg.), *Dokumente zur parteipolitischen Entwicklung in Deutschland seit 1945. Zweiter Band, Programmatik der deutschen Parteien, Erster Teil*, Berlin 1963, S. 31.

Zur Bestimmung der Weimarer Verfassung (Art. 151) über die Gewährleistung eines menschenwürdigen Daseins als Ziel der Ordnung des Wirtschaftslebens: Ernst Rudolf Huber, *Deutsche Verfassungsgeschichte*, Bd. VI (revidierter Nachdruck der 1. Aufl.), Stuttgart u. a. 1993, S. 1031 (Art. 151 als Generalklausel des Sozialstaatsprogramms); Willibald Apelt, *Geschichte der Weimarer Verfassung*, München 1946, S. 357 f. (Forderung der Sozialdemokratie); Martin Drath, »Regierung und Grundrechte« (1932), in: *ders., Rechts- und Staatslehre als Sozialwissenschaft. Gesammelte Aufsätze über eine sozio-kulturelle Theorie des Staats und des Rechts*, Berlin 1977, S. 24, 31 (Grundlage der Existenz von Millionen, gerade der Arbeiterschaft); Gerhard Anschütz, der bedeutendste Kommentator der Weimarer Reichsverfassung, deutete Art. 151 als Grundgedanke all ihrer Bestimmungen über das Wirtschaftsleben: Die individuelle Freiheit müsse eine Schranke an einer staatlichen Ordnung finden, welche die Gerechtigkeit im Wirtschaftsleben verwirkliche und verbürge, die Gerechtigkeit aber fordere vor allem die Sicherung eines menschenwürdigen Daseins für alles, was Menschenantlitz trage. Er nannte auch ein Beispiel: das Verbot, inhumane Arbeitsbedingungen zu vereinbaren (Gerhard Anschütz, *Die Verfassung des Deutschen Reiches vom 11. August 1919*, 13.Aufl., Berlin 1930, S. 602 f.). Carl Schmitt hingegen sah in dieser Bestimmung einen Beleg für eine in der Weimarer Verfassung ausgebliebene Grundentscheidung: Während sich die Bauernverbände auf die Vorschrift zum Schutz des Mittelstandes gegen Überlastung beriefen, führten die »Linkssozialisten« die Rechtsgrundsätze des menschenwürdigen Daseins an (Carl Schmitt, »Grundrechte und Grundpflichten« (1932), in: ders., *Verfassungsrechtliche Aufsätze*, 3. Aufl., Berlin 1995, S. 197). In der Weimarer Zeit war auch versucht worden, diese Vorschrift als Ermächtigung des Richters zu deuten, die Wirtschaftsgesetze vor ihrer Anwendung daraufhin zu untersuchen, ob sie mit den Grundsätzen der Gerechtigkeit übereinstimmten; der Maßstab für diese Prüfung sollte ein zu gewährleistendes menschenwürdiges Dasein für alle sein. Durchgesetzt hat sich dieses Verständnis aber nicht, die gerichtliche Praxis hat sich darauf nicht eingelassen (vgl. Willibald Apelt, *Geschichte der Weimarer Verfassung*, München 1946, S. 357 f.). Kritisch ebenfalls Max Weber in seiner 1925 zum ersten Mal veröffentlichten *Rechtssoziologie*: »*Mit dem Erwachen moderner Klassenprobleme*« entstünden »*materiale Anforderungen an das Recht von seiten eines Teils der Rechtsinteressenten (namentlich der Arbeiterschaft) einerseits, der Rechtsideologen andererseits, welche sich gerade gegen die Alleingeltung solcher nur geschäftssittlicher Maßstäbe*« richteten »*und ein soziales Recht auf der Grundlage pathetischer sittlicher Postulate (›Gerechtigkeit‹, ›Menschenwürde‹)*« verlangten. Dies aber stelle »*den Formalismus des Rechts grundsätzlich in Frage*«; vgl. Max Weber, *Wirtschaft und Gesellschaft, Grundriss der verstehende Soziologie*, 5., rev. Aufl., besorgt von Johannes Winckelmann, Tübingen 1985, S. 507.

19 Deutung des Tatbestandes »Verbrechen gegen die Menschlichkeit« durch Gerichte: Landgericht Konstanz, Urteil vom 28. 2. 1947 – Kls 3/47, *Süddeutsche Juristenzeitung* 2 (1947), Sp. 337, 339 ff.; ähnlich Oberlandesgericht Köln, Urteil vom 14. 10. 1947 – Ss 81/47, *Neue Juristische Wochenschrift* 1 (1948), 70: Als »Verbrechen gegen die Menschlichkeit« sei »*jede Grausamkeit gegen menschliches Dasein sowie jede Entehrung der Menschenwürde und Zerstörung menschlicher Bildung aufzufassen, sofern […] unter dem Einfluß eines politischen Machtwillens und der von ihm verfolgten leitenden Ideen begangen*«. Der Angeklagte habe »*vorsätzlich das Menschenrecht und die Menschenwürde der ihm wehrlos ausgelieferten Gefangenen mit Füßen* *getreten, indem er sie in brutalster und menschenunwürdiger Weise mißhandelte, wegen Nichtigkeiten ohne vorgängiges Gehör zum Strafsport kommandierte, wobei die bereits durch die schwere Lagerarbeit äußerst Erschöpften unter den Blicken selbst von Frauen und Kindern sinnlos bis zum völligen Zusammenbruch gequält und aufs Entwürdigendste behandelt wurden*«; »*sein Handeln erwuchs auch aus der dem Nat. Soz. eigenen, die Menschenwürde des politischen Gegners mißachtenden Ideologie*«. Weiterführend zum Urteil des Landgerichts Konstanz: Cord Gebhard, *Der Fall des Erzberger-Mörders Heinrich Tillessen*, Tübingen 1995, S. 179 ff.

20 Verwendung der Rede von der Würde des Menschen in der Literatur zum Tatbestand »Verbrechen gegen die Menschlichkeit«: Gustav Radbruch, »Anmerkung zu Landgericht Konstanz, Urteil vom 28. 2. 1947 – Kls 3/47«, in: *Süddeutsche Juristenzeitung* 2 (1947), Sp. 343, 345; ders., »Zur Diskussion über die Verbrechen gegen die Menschlichkeit«, in: *Süddeutsche Juristenzeitung*, 2 (1947), Sp. 131 ff.; Thomas Würtenberger, »Humanität als Strafrechtswert«, in: *Süddeutsche Juristenzeitung* 3 (1948), Sp. 650 ff. Ähnliche Verwendung bei: Max Güde, »Die Anwendung des Kontrollratsgesetzes Nr. 10 durch die deutschen Gerichte«, in: *Deutsche Rechts-Zeitschrift* 2 (1947), S. 111, 1116 (Menschenrechte als Schutzgut des Tatbestandes der Verbrechen gegen die Menschlichkeit; diese Menschenrechte ließen sich zurückführen auf »*das eine in der Charta formulierte Prinzip […]: ›Würde und Wert der menschlichen Persönlichkeit‹ […]. Der Dieb z. B. verletzt mein Eigentum, aber er kränkt nicht mein Recht auf Eigentum im Sinne der Menschenrechte. Man kann aber mich und mein Eigentum so behandeln, als ob ich überhaupt nicht eigentumsfähig sei, und das ist allerdings ein Angriff auf mein Menschenrecht, weil mir damit ›Würde und Wert der menschlichen Persönlichkeit‹ abgesprochen werden*«); August Wimmer, »Die Bestrafung von Humanitätsverbrechen und der Grundsatz ›nullum crimen sine lege‹«, in: *Süddeutsche Juristenzeitung* 2 (1947), Sp. 123, 130 (neuer objektiver und subjektiver Unrechtsgehalt der »*typisch nationalsozialistischen Untaten*«: »*die Unmenschlichkeit, das ist namentlich die absichtliche Schädigung oder Zerstörung von Würde und Wert der menschlichen Persönlichkeit*«).

Zu ergänzen ist, dass sich Thomas Würtenbergers Augenmerk in dem genannten Beitrag »Humanität als Strafrechtswert« (in: *Süddeutsche Juristen-Zeitung* 2 (1948), Sp. 650 ff.) indessen nicht bloß auf das Problem richtete, den Tatbestand des Verbrechens gegen die Menschlichkeit zu konkretisieren. Würtenberger zufolge komme der Humanitätsidee im Strafrechtsdenken »*mit Hilfe der Vorstellung von der Achtung der Menschenwürde*« auch die Aufgabe zu, Umfang und Intensität der staatlichen Strafgewalt auf das rechte Maß zurückzuführen – und dies nicht nur bei der Frage der Tatbestände, sondern auch bei der Gestaltung des Strafverfahrens und im

Strafvollzug. Der Verweis auf den Würdegedanken diente Würtenberger mithin zur Begründung einer strafrechtspolitischen Forderung. Angesichts der eigenen Vergangenheit Würtenbergers dürfte diese Forderung nicht ohne Blick auf die in diesen Jahren gegen ehemalige Nationalsozialisten geführten Verfahren erhoben worden sein. Zur Person Würtenbergers und seinem Wirken vor 1945: Ernst Klee, *Das Personenlexikon zum Dritten Reich. Wer war was vor und nach 1945?*, Frankfurt/M. 2003, S. 688; Imanuel Baumann, *Dem Verbrechen auf der Spur. Eine Geschichte der Kriminologie und Kriminalpolitik in Deutschland 1880 bis 1980*, Göttingen 2006, S. 237 ff.).

Argumentationen mit der Würde des Menschen lassen sich im Übrigen **auch in der zivilrechtlichen Literatur jener Zeit** finden, so insbesondere in einem Beitrag Helmut Coings aus dem Jahre 1947. In einem Beitrag mit dem Titel »Das Grundrecht der Menschenwürde, der strafrechtliche Schutz der Menschlichkeit und das Persönlichkeitsrecht des bürgerlichen Rechts« (in: *Süddeutsche Juristenzeitung* 2 (1947), Sp. 641, 643 ff.) führte Coing aus: »*Die erschütternden Verletzungen, die die Menschenwürde in unserer Epoche aus dem Bereich der Politik erfahren hat und z. T. noch erfährt, haben auf dem Gebiet des öffentlichen Rechts* [damit meinte er die Länderverfassungen und diverse Gesetze des Kontrollrates] *zu verschiedenen Versuchen geführt, den Gedanken der Menschenwürde wieder rechtlich zu sichern.*« Diese Feststellung nahm Coing zum Anlass, die Auswirkungen dieser Bestimmungen auf das Zivilrecht zu untersuchen. Sein Ergebnis: Die Menschenwürde sei auch im Zivilrecht als geschütztes Rechtsgut anzusehen; es genieße den Schutz der §§ 823 und 826 BGB. Eine breitere Zustimmung erfuhr diese Argumentation aber nicht. Thomas Würtenberger etwa lehnte Coings Vorschläge ab. Nur auf den ersten Blick scheine es, »*als füge sich die Menschenwürde der Person als selbständiger Wert in das System der staatlichen Rechtsgüterordnung mühelos ein*«. Doch die »*Menschenwürde*« stehe »*außerhalb dieses engeren Kreises der seit altersher vom Staat geschützten Rechtsgüter*« wie »*Leben, Gesundheit, Freiheit, Ehre, Eigentum usw.*«. Sie lasse sich »*ihrer Natur nach nicht mit den typischen Rechtsgütern auf eine Stufe stellen*«, denn »*bei Bejahung des Rechtsgutscharakters der Menschenwürde*« müsste »*nicht nur das Individuum als solches, sondern auch die Menschheit als Ganzes der Träger eines solchen Rechtsguts sein*«. Letztlich sei die Menschenwürde »*nichts anderes als der Ausdruck der sittlichen Persönlichkeit des Menschen*«, sie bilde daher das »*ethische Fundament, auf dem in unserer Kulturwelt die Pyramide der individuellen Rechtsgüter zu ruhen*« vermöge (»Humanität als Strafrechtswert«, in: *Süddeutsche Juristenzeitung* 3 (1948), Sp. 650 ff.).

21 Quellen zur Naturrechtsrenaissance nach 1945: Gustav Radbruch, »Fünf Minuten Rechtsphilosophie«, in: *Rhein-Neckar-Zeitung* vom

10. September 1945, abgedruckt in: ders., *Rechtsphilosophie*, herausgegeben von Erik Wolf und Hans-Peter Schneider, 8. Aufl., Stuttgart 1973, S. 327 ff.; Helmut Coing, *Die obersten Grundsätze des Rechts. Ein Versuch zur Neugründung des Naturrechts*, Heidelberg 1947, S. 7.

Dominanz des Gesetzespositivismus bis in dreißiger Jahre des 20. Jahrhunderts: Bernhard Diestelkamp, *Rechtsgeschichte als Zeitgeschichte: Beiträge zur Rechtsgeschichte des 20. Jahrhunderts*, Baden-Baden 2001, S. 144; Arthur Kaufmann, »Problemgeschichte der Rechtsphilosophie«, in: ders., Winfried Hassemer, Ulfrid Neumann (Hg.), *Einführung in Rechtsphilosophie und Rechtstheorie der Gegenwart*, 7. Aufl, Heidelberg 2004, S. 26, 77 f.

Zu den möglichen Gründen der Naturrechtsrenaissance nach 1945: Lena Foljanty, *Recht oder Gesetz. Juristische Identität und Autorität in den Naturrechtsdebatten der Nachkriegszeit*, Tübingen 2013, S. 341 (Möglichkeit, sich vom Nationalsozialismus abzugrenzen; Verkündung eines Neuanfangs; kein Zwang, alles bisherige Denken in Frage zu stellen); Bernd Rüthers, »Recht oder Gesetz? Gründe und Hintergründe der ›Naturrechtsrenaissance‹ – zugleich eine Besprechung zu Lena Foljanty: Recht oder Gesetz, 2013«, in: *Juristenzeitung* 68 (2013), S. 822, 824, 826 (Entlastungsfunktion: Verschiebung der Mitverantwortung von den belasteten Juristen auf den NS-Gesetzgeber; Glaubenswechsel: Wechsel zum Naturrecht als Beweis einer weltanschaulichen Umorientierung).

Zur geistig-moralischen Erschütterung nach 1945: Karl Jaspers, »Geleitwort zum ersten Heft der ›Wandlung‹«, ausgegeben am 30. November 1954, in: *Die Wandlung* 1 (1945/46), S. 3 (»*Wir haben fast alles verloren: Staat, Wirtschaft, die gesicherten Bedingungen unseres physischen Daseins, und schlimmer noch als das: die giltigen uns alle verbindenden Normen, die moralische Würde, das einigende Selbstbewußtsein als Volk. Es ist wie am Ende des dreißigjährigen Kriegs*«); Gustav Radbruch, »Zur Diskussion über die Verbrechen gegen die Menschlichkeit«, in: *Süddeutsche Juristenzeitung*, 2 (1947), Sp. 131, 136 (»*in den völlig singulären Verhältnissen der zwölf Nazi-Jahre, in Ereignissen, die wir in ihrer Einzigartigkeit auch jetzt noch kaum zu fassen vermögen und deshalb als dämonisch, als apokalyptische zu deuten geneigt sind*«); Thomas Mann, »Rede zum 200. Geburtstag von Goethe, gehalten in Weimar am 1. August 1949«, in: ders., *Essays VI, 1945-1950*, Frankfurt/M. 2009, S. 670, 679 (»*Die Ratlosigkeit, wie dies alles sich lösen, ordnen, setzen, wie es ins gleiche kommen, politisch, sozial, ökonomisch, allgemein geistig, und zwar unter Vermeidung einer Katastrophe und Explosion, die an Gräuelhaftigkeit jede Erfahrung weit überträfe und dabei gar nichts lösen würde: wie der Mensch wieder den Segen einer moralischen Autorität gewinnen, zu einem Glauben gelangen könne, der sich nicht als Not-Aberglaube und kümmerlicher Unterschlupf […] erwiese, – diese Ratlosigkeit ist groß, und nur die Stumpfheit* *oder ein zynisches Konjunkturrittertum, das jede Situation kaltblütig für seine persönlichen Zwecke auszubeuten weiß, leiden nicht unter ihr«*).

Aus der zeithistorischen Literatur zur Thematik: Manfred Görtemaker, *Geschichte der Bundesrepublik Deutschland. Von der Gründung bis zur Gegenwart*, München 1999, S. 203 (Kirchen als bevorzugte Orte, an denen über das Unvorstellbare zumindest hätte nachgedacht werden können); Konrad J. Jarausch, *Die Umkehr. Deutsche Wandlungen 1945-1995*, München 2004, S. 13 f. (moralisches Unheil; Schock der Unmenschlichkeit); Eckart Conze, *Die Suche nach Sicherheit. Eine Geschichte der Bundesrepublik Deutschland von 1949 bis in die Gegenwart*, München 2009, S. 24 (moralische Zerstörung); Joachim Radkau, *Theodor Heuss*, München 2013, S. 268 (moralische Erschütterung als Empfindung Deutscher, die das grausige Ausmaß der NS-Verbrechen zugaben).

22 Zeitgenössische Debatte um eine neue naturrechtliche Begründung des Rechts in der Zeit bis 1948: Helmut Coing, *Die obersten Grundsätze des Rechts. Ein Versuch zur Neugründung des Naturrechts*, Heidelberg 1947, S. 39 f., 41-43, 46; Ernst Forsthoff, »Zur Problematik der Rechtserneuerung«, in: *Zeitwende* 19 (1947/48), S. 679, 685, 687 f.; Emil Brunner, »Das Menschenbild und die Menschenrechte«, in: *Universitas. Zeitschrift für Wissenschaft, Kunst und Literatur* 2 (1947), S. 269, 385, 387, 389; ders., *Gerechtigkeit. Eine Lehre von den Grundgesetzen der Gesellschaftsordnung*, Zürich 1943, S. 76 ff.

Ferner: Wilhelm Oswald, *Das Dilemma des säkularisierten Staates. Seine Rückbiegung auf das christliche Menschenbild*, 1944, S. 29; Karl (Carlo) Schmid, »Zur Legitimität der Verfassung«, in: *Deutsche Rechts-Zeitschrift* 1 (1946), S. 2 (»*In unserem Volke ist heute wieder das Wissen lebendig geworden, daß der Mensch, wenn er seine Bestimmung erfüllen will, sich als Träger einer besonderen Würde muß fühlen können, die allen anderen ›Würden‹ voranstehen muß, weil sie ›vor dem Staate‹ da ist. [...] Was diese Würde des Menschen im einzelnen bedeutet, wird von den Verschiedenen verschieden definiert werden, aber allen diesen Definitionen wird die Aussage gemeinsam sein, daß der Mensch seinen Sinn in sich selber trage und darum nie zu einem Mittel zu Zwecken irgendwelcher Art herabgewürdigt werden dürfe. Die Verfassung muß also klar zum Ausdruck bringen, daß der Staat bei aller Eigengesetzlichkeit doch dazu da ist, dem Menschen zu dienen und nicht umgekehrt*«); Adolf Süsterhenn, »Wir Christen und die Erneuerung des staatlichen Lebens« (1948), in: Peter Bucher (Hg.), *Adolf Süsterhenn. Schriften zum Natur-, Staats- und Verfassungsrecht*, Mainz 1991, S. 227 (»*Das in diesem Sinne christliche Naturrecht ist für uns die Grundlage und der Ausgangspunkt unserer staatlichen Erneuerungsarbeit. [...] Wenn man eine Ordnung im Zusammenleben einer Vielheit von Menschen erstellen will, dann muß diese Gemeinschaft auf einen*

Höchstwert verpflichtet werden, wenn nicht völlige Anarchie herrschen soll. Für den Christen ist dieser Höchstwert Gott und die in der Gottesebenbildlichkeit des Menschen begründete Freiheit und Würde der Person«).

Zu Coings naturrechtlicher Begründung des Rechts und sonstigen protestantischen Positionen: Arthur Kaufmann, »Die Naturrechtsrenaissance der ersten Nachkriegsjahre – und was daraus geworden ist«, in: Michael Stolleis u.a. (Hg.), *Die Bedeutung der Wörter. Studien zur europäischen Rechtsgeschichte. Festschrift für Sten Gagnér zum 70. Geburtstag*, München 1991, S.105, 110; Kristian Kühl, »Rückblick auf die Renaissance des Naturrechts nach dem 2. Weltkrieg«, in: Gerhard Köbler u.a. (Hg.), *Giessener Rechtswissenschaftliche Abhandlungen*, Bd.6, 1990, S.331, 339ff.; Heinz Mohnhaupt, »Zur ›Neugründung‹ des Naturrechts nach 1945: Helmut Coings ›Die obersten Grundsätze des Rechts‹ (1947)«, in: Horst Schröder/Dieter Simon (Hg.), *Rechtsgeschichtswissenschaft in Deutschland 1945 bis 1952*, *Ius Commune* Sonderheft Nr.141, Frankfurt 2001, S.97ff.; Lena Foljanty, *Recht oder Gesetz. Juristische Identität und Autorität in den Naturrechtsdebatten der Nachkriegszeit*, Tübingen 2013, S.176ff., 181ff.

Zeitgenössische Kritik gegenüber den auf das christliche Menschenbild rekurrierenden Bemühungen um eine Neubegründung des Rechts: Ernst Wolf, »Naturrecht und Gerechtigkeit. Zum Problem des Naturrechts«, in: *Evangelische Theologie* 7 (1947/48), S.233f., 246, 248 (In einem Vortrag vor der Juristischen Gesellschaft der Universität Göttingen rief Wolf, führendes Mitglied der Bekennenden Kirche, in Erinnerung, dass sich in der Geschichte eine »*eine fast unerschöpfliche Mannigfaltigkeit von Naturrechtslehren*« zeige; zudem betonte er, »*daß das sog. ›christliche Naturrecht‹ im Hinblick auf seine anthropologischen Voraussetzungen gerade auch innerhalb der Christenheit keine Selbstverständlichkeit*« sei. *Wolf* setzte – als Theologe – einen markanten Kontrapunkt in dieser nach 1945 einsetzenden »Naturrechtsrenaissance« mit den Worten: »*Die naturrechtliche Ideologie setzt sich hierin selbst zum Herrn des Rechts. Sie tut es unter Voraussetzung der unbestreitbaren Gültigkeit ihrer anthropologischen Grundlagen. Von hier aus, von diesen Grundlagen her, muß sie, wenn überhaupt, ernsthaft in Frage gestellt werden*«); ähnlich: Robert Figge, »Die Verantwortlichkeit des Richters. Ein weiterer Beitrag zur Frage der strafrechtlichen Haftung der Richter für die Anwendung naturrechtswidriger Gesetze«, in: *Süddeutsche Juristenzeitung* 2 (1947), Sp. 179, 181 (Man spricht »*jetzt wieder von den Ideen von Menschlichkeit und Menschenwürde, die das Leben im Staate und unter den Völkern beherrschen müßten. Aber damit ist nicht allzuviel anzufangen. Fragt man, was darunter verstanden wird, so bekommt man ganz verschiedene Antworten.*«).

Protestantische Skepsis gegenüber feststehenden Lehren des Naturrechts: Freiburger »Bonhoeffer Kreis«, »Politische Gemeinschaftsordnung.

Ein Versuch zur Selbstbesinnung des christlichen Gewissens in den politischen Nöten unserer Zeit« (1943), in: *In der Stunde Null: Die Denkschrift des Freiburger »Bonhoeffer Kreises, eingeleitet von Helmut Thielicke*. Mit einem Nachwort von Philipp von Bismarck, Tübingen 1979, S. 102 (es gebe kein »*evangelisches Naturrecht*« im Sinne einer feststehenden Zahl von ewig gültigen Rechtssätzen), 103 f. (die Vorstellung allgemein gültiger christlicher Verfassungssätze sei abzulehnen); Reinhold Niebuhr, *Die Kinder des Lichts und die Kinder der Finsternis. Eine Rechtfertigung der Demokratie und eine Kritik ihrer herkömmlichen Verteidigung*, München 1947, S. 50 f. (der Katholizismus glaube, dass Grundsätze des Naturrechts feststünden und unveränderlich seien; er lasse aber den ständigen Verfall außer Acht, der eine geschichtliche Definition auch der idealsten und abstraktesten moralischen Grundsätze beeinflusse), S. 57 (der Freiheit des Individuums würden institutionelle Beschränkung auferlegt, gegen die sich der Protestantismus auflehne). Aus der jüngeren Literatur: Ingolf U. Dalferth, *Naturrecht in protestantischer Perspektive*, Baden-Baden 2008, S. 7 f.

23 Nawiaskys Satz über das richtunggebende Gut der Würde: Stenographische Berichte über die Verhandlungen des Verfassungsausschusses des Bayerischen Landtages, Bd. 1, München o. J., S. 233 (Zehnte Sitzung vom 1. August 1946); Bd. 2, München o. J., S. 300 f. (Dreizehnte Sitzung vom 7. August 1946); Verhandlungen der Bayerischen Verfassungsgebenden Landesversammlung. 15. Juli bis 30. November 1946. Stenographische Berichte Nr. 1 bis 10, München, S. 27 (Zweite Sitzung vom 13. August 1946).

Kommentierung der Würdenorm der bayerischen Verfassung: Hans Nawiasky, *Die Verfassung des Freistaates Bayern vom 2. Dezember 1946. Systematischer Überblick und Handkommentar (unter Mitarbeit von Clauss Leusser)*, München 1948, S. 183.

Deutung des Würdeartikels durch den Bayerischen Verfassungsgerichtshof: BayVerfGH 1, 29 (1948), S. 32 f. Bestätigt wurde diese Entscheidung ein Jahr später durch BayVerfGH 2, 85 (1949), S. 91. Spätere Stellungnahme dazu: Hans Nawiasky, *Die Verfassung des Freistaates Bayern vom 2. Dezember 1946. Ergänzungsband zu dem Handkommentar 1948 Nawiasky-Leusser*, München 1953, S. 110.

24 Verfassungen der Länder als Kontext des Parlamentarischen Rates: Der Parlamentarische Rat 1948-1949, *Akten und Protokolle*, Bd. 5/I (Ausschuss für Grundsatzfragen), bearbeitet von Eberhard Pikart und Wolfram Werner, 1993, S. 66 (Carlo Schmid wies explizit auf die Verfassung Württemberg-Badens hin); Ernst-Wolfgang Böckenförde, »Menschenwürde als normatives Prinzip. Die Grundrechte in der bioethischen Debatte«, in: *Juristenzeitung* 59 (2003), S. 809 f. (der Parlamentarische Rat habe aber mehr als nur Gedanken aus Landesverfassungen aufgenommen und fortgeschrieben); Erhard Denniger, »Der Menschenwürdesatz im Grundgesetz und seine Entwicklung in der Verfassungsrechtsprechung«, in: Franz Josef Peine, Heinrich Amadeus Wolff (Hg.), *Nachdenken über Eigentum. Festschrift für Alexander v. Brünneck zur Vollendung seines siebzigsten Lebensjahres*, Baden-Baden 2011, S. 397, 399 (Textstellen der zwischen 1946 und 1949 erlassenen Landesverfassungen und der Weimarer Reichsverfassung seien Mitgliedern des Rates präsent gewesen); Horst Dreier, »Artikel 1«, in: ders. (Hg.), *Grundgesetz – Kommentar*, Bd. I, 3. Aufl., Tübingen 2013, Fn. 173 (Landesverfassungen als Vorbilder, von denen starke Auswirkungen auf Beratungen des Grundgesetzes ausgegangen seien); Rn. 40 (kritisch-abwertend gegenüber den Würdeklauseln der Verfassungen der Länder in der sowjetischen Besatzungszone).

Zur mehrheitlichen Ablehnung einer naturrechtlichen Fundierung der Würdenorm durch den Parlamentarischen Rat: dazu oben, zweites Kapitel, Abschnitt II, »Erkenntnisse und Folgerungen«.

Zum Bedürfnis, die nationalsozialistische Vergangenheit nach 1945 zu beschweigen und zu verdrängen: Edgar Wolfrum, *Die geglückte Demokratie. Geschichte der Bundesrepublik Deutschland von ihren Anfängen bis zur Gegenwart*, Stuttgart 2006, S. 170 (ganze Bandbreite von Verhaltensmustern zwischen Verdrängung und Aufarbeitung); Eckart Conze, *Die Suche nach Sicherheit. Eine Geschichte der Bundesrepublik Deutschland von 1949 bis in die Gegenwart*, München 2009, S. 214 ff. (Nationalsozialismus sei kollektiv beschwiegen und verdrängt worden); Joachim Radkau, *Theodor Heuss*, München 2013, S. 268 (Deutschland sei durch sein Unglück genug gestraft – so hätten auch die Deutschen gedacht, die das grausige Ausmaß der NS-Verbrechen zugaben); Ulrich Herbert, *Geschichte Deutschlands im 20. Jahrhundert*, München 2014, S. 567 (unter den Nationalsozialisten habe es einen Wettbewerb des Opportunismus gegeben, des Abstreitens und Nicht-wahrhaben-Wollens).

Zum Begriff des »Zivilisationsbruchs«: Vgl. Dan Diner, »Vorwort des Herausgebers«, in: ders., (Hg.), *Zivilisationsbruch. Denken nach Auschwitz*, Frankfurt/M. 1988, S. 7 (»*Die bürokratisch organisierte und industriell durchgeführte Massenvernichtung bedeutet so etwas wie die Widerlegung einer Zivilisation, deren Denken und Handeln einer Rationalität folgt, die ein Mindestmaß antizipatorischen Vertrauens voraussetzt; ein utilitaristisch geprägtes Vertrauen, das eine gleichsam grundlose Massentötung, gar noch in Gestalt rationaler Organisation, schon aus Gründen von Interessenkalkül und Selbsterhaltung der Täter ausschließt*«).

25 Völkerrechtliche Dokumente aus den vierziger Jahren, in denen von der Würde des Menschen die Rede war: Erklärung über die Ziele und

Zwecke der Internationalen Arbeitsorganisation vom 10. Mai 1944 – »Erklärung von Philadelphia« (Abschnitt II a); Charta der Vereinten Nationen vom 26. Juni 1945 (Präambel); Verfassung der Organisation der Vereinten Nationen für Bildung, Wissenschaft und Kultur, verabschiedet in London am 16. November 1945 (Präambel); Allgemeine Erklärung der Menschenrechte vom 10. Dezember 1948, (Präambel, Art. 22, Art. 23 Abs. 3).

26 Bezugnahmen auf die Allgemeine Erklärung der Menschenrechte durch Mitglieder des Parlamentarischen Rates: So verfügte offenbar Ludwig Bergsträsser noch über einen älteren Entwurf. In seiner Berichterstattung über den »*Katalog der Grundrechte*« verwies er häufiger auf Formulierungen im »Entwurf der Kommission der UN«. Zudem verwies Hermann von Mangoldt explizit auf die Allgemeine Erklärung der Menschenrechte: Bei der Diskussion des zweiten Absatzes von Art. 1, der das Zusammenspiel vom Bekenntnis zur Menschenwürde und den Freiheits- und Menschenrechten als Grundlage aller menschlichen Gemeinschaft betraf, äußerte er: »*Aber diese Formulierung entspricht ganz der Formulierung in der Charta der Vereinten Nationen und in den Menschenrechten. Deshalb ist es auch zweckmäßig, sie irgendwie aufzunehmen, weil wir uns damit in der internationalen Welt bewegen*«. Und ebenfalls wies Adolf Süsterhenn im September 1948 darauf hin, dass die von den Vereinten Nationen eingesetzte Kommission für die Menschenrechte ihre Erklärung für die Menschenrechte fertiggestellt habe. **Nachweise**: Der Parlamentarische Rat 1948-1949, *Akten und Protokolle*, Bd. 5/I (Ausschuss für Grundsatzfragen), bearbeitet von Eberhard Pikart und Wolfram Werner, Boppard am Rhein 1993, S. 220 (Abdruck des Entwurfs aus der *Neuen Zeitung* als Drucksache des Parlamentarischen Rates), S. 16 ff. (Bergsträsser); ebd., Bd. 5/II, S. 599 (von Mangoldt; auf S. 586 weist dieser zudem auf die »*Präambel der Menschenrechte*« hin, die von einer »*Kommission der Vereinten Nationen herausgebracht worden*« sei; der »*enge Zusammenhang zwischen den Freiheitsrechten, den Menschenrechten und der Menschenwürde*« werde »*dort durchaus anerkannt*«); ebd., Bd. 9 (Plenum), S. 56 (Süsterhenn).

27 Diskussion um den Einfluss der Allgemeinen Erklärung der Menschenrechte auf die Ausarbeitung des Grundgesetzes im Parlamentarischen Rat: Horst Dreier, »Kontexte des Grundgesetzes«, in: *Deutsches Verwaltungsblatt* 114 (1999), S. 667, 673 (Entwürfe mit Vorbildfunktion); Heinrich Wilms, *Ausländische Einwirkungen auf die Entstehung des Grundgesetzes*, Stuttgart 1999, S. 137 f. (Wendung aus dem Entwurf der Rechterklärung über den Zusammenhang von Menschenwürde und Menschenrechten vom Grundsatzausschuss des Parlamentarischen Rates übernommen); Wolfgang Vögele, *Menschenwürde zwischen Recht und*

Theologie. Begründungen von Menschenrechten in der Perspektive öffentlicher Theologie, Gütersloh 2000, S. 295 (Erklärung als eines der Vorbilder für die Aufnahme von Art. 1 GG; Würdegarantie des Grundgesetzes habe daher Bekenntnischarakter: sie habe ausdrücken sollen, dass die Bundesrepublik Deutschland sich wieder an das Völkerrecht halten wolle); Jochen Abr. Frowein, »Human Dignity in International Law«, in: David Kretzmer, Eckart Klein (Hg.), *The Concept of Human Dignity in Human Rights Discourse*, Dordrecht 2002, S. 121 f. (die Entwürfe der Erklärung seien im Parlamentarischen Rat zirkuliert; zuvor sei die Würde des Menschen aber schon in den Verfassungen Hessens und Bayerns proklamiert worden); Heinrich Wilms, »Der Einfluss europäisch-amerikanischer Verfassungsideen auf die Entstehung des Grundgesetzes«, in: *Zeitschrift für Rechtsphilosophie* 1 (2002), S. 106, 110 (»Bill of Rights« von den Abgeordneten stets im Auge behalten); Ernst-Wolfgang Böckenförde, »Menschenwürde als normatives Prinzip. Die Grundrechte in der bioethischen Debatte«, in: *Juristenzeitung* 59 (2003), S. 809 f. (bei der Würdegarantie des Parlamentarischen Rates handele es sich um mehr als um eine Aufnahme und Fortschreibung der Gedanken der Länderverfassung und der Menschenrechteerklärung); Stefan Hobe, »Der Einfluss der Allgemeinen Erklärung der Menschenrechte vom 10. Dezember 1948 auf das Grundgesetz und die verfassungsrechtliche Staatspraxis der Bundesrepublik Deutschland«, in: Klaus Dicke (Hg.), *Zur Wirkungsgeschichte der Allgemeinen Erklärung der Menschenrechte*, Bonn 2004, S. 7 f. (merklicher Einfluss der Erklärung auf die Entstehung des Grundgesetzes), S. 9 (Plausibilitätsargumentation, gemeinsamer Erfahrungshorizont, enger zeitlicher Zusammenhang, gemeinsames Anliegen), S. 12 (Präambel der Erklärung Vorbild für die Formulierung des Art. 1 GG), S. 14 (sogar angeblicher Einfluss der Erklärung auf frühe Landesverfassungen – obwohl diese aber schon vor Beginn der Arbeiten an der Erklärung beraten und beschlossen wurden!); Mathias Schmoeckel, »Die unbekannte Menschenwürde«, in: *Evangelische Theologie* 66 (2006), S. 405, 412 (keine konkrete Übernahme; da Entwicklungsländer in Erklärung entwürdigende Praktiken der Kolonialzeit hätten betonen wollen, könne Art. 1 GG dagegen nur Abkehr von Rassenlehre und daraus resultierender Verbrechen bedeuten); Heiner Bielefeldt, *Gefahrenabwehr im demokratischen Rechtsstaat. Zur Debatte um ein »Feindrecht«*, 2008, ⟨http://www.institut-fuer-menschenrechte.de/publikationen⟩ (letzter Zugriff 4. 5. 2016), S. 10 (Formulierung der Erklärung habe Verfasserinnen und Verfasser des Grundgesetzes inspiriert); Hasso Hofmann, »Methodische Probleme der juristischen Menschenwürdeinterpretation«, in: Ivo Appel, Georg Hermes (Hg.), *Mensch – Staat – Umwelt*, Berlin 2008, S. 47 f. (Parlamentarischer Rat habe unter dem Eindruck der Erklärung gearbeitet); Daniel Eberhard, »Der Einfluss der Allgemeinen Erklärung der Menschenrechte auf die Grundrechtsberatungen des Grundgesetzes im Parlamentarischen Rat«, in: *MenschenRechtsMagazin* 14 (2009), S. 162, 166 (unmittelbarer Einfluss); Bardo Fassbender, »Die Menschenrechteerklärung der Vereinten Nationen von 1948 – eine Einführung in ihre Entstehung, Bedeutung und Wirkung«, in: ders., *Menschenrechteerklärung. The Universal Declaration of Human Rights – Allgemeine Erklärung der Menschenrechte. Neuübersetzung, Synopse, Erläuterungen, Materialien*, München 2009, S. 1 (Grundgesetz durch Erklärung stark beeinflusst); Thilo Rensmann, »Die Menschenwürde als universaler Rechtsbegriff«, in: Christian Thies (Hg.), *Der Wert der Menschenwürde*, Paderborn 2009, S. 75, 79, 85 (unter Einfluss der Erklärung habe sich im Rat ein pluralistisches Würdeverständnis durchgesetzt, demzufolge sei der Würdebegriff des Grundgesetzes interkulturell zu verstehen); Erhard Denninger, »Der Menschenwürdesatz im Grundgesetz und seine Entwicklung in der Verfassungsrechtsprechung«, in: Franz Josef Peine, Heinrich Amadeus Wolff (Hg.), *Nachdenken über Eigentum. Festschrift für Alexander v. Brünneck zur Vollendung seines siebzigsten Lebensjahres*, Baden-Baden 2011, S. 397 (Geist und Text der Erklärung seien im Rat gegenwärtig gewesen); Jochen von Bernstorff, »Der Streit um die Menschenwürde im Grund- und Menschenrechtsschutz: Eine Verteidigung des Absoluten als Grenze und Auftrag«, in: *Juristenzeitung* 68 (2013), S. 905, 907 (Entwürfe der Erklärung hätten 1948 Väter und Mütter des Grundgesetzes inspiriert, ein Bekenntnis zur Menschenwürde an der Spitze der Verfassung zu verankern; Verweis auf die Erklärung habe zum Durchbruch in Beratungen des Rates geführt, die Würdebestimmung an die Spitze zu stellen; Entstehungskontext verlange, Würdegarantie als absolute Grenzziehung des Verfassungsgebers zu interpretieren).

28 Vorgaben der UN-Charta: Art. 13 Abs. 1 b, 62 Abs. 2 und 68 UN-Charta.

Abdruck der Entwürfe zur Allgemeinen Erklärung der Menschenrechte: Mary Ann Glendon, *A World Made New. Eleanor Roosevelt and the Universal Declaration of Human Rights*, New York 2001, S. 271 f. (Humphrey-Draft); S. 275 f. (Cassin-Draft); S. 281 ff. (June 1947: Human Rights Commission Draft); S. 289 (Geneva-Draft); S. 294 f. (Lake Success Draft); S. 300 ff. (Third Committee Draft); Johannes Morsink, *The Universal Declaration of Human Rights. Origins, Drafting, and Intent*, Philadelphia 1999.

Zur Genese: United Nations, Department of Public Information, in: *Yearbook of the United Nations*, New York 1948-1949, S. 524 ff.; John P. Humphrey, *Human Rights & the United Nations: a great adventure*, New York 1984, S. 30 ff.; Jakob Th. Möller, »The Universal Declaration of Human Rights: How the Process Started«, in: Asbjørn Eide, Gudmundur Alfredsson, Göran Melander, Lars Adam Rehof, Allan Rosas (Hg.), *The*

Universal Declaration of Human Rights: A Commentary, Oslo u.a. 1992, S. 1 ff.; Wolfgang Vögele, *Menschenwürde zwischen Recht und Theologie. Begründungen von Menschenrechten in der Perspektive öffentlicher Theologie*, Gütersloh 2000, S. 219 ff.; ders., »Christliche Elemente in der Begründung von Menschenrechten und Menschenwürde im Kontext der Entstehung der Vereinten Nationen«, in: Hans Richard Reuter (Hg.), *Ethik der Menschenrechte. Zum Streit um die Universalität einer Idee I*, Tübingen 1999, S. 103, 119 ff.; Glen Johnson, »A Magna Charta for Mankind: Writing the universal declaration of human rights«, in: ders./Janusz Symonides (Hg.), *The Universal Declaration of Human Rights: a History of its creation and implementation 1948-1998*, Paris 1999, S. 19, 27 ff.; Brian A. W. Simpson, *Human Rights and the End of Empire. Britain and the Genesis of the European Convention*, Oxford 2001, S. 323 ff., 390 ff.; Paul Gordon Lauren, *The Evolution of International Human Rights*, Second Edition, Philadelphia 2003, S. 147 ff.; Thilo Rensmann, »Der Beitrag Eleanor Roosevelts zur Fortentwicklung des Völkerrechts«, in: Beate Rudolf (Hg.), *Frauen und Völkerrecht. Zur Einwirkung von Frauenrechten und Fraueninteressen auf das Völkerrecht*, Baden-Baden 2006, S. 129, 132 ff.; Micheline R. Ishay, *The History of Human Rights. From Ancient Times to the Globalisation Era. With a New Preface*, Berkeley 2008, S. 220 ff.; Bardo Fassbender, »Die Menschenrechteerklärung der Vereinten Nationen von 1948 – eine Einführung in ihre Entstehung, Bedeutung und Wirkung«, in: ders., *Menschenrechteerklärung. The Universal Declaration of Human Rights – Allgemeine Erklärung der Menschenrechte. Neuübersetzung, Synopse, Erläuterungen, Materialien*, München 2009, S. 6 ff.; Ed Bates, *The Evolution of the European Convention on Human Rights. From its Inception to the Creation of a Permanent Court of Human Rights*, Oxford 2010, S. 33 ff.; Hans Joas, *Die Sakralität der Person. Eine neue Genealogie der Menschenrechte*, Berlin 2011, S. 265 ff.

29 Entwürfe und Stellungnahmen anderer internationaler Organisationen, Nicht-Regierungsorganisationen und Privatpersonen: *The City of Man. A Declaration on World Democracy*. Issued by Herbert Agar, Frank Aydelotte, G. A. Borgese, Hermann Broch, Van Wyck Brooks, Ada L. Comstock, William Yandell Elliott, Dorothy Canfield Fisher, Christian Gauss, Oscar Jászi, Alvin Johnson, Hans Kohn, Thomas Mann, Lewis Mumford, William Allan Neilson, Reinhold Niebuhr, New York 1940, S. 27 f.; 33 f.; Hermann Broch, »Völkerbund-Resolution« (1937), in: ders., *Kommentierte Werkausgabe*. Bd. 11, *Politische Schriften*, herausgegeben von Paul Michael Lützeler, Frankfurt/M. 1978, S. 198 f., 200, 204; ders., »Zur Diktatur der Humanität innerhalb einer totalen Demokratie« (1939)«, in: ebd., S. 27 (nach Broch war das Strafgesetz zum Schutz der Menschenwürde u. a. folgendermaßen zu formulieren: »*Wer durch Worte oder Taten* *danach trachtet, die Prinzipien der Freiheit, der Gleichheit, der Gerechtigkeit und der Humanität aufzuheben […], einen Menschen, der sich nicht gegen eine gesetzliche Bestimmung vergangen hat, oder eine Gruppe solcher Menschen aus der ihnen vom Schöpfer verliehenen allgemeinen Menschengleichheit auszuschließen […], ihnen ihre unveräußerlichen Rechte auf Leben und Freiheit und Glückstreben abzustreiten oder zu schmälern[…], einzelne Personen oder Gruppen […] aus den allgemeinen staatsbürgerlichen Rechten und Pflichten auszuschließen und insbesondere derart zu diskriminieren, daß ihnen nicht der gerechte Mitgenuß an den bürgerlichen Rechten und Ehren, nicht die gleiche Anwartschaft an den öffentlichen Einrichtungen, nicht die gleiche Freiheit ihres persönlichen Lebens […] zustehe […], Völker oder irgendeine andere Menschengruppe oder einzelne Personen derart zu diffamieren, daß sie zum Gegenstand des Hasses werden […], soll straffällig gemacht werden. Gegen diese Straffolgen schützt keine vom Staate sonstwie gewährleistete Rechtsimmunität*«; zu diesen Postulaten und Schriften Brochs: Arnd Pollmann, »Heimkehr aus der Sklaverei. Der Schriftsteller Hermann Broch als vergessener Vordenker des völkerrechtlichen Zusammenhangs von Menschenrechten und Menschenwürde«, in: Marten Breuer, Astrid Epiney u. a. (Hg.), *Der Staat im Recht. Festschrift für Eckart Klein zum 70. Geburtstag*, Berlin 2013, S. 1235 ff.); »Statement of Essential Human Rights, by a committee appointed by the American Law Institute«, in: *The Annals of The American Academy of Political and Social Science* 243 (1946), S. 18 ff.; Hermann Broch, »Bemerkungen zur Utopie einer ›International Bill of Rights and of Responsibilities‹«(1946), in: ders., *Kommentierte Werkausgabe*. Band 11, *Politische Schriften*, herausgegeben von Paul Michael Lützeler, 1978, S. 243, 259 ff.; Hersch Lauterpacht, *An International Bill of the Rights of Man*, New York 1945, S. VII, 69; Jacques Maritain, *The Rights of Man and Natural Law*, New York 1943, S. 60, 65 (hier zitiert nach Wolfgang Vögele, »Christliche Elemente in der Begründung von Menschenrechten und Menschenwürde im Kontext der Entstehung der Vereinten Nationen«, in: Hans Richard Reuter (Hg.), *Ethik der Menschenrechte. Zum Streit um die Universalität einer Idee I*, Tübingen 1999, S. 103, 110 f.; der Text Maritains erschien zuerst 1942 unter dem Titel »Les Droits de l'homme et la Loi naturelle« in der Sammlung »Civilisation« der Maison Française in New York, so die Angabe in: Jacques Maritain, *Die Menschenrechte und das natürliche Gesetz*, Bonn 1951, S. V); Jacques Maritain, *Christianisme et Démocratie*, New York 1943; deutsche Übersetzung: *Christentum und Demokratie*, Augsburg 1949, S. 38, 41, 50; Konferenz jüdischer und christlicher Theologen 1946 in Oxford, »Fundamental Postulates of Christianity and Judaism in Relation to the Social Order«, abgedruckt in: Marcus Braybroke, *Stepping Stones to a Global Ethic*, London 1992, S. 38 ff.; A Committee Appointed by the National Catholic Welfare Conference, »Declaration of Human Rights. A

Statement Just Drafted by a Committee Appointed by the National Catholic Welfare Conference« (1947), abgedruckt in: Gertraud Putz, *Christentum und Menschenrechte. Veröffentlichungen des Internationalen Forschungszentrums für Grundfragen der Wissenschaften*, Salzburg N. F. 40, 1991, S. 388 f.; Unesco, »The grounds of an international declaration of Human Rights«, in: Unesco (Hg.), *Human Rights. Comments and Interpretations. A symposium edited by Unesco with an Introduction by Jacques Maritain*, Westport 1949, S. 258 f.

Informationen und Stellungnahmen zu diesen Initiativen: John P. Humphrey, *Human Rights & the United Nations: a great adventure*, New York 1984, S. 31 f.; Louis B. Sohn, *How American International Lawyers Prepared for the San Francisco Bill of Rights*, in: *American Journal of International Law* 89 (1995), S. 540 ff.; Wolfgang Vögele, »Christliche Elemente in der Begründung von Menschenrechten und Menschenwürde im Kontext der Entstehung der Vereinten Nationen«, in: Hans Richard Reuter (Hg.), *Ethik der Menschenrechte. Zum Streit um die Universalität einer Idee I*, Tübingen 1999, S. 103, 105 ff.; Brian A. W. Simpson, *Human Rights and the End of Empire. Britain and the Genesis of the European Convention*, Oxford 2001, S. 157 ff.; Paul Michael Lützeler, »Hermann Broch. 1998-1951. Eine Chronik«, in: *Marbacher Magazin* 94 (2001), S. 61 (zu Broch und Eleanor Roosevelt); ders. (Hg.), *Freundschaft im Exil. Thomas Mann und Hermann Broch*, Insbruck u. a. 2004, S. 26 (zu Thomas Manns Reaktion auf Brochs »Völkerbund-Resolution«); Hans Rudolf Vaget, *Thomas Mann, der Amerikaner. Leben und Werk im amerikanischen Exil 1938-1952*, Frankfurt/M. 2011, S. 116, 236 (dort weitere Informationen über die »City of Man Conference« sowie über die »Declaration on World Democracy«, die als politische Programmschrift des »Committee on Europe« bezeichnet wird); Hans Joas, *Die Sakralität der Person. Eine neue Genealogie der Menschenrechte*, Berlin 2011, S. 268 (Roosevelts Vier-Freiheiten-Rede habe privaten Initiativen eine realistische Durchsetzungschance in Aussicht gestellt); Wolfgang Graf Vitzthum, »›L'homme ne doit pas faire de l'homme un esclave‹. Les droits de l'homme dans les débats des intellectuels européens émigrés aux Etats-Unis«, in: Marten Breuer, Astrid Epiney, Andreas Haratsch, Stefanie Schmahl, Norman Weiß (Hg.), *Der Staat im Recht. Festschrift für Eckart Klein zum 70. Geburtstag*, Berlin 2013, S. 1345 ff. (zu den Initiativen Brochs), 1348 ff. (zum City of Man-Projekt).

30 Einschätzungen zu den historischen Gründen der Menschenrechtserklärung und Deutungen der Würdeverwendungen in der Präambel sowie den Artikeln 1, 22 und 23: John P. Humphrey, »International Protection of Human Rights«, in: *The Annals of the American Academy of Political and Social Science* 256 (1948), S. 15 f. (»*the denial by Germany of the* *rights of Germans was part of a diabolical plan to usurp the rights of men and women everywhere; the facts of history are there to prove that it was the denial by Germany of human rights in neighboring countries that was the direct and immediate occasion for the outbreak of hostilities; these were the thoughts that the leaders of the soon-to-be victorious great powers had in mind when they met at Dumberton Oaks to frame proposals for an international peace organization*«); Eleanor Roosevelt, »Writing the Universal Declaration of Human Rights: Some Recollections« (1949), abgedruckt in: Bardo Fassbender, »Die Menschenrechteerklärung der Vereinten Nationen von 1948 – eine Einführung in ihre Entstehung, Bedeutung und Wirkung«, in: ders., *Menschenrechteerklärung. The Universal Declaration of Human Rights – Allgemeine Erklärung der Menschenrechte. Neuübersetzung, Synopse, Erläuterungen, Materialien*, München 2009, S. 33 (»*Now, I happen to believe that we are born free and equal in dignity and rights because there is a divine creator, and there is a divine spark in men. But, there were other people around the table who wanted it expressed in such a way that they could think in their particular way about this question and finally, these words were agreed upon because they stated the fact that all men were born free and equal, but they left it to each of us to put in our own reason, as we say, for that end*«), S. 44 f. (»The Universal Declaration as a basis for a peaceful world«); Jakob Th. Möller, »The Universal Declaration of Human Rights: How the Process Started«, in: Asbjørn Eide, Gudmundur Alfredsson, Göran Melander, Lars Adam Rehof, Allan Rosas (Hg.), *The Universal Declaration of Human Rights: A Commentary*, Oslo u. a. 1992, S. 10 (»*The immediate background for the UDHR were the experiences in the 1940s and during World War II. There was an intensification of repression and brutality which had not been experienced for a long time; Mussolini's Fascist government of Italy, the Spanish civil war and the Franco regime, Japanese militarism and brutal occupation policies, and above all the Nazi expansion and extermination practices under Adolph Hitler, coinciding with Stalin's reign of terror in the Soviet Union, shocked the conscience of human beings worldwide, and laid the ground for a broad consensus that a new humanistic legal order would have to be established*«); Johannes Morsink, »World War Two and the Universal Declaration«, in: *Human Rights Quarterly* 15 (1993), S. 357 f. (»*The motif running throughout their adoptions and rejections is that the war and the ideology of National Socialism as practiced by Hitler were in themselves enough to convince them of the truth of the rights of the Declaration. They did not need a philosophical argument in addition to the experience of the Holocaust. That experience itself gave them the confidence and certainty to believe in the truths they enshrined in the Declaration, namely that ›all human beings are born free and equal in dignity and rights*«); S. 362 (»*Against the background of Nazi racism and discrimination, it is music in one's ears to hear from the first recital of the Preamble of the Universal Declar-*

ation that all of us, as members of the ›human family‹ have ›an inherent dignity‹ with ›equal and inalienable rights‹. After the Holocaust, Art. 1 sounds like a trumpet call of victory after battle; these are not mere Enlightenment reflexes, they are deep truths rediscovered in the midst of the holocaust and put on paper again shortly thereafter«); S. 397 (»*They did not see the need for philosophical argumentation or proof; the Nazi horrors were enough to convince them that they were right in believing that people have rights.*«); Glen Johnson, »A Magna Charta for Mankind: Writing the universal declaration of human rights«, in: ders., Janusz Symonides (Hg.), *The Universal Declaration of Human Rights: a History of its creation and implementation 1948-1998*, Paris 1998, S. 19, 26 (»*specific context: global reaction to the widespread and horrendous violations of the most basic human rights which had characterized the Second World War and the hope and the authority with which the United Nations had been invested at its inception«), S. 27 (»the bestial behavior of fascist regimes on the eve and during the Second World War offended the global conscience that statesman and citizens alike began to search for international protection for some basic standard of human dignity and worth*«), S. 49 (zu Art. 1: »*it raised a number of problems throughout the drafting process; for one thing, the question of the natural law basic of human rights was raised by the question ›endowed by whom?‹; after substantial debate, it was decided to finesse the whole question by asserting that humans were endowed with rights simply by virtue of being human*«); Johannes Morsink, *The Universal Declaration of Human Rights. Origins, Drafting, and Intent*, Philadelphia 1999, S. 283 (»*drafters came from a great variety of ideological and philosophical backgrounds*«); S. 285 (»*drafters considered this fundamentalist perspective and found it to be in conflict with the goal of universality«); S. 289 (»Declaration makes no reference to either God or nature; secular document by intent*«); S. 295 (»*View that the Declaration had no legal and only moral view was the nearly unanimous view of the delegations involved in the drafting*«); S. 300f. (»*made the drafters generalize their own feelings about the Nazi horrors over the rest of humanity; heart of the classical theory of moral intuitism; drafters believed that no one who perpetrates or witnesses a gross human rights violation is, unless very sick, ever really ignorant of that fact, which is why the Nazi doctors who did horrible experiments in the camps had to assuage their conscience with cases, not glasses, of alcohol*«);Tore Lindholm, »Article 1«, in: Gudmundur Alfredson, Asbjørn Eide (Hg.), *The Universal Declaration of Human Rights. A Common Standard of Achievement*, Den Haag 1999, S. 58 (»*the third committee wanted article 1 neither to assert, nor to imply, nor to deny, that the system of universal human rights is based on any conception of human nature, or nature, or of God*«); S. 61 (»*as optional rationals for human rights*«), S. 62 (»*recent horrors, as well as standing challenges, threats, and prospects harbored by the world situation, […], are such that a worldwide consen-*

sus and an internationally negotiated implementation program on universally applicable human rights are required to safeguard freedom and equal dignity for ›all members of the human familiy‹, now and in the foreseeable future«; »*stable moral agreement*«); Bård-Anders Andreasen, »Article 22«, in: Gudmundur Alfredson, Asbjørn Eide (Hg.), *The Universal Declaration of Human Rights. A Common Standard of Achievement*, Den Haag 1999, S. 453 ff.; Kent Källström, Asbjørn Eide, in: Gudmundur Alfredson, Asbjørn Eide (Hg.), *The Universal Declaration of Human Rights. A Common Standard of Achievement*, Den Haag 1999, S. 489 ff.; Wolfgang Vögele, »Christliche Elemente in der Begründung von Menschenrechten und Menschenwürde im Kontext der Entstehung der Vereinten Nationen«, in: Hans Richard Reuter (Hg.), *Ethik der Menschenrechte. Zum Streit um die Universalität einer Idee I*, Tübingen 1999, S. 103, 119 (Ausführungen zu den Argumenten, die in den Beratungen dazu geführt haben, die vorgeschlagene Gottesklausel nicht in die Erklärung aufzunehmen); Wolfgang Vögele, *Menschenwürde zwischen Recht und Theologie. Begründungen von Menschenrechten in der Perspektive öffentlicher Theologie*, Gütersloh 2000, S. 235 (Charles Malik, der Vertreter des Libanon in der Menschenrechtskommission, habe die Rechteerklärung als eine »composite synthesis« bezeichnet, die entstanden sei in einem »*dynamic process in which many minds, interests, backgrounds, legal systems and ideological persuasions played their respective determining role*«); Paul Gordon Lauren, *The Evolution of International Human Rights*, Second Edition, Philadelphia 2003, S. 227 (Würde-Statement in der Präambel »*was designed to set the moral tone of the entire document, for by declaring that rights came as a result of being human it rejected the traditional view that rights can only be conferred by governments*«); Mark Mazower, »The Strange Triumph of Human Rights 1930-1950«, in: *The Historical Journal* 47 (2004), S. 379, 385 (»*More and more believed that the rise of Germany and its persecution of German Jews showed that such rights could only be defended internationally*«), S. 387 (»*In addition there were many Americans – more and more as the war went on – who believed that isolationism no longer safeguarded them, and who felt the need to carve out as universal mission for themselves internationally. [...] But the third reason is simply that for many of those involved human rights offered an attractive and plausible alternative to minority rights*«); Nishino Mototsugu, »Menschenwürde als Rechtsbegriff in Japan, in: *Archiv für Rechts- und Sozialphilosophie* Beiheft 101 (2004), S. 116 (Gedanke der Menschenwürde als Bastion gegen eine unmenschliche Ausübung der Staatsgewalt); Christian Walter, »Menschenwürde im nationalen Recht, Europarecht und Völkerrecht«, in: Petra Bahr, Hans-Michael Heinig (Hg.), *Menschenwürde in der säkularen Verfassungsordnung. Rechtswissenschaftliche und theologische Aspekte*, Tübingen 2006, S. 127, 146 (im Streit um naturrechtliche Begründung der Menschenwürde habe sich China mit seiner Position durchgesetzt, dass eine Bindung an eine bestimmte Tradition der Begründung vermieden werden müsse); Thilo Rensmann, »Der Beitrag Eleanor Roosevelts zur Fortentwicklung des Völkerrechts«, in: Beate Rudolf (Hg.), *Frauen und Völkerrecht. Zur Einwirkung von Frauenrechten und Fraueninteressen auf das Völkerrecht*, Baden-Baden 2006, S. 129, 137 (Artikel 22 beziehe sich auf die »Freiheit von Not«, die Roosevelt formuliert habe; in der durch die Menschenwürde versinnbildlichten organischen Einheit von liberalen und sozialen Menschenrechten liege der große qualitative Sprung, den die Allgemeine Menschenrechtserklärung gegenüber den klassischen Menschenrechtserklärungen vollzogen habe); Micheline R. Ishay, *The History of Human Rights. From Ancient Times to the Globalisation Era. With a New Preface*, Berkeley 2008, S. 220 f.; Ed Bates, *The Evolution of the European Convention on Human Rights. From its Inception to the Creation of a Permanent Court of Human Rights*, Oxford 2010, S. 34 (»*the idea of protecting the dignity of man at the level of international law had come to the fore during the War. Hopes had been raised of a break with the centuries-old order whereby international law and virtually nothing to say about a States-capacity to commit wicked barbarism against its own people*«), S. 37 (*the UN commission on human rights »was composed of nations that had radically different views as regards the relationships between the individual and the state*«); Samuel Moyn, *The Last Utopia. Human Rights in History*, London 2010, S. 6 (»*Since there was no Holocaust-Consciousness in the immediate postwar area, human rights could not have been a response to the Nazi genozide*«); Hans Joas, *Die Sakralität der Person. Eine neue Genealogie der Menschenrechte*, Berlin 2011, S. 110 (Menschenrechtserklärung und Landesverfassungen als Niederschlag eines bedeutenden Stücks Gewaltgeschichte), S. 114 (Einheit der Menschengattung bewusst gegen die rassentheoretische Zerstörung des Universalismus gerichtet); S. 271 (Menschenrechtsdiskurs nach 1945 nicht allein Reaktion auf den Nationalsozialismus, sondern mit langer und tiefer Vorgeschichte); Daniel G. Cohen, »The Holocaust and the ›Human Rights Revolution‹«, in: Akira Iriye, Petra Goedde, William I. Hitchcock, (Hg.), *Human Rights in the Twentieth Century. An International History*, Oxford 2012, S. 53, 56 (»*The United Nations human rights project did not miraculously rise ›from the ashes of the Holocaust‹ [...], the idea of individual rights enshrined in international law was incubated in Western Europe and the United States in the first half of the twentieth century*«), S. 61 (»Artikel 22 und 23 expressed liberal, social-democratic and communist concerns«); Jan Eckel, *Die Ambivalenz des Guten. Menschenrechte in der internationalen Politik seit den 1940ern*, Göttingen 2014, S. 98 (Erfahrung des Holocaust zumindest stillschweigend im Hintergrund); David Hollenbach, SJ, »Human Dignity in Catholic Church«, in: Marcus Düwell, Jens Braarvig, Roger Brownsword, Dietmar

Mieth (Hg.), *The Cambridge Handbook of Human Dignity. Interdisciplinary Perspectives*, Cambridge 2014, S. 250, 256 (»*The Universal Declaraton did not rest on a philosophical agreement on why human rights should be supported or a metaphysical agreement about the meaning of human dignity*«); Marcus Düwell, Jens Braarvig, Roger Brownsword, Dietmar Mieth, »Why a handbook on human dignity«, in: dies. (Hg.), *The Cambridge Handbook of Human Dignity. Interdisciplinary Perspectives*, Cambridge 2014, S. XVII (Berufung auf die Würdenorm in der Menschenrechtserklärung »*a statement against the Shoah, against totalitarianism, and against the atrocities of the war; a concept, that has an impressive history in various traditions*«); Tilo Wesche, »Die Würde von Freien und Gleichen. Zur Begründung der menschenrechtlichen Würdeidee«, in: *Archiv für Rechts- und Sozialphilosophie* Beiheft 142 (2015), S. 41 (trotz nationalstaatlicher Partikularinteressen einiger Kolonial- und Großmächte habe die Würdeidee das gemeinsame Ziel aller beteiligten Staaten gebildet).

31 Entscheidung des Parlamentarischen Rates gegen die Aufnahme sozialer Grundrechte: Der Parlamentarische Rat 1948-1949, *Akten und Protokolle*, Bd. 5/I (Ausschuss für Grundsatzfragen), bearbeitet von Eberhard Pikart und Wolfram Werner, Boppard am Rhein 1993, S. 217 (Carlo Schmid: man wolle nur »*ein Provisorium machen*«, zudem käme man »*ins Uferlose*«; Zustimmung von von Mangoldt). Ausführlichere Darstellung der Debatte: Niclauß, Karlheinz, *Der Weg zum Grundgesetz*, Stuttgart 1998, S. 265 ff.; Michael F. Feldkamp, *Der Parlamentarische Rat 1948-1949*, Göttingen 1998, S. 64.

32 Pflicht zur Gewährleistung eines menschenwürdigen Daseins in der Verfassung der Deutschen Demokratischen Republik: Gesetzblatt der Deutschen Demokratischen Republik 1949, S 5. (Art. 19 Abs. 1; zusätzlich bestimmte Art. 18 Abs. 3: »*Das Arbeitsentgelt muß der Leistung entsprechen und ein menschenwürdiges Dasein für den Arbeitenden und seine unterhaltsberechtigten Angehörigen gewährleisten*«). Eine tiefer gehende Auseinandersetzung über die Bedeutung dieser Verfassungsartikel setzte nicht ein, sie war von der Staatsführung auch nicht gewollt. Dies lässt sich aus einer Beratung des Politbüros der Sozialistischen Einheitspartei Ende 1949 schließen, bei der die Frage einer »*Kommentierung der Verfassung der Demokratischen Republik*« auf der Tagesordnung stand. Das Politbüro beschloss dazu: »*1. Die Herausgabe eines Kommentars zur Verfassung der DDR wird als nicht zweckmäßig erachtet. 2. An den Schulen und Universitäten ist für die Behandlung der Verfassung eine einheitliche Lehrmeinung zu schaffen. Zu diesem Zweck arbeiten die Genossen Kleyer und Kröger von der Deutschen Verwaltungsakademie ›Walter Ulbricht‹ einen Leitfaden der Prinzipien der*

Verfassung aus. Dieser Leitfaden ist dem Sekretariat bis zum 15. Mai 1950 vorzulegen«; Protokoll Nr. 84 (1949), S. 2.

33 **Entscheidung des Bundesverfassungsgerichts zur Witwenversorgung:** BVerfGE 1, 97 – Hinterbliebenenrente (1951), S. 104 f.

Deutung und Einordnung der Entscheidung: Robert Alexy, *Theorie der Grundrechte*, Baden-Baden 1985, S. 397 (hinsichtlich der Debatte über Leistungsrechte im Grundgesetz sei die Entscheidung »zwiespältig«); Hans Michael Heinig, »Menschenwürde und Sozialstaat. Genesen – Grammatiken – Grenzen«, in: Petra Bahr, Hans-Michael Heinig (Hg.), *Menschenwürde in der säkularen Verfassungsordnung. Rechtswissenschaftliche und theologische Aspekte*, Tübingen 2006, S. 251, 263 (das Gericht habe sich zunächst in die von Ernst Bloch benannte Tradition der Nicht-Beziehung zwischen Würde und Sozialschutz gestellt); Eberhard Eichenhofer, »60 Jahre Grundgesetz und Sozialrecht«, in: Peter Häberle (Hg.), *60 Jahre deutsches Grundgesetz. Beiträge aus dem Jahrbuch des öffentlichen Rechts der Jahre 2009-2011*, Tübingen 2011, S. 131, 135 f. (unter Berufung auf Art. 1 I GG habe das Gericht ausgesprochen, dass der Staat jedenfalls die Mindestvoraussetzungen für ein menschenwürdiges Dasein sichern müsse; damit formuliere Art. 1 I jedenfalls dem Grunde nach ein Grundrecht auf Existenzsicherung); Thomas Mayen, »Das Grundrecht auf Gewährleistung eines menschenwürdigen Existenzminimums. Gewährleistungsrecht als leistungsrechtliche Grundrechtsdimension«, in: Michael Sachs, Helmut Siekmann (Hg.), *Der grundrechtsgeprägte Verfassungsstaat. Festschrift für Klaus Stern zum 80. Geburtstag*, Berlin 2012, S. 1451, 1454 (das Gericht habe eine Hintertür für extreme Fälle offen gelassen).

Kritik der Entscheidung in den fünfziger Jahren: Günter Dürig, »Verfassung und Verwaltung im Wohlfahrtsstaat«, in: *Juristenzeitung* 8 (1953), S 193, 198, Fn. 52; Otto Bachof, »Begriff und Wesen des sozialen Rechtsstaates«, in: *Veröffentlichungen der Vereinigung der Deutschen Staatsrechtslehrer* 12 (1954), S. 37, 42; Hans Carl Nipperdey, »Die Würde des Menschen«, in: Alfred Neumann u. a. (Hg.), *Die Grundrechte*, Bd. II, Berlin 1954, S. 6 f., Günter Dürig, »Artikel 1«, in: Theodor Maunz, Günter Dürig u. a. (Hg.), *Grundgesetz. Loseblatt-Kommentar*, München 1958, Rn. 43 (in Fn. 1 ebenfalls Hinweis auf Art. 22 der Allgemeinen Erklärung der Menschenrechte).

34 **Entscheidung des Bundesverwaltungsgerichts zum Fürsorgeanspruch:** BVerwG 1, 159 – Öffentliche Fürsorge (1954), S. 160 ff.

Deutung und Einordnung der Entscheidung des Bundesverwaltungsgerichts zum Fürsorgeanspruch: Rüdiger Breuer, »Grundrechte als Anspruchsnormen«, in: Otto Bachof, Ludwig Heigl, Konrad Redeker

(Hg.), *Verwaltungsrecht zwischen Freiheit, Teilhabe und Bindung. Festgabe aus Anlaß des 25-jährigen Bestehens des Bundesverwaltungsgerichts*, München 1978, S. 89, 95 ff. (Begründung eines vom Grundrecht der Menschenwürde ausgehenden Rechts auf Sicherung eines Existenzminimums); Volker Neumann, »Menschenwürde und Existenzminimum«, in: *Neue Zeitschrift für Verwaltungsrecht* 14 (1995), S. 426 f. (konstitutionelle Geburtsstunde der Objekt-Formel; Recht auf Mindestsicherung zwar nicht als unmittelbar verfassungsrechtlich verbürgtes Recht, aber als einklagbarer Anspruch); José Martínez Soria, »Das Recht auf Sicherung des Existenzminimums«, in: *Juristenzeitung* 60 (2005), S. 644 (konträrer Standpunkt gegenüber Entscheidung des Bundesverfassungsgerichts); Hans Michael Heinig, »Menschenwürde und Sozialstaat. Genesen – Grammatiken – Grenzen«, in: Petra Bahr, Hans-Michael Heinig (Hg.), *Menschenwürde in der säkularen Verfassungsordnung. Rechtswissenschaftliche und theologische Aspekte*, Tübingen 2006, S. 251, 263 (grundlegender Paradigmenwechsel), S. 265 (Neuausrichtung als Engziehung von Menschenwürde und Sozialstaatlichkeit habe auch das 1962 in Kraft getretene Sozialhilfegesetz geprägt); Maximilian Wallerath, »Zur Dogmatik eines Rechts auf Sicherung des Existenzminimums. Ein Beitrag zur Schutzdimension des Art. 1 Abs. 1 Satz 2 GG«, in: *Juristenzeitung* 63 (2008), S. 157, 159 (Grundstein für Zusammenschau von Sozialstaatsprinzip, Menschenwürde und Grundrechten; Reaktion auf den bis zur Weimarer Reichsverfassung praktizierten Ausschluss von Fürsorgeempfängern vom staatlichen Wahlrecht); Friedrich E. Schnapp, »BVerwGE 1, 159: Magna charta des Anspruchs auf das Existenzminimum?«, in: *Neue Zeitschrift für Sozialrecht* 18 (2010), S. 136, 138 (keine Herleitung von Fürsorge-/Sozialhilfeansprüchen aus der Verfassung, lediglich zweites Element des subjektiven Rechts, die Einklagbarkeit eines bestehenden Anspruchs, aktiviert); Eberhard Eichenhofer, »60 Jahre Grundgesetz und Sozialrecht«, in: Peter Häberle (Hg.), *60 Jahre deutsches Grundgesetz. Beiträge aus dem Jahrbuch des öffentlichen Rechts der Jahre 2009-2011*, Tübingen 2011, S. 131, 135 (Gericht habe Zusammenhang zwischen Sozialhilfe und der elementaren Garantie der Menschenwürde im kantischen Sinne hergestellt); Thomas Mayen, »Das Grundrecht auf Gewährleistung eines menschenwürdigen Existenzminimums. Gewährleistungsrecht als leistungsrechtliche Grundrechtsdimension«, in: Michael Sachs, Helmut Siekmann (Hg.), *Der grundrechtsgeprägte Verfassungsstaat. Festschrift für Klaus Stern zum 80. Geburtstag*, Berlin 2012, S. 1451, 1453 (Subjektivierung vorhandener gesetzlicher Leistungsansprüche; Grundproblem verfassungsunmittelbarer Leistungsansprüche habe sich nicht gestellt); Peter Axer, »Das Grundrecht auf Gewährleistung eines menschenwürdigen Existenzminimums und die Sicherung sozialer Grundrechtsvoraussetzungen«, in: Micheal Anderheiden, Reiner Keil, Stephan Kirste, Jan Philipp Schaefer (Hg.), *Verfassungsvoraus-*

setzungen. Gedächtnisschrift für Winfried Brugger, Tübingen 2013, S. 335, 338 (»nur« gesetzlicher Anspruch auf Gewährung des Existenzminimums im Wege verfassungskonformer Auslegung begründet).

Bundessozialhilfegesetz: Deutscher Bundestag, 3. Wahlperiode, *Drucksache* 1799, S. 32; Deutscher Bundestag, *Plenarprotokolle*, Sitzung, 4. Mai 1960, S. 6255 (Bundesminister des Innern Schröder), S. 6261 (FDP-Abgeordneter Dr. Rutschke).

35 **Anfängliche Unsicherheit und Ahnung von den möglichen Wirkungen der Würdenorm**: Fritz Münch, *Die Menschenwürde als Grundforderung unserer Verfassung. Akademische Antrittsvorlesung, gehalten am 19. November 1951 in der Rheinischen Friedrich-Wilhelm-Universität zu Bonn*, Bocholt 1952, S. 6 (keine klare Auskunft über sachlichen Gehalt der Norm), S. 12 (gesamte Rechtsordnung erfassend; Energie, die vieles umstürzen würde); Theodor Maunz, *Deutsches Staatsrecht*, München 1951, S. 85 (Dynamik); Günter Dürig, »Die Menschenauffassung des Grundgesetzes« (1952), in: ders., *Gesammelte Schriften 1952-1983*, Berlin 1984, S. 27, 33 (neuartige Bestimmung im deutschen Verfassungsrecht); Günter Dürig, »Der Grundrechtssatz von der Menschenwürde. Entwurf eines praktikablen Wertsystems der Grundrechte aus Art. 1 Abs. 1 in Verbindung mit Art. 19 Abs. II des Grundgesetzes«, in: *Archiv des öffentlichen Rechts* 81 (1956), S. 117, 123 (ethische Unruhe).

Würdenorm als antitotalitäre Fundamentalnorm in der Literatur und der Rechtsprechung des Bundesverfassungsgerichts: Willibalt Apelt, »Betrachtungen zum Bonner Grundgesetz«, in: *Neue Juristische Wochenschrift* 2 (1949), S. 481 f. (Art. 1 Abs. 1 als Protest gegen die totalitäre Staatsauffassung); Ludwig Bergsträsser, Heinrich von Brentano, *Das Bonner Grundgesetz. Eine Einführung*, Frankfurt/M. 1949, S. 11 (Grundrechtsabschnitt und Würdenorm als »*große Auseinandersetzung mit dem nationalsozialistischen System*«; es gebe so lange keine »*innere Würde des Menschen*«, als der Mensch gezwungen sei, »*aus äußeren Gründen gegen seine Überzeugungen zu handeln*«); Hermann von Mangoldt, »Grundrechte und Grundsatzfragen des Bonner Grundgesetzes«, in: *Archiv des öffentlichen Rechts* 75 (1949), S. 273, 279 (Geist des neuen Staatswesens, Gegensätzlichkeit zum alten System); Adolf Süsterhenn, »Der Durchbruch des Naturrechts in der deutschen Verfassungsgesetzgebung nach 1945«, in: Heinrich Conrad, Hermann Kipp (Hg.), *Gegenwartsprobleme des Rechts. Band 1: Beiträge zu Staats-, Völker- und Kirchenrecht sowie zur Rechtsphilosophie*, Paderborn 1950, S. 43, 48, 52 (Vergewaltigung durch den Staat in der nationalsozialistischen Zeit sowie im sowjetischen Herrschaftsbereich); Günter Dürig, »Die Menschenauffassung des Grundgesetzes« (1952), in: ders., *Gesammelte Schriften 1952-1983*, Berlin 1984, S. 27 (Reaktion auf vergangene Missachtung der Menschen). Bundesverfassungsgericht: BVerfGE 1, 418 – Ahndungsgesetz (1952), S. 426 f.; E 2, 1 – Sozialistische Reichspartei (1952), S. 68.

Würdeverletzende Tatbestände: BVerfGE 1, 97 – Hinterbliebenenrente (1951), S. 104 (Erniedrigung, Brandmarkung, Verfolgung, Ächtung); E 1, 332 – Strafvollstreckung (1952), S. 348 (grausame Strafe); Kurt Wernicke, »Artikel 1«, in: *Bonner Kommentar zum Grundgesetz*, 1. Lieferung, Heidelberg 1950, S. 3; Theodor Maunz, *Deutsches Staatsrecht*, München 1951, S. 84 (Verletzungstatbestände); Fritz Münch, *Die Menschenwürde als Grundforderung unserer Verfassung. Akademische Antrittsvorlesung, gehalten am 19. November 1951 in der Rheinischen Friedrich-Wilhelm-Universität zu Bonn*, Bocholt 1952, S. 6 f. (Verletzungstatbestände), S. 8 (allgemeines Kriterium: Mensch als Sache, als Mittel); Ingo von Münch, »Die Grundrechte des Strafgefangenen«, in: *Juristenzeitung* 13 (1958), S. 73-75 (Verletzungstatbestände).

36 **Deutung der Würde des Menschen als Wert:** BayVerfGH 1, 29 (1948), S. 32 f.; Arnold Köttgen, »Akademische Lehrfreiheit«, in *Göttinger Universitäts-Zeitung*, 4 (1949), S. 1 (Eigenwert und Eigenständigkeit); Gotthold Bohne, *Menschenwürde und Strafrecht. Rede gehalten bei der feierlichen Übernahme des Rektorats der Universität zu Köln am 10. November 1949*, Krefeld 1950, S. 18 f. (Würde als Wert); Hermann von Mangoldt, »Grundrechte und Grundsatzfragen des Bonner Grundgesetzes«, in: *Archiv des öffentlichen Rechts* 75 (1949), S. 273, 279 (Eigenwert und Eigenständigkeit); Theodor Maunz, *Deutsches Staatsrecht*, München 1951, S. 73 (Wert); Fritz Münch, *Die Menschenwürde als Grundforderung unserer Verfassung. Akademische Antrittsvorlesung, gehalten am 19. November 1951 in der Rheinischen Friedrich-Wilhelm-Universität zu Bonn*, Bocholt 1952, S. 8 (Wert der Persönlichkeit), S. 10 (Gefahr eines Wertbegriffs).

Wertetheoretische Deutung als herrschender Interpretationsansatz in den Folgejahren: Günter Dürig, »Die Menschenauffassung des Grundgesetzes« (1952), in: ders., *Gesammelte Schriften 1952-1983*, Berlin 1984, S. 27 (Würde als Wertbegriff); Hans Carl Nipperdey, »Die Würde des Menschen«, in: Alfred Neumann u. a. (Hg.), *Die Grundrechte*, Bd. II, Berlin 1954, S. 1 (Eigenwert des Menschen), S. 2 (Freiheit seiner sittlichen Entscheidung); Andreas Hamann, *Das Grundgesetz für die Bundesrepublik Deutschland vom 23. Mai 1949*, Neuwied 1956, S. 72 (Würde als Inbegriff aller Eigenschaften, die Inhalt und Wert der einzelnen Persönlichkeit ausmachten); Günter Dürig, »Der Grundrechtssatz von der Menschenwürde. Entwurf eines praktikablen Wertsystems der Grundrechte aus Art. 1 Abs. 1 in Verbindung mit Art. 19 Abs. II des Grundgesetzes«, in: *Archiv des öffentlichen Rechts*, 81 (1956), S. 117, 125 (Wertaussage); Joseph Marquard Wintrich, »Die Bedeutung der ›Menschenwürde‹ für die Anwendung des

Rechts«; in: *Bayerische Verwaltungsblätter* 3 (1957), S. 137 f. (Grundwert der Menschenwürde); Theodor Maunz, »Die kulturelle Sicherheit des Bürgers«, in: Theodor Maunz, Hans Nawiasky, Johannes Heckel (Hg.), *Staat und Bürger. Festschrift für Willibalt Apelt zum 80. Geburtstag*, München 1958, S. 113 f. (Menschenwürde als Wertbegriff weltanschaulicher Prägung); Wilhelm Wertenbruch, *Grundgesetz und Menschenwürde. Ein kritischer Beitrag zur Verfassungswirklichkeit*, Köln u. a. 1958, S. 25 (Eigenwert), S. 170 (Wertbegriff); S. 199 (Mensch als Wertträger).

Wertetheoretische Deutung der Würdenorm in der Rechtsprechung des Bundesverfassungsgerichts: BVerfGE 2, 1 – SRP-Verbot (1952), S. 12; BVerfGE 5, 85 – KPD-Verbot (1956), S. 204 f. (aus der Deutung der Würde als Wert leitete das Gericht in dieser Entscheidung eine positive Inhaltsbestimmung ab: Die Würde des Menschen als oberster Wert bedeute, dass der Mensch danach eine mit der Fähigkeit zur eigenverantwortlichen Lebensgestaltung begabte Persönlichkeit sei, er also nicht determiniert sei durch eine Klassenlage); BVerfGE, 6. 32 – Elfes (1957), S. 41; BVerfGE E 7, 198 – Lüth (1958), S. 205. Gelegentlich setzte das Bundesverfassungsgericht Würde auch mit »sittlicher Persönlichkeit« gleich, so in: BVerfGE 9, 167 – Wirtschaftsstrafgesetz (1959), S. 171.

37 **Einfluss Rudolf Smends auf die Wertejudikatur in der Rechtsprechung sowie das Wertedenken in der Rechtswissenschaft der frühen Bundesrepublik:** Frieder Günther, *Denken vom Staat her. Die bundesdeutsche Staatsrechtslehre zwischen Dezision und Integration*, Berlin 2004, S. 170 f.; Stefan Ruppert, »Geschlossene Wertordnung? Zur Grundrechtstheorie Rudolf Smends«, in: Thomas Henne, Arne Riedlinger (Hg.). *Das Lüth-Urteil aus (rechts-)historischer Perspektive. Die Konflikte um Veit Harlan und die Grundrechtsjudikatur des Bundesverfassungsgerichts*, Berlin 2005, S. 327, 342 ff.; Thomas Henne, »›Smend oder Hennis‹ – Bedeutung, Rezeption und Problematik der ›Lüth-Entscheidung‹ des Bundesverfassungsgerichts von 1958«, in: Robert Chr. van Ooyen, Martin H.W. Möllers (Hg.), *Das Bundesverfassungsgericht im politischen System*, Wiesbaden 2006, S. 81-83; Stefan Korioth, »Evangelisch-theologische Staatsethik und juristische Staatslehre in der Weimarer Republik und der frühen Bundesrepublik«, in: Pascale Cancik, Thomas Henne, Thomas Simon, Stefan Ruppert, Milos Vec (Hg.), *Konfession im Recht. Auf der Suche nach konfessionellen Denkmustern und Argumentationsstrategien in Recht und Rechtswissenschaft des 19. und 20. Jahrhunderts*, Frankfurt/M. 2009, S. 121, 141; Michael Stolleis, *Geschichte des öffentlichen Rechts in Deutschland. Vierter Band. Staats- und Verwaltungsrechtswissenschaft in West und Ost 1945-1990*, München 2012, S. 165, 359 f.; Dominik Rennert, »Die verdrängte Wertheorie und ihre Historisierung. Zu ›Lüth‹ und den Eigenheiten bundesrepublikanischer

Grundrechtstheorie«, in: *Der Staat* 53 (2014), S. 31, 34ff., 39 mit weiteren Nachweisen in Fn. 36.

Generelle Deutung und Einordnung des Wertedenkens nach 1949: Christoph Schönberger, »Werte als Gefahr für das Recht. Carl Schmitt und die Karlsruher Republik«, in: Carl Schmitt, *Die Tyrannei der Werte*, 3., korr. Aufl., Berlin 2011, S. 57, 87 (Projekt einer objektiven Fundierung des positiven Rechts); Michael Stolleis, *Geschichte des öffentlichen Rechts in Deutschland. Vierter Band. Staats- und Verwaltungsrechtswissenschaft in West und Ost 1945-1990*, München 2012, S. 166f. (objektive Wertordnung habe eine allen individuellen Debatten entrückte idealistische Metaphysik suggeriert; das philosophische Erbe des Deutschen Idealismus von Fichte bis Hegel sei mit der Naturrechtsrenaissance im Sinne der katholischen Soziallehre zusammengekommen; in Wirklichkeit sei die Wertordnung aber nicht mehr und nicht weniger als die Summe der Mehrheitsüberzeugungen der tonangebenden Kreise Westdeutschlands jener Jahre gewesen); Uwe Volkmann, »Kommentar«, in: Horst Dreier, *Säkularisierung und Sakralität. Zum Selbstverständnis des modernen Verfassungsstaates*, Tübingen 2013 S. 135, 147 (nach 1949 sei es darum gegangen, durch den Rekurs auf eine Wertidee eine verbindende geistige, säkulare Substanz zu schaffen); Andreas Anter, »Ordnungsdenken in der Rechtsprechung des Bundesverfassungsgerichs. Wertordnung, Ordnungsmacht und Menschenbild des Grundgesetzes«, in: Robert Chr. van Ooyen, Martin H.W. Möllers (Hg.), *Handbuch Bundesverfassungsgericht im politischen System*, 2. Aufl., Wiesbaden 2015, S. 479, 487f. (ideengeschichtliche Einordnung; keine Gleichsetzung von Wertordnungslehre des Bundesverfassungsgerichts und materialer Wertphilosophie, aber Analogie).

Naturrechtliche, insbesondere christlich-naturrechtliche Begründung des Werteverständnisses der Menschenwürde: Hermann von Mangoldt, »Grundrechte und Grundsatzfragen des Bonner Grundgesetzes«, in: *Archiv des öffentlichen Rechts* 75 (1949), S. 273, 279 (dem Verfassungsgeber nach habe nicht mehr die Einzelperson im alten liberalen Sinne im Mittelpunkt stehen sollen); Gotthold Bohne, *Menschenwürde und Strafrecht. Rede gehalten bei der feierlichen Übernahme des Rektorats der Universität zu Köln am 10. November 1949*, Krefeld 1950, S. 18f. (Würde des Menschen als Folge der Vorstellung von der Gottesebenbildlichkeit des Menschen sowie Würde als Wert des Menschen, der in seiner Freiheit zur sittlichen Entscheidung liege); Adolf Süsterhenn, »Der Durchbruch des Naturrechts in der deutschen Verfassungsgesetzgebung nach 1945«, in: Heinrich Conrad, Hermann Kipp (Hg.), *Gegenwartsprobleme des Rechts. Band 1: Beiträge zu Staats-, Völker- und Kirchenrecht sowie zur Rechtsphilosophie*, Paderborn 1950, S. 43, 48, 52 (Wendung der deutschen Verfassungsgesetzgebung zum Naturrecht, zu einem im Schöpferwillen Gottes verankerten Naturrecht);

Theodor Maunz, *Deutsches Staatsrecht,* München 1951, S. 73, 84 (dem christlichen Naturrecht entnommen); Fritz Münch, *Die Menschenwürde als Grundforderung unserer Verfassung. Akademische Antrittsvorlesung, gehalten am 19. November 1951 in der Rheinischen Friedrich-Wilhelm-Universität zu Bonn,* Bocholt 1952, S. 6 (Inhalt sei herzuleiten aus Altem Testament und antiker Philosophie); Günter Dürig, »Die Menschenauffassung des Grundgesetzes« (1952), in: ders., *Gesammelte Schriften 1952-1983,* Berlin 1984, S. 31 (christlicher Persönlichkeitsbegriff vom Grundgesetz rezipiert; christliche Bevölkerungsmehrheit); Günther Krauss, »Naturrecht und Verteidigungsbeitrag«, in: *Die öffentliche Verwaltung* 6 (1953), S. 598 (Bekenntnis zum Naturrecht am klarsten in Art. 1 Abs. 1 und 2 GG ausgesprochen); Ernst von Hippel, »Rechtsbegriff und Richterstellung«, in: *Deutsche Richterzeitung* 32 (1954), S. 65 f. (Art. 1 Abs. 1 GG als Bezugnahme auf die *lex divina* und damit auf die religiöse Gebundenheit des Staates; Würde des Menschen nur als Abbild Gottes); Hans Carl Nipperdey, »Die Würde des Menschen«, in: Alfred Neumann u. a. (Hg.), *Die Grundrechte,* Bd. II, Berlin 1954, S. 2, 7, 9 (naturrechtliches Elementarprinzip; Art. 1 Abs. 1 als Naturrechtssatz, der auch gelten würde, wenn er nicht in der Verfassung stünde; Verweis auf Nicolai Hartmann); Andreas Hamann, *Das Grundgesetz für die Bundesrepublik Deutschland vom 23. Mai 1949,* Neuwied 1956, S. 72 (naturrechtliches Elementarprinzip); Wilhelm Wertenbruch, *Grundgesetz und Menschenwürde. Ein kritischer Beitrag zur Verfassungswirklichkeit,* Köln u. a. 1958, S. 200 (theonome Spitze des Grundgesetzes); Hermann Weinkauff, »Der Naturrechtsgedanke in der Rechtsprechung des Bundesgerichtshofs« (1960), in: Werner Maihofer (Hg.), *Naturrecht oder Rechtspositivismus,* Darmstadt 1966, S. 554, 564 (deklaratorische Bedeutung des Art. 1 Abs. 1 GG).

Kritische Stimmen in jener Zeit: Ernst Forsthoff, »Die Umbildung des Verfassungsgesetzes« (1959), in: Hans Joachim Koch (Hg.), *Die juristische Methode im Staatsrecht. Über Grenzen von Verfassungs- und Gesetzesbindung,* Frankfurt/M. 1977, S. 442, 453 (pathetische sittliche Ideale in Art. 1); ders., Brief an Carl Schmitt vom 16. März 1950, in: Angela Rheinthal, Reinhard Mußgnung (Hg.), *Briefwechsel Ernst Forsthoff – Carl Schmitt 1926-1974,* Berlin 2007 S. 68 (»*Diejenigen, die heute vom Naturrecht usw. zu stammeln beginnen, sind nur gescheiterte Positivisten, die jetzt ratlos sind. Das gilt m. E. vor allem für Radbruch und alles, was seines Geistes ist*«); *Thieme, Werner,* »Rezension«, in: *Juristenzeitung* 14 (1959), S. 325 (Kritik an Wertenbruch); Herbert Krüger, »Rezension«, in: *Archiv des öffentlichen Rechts* 86 (1961), S. 351 ff. (Kritik an Wertenbruch).

Antiliberale Stoßrichtung der christlich-naturrechtlichen Deutung der Würdenorm: Hermann Weinkauff, »Das Naturrecht in evangelischer Sicht« (1951/52), in: Werner Maihofer (Hg.), *Naturrecht oder Rechtspositi-*

vismus, Darmstadt 1966, S. 210, 213, 215; Arnold Köttgen, »Akademische Lehrfreiheit«, in *Göttinger Universitäts-Zeitung*, 4 (1949), S. 1 (geistesgeschichtliche Wendung); Hermann von Mangoldt, »Grundrechte und Grundsatzfragen des Bonner Grundgesetzes«, in: *Archiv des öffentlichen Rechts* 75 (1949), S. 273, 279; Friedrich Klein, »Tragweite der Generalklausel im Art. 19 Abs. 4 des Bonner Grundgesetzes«, in: *Veröffentlichung der Vereinigung der Deutschen Staatsrechtslehrer* 8 (1950), S. 67, 87 (Bejahung des Worts von Köttgen über die geistesgeschichtliche Wendung); Günter Dürig, »Die Menschenauffassung des Grundgesetzes« (1952), in: ders., *Gesammelte Schriften 1952-1983*, Berlin 1984, S. 27, 31 ff.

38 Diskussion von Detailfragen der Würdenorm: Arnold Köttgen, »Akademische Lehrfreiheit«, in *Göttinger Universitäts-Zeitung*, 4 (1949), S. 1 (Verhältnis von Würdenorm und Einzelgrundrechten); Hermann von Mangoldt, »Grundrechte und Grundsatzfragen des Bonner Grundgesetzes«, in: *Archiv des öffentlichen Rechts* 75 (1949), S. 273, 279 (Anerkennung von Freiheitsrechten und Menschenrechten ohne echte Anerkennung der Menschenwürde undenkbar; Achtung vor der Menschenwürde das Grundmotiv, das die Auslegung aller Grundrechte maßgeblich bestimme); Willibalt Apelt, »Betrachtungen zum Bonner Grundgesetz«, in: *Neue Juristische Wochenschrift* 2 (1949), S. 481, 482 (Bejahung des Grundrechtscharakters); Hans Nawiasky, *Die Grundgedanken des Grundgesetzes für die Bundesrepublik Deutschland. Systematische Darstellung und kritische Würdigung*, Stuttgart u. a. 1950, S. 26 (Argumente gegen den Grundrechtscharakter); Friedrich Klein, »Tragweite der Generalklausel im Art. 19 Abs. 4 des Bonner Grundgesetzes«, in: *Veröffentlichung der Vereinigung der Deutschen Staatsrechtslehrer* 8 (1950), S. 86 (materielles Hauptgrundrecht); Kurt Wernicke, »Artikel 1«, in: *Bonner Kommentar zum Grundgesetz*, 1. Lieferung, Heidelberg 1950, S. 3 (Maßstab für alle einzelnen Grundrechtsbestimmungen und deren Auslegung); W. Pauli, »Die Wiederherstellung der Rechtseinheit im Strafprozess«, in: *Deutsche Rechts-Zeitschrift* 5 (1950), S. 461 (zur Zulässigkeit der Narko-Analyse und zum Einsatz eines Wahrheitsserums); Fritz Münch, *Die Menschenwürde als Grundforderung unserer Verfassung. Akademische Antrittsvorlesung, gehalten am 19. November 1951 in der Rheinischen Friedrich-Wilhelm-Universität zu Bonn*, Bocholt 1952, S. 4 (Verneinung des Grundrechtscharakters), S. 10 (auch Tote würdefähig); Theodor Maunz, *Deutsches Staatsrecht*, München 1951, S. 73 (Verneinung des Grundrechtscharakters); Friedrich Giese, *Das Grundgesetz für die Bundesrepublik Deutschland vom 23. Mai 1949*, 2. Aufl., Frankfurt/M. 1951, S. 26 (Bejahung des Grundrechtscharakters); Hermann Jahrreiss, »Herrschaft nach dem Maß des Menschen. Akademische Festrede gehalten bei der Gründungsfeier der Universität zu Köln am 30. Mai 1951«, in: ders., *Mensch und Staat. Rechtsphilosophische,* *staatsrechtliche und völkerrechtliche Grundfragen unserer Zeit*, Köln u. a. 1957, S. 6 (Geltung auch im Staatsnotstand); Günter Dürig, »Die Menschenauffassung des Grundgesetzes« (1952), in: ders., *Gesammelte Schriften 1952-1983*, Berlin 1984, S. 30 (Verneinung des Grundrechtscharakters); Hermann von Mangoldt, »Artikel 1«, in: ders., *Das Bonner Grundgesetz*, Berlin u. a. 1953, Anmerkung 2 (Verneinung des Grundrechtscharakters); Günther Krauss, »Naturrecht und Verteidigungsbeitrag«, in: *Die öffentliche Verwaltung* 6 (1953), S. 599 (Art. 1 GG als Ermächtigung für die Aufstellung von Streitkräften); Hans Carl Nipperdey, »Die Würde des Menschen«, in: Alfred Neumann u. a. (Hg.), *Die Grundrechte*, Bd. II, Berlin 1954, S. 4 (Nasciturus, aber nicht Tote würdefähig), S. 11 (Bejahung des Grundrechtscharakters), S. 21 (Staatsnotwehr und Staatsnotstand könnten Eingriff rechtfertigen); Andreas Hamann, *Das Grundgesetz für die Bundesrepublik Deutschland vom 23. Mai 1949*, Neuwied 1956, S. 72 (Bejahung des Grundrechtscharakters), S. 73 (auch Unmündige, Geisteskranke und Verbrecher, nicht aber Tote oder der Nasciturus würdefähig); Günter Dürig, »Der Grundrechtssatz von der Menschenwürde. Entwurf eines praktikablen Wertsystems der Grundrechte aus Art. 1 Abs. 1 in Verbindung mit Art. 19 Abs. II des Grundgesetzes«, in: *Archiv des öffentlichen Rechts* 81 (1956), S. 117 (gegen Nipperdeys Verständnis der Würdenorm als Grundrecht), 127 f. (weitergehende Methoden der Wahrheitserforschung zugunsten des schuldlosen Opfers zulässig); Friedrich Klein, »Artikel 1«, in Hermann von Mangoldt, Friedrich Klein, *Das Bonner Grundgesetz*, Berlin u. a., 1957, S. 152 f. (von § 136a StPO verbotene Vernehmungsmethoden von Art. 1 Abs. 1 GG geradezu gefordert); Lindemann, »Körper und Name des Menschen«, in: *Deutsches Verwaltungsblatt* 72 (1957), S. 37, 40 (Nasciturus, nicht aber Tote würdefähig); Konrad Löw, »Ist die Würde des Menschen im Grundgesetz eine Anspruchsgrundlage?«, in: *Die öffentliche Verwaltung* 11 (1958), S. 516, 518 ff. (Bejahung des Grundrechtscharakters); Wilhelm Wertenbruch, *Grundgesetz und Menschenwürde. Ein kritischer Beitrag zur Verfassungswirklichkeit*, Köln u. a. 1958, S. 34 (Verneinung des Grundrechtscharakters).

39 Relevanz des Naturrechts in der frühen Rechtsprechung des Bundesverfassungsgerichts: BVerfGE 1, 14 – Neugliederung (1951), S. 61; E 2, 1 – Sozialistische Reichspartei (1952), S. 12; E 3, 225 – Gleichberechtigung (1953), S. 233; E 10, 59 – Elterliche Gewalt (1958), S. 81. Zur Bezugnahme auf naturrechtliche Vorstellungen durch das Gericht: René Marcid, *Vom Gesetzesstaat zum Richterstaat. Recht als Maß der Macht/Gedanken über den demokratischen Rechts- und Sozialstaat*, Wien 1957, S. 193 ff., 206 ff.; Langner, Albrecht, *Der Gedanke des Naturrechts seit Weimar und in der Rechtsprechung der Bundesrepublik*, Bonn 1959, S. 112 (Verweis auf die »Schöpfungsordnung« zeige eine an christlichen Grundsätzen orientierte

Betrachtungsweise), S. 115 (dem Menschenbild der Rechtsprechung liege weithin eine christliche Auffassung zugrunde); Michael Stolleis, *Geschichte des öffentlichen Rechts in Deutschland. Vierter Band. Staats- und Verwaltungsrechtswissenschaft in West und Ost 1945-1990*, München 2012, S. 154 (in Fn. 224 auch der Hinweis, dass die Naturrechtsrenaissance und Anerkennung eines Wertsystems ein internationales Phänomen nach 1945 gewesen sei).

Nachlassende Bedeutung der Wertsystem- bzw. Wertordnungsformeln: Frieder Günther, »Wer beeinflusst hier wen? Die westdeutsche Staatsrechtslehre und das Bundesverfassungsgericht während der 1950er und 1960er Jahre«, in: Robert Chr. van Ooyen, Martin H. W. Möllers (Hg.), *Das Bundesverfassungsgericht im politischen System*, Wiesbaden 2006, S. 129, 137; Michael Stolleis, *Geschichte des öffentlichen Rechts in Deutschland. Vierter Band. Staats- und Verwaltungsrechtswissenschaft in West und Ost 1945-1990*, München 2012, S. 226, 246; Dominik Rennert, »Die verdrängte Werttheorie und ihre Historisierung. Zu ›Lüth‹ und den Eigenheiten bundesrepublikanischer Grundrechtstheorie«, in: *Der Staat* 53 (2014), S. 31, 33, 50 (Entzauberung).

40 **Beiträge Günter Dürigs zur Würdenorm:** Günter Dürig, »Die Menschenauffassung des Grundgesetzes« (1952), in: ders., *Gesammelte Schriften 1952-1983*, Berlin 1984, S. 27 ff.; ders., »Der Grundrechtssatz von der Menschenwürde. Entwurf eines praktikablen Wertsystems der Grundrechte aus Art. 1 Abs. 1 in Verbindung mit Art. 19 Abs. II des Grundgesetzes«, in: *Archiv des öffentlichen Rechts* 81 (1956), S. 117 ff.; ders., »Artikel 1«, in: Theodor Maunz, Günter Dürig u. a. (Hg.), *Grundgesetz. Loseblatt-Kommentar*, München 1958, Rn. 1 ff..

Zitierung Dürigs in der Rechtsprechung des Bundesverfassungsgerichts: BVerfGE 7, 198 – Lüth (1958), S. 206; BVerfGE 27, 1 – Mikrozensus (1969), S. 6; BVerfGE 38, 154 – Wehrdienstopfer (1974), S. 167.

Würdigungen Dürigs in der gegenwärtigen Literatur: Roman Herzog, »Die Menschenwürde als Maßstab der Rechtspolitik«, in: Heinz Seesing (Hg.), *Rechtspolitische Grundsätze von CDU und CSU zur Fortpflanzungsmedizin*, München 1987, S. 23 f. (Sätze mit »kanonische[m] Gewicht«); Klaus Stern, *Das Staatsrecht der Bundesrepublik Deutschland. Band III/1. Allgemeine Lehre der Grundrechte*, München 1988, S. 24 (Objekt-Formel von Dürig); Paul Heuermann, »Verfassungsrechtliche Probleme der Schwangerschaft einer hirntoten Frau«, in: *Juristenzeitung* 49 (1994), S. 133 f. (Objekt-Formel von Dürig begründet); Wolfgang Graf Vitzthum, »Die Spur zu verfolgen, wo er seinen Weg nahm. In memoriam Günter Dürig«, in: *Tübinger Universitätsreden* N. F. 27 (1999), S. 37, 56, Fn. 43 (Objekt-Formel auf Dürig zurückgehend); Ernst-Wolfgang Böckenförde, »Die Würde des Menschen war unantastbar. Abschied von den Verfassungsvätern: Die Neukommentierung von Artikel 1 des Grundgesetzes markiert einen Epochenbruch«, in: *Frankfurter Allgemeine Zeitung*, 3. 9. 2003, S. 33 (produktive und innovatorische Leistung; »Dürigscher Wurf«); Wolfang Graf Vitzthum, »Zurück zum klassischen Menschenwürdebegriff! Eine Erinnerung an Lüth, Dürig und Kant«, in: Thomas Henne, Arne Riedlinger (Hg.). *Das Lüth-Urteil aus (rechts-)historischer Perspektive. Die Konflikte um Veit Harlan und die Grundrechtsjudikatur des Bundesverfassungsgerichts*, Berlin 2005, S. 349, 366 f. (nach wie vor überzeugend); Josef Isensee, »Menschenwürde: die säkulare Gesellschaft auf der Suche nach dem Absoluten«, in: *Archiv des öffentlichen Rechts* 36 (2006), S. 173, 187 (Urmeter); Hans Michael Heinig, »Menschenwürde und Sozialstaat. Genesen – Grammatiken – Grenzen«, in: Petra Bahr, Hans-Michael Heinig (Hg.), *Menschenwürde in der säkularen Verfassungsordnung. Rechtswissenschaftliche und theologische Aspekte*, Tübingen 2006, S. 251, 262 (geradezu legendär); Fabian Wittreck, »Jesus Christus oder Immanuel Kant – Auf wessen Schultern ruht das Grundgesetz?«, in: ders. (Hg.), *60 Jahre Grundgesetz. Verfassung mit Zukunft?*, Baden-Baden 2010, S. 9, 23 (»Objektformel Günter Dürigs«); Josef Isensee, »Die Würde des Menschen«, in: Detlef Merten, Hans-Jürgen Papier (Hg.), *Handbuch der Grundrechte*, Bd. 4, Heidelberg 2011, § 87, Rn. 88 (grundlegende Menschenwürde-Interpretation; heutige Staatsrechtslehre tendiere dazu, sich von ihrem Ursprung abzukehren); Franz Josef Wetz (Hg.), *Texte zur Menschenwürde*, Stuttgart 2011, S. 211 (auf Dürig gehe im Wesentlichen die erstmals von Kant formulierte Objekt-Formel in der Rechtsprechung des Bundesverfassungsgerichts zurück); Peter Axer, »Das Grundrecht auf Gewährleistung eines menschenwürdigen Existenzminimums und die Sicherung sozialer Grundrechtsvoraussetzungen«, in: Michael Anderheiden, Reiner Keil, Stephan Kirste, Jan Philipp Schaefer (Hg.), *Verfassungsvoraussetzungen. Gedächtnisschrift für Winfried Brugger*, Tübingen 2013, S. 335 f. (richtungweisende und wirkmächtige Kommentierung); Horst Dreier, »Artikel 1«, in: ders. (Hg.), *Grundgesetz – Kommentar*, Bd. I, 3. Aufl., Tübingen 2013, Rn. 55 (Pionierarbeit); Friedhelm Hufen, »Menschenwürde: Vor die ›Objekt-Formel‹ hat die Grundrechtsdogmatik die Bestimmung des Schutzbereichs gesetzt«, in: Dirk Hanschel, Sebastian Graf Kielmannsegg, Uwe Kischel, Christian Koenig, Ralph Alexander Lorz (Hg.), *Mensch und Recht. Festschrift für Eibe Riedel zum 70. Geburtstag*, Berlin 2013, S. 459, 462 (Objekt-Formel von Dürig entwickelt); Stephan Kirste, »A legal concept of human dignity as a foundation of law«, in: Winfried Brugger, Stephan Kirste (Hg.), *Human Dignity as a Foundation of Law. Proceedings of the Special Workshop held at the 24th World Congress of the International Association for Philosophy of Law and Social Philosophy in Beijing*, Archiv für Rechts- und Sozialphilosophie Beiheft 137 (2013), S. 63, 72 (»object formula« – first elaborated by Dürig); Julika Rosenstock, *Vom*

Anspruch auf Ungleichheit. Über die Kritik am Grundsatz bedingungsloser Menschengleichheit, Weilerswist 2015, S. 199 (dürigsche Objekt-Formel).

Dürigs eigene Beschreibung seiner Leistung: Günter Dürig, »Dankrede am 65. Geburtstag«, in: *Jahrbuch des öffentlichen Rechts der Gegenwart* NF 36 (1987), S. 91, 95, 100.

Komponenten der dürigschen Interpretation: Günter Dürig, »Die Menschenauffassung des Grundgesetzes« (1952), in: ders., *Gesammelte Schriften 1952-1983*, Berlin 1984, S. 27, 31 f.; ders., »Der Grundrechtssatz von der Menschenwürde. Entwurf eines praktikablen Wertsystems der Grundrechte aus Art. 1 Abs. 1 in Verbindung mit Art. 19 Abs. II des Grundgesetzes«, in: *Archiv des öffentlichen Rechts* 81 (1956), S. 117, 119 ff., 125; ders., »Artikel 1«, in: Theodor Maunz, Günter Dürig (Hg.), *Grundgesetz. Loseblatt-Kommentar*, München 1958, Rn. 1 ff., 15 Fn. 2, 17 f.

41 **Zur angeblichen Originalität der dürigschen Interpretation:** Rudolf Smend, »Verfassung und Verfassungsrecht« (1928), in: ders., *Staatsrechtliche Abhandlungen und andere Aufsätze*, 3. Aufl., Berlin 1994, S. 119, 264 (Grundrechte als Wertsystem); Ernst Forsthoff, »Zur Problematik der Rechtserneuerung«, in: *Zeitwende* 19 (1947/48), S. 679, 685, 687 f. (Herabwürdigung zu einem Mittel); Fritz Münch, *Die Menschenwürde als Grundforderung unserer Verfassung. Akademische Antrittsvorlesung, gehalten am 19. November 1951 in der Rheinischen Friedrich-Wilhelm-Universität zu Bonn*, Bocholt 1952, S. 8 (Kriterium einer Würdeverletzung: Mensch als Sache, als Mittel); Arnold Köttgen, »Akademische Lehrfreiheit«, in: *Göttinger Universitäts-Zeitung*, 4 (1949), S. 1; Hermann von Mangoldt, »Grundrechte und Grundsatzfragen des Bonner Grundgesetzes«, in: *Archiv des öffentlichen Rechts* 75 (1949), S. 273, 279; Gotthold Bohne, *Menschenwürde und Strafrecht. Rede gehalten bei der feierlichen Übernahme des Rektorats der Universität zu Köln am 10. November 1949*, Krefeld 1950, S. 18 f.; Günter Dürig, »Die Menschenauffassung des Grundgesetzes« (1952), in: ders., *Gesammelte Schriften 1952-1983*, Berlin 1984, S. 34 (Passus mit These, dass Freiheitsrechte des Grundgesetzes den »Untermenschen« nicht schützten); Josef Wintrich, »Über Eigenart und Methode verfassungsgerichtlicher Rechtsprechung«, in: *Verfassung und Verwaltung in Theorie und Wirklichkeit. Festschrift für Herrn Geheimrat Professor Dr. Wilhelm Laforet anläßlich seines 75. Geburtstages*, München 1952, S. 227, 232 (oberstes Konstitutionsprinzip des Rechts); Günter Dürig, »Artikel 1«, in: Theodor Maunz, Günter Dürig (Hg.), *Grundgesetz. Loseblatt-Kommentar*, 1958, Rn. 14 (Hinweis auf den von »Wintrich eingeführten umfassenden Ausdruck ›oberstes Konstitutionsprinzip‹«); Christoph Goos, *Innere Freiheit. Eine Rekonstruktion des grundgesetzlichen Würdebegriffs*, Göttingen 2011, S. 24 (Dürig nicht der Urheber der Objekt-Formel); Hasso Hofmann, *Rechtsphilosophie nach*

1945. Zur Geistesgeschichte der Bundesrepublik Deutschland, Berlin 2012, S. 25 (Hinweis auf Smend).

Kritische Stellungnahmen zur Würdeinterpretation Dürigs: Werner Krawietz, »Gewährt Art. 1 Abs. 1 GG dem Menschen ein Grundrecht auf Achtung und Schutz seiner Würde?«, in: Dieter Wilke, Harald Weber (Hg.), *Gedächtnisschrift für Friedrich Klein*, 1977, S. 245, 262 (metaphysisch-spekulative Werttheorie); Rosemarie Will, »Christus oder Kant. Der Glaubenskrieg um die Menschenwürde«, in: *Blätter für deutsche und internationale Politik* 49 (2004), S. 1228 f., 1231; Günther Kreuzbauer, »Argumentationsanalytische Betrachtungen zum Begriff der Menschenwürde«, in: Michael Fischer (Hg.), *Der Begriff der Menschenwürde. Definition, Belastbarkeit und Grenzen*, 2. Aufl., Frankfurt/M. u. a. 2005, S. 47, 58 (Dürigs Deutung als ein »*geradezu autistisches juristisches Produkt*«, da er sich nur auf Juristen bezogen habe, trotz seines Wissens, dass die Menschenwürde doch »in erster Linie ein philosopischer Begriff« sei); Paul Tiedemann, *Menschenwürde als Rechtsbegriff. Eine philosophische Klärung*, Berlin 2007, S. 93 (Objekt-Formel gehe auf Veröffentlichungen von Carlo Schmid, Gustav Radbruch und Max Güde aus den Jahren 1946 und 1947 zurück); Michio Oshikubo, »Die Achtung vor dem Individuum und die Würde des Menschen. Zur Grundidee der Menschenrechte in Japan und Deutschland«, in: Rainer Wahl (Hg.), *Verfassungsänderung, Verfassungswandel, Verfassungsinterpretation. Vorträge bei deutsch-japanischen Symposien in Tokyo 2004 und Freiburg 2005*, Berlin 2008, S. 309, 315 (Hinweis darauf, dass der Terminus »Untermensch«, dem Freiheitsrechte nicht zustehen sollten, aber in anderen Veröffentlichungen Dürigs nicht zu finden sei); Friedrich Wilhelm Graf, *Missbrauchte Götter. Zum Menschenbilderstreit in der Moderne*, München 2009, S. 164 (alter deutscher Antiliberalismus, expliziert im Menschenbild der ganzheitlichen Persönlichkeit); Michael Stolleis, *Geschichte des öffentlichen Rechts in Deutschland.* Vierter Band. *Staats- und Verwaltungsrechtswissenschaft in West und Ost 1945-1990*, München 2012, S. 139 (christliches und profanes Naturrechtsdenken vermischend, wertphilosophisches Konzept voraussetzend, wesentlich mit metaphysischen Begründungssätzen arbeitend; Kreuzung von Smends wertbestimmtem Ansatz mit nicht geklärter Mischung aus verweltlichter Ontologie und katholischer Naturrechtstradition); Hasso Hofmann, *Rechtsphilosophie nach 1945. Zur Geistesgeschichte der Bundesrepublik Deutschland*, Berlin 2012, S. 25 (»eigentümliche Mischung von Wertphilosophie und essentialistischem katholischen Naturrecht« sei »philosophisch naiv, ungeschichtlich und überzeitlich gedacht«); weitere Nachweise bei Horst Dreier, »Artikel 1«, in: ders. (Hg.), *Grundgesetz – Kommentar*, Bd. I, 3. Aufl., Tübingen 2013, Fn. 262.

42 Einschätzungen zu den Deutungen der Würdenorm in den fünfziger Jahren: Reiner Anselm, »Rechtfertigung und Menschenwürde«, in: Eilert Herms (Hg.), *Menschenbild und Menschenwürde*, Gütersloh 2001, S. 471, 473 (nicht die evangelische Ethik, sondern die katholische Soziallehre sei leitend gewesen für die frühe bundesrepublikanische Auslegung der Würdeidee; die Gründe dafür reichten von Adenauers katholischer Verwurzelung über die Neubewertung des überpositiven Rechts in der Rechtsphilosophie bis hin zur kritischen Distanz des deutschen Protestantismus gegenüber den als westlich-individualistisch kritisierten liberaldemokratischen Verfassungsnormen); Uwe Volkmann, »Nachricht vom Ende der Gewißheit«, in: *Frankfurter Allgemeine Zeitung*, 24. 11. 2003, S. 8 (Definition der Würdenorm sei überflüssig gewesen, weil gefühlsmäßig verständlich); Michael Pawlik, »Im fahlen Reich des Ausnahmezustandes«, in: *Frankfurter Allgemeine Zeitung*, 29. 8. 2008, S. 37 (riskantes Unterfangen, einen gänzlich unerprobten Terminus zur Grundnorm der Verfassung zu erheben); Helmut Kreß, *Ethik der Rechtsordnung. Staat, Grundrechte und Religionen im Licht der Rechtsethik*, Stuttgart 2011, S. 124 (im ersten Jahrzehnt habe man eine »substanzontologische und naturrechtlich-essentialistische Konstruktion der Menschenwürde abgewandelt und säkularisiert«); Michael Stolleis, *Geschichte des öffentlichen Rechts in Deutschland.* Vierter Band. *Staats- und Verwaltungsrechtswissenschaft in West und Ost 1945-1990*, München 2012, S. 220 (»*Das menschliche Wesen, welchen Entwicklungsstand, geistigen oder körperlichen Zustand auch immer es aufweisen sollte, war Träger der Menschenwürde. Das war angesichts der nur wenige Jahre zurückliegenden Massentötungen von ›unnützen Essern‹ sowie von rassisch, politisch, sexuell oder sozial definierten Menschen kein hohles Pathos, sondern eine tiefernste Rückkehr zur Gleichwertigkeit alles dessen, ›was Menschenantlitz trägt‹. Hier konnten sich Kantianer, Vertreter der kirchlichen Soziallehre und ›Wertphilosophen‹ einig sein*«).

Einfluss von Wertephilosophien: Hans Carl Nipperdey, »Die Würde des Menschen«, in: Alfred Neumann u. a. (Hg.), *Die Grundrechte*, Bd. II, Berlin 1954, S. 2, 9 (Verweis auf Nicolai Hartmann); Horst Dreier, *Dimensionen der Grundrechte. Von der Wertordnungsjudikatur zu den objektiv-rechtlichen Grundrechtsgehalten*, Hannover, 1993, S. 20 (in der Naturrechtsrenaissance habe sich die wertabsolutistische Position Schelers und Hartmanns gut in die allgemein verbreiteten Versuche zur Überwindung des vorgeblich substanzlosen Positivismus einzufügen vermocht); Joachim Rückert, »Zu Kontinuitäten und Diskontinuitäten in der juristischen Methodendiskussion nach 1945«, in: Karl Acham, Knut Wolfgang Nörr, Bertram Schefold (Hg.), *Erkenntnisgewinne, Erkenntnisverluste. Kontinuitäten und Diskontinuitäten in den Wirtschafts-, Rechts- und Sozialwissenschaften zwischen den 20er und 50er Jahren*, Stuttgart 1998, S. 113, 137 (in

Wertordnungsjudikatur des Bundesverfassungsgerichts sei eine inhaltlich bestimmte Wertphilosophie nicht verwendet worden); Christoph Schönberger, »Werte als Gefahr für das Recht. Carl Schmitt und die Karlsruher Republik«, in: Carl Schmitt, *Die Tyrannei der Werte*, 3., korr. Aufl., Berlin 2011, S. 57, 66 (Wertephilosophien Schelers und Hartmanns hätten sich in Rechtsprechung und Rechtswissenschaft nach dem Zweiten Weltkrieg großer Konjunktur erfreut); Michael Stolleis, *Geschichte des öffentlichen Rechts in Deutschland. Vierter Band. Staats- und Verwaltungsrechtswissenschaft in West und Ost 1945-1990*, München 2012, S. 197, 385 (Bezugnahmen auf Wertephilosophen in Allgemeiner Staatslehre und Staatstheorie).

Personalismus als eine in der Sozialphilosophie verbreitete Denkfigur: Alfred Müller-Armack, *Das Jahrhundert ohne Gott. Zur Kultursoziologie unserer Zeit*, Münster 1948, S. 197; Paul Ricœur, »Une philosophie personaliste«, in: *Esprit. Revue internationale* 18 (1950), S. 860 ff.; Urs Peter Ramser, *Das Bild des Menschen im neuern Staatsrecht (Die Antinomie des Westens und des Ostens)*, Winterthur 1958, S. 121 (Auflösung des Gegensatzes zwischen Individuum und Gesellschaft im Personalismus); Rudolf Uertz, *Vom Gottesrecht zum Menschenrecht. Das katholische Staatsdenken in Deutschland von der Französischen Revolution bis zum II. Vatikanischen Konzil (1798-1965)*, Paderborn 2005, S. 419 ff., 427 ff. (zum Personalismus und seiner Kritik innerhalb der katholischen Sozialethik), S. 445 (zum Personalismus Dürigs); Samuel Moyn, »Personalismus, Gemeinschaft und die Ursprünge der Menschenrechte«, in: Stefan-Ludwig Hoffmann (Hg.), *Moralpolitik. Geschichte der Menschenrechte im 20. Jahrhundert*, Göttingen 2010, S. 63, 89 (personalistische Konzepte der Würde im Nachkriegsdeutschland; moralische Zurückweisung eines vermeintlich gefährlichen Individualismus); Jan-Werner Müller, *Das demokratische Zeitalter. Eine politische Ideengeschichte Europas im 20. Jahrhundert*, Berlin 2013, S. 223 ff. (zur besonderen Rolle Jacques Maritains bei dieser in mehreren westeuropäischen Ländern ablaufenden ideenpolitischen Entwicklung); Jan Eckel, *Die Ambivalenz des Guten. Menschenrechte in der internationalen Politik seit den 1940ern*, Göttingen 2014, S. 78 (Personalismus als dritter Weg aus dem ideologischen Dilemma, in dem sich der Konservatismus in der Nachkriegszeit befunden habe, sofern er gegen den Liberalismus als auch gegen die radikalen Antworten auf dessen Krise stand; das Konzept der Person sei stets in enger Bindung an die »Gemeinschaft« gedacht worden und habe die Doppelfunktion gehabt, das christlich-konservative Gesellschaftsmodell gegen den anarchischen Individualismus sowie gegen rechte und linke Totalitarismen abzugrenzen); Paul Valdier, »Jacques Maritain's personalist conception of human dignity«, in: Marcus Düwell, Jens Braarvig, Roger Brownsword, Dietmar Mieth (Hg.), *The Cambridge Handbook of Human Dignity. Interdisciplinary Perspectives*, Cambridge 2014, S. 260, 263 (bei Maritains Personalimus sei »Person« nicht zu verstehen in ihrer Beziehung zum »communal life«, sondern in Relation zum »common good, in terms of their reciprocal development«).

Konfessionelle Bindung der deutschen Bevölkerung in den fünfziger Jahren: Manfred Görtemaker, *Geschichte der Bundesrepublik Deutschland. Von der Gründung bis zur Gegenwart*, München 1999, S. 203 (96% der Gesamtbevölkerung der Bundesrepublik Angehörige der christlichen Kirchen); Friedrich Wilhelm Graf, *Götter Global. Wie die Welt zum Supermarkt der Religionen wird*, München 2014, S. 94 (über 97% der Bevölkerung Mitglied in einer der beiden christlichen Kirchen).

Menschenwürde als Formel in der gegen den sozialistischen Osten eingesetzten politischen Rhetorik: Erich Ollenhauer, »Das neue Grundsatzprogramm der SPD. Rede auf dem Parteitag der SPD in Bad Godesberg am 13. 11. 1959«, in: Marie Luise Recker (Hg.), *Politische Reden in vier Bänden: Band IV: 1945-1990*, Frankfurt/M. 1999, S. 418, 420 f., 428 (Der Geist des Grundgesetzes, »*sein Inhalt, sein unmißverständliches Bekenntnis zur Menschenwürde und zu einer Ordnung in Freiheit für alle wird eine Ermutigung für alle Menschen in der Zone sein, die die Unterdrückung und den Terror nur ertragen können in der Hoffnung auf eine hellere Zukunft*«; die politische Praxis der Kommunisten ist »*die Dikatur einer Partei, und ihre Existenz beruht auf der Unterdrückung der Freiheit und der Würde des Menschen*«).

43 **Bedürfnis weltanschaulich erschütterter Gesellschaften nach transzendentem Grund:** Gerhard Ritter, »Die Menschenrechte und das Christentum«, in: *Zeitwende* 21 (1949/50), S. 1, 6 (fehlendes Vertrauen in Schutz durch positive Verfassungsnorm); Michael Stolleis, *Geschichte des öffentlichen Rechts in Deutschland. Vierter Band. Staats- und Verwaltungsrechtswissenschaft in West und Ost 1945-1990*, München 2012, S. 548 f.

Zu den naturrechtlichen Argumentationen und ihren Funktionen: Arthur Kaufmann, »Vierzig Jahre Rechtsentwicklung – dargestellt an einem Satz des Grundgesetzes«, in: Wilhelm Bleek, Hans Maull (Hg.), *Ein ganz normaler Staat? Perspektiven nach 40 Jahren Bundesrepublik*, München 1989, S. 51, 53 f. (Naturrechtsrenaissance als Episode); Kristian Kühl, »Rückblick auf die Renaissance des Naturrechts nach dem 2. Weltkrieg«, in: Gerhard Köbler u. a. (Hg.), *Giessener Rechtswissenschaftliche Abhandlungen*, Bd. 6 (1990), S. 331 ff.; Dieter Simon, »Zäsuren im Rechtsdenken«, in: Martin Broszat (Hg.), *Zäsuren nach 1945. Essays zur Periodisierung der deutschen Nachkriegsgeschichte*, Schriftenreihe der Vierteljahreshefte für Zeitgeschichte (61) 1990, S. 153 f.; Arthur Kaufmann, »Die Naturrechtsrenaissance der ersten Nachkriegsjahre – und was daraus geworden ist«, in: Michael Stolleis u. a. (Hg.), *Die Bedeutung der Wörter. Studien zur europäischen Rechts-*

geschichte. Festschrift für Sten Gagnér zum 70. Geburtstag, München 1991, S. 105 ff.; Ulfrid Neumann, »Rechtsphilosophie in Deutschland seit 1945«, in: Dieter Simon (Hg.), *Rechtswissenschaft in der Bonner Republik. Studien zur Wissenschaftsgeschichte der Jurisprudenz*, Frankfurt/M. 1994, S. 145, 154 (Naturrechtsdiskussion als Antwort auf ein doppelgesichtiges Problem, das der rechtlichen Bewältigung von staatlichen Willkürakten in der Zeit des Nationalsozialismus und zugleich der Stabilisierung der Rechtsordnung der neu entstandenen Staatlichkeit); Birgit von Bülow, *Die Staatsrechtslehre der Nachkriegszeit (1945-1952)*, Berlin 1996, S. 128, 130 (Naturrechtsdenken erlaubte Wiederanknüpfen an überkommene kulturelle Vorstellungen der westlichen Welt, bot Rezepte für Neubeginn, aber auch für Exkulpationen an); Ulrich Herbert, »Liberalisierung als Lernprozeß. Die Bundesrepublik in der deutschen Geschichte – eine Skizze«, in: ders. (Hg.), *Wandlungsprozesse in Westdeutschland. Belastung, Integration, Liberalisierung 1945-1980*, Göttingen 2002, S. 7, 39 (Betonung der christlichen Grundlagen von Staat und Gesellschaft sowie Rekatholisierung, um Stützpfeiler der traditionellen Gesellschaft zu stabilisieren); Frieder Günther, *Denken vom Staat her. Die bundesdeutsche Staatsrechtslehre zwischen Dezision und Integration*, Berlin 2004, S. 193 (Entlastungsfunktion der Naturrechtsrenaissance: man habe allein dem Rechtspositivismus die Entartung des Rechts anlasten können); Daniel Herbe, *Hermann Weinkauff (1894-1981). Der erste Präsident des Bundesgerichtshofs*, Tübingen 2008, S. 121 ff. (Beitrag Weinkauffs zur Naturrechtsdebatte); Hasso Hofmann, *Rechtsphilosophie nach 1945. Zur Geistesgeschichte der Bundesrepublik Deutschland*, Berlin 2012, S. 21 (naturrechtliches Schrifttum als eine Art »Bewältigungsliteratur«); Lena Foljanty, *Recht oder Gesetz. Juristische Identität und Autorität in den Naturrechtsdebatten der Nachkriegszeit*, Tübingen 2013, S. 342 (Berufung auf das Naturrecht entlastete vom Druck, sich mit Vergangenheit befassen zu müssen).

Zur Diskussion verschiedener Anthropologien in den fünfziger Jahren: Alfred Weber, »Das Menschenbild in unserer Zeit in der Sicht der Soziologie«, in: Hans Gerhard Evers (Hg.), *Das Menschenbild in unserer Zeit*, Darmstadt 1950, S. 64, 67 f.; Karl Holzamer, »Das Menschenbild in unserer Zeit in der Sicht der Philosophie«, in: Hans Gerhard Evers (Hg.), *Das Menschenbild in unserer Zeit*, Darmstadt 1950, S. 79 ff.; Gerhard Funke, »Philosophische Strömungen der Gegenwart«, in: *Recht, Staat, Wirtschaft* 4 (1953), S. 72 ff. (naturalistische, seminaturalistische und idealistische Deutungen des Menschen); Joachim Fischer, *Philosophische Anthropologie. Eine Denkrichtung des 20. Jahrhunderts*, Freiburg/München 2009, S. 208 ff., 235 ff.

Zur Auseinandersetzung mit dem Nationalsozialismus in den fünfziger Jahren: Hermann Graml, »Die verdrängte Auseinandersetzung mit dem Nationalsozialismus«, in: Martin Broszat (Hg.), *Zäsuren nach 1945. Es-*

says zur Periodisierung der deutschen Nachkriegsgeschichte, Schriftenreihe der Vierteljahreshefte für Zeitgeschichte (61) 1990, S. 169 ff. (allerdings gerade entgegen dem Titel die These vertretend und begründend, dass die übliche Sichtweise, jene Zeit sei eine solche der permanenten Verdrängung gewesen, unhaltbar und Resultat eines doppelten Irrtums sei); Edgar Wolfrum, *Die geglückte Demokratie. Geschichte der Bundesrepublik von ihren Anfängen bis zur Gegenwart*, Stuttgart 2006, S. 170 f. (ganze Bandbreite von Verhaltensmustern zwischen Aufarbeitung und Verdrängung); Ulrich Herbert, *Geschichte Deutschlands im 20. Jahrhundert*, München 2014, S. 658 (seit 1948 sei die nach '45 zunächst so intensive Auseinandersetzung mit den NS-Verbrechen in den Hintergrund getreten).

Zum »Abendland-Diskurs« sowie zum Zusammenhang zwischen der Berufung auf den »Geist der christlich-abendländischen Kultur« und dem Menschenwürde- und Freiheitsdiskurs in den fünfziger Jahren: Jost Hermand, *Kultur im Wiederaufbau. Die Bundesrepublik Deutschland 1945-1965*, München 1986, S. 82 f.(»Abendland« als eine Art Chiffre für Rechristianisierungsvorstellungen sowie für den Antikommunismus nach 1945); Axel Schild, *Ankunft im Westen. Ein Essay zur Erfolgsgeschichte der Bundesrepublik*, Frankfurt/M. 1999, S. 164 (unter Berufung auf Bergsdorf, Wolfgang, *Herrschaft und Sprache. Studien zur politischen Terminologie der Bundesrepublik Deutschland*, 1983, S. 133 ff.); Felix Dirsch, »Individualisierung und Traditionsbewahrung. Das katholische Milieu der 1950er Jahre und die Zeitschrift ›Neues Abendland‹«, in: Frank-Lothar Kroll (Hg.), *Die kupierte Alternative. Konservatismus in Deutschland nach 1945*, Berlin 2005, S. 101, 114 (Vorstellung einer sittlich gebundenen Freiheit als zentrale Denkfigur im »Abendlanddiskurs«); Manfred Görtemaker, *Geschichte der Bundesrepublik Deutschland. Von der Gründung bis zur Gegenwart*, München 1999, S. 207 (Bewältigungs- und Verdrängungsmechanismus); Vanessa Conze, *Das Europa der Deutschen. Ideen von Europa in Deutschland zwischen Reichstradition und Westorientierung (1920-1970)*, München 2005, S. 112 (Gründe für Konjunktur des Abendland-Diskurses: Reichstopos habe 1945 ausgedient gehabt; Beschwörung einer kulturellen Gemeinsamkeit des Kontinents habe politische Fragen in Hintergrund treten lassen; Besinnung auf christliche Grundwerte sei in jener Zeit eine breite gesellschaftliche Strömung gewesen), S. 119 (Zielrichtung der »Abendländer«: radikale Umkehr; Lösung von Materialismus und Individualismus der Neuzeit und Rückbesinnung auf christliche Grundlagen), S. 148 (Staatsverständnis der »Abendländer«: Betonung des sozialen Bezugs des Einzelnen zur Gemeinschaft; individuelle Freiheit immer nur als begrenzte Freiheit innerhalb der gottgegebenen Gemeinschaft verstanden); Edgar Wolfrum, *Die geglückte Demokratie. Geschichte der Bundesrepublik von ihren Anfängen bis zur Gegenwart*, Stuttgart 2006, S. 183 (Abendland als Kampfbegriff gegen freiheitsverneinenden Bolschewismus und materialistischen Amerikanismus); Eckart Conze, *Die Suche nach Sicherheit. Eine Geschichte der Bundesrepublik Deutschland von 1949 bis zur Gegenwart*, München 2009, S. 214 ff. (NS-Vergangenheit kommunikativ beschwiegen und verdrängt); Ulrich Herbert, *Geschichte Deutschlands im 20. Jahrhundert*, München 2014, S. 691 (Rückkehr in abendländische Kulturgemeinschaft als rettende Schlussfolgerung aus der Ungeistigkeit der Nazizeit, verbunden mit einer Rückbesinnung auf das Religiöse).

44 **Entscheidung des Bundesverfassungsgerichts zum Freiheitsschutz, abgeleitet aus der Würdenorm:** BVerfGE 27, 1 – Mikrozensus (1969), S. 5 ff.

Entscheidungen zur Rechtfertigung von Freiheitsbeschränkungen aufgrund der Würdenorm: BVerfGE 12, 45 – Kriegsdienstverweigerung I (1960), S. 50 f., 53 f.; BVerfGE 24, 119 – Adoption I (1968), S. 144 f.; BVerwGE 18, 34 – Benutzungsverbot (1964), S. 37 f. Im Übrigen verneinten das Bundesverfassungs- und das Bundesverwaltungsgericht in zahlreichen anderen Entscheidungen, in denen Artikel 1 Absatz 1 des Grundgesetzes gerügt worden war, eine Verletzung der Menschenwürde. Mit der Würdenorm *vereinbar* hielten sie die Strafbarkeit der Unfallflucht, die Verpflichtung von Verkehrssündern zu psychologischen Tests oder zum Verkehrsunterricht, die gesetzliche Einführung eines einheitlichen Freispruchs, die Verpflichtung zur Meldung weiblicher Arbeitnehmer in Gast- und Schankwirtschaften, die Einstellung von Trennungsgeldzahlungen, die Notwendigkeit einer Heiratserlaubnis für Beamte oder den Verzicht auf den Umlaut bei der Namensschreibung in elektronisch verfassten behördlichen Schriftstücken (E 16, 191 – Strafbarkeit der Unfallflucht (1963), S. 193 f.; BVerfGE 22, 21 – Verkehrsunterricht (1967), S. 28; BVerfGE 25, 327 – Einheitlicher Freispruch (1969), S. 330 f.; BVerwGE 14, 21 – Heiratserlaubnis für Polizeibeamte (1962), S. 25 f.; BVerwGE, 17, 342 – Psychologische Tests (1963), S. 346 f.; BVerwG, *Zeitschrift für Beamtenrecht* 1966, 220 – Trennungsgeld; BVerwGE 18, 32 – Meldepflicht für weibliche Arbeitnehmer (1964), S. 33; BVerwGE 31, 236 – Namensumschreibung ohne Umlaut (1969), S. 237 f.

45 **Zu dem aus der Würdenorm und dem Recht auf freie Entfaltung der Persönlichkeit abgeleiteten allgemeinen Persönlichkeitsrecht:** BGHZ 13, 334 – Leserbrief (1954), S. 338 (Anerkennung als Grundrecht); BGHZ 26, 349 – Herrenreiter (1958), S. 354 f. (menschliche Personhaftigkeit als einer der »übergesetzliche(n) Grundwerte der Rechtsordnung«); BGHZ 24, 72 – Krankenpapiere (1957), S. 76 f. (Anerkennung als »sonstiges Recht« im Sinne von § 823 BGB); BGHZ 35, 356 – Geldentschädigung (1961), S. 367 f.; Helmut Coing, »Das Grundrecht der Menschenwürde,

der strafrechtliche Schutz der Menschlichkeit und das Persönlichkeitsrecht des bürgerlichen Rechts«, in: *Süddeutsche Juristenzeitung* 2 (1947), Sp. 641, 643 ff. (Forderung, Würde des Menschen unter Schutz des Zivilrechts zu stellen); dazu oben auch schon bei Anm. 20.

Zum Entwurf eines Gesetzes zur Neuordnung des zivilrechtlichen Persönlichkeits- und Ehrenschutzes: Deutscher Bundestag, 3. Wahlperiode, Drucksache 1237 (August 1959), S. 6 (Vernachlässigung des Persönlichkeitsschutzes im BGB; historische Gründe; Relevanz des werttheoretischen Verständnisses der Würdenorm), S. 7 (Relevanz des Gesetzesrechts); Nadine Klass, *Rechtliche Grenzen des Realitätsfernsehens*, Tübingen 2004, S. 237 (zu den Gründen des Scheiterns des Entwurfs).

Zur historischen Einordnung des aus der Würdenorm und dem Recht auf freie Entfaltung der Persönlichkeit abgeleiteten allgemeinen Persönlichkeitsrechts: Helmut Simon, *Katholisierung des Rechtes? Zum Einfluß katholischen Rechtsdenkens auf die gegenwärtige deutsche Gesetzgebung und Rechtsprechung*, Göttingen 1962, S. 29 (Anerkennung eines allgemeinen Persönlichkeitsrechts als wohl bedeutendste Rechtsfortbildung der Nachkriegszeit); BVerfGE 34, 269 ff. – Soraya (1973) (Zusammenfassung der Rechtsentwicklung); Stefan Gottwald, *Das allgemeine Persönlichkeitsrecht. Ein zeitgeschichtliches Erklärungsmodell*, Berlin 1996, S. 156 ff.; James Qu. Whitman, »On Nazi ›Honour‹ and the new european dignity«, in: Christian Joerges, Navraj Singh Ghaleigh (Hg.), *Darker Legacies of Law in Europe. The Shadow of National Socialism and Fascism over Europe and its Legal Traditions*, Oxford and Portland 2003, S. 243, 245 (»*›Dignity‹ as it is protected in contemporary German law is not just the product of a reaction against Nazism; seen in proper sociological perspective, ›dignity‹ as it is protected today, is the product of an evolution that partly took place during the fascist era. [...] What has happened, in continental Europe, is indeed fundamentally this: old norms of ›honour‹, norms that applied only to aristocrats and a few other high-status categories of persons in the seventeeth and eighteenth centuries, have gradually been extended to the entire population*«); Christoph Enders, »Schutz der Persönlichkeit und der Privatsphäre«, in: Detlef Merten, Hans Jürgen Papier (Hg.), *Handbuch der Grundrechte in Deutschland und Europa*, Bd. IV, Heidelberg 2011, § 89, Rn. 14 ff.

46 Dominanz und Kritik der christlich-anthropologischen Fundierung der wertetheoretischen Deutung: Wilhelm Wertenbruch, »Menschenwürde«, in: *Staatslexikon*, herausgegeben im Auftrag der Görres-Gesellschaft, 6. Aufl., *Fünfter Band*, Freiburg 1960, S. 665 (Darstellung der herrschenden Sicht); ähnlich in jenen Jahren auch Bruno Sautter, »Die Pflicht zur Duldung von Körperuntersuchungen nach § 372a ZPO. Zugleich ein Beitrag zur Verfassungsmäßigkeit des § 81a StPO«, in: *Archiv für* *civilistische Praxis* 161 (1962), S. 259 (Rezeption des Naturrechts); Helmut Simon, *Katholisierung des Rechtes? Zum Einfluß katholischen Rechtsdenkens auf die gegenwärtige deutsche Gesetzgebung und Rechtsprechung*, Göttingen 1962, S. 28, 30, 50ff.

Konfessionelle Differenzen bei der Deutung und Anwendung der Würdenorm: Solche Differenzen bestanden nicht hinsichtlich der Relevanz, die der Würdenorm in der frühen Bundesrepublik von konfessionell geprägten und orientierten Juristen zugewiesen wurde, sondern allenfalls im Hinblick auf die mit ihr verbundenen freiheitslimitierenden Wirkungen. Anders akzentuierend dagegen: Friedrich Wilhelm Graf, »Protestantismus und Rechtsordnung«, in: Horst Dreier, Eric Hilgendorf (Hg.), *Kulturelle Identität als Grund und Grenze des Rechts. Akten der IVR-Tagung vom 28.-30. September 2006 in Würzburg*, Stuttgart 2008, S. 129, 136 (der Kirche eng verbundene römisch-katholische Verfassungsrechtler hätten im Streit um die Menschenwürde signifikant anders argumentiert als protestantisch geprägte Rechtsgelehrte); Oliver Lepsius, Anselm Doering-Manteuffel, »Die Richterpersönlichkeiten und ihre protestantische Sozialistation«, in: Anselm Doering-Manteuffel, Bernd Greiner, Oliver Lepsius (Hg.), *Der Brokdorf-Beschluss des Bundesverfassungsgerichts 1985*, Tübingen 2015, S. 167, 181 (Simon habe den katholischen Anspruch, christliches Gedankengut naturrechtlich zu begründen, zurückgewiesen und eine alternative Lesart vorgeschlagen, nämlich die christliche Ethik in der Würde und Persönlichkeit des Einzelnen zu verwurzeln). Allgemein zu den konfessionellen Differenzen im Verfassungsrecht: Hans Maier, »Der politische Weg der deutschen Katholiken nach 1945«, in: ders. (Hg.), *Deutscher Katholizismus nach 1945. Kirche, Gesellschaft, Geschichte*, München 1964, S. 190, 209 (maunz-dürigscher Kommentar als Symptom für ein sehr viel intensiveres und intimeres Interesse der Katholiken an der Verfassung des Gemeinwesens).

Liberaleres Freiheitsverständnis des Protestantismus: Kurt Nowak, *Geschichte des Christentums in Deutschland. Religion, Politik und Gesellschaft vom Ende der Aufklärung bis zur Mitte des 20. Jahrhunderts*, München 1995, S. 65; Friedrich Wilhelm Graf, *Götter global. Wie die Welt zum Supermarkt der Religionen wird*, München 2014, S. 90 (deutlich liberalere, mehr an der Selbstbestimmung des Individuums orientierte Position der Protestanten als der römisch-katholischen Kirche).

47 Methodologisch, grundrechts- und wissenschaftstheoretisch begründete Kritik an der christlich-naturrechtlichen Deutung: Peter Badura, »Generalprävention und Würde des Menschen«, in: *Juristenzeitung* 19 (1964), S. 337, 339f.; Reinhold Zippelius, »Artikel 1«, in: *Bonner Kommentar zum Grundgesetz*, Zweitbearbeitung, Heidelberg 1966, Rn. 7; Peter Schneider, »Die Menschenrechte in staatlicher Ordnung«, in: *Archiv* *für Rechts- und Sozialphilosophie* 50 (1964), S. 77, 83, 85; Ernst Forsthoff, »Der Persönlichkeitsschutz im Verwaltungsrecht«, in: *Festschrift für den 45. Deutschen Juristentag. Überreicht von der Juristischen Studiengesellschaft in Karlsruhe*, Karlsruhe 1964, S. 41, 58; ders., »Zur heutigen Situation einer Verfassungslehre«, in: Hans Barion, Ernst-Wolfgang Böckenförde, Ernst Forsthoff, Werner Weber (Hg.), *Epirrhosis. Festgabe für Carl Schmitt*, Berlin 1968, S. 185, 195; ders., Buchbesprechung zu: Kriele, Martin, »Theorie der Rechtsgewinnung, entwickelt am Problem der Verfassungsinterpretation«, 1967, in: *Der Staat* 8 (1969), S. 523 f.; Niklas Luhmann, *Grundrechte als Institution*, Berlin 1965, S. 57 f., 59, Fn. 17, 60, Fn. 18.

48 **Zur Kritik an der Fundierung der Würdenorm in der christlichen Theologie sowie zur historischen Einordnung:** Vincent Berning, »Die geistig-kulturelle Ausstrahlung des deutschen Nachkriegskatholizismus«, in: Hans Maier (Hg.), *Deutscher Katholizismus nach 1945. Kirche, Gesellschaft, Geschichte*, München 1964, S. 136, 155 (eine christliche Kunst und Kultur sei nicht mehr möglich; die christliche Gesellschaft gebe es im strengen Sinne nicht mehr); Ulfrid Neumann, »Rechtsphilosphie in Deutschland seit 1945«, in: Dieter Simon (Hg.), *Rechtswissenschaft in der Bonner Republik. Studien zur Wissenschaftsgeschichte der Jurisprudenz*, Frankfurt/M. 1994, S. 145, 164 ff. (Renaissance der Rechtstheorie); Eric Hilgendorf, *Die Renaissance der Rechtstheorie zwischen 1965 und 1985*, Würzburg 2005, S. 29 ff. (Wende zur Rechtstheorie in den sechziger Jahren); Anselm Doering-Manteuffel, Raphael Lutz, *Nach dem Boom. Perspektiven auf die Zeitgeschichte seit 1970*, Göttingen 2008, S. 113 (Nachlassen der Bindekraft der etablierten Kirchen seit 1960); Hans-Ulrich Wehler, *Deutsche Gesellschaftsgeschichte. Fünfter Band. Bundesrepublik Deutschland und DDR 1949-1990*, München 2008, S. 370 f. (Unruhe und Umwälzung im Katholizismus); Lahusen, Benjamin, »Berichte aus der Welt der Rechtstheorie«, in: *Myops. Berichte aus der Welt des Rechts* (2010), S. 48 f. (machtvolle Rückkehr der Rechtstheorie in den sechziger Jahren); Hasso Hofmann, *Rechtsphilosophie nach 1945. Zur Geistesgeschichte der Bundesrepublik Deutschland*, Berlin 2012, S. 21 (zum Ende der Naturrechtsrenaissance); Michael Stolleis, *Geschichte des öffentlichen Rechts in Deutschland. Vierter Band. Staats- und Verwaltungsrechtswissenschaft in West und Ost 1945-1990*, München 2012, S. 385 ff. (Wiederentdeckung der Rechtstheorie), S. 388 (Rechtstheorie als das schlechthin Moderne in den sechziger Jahren); Lena Foljanty, *Recht oder Gesetz. Juristische Identität und Autorität in den Naturrechtsdebatten der Nachkriegszeit*, Tübingen 2013, S. 349 ff. (Aufbruch der Rechtstheorie).

49 **Entstehungsgeschichtlich und wirklichkeitsorientierte Neubestimmungen der Würdenorm in den sechziger Jahren:** Peter Badu-

ra, »Generalprävention und Würde des Menschen«, in: *Juristenzeitung* 19 (1964), S. 337, 341 f. (Wille des Verfassungsgebers); Werner Maihofer, *Rechtsstaat und menschliche Würde*, Frankfurt/M. 1968, S. 12 (Grenzsituation der Tortur), S. 15 (Personalität und Solidarität), S. 25 f. (Absicht des Verfassungsgebers, Wert als intersubjektiv-menschliche Bedingung), S. 33 (Tatbestände von Würdeverletzungen); Niklas Luhmann, *Grundrechte als Institution*, Berlin 1965, S. 23, 96, 187, 197 (Grundrechtsverständnis), S. 57 (Fragerichtung), S. 58 (Kritik der tradierten Ontologie), S. 61 ff. (Würde als gelingende Selbstdarstellung).

Im Text nicht besprochene, aber ebenfalls in den sechziger Jahren unternommene wirklichkeitsorientierte Bestimmungen der Würdenorm: Eberhard Ranft, *Grundrechte und Naturrecht. Entwicklung und Tendenzen der naturrechtlichen Auslegung der Grundrechte nach 1945*, München 1965, S. 62 f. (Wertdenken vom Menschenwürdesatz als Ausklammerung des Gesellschaftsbegriffs; es handele sich zudem um einen Anachronismus, da dieses Denken sich auf philosophische Grundlagen der zwanziger Jahre des zwanzigsten Jahrhunderts berufe; Normierung in einem abstrakt-idealen Menschenbild solle stattdessen überwunden werden zugunsten einer Normierung, die Ausdruck der Dialektik von Gesellschaft und Geschichte sein müsse); Richard F. Behrendt, Menschenwürde als Problem der sozialen Wirklichkeit, in: *Schriftenreihe der Niedersächsischen Landeszentrale für politische Bildung. Verfassungsrecht und Verfassungswirklichkeit*, Hannover 1967.

Luhmann später folgend: Werner Krawietz, »Gewährt Art. 1 Abs. 1 GG dem Menschen ein Grundrecht auf Achtung und Schutz seiner Würde?«, in: Dieter Wilke, Harald Weber (Hg.), *Gedächtnisschrift für Friedrich Klein*, München 1977, S. 245 f.; Christian Grimm, *Allgemeine Wehrpflicht und Menschenwürde*, Berlin 1982, S. 50 (»*erster bedeutsamer Schritt zur Entzauberung des Würdebegriffs gelungen, der dazu beitragen kann, die Würdenorm von einer geistig-idealistischen Spielwiese herab auf den Boden der politischen und sozialen Wirklichkeit zu holen und ihr – bei mehr verbaler Zurückhaltung – größere praktische Effektivität zu verschaffen*«), S. 56; Christoph Gusy, »Sittenwidrigkeit im Gewerberecht«, in: *Deutsches Verwaltungsblatt* 97 (1982), S. 984, 986; Wolfram Höfling, »Menschenwürde und gute Sitten«, in: *Neue Juristische Wochenschrift* 36 (1983), S. 1582 f. (»*Würde und Freiheit bezeichnen Grundbedingungen des Gelingens der Selbstdarstellung eines Menschen als individuelle Persönlichkeit*«); Adalbert Podlech, »Artikel 1«, in: *Kommentar zum Grundgesetz für die Bundesrepublik Deutschland, Bd. 1, Art. 1-20*, Neuwied 1984, Rn. 11 ff. (die für das Recht wesentlichen konkreten Wirklichkeitsprobleme der Menschenwürde werden in den Mittelpunkt gestellt); Hasso Hofmann, »Die versprochene Menschenwürde«, in: *Archiv des öffentlichen Rechts* 118 (1993), S. 353, 362 (Aufzählung der Vorzüge dieses

Ansatzes); Gerd Roellecke, »Der Embryo braucht keine Würde«, in: *Frankfurter Allgemeine Zeitung*, 24.3.2011, S. 34.

Zu Luhmanns Ansatz kritisch und ablehnend: Peter Häberle, »Rezension: Luhmann, Niklas, Grundrechte als Institution«, in: *Juristenzeitung* 21 (1966), S. 545, 455 (Funktionalisierung von Freiheit, Würde, Recht und Grundrechte schiebe deren »normative Substanz« beiseite); Bernhard Giese, *Das Würde-Konzept*, Berlin 1975, S. 83 ff. (empirisch-kausale Betrachtungsweise Luhmanns verkenne den kontrafaktisch-idealen Gehalt der Würdegarantie); Christian Starck, »Menschenwürde als Verfassungsgarantie im modernen Staat« in: *Juristenzeitung* 36 (1981), S. 457, 463 (Aushöhlung des Würdeschutzes, wenn er von eigener Würdeleistung abhängig gemacht werde); Renate Bieritz-Harder, *Menschenwürdig leben. Ein Beitrag zum Lohnabstandsgebot des Bundesozialhilfegesetzes, seiner Geschichte und verfassungsrechtlichen Problematik*, Berlin 2001, S. 241 ff. (terminologischer Kunstgriff; semantischer Zusammenhang von Begriffen der Darstellungskonsistenz und der Menschenwürde sei keinesfalls zwingend); Peter Unruh, *Der Verfassungsbegriff des Grundgesetzes. Eine verfassungstheoretische Rekonstruktion*, Tübingen 2002, S. 372 (Inkonsistenz in der Gedankenführung: Würde als Vorbedingung für gelingende Selbstdarstellung, zugleich aber auch ihr Resultat; die, welche nicht zur Selbstdarstellung fähig seien, fielen aus dem Würdekonzept heraus); Susanne Baer, »Menschenwürde zwischen Recht, Prinzip und Referenz. Die Bedeutung von Enttabuisierungen«, in: *Deutsche Zeitschrift für Philosophie* 53 (2005), S. 571, 576; Josef Isensee, »Menschenwürde: die säkulare Gesellschaft auf der Suche nach dem Absoluten«, in: *Archiv des öffentlichen Rechts* 36 (2006), S. 173, 197 f. (wer der Leistung nicht fähig ist, bleibe außen vor); Andreas Noll, *Die Begründung der Menschenrechte bei Luhmann. Vom Mangel an Würde zur Würde des Mangels*, Basel 2006, S. 304 f. (Konklusionen Luhmanns irreführend und gefährlich, weil in ihnen leicht faschistoide Gesellschaftskonzeptionen Anklang finden könnten; Gefährlichkeit des luhmannschen Paradigmas liege in der Kombination der als Werte verstandenen Prämissen der Rationalität und der Konstitution der Würde des Einzelnen aus dem Kollektiv); Philipp Kunig »Zum Dogma der unantastbaren Menschenwürde«, in: Rolf Gröschner, Oliver W. Lembcke (Hg.), *Das Dogma der Unantastbarkeit. Eine Auseinandersetzung mit dem Absolutheitsanspruch der Würde*, Tübingen 2009, S. 121, 124; Jan-Ulf Suchomel, *Partielle Disponibilität der Würde des Menschen*, Berlin 2010, S. 81 f.; Nils Teifke, *Das Prinzip Menschenwürde. Zur Abwägungsfähigkeit des Höchstrangigen*, Tübingen 2011, S. 48 (Art. 1 GG schütze keine Leistung, sondern einen Zustand); Josef Isensee, »Die Würde des Menschen«, in: Detlef Merten, Hans-Jürgen Papier (Hg.), *Handbuch der Grundrechte*, Bd. 4, Heidelberg 2011, § 87, Rn. 52; Paul Tiedemann, *Menschenwürde als Rechtsbegriff. Ei-*

ne philosophische Klärung, Berlin 2007, S. 79 (generelle Einschätzung der Theorie Luhmanns).

Stellungnahmen zum Würdediskurs in den sechziger Jahren: Reiner Anselm, »Rechtfertigung und Menschenwürde«, in: Eilert Herms (Hg.), *Menschenbild und Menschenwürde*, Gütersloh 2001, S. 471, 473 (Emanzipationsbewegungen nach 1968 griffen auf den Gedanken einer jedem Menschen eignenden Würde zurück, deren Entwicklung aber durch die gesellschaftlichen Rahmenbedingungen behindert werde); Uwe Volkmann, »Nachricht vom Ende der Gewißheit«, in: *Frankfurter Allgemeine Zeitung*, 24. 11. 2003, S. 8 (mit Luhmanns kaltem Blick des Soziologen sei ein funktionaler Ton ins Spiel gekommen).

Zur historischen Einordnung der Gegenkonzepte: Stephan Kirste, »Die Würde des Menschen als Grundlage des Rechtsstaates«, in: ders., Gerhard Sprenger (Hg.). *Menschliche Existenz und Würde im Rechtsstaat. Ergebnisse eines Kolloquiums für und mit Werner Maihofer aus Anlass seines 90. Geburtstages*, Berlin 2010, S. 103 ff. (Deutung und Einordnung der Würdedeutung Maihofers); Arthur Kaufmann, »Die Naturrechtsrenaissance der ersten Nachkriegsjahre – und was daraus geworden ist«, in: Michael Stolleis u. a. (Hg.), *Die Bedeutung der Wörter. Studien zur europäischen Rechtsgeschichte. Festschrift für Sten Gagnér zum 70. Geburtstag*, München 1991, S. 105, 121 (zur funktionalistischen und ontologischen Betrachtungsweise des Rechts); Hermann Glaser, *Kleine Kulturgeschichte der Bundesrepublik Deutschland 1945-1989*, 2. Aufl., Bonn 1991, S. 237 f. (Aufstieg der Soziologie); Arthur Kaufmann, »Problemgeschichte der Rechtsphilosophie«, in: ders., Winfried Hassemer, Ulfrid Neumann (Hg.), *Einführung in Rechtsphilosophie und Rechtstheorie der Gegenwart*, 7. Aufl., Heidelberg 2004, S. 83 f. (zu Luhmann); Gabriele Metzler, *Konzeptionen politischen Handelns von Adenauer bis Brandt. Politische Planung in der pluralistischen Gesellschaft*, Paderborn 2005, S. 35 ff. (Aufstieg der Soziologie zur Deutungsmacht); Michael Stolleis, *Geschichte des öffentlichen Rechts in Deutschland. Vierter Band. Staats- und Verwaltungsrechtswissenschaft in West und Ost 1945-1990*, München 2012, S. 385 (Naturrechtsrenaissance war überholt), S. 387 (zu Luhmann), S. 460 ff. (zur Relevanz der Sozialwissenschaften im öffentlichen Recht nach 1968).

50 Wahrnehmung des Vielfaltsproblems und Lösungsvorschläge: Rudolf Wiethölter, *Rechtswissenschaft*, Frankfurt/M. 1968, S. 190; Walter Leisner, »Das Ebenbild Gottes im Menschen – Würde und Freiheit«, in: ders. (Hg.), *Staatsethik*, Köln 1977, S. 80 ff.; Wilhelm Schneemelcher, »Diskussionsbeitrag«, in: Ernst Benda, *Gefährdungen der Menschenwürde*, Opladen 1975, S. 38; Reinhold Zippelius, »Menschenwürde«, in: *Evangelisches Staatslexikon*, 2. Aufl., Stuttgart 1975, S. 1554; ders., »Artikel 1«, in: *Bonner*

Kommentar zum Grundgesetz, Heidelberg 1976, Art. 1, Rn. 11; Werner Krawietz, »Gewährt Art. 1 Abs. 1 GG dem Menschen ein Grundrecht auf Achtung und Schutz seiner Würde?«, in: Dieter Wilke, Harald Weber (Hg.), *Gedächtnisschrift für Friedrich Klein*, 1977, S. 245, 275, 285 (zum »Fortschritt autoritativer Entscheidungspraxis« Hinweis auf Zippelius, in Bonner Kommentar zum Grundgesetz, »Artikel 1«, Zweitbearbeitung, Heidelberg 1966, Rn. 11 und BayVerfGE 1, 29 [1948], S. 32); Erhard Denninger, *Staatsrecht. Einführung in die Grundprobleme des Verfassungsrechts der Bundesrepublik Deutschland. 1. Die Leitbilder: Leerformeln? Lügen? Legitimationen?*, Reinbek bei Hamburg 1973, S. 25 ff. (Leerformel, politisch-soziale Funktion – Deutung der denningerschen Sicht durch Paul Tiedemann, *Menschenwürde als Rechtsbegriff. Eine philosophische Klärung*, Berlin 2007, S. 105: Denninger begreife »*den Begriff der Menschenwürde als ein ideologisches Instrument der Systemstabilisierung durch die Produktion von Illusion. Die Bürger sollen zur Loyalität gegenüber dem politischen System motiviert werden, indem man sie glauben macht, dass dieses System genau an den Werten orientiert ist, die die ihren sind, obwohl in Wirklichkeit die Entscheidungen der Politik und der Justiz von völlig anderen Wertvorstellungen geleitet sind, die aber mit den gleichen Worten ausgedrückt werden*«); Angelika Herdermerten, »Artikel 1«, in: Ingo von Münch (Hg.), *Grundgesetz. Kommentar*, Bd. 1, München 1974, Rn. 4.

Zur historischen Einordnung: Michael Stolleis, *Geschichte des öffentlichen Rechts in Deutschland. Vierter Band. Staats- und Verwaltungsrechtswissenschaft in West und Ost 1945-1990*, München 2012, S. 548 (Vorrat an metaphyischen Gemeinsamkeiten aufgebraucht); Peter Häberle, »Die Abhörentscheidung des Bundesverfassungsgerichts vom 15. 12. 1970. Analyse und Kritik des Urteils sowie des Minderheitenvotums vom 4. Januar 1971«, in: *Juristenzeitung* 26 (1971), S. 145, 151, 156; Ralf Müller-Terpitz, »BVerfGE 30, 1 – Abhörurteil. Kapitulation vor dem pouvoir constitué«, in: Jörg Menzel (Hg.), *Verfassungsrechtsprechung. Hundert Entscheidungen des Bundesverfassungsgerichts in Retrospektive*, Tübingen 2000, S. 163, 166 f. (Kritik aus der Literatur); Ulrich Barth, »Herkunft und Bedeutung des Menschenwürdekonzepts. Der Wandel der Gottesebenbildlichkeitsvorstellung«, in: ders., *Religion in der Moderne*, Tübingen 2003, S. 345, 361 (mit Erhebung der Subjektqualität zum Maßstab der Würdeverletzung sei das Bundesverfassungsgericht in der Abhörentscheidung ganz auf den Boden des kantischen Menschenwürdekonzepts eingeschwenkt); Hans Georg Dederer, »BVerfGE 39, 1 – Schwangerschaftsabbruch I. Warum der Gesetzgeber von einer grundsätzlichen Rechtspflicht der Schwangeren zum Austragen des Kindes ausgehen musste«, in: Jörg Menzel (Hg.), *Verfassungsrechtsprechung. Hundert Entscheidungen des Bundesverfassungsgerichts in Retrospektive*, Tübingen 2000, S. 242, 244 (Hinweis auf Protestaktionen).

51 Zu den politischen und sozialen Entwicklungen in den siebziger Jahren: Dietrich Thränhard, *Geschichte der Bundesrepublik Deutschland*, Frankfurt/M. 1996, S. 175 ff. (Studentenprotest und Folgewirkungen), S. 232 ff. (Terrorismus und Reaktion des Staates), S. 253 ff. (Protestbewegungen und Bürgerinitiativen); Hans-Ulrich Wehler, *Deutsche Gesellschaftsgeschichte. Fünfter Band. Bundesrepublik Deutschland und DDR 1949-1990*, München 2008, S. 310 ff. (Studentenproteste); Jörn Ipsen, *Der Staat der Mitte. Verfassungsgeschichte der Bundesrepublik Deutschland*, München 2009, S. 285 ff. (Notstandsverfassung), S. 292 ff. (staatliche Reaktion auf den Terrorismus); Michael Stolleis, *Geschichte des öffentlichen Rechts in Deutschland. Vierter Band. Staats- und Verwaltungsrechtswissenschaft in West und Ost 1945-1990*, München 2012, S. 332 ff. (Bürgerinitiativen), S. 400 ff. (Studentenproteste, Terrorismus), S. 404 ff. (ökologische Wende); Ulrich Herbert, *Geschichte Deutschlands im 20. Jahrhundert*, München 2014, S. 916 ff. (Auseinandersetzung um die Atomenergie); Anselm Doering-Manteuffel, »Fortschrittsglaube und sozialer Wandel. Die Entstehung der Anti-Atom-Bewegung«, in: ders., Bernd Greiner, Oliver Lepsius (Hg.), *Der Brokdorf-Beschluss des Bundesverfassungsgerichts 1985*, Tübingen 2015, S. 83, 86 f. (Auseinandersetzung um Nutzung der Atomenergie), S. 93 ff. (neue Jugendkultur, Terrorismus, neue soziale Bewegungen).

52 Rechtsprechung des Bundesverfassungsgerichts ohne nähere Bestimmung des Rechtsgutes der Würdenorm: BVerfGE 1, 97 – Witwenversorgung (1951), S. 104; BVerfGE 27, 1 – Mikrozensus (1969), S. 6; BVerfGE 30, 1 – Abhörurteil (1970), S. 25.

Rechtsprechung zum Ausbau der Würdenormdogmatik in den siebziger Jahren: BVerfGE 45, 187 – Lebenslängliche Freiheitsstrafe (1977), S. 193, 227 ff., 239 (Argumentation des vorlegenden Gerichts; Selbstbestimmung, Persönlichkeitswert; historische Entwicklung zu berücksichtigen; Anspruch auf Resozialisierung); BVerfGE 30, 1 – Abhörurteil (1970), S. 9, 25 f., 27 (Vortrag des Landes Hessen; Erläuterung der »Objekt-Formel«; keine Verfassungswidrigkeit durch Missbrauchsmöglichkeit); BVerfGE 30, 173 – Mephisto (1971), S. 194 (Würdeschutz auch nach dem Tode); BVerfGE 39, 1 – Schwangerschaftsabbruch I (1975), S. 41 f. (durch Würdenorm auch Schutz des Lebens; Umfang der Schutzpflicht); BVerfGE 46, 160 – Schleyer (1977), S. 164 f. (Umfang der Schutzpflicht, Schutz auch der Gesamtheit der Bürger); BVerfGE 34, 238 – Tonband (1973), S. 245 (absoluter Kernbereich privater Lebensgestaltung; keine Abwägung nach Maßgabe des Verhältnismäßigkeitsgrundsatzes).

Ferner BVerfGE 49, 89 – Kalkar (1978), S. 132, 141 f. (Schutzpflicht auch bezüglich künftiger Gefährdungen); BVerfGE 49, 286 – Transsexuelle I (1978), S. 298 (»Art. 1 Abs. 1 GG schützt die Würde des Menschen, wie er sich in seiner Individualität selbst begreift und seiner selbst bewußt wird. Hierzu gehört, daß der Mensch über sich selbst verfügen und sein Schicksal eigenverantwortlich gestalten kann«).

Rechtsprechung mit Abwägungen der Menschenwürde: BVerfGE 30, 1 – Abhören (1970), S. 27; BVerfGE 30, 173 – Mephisto (1971), S. 197 f.; BVerfGE 35, 202 – Lebach (1973), S. 235 f.; BVerfGE 39, 1 – Schwangerschaftsabbruch (1975), S. 41, 43; BVerfGE 45, 187 – Lebenslange Freiheitsstrafe (1977), S. 242; BVerfGE 46, 160 – Schleyer (1977), S. 165; BVerfGE 49, 24 – Kontaktsperre (1978), S. 55 f. (allgemein gegen die Annahme schrankenloser Rechte).

Stellungnahmen zum Abwägungsverbot: Hans Carl Nipperdey, »Die Würde des Menschen«, in: Alfred Neumann u. a. (Hg.), *Die Grundrechte*, Bd. II, Berlin 1954, S. 22; später ebenso und sich dabei auf Nipperdey berufend: Ernst Benda, *Gefährdungen der Menschenwürde*, Opladen 1975, S. 22; Günter Dürig, »Der Grundrechtssatz von der Menschenwürde. Entwurf eines praktikablen Wertsystems der Grundrechte aus Art. 1 Abs. 1 in Verbindung mit Art. 19 Abs. II des Grundgesetzes«, in: *Archiv des öffentlichen Rechts* 81 (1956), S. 117, 127 f.; Friedrich Klein, »Artikel 1«, in: Hermann von Mangoldt, Friedrich Klein, *Das Bonner Grundgesetz*, 2. Aufl., Berlin u. a. 1957, S. 152 f.; Michael Kloepfer, »Grundrechtstatbestand und Grundrechtsschranken in der Rechtsprechung des Bundesverfassungsgerichts – dargestellt am Beispiel der Menschenwürde«, in: Christian Starck (Hg.), *Bundesverfassungsgericht und Grundgesetz. Festgabe aus Anlaß des 25jährigen Bestehens des Bundesverfassungsgerichts*, 2. Bd., Tübingen 1976, S. 405, 416, 418; aufschlussreich ist insofern auch eine Äußerung des damaligen Bundesministers des Innern Werner Maihofer im Rahmen einer Bundestagsdebatte anlässlich der Absicht, das Recht des Schwangerschaftsabbruchs zu ändern: *»Aber ja hat das Kind eine Würde und sein Recht, aber zugleich hat ebenso die Mutter ihre Würde und ihr Recht, und allein darum rechten wir untereinander, wie dieser Konflikt mit dem Vorrang welcher Würde und welchen Rechts ausgetragen werden soll«*; zitiert nach Peter Dusik, *Grenzprobleme der Menschenwürde. Zugleich ein Beitrag zur Sozialverpflichtung der Menschenwürde*, Würzburg 1976, S. 55.

53 Würdenorm als Grundlage eines Grundrechts auf Umweltschutz: Hans Heinrich Rupp, »Die verfassungsrechtliche Seite des Umweltschutzes«, in: *Juristenzeitung* 26 (1971), S. 401 f. (im Prinzip sei aus Art. 1 und 2 ein Grundrecht auf Schutz vor einer schädlichen Umwelt abzuleiten); Heinhard Steiger, *Mensch und Umwelt. Zur Frage der Einführung eines Umweltgrundrechts*, Berlin 1975, S. 35 f.; Jörg Lücke, »Das Grundrecht des einzelnen gegenüber dem Staat auf Umweltschutz. Zugleich ein Beitrag zu einigen Parallelen des deutschen und amerikanischen Umweltrechts«, in: *Die öffentliche Verwaltung* 29 (1976), S. 289 f. (Art. 2 Abs. 2 in Verbindung mit Art. 1 Abs. 1 sei fähig, gegen schädliche Umwelteinwirkungen zu schützen). Aus der späteren Literatur: Constanze Budde, *Die Wirtschaftsrelevanz der Menschenwürde – dargestellt an ausgewählten Fallgruppen*, Münster 1992, S. 33 ff. Ablehnend: Carl Heinrich Ule, »Umweltschutz im Verfassungs- und Verwaltungsrecht. Ein Überblick über die Rechtslage und Rechtsentwicklung im Bund und in den Ländern (unter besonderer Berücksichtigung des Entwurfs eines Bundes-Immissionsschutzgesetzes)«, in: *Deutsches Verwaltungsblatt* 87 (1972), S. 437 f. (Art. 1 sei keine verfassungsrechtliche Grundlage für den Umweltschutz).

Zum zeithistorischen Hintergrund: Hans Maier, »Fortschrittsoptimismus oder Kulturpessimismus? Die Bundesrepublik Deutschland in den siebziger und achtziger Jahren«, in: Thomas Reithel, Andreas Rödder, Andreas Wirsching (Hg.), *Auf dem Weg in eine neue Moderne? Die Bundesrepublik Deutschland in den siebziger und achtziger Jahren*, München 2009, S. 167, 173 f. (Umweltschutz als wohl stärkste, extensivste Schutzaufgabe seit Entstehen des Sozialstaates); Philipp Gassert, »Die Entstehung eines neuen Umweltbewußtseins«, in: Bernd Greiner, Tim B. Müller, Klaas Voß (Hg.), *Erbe des Kalten Krieges*. Studien zum Kalten Krieg, Bd. 6, Hamburg 2013, S. 343, 345 f.

Würdenorm als Grundlage eines Streikrechts im öffentlichen Dienst: Wolfgang Däubler, *Der Streik im öffentlichen Dienst*, Tübingen 1970, S. 120 f.

54 **Kampf um die Menschenwürde in der Arbeitswelt:** Martin Walser, *Heimatkunde. Aufsätze und Reden*, Frankfurt/M. 1968, S. 61; Alfred Brock, Wolfgang Hindrichs, Reinhard Hoffmann, Oskar Negt, Willi Pöhler, Olaf Sund, Reinhard Welteke, *Die Würde des Menschen in der Arbeitswelt*, Kiel 1969, S. 127, 129, 140, 144 f.; Alfred Söllner, »Betrieb und Menschenwürde. Ein Beitrag zur Sinndeutung des Betriebsverfassungsrechts«, in: *Recht der Arbeit* 21 (1968), S. 437 f.; Reinhard Hoffmann, »Menschenwürde und Arbeitswelt«, in: *Kritische Justiz* 3 (1970), S. 48 f., 51 f., 54, 56, 59 f.; Fritz Vilmar, »Menschenwürde im Betrieb – eine theoretische und empirische Bestandsaufnahme«, in: ders. (Hg.), *Menschenwürde im Betrieb*, Reinbek bei Hamburg 1973, S. 14, 29 f.

Historische Einordnung des Einsatzes der Würdenorm als Argument der Kapitalismuskritik: Jürgen Habermas, *Legitimationsprobleme im Spätkapitalismus*, Frankfurt/M. 1973, S. 113 (Bestandteile bürgerlicher Ideologien); Claus Offe, *Strukturprobleme des kapitalistischen Staates. Aufsätze zur Politischen Soziologie*, Frankfurt/M. 1983, S. 29 ff. (Vergesellschaftung der Arbeitskraft als widersprüchlicher Prozess); Jens Hacke, Die *Bundesrepublik als Idee. Zur Legitimationsbedürftigkeit politischer Ordnung*,

Hamburg 2009, S. 46, 96 ff. (zur Kritik der Linken am Spätkapitalismus und der bürgerlichen Ideologie); Ulrich Herbert, *Geschichte Deutschlands im 20. Jahrhundert*, München 2014, S. 860 ff. (orthodoxe Linke habe sich ganz am Schema von Arbeiterklasse und Industrialismus ausgerichtet und ebenso wie das Regime des sowjetischen Herrschaftsbereichs den herrschenden Fortschritts- und Modernisierungskonsens bestätigt; linke Utopien hätten dezidiert fortschritt- und technikaffine Ausrichtung gehabt; der moderne Kapitalismus würde die Arbeit von Sekretärinnen überflüssig werden lassen und das Reich des Notwendigen überwinden).

Würdenormen in der Verfassung der DDR von 1968: Zur DDR-Verfassung von 1949 und den Verfassungen der Länder: oben, Anm. 17 und 32; Verfassung der Deutschen Demokratischen Republik vom 6. April 1968 (Gesetzblatt Bd. I S. 192), Art. 4, 17 Abs. 4, 18 Abs. 1, 19 Abs. 2 und 3; Klaus Sorgenicht, Wolfgang Weichelt, Tord Riemann, Hans-Joachim Semler (Hg.), *Verfassung der Deutschen Demokratischen Republik. Dokumente. Kommentar*, Bd. 1, Berlin 1969, S. 43 (Begründung Ulbrichts), S. 68 f. (menschenwürdig leben), S. 71 (soziale Unsicherheit, soziale Not), S. 165 (Bericht über Ergebnisse der Volksaussprache), S. 275 (Arbeitsmaxime aller Organe), S. 403 (Wissenschaft); Bd. 2, Berlin 1969, S. 17 f. (Verwirklichung der Menschenwürde durch Aufhebung des Klassenantagonismus); Bundesarchiv, Papier: »Probleme zur Ausarbeitung der Verfassung« vom 16. 6. 1967, BArch-SAPMO DY 30/IV A 2/13/40 (Papier über die Erwägung, Würdenorm aufzunehmen); Wolfgang Weichelt, *Die erste sozialistische Verfassung*, Berlin 1968, S. 7 (Angabe über das Ergebnis des Volksentscheides).

Zur Verfassung der DDR von 1968: Dietmar Willoweit, *Deutsche Verfassungsgeschichte. Vom Frankenreich bis zur Wiedervereinigung Deutschlands*, 6. Aufl., München 2009, S. 385 f. (Ulbricht habe den längst geschaffenen Verfassungszustand in einem neuen Verfassungsdokument fixieren lassen); Michael Stolleis, *Geschichte des öffentlichen Rechts in Deutschland. Vierter Band. Staats- und Verwaltungsrechtswissenschaft in West und Ost 1945-1990*, München 2012, S. 549 f. (die Verfassung sei kein Rechtstext gewesen, an dem sich das Staatsleben tatsächlich orientiert habe).

55 Gefährdungen der Persönlichkeitssphäre durch staatlichen Informationsbedarf: Ernst Benda, *Gefährdungen der Menschenwürde*, Opladen 1975, S. 15, 17, 24 f.

Planungseuphorie und »planender Staat«: Leo Brandt, *Die industrielle Revolution*, Bonn 1956, S. 12 ff. (»Die Verneinung der Planung – eine Kurzsichtigkeit der Bundesregierung«); Joseph H. Kaiser, *Planung I. Recht und Politik der Planung in Wirtschaft und Gesellschaft*, Baden-Baden 1965, S. 7 (Planung); Friedrich Tenbruck, *Zur Kritik der planenden Vernunft*, Freiburg 1972.

Zur historischen Einordnung: Manfred Görtemaker, *Geschichte der Bundesrepublik Deutschland. Von der Gründung bis zur Gegenwart*, München 1999, S. 602 f. (technologische Revolution durch Siliziumchip und Mikroprozessor); Gabriele Metzler, *Konzeptionen politischen Handelns von Adenauer bis Brandt. Politische Planung in der pluralistischen Gesellschaft*, Paderborn 2005, S. 294 ff. (Planung); Edgar Wolfrum, *Die geglückte Demokratie. Geschichte der Bundesrepublik von ihren Anfängen bis zur Gegenwart*, Stuttgart 2006, S. 408 ff. (Technikrevolution); Hasso Hofmann, *Rechtsphilosophie nach 1945. Zur Geistesgeschichte der Bundesrepublik Deutschland*, Berlin 2012, S. 27 (Planung); Michael Stolleis, *Geschichte des öffentlichen Rechts in Deutschland. Vierter Band. Staats- und Verwaltungsrechtswissenschaft in West und Ost 1945-1990*, München 2012, S. 365 ff., 404 ff. (Planungsstaat); Ulrich Herbert, *Geschichte Deutschlands im 20. Jahrhundert*, München 2014, S. 805 ff.; Oliver Lepsius, Anselm Doering-Manteuffel, »Die Richterpersönlichkeiten und ihre protestantische Sozialistation«, in: Anselm Doering-Manteuffel, Bernd Greiner, Oliver Lepsius (Hg.), *Der Brokdorf-Beschluss des Bundesverfassungsgerichts 1985*, Tübingen 2015, S. 167, 208 (Primat der Planung und der Machbarkeitsglaube hätten sich um 1970 erschöpft).

»Recht« bzw. »Grundrecht« auf informationelle Selbstbestimmung: BVerfGE 65, 1 – Volkszählung (1983), S. 41 ff. – Volkszählung; E 120, 378 – Kfz-Kennzeichenerfassung (2008), S. 397 (Grundrecht auf informationelle Selbstbestimmung); Hans Peter Bull, *Informationelle Selbstbestimmung – Vision oder Illusion?*, Tübingen 2009 (zur Ernüchterung).

»Grundrecht auf Gewährleistung der Vertraulichkeit und Integrität informationstechnischer Systeme«: BVerfGE 120, 274 – Online-Durchsuchung (2008), S. 302 (Grundrecht als besondere Ausprägung des allgemeinen Persönlichkeitsrechts). Dazu Utz Schliesky, Christian Hoffmann, Anika Luch, Sönke E. Schulz, Kim Corinna Borchers (Hg.), *Schutzpflichten und Drittwirkung im Internet. Das Grundgesetz im digitalen Zeitalter*, Baden-Baden 2014, S. 86.

56 Zur Entwicklung der Humangenetik und Reproduktionsmedizin sowie zu den von ihr ausgelösten Debatten: Friedrich Wagner, »Die Manipulierung des Menschen durch Genwissenschaft. Geschichte, Methoden, Ziele und Folgen«, in: ders., Menschenzüchtung. *Das Problem der genetischen Manipulierung des Menschen*, München 1969, S. 13 ff.; Horst Trockel, »Menschenwürde und medizinisch-biologische Forschung«, in: *Neue Juristische Wochenschrift* 22 (1971), S. 217 ff.; Christian Flämig, »Die genetische Manipulation des Menschen. Ein Beitrag zu den Grenzen der Forschungsfreiheit«, in: *Aus Politik und Zeitgeschichte* 35 (1985) B3, S. 3, 6 ff. (zu der »sich zwischen 1930 und 1970 abspielende[n] wissenschaftliche[n]

Revolution«); Hasso Hofmann, »Biotechnik, Gentherapie, Genmanipulation – Wissenschaft im rechtsfreien Raum?«, in: *Juristenzeitung* 41 (1986), S. 253 f.; Eibe H. Riedel, »Gentechnologie und Embryonenschutz als Verfassungs- und Regelungsproblem«, in: *Europäische Grundrechte-Zeitschrift* 13 (1986), S. 469, Fn. 1; Andreas Bernard, *Kindermachen. Neue Reproduktionstechnologien und die Ordnung der Familie. Samenspender, Leihmütter, Künstliche Befruchtung*, Frankfurt/M. 2014, S. 88 (Standesunwürdigkeit der heterologen Insemination 1970 vom Deutschen Ärztetag aufgehoben), S. 230 ff. (künstliche Befruchtung in Deutschland von 1933 bis 1970), S. 282 ff. (Leihmutterschaft in Deutschland vor Einführung des Embryonenschutzgesetzes), S. 373 (Louise Browns Geburt; Baby des Jahrhunderts).

57 Würdenorm als Verbotslinie der Reproduktionsmedizin und Humangenetik: Ernst Benda, »Humangenetik und Recht – eine Zwischenbilanz«, in: *Neue Juristische Wochenschrift* 38 (1985), S. 1730, 1732 (heterologe In-vitro-Fertilisation), S. 1733 (Leihmutterschaft, Klonen, Eingriffe in Keimbahnzellen); Ernst Benda, »Erprobung der Menschenwürde am Beispiel der Humangenetik«, in: *Aus Politik und Zeitgeschichte* 35 (1985) B 3, S. 18, 31 (Verbot des Klonens); Wolfgang Graf Vitzthum, »Gentechnologie und Menschenwürde«, in: *Medizinrecht* 3 (1985), S. 249, 255 (pränatale Diagnostik zum Zwecke der Selektion; Leihmütterschaft und *egg donation*), S. 256 (Embryonen verbrauchende Forschung, Eingriffe in Keimbahn zum Zwecke positiver Eugenik); Hasso Hofmann, »Biotechnik, Gentherapie, Genmanipulation – Wissenschaft im rechtsfreien Raum?«, in: *Juristenzeitung* 41 (1986), S. 253, 259 f. (Klonen); Eibe H. Riedel, »Gentechnologie und Embryonenschutz als Verfassungs- und Regelungsproblem«, in: *Europäische Grundrechte-Zeitschrift* 13 (1986), S. 469, 476 (Eingriffe in Keimbahnzellen); Christian Starck, »Die künstliche Befruchtung beim Menschen – Zulässigkeit und zivilrechtliche Folgen. Gutachten A für den 56. Deutschen Juristentag, in: *Verhandlungen des 56. Deutschen Juristentages*, Berlin 1986, S. 15 (Würdeschutz schon vor Zeugung), S. 24 (anonyme Samenspende), S. 33 (Erzeugung von Embryonen zu Forschungszwecken), S. 34 (Embryonen verbrauchende Forschung), S. 45 f. (Klonen), S. 46 (Chimären); Claus Dieter Classen, »Verfassungsrechtliche Rahmenbedingungen der Forschung mit Embryonen«, in: *Wissenschaftsrecht* 12 (1989), S. 235, 241 f. (Embryonen verbrauchende Forschung).

58 Die Gegenposition – größere Zurückhaltung gegenüber der Eignung der Würdenorm als Verbotslinie: Hinweise auf die Äußerung von Wolfgang Zeidler in: *Deutsches Ärzteblatt*, 05. 02. 1986, S. 306 bzw. Peter Glotz, *Von Heimat zu Heimat. Erinnerungen eines Grenzgängers*, Berlin 2005, S. 236; Erich Fechner, »Menschenwürde und generative Forschung und Technik – eine rechtstheoretische und rechtspolitische Untersuchung«, in: *Juristenzeitung* 41 (1986), S. 653, 659 (Zulässigkeit der In-vitro-Fertilisation und der Embryonen verbrauchenden Forschung), S. 661 (Zulässigkeit von Eingriffen in Genstruktur); Hasso Hofmann, »Biotechnik, Gentherapie, Genmanipulation – Wissenschaft im rechtsfreien Raum?«, in: *Juristenzeitung* 41 (1986), S. 253, 258 f. (keine grundsätzliche Unzulässigkeit der Embryonen verbrauchenden Forschung); Peter Lerche, »Verfassungsrechtliche Aspekte der Gentechnologie«, in: Rudolf Lukes, Rupert Scholz (Hg.), *Rechtsfragen der Gentechnologie*, 1986, S. 88, 100 (Leihmutterschaft), S. 106 (Eingriffe in Keimbahnzellen), 1S. 07 (In-vitro-Fertilisation), S. 108 f. (Embryonen verbrauchende Forschung); Christoph Enders, »Die Menschenwürde und ihr Schutz vor gentechnologischer Gefährdung«, in: *Europäische Grundrechte-Zeitschrift* 13 (1986), S. 241, 252; Rupert Scholz, »Instrumentale Beherrschung der Biotechnologie durch die Rechtsordnung«, in: *Bitburger Gespräche* – Jahrbuch 1986, S. 59, 75 (Genmanipulation), S. 77 f. (In-vitro-Fertilisation), S. 78 (Leihmutterschaft), S. 79 (Embryonen verbrauchende Forschung); Ulfrid Neumann, »Die ›Würde des Menschen‹ in der Diskussion um Gentechnologie und Befruchtungstechnologien«, in: Ulrich Klug, Martin Kriele (Hg.), *Menschen- und Bürgerrechte*, Stuttgart 1988, S. 138, 150 (Berufung auf Menschenwürde habe mit erheblichen Begründungsschwierigkeiten zu kämpfen); Gerhard Struck, »Die ›Würde des Menschen‹ als Argument und Tabu in der Debatte zur Fertilisations- und Gentechnologie«, in: Ulrich Klug, Martin Kriele (Hg.), *Menschen- und Bürgerrechte*, Stuttgart 1988, S. 100, 115; Reinhold Zippelius, »Artikel 1«, in: *Bonner Kommentar*, Drittbearbeitung, Heidelberg 1989, Rz. 78 (Entscheidung der aufgeworfenen Fragen sei nicht im Willen des Verfassungsgebers aufgenommen; nicht die Verfassungsdogmatik, sondern die Rechtspolitik sei gefordert).

59 **Würdenorm und intensivmedizinische Defektheilung:** Arthur Kaufmann, »Euthanasie – Selbsttötung – Tötung auf Verlangen«, in: *Medizinrecht* 1 (1983), S. 121 (durch Entwicklung der modernen Medizin bedingte Fragen); Norbert Hoerster, »Rechtsethische Überlegungen zur Freigabe der Sterbehilfe«, in: *Neue Juristische Wochenschrift* 39 (1986), S. 1786, 1792 (Gegenargumentation gegen kirchlich inspirierte, unter Berufung auf die Menschenwürde erfolgende Rechtspolitik); Harro Otto, »Recht auf den eigenen Tod? Gutachten zum 56. Deutschen Juristentag«, in: *Verhandlungen des 56. Deutschen Juristentages*, Berlin 1986, D 15 f., 18; Wilhelm Uhlenbruck, »Recht auf den eigenen Tod? Strafrecht im Spannungsverhältnis zwischen Lebenserhaltungspflicht und Selbstbestimmung«, in: *Zeitschrift für Rechtspolitik* 19 (1986), S. 209, 214 (Selbsttötung der Würde zuzuordnen; Recht auf menschenwürdiges Sterben); Rudolf Wassermann, »Das

Recht auf den eigenen Tod, in: *Deutsche Richterzeitung* 64 (1986), S. 291, 294 (Recht auf menschenwürdiges Sterben und menschenwürdige Behandlung); Heiner Wilms, York Jäger, »Menschenwürde und Tötung auf Verlangen, in: *Zeitschrift für Rechtspolitik* 21 (1988), S. 41, 44 (aufgrund der Würdenorm Pflicht des Staates, Tötung auf Verlangen zu bestrafen); Reinhold Zippelius, »Artikel 1«, in: *Bonner Kommentar*, Drittbearbeitung, Heidelberg 1989, Rn. 74, 94; Karl Jaspers, *Der philosophische Glaube angesichts der Offenbarung*, 3. Aufl., München 1984, S. 474 (dort das von Zippelius angeführte Zitat).

60 **Tierschutz als Ausfluss der Würdenorm:** Ralf Dreier, Christian Starck, »Tierschutz als Schranke der Wissenschaftsfreiheit«, in: Ursula M. Händel (Hg.), *Tierschutz – Testfall unserer Menschlichkeit*, Frankfurt/M. 1984, S. 103, 106 f.; Martin Kriele, »Gesetzliche Regelungen von Tierversuchen und Wissenschaftsfreiheit«, in: Ursula M. Händel (Hg.), *Tierschutz – Testfall unserer Menschlichkeit*, Frankfurt/M. 1984, S. 113, 120; Günter Erbel, »Rechtsschutz für Tiere – Eine Bestandsaufnahme anläßlich der Novellierung des Tierschutzgesetzes«, in: *Deutsches Verwaltungsblatt* 101 (1986), S. 1235, 1251; Hans Christoph Heydebrand, Franz Gruber, »Tierversuche und Forschungsfreiheit«, in: *Juristische Schulung* 26 (1986), S. 115, 118; Michael Kloepfer, »Tierversuchsbeschränkungen und Verfassungsrecht«, in: *Juristenzeitung* 41 (1986), S. 205, 209 f.; Rainer Wahl, »Freiheit der Wissenschaft als Rechtsproblem«, in: *Freiburger Universitätsblätter* 1987, S. 19, 26; Hans Georg Kluge, »Vorbehaltlose Grundrechte am Beispiel des Schächtens«, in: *Zeitschrift für Rechtspolitik* 25 (1992), S. 141, 145 (ablehnend: Menschenwürde als Vehikel für moralische Wertungen, die anderswo vorgenommen worden seien; sie degeneriere zur argumentativen Krücke); OVG Hamburg, in: *Neue Zeitschrift für Verwaltungsrecht* 13 (1994), S. 592, 594 f. (in Verbindung mit dem Grundrecht der Menschenwürde nach Art. 1 I GG komme dem Tierschutz Verfassungsrang zu).

61 **Peep-Show-Entscheidung und Kritik:** BVerwGE 64, 274 – Peep-Show I (1981), S. 268 ff.; BVerwGE 84, 314 – Peep-Show II (1990); Christoph Gusy, »Sittenwidrigkeit im Gewerberecht«, in: *Deutsches Verwaltungsblatt* 97 (1982), S. 984, 986 (Verkehrung des freiheitlichen Gehalts von Art. 1 Abs. 1); Wolfram Höfling, »Menschenwürde und gute Sitten«, in: *Neue Juristische Wochenschrift* 36 (1983), S. 1582, 1584 (Verkehrung des freiheitlichen Gehalts); Norbert Hoerster, »Zur Bedeutung des Prinzips der Menschenwürde«, in: *Juristische Schulung* 20 (1983), S. 93, 95 (pseudoobjektive Scheinlegitimation); Henning von Olshausen, »Menschenwürde im Grundgesetz: Wertabsolutismus oder Selbstbestimmung«, in: *Neue Juristische Wochenschrift* 36 (1982), S. 2221, 2223 f. (Würdeoktroi, to-

talitärer Werte-Absolutismus); Klaus Stern, *Das Staatsrecht der Bundesrepublik Deutschland. Band III/1. Allgemeine Lehre der Grundrechte*, München 1988, S. 31 (Autonomie sei doch das Herzstück der Würde); Eric Hilgendorf, »Die missbrauchte Menschenwürde. Probleme des Menschenwürdetopos am Beispiel der bioethischen Diskussion«, in: *Jahrbuch für Recht und Ethik* 7 (1999), S. 137, 149, Fn. 37. Weitere Literatur- und Rechtsprechungsnachweise zu dieser Entscheidung bei: Tatjana Geddert-Steinacher, *Menschenwürde als Verfassungsbegriff. Aspekte der Rechtsprechung des Bundesverfassungsgerichts zu Art. 1 Abs. 1 Grundgesetz*, Berlin 1990, S. 89, Fn. 316; Christian Hillgruber, *Der Schutz des Menschen vor sich selbst*, München 1992, S. 107 ff. (unter Berufung auf Dürig: die Schutzintensität des Art. 1 Abs. 1 in der Staatsrichtung und derjenige in der Drittrichtung deckten sich nicht; Art. 1 Abs. 1 dürfe nicht im Sinne einer »Abwehr von Geschmacklosigkeiten« abgenutzt werden; zu der vom Grundgesetz geschützten Freiheit des Menschen gehöre auch die Freiheit, sich in einer Weise zu verhalten, die unter seiner Würde sei; solch unwürdiges Verhalten sei nicht durch Art. 1 Abs. 1 GG gewährleistet, aber Ausdruck der gemäß Art. 2 Abs. 1 geschützten allgemeinen Handlungsfreiheit); Günther Kreuzbauer, »Argumentationsanalytische Betrachtungen zum Begriff der Menschenwürde«, in: Michael Fischer (Hg.), *Der Begriff der Menschenwürde. Definition, Belastbarkeit und Grenzen*, 2. Aufl., Frankfurt/M. u. a. 2005, S. 47, 63 (Entscheidung mit zahlreichen nicht begründeten Annahmen).

Bejahung der Peep-Show-Entscheidung: Werner Frotscher, *Wirtschaftsverfassungs- und Wirtschaftsverwaltungsrecht. Eine systematische Einführung anhand von Grundfällen*, 3. Aufl., München 1999, Rn. 203 (Rückgriff auf die Würdenorm sei der von der Verfassung vorgezeichnete Weg, um in Bereichen gewerbsmäßiger Pornographie, Prostitution und sonstiger Befriedigung sexueller Bedürfnisse bei aller Liberalität äußerste Grenzen zu ziehen).

Würdenorm als allgemeines Verbot sozial und sittlich anstößigen Verhaltens: Verwaltungsgericht Freiburg, in: *Neue Zeitschrift für Verwaltungsrecht* 12 (1993), S. 98 f. (Zwergenweitwurf); Landgericht Mannheim, in: *Neue Juristische Wochenschrift* 48 (1995), S. 3398 (Telefon-Sex); Peter Rädler, »Die Unverfügbarkeit der Menschenwürde in Deutschland und Frankreich – Die Urteile des französischen Conseil d'État zum ›Zwergenweitwurf‹«, in: *Die Öffentliche Verwaltung* 48 (1997), S. 109 ff.; Brigitte Tag, »Zum Umgang mit der Leiche. Rechtliche Aspekte der dauernden Konservierung menschlicher Körper und Körperteile durch die Plastination«, in: *Medizinrecht* 16 (1998), S. 387 ff.; Walter Schmitt Glaeser, »Big Brother is watching you – Menschenwürde bei RTL 2«, in: *Zeitschrift für Rechtspolitik* 33 (2000), S. 395 ff. (Reality-TV); Bundesverwaltungsgericht, in: *Neue Zeitschrift für Verwaltungsrecht* 21 (2002), S. 598 (Tötungsspiele); Alfred Scheidler, »Verstoßen Tötungsspiele gegen die Menschenwürde?«, in: *Juristische Ausbildung* 31 (2009), S. 575 ff.; Oberverwaltungsgericht Niedersachsen, in: *Baurecht* 41 (2010), S. 1060 ff. (Paintball); Elisa Hoven, Markus Rotter, »›Ultimative Fighting‹. Eine Betrachtung aus dem Blickwinkel der Menschenwürde«, in: *Humboldt Forum Recht* 14 (2010), S. 55 ff.; Jan-Ulf Suchomel, *Partielle Disponibilität der Würde des Menschen*, Berlin 2010; Bautze, Kristina, *Die Menschenwürde als Ware – Grenzen des selbstbestimmten Umgangs mit Art. 1 I GG*, in: *Jura* 2011, S. 647 ff.; Thomas Jacob, »Verstößt ›Mixed Martial Arts‹ gegen die Menschenwürde? Verwaltungsrechtliche Handlungsspielräume gegen MMA-Kampfsportveranstaltungen«, in: *Zeitschrift für Sport und Recht* 19 (2012), S. 2 ff.; Christian Sailer, »Massentierhaltung und Menschenwürde«, in: *Natur und Recht* 2012, S. 29 ff.; Klaus Mathis, »Human Dignity as a Two-edged Sword«, in: Winfried Brugger, Stephan Kirste (Hg.), *Human Dignity as a Foundation of Law. Proceedings of the Special Workshop held at the 24th World Congress of the International Association for Philosophy of Law and Social Philosophy in Beijing*, Archiv für Rechts- und Sozialphilosophie Beiheft 137 (2013), S. 131 ff.; Bayerischer Verwaltungsgerichtshof, in: *Deutsches Verwaltungsblatt* 128 (2013), S. 525 ff. (Paintball).

62 Erklärung der Erstreckung auf neue Themenfelder: BVerfGE 45, 187 – Lebenslange Freiheitsstrafe (1977), S. 229 (Orientierung der Würdenorm an historischem Wandel); Hessischer Staatsgerichtshof, in: *Entscheidungssammlung des Hessischen Verwaltungsgerichtshofs und des Verwaltungsgerichtshofs Baden-Württemberg mit Entscheidungen der Staatsgerichtshöfe beider Länder*, ESVGH 22, 209 – Amtsbezeichnung für Beamte (1972), S. 212 f.; Oberverwaltungsgericht Berlin, in: *Neue Juristische Wochenschrift* 33 (1980), S. 2484 f. (wandlungsfähiger Begriff); Ernst Benda, »Erprobung der Menschenwürde am Beispiel der Humangenetik«, in: *Aus Politik und Zeitgeschichte* (35) 1985 B 3, S. 18, 24 (bei Beharrung auf historischem Kontext Verlust der praktischen Bedeutung), S. 26 (Berücksichtigung des gesellschaftlichen Wandels); Wolfgang Graf Vitzthum, »Gentechnologie und Menschenwürdeargument«, in: *Zeitschrift für Rechtspolitik* 20 (1987), S. 33 f. (säkularisierte Bibel »Grundgesetz«), S. 36 (Würdenorm als Notbremse); Robert Spaemann, »Über den Begriff der Menschenwürde«, in: Ernst-Wolfgang Böckenförde, Robert Spaemann (Hg.), *Menschenrechte und Menschenwürde. Historische Voraussetzungen – säkulare Gestalt – christliches Verständnis*, Stuttgart 1987, S. 295, 310 (moderne Zivilisation stelle für die Würde des Menschen eine Bedrohung dar, wie sie niemals existiert habe); Günther Jaenicke, »Menschenwürde – ein universelles Menschenrecht«, in: Harald Petri, Walter Simm (Hg.), *Die Würde des Menschen ist unantastbar*, Bochum 1988, S. 65, 67 (neue und andersartige Gefährdungen); Edgar Wolfrum, *Die geglückte Demokratie. Geschichte der Bundesrepublik von ihren Anfängen bis zur Gegenwart*, Stuttgart 2006, S. 409 (Umfrage von 1982).

63 **Kritik des ubiquitären Einsatzes des Würdearguments:** Theodor Maunz, »Rechtsethische Positionen in den Nachkriegsverfassungen des Bundes und der Länder«, in: Anton Rauscher (Hg.), *Katholizismus, Rechtsethik und Demokratiediskussion 1945-1963*, Paderborn 1981, S. 9, 16; Christoph Enders, »Die Menschenwürde und ihr Schutz vor gentechnologischer Gefährdung«, in: *Europäische Grundrechte-Zeitschrift* 13 (1986), S. 241, 250 ff.; Hasso Hofmann, »Biotechnik, Gentherapie, Genmanipulationen – Wissenschaft im rechtsfreien Raum?«, in: *Juristenzeitung* 41 (1986), S. 253, 259 f.; Peter Lerche, »Verfassungsrechtliche Aspekte der Gentechnologie«, in: Rudolf Lukes, Rupert Scholz (Hg.), *Rechtsfragen der Gentechnologie*, 1986, S. 88, 111; Wolfgang Graf Vitzthum, »Gentechnologie und Menschenwürdeargument«, in: *Zeitschrift für Rechtspolitik* 20 (1987), S. 33; Alexander Blankenagel, »Gentechnologie und Menschenwürde. Über die Strapazierung von juristischem Sachverstand und gesundem Menschenverstand anläßlich eines ernsten Themas«, in: *Kritische Justiz* 20 (1987), S. 379, 387; Rainer Wahl, »Freiheit der Wissenschaft als Rechtsproblem«, in: *Freiburger Universitätsblätter*, 1987, S. 19, 26-29; Klaus Stern, *Das Staatsrecht der Bundesrepublik Deutschland. Band III/1. Allgemeine Lehre der Grundrechte*, München 1988, S. 12 f.

64 **Kritik der christlichen Fundierung der Würdenorm:** Eibe H. Riedel, »Gentechnologie und Embryonenschutz als Verfassungs- und Regelungsproblem«, in: *Europäische Grundrechte-Zeitschrift* 13 (1986), S. 469, 473; Erich Fechner, »Menschenwürde und generative Forschung und Technik – eine rechtstheoretische und rechtspolitische Untersuchung«, in: *Juristenzeitung* 41 (1986), S. 653, 654 f.; Klaus Stern, *Das Staatsrecht der Bundesrepublik Deutschland. Band III/1. Allgemeine Lehre der Grundrechte*, München 1988, S. 10.

65 **Propagieren der christlichen Fundierung der Würdenorm in den achtziger Jahren:** Ernst-Wolfgang Böckenförde, »Zur Eröffnung«, in: ders., Robert Spaemann (Hg.), *Menschenrechte und Menschenwürde. Historische Voraussetzungen – säkulare Gestalt – christliches Verständnis*, Stuttgart 1987, S. 13-15; ebd., Vorwort, S. 9; Robert Spaemann, »Über den Begriff der Menschenwürde«, in: Ernst-Wolfgang Böckenförde, Robert Spaemann (Hg.), *Menschenrechte und Menschenwürde. Historische Voraussetzungen – säkulare Gestalt – christliches Verständnis*, Stuttgart 1987, S. 295-315 (Atheisten unfähig, Menschenwürde zu begründen); Äußerungen von Josef Isen-

see, Ernst-Wolfgang Böckenförde und Martin Kriele in: Ernst-Wolfgang Böckenförde, Robert Spaemann (Hg.), *Menschenrechte und Menschenwürde. Historische Voraussetzungen – säkulare Gestalt – christliches Verständnis*, Stuttgart 1987, S. 314 f.; Christian Starck, »Menschenwürde als Verfassungsgarantie im modernen Staat« in: *Juristenzeitung* 36 (1981), S. 457, 459 f., 463; Josef Isensee, »Die katholische Kritik an den Menschenrechten. Der liberale Freiheitsentwurf in der Sicht der Päpste des 19. Jahrhunderts«, in: Ernst-Wolfgang Böckenförde, Robert Spaemann (Hg.), *Menschenrechte und Menschenwürde. Historische Voraussetzungen – säkulare Gestalt – christliches Verständnis*, Stuttgart 1987, S. 138, 165 f.; Josef Isensee, »Keine Freiheit für den Irrtum. Die Kritik der katholischen Kirche des 19. Jahrhunderts an den Menschenrechten als staatsphilosophisches Paradigma«, in: *Zeitschrift der Savigny-Stiftung für Rechtsgeschichte. Kanonistische Abteilung* 72 (1987), S. 296, 333 f.; Alfons Gern, »Menschenwürde und gute Sitten (Fortsetzung)«, in: *Neue Juristische Wochenschrift* 36 (1983), S 1585, 1589.

Zur historischen Einordnung: Ulrich Barth, »Herkunft und Bedeutung des Menschenwürdekonzepts. Der Wandel der Gottesebenbildlichkeitsvorstellung«, in: ders., *Religion in der Moderne*, Tübingen 2003, S. 345 f. (Versuch Böckenfördes, Krieles und Isensees, genuin christliche Konzepte wieder durchzusetzen).

In jüngerer Zeit findet sich die Derivatsthese auch etwa bei Jürgen Habermas, »Vorpolitische Grundlagen des demokratischen Rechtsstaates?«, in: ders., Joseph Ratzinger, *Dialektik der Säkularisierung. Über Vernunft und Religion*, mit einem Vorwort herausgegeben von Florian Schuller, Freiburg i. B. 2005, S. 32 (Übersetzung der Gottesebenbildlichkeit des Menschen in die Würde aller Menschen als Beispiel für die Aneignung genuin christlicher Gehalte durch die Philosophie).

66 Zahlen zur tatsächlichen Religionszugehörigkeit in Deutschland: Forschungsgruppe Weltanschauungen in Deutschland, Religionszugehörigkeit der Bevölkerung von 1970 bis 2011, 〈www.fowid.de〉, letzter Zugriff 4. 5. 2016.

Relevanz der Präambel: Uwe Volkmann, »Kommentar«, in: Horst Dreier, *Säkularisierung und Sakralität. Zum Selbstverständnis des modernen Verfassungsstaates*, Tübingen 2013, S. 135 f.

Zur Haltlosigkeit der Derivatsthese: Hubert Cancik, »›Die Würde des Menschen ist unantastbar‹. Religions- und philosophiegeschichtliche Bemerkungen zu Art. 1, Satz 1 GG«, in: Hermann Funke (Hg.), *Utopie und Tradition. Platons Lehre vom Staat in der Moderne*, 1987, S. 73, 77 (Ausdruck »Menschenwürde« stamme nicht aus dem Christentum, sondern aus der antiken Philosphie; die Annahme, der letzte Grund der Person sei göttlich, von Gott erzeugt oder von Gott geschaffen, sei in der Antike weit verbreitet gewesen; die Bekenntnisse des neuzeitlichen Humanismus zur »Menschenwürde« seien keine aus dem Christentum usurpierte Säkularisate, sondern Fortsetzung antiker Traditionen); Wolfgang Huber, »Menschenrechte/Menschenwürde«, in: *Theologische Realenzyklopädie*, Bd. XXII, Berlin, New York 1992, S. 578 f. (die allen Menschen gemeinsame Würde sei weder in der Zeit der alten Kirche noch im Mittelalter bestimmender Orientierungspunkt für die kirchliche und politische Ordnung gewesen und durch drei Faktoren in den Hintergrund gedrängt worden: Einsicht in die Sündhaftigkeit des Menschen, Zurücktreten der Gemeinsamkeit des *genus humanum* hinter die Unterscheidung zwischen Christen, Häretikern und Nichtchristen, Einzeichnung der christlichen Anthropologie in ein ständisches Gesellschafts- sowie ein hierarchisches Kirchenbild); Wolfgang Huber, *Gerechtigkeit und Recht. Grundlinien christlicher Rechtsethik*, Gütersloh 1996, S. 227 f. (Rede von der Würde des Menschen sei auf die Stoa und Cicero zurückzuführen, die Vorstellung von einer allen Menschen gemeinsamen Würde sei weder in der Zeit der alten Kirche noch im Mittelalter zum bestimmenden Orientierungspunkt für die kirchliche oder politische Ordnung geworden); Eric Hilgendorf, »Religion, Gewalt und Menschenrechte – Eine Problemskizze am Beispiel von Christentum und Islam«, in: Horst Dreier, Eric Hilgendorf (Hg.), *Kulturelle Identität als Grund und Grenze des Rechts. Akten der IVR-Tagung vom 28.-30. September 2006 in Würzburg*, Stuttgart 2008, S. 169, 180 f. (Menschenrechtsgehalt der Lehre von der Gottesebenbildlichkeit bleibe weit hinter dem anthropologisch fundierten Gleichheitsideal der Sophistik und der Stoa zurück); Hasso Hofmann, »Methodische Probleme der juristischen Menschenwürdeinterpretation«, in: Ivo Appel, Georg Hermes (Hg.), *Mensch – Staat – Umwelt*, Berlin 2008, S. 47, 59 (die eine christliche Lehre von der Menschenwürde gebe es nicht); Hasso Hofmann, »Unsere Verfassungswerte und die christlich-weltanschaulichen Traditionen«, in: ders., *Recht und Kultur. Drei Reden*, Berlin 2009, S. 9, 23 (Würdeidee auf Cicero zurückzuführen); Friedrich Wilhelm Graf, *Missbrauchte Götter. Zum Menschenbilderstreit in der Moderne*, München 2009, S. 178 (theologiehistorische Zweifel an der Derivatsthese Isensees); Hubert Cancik, »Freiheit und Menschenwürde im ethischen und politischen Diskurs der Antike«, in: Hildegard Cancik-Lindemaier (Hg.), *Europa – Antike – Humanismus. Humanistische Versuche und Vorarbeiten*, Bielefeld 2011, S. 175, 184 (der Begriff »Menschenwürde« sei gebildet worden in der stoischen Anthropologie, Trieblehre und Moral; die Stelle in Ciceros »Über das Handeln gemäß der Natur« (*De officiis* 1, 30, 106) sei der früheste Beleg für den Begriff »Menschenwürde«; der früheste Beleg in deutscher Sprache finde sich in der ersten Übersetzung von Ciceros Schrift ins Deutsche, wohl der von Johann Neubert aus dem Jahre 1488 (»die uebertreflicheyt und wyrde menschlicher natur«); der Begriff sei also nicht etwa ein »saekularisierter theologischer Begriff«, sondern eine Errungenschaft antiker Philosophie und humanistischer Tradition); Werner Heun, »Einflüsse der Stoa auf die Entwicklung von Menschenwürde und Menschenrechten bis zum Ende des 18. Jahrhunderts«, in: *Armut – Arbeit – Menschenwürde. Die Euböische Rede des Dion von Prusa eingeleitet, übersetzt und mit interpretierenden Essays versehen von Gustav Adolf Lehmann u a.*, Tübingen 2012, S. 235, 239 ff. (christlicher Exklusivitätsanspruch nicht haltbar; universalistisches und egalitäres Verständnis von Würde vor allem von Cicero rezipiert und wirkungsmächtig formuliert; Idee des Menschen als *imago dei* sei generell in der Antike verbreitet gewesen).

Zur lange Zeit in den christlichen Kirchen vorherrschenden Ablehnung der Idee der Menschenrechte: Manfred Spieker, »Christen, Grundgesetz und Grundrechte«, in: Rudolf Morsey, Konrad Repgen (Hg.), *Christen und Grundgesetz*, Paderborn 1989, S. 127, 129 (Ablehnung der Menschenrechte durch die Päpste Pius VI., Pius VII., Gregor XVI. und Pius IX. vor dem Hintergrund der metaphysik- und religionsfeindlichen Tendenzen und revolutionärer kirchenfeindlicher Strömungen in der Politik; Hinweis auf Zitat von Gregor XVI., der Gewissensfreiheit als »Wahnsinn« und »seuchenartigen Irrtum« bezeichnet habe), S. 131 (Einwände der evangelischen Kirche gegen Menschenrechte, deren Ausformung als Ergebnis der Aufklärung gegolten habe, als Spiegel eines rationalistischen und individualistischen Menschenbildes und als Waffe gegen die Kirchen); Konrad Hilpert, *Die Menschenrechte. Geschichte, Theologie, Aktualität*, Düsseldorf 1991, S. 138 ff. (Abwehr der Menschenrechtsidee); Horst Dreier, *Säkularisierung und Sakralität. Zum Selbstverständnis des modernen Verfassungsstaates*, Tübingen 2013, S. 80 ff. (zum lange Zeit belasteten und ablehnenden Verhältnis der Kirchen gegenüber den Menschenrechten); Friedrich Wilhelm Graf, »Mulitreligiösität, Kirchenkritik, Orientierungsbedürfnis und Radikalisierung«, in: *Neue Gesellschaft/Frankfurter Hefte* 61 (2014), S. 4 f. (in den theologischen Ethiken der 1920er bis 1950er Jahre sei der Begriff der Menschenrechte delegitimiert worden).

Zu der sich seit Mitte des 20. Jahrhunderts in den christlichen Kirchen verbreitenden Sicht von der christlich zu verstehenden Menschenwürde als Grundlage und Begründung der Menschenrechte:

II. Vatikanisches Konzil, »Erklärung über die religiöse Freiheit« (1965), in: Johann Christoph Hampe (Hg.), *Die Autorität der Freiheit. Gegenwart des Konzils und Zukunft der Kirche im ökumenischen Disput*, Bd. III, München 1967, S. 207 (religöse Freiheit sei in Wahrheit auf die Würde der menschlichen Person selbst gegründet, so wie sie durch das geoffenbarte Wort Gottes und durch die Vernunft selbst erkannt werde); Kirchenamt im Auftrag des Rates der Evangelischen Kirche in Deutschland (Hg.), *Evangelische Kirche und freiheitliche Demokratie. Der Staat des Grundge-*

setzes als Angebot und Aufgabe. Eine Denkschrift der Evangelischen Kirche in Deutschland, Gütersloh 1985, S. 13 f. (Grundelemente des freiheitlichen demokratischen Staates seien Achtung der Würde des Menschen, Anerkennung der Freiheit und Gleichheit; der Gedanke der Menschenwürde sei inhaltlich eine Konsequenz der biblischen Lehre von der Gottesebenbildlichkeit des Menschen als Geschöpf Gottes); Manfred Spieker, »Christen, Grundgesetz und Grundrechte«, in: Rudolf Morsey, Konrad Repgen (Hg.), *Christen und Grundgesetz*, Paderborn 1989, S. 127, 130 f. (katholische Kirche habe die Menschenwürde als naturrechtliches Fundament der Menschenrechte anerkannt); Konrad Hilpert, *Die Menschenrechte. Geschichte, Theologie, Aktualität*, Düsseldorf 1991, S. 146 (inzwischen Periode der Identifzierung der katholischen Kirche mit den Menschenrechten); Wolfgang Vögele, *Menschenwürde zwischen Recht und Theologie. Begründungen von Menschenrechten in der Perspektive öffentlicher Theologie*, Gütersloh 2000, S. 412 (Begriff der Menschenwürde habe sich in protestantischer Theologie ebenfalls durchgesetzt, wenn auch später als in katholischer Theologie); Gerhard Robbers, »Menschenrechte aus der Sicht des Protestantismus«, in: Detlef Merten, Hans-Jürgen Papier (Hg.), *Handbuch der Grundrechte in Deutschland und Europa, Band I, Entwicklung und Grundlagen*, Heidelberg 2004, S. 387, 403 (als Grundlage der Menschenrechte gelte in gegenwärtigen protestantischen Interpretationen regelmäßig die Menschenwürde, die jedem Menschen zukomme); David Hollenbach SJ, »Human Dignity in Catholic Church«, in: Marcus Düwell, Jens Braarvig, Roger Brownsword, Dietmar Mieth (Hg.), *The Cambridge Handbook of Human Dignity. Interdisciplinary Perspectives*, Cambridge 2014, S. 250, 254 (die im II. Vatikanischen Konzil zum Ausdruck gebrachte Position der katholischen Kirche sei sowohl gegen die individualistische wie auch gegen die sozialistische Sicht der Menschenrechte gerichtet gewesen; die Botschaft des Konzils habe gelautet: »*Persons can live in dignity only when they live in a community of freedom*«); Hans Michael Heinig, »Der Protestantismus in der deutschen Demokratie«, in: *Frankfurter Allgemeine Zeitung*, 24. 8. 2015, S. 6 (in den ersten lutherischen Deutungen der Bonner Demokratie sei von Menschenwürde und Menschenrechten noch keine Rede gewesen).

67 **Gesellschaftsvertragliche Deutung (Podlech):** Adalbert Podlech, »Artikel 1«, in: *Kommentar zum Grundgesetz für die Bundesrepublik Deutschland, Bd. 1, Art. 1-20*, Neuwied 1984, Rn. 12 ff.

Spätere Stellungnahmen zu Podlechs Theorie: Renate Bieritz-Harder, *Menschenwürdig leben. Ein Beitrag zum Lohnabstandsgebot des Bundesozialhilfegesetzes, seiner Geschichte und verfassungsrechtlichen Problematik*, Berlin 2001, S. 245 (Podlech thematisiere nicht das mögliche Misslingen der Leistung und das dadurch bewirkte Verfehlen der Menschenwürde im

Sinne Luhmanns); Hasso Hofmann, »Biotechnik, Gentherapie, Genmanipulation – Wissenschaft im rechtsfreien Raum?«, in: *Juristenzeitung* 41 (1986), S. 253, 259 f. (Elemente der Theorie aufnehmend); ders., »Die versprochene Menschenwürde«, in: *Archiv des öffentlichen Rechts* 118 (1993), S. 353, 356, 368 (Fn. 74: Hinweis auf enge Verwandtschaft seines Ansatzes mit der Interpretation Podlechs), Horst Dreier, »Artikel 1«, in: ders. (Hg.), *Grundgesetz – Kommentar*, Bd. I, 3. Aufl., Tübingen 2013, Rn. 42, Fn. 92 (ganz eigener Ansatz, der Verwandtschaft mit der Kommunikationstheorie aufweise).

Kulturtheoretische Deutung (Häberle): Peter Häberle, »Menschenwürde und Verfassung am Beispiel von Art. 2 Abs. 1 Verf. Griechenland 1975«, in: *Rechtstheorie* 11 (1980), S. 389, 408 f., 424; ders., »Die Menschenwürde als Grundlage der staatlichen Gemeinschaft«, in: Josef Isensee, Paul Kirchhof (Hg.), *Handbuch des Staatsrechts*, Bd. 1, 1987, § 20, Rn. 33, 100.

68 Zur metaphysischen Offenheit der Würdenorm: Eibe H. Riedel, »Gentechnologie und Embryonenschutz als Verfassungs- und Regelungsproblem«, in: *Europäische Grundrechte-Zeitschrift* 13 (1986), S. 469, 474 (unter Berufung auf Martin Kriele, *Befreiung und politische Aufklärung*, Freiburg u. a. 1980, S. 91 ff., 98 f.); Ernst Benda, »Erprobung der Menschenwürde am Beispiel der Humangenetik«, in: *Aus Politik und Zeitgeschichte* 35 (1985) B 3, S. 18, 34 f.; Wolfgang Graf Vitzthum, »Gentechnologie und Menschenwürde«, in: *Medizinrecht* 3 (1985), S. 249, 251 f.; Klaus Stern, *Das Staatsrecht der Bundesrepublik Deutschland. Band III/1. Allgemeine Lehre der Grundrechte*, München 1988, S. 10, 21.

Zur Notwendigkeit der Interdisziplinarität: Ernst Benda, »Erprobung der Menschenwürde am Beispiel der Humangenetik«, in: *Aus Politik und Zeitgeschichte* 35 (1985) B 3, S. 18 (Erfordernis des interdisziplinären Gesprächs); Ferdinand Kopp, »Das Menschenbild im Recht und in der Rechtswissenschaft«, in: Richard Bartlsperger u. a. (Hg.), *Rechtsstaat, Kirche und Sinnverantwortung. Festschrift für Klaus Obermayer*, München 1986, S. 53, 59 (Dialog mit allen einschlägigen Wissenschaften).

Später ablehnend: Hasso Hofmann, »Methodische Probleme der juristischen Menschenwürdeinterpretation«, in: Ivo Appel, Georg Hermes (Hg.), *Mensch – Staat – Umwelt*, Berlin 2008, S. 47 (Hinweis auf das hermeneutische Problem, Bedeutungen aus den verschiedenen Disziplinen unkontrolliert ineinanderfließen zu lassen).

69 Zum Runden Tisch und seinem Beschluss, eine neue Verfassung für die DDR zu schaffen: Ulrich K. Preuß, »Auf der Suche nach der Zivilgesellschaft. Der Verfassungsentwurf des Runden Tisches«, in: *Frankfurter Allgemeine Zeitung*, 28. 4. 1990; Peter Häberle, »Der Entwurf der Arbeitsgruppe ›Neue Verfassung der DDR‹ des Runden Tisches (1990)«, in: *Jahrbuch des öffentlichen Rechts der Gegenwart* 39 (1990), S. 319, 332 (eine Menschenwürdeklausel, die wörtlich an Art. 1 Abs. 1 GG erinnere); Bernd Hohmann, »Etappen des verfassungsrechtlichen Diskurses und der Verfassungsgesetzgebung nach der revolutionären Wende in der DDR«, in: Bernd Guggenberger, Tine Stein, *Die Verfassungsdiskussion im Jahr der deutschen Einheit. Analysen – Hintergründe – Materialien*, München 1991, S. 87, 96 ff.; Bernhard Schlink, »Deutsch-deutsche Verfassungsentwicklungen im Jahre 1990«, in: Bernd Guggenberger, Tine Stein, *Die Verfassungsdiskussion im Jahr der deutschen Einheit. Analysen – Hintergründe – Materialien*, München 1991, S. 163 ff.; Klaus Michael Rogner, *Der Verfassungsentwurf des Zentralen Runden Tisches der DDR*, Berlin 1993; Thomas Würtenberger, »Die Verfassung der DDR zwischen Revolution und Beitritt«, in: Josef Isensee, Paul Kirchhof (Hg.), *Handbuch des Staatsrechts der Bundesrepublik Deutschland, Band VIII, Die Einheit Deutschlands – Entwicklung und Grundlagen*, Heidelberg 1995, § 187, Rn. 52 ff.; Klaus Stern, *Das Staatsrecht der Bundesrepublik Deutschland. Band V. Die geschichtlichen Grundlagen des Deutschen Staatsrechts. Die Verfassungsentwicklung vom Alten Deutschen Reich zur wiedervereinigten Bundesrepublik Deutschland*, München 2000, S. 1787 f.; Gunnar Peters, »Verfassungsfragen in der 10. Volkskammer der DDR (1990)«, in: *Deutschland-Archiv* 37 (2004), S. 827 ff.; Erhard Neubert, *Unsere Revolution. Die Geschichte der Jahre 1989/90*, München 2008, S. 281; Lothar de Maizière, *Ich will, dass meine Kinder nicht mehr lügen müssen. Meine Geschichte der deutschen Einheit*, Freiburg i. Br. u. a. 2010, S. 112 (die »Verfassung des Runden Tisches« sei eine Legendenbildung); Dietmar Willoweit, *Deutsche Verfassungsgeschichte. Vom Frankenreich bis zur Wiedervereinigung Deutschlands*, 6. Aufl., München 2009, S. 405 ff.; Eckhard Jesse, *Systemwechsel in Deutschland. 1918/19–1933–1945/49–1989/90*, Köln u. a. 2013, S. 130 ff. (Runder Tisch sei auf Erhalt der DDR fixiert gewesen; vier Gegenstimmen gegen Beschluss, Verfassungsentwurf im April 1990 der Öffentlichkeit vorzustellen); Christa Wolf, *Ein Tag im Jahr*, 4. Aufl., Berlin 2013, S. 501 f.; Arbeitsgruppe »Neue Verfassung der DDR« des Runden Tisches, *Entwurf einer Verfassung der Deutschen Demokratischen Republik*, April 1990, ⟨www.documentarchiv.de⟩, letzter Zugriff 4. 5. 2016, Präambel, Art. 1, Art. 4 Abs. 1, Art. 7 Abs. 2, Art. 15 Abs. 3, Art. 27 Abs. 3, Art. 37 Abs. 4; BVerfGE 54, 341 – Wirtschaftsasyl (1980), S. 357; Kuratorium für einen demokratisch verfaßten Bund deutscher Länder, »Verfassungsentwurf«, in: Bernd Guggenberger, Ulrich K. Preuß, Wolfang Ullmann (Hg.), *Eine Verfassung für Deutschland. Manifest – Text – Plädoyers*, 1991, S. 99 ff.

70 **Würdenormen in den Verfassungen der neuen Länder:** Verfassung des Freistaates Sachsen vom 27. Mai 1992, Art. 7 Abs. 1 (Anerkennung

des Rechts auf menschenwürdiges Dasein), Art. 14 Abs. 1 (Unantastbarkeit, Achtungs- und Schutzpflicht), Art. 14 Abs. 2 (Quelle aller Grundrechte), Art. 117 (Pflicht des Landes, dazu beizutragen, Folgen verletzter Menschenwürde zu mindern).

Verfassung des Landes Sachsen-Anhalt vom 17. Juli 1992, Art. 4 (Unantastbarkeit, Achtungs- und Schutzpflicht), Art. 10 Abs. 3 (Menschenwürde als Grenze der Forschungsfreiheit), Art. 40 (menschenwürdiger Wohnraum).

Verfassung des Landes Brandenburg vom 20. August 1992, Art. 7 (Unantastbarkeit, Achtungs- und Schutzpflicht, Geltung auch unter Privaten); Art. 8 (Würdeschutz auch im Sterben), Art. 19 Abs. 3 (Verbot die Menschenwürde verletzender Diskriminierungen), Art. 27 Abs. 1 (Würde der Kinder), Art. 28 (Würde als Bildungsaufgabe), Art. 31 Abs. 2 (Würde als Grenze der Forschungsfreiheit), Art. 45 (Sicherung eines menschenwürdiges Daseins als staatliche Aufgabe), Art. 47 Abs. 2 (menschenwürdiger Wohnraum), Art. 48 Abs. 3 (menschenwürdige Arbeitsbedingungen), Art. 54 (Würde im Strafvollzug);

Verfassung des Landes Mecklenburg-Vorpommern vom 23. Mai 1993, Art. 5 Abs. 2 (Achtung und Schutz der Würde aller im Land lebender Menschen), Art. 7 Abs. 2 (Würde als Grenze der Forschungsfreiheit).

Verfassung des Freistaates Thüringen vom 29. Oktober 1993, Art. 1 Abs. 1 (Achtung und Schutz der Würde, auch im Sterben), Art. 22 Abs. 1 (Würde als Bildungsaufgabe), Art. 39 Abs. 2 (Verbot, durch Religion und Weltanschauung Würde anderer zu verletzen).

Verfassung von Berlin vom 23. November 1995, Art. 6 (Unantastbarkeit, Achtungs- und Schutzpflicht), Art. 22 (menschenwürdiges Dasein).

Zum Verfassungsgebungsprozess in den neuen Ländern: Klaus Stern (Hg.), *Deutsche Wiedervereinigung. Die Rechtseinheit. Arbeitskreis Staats- und Verfassungsrecht. Band III. Zur Enstehung von Landesverfassungen in den neuen Ländern der Bundesrepublik Deutschland*, Koln 1992; Hans von Mangoldt, *Die Verfassungen der neuen Bundesländer: Einführung und synoptische Darstellung. Sachsen, Brandenburg, Sachsen-Anhalt, Mecklenburg-Vorpommern, Thüringen*, 2. Aufl., Berlin 1997, S. 25 ff.; Klaus Stern, *Das Staatsrecht der Bundesrepublik Deutschland. Band V. Die geschichtlichen Grundlagen des Deutschen Staatsrechts. Die Verfassungsentwicklung vom Alten Deutschen Reich zur wiedervereinigten Bundesrepublik Deutschland*, München 2000, S. 2078 ff.; Dietmar Willoweit, *Deutsche Verfassungsgeschichte. Vom Frankenreich bis zur Wiedervereinigung Deutschlands*, 6. Aufl., München 2009, S. 407 f.

71 Würde Erich Honeckers – Entscheidung des Berliner Verfassungsgerichtshofs und Kritik an dieser Entscheidung: Berliner Verfassungsgerichtshof, in: *Neue Juristische Wochenschrift* 46 (1993), S. 515 ff. – Honecker-Beschluss; Jörg Berkemann, »Ein Landesverfassungsgericht als Revisionsgericht – Der Streitfall Honecker«, in: *Zeitschrift für Verwaltungsrecht* 12 (1993), S. 409, 417 f. (keine Abwägung zwischen Strafverfolgungsinteresse und grundrechtlichem Schutzanspruch; apodiktischer Rückgriff auf den hohen, aber unbestimmten Verfassungswert der Menschenwürde); Wolfgang Löwer, »Kritische Anmerkungen zum Beschluss des Verfassungsgerichtshofes des Landes Berlin in Sachen Honecker«, in: *Sächsische Verwaltungsblätter. Zeitschrift für öffentliches Recht und öffentliche Verwaltung* 1 (1993), S. 73, 76 (keine Zuständigkeit des Gerichtshofs); Christian Pestalozza, »Der »Honecker-Beschluß« des Berliner Verfassungsgerichtshofs«, in: *Neue Zeitschrift für Verwaltungsrecht* 12 (1993), S. 40 ff.; Michael Sachs, »Verfassungsrechtliche Anmerkungen zum Strafverfahren gegen Erich Honecker«, in: *Zeitschrift für Politik* 40 (1993), S. 121, 135 (unzutreffende Berufung auf Rechtsprechung des Bundesverfassungsgerichts); Christian Starck, »Der Honecker-Beschluss des Berliner VerfGH. Anwendung von Bundesprozeßrecht durch Landesgerichte und Kontrolle der Landesverfassungsgerichte«, in: *Juristenzeitung* 48 (1993), S. 231, 233 (sich gegenüber vorgeworfenen Straftaten auch angesichts seines nahenden Todes verantworten zu müssen, verstoße nicht gegen die Menschenwürde), S. 234 (oberflächliche Begründung, juristisches Zauberstück, Menschenwürde wie Zauberstab über Sachverhalt gehalten); Dieter Wilke, »Landesverfassungsgerichtsbarkeit und Einheit des Bundesrechts. Bemerkungen aus Anlaß des Honecker-Beschlusses des Berliner Verfassungsgerichtshofs«, in: *Neue Juristische Wochenschrift* 46 (1993), S. 887 f. (Nichtberücksichtigung einer thematisch einschlägigen Entscheidung des Bundesverfassungsgerichts).

72 Würde des Menschen als Gattungswesen: BVerfGE 87, 209 – Tanz der Teufel (1992), S. 228; BayVerfGHE 1, 29 (1948), S. 31 f.

Menschenbild des Grundgesetzes I (Gemeinschaftsgebundenheit der Person): BVerfGE 4, 7 – Investitionshilfe (1954), S. 15 f.; BVerfGE 12, 45 – Kriegsdienstverweigerung I (1960), S. 51; BVerfGE 33, 1, 9 f. – Strafgefangene (1972), S. 9 f.; BVerfGE 50, 290 – Mitbestimmungsgesetz (1979), S. 353; BVerfGE 109, 133 – Sicherungsverwahrung (2004), S. 152.

Menschenbild des Grundgesetzes II (Selbstbestimmung und Eigenverantwortung): BVerfGE 41, 29 – Simultanschule (1975), S. 50; BVerfGE 108, 282 – Kopftuch (2003), S. 300 f.

Positive Bestimmung der Würde des Menschen (Fähigkeit zur Selbstbestimmung und -entfaltung): BVerfGE 45, 187 – Lebenslange Freiheitsstrafe I (1977), S. 227; BVerfGE 49, 286 – Transsexuelle I (1978), S. 298; BVerfGE 115, 1 – Transsexuelle III (2005), S. 14; BVerfGE 115, 118 – Luftsicherheitsgesetz (2006), S. 158; BVerfGE 117, 71 – Strafrestaussetzung

(2006), S. 89; BVerfGE 123, 267 – Lissabon (2009), S. 413. Ähnlich BGHSt 44, 308, 317 – Lügendetektor (Art. 1 Abs. 1 GG solle *»gerade dem Schutz der Würde des Menschen dienen, wozu die grundsätzliche Freiheit gehört, über sich selbst verfügen und sein Schicksal eigenverantwortlich gestalten zu können«*).

Kollision zwischen der Würde des Menschen als Gattungswesen und der Würde individueller Menschen: Bundesverwaltungsgericht, in: *Neue Zeitschrift für Verwaltungsrecht* 21 (2002), S. 598, 602 f.; Verwaltungsgericht Freiburg, in: *Neue Zeitschrift für Verwaltungsrecht* 12 (1993), S. 98, 99; Verwaltungsgericht Dresden, in: *Neue Zeitschrift für Verwaltungsrecht-Rechtsprechungsreport* 22 (2003), S. 848, 850.

Zur freiheitslimitierenden Wirkung der Vorstellung von der Würde des Menschen als Gattungswesen: Wolfram Höfling, »Artikel 1«, in: Michael Sachs (Hg.), *Grundgesetz. Kommentar*, 4. Aufl., München 2007, Rn. 50, 55 (zum Teil aber affirmativ); Horst Dreier, »Artikel 1«, in: ders. (Hg.), *Grundgesetz – Kommentar*, Bd. I, 3. Aufl., Tübingen 2013, Rn. 118 (Gefahr, die individuelle Menschenwürde in ein Spannungsverhältnis zum Kollektivgut der Gattungswürde zu bringen und so zu relativieren).

73 **Unverlierbarkeit der Menschenwürde:** BVerfGE 87, 209 – Tanz der Teufel (1992), S. 228; BayVerfGHE 1, 29 (1948), S. 31; BVerfGE 64, 261 – Hafturlaub (1983), S. 284 (Würdeanspruch könne auch Straftätern nicht abgesprochen werden); E 72, 105 – Lebenslange Freiheitsstrafe II (1986), S. 115 (Würdeanspruch könne auch Straftätern nicht abgesprochen werden); E 109, 133 – Langfristige Sicherungsverwahrung (2004), S. 150 (Unverlierbarkeit).

Zur Frage einer Verwurzelung der Vorstellung von der Unverlierbarkeit in der christlichen Theologie: Wolfgang Graf Vitzthum, »Die Menschenwürde als Verfassungsbegriff«, in: *Juristenzeitung* 40 (1985), S. 201, 206 (Vorstellung von der Unverlierbarkeit spezifisch katholisch geprägt; auch durch Sündenfall kein Würdeverlust); Ernst-Wolfgang Böckenförde, *Geschichte der Rechts- und Staatsphilosophie: Antike und Mittelalter*, 2. Aufl., Tübingen 2006, S. 180 f. (frühchristliche Würde nichts Unverlierbares; nach dem Sündenfall bedürfe sie der Wiederherstellung); Hasso Hofmann, »Methodische Probleme der juristischen Menschenwürdeinterpretation«, in: Ivo Appel, Georg Hermes (Hg.), *Mensch – Staat – Umwelt*, Berlin 2008, S. 47, 57 (Unverlierbarkeit kein Gemeingut des christlichen Würdeverständnisses); Hasso Hofmann, »Unsere Verfassungswerte und die christlich-weltanschaulichen Traditionen«, in: ders., *Recht und Kultur. Drei Reden*, Berlin 2009, S. 9, 27 (nach Luther hätten die Menschen ihre Würde vor Gott durch den Sündenfall verloren).

Positionen der christlichen Theologie zur Frage der Unverlierbarkeit: Emil Brunner, *Gerechtigkeit*, Zürich 1943, S. 76 (Würde kann genommen werden); Helmut Thielicke, *Theologische Ethik, I. Band, Prinzipienlehre. Dogmatische, philosophische und kontroverstheologische Grundlegung*, 2. Aufl., Tübingen 1958, S. 823 (Verlust kann es nicht geben); Robert Spaemann, »Über den Begriff der Menschenwürde«, in: *Scheidewege* 15 (1985/86), S. 20, 23 (Möglichkeit, selbst die eigene Würde zu verlieren); Wolfhart Pannenberg, »Christliche Wurzeln des Gedankens der Menschenwürde«, in: Walter Kerber (Hg.), *Menschenrechte und kulturelle Identität*, München 1991, S. 61, 72 (Würde geht auch dort nicht verloren, wo der Mensch als Sünder der Würde nicht entspreche); Wolfgang Huber, *Gerechtigkeit und Recht*, Gütersloh 1996, S. 233 (Mensch kann seine eigene Würde verfehlen); Klaus Koch, »Perspektiven biblischen Menschenverständnisses im Zeitalter der Technologie«, in: Eilert Herms (Hg.), *Menschenbild und Menschenwürde*, Gütersloh 2001, S. 49, 59 (Würde wurde vor der abendländischen Neuzeit nicht als unverlierbar oder unantastbar angesehen); Wetz, Franz Josef, *Die Würde des Menschen ist antastbar. Eine Provokation*, Stuttgart 1998, S. 27 (zu Thomas von Aquin, dem zufolge der Mensch, der durch Sünde von der Vernunftordnung abweiche, sich dadurch auch von der menschlichen Würde lossage).

Zur Frage der Sinnhaftigkeit eines Würdeschutzes im Falle ihrer Unverlierbarkeit: Ulfrid Neumann, »Die Tyrannei der Würde. Argumentationstheoretische Erwägungen zum Menschenwürdeprinzip«, in: *Archiv für Rechts- und Sozialphilosophie* 84 (1998), S. 153, 163 f.; Andreas Urs Sommer, *Die Kunst, selber zu denken. Ein philosophischer Dictionnaire*, Frankfurt/M. 2003, S. 286 f.; Horst Dreier, »Artikel 1«, in: ders. (Hg.), *Grundgesetz – Kommentar*, Bd. I, 3. Aufl., Tübingen 2013, Rn. 13; Oliver W. Lembcke, »Zwischen Selbstbefreiung und Selbstbindung: Paradigmen und Paradoxien der Würde des Menschen«, in: Gary S. Schaal (Hg.), *Techniken rationaler Selbstbindung*, Berlin 2009, S. 75, 77; Nils Teifke, *Das Prinzip Menschenwürde. Zur Abwägungsfähigkeit des Höchstrangigen*, Tübingen 2011, S. 74.

Affirmative Positionen zur Unverlierbarkeit in der rechtswissenschaftlichen Literatur: Heiner Bielefeldt, *Zum Ethos der menschenrechtlichen Demokratie. Eine Einführung am Beispiel des Grundgesetzes*, Würzburg 1991, S. 22; Winfried Hassemer, »Die Menschenwürde ist ein Solitär. Aber auch ihr Verständnis unterliegt sozialem Wandel«, in: *Zeitschrift für Rechtspolitik* 38 (2005), S. 101 f.; Christian Hillgruber, »Artikel 1«, in: Volker Epping, Christian Hillgruber (Hg.), *Grundgesetz. Kommentar*, München 2009, Rn. 3 (wegen der Unverlierbarkeit könne Würde »nicht im eigentlichen Sinne« genommen werden); Hans Georg Dederer, »Die Garantie der Menschenwürde (Art. 1 Abs. 1 GG). Dogmatische Grundfragen auf dem Stand der Wissenschaft«, in: *Jahrbuch des öffentlichen Rechts der Gegenwart* 57 (2009), S. 89, 110; Philipp Kunig, »Zum Dogma der unantastbaren Menschenwürde«, in: Rolf Gröschner, Oliver W. Lembcke (Hg.), *Das Dogma der Unantastbarkeit. Eine Auseinandersetzung mit dem Absolutheitsanspruch der Würde*, Tübingen 2009, S. 121, 124.

74 **Absolutheit und Unabwägbarkeit der Würde bis zur Entscheidung »Schwangerschaftsabbruch II«:** BVerfGE 34, 238 – Tonband (1973), S. 245 (»Abwägung nach Maßgabe des Verhältnismäßigkeitsgrundsatzes findet nicht statt«); BVerfGE 75, 369 – Strauß-Karikatur (1987), S. 380 (»absolut ohne die Möglichkeit eines Güterausgleichs«).

Entscheidung »Schwangerschaftsabbruch II«: BVerfGE 88, 203 – Schwangerschaftsabbruch II (1993), S. 251 ff.

Offene Relativierung der Würde vor und nach der Entscheidung »Schwangerschaftsabbruch II«: BVerfGE 12, 45 – Kriegsdienstverweigerung (1960), S. 51; BVerfGE 30, 1 – Abhörurteil (1970), S. 27; BVerfGE 35, 202 – Lebach (1973), S. 235 f.; BVerfGE 45, 187 – Lebenslängliche Freiheitsstrafe I (1977), S. 229; BVerfGE 109, 133 – Langfristige Sicherungsverwahrung (2004), S. 150 f.

Verdeckte Relativierung: BVerfGE 80, 367 – Tagebuch (1989), S. 375; BVerfGE 109, 279 – Großer Lauschangriff (2004), S. 313 f.; BVerfGE 113, 348 – Präventive Telekommunikationsüberwachung (2005), S. 357; BVerfGE 115, 118 – Luftsicherheitsgesetz (2006), S. 153, 157, 159 ff.; BVerfGE 120, 274 – Online-Durchsuchung, S. 335 ff.

Absolutheitsbehauptung nach der Entscheidung »Schwangerschaftsabbruch II«: BVerfGE 93, 266 – Soldaten sind Mörder (1995), S. 293 (»als Wurzel aller Grundrechte mit keinem Einzelgrundrecht abwägungsfähig«); BVerfGE 107, 275 – Schockwerbung II (2003), S. 284 (»absolute Grenze«; »mit keinem Einzelgrundrecht abwägungsfähig«); E 109, 279 – Wohnraumüberwachung (2004), S. 314 (»Schutz darf nicht durch Abwägung mit den Strafverfolgungsinteressen nach Maßgabe des Verhältnismäßigkeitsgrundsatzes relativiert werden«); BVerfGE 113, 348 – Präventive Telekommunikationsüberwachung (2005), S. 391 (»*Ausgleich mit anderen Verfassungsgütern kann es infolgedessen nicht geben; ihm steht die nach Art. 1 stets garantierte Unantastbarkeit der Menschenwürde entgegen*«); BVerfGE 115, 118 – Luftsicherheitsgesetz (2006), S. 153 (»*Schlechthin verboten ist damit jede Behandlung des Menschen durch die öffentliche Gewalt, die dessen Subjektqualität, seinen Status als Rechtssubjekt, grundsätzlich in Frage stellt*«).

Literatur zur Absolutheitsfrage: Erhard Denninger, »Rechtsethische Anmerkungen zum Schwangerschaftsabbruch und zur sogenannten Früheuthanasie«, in: *Kritische Justiz* 25 (1992), S. 282, 286; Bernhard Losch, »Lebensschutz am Lebensbeginn: Verfassungsrechtliche Probleme des Embryonenschutzgesetzes«, in: *Neue Juristische Wochenschrift* 45 (1992), S. 1926, 2931 (Abwägung widerstreitender Schutzpflichten); Georg Hermes, Susanne Walther, »Schwangerschaftsabbruch zwischen Recht und Unrecht – Das zweite Abtreibungsurteil des BVerfG und seine Folgen«, in: *Neue Juristische Wochenschrift* 46 (1993), S. 2337, 2340 (Abwägung des Gerichts); Karl-Eberhard Hain, *Die Grundsätze des Grundgesetzes. Eine Untersuchung zu Art. 79 Abs. 3 GG*, Berlin 1999, S. 225 ff. (Knappheit an Freiheitsressourcen als Grund für Spannungslagen); Karl Eberhard Hain, »Konkretisierung der Menschenwürde durch Abwägung?«, in: *Der Staat* 46 (2006), S. 189, 206 ff.; Manfred Baldus, »Menschenwürdegarantie und Absolutheitsthese. Zwischenbericht zu einer zukunftsweisenden Debatte«, in: *Archiv des öffentlichen Rechts* 136 (2011), S. 529 ff. mit zahlreichen Nachweisen; Benjamin Rusteberg, »Grundrechtsdogmatik als Schlüssel zum Verhältnis von Gemeinschaft und Individuum«, in: Danna Burchardt, Angelika Günzel u. a. (Hg.), *Kollektivität – Öffentliches Recht zwischen Gruppeninteressen und Gemeinwohl*, Baden-Baden 2012, S. 15, 24 f.; Manuel Ladiges, *Die Bekämpfung nicht-staatlicher Angreifer im Luftraum. Unter besonderer Berücksichtigung des § 14 Abs. 3 LuftSiG und der strafrechtlichen Beurteilung der Tötung von Unbeteiligten*, 2. Aufl., Berlin 2013, S. 524 mit weiteren Nachweisen; Jochen von Bernstorff, »Der Streit um die Menschenwürde im Grund- und Menschenrechtsschutz: Eine Verteidigung des Absoluten als Grenze und Auftrag«, in: *Juristenzeitung* 68 (2013), S. 905 ff.

Zur Verkoppelung von Würde- und Lebensschutz: Udo Steiner, *Der Schutz des Lebens durch das Grundgesetz*, Berlin u. a. 1992, S. 13 (Lebensgrundrecht im Verhältnis zur Menschenwürde ein selbständiger Maßstab); Erhard Denninger, »Rechtsethische Anmerkungen zum Schwangerschaftsabbruch und zu sogenannten Früheuthanasie«, in: *Kritische Justiz* 25 (1992), S. 282, 285 f. (Ablehnung).

75 Haltung des Bundesverfassungsgerichts zur Frage der inhaltlichen Bestimmung der Würde des Menschen: BVerfGE 45, 187 – Lebenslängliche Freiheitsstrafe (1977), S. 227 (Fähigkeit zur Selbstbestimmung); BVerfGE 88, 203 – Schwangerschaftsabbruch II (1993), S. 251 f. (Unabhängigkeit von religiösen oder philosophischen Überzeugungen); Immanuel Kant, *Grundlegung zur Metaphysik der Sitten* (1785), herausgegeben von Karl Vorländer, 3. Aufl., Hamburg 1965, S. 59 f.

76 Rückgriff auf Pico della Mirandola und Immanuel Kant: Rolf Gröschner, *Menschenwürde und Sepulkralkultur in der grundgesetzlichen Ordnung – die kulturstaatlichen Grenzen der Privatisierung im Bestattungsrecht*, Stuttgart u. a. 1995, S. 27 ff., 32 f.; Volker Neumann, »Menschenwürde und psychische Krankheit«, in: *Kritische Vierteljahresschrift für Gesetzgebung und Rechtswissenschaft* 76 (1993), S. 276, 283 f.; Ralph Alexander Lorz, *Modernes Grund- und Menschenrechtsverständnis und die Philosophie* *der Freiheit Kants. Eine staatstheoretische Untersuchung an Maßstäben des Grundgesetzes für die Bundesrepublik Deutschland*, Stuttgart 1993, S. 276 f. (Notwendigkeit eines metaphysischen Grundbezuges), S. 282 f. (Übereinstimmung der kantischen Konzeption mit der des Grundgesetzes), S. 287 ff. (Zurückweisung der Einwände); Martin Morlok, *Selbstverständnis als Rechtskriterium*, Berlin 1993, S. 287 (Autonomie des Einzelnen als Schutzgut der Würdenorm; Hinweis auf Kants Diktum, wonach jeder »seine Glückseligkeit auf dem Weg suchen« dürfe, »welcher ihm selbst gut« dünke); Peter Unruh, *Der Verfassungsbegriff des Grundgesetzes. Eine verfassungstheoretische Rekonstruktion*, Tübingen 2002, S. 347 ff.; Fiete Kalscheuer, »Menschenwürde als Recht im Unrecht. Zur Ergänzungsfunktion der Menschenwürde im Recht bei Kant«, in: *Der Staat* 52 (2013), S. 401 ff. (kantisches Gedankengut habe maßgeblichen Einfluss auf Rechtsprechung des Bundesverfassungsgerichts).

Kritisch und ablehnend gegenüber dem Rückgriff auf Kant: Nils Teifke, *Das Prinzip Menschenwürde. Zur Abwägungsfähigkeit des Höchstrangigen*, Tübingen 2011, S. 56 f. (kategorischer Imperativ ziele auf inneren Freiheitsgebrauch, Zentralbegriff des Rechts sei aber die äußere Freiheit).

77 **Pufendorf und andere gesellschaftsvertragstheoretische Denker statt metaphysischer Begründungsbrei (Hofmann):** Hasso Hofmann, »Die versprochene Menschenwürde«, in: *Archiv des öffentlichen Rechts* 118 (1993), S. 353, 356 (gegen Historisierung), S. 358 (Kritik metaphysischer Begründungen), S. 363 f. (Begründung der eigenen Deutung), S. 366 f. (Universalisierung und Nationalisierung), S. 368 (Fn. 74: Hinweis auf enge Verwandtschaft mit Interpretation Podlechs), S. 371 ff. (Vertragstheorien als Modell), S. 374 (Konsequenzen für Ausländerpolitik), S. 377 (Wiedervereinigung). Zur Ausländerpolitik in den achtziger Jahren und im wiedervereinigten Deutschland: Ulrich Herbert, *Geschichte der Ausländerpolitik in Deutschland. Saisonarbeiter, Zwangsarbeiter, Gastarbeiter, Flüchtlinge*, München 2001, S. 263 ff., 286 ff.

Hofmann folgend: Ulfrid Neumann, »Strafrechtlicher Schutz der Menschenwürde zu Beginn und am Ende des Lebens«, in: Cornelius Prittwitz, Ioannis Manoledakis (Hg.), *Strafrecht und Menschenwürde. Deutsch-griechisches Symposium Thessaloniki 1995*, Baden-Baden 1995, S. 51, 62; Ulfrid Neumann, »Die Tyrannei der Würde. Argumentationstheoretische Erwägungen zum Menschenwürdeprinzip«, in: *Archiv für Rechts- und Sozialphilosophie* 84 (1998), S. 153, 165 (andere Argumentationen gegen ein universalistisches Verständnis der Menschenwürdegarantie); Volker Neumann, »Menschenwürde und Existenzminimum«, in: *Neue Zeitschrift für Verwaltungsrecht* 14 (1995), S. 426, 428 (Einbindung und Entschärfung des universalistischen Pathos der Menschenwürde in die Partikularität des Sozialstaatsprinzips); Tobias Aubel, »Das Menschenwürde-Argument im Polizei- und Ordnungsrecht«, in: *Die Verwaltung* 37 (2004), S. 229, 249; Tatjana Hörnle, »Menschenwürde und Lebensschutz«, in: *Archiv für Rechts- und Sozialphilosophie* 89 (2003), S. 318, 324; Ute Sacksofsky, »Der Schutz der Würde des Menschen – ein absolutes Versprechen in Zeiten relativer Gewissheit«, in: Johannes Masing, Joachim Wieland (Hg.), *Menschenwürde – Demokratie – Christliche Gerechtigkeit. Tagungsband zum Festlichen Kolloquium aus Anlass des 80. Geburtstags von Ernst-Wolfgang Böckenförde*, Berlin 2011, S. 23, 25; Josef Aulehner, *Grundrechte und Gesetzgebung*, Tübingen 2011, S. 118 f.

Kritisch zum Ansatz Hofmanns und ihn ablehnend: Josef Isensee, »Der grundrechtliche Status des Embryos – Menschenwürde und Recht auf Leben als Determinanten der Gentechnik«, in: Ofried Höffe u. a. (Hg.), *Gentechnik und Menschenwürde: an den Grenzen von Ethik und Recht*, Köln 2002, S. 37, 64 ff. (insbesondere der Ausschluss derer, die nicht zur Anerkennungsgemeinschaft gehörten, etwa Embryos, sei nicht plausibel, weil der Gesellschaftsvertrag auch zugunsten Dritter abgeschlossen werden könne; Gewähr der Menschenwürde tauge nicht als Projektionsfläche für das rostige Vehikel des Gesellschaftsvertrages); Peter Unruh, *Der Verfassungsbegriff des Grundgesetzes. Eine verfassungstheoretische Rekonstruktion*, Tübingen 2002, S. 377 f. (diejenigen, die nicht zustimmungsfähig seien, sowie Ausländer fielen aus dem Würdekonzept heraus); Josef Isensee, »Menschenwürde: die säkulare Gesellschaft auf der Suche nach dem Absoluten«, in: *Archiv des öffentlichen Rechts* 36 (2006), S. 173, 197 (am Anfang stehe Anerkennung, damit ein Willensakt, dadurch verliere die Würde ihre Unbedingtheit); Jan-Ulf Suchomel, *Partielle Disponibilität der Würde des Menschen*, Berlin 2010, S. 83 f. (Versprechen und Versprechenserneuerung als Fiktion).

78 Gefahr partikularistischer Deutungen: Paul Heuermann, »Verfassungsrechtliche Probleme der Schwangerschaft einer hirntoten Frau«, in: *Juristenzeitung* 49 (1994), S. 133 f.; Horst Dreier, »Artikel 1«, in: ders. (Hg.), *Grundgesetz – Kommentar*, Bd. I, 3. Aufl., Tübingen 2013, Rn. 13, 33.

Dilemmaproblem (bei Engführung Verlust integrierender Wirkung, bei Offenheit praktische Nutzlosigkeit): Eric Hilgendorf, »Die missbrauchte Menschenwürde. Probleme des Menschenwürdetopos am Beispiel der bioethischen Diskussion«, in: *Jahrbuch für Recht und Ethik* 7 (1999), S. 137 f. (Dilemmasituation); Ulfrid Neumann, »Die Tyrannei der Würde. Argumentationstheoretische Erwägungen zum Menschenwürdeprinzip«, in: *Archiv für Rechts- und Sozialphilosophie* 84 (1998), S. 153, 164.

Strategien der Bedeutungsreduktion: Hasso Hofmann, »Die versprochene Menschenwürde«, in: *Archiv des öffentlichen Rechts* 118 (1993), S. 353,

356 (Strategie der Minimierung); Wolfram Höfling, »Die Unantastbarkeit der Menschenwürde – Annäherungen an einen schwierigen Verfassungsrechtssatz«, in: *Juristische Schulung* 35 (1995), S. 857, 860 (restriktives Verständnis, bestätigt durch genetische und systematische Auslegungsaspekte). Bezogen auf die Bedeutung der Würdenorm für den Umweltschutz in den neunziger Jahren: Werner Hoppe, »Menschenwürdegarantie und Umweltschutz«, in: Burkhard Ziemske u. a. (Hg.), *Staatsphilosophie und Rechtspolitik. Festschrift für Martin Kriele zum 65. Geburtstag*, München 1997, S. 219, 225 (Würdegarantie möglichst nicht überstrapazieren). Anders dagegen: Ekkehard Habel, »Menschenwürde und natürliche Lebensgrundlagen«, in: *Natur und Recht* 16 (1995), S. 165 ff. (Notwendigkeit einer Schutzverpflichtung folge schon aus der Würdenorm).

79 **Bedeutungsreduzierende Ansätze (Hilgendorf, Dreier):** Eric Hilgendorf, »Die missbrauchte Menschenwürde. Probleme des Menschenwürdetopos am Beispiel der bioethischen Diskussion«, in: *Jahrbuch für Recht und Ethik* 7 (1999), S. 137, 147 f. (Inhalt der Ensembletheorie), S. 150 f. (Vorteile dieser Theorie); Horst Dreier, »Artikel 1«, in: ders. (Hg.), *Grundgesetz – Kommentar*, Bd. I, 3. Aufl., Tübingen 2013, Rn. 33, 44.

80 **Zur Würdenorm als Begründung eines Rechts auf Rechte (Enders):** Christoph Enders, *Die Menschenwürde in der Verfassungsordnung. Zur Dogmatik des Art. 1 GG*, Tübingen 1997, S. 427, 429, 502 f.; ders., »Artikel 1«, in: Klaus Stern, Florian Becker (Hg.), *Grundrechte-Kommentar*, Köln 2010, Rn. 9 f.

Enders' Ansatz zustimmend: Volker Neumann, »Menschenwürde und psychische Krankheit«, in: *Kritische Vierteljahresschrift für Gesetzgebung und Rechtswissenschaft* 76 (1993), S. 276, 288, Fn. 93 (in Bezug auf frühere Veröffentlichungen von Enders); Winfried Brugger, »Besprechung zu Enders, Christoph, Die Menschenwürde in der Verfassungsordnung, 1997«, in: *Archiv des öffentlichen Rechts* 124 (1999), S. 310 (Enders wolle den Absolutheitscharakter retten, dies sei ihm aber nur möglich, wenn dessen Funktion normativ reduziert werde), S. 312; Josef Isensee, »Menschenwürde: die säkulare Gesellschaft auf der Suche nach dem Absoluten«, in: *Archiv des öffentlichen Rechts* 36 (2006), S. 173, 217; Dieter Gosewinkel, Johannes Masing, »Einführung in die Texte: Grundlinien der europäischen Verfassungsentwicklung«, in: dies. (Hg.), *Die Verfassungen in Europa 1789-1949*, München 2006, S. 9, 14 f.; Christian Hillgruber, »Gibt es Unabstimmbares in der Demokratie?«, in: Walter Schweidler (Hg.), *Postsäkulare Gesellschaft. Perspektiven interdisziplinärer Forschung*, Freiburg i. Br. 2007, S. 25, 36 ff.; Christian Hillgruber, »Selbstbestimmung und Fremdbestimmung«, in: Otto Depenheuer u. a. (Hg.), *Staat im Wort. Festschrift für Josef Isensee*,

Heidelberg 2007, S. 561, 565 f.; Stephan Kirste, »Menschenwürde und die Freiheitsrechte des Status Activus. Renaissancehumanismus und gegenwärtige Verfassungsdiskussion«, in: Rolf Gröschner, Stephan Kirste, Oliver W. Lembcke (Hg.), *Des Menschen Würde – entdeckt und erfunden im Humanismus der italienischen Renaissance*, Tübingen 2008, S. 187, 211.

Enders' Ansatz ablehnend: Eric Hilgendorf, »Die missbrauchte Menschenwürde. Probleme des Menschenwürdetopos am Beispiel der bioethischen Diskussion«, in: *Jahrbuch für Recht und Ethik* 7 (1999), S. 137, 148, Fn. 35 (die Sublimierung der Würde zu einer kaum näher bestimmten Subjektqualität des Menschen ginge zu Lasten der konkreten Abwehrfunktion von Artikel 1 GG); Kurt Seelmann, *Rechtsphilosophie*, 3. Aufl., München 2004, S. 222 (normative Aussage, die nur auf Kosten eines logischen Zirkels ihre eigene Begründung sein könne); Paul Tiedemann, *Menschenwürde als Rechtsbegriff. Eine philosophische Klärung*, Berlin 2007, S. 83 (in Enders' Schrift zeige sich Hilflosigkeit und Widersprüchlichkeit der juristischen Dogmatik der Menschenwürde; nach 500 Seiten Lektüre bleibe offen, was Enders sagen wolle); Matthias Herdegen, »Das Absolute ist relativ«, in: *Frankfurter Allgemeine Zeitung*, 18. 12. 2010, S. 8 (»nebulös«).

81 Transfer der grundgesetzlichen Würdenorm in die Verfassung des Freistaates Bayern: Gesetz zur Änderung der Verfassung des Freistaates Bayern – Gesetz zur Weiterentwicklung der Wahlgrundsätze, der Grundrechte und der Bestimmungen über das Gemeinschaftsleben vom 10. November 2003, in: Bayerisches Gesetz- und Verordnungsblatt Nr. 26/2003, S. 817; Bayerischer Landtag, 14. Wahlperiode, Drucksache 14/12 011, 24. 3. 2003, S. 7 (Begründung); Christian Pestalozza, »Artikel 100«, in: Karl Schweiger, Franz Knoepfle (Hg.), *Die Verfassung des Freistaates Bayern. Kommentar. 1963 begründet von Hans Nawiasky*, München 2000, Ergänzungslieferung 2003, S. 1.

82 Würdenormen im Recht der Europäischen Union: Charta der Grundrechte der Europäischen Union vom 7. 12. 2000 (Amtsblatt. Nr. C 364, S. 1 ff.); VO (EWG) 1612/68 über die Freizügigkeit der Arbeitnehmer innerhalb der Gemeinschaft, Begründung, Fünfter Erwägungsgrund; RL 89/552/EWG, Art. 12.

Rechtsprechung des Europäischen Gerichtshofs vor der Proklamation der Charta: EuGH Rs. C-29/69 vom 12. 11. 1969 – Stauder; Rs. C-13/94 vom 30. 4. 1996 – P./S. und Cornwall County Council.

Zu den Gründen der Würdeabstinenz im Recht der Europäischen Union bis zur Proklamation der Grundrechtecharta: Frank Schorkopf, »Würde des Menschen, Persönlichkeits- und Kommunikationsgrundrechte«, in: Dirk Ehlers (Hg.), *Europäische Grundrechte und Grundfreiheiten*,

2. Aufl., Berlin 2005, § 15, Rn. 7 (Grund für Bedeutungslosigkeit der Würde als Rechtsgut sei, dass die Menschenwürde als Rechtsprinzip nicht allen Mitgliedstaaten bekannt sei); Hans D. Jarass, *Charta der Grundrechte der Europäischen Union unter Einbeziehung der vom EuGH entwickelten Grundrechte und der Grundrechtsregelungen der Verträge*, München 2010, Artikel 1, Rn. 1 (Vorgaben des Art. 1 der Charta seien schon vor deren Inkrafttreten geltendes Primärrecht gewesen).

Gründe für das Fehlen einer allgemeinen Würdenorm in der Europäischen Menschenrechtskonvention: Thilo Rensmann, »Der Beitrag Eleanor Roosevelts zur Fortentwicklung des Völkerrechts«, in: Beate Rudolf (Hg.), *Frauen und Völkerrecht. Zur Einwirkung von Frauenrechten und Fraueninteressen auf das Völkerrecht*, Baden-Baden 2006, S. 129, 138.

Würdenormen in den Verfassungen der Mitgliedstaaten der Europäischen Union: Stephan Rixen, »Die Würde des Menschen als Fundament der Grundrechte«, in: Sebastian Heselhaus, Carsten Nowak (Hg.), *Handbuch der europäischen Grundrechte*, München 2006, S. 335 (einzelne Nachweise) und § 9, Rn. 4; Katrin Schwarzburg, *Die Menschenwürde im Recht der Europäischen Union*, Baden-Baden 2012, S. 49 ff. (Frankreich und Großbritannien); Michael Schwarz, »Die Menschenwürde als Ende der europäischen Wertegemeinschaft? Eine realistische Perspektive auf das Schutzdefizit nach Art. 1 der Grundrechtecharta«, in: *Der Staat* 50 (2011), S. 533, 543 (Spektrum der Bandbreite bezüglich Normart); Philipp Voet van Vormizeele, »Artikel 1«, in: Jürgen Schwarze (Hg.), *EU-Kommentar*, 3. Aufl., Baden-Baden 2012, Grundrechtecharta, Rn. 2; Martin Borowsky, »Artikel 1«, in: Jürgen Meyer (Hg.), *Charta der Grundrechte der Europäischen Union*, 4. Aufl., Baden-Baden 2014, Rn. 2 f.

Würdebegriff in der Rechtsprechung des Europäischen Gerichtshofs für Menschenrechte: EGMR, Nr. 5856/72 vom 25. 4. 1978 – Tyrer/Vereinigtes Königreich (Schutz der persönlichen Würde und der physischen Integrität als einer der Zwecke des Art. 3); Nr. 30 210/96 vom 26. 10. 2000 – Kudla/Polen (Rn. 94: »*Art. 3 EMRK legt dem Staat jedoch die Verpflichtung auf, sich zu vergewissern, dass ein Gefangener unter Bedingungen festgehalten wird, die mit der Achtung seiner Menschenwürde vereinbar sind*«); Nr. 2347/02 vom 29. 4. 2002 – Pretty/Vereinigtes Königreich (Rn. 65: »*Das Wesentliche der Konvention ist die Achtung der Menschenwürde und der menschlichen Freiheit*«; Rn. 94: »*Art. 3 EMRK legt dem Staat jedoch die Verpflichtung auf, sich zu vergewissern, dass ein Gefangener unter Bedingungen festgehalten wird, die mit der Achtung seiner Menschenwürde vereinbar sind*«); Nr. 28 957/95 vom 11. 7. 2002 – Goodwin/Vereinigtes Königreich (Rn. 90: »*The very essence of the convention is respect for human dignity and human freedom*«).

Würdigungen der Rechtsprechung des Gerichtshofs für Menschen-

rechte in der Literatur: Laura V. Schmidt, »Der Schutz der Menschenwürde als ›Fundament‹ der EU-Grundrechtecharta unter besonderer Berücksichtigung der Rechte auf Leben und Unversehrtheit«, in: *Zeitschrift für Europarechtliche Studien* 4 (2002), S. 631, 640 f.; Jens Meyer-Ladewig, »Menschenwürde und Europäische Menschenrechtskonvention«, in: *Neue Juristische Wochenschrift* 57 (2004), S. 981 f. (Konvention benutze das Wort nicht, aber alle Elemente der Menschenwürde seien durch Rechtsprechung des EGMR geschützt); Stephan Rixen, »Die Würde des Menschen als Fundament der Grundrechte«, in: Sebastian Heselhaus, Carsten Nowak (Hg.), *Handbuch der europäischen Grundrechte*, München 2006, § 9, Rn. 4 (Die Rolle der Menschenwürde in der Rechtsprechung des Gerichtshof für Menschenrechte erinnere an die Konstruktion der Menschenwürdegarantie als »basic concept«, wie sie der US-amerikanische Supreme Court vertrete); Martin Borowsky, »Artikel 1«, in: Jürgen Meyer (Hg.), *Charta der Grundrechte der Europäischen Union*, 4. Aufl., Baden-Baden 2014, Rn. 3.

83 Grundgesetzliche Würdenorm als Vorbild für Würdenorm der Grundrechtecharta: Jürgen Meyer, Markus Engels, »Die Charta der Grundrechte der Europäischen Union. Eine Einführung«, in: Deutscher Bundestag (Hg.), *Die Charta der Grundrechte der Europäischen Union. Berichte und Dokumentation mit einer Einleitung von Jürgen Meyer und Markus Engels*, Berlin 2001, S. 7, 17, Fn. 25 (Hinweis auf Entwurf von Meyer); Martin Borowsky, »Abwägen zwecklos: Europa rettet die Menschenwürde«, in: *Frankfurter Allgemeine Zeitung*, 17. 10. 2003, S. 40 (Vorbild Grundgesetz; Herzog und Meyer als treibende Kräfte); Stefan Barriga, *Die Entstehung der Charta der Grundrechte der Europäischen Union. Eine Analyse der Arbeiten im Konvent und kompetenzrechtliche Fragen*, Baden-Baden 2003, S. 70; Stephan Rixen, »Die Würde des Menschen als Fundament der Grundrechte«, in: Sebastian Heselhaus, Carsten Nowak (Hg.), *Handbuch der europäischen Grundrechte*, München 2006, § 9, Rn. 5 (Grundgesetz als Vorbild); Christian Calliess, »Artikel 1«, in: ders., Matthias Ruffert (Hg.), *EUV – EGV. Das Verfassungsrecht der Europäischen Union mit Europäischer Grundrechtecharta. Kommentar*, 3. Aufl., München 2007, Rn. 35 (Vorbild und Modell); Martin Borowsky, »Artikel 1«, in: Jürgen Meyer (Hg.), *Charta der Grundrechte der Europäischen Union*, 4. Aufl., Baden-Baden 2014, Rn. 1.

Debatte um Würdenorm im Grundrechtekonvent: Charta 4102/00 Contrib 2 vom 6. Januar 2000; Grundrechte-Charta der Europäischen Union. Vom Präsidium formulierte und am 11. Oktober in Brüssel vorgelegte Erläuterungen zum endgültigen Text-Entwurf des Konvents, in: *Europäische Grundrechte-Zeitschrift* 30 (2000), S. 559; Deutscher Bundestag (Hg.), *Die Charta der Grundrechte der Europäischen Union. Berichte und Dokumentation mit einer Einleitung von Jürgen Meyer und Markus Engels*,

Berlin 2001, S. 242 (Äußerung von Meyer); Norbert Bernstorff, Martin Borowsky, *Die Charta der Grundrechte der Europäischen Union. Handreichungen und Sitzungsprotokolle*, Baden-Baden 2002, S. 111 (Antrittsrede von Herzog), S. 142 (Stellungnahme von Goldsmith), S. 143 (Äußerungen von Neisser, Meyer und Altmaier); S. 147 (Empfehlung von Herzog), S. 170 (Äußerung von Goldsmith und – mit gleicher Stoßrichtung – des spanischen Delegierten Bereijo), S. 260 (Stellungnahme von Goldsmith); Stefan Barriga, *Die Entstehung der Charta der Grundrechte der Europäischen Union. Eine Analyse der Arbeiten im Konvent und kompetenzrechtliche Fragen*, Baden Baden 2003, S. 70 f.; Wolfram Höfling, »Artikel 1«, in: Peter Tettinger, Klaus Stern (Hg.), *Kölner Gemeinschaftskommentar zur Europäischen Grundrechte-Charta*, München 2006, Rn. 1 (historische Erfahrungen wie auch aktuelle Gefährdungen durch die biowissenschaftliche Entwicklung hätten den breiten Konsens hinsichtlich der Notwendigkeit einer expliziten Garantie der Menschenwürde gefördert; Höfling macht diese Einschätzung aber nicht an den Quellen fest); Stephan Rixen, »Die Würde des Menschen als Fundament der Grundrechte«, in: Sebastian Heselhaus, Carsten Nowak (Hg.), *Handbuch der europäischen Grundrechte*, München 2006, § 9, Rn. 1 (Pluralität der Begründungsoptionen, nur Verzicht auf Inhaltsbestimmung ermöglichte Verabschiedung), Rn. 5 (keine Adaption und Rezeption des Gehalts der grundgesetzlichen Würdenorm); Philipp Wallau, *Die Menschenwürde in der Grundrechtsordnung der Europäischen Union*, Bonn 2010, S. 55 ff., 129 f.; Martin Borowsky, »Artikel 1«, in: Jürgen Meyer (Hg.), *Charta der Grundrechte der Europäischen Union*, 4. Aufl., Baden-Baden 2014, Rn. 6 ff. (Grundrechtscharakter, Justitiabilität und Einschränkbarkeit als Streitfragen), Rn. 35 (keine Festlegungen zum näheren Inhalt).

84 Schutz der Menschenwürde im Recht der Europäischen Union nach der Proklamation der Grundrechtecharta im Jahr 2000: EuGH Rs. C-377/98 vom 9. 10. 2001 – Niederlande/Europäisches Parlament und Rat; Rs. C-438/05 vom 11. 12. 2007, Rn. 46 – Viking Line; Rs. C-341/05 vom 18. 12. 2007, Rn. 94 – Laval; Rs. C-36/02 vom 14. 10. 2004, Rn. 34 f. – Omega; Schlussantrag der Generalanwältin, Rn. 78 f. (Selbstbestimmung), Rn. 92 (keine Gleichsetzung von europäischer und deutscher Würdenorm); Rs. C-34/10 vom 18. 10. 2011, Rn. 32 ff. – Brüstle.

Ungeklärter Inhalt der Würdenorm der Grundrechtecharta: Martin Borowsky, »Abwägen zwecklos: Europa rettet die Menschenwürde«, in: *Frankfurter Allgemeine Zeitung*, 17. 10. 2003, S. 40 (nur streng säkulare Begründungen und Herleitungen hätten Aussicht auf europaweite Anerkennung); Jürgen Bröhmer, »Anmerkung zu EuGH, Urt. vom 14. 10. 2004 – C-35/02«, in: *Europäische Zeitschrift für Wirtschaftsrecht* 29 (2004), S. 755, 757 (EuGH bleibe unklar); Hans-Werner Rengeling, Peter

Szczekalla, *Grundrechte in der Europäischen Union. Charta der Grundrechte und Allgemeine Rechtsgrundsätze*, München 2005, §11, Rn. 569 (genaue Definition erscheine unmöglich; fraglich, ob Rückgriff auf religiöse Wurzeln ausschlaggebend sein könne); Stephan Rixen, »Die Würde des Menschen als Fundament der Grundrechte«, in: Sebastian Heselhaus, Carsten Nowak (Hg.), *Handbuch der europäischen Grundrechte*, München 2006, §9, Rn. 3 (Menschenwürde als unklarer Schlüsselbegriff der EU-Rechtsordnung); Christian Calliess, »Artikel 1«, in: ders., Matthias Ruffert (Hg.), *EUV – EGV. Das Verfassungsrecht der Europäischen Union mit Europäischer Grundrechtecharta. Kommentar*, 3. Aufl., München 2007, Rn. 25 (aufgrund geistesgeschichtlicher Vielgestaltigkeit des Begriffs in Europa sei keine exakte Definition möglich; auch im Konvent keine Festlegungen zum Inhalt; Konkretisierung durch Gerichte und Wissenschaft nötig); Hans Peter Folz, »Artikel II-61«, in: Christoph Vedder, Wolf Heintschel von Heinegg (Hg.), *Europäischer Verfassungsvertrag*, Baden-Baden 2007, Rn. 4 (Begriff der Menschenwürde lasse sich derzeit nicht abstrakt generell definieren); Felix Ekardt, Daniel Kornach, »›Europäische‹ und ›deutsche‹ Menschenwürde und die europäische Grundrechtsinterpretation. Zugleich zur Gentechnik-Forschungsförderung und zum Verhältnis der verschiedenen EU-Grundrechtsquellen«, in: *Zeitschrift für europarechtliche Studien* 12 (2010), S. 111, 127 (EuGH lasse Auseinandersetzung mit Inhalt und Begründung vermissen); Michael Schwarz, »Die Menschenwürde als Ende der europäischen Wertegemeinschaft? Eine realistische Perspektive auf das Schutzdefizit nach Art. 1 der Grundrechtecharta«, in: *Der Staat* 50 (2011), S. 533, 547; Eckhard Pache, »Vorgaben des Menschenwürdeschutzes in Europa«, in: Eric Hilgendorf (Hg.), *Menschenwürde und Demütigung. Die Menschenwürdekonzeption Avishai Margalits*, Baden-Baden 2013, S. 23, 35 (bislang ausgesprochen wenig zum materiellen Gehalt und Inhalt des Menschenwürdeschutzes gesagt); Brian Valerius, »Menschenwürde im internationalen Recht«, in: Jan C. Joerden, Eric Hilgendorf, Felix Thiele (Hg.), *Menschenwürde und Medizin. Ein interdisziplinäres Handbuch*, Berlin 2013, S. 293, 306 (Verzicht auf inhaltliche Festlegungen, um Mitgliedstaaten Beurteilungs- und Ermessensspielraum zuzugestehen); Martin Borowsky, »Artikel 1«, in: Jürgen Meyer (Hg.), *Charta der Grundrechte der Europäischen Union*, 4. Aufl., Baden-Baden 2014, Rn. 26 (Aufgabe des Gerichtshofs sei es, den europäischen Begriff der Menschenwürde operabel zu machen).

Zur Frage der Normart sowie der Träger: Philipp Wallau, *Die Menschenwürde in der Grundrechtsordnung der Europäischen Union*, Bonn 2010, S. 165 ff. (Normart), S. 193 ff. (Träger); Michael Schwarz, »Die Menschenwürde als Ende der europäischen Wertegemeinschaft? Eine realistische Perspektive auf das Schutzdefizit nach Art. 1 der Grundrechtecharta«, in:

Der Staat 50 (2011), S. 533, 556 ff. (Träger); Katrin Schwarzburg, *Die Menschenwürde im Recht der Europäischen Union*, Baden-Baden 2012, S. 229 ff. (Normart: multipler Rechtscharakter); S. 258 ff., 334 ff. (Berechtigte); Marten Breuer, »Fundamentalgarantien«, in: Christoph Grabenwarter (Hg.), *Enzyklopäidie Europarecht. Europäischer Grundrechtsschutz*, Baden-Baden 2014, § 7, Rn. 6 (Grundrecht).

Zur Frage der Einschränkbarkeit oder Absolutheit der europäischen Würdenorm: Margrit Bühler, *Einschränkung von Grundrechten nach der Europäischen Grundrechtecharta*, Berlin 2005, S. 367 (aufgrund des Wortlauts absolute Lesart wie im Grundgesetz); Matthias Jestaedt, »Polizeirecht in den Grenzen des Binnenmarkts – Das Laserdrom-Urteil des EuGH«, in: *Juristische Ausbildung* 28 (2006), S. 127, 130 (EuGH halte Menschenwürde nicht für abwägungsresistent); Stephan Rixen, »Die Würde des Menschen als Fundament der Grundrechte«, in: Sebastian Heselhaus, Carsten Nowak (Hg.), *Handbuch der europäischen Grundrechte*, München 2006, § 9, Rn. 23 (bei Feststellung einer Würdeverletzung »bilanzierende Gewichtung und Bewertung« geboten); Christian Calliess, »Artikel 1«, in: ders., Matthias Ruffert (Hg.), *EUV – EGV. Das Verfassungsrecht der Europäischen Union mit Europäischer Grundrechtecharta. Kommentar*, 3. Aufl., München 2007, Rn. 38 ff. (Abwägungsresistenz im Ergebnis zwar richtig, aber problemträchtig; Lösung durch Beschränkung des EuGH auf Missbrauchskontrolle); Hans Peter Folz, »Artikel II-61«, in: Christoph Vedder, Wolf Heintschel von Heinegg (Hg.), *Europäischer Verfassungsvertrag*, Baden-Baden 2007, Rn. 4 (aus Wortlaut und den Erläuterungen zur Charta ergebe sich Unzulässigkeit von Einschränkungen); Hans D. Jarass, *Charta der Grundrechte der Europäischen Union unter Einbeziehung der vom EuGH entwickelten Grundrechte und der Grundrechtsregelungen der Verträge*, München 2010, Artikel 1, Rn. 12 (hinsichtlich der Omega-Entscheidung des EuGH); Franz C. Meyer, »Grundrechtsschutz und rechtsstaatliche Grundsätze«, in: Martin Nettesheim (Hg.), *Das Recht der Europäischen Union, Band I EUV/AEUV*, 41. Ergänzungslieferung, München 2010, nach Art. 6 EUV, Rn. 99 (nicht einschränkbar); Philipp Wallau, *Die Menschenwürde in der Grundrechtsordnung der Europäischen Union*, Bonn 2010, S. 178 ff. (im Falle von Würdekollisionen sei die Entscheidung der Gewissensverantwortung des Hoheitsträgers überlassen); Martin Borowsky, »Artikel 1«, in: Jürgen Meyer (Hg.), *Charta der Grundrechte der Europäischen Union*, 4. Aufl., Baden-Baden 2014, Rn. 40 (Einschränkbarkeit bei Grundrechtskollisionen); Michael Schwarz, »Die Menschenwürde als Ende der europäischen Wertegemeinschaft? Eine realistische Perspektive auf das Schutzdefizit nach Art. 1 der Grundrechtecharta«, in: *Der Staat* 50 (2011), S. 533, 562 (keine Abwägbarkeit); Hans Peter Folz, »Artikel 1«, in: Christoph Vedder, Wolf von Heintschel von Heinegg (Hg.), *Europäisches Unionsrecht. EUV/*

AEUV/Grundrechte-Charta, Handkommentar, Baden-Baden 2012, Rn. 5 (aus Wortlaut ergebe sich Unzulässigkeit von Einschränkungen); Katrin Schwarzburg, *Die Menschenwürde im Recht der Europäischen Union*, Baden-Baden 2012, S. 377 (Abwägungsverbot mit Relativierungsnotwendigkeit); Philipp Voet van Vormizeele, »Artikel 1«, in: Jürgen Schwarze (Hg.), *EU-Kommentar*, 3. Aufl., Baden-Baden 2012, Grundrechtecharta, Rn. 7 (absoluter Schutz entspreche einhelligem Willen des Konvents und komme auch in Erläuterungen des Präsidiums zum Ausdruck); Marten Breuer, »Fundamentalgarantien«, in: Christoph Grabenwarter (Hg.), *Enzyklopädie Europarecht. Europäischer Grundrechtsschutz*, Baden-Baden 2014, § 7, Rn. 57 (Menschenwürde komme keine solitäre Stellung als unabwägbares Recht zu); Frank Schorkopf, »Würde des Menschen«, in: Dirk Ehlers (Hg.), *Europäische Grundrechte und Grundfreiheiten*, 4. Aufl., Berlin 2014, Rn. 16 (Menschenwürde als Abwägungsgegenstand im Rahmen der Verhältnismäßigkeit).

Zum Verhältnis von europäischer und grundgesetzlicher Würdenorm: Jürgen Bröhmer, »Anmerkung zu EuGH, Urt. vom 14.10.2004 – C-35/02«, in: *Europäische Zeitschrift für Wirtschaftsrecht* 29 (2004), S. 755 f. (Generalvorrang des mitgliedstaatlichen Würdeverständnisses); Thilo Rensmann, *Wertordnung und Verfassung. Das Grundgesetz im Kontext grenzüberschreitender Konstitutionalisierung*, Tübingen 2007, S. 344 (Europäisierung des Würdediskurses biete Chance, deutsche Menschenwürdejudikatur von einzelnen paternalistischen Hypertrophien zu befreien); Felix Ekardt, Daniel Kornach, »›Europäische‹ und ›deutsche‹ Menschenwürde und die europäische Grundrechtsinterpretation. Zugleich zur Gentechnik-Forschungsförderung und zum Verhältnis der verschiedenen EU-Grundrechtsquellen«, in: *Zeitschrift für europarechtliche Studien* 12 (2010), S. 111, 129 (deutliche Unterschiede zwischen Inhalt des deutschen und des europäischen Würdebegriffs); Michael Schwarz, »Die Menschenwürde als Ende der europäischen Wertegemeinschaft? Eine realistische Perspektive auf das Schutzdefizit nach Art. 1 der Grundrechtecharta«, in: *Der Staat* 50 (2011), S. 533, 540 (keine Übertragung des deutschen Würdeverständnisses), S. 565 (Europaunverträglichkeit des Artikel 1 GG); Katrin Schwarzburg, *Die Menschenwürde im Recht der Europäischen Union*, Baden-Baden 2012, S. 425 (unterschiedliche mitgliedstaatliche Würdestandards innerhalb des mit einheitlichem Geltungsanspruch ausgestatteten Unionsrechts); Rudolf Streinz, *Europarecht*, 9. Aufl., Heidelberg 2012, Rn. 765 (Würdenorm der Charta entspreche Art. 1 Abs. 1 GG); Horst Dreier, »Artikel 1«, in: ders. (Hg.), *Grundgesetz – Kommentar*, Bd. I, 3. Aufl., Tübingen 2013, Rn. 36 (flagrante Kollisionen eher unwahrscheinlich; es komme bei einer Verletzung des Art. 1 GG auf die »Identitätskontrolle« an); Thomas Oppermann, Claus-Dieter Classen, Martin Nettesheim, *Europarecht. Ein Studienbuch*,

6. Aufl., München 2014, §17, Rn. 46 (sachliche Übereinstimmung von Art. 1 GRC und Art. 1 GG).

85 Diskussion zur Humangenetik in den neunziger Jahren: Hartwig Donner, Jürgen Simon, »Genomanalyse und Verfassung«, in: *Die öffentliche Verwaltung* 43 (1990), S. 907, 909 (Verfassungsinterpretation sei nicht Philosophie), S. 910 (Verletzung der Würde ergebe sich erst aus der Art der Genomanalyse); Udo Steiner, *Der Schutz des Lebens durch das Grundgesetz*, Berlin u.a. 1991, S. 18 ff. (Embryonenschutz, Menschenzüchtung); Bernhard Losch, »Lebensschutz am Lebensbeginn: Verfassungsrechtliche Probleme des Embryonenschutzgesetzes«, in: *Neue Juristische Wochenschrift* 45 (1992), S. 1926 ff.; Ulrich Schroth, »Die strafrechtlichen Tatbestände des Transplantationsgesetzes«, in: *Juristenzeitung* 52 (1997), S. 1149 f. (Menschenwürde vermöge generelle Bestrafung des Organhandelns nicht zu begründen; Prinzip der Freiwilligkeit müsse gewahrt sein); Thomas Kienle, »Das Verbot des Klonens von Menschen«, in: *Zeitschrift für Rechtspolitik* 31 (1998), S. 186 ff.

Zellbiologische Zusammenhänge und Entwicklung der Humangenetik seit der Jahrtausendwende: Empfehlungen der Deutschen Forschungsgemeinschaft zur Forschung mit menschlichen Stammzellen vom 3. Mai 2001; Paulina Taboada, »Stammzellenforschung und Menschenwürde«, in: Walter Schweidler, Herbert A. Neumann, Eugen Brysch (Hg.), *Menschenleben – Menschenwürde. Interdisziplinäres Symposium zur Bioethik*, Münster 2002, S. 129 ff.; Christine Hauskeller, »Stammzellforschung und Menschenwürde«, in: Matthias Kettner (Hg.), *Biomedizin und Menschenwürde*, Frankfurt/M. 2004, S. 145; Michael Kloepfer, »Humangenetik und Menschenwürde«, in: Rainer Wahl (Hg.), *Verfassungsänderung, Verfassungswandel, Verfassungsinterpretation. Vorträge bei deutsch-japanischen Symposien in Tokyo 2004 und Freiburg 2005*, Berlin 2008, S. 291 ff.

Heftigkeit der Debatte und ihre Gründe: Eduard Picker, »Vom ›Zweck‹ der menschlichen Würde. Ein Diskussionsbeitrag«, in: Walter Schweidler, Herbert A. Neumann, Eugen Brysch (Hg.), *Menschenleben – Menschenwürde. Interdisziplinäres Symposium zur Bioethik*, Münster 2002, S. 197 f. (Schlacht); Stefan Dietrich, »Die Würde des Menschen ist antastbar«, in: *Frankfurter Allgemeine Zeitung*, 24.3.2001, S. 1; Julian Nida-Rümelin, »Wo die Menschenwürde beginnt«, in: *Tagesspiegel*, 3.1.2001, wiederabgedruckt in: ders., *Ethische Essays*, Frankfurt/M. 2002, S. 405, 407; Robert Spaemann, »Gezeugt, nicht gemacht«, in: *Die Zeit*, 18.1.2001, wieder abgedruckt in: Julian Nida-Rümelin, *Ethische Essays*, Frankfurt/M. 2002, S. 415 ff.; Hubert Markl, »Dolly und die Folgen: Ist der Mensch wirklich ein Schaf? Vortrag vor dem Übersee-Club Hamburg am 22. März 2000«, in: *Universitas* 55 (2000), S. 817 ff., hier zitiert nach: ders., *Schöner* *neuer Mensch?*, München u.a. 2002, S. 84, 109 f.; ders., »Von Caesar lernen heißt forschen lernen«, in: *Frankfurter Allgemeine Zeitung*, 25.6.2001, S. 52; Michael Ronellenfitsch, »Der Mensch als gentechnisch veränderter Organismus«, in: Klaus Peter Dolde (Hg.), *Umweltrecht im Wandel. Bilanz und Perspektiven des 25-jährigen Bestehens der Gesellschaft für Umweltrecht (GfU)*, Berlin 2001, S. 701 f.; Horst Dreier, »Lebensschutz und Menschenwürde in der bioethischen Diskussion«, in: ders., Wolfgang Huber (Hg.), *Bioethik und Menschenwürde*, Münster 2002, S. 9 f. (Nachweise zur Verwendung der »Kulturkampf«-Terminologie), S. 11 (Grundfragen der *conditio humana*), S. 12 (Hinweis auf Kannibalismus-Vorwurf eines katholischen Bischofs); Hasso Hofmann, »Recht, Politik und Religion«, in: *Juristenzeitung* 58 (2003), S. 377, 384 (Kulturkampf zwischen Wissenschafts- und Religionspartei; Kampf um die Deutungshoheit über verfassungsrechtliche Zentralbegriffe); Margot von Renesse, »Vorwort der Enquete-Kommission ›Recht und Ethik der modernen Medizin‹, in: *Bundestagsdrucksachen* 14/9020; Otfried Höffe, »Wessen Menschenwürde? Der Streit um therapeutisches Klonen: Das Programm für die Entwicklung des Menschen ist von Anfang an gegeben«, in: *Die Zeit*, 1.2.2001, wiederbgedruckt in: Julian Nida-Rümelin, *Ethische Essays*, Frankfurt/M. 2002, S. 455 (Gang in ethisches Neuland); Jürgen Mittelstrass, »Inflationäre Menschenwürde«, in: *Tagesspiegel*, 26.1.2001, wiederabgedruckt in: Julian Nida-Rümelin, *Ethische Essays*, Frankfurt/M., 2002, S. 440 f. (stürmische Wissenschaftsentwicklung, die ohne inneres Maß sei); Christian Maier, *Das Verschwinden der Gegenwart. Über Geschichte und Politik*, München 2004, S. 13 (ein ganz neues Menschenbild sei zu entwickeln).

86 Würdenorm als Verbotstatbestand angesichts der neuen humangenetischen Entwicklung – Berufung auf das Bundesverfassungsgericht: Ulrike Riedel, »Wer die Ethik nicht fühlen will, muß das Recht hören«, in: *Frankfurter Allgemeine Zeitung*, 7.5.2001, S. 50; Christian Starck, »Hört auf, unser Grundgesetz zerreden zu wollen«, in: *Frankfurter Allgemeine Zeitung*, 3.5.2001, S. 55; Ernst Benda, »Verständigungsversuche über die Würde des Menschen«, in: *Neue Juristische Wochenschrift* 54 (2001), S. 2147 f.; Christian Hillgruber, »Recht und Ethik vor der Herausforderung der Fortpflanzungsmedizin und ›verbrauchender Embryonenforschung‹«, in: Heinrich de Wall, Michael Germann (Hg.), *Bürgerliche Freiheit und Christliche Verantwortung. Festschrift für Christoph Link zum siebzigsten Geburtstag*, Tübingen 2003, S. 637, 642.

»SKIP-Argumente«: Udo Fink, »Der Schutz des menschlichen Lebens im Grundgesetz – zugleich ein Beitrag zum Verhältnis des Lebensrechts zur Menschenwürdegarantie«, in: *Juristische Ausbildung* 22 (2000), S. 210, 212 ff.; Ulrike Riedel, »Wer die Ethik nicht fühlen will, muß das Recht hören«, in: *Frankfurter Allgemeine Zeitung*, 7.5.2001, S.50; Christian Starck, »Hört auf, unser Grundgesetz zerreden zu wollen«, in: *Frankfurter Allgemeine Zeitung*, 30.5.2001, S.55; Claus Dieter Classen, »Die Forschung mit embryonalen Stammzellen im Spiegel der Grundrechte«, in: *Deutsches Verwaltungsblatt* 117 (2002), S.141, 143; Ute Sacksofsky, »Präimplantationsdiagnostik und Grundgesetz«, in: *Kritische Justiz* 36 (2003), S.274, 284.

Verbote des therapeutischen und reproduktiven Klonens sowie der PID: Adolfs Laufs, »Fortpflanzungsmedizin und Menschenwürde«, in: *Neue Juristische Wochenschrift* 53 (2000), S.2716f. (zur PID; Instrumentalisierung); Ulrike Riedel, »Wer die Ethik nicht fühlen will, muß das Recht hören«, in: *Frankfurter Allgemeine Zeitung*, 7.5.2001, S.50 (Instrumentalisierung); Christian Starck, »Hört auf, unser Grundgesetz zerreden zu wollen«, in: *Frankfurter Allgemeine Zeitung*, 30.5.2001, S.55 (Objekt-Formel, Selektion); Wolfram Höfling, »Zygote – Mensch – Person. Zum Status des frühen Embryos aus verfassungsrechtlicher Sicht«, in: *Frankfurter Allgemeine Zeitung*, 10.7.2001, S.8 (Verdinglichung und Instrumentalisierung); Ernst-Wolfgang Böckenförde, »Menschenwürde als normatives Prinzip. Die Grundrechte in der bioethischen Debatte«, in: *Juristenzeitung* 59 (2003), S.809, 812 (Zweck an sich selbst); ders., »Das Tor zur Selektion ist geöffnet – Der frühere Verfassungsrichter hält Forschung und Gentests an menschlichen Embryonen für unvereinbar mit dem Grundgesetz«, in: *Süddeutsche Zeitung*, 16.5.2001, S.11; Ute Sacksofsky, »Präimplantationsdiagnostik und Grundgesetz«, in: *Kritische Justiz* 36 (2003), S.274, 282 (Auschwitz); Jens Kersten, *Das Klonen von Menschen. Eine verfassungs-, europa- und völkerrechtliche Kritik*, Tübingen 2004, 508 (Verbot des reproduktiven Klonens).

»Dammbruch«-Argumentation: Ernst Benda, »Die Verfassung und das Leben. Gegen die These vom Wertungswiderspruch«, in: Christian Geyer (Hg.), *Biopolitik. Die Positionen*, Frankfurt/M. 2001, S.247, 278; Ernst-Wolfgang Böckenförde, »Menschenwürde als normatives Prinzip. Die Grundrechte in der bioethischen Debatte«, in: *Juristenzeitung* 59 (2003), S.809, 813.

Christlicher Hintergrund der Argumentation: Adolfs Laufs, »Fortpflanzungsmedizin und Menschenwürde«, in: *Neue Juristische Wochenschrift* 53 (2000), S.2716f. (christlich-metaphysisches Fundament der Würdenorm); Deutsche Bischofskonferenz (Hg.), *Der Mensch: sein eigener Schöpfer? Wort der Deutschen Bischofskonferenz zu Fragen der Gentechnik und Biomedizin vom 7. März 2001*, 2001, S.5; Horst Dreier, »Lebensschutz und Menschenwürde in der bioethischen Diskussion«, in: ders., Wolfgang Huber (Hg.), *Bioethik und Menschenwürde*, Münster 2002, S.9, 42 (die Wendung vom »göttlichen Funken« zur Beschreibung der christlichen Fundierung der Argumentation).

Einfach-gesetzliche Verbote: Ralf Müller-Terpitz, »Die neuen Empfehlungen der DFG zur Forschung mit menschlichen Stammzellen. Ein Weg aus dem bioethischen und verfassungsrechtlichen Dilemma?«, in: *Wissenschaftsrecht* 34 (2001), S. 271 ff.; Michael Kloepfer, »Humangenetik und Menschenwürde«, in: Rainer Wahl (Hg.), *Verfassungsänderung, Verfassungswandel, Verfassungsinterpretation. Vorträge bei deutsch-japanischen Symposien in Tokyo 2004 und Freiburg 2005*, Berlin 2008, S. 291, 293.

87 Ablehnung der Berufung auf das Bundesverfassungsgericht: Matthias Herdegen, »Die Erforschung des Humangenoms als Herausforderung für das Recht«, in: *Juristenzeitung* 55 (2000), S. 633 (Notwendigkeit der Abwägung gegenläufiger Positionen); Horst Sendler, »Menschenwürde, PID und Schwangerschaftsabbruch«, in: *Neue Juristische Wochenschrift* 54 (2001), S. 2148 f. (Widerspruch zwischen Zulässigkeit des Schwangerschaftsabbruchs als Tötung eines schon schmerzempfindlichen Wesens und Verbot der PID, die zu Beseitigung einiger weniger bewegungsunfähiger Zellen von winzigen Dimensionen führe); Rüdiger Wolfrum, »Unser Recht auf ein Höchstmaß an Gesundheit«, in: *Frankfurter Allgemeine Zeitung*, 29. 5. 2001, S. 53 (Urteile des Bundesverfassungsgerichts auf Sachverhalte nicht zugeschnitten); Matthias Herdegen, »Die Menschenwürde im Fluß des bioethischen Diskurses«, in: *Juristenzeitung* 56 (2001), S. 773, 777 (nur bei abgestuftem Schutz ließen sich Wertungswidersprüche vermeiden); Edzard Schmidt-Jortzig, »Systematische Bedingungen der Garantie unbedingten Schutzes der Menschenwürde in Art. 1 GG – unter besonderer Berücksichtigung der Probleme am Anfang des menschlichen Lebens«, in: *Die öffentliche Verwaltung* 54 (2001), S. 725, 730 (Zeitpunkt der Verschmelzung als biologistische Verengung); Kurt Faßbender, »Präimplantationsdiagnostik und Grundgesetz – Ein Beitrag zur verfassungsrechtlichen und -dogmatischen Strukturierung der aktuellen Diskussion«, in: *Neue Juristische Wochenschrift* 54 (2001), S. 2745, 2753 (Ungleichbehandlung von Abtreibung und PID); Kyrill-A. Schwarz, »›Therapeutisches Klonen‹ – ein Angriff auf Lebensrecht und Menschenwürde des Embryos?«, in: *Kritische Vierteljahresschrift für Gesetzgebung und Rechtswissenschaft* 84 (2001), S. 182, 200 f. (Bundesverfassungsgericht bleibe Begründung für Verknüpfung von Würde- und Lebensschutz schuldig und setze sich in Widerspruch zu eigenen Prämissen); Hans-Georg Dederer, »Menschenwürde des Embryo in vitro? Der Kristallisationspunkt der Bioethik-Debatte am Beispiel des therapeutischen Klonens«, in: *Archiv des öffentlichen Rechts* 127 (2002), S. 2, 9 (vor Nidation sei Entwicklung zum Menschen noch nicht sicher); Horst Dreier, »Stufungen des vorgeburtlichen Lebensschutzes«, in: *Zeitschrift für Rechtspolitik* 35 (2002), S. 377 f. (Bundesverfassungsgericht nehme »utilitaristische Gesamtkalkulation« vor); Monika Frommel, »Die

Menschenwürde des Embryos in vitro«, in: *Kritische Justiz* 25 (2002), S. 411, 420, 423 f. (Zeitpunkt der Nidation sei für das Gericht entscheidend; dem Gericht zufolge sei nicht jeder Tötungsakt schon eine Würdeverletzung; die Rechtsordnung lasse so etwas wie eine Selektion in der Art einer negativen Eugenik zu); Bernhard Schlink, *Aktuelle Fragen des pränatalen Lebensschutzes*, Berlin 2002, S. 11 f. (Instrumentalisierungen, Objektifizierungen und Opferungen seien manchmal gerechtfertigt und dann auch mit der Würde des Geopferten vereinbar); Michael Kloepfer, »Humangenetik als Verfassungsfrage«, in: *Juristenzeitung* 57 (2002), S. 417, 423 (Widerspruch, wenn Grundrecht auf Leben einschränkbar sein solle, die hieraus folgende Menschenwürde aber nicht); Ulrich Schroth, »Forschung mit embryonalen Stammzellen und Präimplantationsdiagnostik im Lichte des Rechts«, in: *Juristenzeitung* 57 (2002), S. 170, 175 ff. (Rechtsprechung sei nicht übertragbar); Christoph Enders, »Würde- und Lebensschutz im Konfliktfeld von Biotechnologie und Fortpflanzungsmedizin«, in: *Juristische Ausbildung* 25 (2003), S. 666, 672 (Bundesverfassungsgericht wäge ab); Tatjana Hörnle, »Menschenwürde und Lebensschutz«, in: *Archiv für Rechts- und Sozialphilosophie* 89 (2003), S. 318, 323 (gegen Verbindung von Würde- und Lebensschutz); Reinhard Merkel, »Embryonenschutz, Grundgesetz und Ethik. Über verfassungsrechtliche Mißverständnisse und moralische Grundlagen im Streit um die Forschung an embryonalen Stammzellen«, in: Walter Schweidler, Herbert A. Neumann, Eugen Brysch (Hg.), *Menschenleben – Menschenwürde. Interdisziplinäres Symposium zur Bioethik*, Münster 2002, S. 151, 155 ff. (Widersprüche in Rechtsprechung).

Kritik der »SKIP-Argumente«: Rainer Merkel, »Recht für Embryonen«, in: *Die Zeit*, 25.1.2001, abgedruckt auch in: Julian Nida-Rümelin, *Ethische Essays*, Frankfurt/M. 2002, S. 427, 431 ff.; Werner Heun, »Embryonenforschung und Verfassung – Lebensrecht und Menschenwürde des Embryos«, in: *Juristenzeitung* 57 (2002), S. 517, 519 f.

Kritik und Ablehnung des religiösen Hintergrundes der Verbotsargumentation: Horst Dreier, »Lebensschutz und Menschenwürde in der bioethischen Diskussion«, in: ders./Wolfgang Huber (Hg.), *Bioethik und Menschenwürde*, Münster 2002, S. 9, 42; Ulfried Neumann, »Die Menschenwürde als Menschenbürde – oder wie man ein Recht gegen den Berechtigten wendet«, in: Matthias Kettner (Hg.), *Biomedizin und Menschenwürde*, Frankfurt/M. 2004, S. 42, 49; Friedrich Wilhelm Graf, *Missbrauchte Götter. Zum Menschenbilderstreit in der der Moderne*, München 2009, S. 92 (lutherische Spitzenfunktionäre wie Friedrich und Käßmann argumentierten mit der Gottesebenbildlichkeit des Menschen, um einen absoluten Würdeschutz für totipotente embryonale Stammzellen zu begründen; dies lasse einen erheblichen Mangel an theologischer Bildung und blanke Unkenntnis der eigenen Bekenntnisschriften erkennen; nach Luther habe der Mensch die Ebenbildlichkeit Gottes durch den Sündenfall gänzlich verloren und gewinne sie auch nicht durch die Taufe zurück; die corruptio sei nicht aufhebbar).

Warnung vor einer Überforderung der Würdenorm: Günter Frankenberg, »Die Würde des Klons und die Krise des Rechts«, in: *Kritische Justiz* 28 (2000), S. 325, 332; Edzard Schmidt-Jortzig, »Systematische Bedingungen der Garantie unbedingten Schutzes der Menschenwürde in Art. 1 GG – unter besonderer Berücksichtigung der Probleme am Anfang des menschlichen Lebens«, in: *Die öffentliche Verwaltung* 54 (2001), S. 725, 732; Jörn Ipsen, »Der ›verfassungsrechtliche Status‹ des Embryos in vitro. Anmerkungen zu einer aktuellen Debatte«, in: *Juristenzeitung* 56 (2001), S. 989, 995; Erhard Denninger, »Embryo und Grundgesetz. Schutz des Lebens und der Menschenwürde vor Nidation und Geburt«, in: *Kritische Vierteljahresschrift für Rechtswissenschaft und Gesetzgebung* 86 (2003), S. 191, 195; Hans-Ludwig Schreiber, »Die Würde des Menschen – eine rechtliche Fiktion? Bemerkungen zur Reichweite des Menschenwürdeprinzips in der Diskussion über Embryonenforschung, Klonen und Präimplantationsdiagnostik«, in: *Medizinrecht* 21 (2003), S. 367, 368; Helmuth Schulze-Fielitz, »Verfassungsvergleichung als Einbahnstraße? Zum Beispiel der Menschenwürde in der biomedizinischen Forschung«, in: Alexander Blankenagel u. a. (Hg.), *Verfassung im Diskurs der Welt. Liber Amicorum für Peter Häberle zum siebzigsten Geburtstag*, Tübingen 2004, S. 355, 371.

88 Jüngere Literatur zur verfassungsrechtlichen Begrenzung der Humangenetik: Anne Barbara Lungstras, *Der Umgang mit dem Embryo in vitro. Eine Analyse der Überzeugungsstrategien in der verfassungsrechtlichen Debatte um die embryonale Stammzellenforschung und Präimplantationsdiagnostik*, Baden-Baden 2008; Horst Dreier, *Bioethik zwischen gesellschaftlicher Pluralität und staatlicher Neutralität*, ⟨www.uni-muenster.de⟩, letzter Zugriff 4. 5. 2016; Marion Weschka, *Präimplantationsdiagnostik, Stammzellforschung und therapeutisches Klonen: Status und Schutz des menschlichen Embryos vor den Herausforderungen der modernen Biomedizin. Eine Untersuchung aus einfachgesetzlicher, verfassungsrechtlicher und internationaler Perspektive*, Berlin, 2010; Jan C. Joerden, Eric Hilgendorf, Natalia Petrillo, Felix Thiele (Hg.), *Menschenwürde in der Medizin: Quo vadis?*, Baden-Baden 2012; Jan C. Joerden, Eric Hilgendorf, Felix Thiele (Hg.), *Menschenwürde und Medizin. Ein interdisziplinäres Handbuch*, Baden-Baden 2013; Horst Dreier, *Bioethik. Politik und Verfassung*, Tübingen 2013.

Zulassung der Forschung an importierten Stammzellen sowie Zulässigkeit der PID in begrenzten Ausnahmefällen: Bundesregierung, Beschluss »Einrichtung eines Nationalen Ethikrates«, Kabinettvorlage vom 25. 4. 2001; Nationaler Ethikrat, Zum Import menschlicher Stammzellen,

Dezember 2001; Gesetz zur Sicherstellung des Embryonenschutzes im Zusammenhang mit der Einfuhr und Verwendung menschlicher embryonaler Stammzellen vom 28.6.2002; Änderung des Gesetzes zum Zwecke der Verschiebung des Stichtages durch Gesetz vom 14.8.2008; Bundesgerichtshof, Urteil vom 6.7.2010, in: *Neue Juristische Wochenschrift* 63 (2010), S. 2672 ff.; Gesetz zur Regelung der Präimplantationsdiagnostik (Präimplantationsdiagnostikgesetz – PräimpG) vom 21.11.2011.

Bedeutungsverlust der Würdenorm: Dieter Gosewinkel, »Beim Staat geht es nicht allein um Macht, sondern um die staatliche Ordnung als Freiheitsordnung. Biographisches Interview mit Ernst-Wolfgang Böckenförde«, in: Ernst-Wolfgang Böckenförde, *Wissenschaft, Politik, Verfassungsgericht. Aufsätze von Ernst-Wolfgang Böckenförde. Biographisches Interview von Dieter Gosewinkel*, Berlin 2011, S. 466 (Sache sei mit zweiter Stichtagsregelung verloren gewesen); ders., »Menschenwürde als normatives Prinzip. Die Grundrechte in der bioethischen Debatte«, in: *Juristenzeitung* 59 (2003), S. 809 f. (Halte- und Orientierungspunkt); Hubert Markl, »Von Caesar lernen heißt forschen lernen«, in: *Frankfurter Allgemeine Zeitung*, 25.6.2001, S. 52 (Freiheit der Forschung als Ausdruck unserer Menschenwürde); Friedhelm Hufen, »Erosion der Menschenwürde?«, in: *Juristenzeitung* 59 (2004), S. 313, 316 (auch Heilen durch Menschenwürde geschützt); Ernst-Wolfgang Böckenförde, »Warum nicht PID? Einspruch im Namen der Menschenwürde: Der Staat des Grundgesetzes kann niemanden zur Entscheidung ermächtigen, ob ein anderer weiterleben darf oder verworfen wird«, in: *Frankfurter Allgemeine Zeitung*, 14.3.2011, S. 27; Helmuth Schulze-Fielitz, »Verfassungsvergleichung als Einbahnstraße? Zum Beispiel der Menschenwürde in der biomedizinischen Forschung«, in: Alexander Blankenagel u. a. (Hg.), *Verfassung im Diskurs der Welt. Liber Amicorum für Peter Häberle zum siebzigsten Geburtstag*, Tübingen 2004, S. 355, 372 f. (Deutschland als menschenrechtlicher Schulmeister); Kurtz Bayertz, »Menschenwürde«, in: Hans Jörg Sandkühler (Hg.), *Enzyklopädie Philosophie*, Bd. II, Hamburg 2010, S. 1553, 1555 (Menschenwürdeargumente als »Gewinner-Argumente«).

89 Neuer Terrorismus seit 2001: Bruce Hoffmann, *Terrorismus. Der unerklärte Krieg. Neue Gefahren politischer Gewalt*, Frankfurt/M. 2001; Walter Lacqueur, *Die globale Bedrohung. Neue Gefahren des Terrorismus*, München 2001; Dieter S. Lutz, »Was ist Terrorismus? Definitionen, Wandel, Perspektiven«, in: Hans-Joachim Koch (Hg.), *Terrorismus – Rechtsfragen der inneren und äußeren Sicherheit*, Baden-Baden 2002, S. 9 ff.

Sicherheitsgesetze als Reaktion auf den neuen Terrorismus: Erstes Gesetz zur Änderung des Vereinsgesetzes (BGBl. I 2001, S. 3319), Gesetz zur Finanzierung der Terrorbekämpfung (BGBl. I 2001, S. 3436); Gesetz zur Bekämpfung des internationalen Terrorismus (Terrorismusbekämpfungsgesetz) (BGBl. I 2002, S. 361 ff.), damit verbunden die Gesetze der Länder zur Änderung ihrer Verfassungsschutzgesetze; Viertes Finanzmarktförderungsgesetz (BGBl I 2002, 2010); Gesetz zur Änderung der Strafprozessordnung (§ 100i StPO) (BGBl I 2002, S. 3018); Geldwäschebekämpfungsgesetz (BGBl. I 2002, S. 3105); Vierunddreißigstes Strafrechtsänderungsgesetz (§ 129b – Kriminelle und terroristische Vereinigung im Ausland) (BGBl. I 2002, S. 3390); Gesetz über die Errichtung des Bundesamtes für Bevölkerungsschutz und Katastrophenhilfe (BGBl I 2004, S. 630); Gesetz zur Neuregelung von Luftsicherheitsaufgaben (BGBl I 2005, S. 78).

90 **Die Rechtsprechung des Bundesverfassungsgerichts zum unantastbaren Kernbereich privater Lebensgestaltung:** BVerfGE 109, 278 – Großer Lauschangriff (2004), S. 291 (Vortrag der Beschwerdeführer), S. 313 f. (Menschenwürde und Kernbereich, keine Relativierung durch Abwägung), S. 319 (Notwendigkeit gesetzlicher Regelungen), S. 319 (kein Schutz bei Gesprächen über Straftaten), S. 318 (Kernbereichsschutz); BVerfGE 113, 348 – Präventiv-TKÜ (2005), S. 328 (kein Schutz bei Tatbeteiligung); BVerfGE 112, 304 – Global Positioning System (2005), S. 335 (Kernbereichsschutz), S. 357 (Kernbereichsschutz); BVerfGE 120, 294 – Online-Durchsuchung (2008).

Bejahung des Absolutheitsanspruchs und der Abwägungsresistenz des Kernbereichskonzepts: Sabine Leutheusser-Schnarrenberger, »Rechtsstaat und großer Lauschangriff«, in: Fredrik Roggan (Hg.), *Lauschen im Rechtsstaat. Zu den Konsequenzen des Urteils des Bundesverfassungsgerichtes zum großen Lauschangriff. Gedächtnisschrift für Hans Lisken*, Berlin 2004, S. 99 f.; Oliver Lepsius, »Der große Lauschangriff vor dem Bundesverfassungsgericht«, in: *Juristische Ausbildung* 27 (2005), S. 433, 437; Markus Kötter, »Novellierung der präventiven Wohnraumüberwachung«, in: *Die öffentliche Verwaltung* 58 (2005), S. 225, 228; im Ergebnis wohl ebenfalls: Ralf Poscher, »Menschenwürde und Kernbereichsschutz. Von den Gefahren einer Verräumlichung des Grundrechtsdenkens«, in: *Juristenzeitung* 64 (2009), S. 269 ff.

Argumentationen zur nur vermeintlichen Absolutheits- und Unantastbarkeitsqualität des Kernbereichskonzepts: BVerfGE 109, 279 – Großer Lauschangriff (2004), S. 383 (Sondervotum der Richterinnen Jaeger und Hohmann-Dennhardt); Christian Wefelmeier, »Neue Grenzen für das präventive Lauschen«, in: *Niedersächsische Verwaltungsblätter* 11 (2004), S. 289, 291; Nils Petersen, »Auf dem Weg zur zweckrationalen Relativität des Würdeschutzes«, in: *Kritische Justiz* 37 (2004), S. 316, 324; Oliver Lepsius, »Der große Lauschangriff vor dem Bundesverfassungsgericht«, in: *Juristische Ausbildung* 27 (2005), S. 433, 439;, Markus Lindemann, »Der Schutz des ›Kernbereichs privater Lebensgestaltung‹ im Strafverfahren«, in:

Juristische Rundschau 58 (2005), S. 191, 198; Manfred Baldus, »Der Kernbereich privater Lebensgestaltung – absolut geschützt, aber abwägungsoffen«, in: *Juristenzeitung* 63 (2008), S. 224; Hans-Georg Dederer, »Die Garantie der Menschenwürde (Art. 1 Abs. 1 GG). Dogmatische Grundfragen auf dem Stand der Wissenschaft«, in: *Jahrbuch des öffentlichen Rechts* 57 (2009), S. 89, 115; Rolf Gröschner, Oliver W. Lembcke (Hg.), »Dignitas absoluta. Ein kritischer Kommentar zum Absolutheitsanspruch der Würde«, in: Rolf Gröschner, Oliver W. Lembcke (Hg.), *Das Dogma der Unantastbarkeit. Eine Auseinandersetzung mit dem Absolutheitsanspruch der Würde*, Tübingen 2009, S. 13, 19, Christoph Enders, »Artikel 1«, in: Klaus Stern, Florian Becker (Hg.), *Grundrechte-Kommentar*, Köln 2010, Rn. 67; Sigrid Hegmann, »§ 100c StPO«, in: Beckscher Online-Kommentar StPO, Rn. 23.1 (absolut geschützt nur das, was den Abwägungsvorgang erfolgreich durchlaufen hat); Manuel Ladiges, »Anmerkung zu BGH; Urteil vom 22. 12. 2011 – 2 StR 509/10 (LG Köln), in: *Der Strafverteidiger* 32 (2012), S. 517 f. (Konzept des BVerfG schließe nicht aus, gegenläufige Interessen zu berücksichtigen).

91 **Abschussermächtigung des Luftsicherheitsgesetzes:** § 13 ff. Gesetz zur Neuregelung von Luftsicherheitsaufgaben (BGBl I 2005, S. 78).

Vereinbarkeit der Ermächtigung mit der Würdenorm: Martin Hochhuth, »Militärische Bundesintervention bei inländischem Terrorakt. Verfassungsänderungspläne aus Anlass der Flugzeugentführungen vom 11. September 2001«, in: *Neue Zeitschrift für Wehrrecht* 44 (2002), 154 ff., 165 (Güterabwägung zu Lasten der Passagiere zulässig); Günter Jerouschek, »Nach dem 11. September 2001: Strafrechtliche Überlegungen zum Abschuss eines von Terroristen entführten Flugzeuges«, in: Knut Amelung u. a. (Hg.), *Strafrecht. Biorecht. Rechtsphilosophie. Festschrift für Hans-Ludwig Schreiber zum 70. Geburtstag am 10. Mai 2003*, Heidelberg 2003, S. 185, 196 (Prinzip des kleineren Übels); Tobias Linke, »Innere Sicherheit durch die Bundeswehr? Zu Möglichkeiten und Grenzen der Inlandsverwendung der Streitkräfte«, in: *Archiv des öffentlichen Rechts* 129 (2004), S. 489, 533 f. (utilitaristische Rechtfertigung; Schicksal der Passagiere untrennbar mit dem der Entführer verknüpft); Manfred Baldus, »Streitkräfteeinsatz zur Gefahrenabwehr im Luftraum«, in: *Neue Zeitschrift für Verwaltungsrecht* 23 (2004), S. 1278, 1285 (in moralischem Dilemma utilitaristische Nutzenerwägung statt fatalistischer Vermehrung der Opfer); Peter Dreist, »Einsatz der Bundeswehr im Innern – Das Luftsicherheitsgesetz als Anlass zum verfassungsrechtlichen Nachdenken«, in: Ulrich Blaschke u. a. (Hg.), *Sicherheit statt Freiheit. Staatliche Handlungsspielräume in extremen Gefährdungslagen*, Berlin 2005, S. 77 (Ausnahmefall von Grundsatz der Nicht-Saldierbarkeit); Michael Droege, »Die Zweifel des Bundespräsidenten – Das Luftsicherheitsgesetz und die überforderte Verfassung«, in: *Neue Zeitschrift* *für Wehrrecht* 47 (2005), S. 199, 204 (Abwägung bei Schutzpflichtenkollision zulässig); Kerstin Odendahl, »Der Umgang mit Unbeteiligten im Recht der Gefahrenabwehr: Das Luftsicherheitsgesetz als verfassungsgemäßer Paradigmenwechsel?«, in: *Die Verwaltung* 38 (2005), S. 425, 451 (primäres Ziel sei nicht Tötung, sondern Rettung von Menschenleben; keine Zufügung menschenunwürdigen Leids).

Verletzung der Würdenorm durch Abschussermächtigung: Alexander Archangelskij, *Das Problem des Lebensnotstandes am Beispiel eines von Terroristen entführten Flugzeuges*, Berlin 2004 (Kollision zwischen Würde der Passagiere und der Würde der am Absturzort befindlichen Menschen – deren Würdeschutzanspruch aber schwächer); Wolfram Höfling, Steffen Augsberg, »Luftsicherheit, Grundrechtsregime und Ausnahmezustand«, in: *Juristenzeitung* 60 (2005), S. 1080, 1083 (Opferung der Passagiere als Verdinglichung); Jens Kersten, »Die Tötung von Unbeteiligten. Zum verfassungsrechtlichen Grundkonflikt des § 14 III LuftSiG«, in: *Neue Zeitschrift für Verwaltungsrecht* 24 (2005), S. 661-663 (Passagiere durch Aufopferung nur noch bloßes Objekt); Bodo Pieroth, Bernd J. Hartmann, »Der Abschuss eines Zivilflugzeugs auf Anordnung des Bundesministers der Verteidigung«, in: *Juristische Ausbildung* 27 (2005), S. 729 (Würdenorm als Quantifizierungsverbot).

92 Entscheidung des Bundesverfassungsgerichts zur Abschussermächtigung des Luftsicherheitsgesetzes: BVerfGE 115, 118 – Luftsicherheitsgesetz (2006), S. 152, 157, 159.

Bejahung der Entscheidung: Karsten Baumann, »Das Urteil des BVerfG zum Luftsicherheitsgesetz der Streitkräfte«, in: *Juristische Ausbildung* 28 (2006), S. 447, 454 (Bejahung der Objekt-Formel, der jede Abwägungsoffenheit fehle); Wolfgang Hecker, »Die Entscheidung des Bundesverfassungsgerichts zum Luftsicherheitsgesetz«, in: *Kritische Justiz* 39 (2006), S. 179, 191 (Extremsituationen entzögen sich dem Gefahrenabwehrrecht); Felix Herzog, »Die Menschenwürde als absolute Grenze instrumenteller Vernunft. Zur Frage von Abwägungsverboten als Anlass des Luftsicherheitsgesetzes«, in: Fredrik Roggan (Hg.), *Mit Recht für Menschenwürde und Verfassungsstaat. Festgabe für Burkhard Hirsch*, Berlin 2006, S. 89 ff.; Burkhard Hirsch, »Verfassungsbeschwerde gegen das Gesetz zur Neuregelung von Luftsicherheitsaufgaben – Bemühungen zur Abwehr des finalen Rettungstotschlags«, in: *Kritische Vierteljahresschrift für Gesetzgebung und Rechtswissenschaft* 89 (2006), S. 3, 11 (Aufrechnungsverbot und Abwägungsverbot beim Rechtsgut »Leben«); Stephan Hobe, »Zu den verfassungsrechtlichen Grenzen der Gefahrenabwehr im nationalen Luftraum. Anmerkungen zum Urteil des Bundesverfassungsgerichts vom 15. Februar 2006«, in: *Zeitschrift für Luft- und Weltraumrecht* 54 (2006), S. 333 ff.;

Martin Kutscha, »Die Verfassungsbindung der Staatsgewalt. Eine unzeitgemäße Erinnerung anlässlich der Debatte um Bundeswehreinsätze«, in: Fredrik Roggan (Hg.), *Mit Recht für Menschenwürde und Verfassungsstaat. Festgabe für Burkhard Hirsch*, Berlin 2006, S. 128 ff.; Oliver Lepsius, »Das Luftsicherheitsgesetz und das Grundgesetz«, in: Fredrik Roggan (Hg.), *Mit Recht für Menschenwürde und Verfassungsstaat. Festgabe für Burkhard Hirsch*, Berlin 2006, S. 47, 73 (»immer wacherer Wächter«); Franz Josef Lindner, »Die Würde des Menschen und sein Leben – Zum Verhältnis von Art. 1 Abs. 1 Satz 1 GG und Art. 2 Abs. 2 Sätze 1 und 3 GG«, in: *Die Öffentliche Verwaltung* 59 (2006), S. 577, 586 (Gleichwertigkeit jeder menschlichen Existenz in ihrem So-Sein); Wolf-Rüdiger Schenke, »Die Verfassungswidrigkeit des § 14 III LuftSiG«, in: *Neue Juristische Wochenschrift* 59 (2006), S. 736, 738 (allerdings: Anknüpfung an Objekt-Formel sei nicht ganz unproblematisch); Christian Starck, »Anmerkung zu BVerfG, Urteil vom 15. 2. 2006 – 1 BvR 357/05«, in: *Juristenzeitung* 61 (2006), S. 417 (Distanz zu »jedem utilitaristischen Ansatz«); Daniela Winkler, »Verfassungsmäßigkeit des Luftsicherheitsgesetzes«, in: *Neue Zeitschrift für Verwaltungsrecht* 25 (2006), S. 536 ff.; Alexa Albrecht, *Zur Erosion der Menschenrechte im demokratischen Rechtsstaat. Reaktionen der Systeme und der Zivilgesellschaft*, Frankfurt/M. 2007, S. 71 (Verrechnungsverbot); Jochen von Bernstorff, »Pflichtenkollision und Menschenwürdegarantie. Zum Vorrang staatlicher Achtungspflichten im Normbereich von Art. 1 GG«, in: *Der Staat* 47 (2008), S. 21 ff. (Tragödien-Argument; Straferlass für Amtsträger); Dieter Hömig, »Menschenwürdeschutz in der Rechtsprechung des Bundesverfassungsgerichts«, in: Rolf Gröschner, Oliver W. Lembcke (Hg.), *Das Dogma der Unantastbarkeit. Eine Auseinandersetzung mit dem Absolutheitsanspruch der Würde*, Tübingen 2009, S. 25, 44 f. (Abwehrrecht aus Art. 1 Abs. 1 GG gewinne Oberhand); Claus Roxin, »60 Jahre Grundgesetz aus der Sicht des Strafrechts«, in: Peter Häberle (Hg.), *60 Jahre deutsches Grundgesetz. Beiträge aus dem Jahrbuch des öffentlichen Rechts der Jahre 2009-2011*, Tübingen 2011, S. 65, 83 f.; Daniel-Erasmus Khan, »Der Staat im Unrecht: Luftsicherheit und Menschenwürde«, in: Marten Breuer u. a. (Hg.), *Der Staat im Recht. Festschrift für Eckart Klein zum 70. Geburtstag*, Berlin 2013, S. 143, 151.

Kritik und Ablehnung der Entscheidung: Christian Hillgruber, »Verfassungsrecht zwischen normativem Anspruch und politischer Wirklichkeit«, in: *Veröffentlichungen der Vereinigung der Deutschen Staatsrechtslehrer. Band 67*, Berlin 2008, S. 7, 40, 42 (»*unglaubwürdige Verfassungsheuchelei*«; »*Schein von Rechtssicherheit*«); Josef Isensee, »Menschenwürde: die säkulare Gesellschaft auf der Suche nach dem Absoluten«, in: *Archiv des öffentlichen Rechts* 131 (2006), S. 173, 192 (»Pilatushände«); ders., »Leben gegen Leben«, in: Michael Pawlik, Rainer Zaczyk (Hg.), *Festschrift für Günter Jakobs zum 70. Geburtstag am 26. Juli 2007*, Köln 2007, S. 205, 233 (»*schizophrener Ide-*

alismus«); ders., »Not kennt Gebot«, in: *Frankfurter Allgemeine Zeitung*, 21.1.2008, S.10 (»Verfassungsautismus«); Manfred Baldus, »Gefahrenabwehr in Ausnahmelagen. Das Luftsicherheitsgesetz auf dem Prüfstand«, in: *Neue Zeitschrift für Verwaltungsrecht* 25 (2006), S.532, 534 (mangelnde Berücksichtigung der Opfer an Absturzstelle); Christian M. Burkiczak, »Das Luftsicherheitsgesetz vor dem Bundesverfassungsgericht«, in: *Neue Zeitschrift für Wehrrecht* (48) 2006, S.89, 99f. (Vermengung von Würdegarantie und Lebensrecht); Einiko Benno Franz, »Der Bundeswehreinsatz im Innern und die Tötung Unschuldiger im Kreuzfeuer von Menschenwürde und Recht auf Leben. Zugleich Anmerkung zum Urteil des Bundesverfassungsgerichts zum Luftsicherheitsgesetz«, in: *Der Staat* 45 (2006), S.501, 514 (Kritik der Objekt-Formel; Relativierung des Würdeanspruchs); Christoph Gramm, »Der wehrlose Verfassungsstaat – Urteilsanmerkungen zur Entscheidung des BVerfG zum LuftSiG vom 15. Februar 2006 – 1 BvR 357/05«, in: *Deutsches Verwaltungsblatt* 121 (2006), S.653, 661 (unbedingter Ausschluss der Tötung Unschuldiger nicht überzeugend); Tobias Linke, »Ein Karlsruher Befreiungsschlag für den Rechtsstaat – Kritische Anmerkungen zum Urteil des Ersten Senats des BVerfG vom 15.2.2006 (Luftsicherheitsgesetz)«, in: *Nordrhein-Westfälische Verwaltungsblätter* 20 (2006), S.174, 179 (Unklarheit des Urteils bezüglich kriegerischer Maßnahmen); Günter Spendel, »Luftsicherheitsgesetz und Bundesverfassungsgericht. Eine notwendige Kritik«, in: *Recht und Politik* 42 (2006), S.131, 133 (Saldierungsverbot kenne Ausnahmen); Thomas Elsner, Klara Schobert, »Gedanken zur Abwägungsresistenz der Menschenwürde – angestoßen durch das Urteil des Bundesverfassungsgerichts zur Verfassungsmäßigkeit der Sicherungsverwahrung«, in: *Deutsches Verwaltungsblatt* 122 (2007), S.278ff. (Ausblenden der Subjektstellung der potentiellen Opfer an Absturzstelle); Christoph Gramm, »Glaubwürdigkeitsdefizite der Wehrverfassung«, in: *Neue Zeitschrift für Wehrrecht* 49 (2007), S.221, 223 (keine Rechtsklarheit des Urteils); Christian Hillgruber, »Der Staat des Grundgesetzes – nur ›bedingt abwehrbereit‹? – Plädoyer für eine wehrhafte Verfassungsinterpretation«, in: *Juristenzeitung* 62 (2007), S.209, 217 (prinzipielle Abwägungsfestigkeit der Menschenwürde finde Grenze bei Pflichtenkollision); Ulrich Palm, »Der wehrlose Staat? Der Einsatz der Streitkräfte im Innern nach der Entscheidung des Bundesverfassungsgerichts zum Luftsicherheitsgesetz«, in: *Archiv des öffentlichen Rechts* 132 (2007), S.95, 109ff.; Christian Pestalozza, »Inlandstötungen durch die Streitkräfte – Reformvorschläge aus ministeriellem Hause«, in: *Neue Juristische Wochenschrift* 60 (2007), S.492, 494 (Ausführungen zu Art. 1 GG nur »obiter dictum«); Kay Wächter, »Polizeirecht und Kriegsrecht«, in: *Juristenzeitung* 62 (2007), S.61, 67 (Unklarheit bezüglich Bedeutung des Urteils für kriegsrechtliches Handeln); Frank Winkeler, *Bedingt abwehrbereit? Die verfassungsrechtliche*

Zulässigkeit von Gefahrenabwehrmaßnahmen auf Kosten Unschuldiger am Beispiel des Luftsicherheitsgesetzes, Stuttgart 2007, S. 294 (Unklarheiten des Urteils); Andreas Zimmermann, Robin Geiß, »Die Tötung unbeteiligter Zivilisten: Menschenunwürdig im Frieden – menschenwürdig im Krieg«, in: *Der Staat* 46 (2007), S. 377, 391 (Wertungswiderspruch zwischen Entscheidung und humanitärem Völkerrecht); Knut Ipsen, »Menschenwürde und Waffeneinsatz mit Kollateralwirkung auf Zivilpersonen«, in: *Neue Zeitschrift für Wehrrecht* 50 (2008), S. 156, 160 (Unklarheit bezüglich der Bedeutung der Entscheidung für den Kriegsfall); Otto Depenheuer, »Zwischen polizeilicher Gefahrenabwehr und militärischer Verteidigung. Gesetzgeberischer Handlungsbedarf nach dem Urteil des Bundesverfassungsgerichts zum Luftsicherheitsgesetz«, in: *Zeitschrift für Gesetzgebung* 23 (2008), S. 1 (Lücke in Selbstbehauptungsfähigkeit der Republik gegenüber terroristischen Anschlägen); Depenheuer, Otto, *Selbstbehauptung des Rechtsstaates*, Paderborn, 2007, S. 25 f. (Kapitulation gegenüber terroristischen Angriffen, die einer Einladung an Terroristen gleichkomme); Roman Schmidt-Radefeldt, »Die Wehrverfassung in schlechter Verfassung? Inlandseinsätze der Bundeswehr auf dem Prüfstein der Wehrverfassung«, in: *Neue Zeitschrift für Wehrrecht* 50 (2008), S. 221, 231 (Unsicherheit bezüglich Bedeutung der Entscheidung für Kriegsfall); Ulrich Vosgerau, »Zur Kollision von Grundrechtsfunktionen. Ein zentrales Problem der Grundrechtsdogmatik«, in: *Archiv des öffentlichen Rechts* 133 (2008), S. 346, 383 f. (Gericht gehe zu Unrecht vom Primat der abwehrrechtlichen Dimension aus); Georg Nolte, »Das Urteil des Bundesverfassungsgerichts zum Luftsicherheitsgesetz: Ein Sonderweg im Licht des Völkerrechts?«, in: *Die Friedenswarte* 84 (2009), S. 93, 95 f., 104 (durch Entscheidung sei Deutschland bei militärischen Operationen handlungs- und bündnisunfähig; Begründung des Gerichts als »deutscher Sonderweg«); Tatjana Hörnle, »Shooting Down a Hijacked Plane – The German Discussion and Beyond«, in *Criminal Law and Philosophy* 3 (2009), S. 111, 128 (Zulässigkeit der Tötung, um eine größere Anzahl von Menschen zu retten); Thomas Würtenberger, »Sicherheitsarchitektur im Wandel«, in: Dieter Kugelmann (Hg.), *Polizei unter dem Grundgesetz*, Baden-Baden 2010, S. 73, 82 (Würdeschutz der Opfer des Anschlags werde völlig negiert; dies sei mit dem Wortlaut des Art. 1 GG nicht vereinbar, da Eingriffsabwehr und Schutzpflicht gleichen Rang hätten; auch Unterlassen könne als Eingriff gewertet werden; Gleichrangigkeit von Achtungs- und Schutzpflicht, so dass Kollisionen durch Abwägung gelöst werden müssten; kein Tabubruch); Manfred Baldus, »Artikel 87a«, in: Hermann von Mangoldt u. a. (Hg.), *Grundgesetz*, Bd. 3, 6. Aufl., München 2010, Rdnr. 108 (»gespaltene Würdegarantie«); Manuel Ladiges, *Die Bekämpfung nicht-staatlicher Angreifer im Luftraum. Unter besonderer Berücksichtigung des § 14 Abs. 3 LuftSiG und der strafrechtlichen Beurteilung der Tötung von Unbeteiligten*, 2. Aufl., Berlin 2013, S. 299 ff., 522 ff.

93 **Der Fall des Kindesentführers und Mörders Magnus Gäfgen (Sachverhalt, Stellungnahmen in der Presse zum Handeln der Frankfurter Polizei):** LG Frankfurt/M., Urteil vom 20. 12. 2004 – 5/27 KLs 7570 Js 20314/03 (4/04), in: *Neue Juristische Wochenschrift* 58 (2005), S. 692; *Tagesspiegel* vom 20. 2. 2003 (Geert Mackenroth); *Focus*, Heft 28, 2003, S. 47 (Geert Mackenroth); *Frankfurter Rundschau* vom 30. 7. 2003 (Brigitte Zypries); *Die Welt* vom 18. 5. 2004 (Oskar Lafontaine); *Frankfurter Allgemeine Zeitung* vom 19. 11. 2004 (Schönbohm); *tageszeitung* vom 21. 12. 2004 (Brigitte Zypries); Georg Wagenländer, *Zur strafrechtlichen Beurteilung der Rettungsfolter*, Berlin 2006, S. 19 ff. (Darstellung der Vorgänge sowie Abdruck des Vermerks von Daschner).

Diskussion um Rettungsfolter bis 2003: Günter Dürig, »Der Grundrechtssatz von der Menschenwürde. Entwurf eines praktikablen Wertsystems der Grundrechte aus Art. 1 Abs. 1 in Verbindung mit Art. 19 Abs. II des Grundgesetzes«, in: *Archiv des öffentlichen Rechts*, 81 (1956), S. 117, 127, 128; Friedrich Klein, »Artikel 1«, in: Hermann von Mangoldt, Friedrich Klein, *Das Bonner Grundgesetz*, 2. Aufl., Berlin u. a. 1957, S. 152 f.; Albrecht, Ernst, *Der Staat. Idee und Wirklichkeit. Grundzüge einer Staatsphilosophie*, 1976, S. 174; Roßnagel, Alexander, »Der alltägliche Notstand. Die überverfassungsgesetzliche Generalklausel«, in: *Kritische Justiz* 10 (1977), S. 257, 269 (kritisch zu Albrecht); Luhmann, Niklas, *Gibt es in unserer Gesellschaft noch unverzichtbare Normen?*, Heidelberg 1993, S. 1, 27; Brugger, Winfried, »Darf der Staat ausnahmsweise foltern?«, in: *Der Staat* 35 (1996), S. 67 ff.; ders., »Vom unbedingten Verbot der Folter zum bedingten Recht auf Folter?«, in: *Juristenzeitung* 55 (2000), S. 165 ff.; ders., in: Winfried Brugger, Dieter Grimm, Bernhard Schlink, »›Darf der Staat foltern?‹ – Eine Podiumsdiskussion«, in: *Humboldt-Forum-Recht* 7 (2002), S. 45 ff.

94 **Besonderheiten der Debatte zur Rettungsfolter:** Heiner Bielefeldt, *Auslaufmodell Menschenwürde? Warum sie in Frage steht und warum wir sie verteidigen müssen*, Freiburg i. Br. 2011, S. 20 (Einforderung einer Emotionalisierung); Christian Rath, »Folter muss tabu bleiben«, in: *tageszeitung*, 14. 1. 2008; Heribert Prantl, »Die Würde des Menschen wird antastbar. Über Richter Horst Dreier, der bald sehr mächtig werden könnte«, in: *Süddeutsche Zeitung*, 22. 1. 2008; Carsten Volkery, »Karlsruhe: Folterdebatte wirft Schatten auf zukünftigen Karlsruher Verfassungsrichter«, in: *Spiegel online*, 23. 1. 2008; Robert Leicht, »Ein Advokat der Folter? Wie der liberale Staatsrechtler Horst Dreier von liberalen Kritikern als Richter am Bundesverfassungsgericht unmöglich gemacht wurde«, in: *Die*

Zeit, 9.2.2008; Thorsten Jungholt, »Horst Dreier und seine Version des Rufmordes. Fast-Verfassungsrichter«. In: *Welt Online*, 18.7.2008; Michael Stolleis, »Konzertierter Rufmord. Die Kampagne gegen Horst Dreier«, in: *Merkur. Deutsche Zeitschrift für europäisches Denken* 62 (2008), S. 717, 720 (der Fall Dreier als Lehrstück der politischen Kultur); Philip Gourevitch, Errol Morris, *Die Geschichte von Abu Ghraib. Aus dem Amerikanischen von Hans Günter Holl*, München 2009; Horst Dreier, »Artikel 1«, in: ders. (Hg.), *Grundgesetz – Kommentar*, Bd. I, 3. Aufl., Tübingen 2013, Rn. 133; Christian Fahl, »Notwehr und Tabu«, in: *Juristische Rundschau* 64 (2011), S. 338, 340 (zum »Fall Dreier«); Senate Select Committee on Intelligence. *Committee Study of the Central Intelligence Agency's Detention and Interrogation Program* (December 2014).

Argumentation für ein absolutes Verbot der Folter, mithin auch der Rettungsfolter, aufgrund der Würdenorm: Hans Joachim Cremer, »Verbot ohne Ausnahme«, in: *Frankfurter Allgemeine Zeitung*, 24.3.2003; Florian Fleßberger, »›Wenn du nicht redest, füge ich dir große Schmerzen zu‹«, in: *Juristische Ausbildung* 25 (2003), S. 711, 713 f. (Folterverbot unterscheide nicht nach Zwecken der Handlung; eine gute Folter gebe es nicht); Jan O. Merten, »Folterverbot und Grundrechtsdogmatik – Zugleich ein Beitrag zur aktuellen Diskussion um die Menschenwürde«, in: *Juristische Rundschau* 56 (2003), S. 404, 407 f. (Vorrang der Achtungspflicht; Vorrang das Rechtsgutes »Würde« vor dem Rechtsgut »Leben«); Michael Pawlik, »Deutschland, ein Schurkenstaat? Es gibt gute Gründe, Folter anzudrohen, und doch ist das Verbot absolut«, in: *Frankfurter Allgemeine Zeitung*, 1.3.2003 (eklatanter Selbstwiderspruch); Winfried Hassmer, »Interview«, in: *Spiegel online*, 27.3.2003 (finaler Rettungsschuss zerstöre nicht die Würde des Menschen); Harald Welsch, »Die Wiederkehr der Folter als das letzte Verteidigungsmittel des Rechtsstaates?«, in: *Bayerische Verwaltungsblätter* 49 (2003), S. 481, 485 (absolutes Verbot, Vorrang der Achtungspflicht); Ernst Benda, »Wer stark ist, foltert nicht«, in: *Die Welt*, 26.7.2004, S. 7; Heiner Bielefeldt, *Freiheit und Sicherheit im demokratischen Rechtsstaat*, Berlin 2004, S. 20 (Dammbrüche vorprogrammiert); Matthias Jahn, »Gute Folter – schlechte Folter? Straf-, verfassungs- und völkerrechtliche Anmerkungen zum Begriff ›Folter‹ im Spannungsfeld von Repression und Prävention«, in: *Kritische Vierteljahresschrift für Gesetzgebung und Rechtswissenschaft* 87 (2004), S. 24, 48 (es stehe nur Würde gegen Lebensrecht); Arthur Kreuzer, »Zur Not ein bisschen Folter?«, in: *Die Zeit*, 13.5.2004 (Absolutheit des Folterverbotes, nicht aber des Lebensschutzes); Reinhard Marx, »Folter: eine zulässige polizeiliche Präventionsmaßnahme?«, in: *Kritische Justiz* 37 (2004), S. 278, 302 (wegen historischer Unrechtserfahrung seien auch hohe Rechtsgüter zu opfern, um langfristig die Zivilität nicht zu zerstören); Ralf Neuhaus, »Die Aussageerpressung zur Rettung des Entführten: strafbar!«, in: *Goltdammer's Archiv für Strafrecht* 151 (2004), S. 521, 529 ff.; Hans Jürgen Papier, »Das Grundgesetz ist eindeutig. Die Menschenwürde gilt absolut«, in: *Die Zeit*, 13. 5. 2004 (Absolutheit des Verbotes; Folter sei eines Rechtsstaates nicht würdig); Frank Saliger, »Absolutes im Strafprozeß? Über das Folterverbot, seine Verletzung und die Folgen seiner Verletzung«, in: *Zeitschrift für die gesamte Strafrechtswissenschaft* 116 (2004), S. 35, 47 (abwägende Verrechnung nicht überzeugend); Rosemarie Will, »Christus oder Kant. Der Glaubenskrieg um die Menschenwürde«, in: *Blätter für deutsche und internationale Politik* 49 (2004), S. 1228, 1231, 1240 f. (Absolutheit der Folter wegen Abwägungsverbots); Bernhard Schlink, »Die überforderte Menschenwürde. Welche Gewissheit kann Artikel 1 des Grundgesetzes geben?«, in: *Der Spiegel*, Nr. 51 (2004), S. 50, 52 (Menschenwürdegewissheit festhalten heiße, sie der Abwägung zu entziehen); Ole Ziegler, »Das Folterverbot in der polizeilichen Praxis. Der ›Fall Daschner‹ als Beleg für die rechtsstaatliche Absolutheit des Folterverbotes«, in: *Kritische Vierteljahresschrift für Gesetzgebung und Rechtswissenschaft* 87 (2004), S. 50, 55 f. (Menschenwürde als absoluter Begriff; Vorrang der Achtungspflicht); Christoph Enders, »Die Würde des Rechtsstaates liegt in der Würde des Menschen – Das absolute Verbot staatlicher Folter«, in: Peter Nitschke (Hg.), *Rettungsfolter im modernen Rechtsstaat? Eine Verortung*, Bochum 2005, S. 133, 144 f. (Art. 104 Abs. 1 Satz 2 GG als spezielles Abwägungsverbot); Edzard Schmidt-Jortzig, »Die Verallgemeinerung des Außergewöhnlichen. Zur Normierung von Tatbestandsvoraussetzungen für die Zulässigkeit überpositiven Ausnahmeverhaltens«, in: Jürgen Bröhmer u. a. (Hg.), *Internationale Gemeinschaft und Menschenrechte. Festschrift für Georg Ress zum 70. Geburtstag am 21. Januar 2005*, Köln 2005, S. 1569, 1580 (Staat zerstörte seine eigenen Grundlagen); Ralph Christensen, »Wahrheit, Recht und Folter – Eine methodische Betrachtung«, in: Ulrich Blaschke u. a. (Hg.), *Sicherheit statt Freiheit? Staatliche Handlungsspielräume in extremen Gefährdungslagen*, Berlin 2005, S. 133 ff. (keine Würde-gegen-Würde-Abwägung); Björn Beutler, *Strafbarkeit der Folter zu Vernehmungszwecken. Unter besonderer Berücksichtigung des Verfassungs- und Völkerrechts*, Frankfurt/M. 2006, S. 123 (Vorrang der Achtungspflicht); Günter Frankenberg, »Und ewig brechen sie das Tabu. Hinter dem Schirm rechtsstaatlichen Anstands ist die politisch-militärische Folter zurückgekehrt«, in: *Die Zeit. Kursbuch*, Heft 163, 2006, S. 6, 12 (absolute Geltung); Felix Hanschmann, »Kalkulation des Unverfügbaren – Das Folterverbot in der Neu-Kommentierung von Art. 1 Abs. 1 GG im Maunz-Dürig«, in: Gerhard Beestermöller, Hauke Brunkhorst (Hg.), *Rückkehr der Folter. Der Rechtsstaat im Zwielicht?*, München 2006, S. 130 ff. (Abwägungsresistenz der Würdenorm im Falle der Folter); Annette Keilmann, »Grenzen polizeilicher Zugriffsgewalt«, in: Freia Anders u. a. (Hg.), *Herausforderungen des staatlichen Gewaltmonopols. Recht und politisch motivierte Gewalt am Ende des 20. Jahrhunderts*, Frankfurt/M. u. a. 2006, S. 67, 76 (Vorrang der Achtungspflicht); Sebastian Lenz, *Vorbehaltlose Freiheitsrechte. Stellung und Funktion vorbehaltloser Freiheitsrechte in der Verfassungsordnung*, Tübingen 2006, S. 303 ff. (Dammbruch); Jan Philipp Reemtsma, *Folter im Rechtsstaat?*, Hamburg 2005, S. 126 (Rechtsstaat gehe an Folter zugrunde); ders., »Zur Diskussion über die Re-Legitimierung der Folter«, in: Gerhard Beestermöller, Hauke Brunkhorst (Hg.), *Rückkehr der Folter. Der Rechtsstaat im Zwielicht?*, München 2006, S. 69, 74 (Ausnahme vom Folterverbot führte zur Zerstörung unserer Zivilisation); Dieter Anders, »Aktuelles Forum: Die Diskussion zur rechtlichen Zulässigkeit staatlicher Folter in Ausnahmesituationen«, in: Helmut Goerlich (Hg.), *Staatliche Folter. Heiligt der Zweck die Mittel?*, Paderborn 2007, S. 13, 27 (Würde-gegen-Würde-Konflikt sei eindeutig zugunsten des Folterverbotes geregelt); Gerd Roellecke, »Das Leben ist der Rechte höchstes nicht«, in: *Frankfurter Allgemeine Zeitung*, 1. 12. 2007, S. 35 (Erhaltung des So-Seins einer Gesellschaft habe Vorrang vor dem Leben des Einzelnen); Frank Rottmann, »Das Misshandlungsverbot des Art. 104 Abs. 1 S. 32 GG als Maßstab verfassungskonformer Auslegung«, in: Helmut Goerlich (Hg.), *Staatliche Folter. Heiligt der Zweck die Mittel?*, Paderborn 2007, S. 75, 94 (absolutes Misshandlungsverbot); Michael Pawlik, »Man kann es nur falsch machen«, in: *Frankfurter Allgemeine Zeitung*, 9. 3. 2009, S. 6 (Selbstachtung der politischen Gemeinschaft als ausschlaggebendes Moment); Michaela Möhlenbeck, *Das absolute Folterverbot. Seine Grundlagen und die strafrechtlichen sowie strafprozessualen Folgen seiner Verletzung*, Frankfurt/M. 2008, S. 65 ff.; Winfried Hassemer, »Streitgespräch mit Bundesinnenminister Schäuble«, in: *Frankfurter Allgemeine Zeitung*, 11. 3. 2009, S. 33 (Trübung des Blickes durch Monsterfälle); Eva Scheller, »Das verdrängte Entsetzen – zur Aktualität einer 400 Jahre alten Streitschrift wider den Hexenwahn in der Folterdebatte«, in: *Neue Juristische Wochenschrift* 62 (2009), S. 705, 708 (allgemeine Erwägungen auf Extrembeispiele zu stützen, begründe die Gefahr, als Extremist zu denken); Anja-Katarina Weilert, *Grundlagen und Grenzen des Folterverbotes in verschiedenen Rechtskreisen. Eine Analyse anhand der deutschen, israelischen und pakistanischen Rechtsvorschriften vor dem Hintergrund des jeweiligen historisch-kulturell bedingten Verständnisses der Menschenwürde*, Heidelberg u. a. 2009, S. 113 ff. (absolutes Folterverbot); Günter Frankenberg, *Staatstechnik. Perspektiven auf Rechtsstaat und Ausnahmezustand*, Frankfurt/M. 2010, S. 299 ff. (Ungewissheit der Rettung); Friedhelm Hufen, »Die Menschenwürde, Art. 1 I GG«, in: *Juristische Schulung* 50 (2010), S. 1, 2, 10 (ausnahmslose Geltung des Folterverbotes); Jan-Ulf Suchomel, *Partielle Disponibilität der Würde des Menschen*, Berlin 2010, S. 112 f. (Wegen Unantastbarkeit könne sie auch nicht um Menschenwürde eines anderen willen angetastet werden); Thomas Gutmann, »Die

Grenzen staatlicher Gewalt«, in: ders., Bodo Pieroth (Hg.), *Die Zukunft des staatlichen Gewaltmonopols*, Baden-Baden 2011, S. 33, 40 f.; Claus Roxin, »60 Jahre Grundgesetz aus der Sicht des Strafrechts«, in: Peter Häberle (Hg.), *60 Jahre deutsches Grundgesetz. Beiträge aus dem Jahrbuch des öffentlichen Rechts der Jahre 2009-2011*, Tübingen 2011, S. 81 f.; Linus Sonderegger, *Die Rückkehr der Folter? Anwendung von Zwang bei der Vernehmung im deutschen und US-amerikanischen Recht*, Berlin 2012, S. 289 (absolute Gewährleistung der Menschenwürde); Georg Herbert, »Folter und andere Würdeverletzungen – Absoluter oder relativer Schutz der Menschenwürde?«, in: *Europäische Grundrechte-Zeitschrift* 41 (2014), S. 661, 663 (Menschenwürde werde durch Folter ganz und gar negiert).

Überforderung des Rechts durch tragische Fälle – unter Umständen Straflosigkeit der Handelnden: Franz Josef Lindner, »Tragische Konflikte«, in: *Frankfurter Allgemeine Zeitung*, 15. 10. 2004, S. 8 (in tragischen Fällen gebe es einen rechtswertungsfreien Raum); Ralf Poscher, »Menschenwürde als Tabu«, in: *Frankfurter Allgemeine Zeitung*, 2. 6. 2004, S. 8 (Ausnahmesituation; Gesellschaft setze darauf, dass jemand das Notwendige tue); Mathias Hong, »Das grundgesetzliche Folterverbot und der Menschenwürdegehalt der Grundrechte – eine verfassungsjuristische Betrachtung«, in: Gerhard Beestermöller, Hauke Brunkhorst (Hg.), *Rückkehr der Folter. Der Rechtsstaat im Zwielicht?*, München 2006, S. 24, 29 (tragischer Fall; es komme auf Gewissensentscheidung des einzelnen Amtswalters an); Hauke Brunkhorst, »Folter, Würde und repressiver Liberalismus«, in: Gerhard Beestermöller, Hauke Brunkhorst (Hg.), *Rückkehr der Folter. Der Rechtsstaat im Zwielicht?*, München 2006, S. 88, 98 (tragic choice-Fall; Handelnder müsse dies mit seinem Gewissen ausmachen); Rainer Maria Kiesow, »Das Folterexperiment im Labor der Wahrheit. Quälereien sollten den Körper zum Sprechen bringen. Eine Produktionshilfe für den Rechtsbeweis«, in: *Die Zeit. Kursbuch*, Heft 163, 2006, S. 20, 27 (Tragik eines Rechts, das Antworten geben müsse, wo das Fragen nicht aufhören wolle); Michael Pawlik, »Abwehr der Verrohungen«, in: *Frankfurter Allgemeine Zeitung*, 6. 11. 2010, S. 34 (innewohnende Tragik von Situationen, in denen Würde gegen Würde stehe); Eric Hilgendorf, »Instrumentalisierungsverbot und Ensembletheorie der Menschenwürde«, in: Hans Ulrich Paeffgen u. a. (Hg.), *Strafrechtswissenschaft als Analyse und Konstruktion. Festschrift für Ingeborg Puppe*, Berlin 2011, S. 1653, 1668 (tragische Situation, von Rechtsordnung nicht befriedigend aufzulösen); Horst Dreier, »Artikel 1«, in: ders. (Hg.), *Grundgesetz – Kommentar*, Bd. I, 3. Aufl., Tübingen 2013, Rn. 133 f. (unentrinnbare Tragik; Recht stoße an seine Grenze; unterschiedliche Folgen denkbar, auch milde Strafe für den Amtswalter denkbar).

Kritik an der Rede von tragischen Konstellationen: Nils Teifke, *Das Prinzip Menschenwürde. Zur Abwägungsfähigkeit des Höchstrangigen*, Tübingen 2011, S. 136 (Rede habe allenfalls moralischen, keinen rechtlichen Sinn; Unmöglichkeit zweier sich widersprechender konkreter Sollensurteile).

Keine Verletzung der Würdenorm durch Rettungsfolter: Hans D. Jarass, »Artikel 1«, in: ders., Bodo Pieroth, *Grundgesetz für die Bundesrepublik Deutschland. Kommentar*, 6. Aufl., München 2002, Art. 1, Rn. 12 (auf Grundlage der Schutzpflicht sei es zulässig, Beeinträchtigungen der Menschenwürde durch Privatpersonen mit Mitteln zu bekämpfen, die wiederum die Menschenwürde dieser Privatpersonen beeinträchtigen, sofern kein milderes Mittel zur Verfügung stehe); Hans-Werner Laubinger, »Grundsatz der Verhältnismäßigkeit«, in: *Frankfurter Allgemeine Zeitung*, 1. 3. 2003 (Erst-recht-Schluss mit Blick auf den finalen Rettungsschuss); Fabian Wittreck, »Menschenwürde und Folterverbot – Zum Dogma von der ausnahmslosen Unabwägbarkeit des Art. 1 Abs. 1 GG«, in: *Die öffentliche Verwaltung* 56 (2003), S. 873, 897 f. (Gleichrangigkeit von Achtungs- und Schutzpflicht; Abwägung zugunsten des Opfers geboten); Olfa Miehe, »Nochmals: Die Debatte über Ausnahmen vom Folterverbot«, in: *Neue Juristische Wochenschrift* 56 (2003), S. 1219 f.; Christian Fahl, »Angewandte Rechtsphilosophie – ›Darf der Staat foltern?‹«, in: *Juristische Rundschau* 57 (2004), S. 182 ff.; Udo di Fabio, »Grundrechte als Werteordnung«, in: *Juristenzeitung* 59 (2004), S. 1, 5 (keine Erniedrigung des Täters); Peer Gebauer, »Zur Grundlage des absoluten Folterverbotes«, in: *Neue Zeitschrift für Verwaltungsrecht* 23 (2004), S. 1405, 1407 f. (Vergleich mit Rettungsschuss); Hans Hofmann, »Artikel 1«, in: Bruno Schmidt-Bleibtreu, Franz Klein (Hg.), *Kommentar zum Grundgesetz*, 10. Aufl., Köln 2004, Art. 1, Rn. 17; Heinrich Götz, »Das Urteil gegen Daschner im Lichte der Werteordnung des Grundgesetzes«, in: *Neue Juristische Wochenschrift* 58 (2005), S. 953, 955 (Verfassungsgeber habe Fall nicht bedacht); Franz Josef Wetz, *Illusion Menschenwürde. Aufstieg und Fall eines Grundwerts*, Stuttgart 2005, S. 17, 38 f. (hinsichtlich des finalen Rettungsschusses Erst-recht-Schluss; Gesetzgeber müsse aber Eingriff regeln); Harro Otto, »Diskurs über Gerechtigkeit, Menschenwürde und Menschenrechte«, in: *Juristenzeitung* 60 (2005), S. 473, 481; Clemens Breuer, »Das Foltern von Menschen. Die Differenz zwischen dem Anspruch eines weltweiten Verbots und dessen praktischer Missachtung und die Frage nach der möglichen Zulassung der ›Rettungsfolter‹«, in: Gerhard Beestermöller, Hauke Brunkhorst (Hg.), *Rückkehr der Folter. Der Rechtsstaat im Zwielicht?*, München 2006, S. 11, 19, 23 (Entführungsfall Matthias Hinze im Jahre 1997); Reinhard Merkel, »Folter und Notwehr«, in: Michael Pawlik, Rainer Zaczyk (Hg.), *Festschrift für Günter Jakobs zum 70. Geburtstag am 26. Juli 2007*, Köln 2007, S. 375, 397 (Unabwägbarkeit der Menschenwürde ein unhaltbares Dogma, große Lebenslüge des Verfassungsrechts); Walter Schmitt Glaeser, »Folter als Mittel staatlicher Schutzpflicht«, in: Otto Depenheuer u. a. (Hg.), *Staat im Wort. Festschrift für Josef Isensee*, Heidelberg 2007, S. 507, 517 f. (Rechtsstaat würde sich zerstören, wenn Staat bei gravierenden Sicherheitsgefährdungen seiner Schutzpflicht nicht gerecht werden könnte); Thomas Elsner, Klara Schobert, »Gedanken zur Abwägungsresistenz der Menschenwürde – angestoßen durch das Urteil des Bundesverfassungsgerichts zur Verfassungsmäßigkeit der Sicherungsverwahrung«, in: *Deutsches Verwaltungsblatt* 122 (2007), S. 278, 282; Kai Möller, »Abwägungsverbote im Verfassungsrecht«, in: *Der Staat* 46 (2007), S. 109, 121 (qualifizierte Abwägung möglich); Thomas Würtenberger, »Das Polizei- und Sicherheitsrecht vor den Herausforderungen des Terrorismus. Eine deutsche Perspektive«, in: Johannes Masing, Olivier Jouanjan (Hg.), *Terrorismusbekämpfung, Menschenrechtsschutz und Föderation. Deutsch-französische Gespräche zum Öffentlichen Recht*, Tübingen 2008, S. 27, 42; Ulrich Vosgerau, »Zur Kollision von Grundrechtsfunktionen. Ein zentrales Problem der Grundrechtsdogmatik«, in: *Archiv des öffentlichen Rechts* 133 (2008), S. 346, 386 (Verfassungsgeber konnte Problem noch nicht erkannt haben; nach Erfahrungen von '33 bis '45 und im Hinblick auf die Menschenrechtsverhältnisse in der Sowjetunion gingen Menschenrechtsverletzungen vom Staat aus); Christian Starck, »Artikel 1«, in: Hermann von Mangoldt, Friedrich Klein, Christian Starck (Hg.), *Grundgesetz-Kommentar*, Bd. 1, 6. Aufl., München 2010, Rn. 79; Knut Amelung, »›Rettungsfolter‹ und Menschenwürde – Bemerkungen zum Urteil des LG Frankfurt/M. über die Entschädigung des Mörders Gäfgen«, in: *Juristische Rundschau* 65 (2012), S. 18-20 (Vorrang der Würdeschutzpflicht); Ortwin Ennigkeit, Barbara Höhn, *Um Leben und Tod. Wie weit darf man gehen, um das Leben eines Kindes zu retten? Der Fall Jakob von Metzler – Protokoll eines Verbrechens*, München 2011 (Benennung ähnlicher Fälle).

95 Entscheidungen der Gerichte zum Handeln der Frankfurter Polizei: Landgericht Frankfurt/M., Beschluss vom 9. 4. 2003 – Az. 5/22 Ks 3490 Js 230 118/02 8 (Verwertungsverbote); Urteil vom 28. 7. 2003 – Az. 5/22 Ks 2/03 3490 Js 230 118/02, (Verurteilung Gäfgens); *Frankfurter Allgemeine Zeitung* vom 24. 9. 2012, S. 25 (Äußerung von Kriminalhauptkommissar Ortwin Ennigkeit); Landgericht Frankfurt/M., Urteil vom 20. 12. 2005 – Az. 5 / 27 KLs 7570 Js 203 814/03 (4/04) (Verurteilung der Polizeibeamten); LG Frankfurt/M., Urteil vom 4. 8. 2011 – Az. 2-04 O 521/05 (Geldentschädigung); Europäischer Gerichtshof für Menschenrechte (Große Kammer), Urteil vom 1. 6. 2010 – 22 978/05 – Gäfgen/Deutschland (keine Folter, aber unmenschliche Behandlung).

Bewertungen: Heinrich Götz, »Das Urteil gegen Daschner im Lichte der Werteordnung des Grundgesetzes«, in: *Neue Juristische Wochenschrift* 58 (2005), S. 953, 956 (derartige Verabsolutierung des Rechts des Täters auf

Achtung sei grundgesetzwidrig); Stefan Braum, »Erosionen der Menschenwürde – Auf dem Weg zur Bundesfolterordnung (BFO)? – Anmerkungen zum Urteil des Landgerichts Frankfurt Main im ›Fall Daschner‹«, in: *Kritische Vierteljahresschrift für Gesetzgebung und Rechtswissenschaft* 88 (2005), S. 283, 297 (Verdienst des Gerichts, dass Weg zu Bundesfolterordnung nicht gangbar sei); Klaus Ellbogen, »Zur Unzulässigkeit der Folter (auch) im präventiven Bereich – zugleich Besprechung des Urteils des Landgerichts Frankfurt am Main vom 20. 12. 2004«, in. *Juristische Ausbildung* 27 (2005), S. 339, 343 (Folter bleibe tabu, auch wenn dies menschlich nicht zu befriedigen vermöge); Günter Jerouschek, »Gefahrabwendungsfolter – Rechtsstaatliches Tabu oder polizeirechtlich legitimierter Zwangseinsatz?«, in: *Juristische Schulung* 45 (2005), S. 296, 302 (Menschenwürde kreise und gebäre, auf der Sanktionsebene, eine Maus); Walter Schmitt Glaeser, »Folter als Mittel staatlicher Schutzpflicht«, in: Otto Depenheuer u. a. (Hg.), *Staat im Wort. Festschrift für Josef Isensee*, Heidelberg 2007, S. 507, 512 (Verwirrung sei komplett: Gericht bestrafe Polizeipräsidenten, spreche ihm aber für die Androhung von Gewalt Respekt aus); Horst Dreier, »Artikel 1«, in: ders. (Hg.), *Grundgesetz – Kommentar*, Bd. I, 3. Aufl., Tübingen 2013, Rn. 134, Fn. 563 (nach Feststellung eines Verstoßes gegen die Menschenwürde und somit gegen die höchste und fundamentalste Norm überhaupt laute der Strafausspruch: Verurteilung zu einer Geldstrafe unter Vorbehalt, das Mildeste, was das Strafrecht für Erwachsene kenne); Knut Amelung, »›Rettungsfolter‹ und Menschenwürde – Bemerkungen zum Urteil des LG Frankfurt a. M. über die Entschädigung des Mörders Gäfgen«, in: *Juristische Rundschau* 65 (2012), S. 18 (Würdenorm verpflichte nicht zu Entschädigung).

96 Fähigkeit zur Selbstbestimmung und -entfaltung als der Menschenwürde zugrunde liegende Vorstellung – Rechtsprechung des Bundesverfassungsgerichts: BVerfGE 45, 187 – Lebenslängliche Freiheitsstrafe I (1977), S. 227; BVerfGE 49, 286 – Transsexuelle I (1978), S. 298 – Transsexuelle; BVerfGE 115, 118 – Luftsicherheitsgesetz (2006), S. 153 (»*dass es zum Wesen des Menschen gehört, in Freiheit sich selbst zu bestimmen und sich frei zu entfalten*«). Ähnlich dazu die Aussagen zur Vorstellung von der durch die Würdenorm zum Ausdruck gebrachten Freiheitsfähigkeit als Grund des Schuldprinzips: BVerfGE 123, 267 – Lissabon-Vertrag (2009), S. 413; BVerfGE 90, 145 – Cannabis (1994), S. 173; BVerfGE 80, 367 – Tagebuch (1989), S. 378; BVerfGE 57, 250 – V-Mann (1981), S. 275.

Selbstbestimmungs- und Freiheitsfähigkeit des Menschen als Ausdruck der Menschenwürde – bejahende Stellungnahmen in der verfassungsrechtlichen Literatur: Udo Fink, »Der Schutz des menschlichen Lebens im Grundgesetz – zugleich ein Beitrag zum Verhältnis des Lebensrechts zur Menschenwürdegarantie«, in: *Juristische Ausbildung* 32 (2000), S. 210, 212; Peter Unruh, *Der Verfassungsbegriff des Grundgesetzes. Eine verfassungstheoretische Rekonstruktion*, Tübingen 2002, S. 356 ff.; Werner Heun, »Embryonenforschung und Verfassung – Lebensrecht und Menschenwürde des Embryos«, in: *Juristenzeitung* 57 (2002), S. 517, 522; Martin Nettesheim, »Die Garantie der Menschenwürde zwischen metaphysischer Überhöhung und bloßem Abwägungstopos«, in: *Archiv des öffentlichen Rechts* 130 (2005), S. 71, 94; Harro Otto, »Diskurs über Gerechtigkeit, Menschenwürde und Menschenrechte«, in: *Juristenzeitung* 60 (2005), S. 473, 478; Karl Eberhard Hain, »Konkretisierung der Menschenwürde durch Abwägung?«, in: *Der Staat* 46 (2006), S. 189, 198; Christian Hillgruber, »Selbstbestimmung und Fremdbestimmung«, in: Otto Depenheuer u. a. (Hg.), *Staat im Wort. Festschrift für Josef Isensee*, Heidelberg 2007, S. 561, 565; ders., »Artikel 1«, in: Volker Epping, Christien Hillgruber (Hg.), *Grundgesetz. Kommentar*, München 2009, Rz. 3; Stephan Kirste, »Menschenwürde und die Freiheitsrechte des Status Activus. Renaissancehumanismus und gegenwärtige Verfassungsdiskussion«, in: Rolf Gröschner, Stephan Kirste, Oliver W. Lembcke (Hg.), *Des Menschen Würde – entdeckt und erfunden im Humanismus der italienischen Renaissance*, Tübingen 2008, S. 187, 190; Christian Tenthoff, *Die Strafbarkeit der Tötung auf Verlangen im Lichte des Autonomieprinzips*, Berlin 2008, S. 93; Maximilian Wallerath, »Zur Dogmatik eines Rechts auf Sicherung des Existenzminimums. Ein Beitrag zur Schutzdimension des Art. 1 Abs. 1 Satz 2 GG«, in: *Juristenzeitung* 63 (2008), S. 157, 161; Eberhard Eichenhofer, »Sozialrechtlicher Gehalt der Menschenwürde«, in: Rolf Gröschner, Oliver W. Lembcke (Hg.), *Das Dogma der Unantastbarkeit. Eine Auseinandersetzung mit dem Absolutheitsanspruch der Würde*, Tübingen 2009, S. 214; Dieter Lorenz, »Aktuelle Verfassungsfragen der Euthanasie«, in: *Juristenzeitung* 64 (2009), S. 57, 59 (Recht zur individuellen Selbstbestimmung als Ausdruck der menschlichen Würde).

Selbstbestimmung als »modernes Selbstverständnis«: Immanuel Kant, *Grundlegung zur Metaphysik der Sitten* (1785), herausgegeben von Karl Vorländer, 3. Aufl., Hamburg 1965, S. 60 (»*Autonomie ist also der Grund der Würde der menschlichen und jeder vernünftigen Natur*«); Friedrich Schiller, »Über Anmut und Würde« (1793), in: *Sämtliche Werke*, herausgegeben von G. Fricke, H.G. Göpfert, 9. Aufl., Bd. 5, München 1993, S. 475 (»*Beherrschung der Triebe durch die moralische Kraft ist Geistesfreiheit, und Würde heißt ihr Ausdruck in der Erscheinung*«); Giovanni Pico della Mirandola, posthum im Jahre 1496 erschienen, aus dem Neulateinischen übertragen von Herbert Werner Rüssel, o. J., S. 8 (»*Ich habe mich denn schließlich um die Einsicht bemüht, warum das glücklichste und aller Bewunderung würdigste Lebewesen der Mensch sei …*«), S. 10 (»*Den übrigen Wesen ist ihre Natur durch die von uns vorgeschriebenen Gesetze bestimmt und wird dadurch* *in Schranken gehalten. Du bist durch keinerlei unüberwindliche Schranken gehemmt, sondern du sollst nach deinem eigenen freien Willen, in dessen Hand ich die Geschicke gelegt habe, sogar jene Natur dir selbst vorherbestimmen*«).

Aus der philosophiehistorischen Literatur zu Kant und Schiller: R. P. Horstmann, »Menschenwürde«, in: Joachim Ritter, Karlfried Gründer (Hg.), *Historisches Wörterbuch der Philosophie*, Bd. 5, Basel 1980, Sp. 1124, 1125.

Zu Pico: Viktor Pöschl, Panajotis Kondylis, »Würde«, in: Otto Brunner, Werner Conze, Reinhart Koselleck (Hg.), *Geschichtliche Grundbegriffe. Historisches Lexikon zur politisch-sozialen Sprache in Deutschland*, Bd. 7, Stuttgart 1978, S. 637, 661.

Zum Gedanken der Selbstbestimmung als moderne Selbstverständlichkeit: Volker Gerhardt, *Selbstbestimmung. Das Prinzip der Individualität*, Stuttgart 1999, S. 133 f.; ders., »Selbstbestimmung«, in: Hans Jörg Sandkühler (Hg.), *Enzyklopädie Philosophie*, Bd. 3, Hamburg 2010, Sp. 2408, 2409 (»Elementarbegriff der menschlichen Kultur«), Sp. 2411 (»Grundbegriff der praktischen Philosophie«).

97 **Stellungnahmen und Thesen der Hirnforscher zum freien Willen:** Wolf Singer, »Verschaltungen legen uns fest: Wir sollten aufhören, von Freiheit zu sprechen«, in: Christian Geyer (Hg.), *Hirnforschung und Willensfreiheit. Zur Deutung der neuesten Experimente*, Frankfurt/M. 2004, S. 30; ders., »Brennpunkt Neuroethik«, in: *Gehirn & Geist*, Heft 4 (2004), S. 32, 33; ders., *Ein neues Menschenbild? Gespräche über Hirnforschung*, Frankfurt/M. 2003, S. 12; Gerhard Roth, *Fühlen, Denken, Handeln*, Frankfurt/M. 2003, S. 553; ders., »Willensfreiheit, Verantwortlichkeit und Verhaltensautonomie des Menschen aus Sicht der Hirnforschung«, in: Dieter Dölling (Hg.), *Jus humanum. Grundlagen des Rechts und des Strafrechts. Festschrift für Ernst-Joachim Lampe zum 70. Geburtstag*, Berlin 2003, S. 43, 46, 50, 54; Wolfgang Prinz, »Der Mensch ist nicht frei. Ein Gespräch«, in: Christian Geyer (Hg.), *Hirnforschung und Willensfreiheit. Zur Deutung der neuesten Experimente*, Frankfurt/M. 2004, S. 20, 22, 24; »Das Manifest. Elf führende Neurowissenschaftler über Gegenwart und Zukunft der Hirnforschung«, in: *Gehirn & Geist*, Heft 6 (2004). Kritik dieser Thesen in jüngerer Zeit: Joachim Bauer, *Selbststeuerung. Die Wiederentdeckung des freien Willens*, München 2015, S. 25, 194 ff.

Stellungnahmen in der verfassungsrechtlichen Literatur zu den Thesen der Hirnforscher: Karl Heinz Ladeur, Ivo Augsberg, *Die Funktion der Menschenwürde im Verfassungsstaat. Humangenetik – Neurowissenschaft – Medien*, Tübingen 2008, S. 59, 90 (systemtheoretische Zurückweisung der neurowissenschaftlichen Erkenntnisse); Martin Kriele, »Hirnforschung und Rechtsreform«, in: *Zeitschrift für Rechtspolitik* 38 (2005), S. 185, 188;

Josef Isensee, »Was heißt Freiheit? – Begriffe von Freiheit in der Staatsrechtslehre«, in: Utz Schliesky u.a. (Hg.), *Die Freiheit des Menschen in Kommune, Staat und Europa. Festschrift für Edzard Schmidt-Jortzig*, Heidelberg 2011, S. 269, 271f.; Christoph Möllers, »Willensfreiheit durch Verfassungsrecht«, in: Ernst-Joachim Lampe, Michael Pauen, Gerhard Roth (Hg.), *Willensfreiheit und rechtliche Ordnung*, Frankfurt/M. 2008, S. 250, 271 (unmittelbar folge nichts aus den Erkenntnissen für die Rechtsordnung); Franz Josef Lindner, »›Gewissheit‹ als Paradigma der Wissenschaft vom öffentlichen Recht. Versuch einer Grundlegung aus rechtsphilosophischer Sicht«, in: *Jahrbuch des öffentlichen Rechts der Gegenwart*, 57 (2009), S. 173ff.; ebenso ders., »Rechtswissenschaft als Gerechtigkeitswissenschaft«, in: *Rechtswissenschaft* 2 (2011), S. 1, 26 (normative Pflicht, Erkenntnisse zu ignorieren); Friedhelm Hufen, *Staatsrecht II. Grundrechte*, 3. Aufl., München 2011, § 10, Rn. 6 (tägliche Erfahrung und Selbstwahrnehmung individueller Entscheidungsfreiheit sprächen dagegen, von Autonomie als zentraler Prämisse der Menschenwürde abzugehen); Heinrich Amadeus Wolff, »Die Willensfreiheit und die Grundrechte«, in: *Juristenzeitung* 61 (2006), S. 925, 929f. (Pflicht zum Ignorieren als Rückfall auf Niveau mittelalterlicher Rechtskultur); Werner Heun, »Die grundgesetzliche Autonomie des Einzelnen im Lichte der Neurowissenschaften«, in: Ernst Joachim Lampe, Michael Pauen, Gerhard Roth (Hg.), *Willensfreiheit und rechtliche Ordnung*, Frankfurt/M. 2008, S. 276, 282, Fn. 44; Eberhard Schmidt-Aßmann, »Willensfreiheit im Recht. Beobachtungen zum Umgang der dogmatischen Rechtswissenschaft mit neurowissenschaftlichen Annahmen«, in: *Berlin-Brandenburgische Akademie der Wissenschaften*, ⟨http://www.bbaw.de⟩, letzter Zugriff 4.5.2016, S. 71, 79 (gegenwärtig scheine es noch zu früh, über grundlegende Konsequenzen nachzudenken, doch man dürfe hoffen, dass dann, wenn eine ausreichende Erkenntnissicherheit bestehe, rechtliche Grundannahmen und neurowissenschaftliche Grundlagen sich fruchtbar ergänzen könnten; die Rechtsvorstellungen müssten sicher nicht von Grund auf neu konzipiert werden, allenfalls manche Argumentationslinie könnte dann eine andere sein).

98 Verhältnis von Menschenwürde und Demokratie in der frühen Rechtsprechung des Bundesverfassungsgerichts sowie Stellungnahmen zu diesem Verhältnis in der Literatur bis zum Jahre 2010: BVerfGE 2, 1 – SRP-Verbot (1952), S. 12; BVerfGE 5, 85 – KPD-Verbot (1956), S. 204f.; BVerfGE 107, 59 – Abwasserverband Lippe (2002), S. 92.

Stellungnahmen aus der Literatur bis 2009: Joseph Marquard Wintrich, »Die Bedeutung der ›Menschenwürde‹ für die Anwendung des Rechts«; in: *Bayerische Verwaltungsblätter* 3 (1957), S. 137, 138 (wenn Bürger als Mitbestimmender an der Setzung des Rechts teilhabe, werde die Würde des Menschen anerkannt und respektiert); *Sozialdemokratische Partei Deutschlands*, »Grundsatzprogramm, beschlossen auf dem außerordentlichen Parteitag in Bad Godesberg 1959«, in: Dowe, Dieter/Klotzbach, Kurt (Hg.), *Programmatische Dokumente der deutschen Sozialdemokratie*, 3. Aufl., 1990, S. 349, 351 f.; Erich Ollenhauer, »Das neue Grundsatzprogramm der SPD. Rede auf dem Parteitag der SPD in Bad Godesberg am 13. 11. 1959«, in: Marie-Luise Recker, (Hg.), *Politische Reden 1945-1990*, Frankfurt/M. 1999, S. 418, 426 (»Das Bekenntnis zur Freiheit und Würde des Menschen erfordert das Bekenntnis zur Demokratie«); René Marcic, »Ein neuer Aspekt der Menschenwürde«, in: *Staat – Recht – Kultur. Festgabe für Ernst von Hippel zu seinem 70. Geburtstag – 28. September 1965, dargebracht von Freunden und Kollegen*, Bonn 1965, S. 189, 190, 192, 195 f., 197, 202 f.; Richard F. Behrendt, »Menschenwürde als Problem der sozialen Wirklichkeit«, in: *Schriftenreihe der Niedersächsischen Landeszentrale für politische Bildung. Verfassungsrecht und Verfassungswirklichkeit: Die Würde des Menschen. Untersuchungen zu Artikel 1 des Grundgesetzes für die Bundesrepublik Deutschland*, Hannover 1967, S. 57 f. (soziologische Argumentation für eine »Symbiose zwischen Menschenwürde und Demokratie«); Wilfried Berg, »Demokratie und kommunale Selbstverwaltung«, in: *Städte- und Gemeinderat* 34 (1979), S. 345, 349 (demokratisches Prinzip als Konsequenz der Grundrechtsgewährleistung auf Selbstbestimmung); Adalbert Podlech, »Artikel 1«, in: *Kommentar zum Grundgesetz für die Bundesrepublik Deutschland*, Bd. 1, *Art. 1-20*, Neuwied 1984, Rn. 16 (Menschenwürde als Bedingung der Demokratie); René A. Rhinow, »Grundprobleme der schweizerischen Demokratie«, in: *Zeitschrift für schweizerisches Recht* 118 (1984), S. 151 (Legitimation freiheitlicher Staaten zurückführbar auf eine Grundidee, nämlich die der Humanität und Menschenwürde); Peter Häberle, »Die Menschenwürde als Grundlage der staatlichen Gemeinschaft«, in: Josef Isensee, Paul Kirchhof (Hg.), *Handbuch des Staatsrechts*, Bd. 1, 1987, § 20, Rn. 68 (Menschenwürde habe demokratiebegründende Seite, Grund eines Rechts auf Gestaltung) Reinhold Zippelius, »Artikel 1«, in: *Bonner Kommentar*, Drittbearbeitung, Heidelberg 1989, Rn. 9; Matthias Jestaedt, *Demokratieprinzip und Kondominialverwaltung. Entscheidungsteilhabe Privater an der öffentlichen Verwaltung auf dem Prüfstand des Verfassungsprinzips Demokratie*, Berlin 1993, S. 507 f. (Kurz- und Fehlschluss, aus der Würdenorm auf das demokratische Legitimationssubjekt zurückzuschließen); Martin Morlok, *Selbstverständnis als Rechtskriterium*, Berlin 1993, S. 296 f. (im Gedanken der Autonomie liege die gemeinsame Wurzel von Menschenwürde und Grundrechten einerseits, der Volkssouveränität und der Demokratie andererseits); Brun-Otto Bryde, »Die bundesrepublikanische Volksdemokratie als Irrweg der Demokratietheorie«, in: *Staatswissenschaften und Staatspraxis* 5 (1994), S. 305, 322 (aufgrund des Zusammenhangs des Demokratieprinzips mit Menschenwürde und Selbstbestimmung sei »Volk« als Kurzformel für Menschen zu sehen, nicht als das kollektive Staatsoberhaupt); Werner Maihofer, »Prinzipien freiheitlicher Demokratie«, in: Ernst Benda, Werner Maihofer, Hans-Jochen Vogel (Hg.), *Handbuch des Verfassungsrechts*, 2. Aufl., Berlin u.a. 1994, S.490 (Menschenwürde als letzte Voraussetzung und Fundament der Demokratie, die aus ihr gefolgerte Staatsverpflichtung als höchste Zielsetzung einer freiheitlichen Demokratie); Christoph Enders, *Die Menschenwürde in der Verfassungsordnung. Zur Dogmatik des Art. 1 GG*, Tübingen 1997, S.88 (zur inhaltlichen Präzisierung des Demokratieprinzips könne Menschenwürde kaum etwas beitragen, was über Bejahung des Autonomiegedankens hinausreiche); Johannes Rux, »Weitere Anmerkung zu ThürVerfGH, Urteil vom 15.8.2001 – VerfGH 4/01 – verkündet am 19.9.2001. Noch ›Mehr Demokratie‹ durch Volksentscheid?«, in: *Thüringer Verwaltungsblätter* 1 (2002), S.48, 52 (Demokratie und Menschenwürde beruhten auf der Annahme, dass jeder Mensch grundsätzlich zur Selbstbestimmung fähig sei); Peter Michael Huber, »Die Vorgaben des Grundgesetzes für kommunale Bürgerbegehren und Bürgerentscheide«, in: *Archiv des öffentlichen Rechts* 126 (2001), S.165, 178 (Offenheit des Grundgesetzes für plebiszitäre Mitwirkungsmöglichkeiten aufgrund des Zusammenhangs von Demokratieprinzip und der auf die Würde des Menschen gegründeten freiheitlichen Ordnung); Wolfgang Weiß, *Privatisierung und Staatsaufgaben. Privatisierungsentscheidungen im Lichte einer grundrechtlichen Staatsaufgabenlehre unter dem Grundgesetz*, Tübingen 2002, S.108 (in das heutige Verständnis von Demokratie sei das Wissen um die Würde des Menschen eingeflossen); Karl-Eberhard Hain, »Autonomie als Grundlage der Verfassungsordnung des Grundgesetzes«, in: Stefan Uecker, Michael Wiemer (Hg.), *Individuum und Kollektiv. Politische Theorie zwischen Liberalismus und Kollektivismus*, Bd. 2, Berlin 2003, S.35, 48ff.; Utz Schliesky, *Souveränität und Legitimität von Herrschaftsgewalt. Die Weiterentwicklung von Begriffen der Staatslehre und des Staatsrechts im europäischen Mehrebenensystem*, Tübingen 2004, S.679f., 683ff.; Stephan Kirste, »Menschenwürde und die Freiheitsrechte des Status Activus. Renaissancehumanismus und gegenwärtige Verfassungsdiskussion«, in: Rolf Gröschner, Stephan Kirste, Oliver W. Lembcke (Hg.), *Des Menschen Würde – entdeckt und erfunden im Humanismus der italienischen Renaissance*, Tübingen 2008, S.187, 210 (Demokratie und Selbstverwaltung hätten Grund in der Würde des Menschen); Sebastian Unger, *Das Verfassungsprinzip der Demokratie. Normstruktur und Norminhalt des grundgesetzlichen Demokratieprinzips*, Tübingen 2008, S.77 (Zusammenhang von Demokratieprinzip und Menschenwürde als Begründung eines individualistisch-pluralistischen Demokratieverständnisses), S.78 (Kritik an individualistischem Demokratieverständnis: es führe zu einer Entwertung des demokratischen Alleinvertretungsanspruchs des Staatsvolkes); Stefan Huster, Johannes Rux, »Artikel 20«, in: Volker Epping, Christian Hillgruber (Hg.), *Grundgesetz. Kommentar*, München 2009, Rn. 55 ff. (Demokratie als Organisationsprinzip, das sich auf Art. 1 Abs. 1 S. 2 zurückführen lasse); Roman Herzog, Bernd Grzeszick, »Artikel 20«, in: Theodor Maunz, Günter Dürig u. a. (Hg.), *Grundgesetz. Loseblatt-Kommentar*, München 2010, Rn. 16 (Art. 1 und Art. 20 in weiten Bereichen auf die gleichen Vorstellungen politischer Anthropologie zurückzuführen).

Zur ideellen und theoretischen Verbindung von Selbstbestimmung und Demokratie: Hans Kelsen, *Vom Wesen und Wert der Demokratie*, 2. Aufl., Tübingen 1929, S. 3 ff.; Peter Graf Kielmannsegg, *Volkssouveränität: eine Untersuchung der Bedingungen demokratischer Legitimität*, Stuttgart 1977, S. 179, 185, 195 (Selbstbestimmung als eines der traditionellen und klassischen Demokratiepostulate, neben politischer Gleichheit und Volkssouveränität); Werner Heun, *Das Mehrheitsprinzip in der Demokratie*, Berlin 1983, S. 48.

Würde des Menschen als Wurzel des Anspruchs auf Demokratie in der jüngeren Rechtsprechung: BVerfGE 123, 267 – Lissabon (2009), S. 341, 413; BVerfGE 129, 124 – FES (2011), S. 169.

Dimensionen der Würdenorm: BVerfGE 1, 97 – Hinterbliebenenrente (1951), S. 104 (Erniedrigung, Brandmarkung, Verfolgung und Ächtung); BVerfGE 9, 167 – Wirtschaftsstrafgesetz (1959), S. 171 (Verbot der Verobjektivierung); BVerfGE 87, 209 – Tanz der Teufel (1992), S. 228 (Verbot der Objektivierung); BVerfGE 109, 133 – Langfristige Sicherungsverwahrung (2004), S. 149 f. (Verbot der Verobjektivierung; Verbot grausamer und erniedrigender Bestrafung); 109, 279 – Großer Lauschangriff (2004), S. 313 f. (Kernbereich privater Lebensgestaltung); BVerfGE 125, 177 – Hartz IV (2010), S. 222 (menschenwürdiges Existenzminimum).

Kritik des Konzepts eines in der Würdenorm wurzelnden Anspruchs des Bürgers auf Demokratie: Christian Hillgruber, Klaus Ferdinand Gärditz, »Volkssouveränität und Demokratie ernst genommen – Zum Lissabon-Urteil des BVerfG«, in: *Juristenzeitung* 64 (2009), S. 872, 873 (Argumentation gegen die nivellierende Konsequenz der Verankerung der Demokratie in der Würdenorm); Christoph Enders, »Artikel 1«, in: Klaus Stern, Florian Becker (Hg.), *Grundrechte-Kommentar*, Köln u. a. 2010, Rn. 28 (sogar Verdreifachung des Demokratieprinzips); Christoph Ohler, »Herrschaft, Legitimation und Recht in der Europäischen Union – Anmerkungen zum Lissabon-Urteil des BVerfG«, in: *Archiv des öffentlichen Rechts* 135 (2010), S. 153, 181 (unklar, worauf Argument des BVerfG ziele); Hans-Detlef Horn, »Demokratie«, in: Otto Depenheuer, Christoph Grabenwarter (Hg.), *Verfassungstheorie*, Tübingen 2010, § 22, Rn. 47 f. (Begründung der Demokratie aus der Menschenwürde vom Anliegen der Herrschaftsbegrenzung angeleitet; Gedanke der Volkssouveränität suche

Legitimation staatlicher Herrschaft aber nicht in deren Begrenzung, sondern in deren Begründung und Bewirkung); Stefan Haack, »Ordnungstranszendierende Verfassungsdogmatik im Kontext der Staatlichkeitsfrage. Anmerkungen zum Lissabon-Urteil des Bundesverfassungsgerichts aus rechts- und staatstheoretischer Sicht«, in: *Rechtstheorie* 43 (2012), S. 325, 362 (Demokratie ergebe sich nicht aus dem Gesichtspunkt menschlicher Würde, sondern aus der Ordnungsvorstellung von lebenden, in einer konkreten historischen Situation sich zusammenschließenden Menschen); Josef Isensee, »Die Würde des Menschen«, in: Detlef Merten, Hans-Jürgen Papier (Hg.), *Handbuch der Grundrechte*, Bd. 4, Heidelberg 2011, § 87, Rn. 103, 151 (Gericht wolle Selbstbehauptung des Nationalstaates im Prozess der europäischen Integration verteidigen, leiste jedoch den Bärendienst, Missverständnisse zu erzeugen; Deduktion des Gerichts fehlerhaft und überflüssig; verfassungstheoretisch vertretbar, aber verfassungsdogmatisch verwirrend sei es, Menschenwürde zu bemühen, wo sachnäheres demokratisches Prinzip bereits klare Auskunft gebe); Marc André Wiegand, Benno Zabel, »Der demokratische Verfassungsstaat zwischen Ideal und Wirklichkeit. Anmerkungen zum Freiheitsverständnis der Moderne«, in: *Der Staat* 50 (2011), S. 73, 89 (unklar, ob aus dem Anspruch auf Demokratie nicht ein umfassendes Recht auf politische Partizipation, auf direktdemokratische Mitbestimmung folge); Horst Dreier, »Artikel 1«, in: ders. (Hg.), *Grundgesetz – Kommentar*, Bd. I, 3. Aufl., Tübingen 2013, Rn. 166, Fn. 720 (Konzept des Bundesverfassungsgerichts: überspitzt, überstarke Konkretisierung und Subjektivierung).

Bejahung der Sicht von der Verwurzelung des Anspruchs auf Demokratie in der Würdenorm: Stephan Kirste, »Menschenwürde in der Rechtsprechung des Bundesverfassungsgerichts«, in: Jan Joerden, Eric Hilgendorf, Felix Thiele (Hg.), *Menschenwürde und Medizin. Ein interdisziplinäres Handbuch*, Baden-Baden 2013, S. 241, 259 f.

99 Würdenorm als Grund des Rechts auf einen selbstbestimmten Tod und ein menschenwürdiges Sterben – Stellungnahmen in der Literatur der neunziger Jahren: Albin Eser, »Möglichkeiten und Grenzen der Sterbehilfe aus der Sicht eines Juristen«, in: Walter Jens/Hans Küng (Hg.), *Menschenwürdig sterben. Ein Plädoyer für Selbstverantwortung*, 2. Aufl., München 1995, S. 149 (nicht schon »mit jedem Anhängen des Menschen an einen Apparat« werde die Würde des Menschen verletzt; denn sonst müsste die ganze Medizin in das 19. Jahrhundert zurückgeschraubt werden); Neumann, Ulfrid, »Strafrechtlicher Schutz der Menschenwürde zu Beginn und am Ende des Lebens«, in: Cornelius Prittwitz, Ioannis Manoledakis (Hg.), *Strafrecht und Menschenwürde. Deutsch-griechisches Symposium Thessaloniki 1995*, Baden-Baden 1995, S. 51, 58 ff. (aus dem Recht auf einen menschenwürdigen Tod folge ein Anspruch des Sterbenden auf aktive Sterbehilfe; deshalb sei auch eine »verfassungsrechtliche Restriktion« des Straftatbestandes der »Tötung auf Verlangen« geboten).

Kontext der Diskussion seit der Jahrtausendwende: Association pour le droit de mourir dans la dignité, in: *Frankfurter Allgemeine Zeitung*, 13.1.1999, S. 39; Bundesgerichtshof, »Beschluss vom 17.3.2003 – XII ZB 2/03 (Schleswig)«, in: *Neue Juristische Wochenschrift* 56 (2003), S. 1588, 1591; Hartmut Kreß, »Heiligkeit des Lebens und Selbstbestimmung im Sterben«, in: *Zeitschrift für Rechtspolitik* 38 (2005), S. 139, 140; Fuat S. Oduncu, »Ärztliche Sterbehilfe im Spannungsfeld von Medizin, Ethik und Recht«, in: *Medizinrecht* 23 (2005), S. 437 (zu den Sterbehilfegesetzen in den Niederlanden und Belgien); Roswitha Müller-Piepenkötter, »›Unantastbar?‹ Sterbehilfevereine: Eine Herausforderung für den Rechtsstaat«, in: *Zeitschrift für Lebensrecht* 16 (2008), S. 66, 68 f. (zu Sterbehilfegesetzen in den Niederlanden, England, Wales und der Schweiz); Gerrit Hohendorf, *Der Tod als Erlösung vom Leiden. Geschichte und Ethik der Sterbehilfe seit dem Ende des 19. Jahrhunderts in Deutschland*, Göttingen 2013, S. 180 ff. (zu den Niederlanden); Michael Stabenow, »Belgiens heikle Vorreiterrolle. Die Ausweitung des Sterbehilfegesetzes auf Minderjährige ist nur ein Zwischenschritt«, in: *Frankfurter Allgemeine Zeitung*, 4.1.2014, S. 10.

Zur Geschichte der Sterbehilfe und des Freitodes: Christian Merkel, *»Tod den Idioten« – Eugenik und Euthanasie in juristischer Rezeption vom Kaiserreich zur Hitlerzeit*, Berlin 2006; Matthias Bormuth, *Ambivalenz der Freiheit. Suizidales Denken im 20. Jahrhundert*, Göttingen 2008; Gerrit Hohendorf, *Der Tod als Erlösung vom Leiden. Geschichte und Ethik der Sterbehilfe seit dem Ende des 19. Jahrhunderts in Deutschland*, Göttingen 2013.

Würdenorm als verfassungsrechtlicher Grund für die Verneinung eines Rechts auf den eigenen Tod und eines Verbotes aktiver Sterbehilfe: Philipp Kunig, »Artikel 1«, in: Ingo von Münch, Philipp Kunig (Hg.), *Grundgesetz-Kommentar*, Bd. 1, 5. Aufl., München 2000, Rn. 36, Stichwort »Sterbehilfe«; Herbert Landau, »Heiligkeit des Lebens und Selbstbestimmung im Sterben«, in: *Zeitschrift für Rechtspolitik* 38 (2005), S. 50, 51 f.; Josef Franz Lindner, »Grundrechtsfragen aktiver Sterbehilfe«, in: *Juristenzeitung* 61 (2006), S. 373, 378 f.; Christian Starck, »Artikel 1«, in: Hermann von Mangoldt, Friedrich Klein, Christian Starck (Hg.), *Grundgesetz-Kommentar*, Bd. 1, 6. Aufl., München 2010, Rn. 93; Jens Roher, *Menschenwürde am Lebensanfang und am Lebensende und strafrechtlicher Lebensschutz*, Berlin 2012, S. 320 f.; Christian Henning, »Selbsttötung und christliches Menschenbild«, in: Eilert Herms (Hg.), *Menschenbild und Menschenwürde*, Gütersloh 2001, S. 455 ff.; Vollversammlung des Zentralkomitees der deutschen Katholiken, *Erklärung vom 24. 11. 2006. Leben und Sterben in Würde*, ⟨http://www.zdk.de/⟩ letzter Zugriff 4.5.2016, (Würde des Menschen verlange eine Selbstbestimmung, die sich verantwortlich wisse vor sich selbst, aber auch vor den Mitmenschen und – zumindest aus christlicher Perspektive – vor Gott); Ernst-Wolfgang Böckenförde, »Anerkennung von Menschenwürde und Lebensrecht am Anfang und am Ende des Lebens. Vortrag gehalten am 28.11.2007 auf Einladung der Konrad-Adenauer-Stiftung«, in: *Politisches Bildungsforum Baden-Württemberg, Regionalbüro Südbaden – KAS e. V – Bildungswerk Freiburg*, ⟨http://www.kas.de⟩, (letzter Zugriff 4.5.2016), (Selbsttötung als Selbstwiderspruch innerhalb des zur Autonomie führenden Menschenbildes der kantischen Philosophie).

Recht auf selbstbestimmten Tod als Ausfluss der Würdenorm: Wofram Höfling, »Forum: ›Sterbehilfe‹ zwischen Selbstbestimmung und Integritätsschutz«, in: *Juristische Schulung* 40 (2000), S.111, 114; Frank Czerner, »Aktive Sterbehilfe auch gegenüber Kindern? Zur Übertragbarkeit der aktuellen Diskussion in den Niederlanden auf die Bundesrepublik Deutschland unter verfassungsrechtlichen Gesichtspunkten«, in: *Medizinrecht* 19 (2001), S.354, 358; Friedhelm Hufen, »In dubio pro dignitate. Selbstbestimmung und Grundrechtsschutz am Ende des Lebens«, in: *Neue Juristische Wochenschrift* 54 (2001), S.849, 851 (Abbruch der Therapie usw. als Ausdruck menschenwürdiger Selbstbestimmung); Lother Knopp, »Aktive Sterbehilfe – Europäische Entwicklungen und ›Selbstbestimmungsrecht‹ des Patienten aus verfassungsrechtlicher Sicht«, in: *Medizinrecht* 23 (2005), S.379, 383f.; Jörg Antoine, *Aktive Sterbehilfe in der Grundrechtsordnung*, Berlin 2004, S.239 (keine Würdeverletzung durch Suizid); Matthias Herdegen, »Artikel 1«, in: Theodor Maunz, Günter Dürig u.a. (Hg.), *Grundgesetz. Loseblatt-Kommentar*, München 2003, Rn. 85 (Selbsttötung als Kern eigenverantwortlicher Selbstbestimmung, Anspruch auf aktive Sterbehilfe überspanne aber Würdenorm); Friedhelm Hufen, »Verfassungsrechtliche Grenzen des Richterrechts. Zum neuen Sterbehilfe-Beschluss des BGH«, in: *Zeitschrift für Rechtspolitik* 36 (2003), S.248, 249 (Selbstbestimmung als Kern der Menschenwürde); Heinz Holzhauer, »Von Verfassungs wegen: Straffreiheit für passive Sterbehilfe«, in: *Zeitschrift für Rechtspolitik* 37 (2004), S.41, 43 (Würde dem objektiven Grundwert Leben überlegen); Ulfried Neumann, »Die Menschenwürde als Menschenbürde – oder wie man ein Recht gegen den Berechtigten wendet«, in: Matthias Kettner (Hg.), *Biomedizin und Menschenwürde*, Frankfurt/M. 2004, S.42, 50 (biologistische Überdehnung des Menschenwürdeprinzips führt zu Verkürzung der Freiheitsrechte); Ulf Kämpfer, *Die Selbstbestimmung Sterbewilliger. Sterbehilfe im deutschen und amerikanischen Verfassungsrecht*, Berlin 2005, S.176f.; Hartmut Kreß, »Heiligkeit des Lebens und Selbstbestimmung im Sterben«, in: *Zeitschrift für Rechtspolitik* 38 (2005), S.139, 140; Kai Möller, »Selbstmordverhinderung im freiheitlichen Staat«, in: *Kritische Vierteljahresschrift für Gesetzgebung und Rechtswissenschaft* 88 (2005), S.230,

232; Martin Nettesheim, »Die Garantie der Menschenwürde zwischen metaphysischer Überhöhung und bloßem Abwägungstopos«, in: *Archiv des öffentlichen Rechts* 130 (2005), S. 71, 106 (Hinderung der Verfügung über den eigenen Tod als Verkehrung des verfassungsrechtlichen Sinnes von Art. 1 GG); Edzard Schmidt-Jortzig, »Die Verallgemeinerung des Außergewöhnlichen. Zur Normierung von Tatbestandsvoraussetzungen für die Zulässigkeit überpositiven Ausnahmeverhaltens«, in: Jürgen Bröhmer u. a. (Hg.), *Internationale Gemeinschaft und Menschenrechte. Festschrift für Georg Ress zum 70. Geburtstag am 21. Januar 2005*, Köln u. a. 2005, S. 1569, 1572; Klaus Lüdersen, »Aktive Sterbehilfe – Rechte und Pflichten«, in: *Juristenzeitung* 61 (2006), S. 689, 692; Horst Dreier, »Grenzen des Tötungsverbotes«, in: *Juristenzeitung* 62 (2007), S. 261 ff., 317 ff., 319 (Würdenorm als Grundlage für die Beendigung des eigenen Lebens); Dieter Lorenz, »Aktuelle Verfassungsfragen der Euthanasie«, in: *Juristenzeitung* 64 (2009), S. 57, 62 (das in der menschlichen Würde begründete, fundamentale Selbstbestimmungsrecht sei zu achten); Friedrich Wilhelm Graf, »Klerikaler Paternalismus. Die Kirchen und das Sterben«, in: *Süddeutsche Zeitung*, 19. 2. 2009, S 11 (Verfügung des Beschenkten über das Geschenk).

Problematik des Straftatbestandes der Tötung auf Verlangen sowie Kommentar zur Diskussion: Klaus Lüdersen, »Aktive Sterbehilfe – Rechte und Pflichten«, in: *Juristenzeitung* 61 (2006), S. 689, 692 ff. (für Einschränkung des Tatbestandes); Roger Kusch, »Tabu Sterbehilfe«, in: *Neue Juristische Wochenschrift* 59 (2006), S. 261, 262 f.; Norbert Hoerster, »Die Menschenwürde und das Recht auf Leben«, in: Konrad Paul Liessmann, *Der Wert des Menschen. An den Grenzen des Humanen*, Wien 2006, S. 47, 55 (Gegner und Befürworter berufen sich auf Würdenorm).

Aktuelle Debatte um Verbot der organisierten Suizidhilfe: Peter Hintze, »Ein Gebot der Menschenwürde«, in: *Der Spiegel*, Heft 33, 2014 (nicht jede unerträgliche Situation lasse sich mit palliativmedizinisch beherrschen; es sei ein Gebot der Menschenwurde, dass ein derart Betroffener am Lebensende den Arzt um Hilfe bitten dürfe); Manfred Lütz, »Es gibt keine Lizenz zum Töten, für niemanden«, in: *Frankfurter Allgemeine Zeitung*, 11. 12. 2014, S. 11 (um der Menschenwürde willen dürfe man einem Menschen, der sein eigenes Leben, aus welchen Gründen auch immer, für lebensunwert erklärt, nicht zustimmen und nachgeben); Peter Hintze, in: *Deutscher Bundestag – 18. Wahlperiode – 134. Sitzung am 6. 11. 2015, Plenarprotokoll 18/134*, S. 13 073 (»Der Kern der Menschenwürde ist die Selbstbestimmung«); Marian Wendt, in: *Deutscher Bundestag – 18. Wahlperiode – 134. Sitzung am 6. 11. 2015, Plenarprotokoll 18/134*, S. 13 163 (»*Die Würde kommt jedem Menschen voraussetzungslos zu und darf nicht durch eine Überbetonung des Selbstbestimmungsrechts und eines vermeintlichen Autonomieschutzes ausgehebelt werden*«).

100 Rechtsprechung des Bundesverfassungsgerichts zur Würdenorm als Grundlage eines Anspruchs auf Gewährleistung eines menschenwürdigen Daseins: BVerfGE 1, 97 – Hinterbliebenenrente (1951), S. 104 (kein Schutz vor materieller Not); BVerfGE 40, 121 – Waisenrente II (1975), S. 133 (Sozialstaatsprinzip als Begründung); BVerfGE 45, 187 – Lebenslängliche Freiheitsstrafe I (1977), S. 228 (Art. 1 Abs. 1 GG in Verbindung mit dem Sozialstaatsprinzip); BVerfGE 75, 348 – Gesetzliche Unfallversicherung (1987), S. 360 (offengelassen); BVerfGE 82, 60 – Steuerfreies Existenzminimum (1990), S. 80 (Sozialstaatsprinzip als Begründung); BVerfGE 125, 175 – Hartz IV (2010), S. 222 f. (Grundrecht auf menschenwürdiges Existenzminimum); BVerfG, NVwZ 2012, 1024, 1025 – Asylbewerberleistungsgesetz (Grundrecht aus Art. 1 Abs. 1 in Verbindung mit dem Sozialstaatsprinzip; Art. 1 Abs. 1 begründe diesen Anspruch als Menschenrecht).

Kritisch zur »Hartz-IV«-Entscheidung: Christoph Möllers, »Legalität, Legitimität und Legitimation des Bundesverfassungsgerichts«, in: Matthias Jestaedt u. a. (Hg.), *Das entgrenzte Gericht. Eine kritische Bilanz nach sechzig Jahren Bundesverfassungsgericht*, Berlin 2011, S. 281, 385 (schwer zu erkennen, was Entscheidung genau mit Garantie der Menschenwürde zu tun habe); Oliver Lepsius, »Die maßstabsetzende Gewalt«, in: Matthias Jestaedt u. a. (Hg.), *Das entgrenzte Gericht. Eine kritische Bilanz nach sechzig Jahren Bundesverfassungsgericht*, Berlin 2011, S. 159, 233 (maßstabsnivellierender Appell an verfassungsrechtliche Grundprinzipien), Shu-Perng Hwang, »Das Bundesverfassungsgericht im Schnittpunkt zwischen Recht und Politik: Ein unlösbares Problem?«, in: *Rechtstheorie* 46 (2015), S. 197, 200 (politisierte Begründung, materielle Grundrechtsvorstellung, Verneinung der Verfassung als Rahmenordnung).

101 Zum Verhältnis der Gewährleistung eines menschenwürdigen Daseins und der der Würdenorm zugrunde liegenden Vorstellung vom Menschen als einem mit der Fähigkeit zur Selbstbestimmung ausgestatteten Wesen: Volker Neumann, »Menschenwürde und Existenzminimum«, in: *Neue Zeitschrift für Verwaltungsrecht* 14 (1995), S. 426 (unter Berufung auf Ernst Bloch: menschliche Würde wolle wegräumen, was der Autonomie im Wege steht, Eudämonie, die Vorstellung eines guten Lebens ohne Hunger und materielle Not, speise sich dagegen aus ganz anderen, nämlich sozialutopischen Quellen), 428 (gegen die Berufung auf Kant: Würde und Existenzsicherung als unvergleichbare Größen; Mittel zur Befriedigung der menschenwürdigen Existenz hätten einen Marktpreis, Würde sei hingegen ein Zweck an sich selbst, der über allen Preis erhaben sei); Ernst Bloch, *Naturrecht und menschliche Würde*, Frankfurt/M. 1977, S. 234 f. (»*Die Sozialutopien gehen überwiegend auf* Glück, *mindestens auf Abschaffung der Not und der Zustände, die diese erhalten oder produ-*

zieren. Die Naturrechtstheorien gehen, wie so deutlich erhellte, überwiegend auf Würde, *auf Menschenrechte, auf juristische Garantien der menschlichen Sicherheit oder Freiheit, als Kategorien des humanen Stolzes. Demgemäß richtet sich die Sozialutopie vor allem auf Abschaffung des menschlichen* Elends, *das Naturrecht vor allem auf Abschaffung der menschlichen* Erniedrigung. *Die Sozialutopie will wegräumen, was der* Eudämonie aller, *das Naturrecht, was der* Autonomie *und ihrer* Eunomie *im Wege steht. So ist das humanistische Timbre in Sozialutopien und Naturrechtslehren weitgehend different; das Sinnfälligste der hier einschlägigen Unterschiede betreffend kann gesagt werden: beim einen gegen die Phäaken, beim anderen Brutus ein Modell*«); Barbara Zehenpfennig, »Was begründet Menschenwürde? Eine antike Antwort auf eine moderne Frage«, in: Gustav Adolf Lehmann (Hg.), *Armut – Arbeit – Menschenwürde. Die Euböische Rede des Dion von Prusa*, Tübingen 2012, S. 191, 195 (»*Gerade wenn die Würde wesentlich in der Freiheit der Entscheidung besteht [...], stellte sie sich selbst in Frage, sofern sie sich diese Freiheit durch die äußeren Bedingungen erst gewähren ließe. [...] Wird meine Entscheidungsfreiheit erst dann virulent, wenn man sie mir gibt, existiert sie de facto nicht*«).

102 Quellen zur Formel von der Gewährleistung eines menschenwürdigen Daseins: Immanuel Kant, *Grundlegung zur Metaphysik der Sitten* (1785), herausgegeben von Karl Vorländer, 3. Aufl., Hamburg 1965, S. 57-60; Georg Forster, »Über die Beziehung der Staatskunst auf das Glück der Menschen« (1794), in: ders., *Über die Beziehung der Staatskunst auf das Glück der Menschheit und andere Schriften,* herausgegeben von Wolfgang Rödel, Frankfurt/M. 1966, S. 141 (zu Forster: Alois Prinz, *Das Paradies ist nirgendwo. Die Lebensgeschichte des Georg Forster*, Frankfurt/M. 2008); Friedrich Schiller, »Würde des Menschen« (1796), in: ders., *Gedichte. Auswahl,* Leipzig 1986, S. 186; Bund der Geächteten, »Programm«, in: Wolfgang Schieder, *Anfänge der deutschen Arbeiterbewegung. Die Auslandsvereine im Jahrzehnt nach der Julirevolution von 1830*, Stuttgart 1963, S. 316 ff. (nach Uwe Volkmann, »Grundrechte und Sozialismus«, in: Detlef Merten, Hans-Jürgen Papier (Hg.), *Handbuch der Grundrechte in Deutschland und Europa*, Bd. 1, Heidelberg 2004, § 12, Rn. 32, handelt es sich um die Transkription einer entsprechenden Erklärung der radikaldemokratischen »Société de l'homme et du Citoyen«, mit der der Bund kooperierte; zum »Bund der Geächteten«, der in Paris agierte und sich aus dem »Deutschen Volksverein« heraus entwickelte, einer Organisation politischer Emigranten, die für ein freiheitliches und einiges Deutschland eintraten: Wilfried Gottschalch, »Ideengeschichte des Sozialismus in Deutschland«, in: ders., Friedrich Karrenberg, Franz Josef Stegmann, *Geschichte der sozialen Ideen in Deutschland*, herausgegeben von Helga Grebing, München 1969, S. 35);

Friedrich List, »Arbeit«, in: Carl von Rotteck, Carl Theodor Welcker, *Staats-Lexikon – Encyklopädie der Staatswissenschaften*, 1. Bd., 1. Aufl., Altona 1834 (zum »Staatslexikon«: Michael Stolleis, *Geschichte des öffentlichen Rechts in Deutschland. Vierter Band. Staats- und Verwaltungsrechtswissenschaft in West und Ost 1945-1990*, München 2012, S. 160: »*Sprachrohr des liberalen Bürgertums, wortreich, emphatisch, von Freiheitshoffnungen bewegt, politisch-staatswissenschaftlicher Journalismus im besten Sinne*«); Karl Marx, Friedrich Engels, »Manifest der kommunistischen Partei« (1848), in: Karl Marx, Friedrich Engels, *Studienausgabe in 4 Bänden*, herausgegeben von Iring Fetscher, Bd. III. *Geschichte und Politik 1*, Frankfurt/M. 1966, S. 59, 61; Friedrich Lassalle, »Das Arbeiterprogramm« (1863), in: Friedrich Jenaczek (Hg.), *Ferdinand Lassalle. Reden und Schriften. Aus der Arbeiteragitation 1862-1864. Mit einer Lassalle-Chronik*, München 1970, S. 40; August Bebel, »Christentum und Sozialismus. Eine religiöse Polemik zwischen Herrn Kaplan Hohoff in Hüffe und August Bebel, dem Verfasser der Schrift: Die parlamantarische Tätigkeit des Deutschen Reichstages und der Landtage und die Sozialdemokratie« (1873/74), in: Deutscher Freidenker-Verband e.V. Landesverband NRW (Hg.), *August Bebel. Christentum und Sozialismus. Mit einem Nachwort der Schulungs- und Archivkommission des DFV-NRW*, Wuppertal 1977, S. 33; Otto von Bismarck, »Rede vor dem Deutschen Reichstag am 2. April 1881«, abgedruckt in: Kai Brodersen (Hg.), *Große Reden von der Antike bis heute*, Darmstadt 200, S. 121 f.; Julian Kaftan, »Christentum und Wirthschaftsordnung«, in: *Zeitschrift für Theologie und Kirche* 3 (1893), S. 248, 275; Friedrich Naumann, »Demokratie und Kaisertum« (1904), in: ders., *Werke Bd. II, Schriften zur Verfassungspolitik, bearbeitet von Wolfgang Mommsen*, Frankfurt und New York 1964, S. 351; *Verhandlungen der verfassungsgebenden Deutschen Nationalversammlung*, Stenographische Berichte über die Verhandlungen der Deutschen Nationalversammlung – 62. Sitzung. Montag den 21.Juli 1919, Bd. 328, Berlin 1920, S. 1748.

Begriffs- und ideengeschichtliche Überblicke: Viktor Pöschl, Panajotis Kondylis, »Würde«, in: Otto Brunner, Werner Conze, Reinhart Koselleck (Hg.), *Geschichtliche Grundbegriffe. Historisches Lexikon zur politisch-sozialen Sprache in Deutschland*, Bd. 7, Stuttgart 1978, S. 637, 651; R. P. Horstmann, »Menschenwürde«, in: Joachim Ritter, Karlfried Gründer (Hg.), *Historisches Wörterbuch der Philosophie*, Bd. 5, Basel 1980, Sp. 1124; Franz Josef Wetz (Hg.), *Texte zur Menschenwürde*, Stuttgart 2011, S. 127 ff.; 160 ff. (mit Abdruck von Auszügen aus Quellentexten und jeweils einer knappen und pointierten Kommentierung).

103 Zu den ideenhistorischen Wurzeln der staatlichen Pflicht zur Gewährleistung eines menschenwürdigen Daseins: Günter Dürig, »Der

Grundrechtssatz von der Menschenwürde. Entwurf eines praktikablen Wertsystems der Grundrechte aus Art. 1 Abs. 1 in Verbindung mit Art. 19 Abs. II des Grundgesetzes«, in: *Archiv des öffentlichen Rechts* 81 (1956), S. 117, 119, 132 f. (»*Gewiß kann der konkrete Mensch den höchsten Grad der sittlichen Vervollkommnung erreichen, indem er (und vielleicht gerade weil er) ohne materielle Gütersubstanz auskommt; der Mensch als solcher ist ohne diese äußere Gütersubstanz, die seine Vollexistenz ermöglicht, nicht denkbar und die Freiheit zur Daseinsentfaltung wird zur Phrase, wenn sie nicht auf der Möglichkeit der ökonomischen Daseinserhaltung aufbaut (Schiller: Habt ihr die Blöße bedeckt, gibt sich die Würde von selbst)*«); Adalbert Podlech, »Artikel 1«, in: *Kommentar zum Grundgesetz für die Bundesrepublik Deutschland, Bd. 1, Art. 1-20*, Neuwied 1984, Rn. 4 (Menschenwürde als Kampfbegriff der Arbeiterbewegung); Erich Fechner, »Menschenwürde und generative Forschung und Technik – eine rechtstheoretische und rechtspolitische Untersuchung«, in: *Juristenzeitung* 41 (1986), S. 653, 655 (Auffassung, dass materielle Not gegen die Würde des Menschen verstoße, sei unkantisch; diese Ansicht zuerst vom Sozialismus vertreten; Verweis auf ein Zitat in Kants »Grundlegung«, wonach der Schmerz den Wert der Person nicht im mindesten verringere); Arnulf von Scheliha, »›Menschenwürde‹ – Konkurrent oder Realisator der christlichen Freiheit? Theologiegeschichtliche Perspektiven«, in: Jörg Dierken, Arnulf von Scheliha, *Freiheit und Menschenwürde. Studien zum Beitrag des Protestantismus*, Tübingen 2005, S. 241, 258 (sozialistisch besetzte Idee), S. 260 (Kants synonymer Gebrauch von »Würde« und »Wert« habe sich unter den Bedingungen von Politisierung und Ökonomisierung der Gesellschaft im 19. Jahrhundert ausdifferenziert); Hans Michael Heinig, »Menschenwürde und Sozialstaat. Genesen – Grammatiken – Grenzen«, in: Petra Bahr, Hans-Michael Heinig (Hg.), *Menschenwürde in der säkularen Verfassungsordnung. Rechtswissenschaftliche und theologische Aspekte*, Tübingen 2006, S. 251, 253 (Konnex von Menschenwürde und Sozialstaat keineswegs selbstverständlich, Berufung auf Ernst Bloch), S. 255 (Menschenwürdebegriff zentrales Anliegen der Frühsozialisten, von Teilen des Christentums aufgenommen); Walter Georg Leisner, *Existenzsicherung im Öffentlichen Recht. Minimum – Grundlagen – Förderung*, Tübingen 2007, S. 107 (Christentum, das in seiner Liebestätigkeit stets gerade das Existenzminimum als Ausprägung der gottesebenbildlichen Würde gesehen habe); Andreas von Arnauld, »Das Existenzminimum«, in: ders., Andreas Musil (Hg.), *Strukturfragen des Sozialverfassungsrechts*, Tübingen 2009, S. 251, 265 f. (christliche Sozialethik); Hasso Hofmann, »Unsere Verfassungswerte und die christlich-weltanschaulichen Traditionen«, in: ders., *Recht und Kultur. Drei Reden*, Berlin 2009, S. 9, 28 (Sozialprotestantismus); Lena Foljanty, *Recht oder Gesetz. Juristische Identität und Autorität in den Naturrechtsdebatten der Nachkriegszeit*, Tübingen 2013, S. 123 (Hinweis auf die in der päpstlichen Enzyklika *Quadragesimo anno* aus dem Jahr 1931 enthaltene Aufforderung an den Staat, die Wirtschaft derart zu lenken, dass die Menschenwürde der Arbeiterinnen und Arbeiter gewährleistet werden könne); Horst Dreier, »Artikel 1«, in: ders. (Hg.), *Grundgesetz – Kommentar*, Bd. I, 3. Aufl., Tübingen 2013, Rn. 20 (Hofmann folgend: Sozialprotestantismus habe gewisse Vorarbeiten geleistet); Georg Lohmann, »Human dignity and socialism«, in: Marcus Düwell, Jens Braarvig, Roger Brownsword, Dietmar Mieth (Hg.), *The Cambridge Handbook of Human Dignity. Interdisciplinary Perspectives*, Cambridge 2014, S. 126f. (»*the idea of ›a life worthy of human dignity‹ served to justify demands for social rights, in the German history of the labor movement in particular*«; »*many demands and ideas of the socialist movements may be understood as a battle for the recognition of equal dignity for all humans*«), S. 133 (»*a socialist legacy in which the concept of human dignity plays an increasing role in arguing, not only for social human rights, but also for an encompassing list of all human rights*«).

104 Übertragung von Würdekonzepten der Philosophie auf die Würdenorm des Grundgesetzes in jüngerer Zeit: Rolf Gröschner »Menschenwürde als Konstitutionsprinzip der Grundrechte«, in: Anne Siegetsleitner, Nikolaus Knoepffler (Hg.), *Menschenwürde im interkulturellen Dialog*, Freiburg i. B. 2005, S. 17, 27 (Pico della Mirandola); Tatjana Hörnle, »Menschenwürde als Freiheit von Demütigungen«, in: *Zeitschrift für Rechtsphilosophie* 5 (2008), S. 41ff. (Avishai Margalit); dies., »Warum sich das Würdekonzept Margalits zur Präzisierung von ›Menschenwürde als geschütztes Rechtsgut‹ eignet«, in: Eric Hilgendorf (Hg.), *Menschenwürde und Demütigung. Die Menschenwürdekonzeption Avishai Margalits*, Baden-Baden 2013, S. 91ff.

Würde als Ausdruck der Freiheits- und Moralfähigkeit des Menschen: Udo Fink, »Der Schutz des menschlichen Lebens im Grundgesetz – zugleich ein Beitrag zum Verhältnis des Lebensrechts zur Menschenwürdegarantie«, in: *Juristische Ausbildung* 22 (2000), S. 210, 212; Peter Unruh, *Der Verfassungsbegriff des Grundgesetzes. Eine verfassungstheoretische Rekonstruktion*, Tübingen 2002, S. 356ff.; Werner Heun, »Embryonenforschung und Verfassung – Lebensrecht und Menschenwürde des Embryos«, in: *Juristenzeitung* 57 (2002), S. 517, 522; Martin Nettesheim, »Die Garantie der Menschenwürde zwischen metaphysischer Überhöhung und bloßem Abwägungstopos«, in: *Archiv des öffentlichen Rechts* 130 (2005), S. 71, 94; Harro Otto, »Diskurs über Gerechtigkeit, Menschenwürde und Menschenrechte«, in: *Juristenzeitung* 60 (2005), S. 473, 478; Karl Eberhard Hain, »Konkretisierung der Menschenwürde durch Abwägung?«, in: *Der Staat* 46 (2006), S. 189, 198; Christian Hillgruber, »Selbstbestimmung und Fremdbestimmung«, in: Otto Depenheuer u. a. (Hg.), *Staat im Wort. Festschrift für Josef*

Isensee, Heidelberg 2007, S. 561, 565; ders., »Artikel 1«, in: Volker Epping, Christian Hillgruber (Hg.), *Grundgesetz. Kommentar*, München 2009, Rz. 3; Stephan Kirste, »Menschenwürde und die Freiheitsrechte des Status Activus. Renaissancehumanismus und gegenwärtige Verfassungsdiskussion«, in: Rolf Gröschner, Stephan Kirste, Oliver W. Lembcke (Hg.), *Des Menschen Würde – entdeckt und erfunden im Humanismus der italienischen Renaissance*, Tübingen 2008, S. 187, 190; Christian Tenthoff, *Die Strafbarkeit der Tötung auf Verlangen im Lichte des Autonomieprinzips*, Berlin 2008, S. 93; Maximilian Wallerath, »Zur Dogmatik eines Rechts auf Sicherung des Existenzminimums. Ein Beitrag zur Schutzdimension des Art. 1 Abs. 1 Satz 2 GG«, in: *Juristenzeitung* 63 (2008), S. 157, 161; Eberhard Eichenhofer, »Sozialrechtlicher Gehalt der Menschenwürde«, in: Rolf Gröschner, Oliver W. Lembcke (Hg.), *Das Dogma der Unantastbarkeit. Eine Auseinandersetzung mit dem Absolutheitsanspruch der Würde*, Tübingen 2009, S. 215, 231; Dieter Lorenz, »Aktuelle Verfassungsfragen der Euthanasie«, in: *Juristenzeitung* 64 (2009), S. 57, 59 (Recht zur individuellen Selbstbestimmung als Ausdruck der menschlichen Würde).

Vertreter von Luhmanns Theorie der Selbstdarstellung: Kurt Seelmann, »Repräsentation als Element von Menschenwürde«, in: *Studia philosophica* 63 (2004), S. 141, 152 f.

Vertreter einer anerkennungstheoretischen Deutung: Wolfram Höfling, »Zygote – Mensch – Person. Zum Status des frühen Embryos aus verfassungsrechtlicher Sicht«, in: *Frankfurter Allgemeine Zeitung*, 10. 7. 2001, S. 8; Robert Alexy, »Menschenrechte ohne Metaphysik?, in: *Deutsche Zeitschrift für Philosophie* 52 (2004), S. 15, 20; Heiner Bielefeldt, *Gefahrenabwehr im demokratischen Rechtsstaat. Zur Debatte um ein »Feindrecht«*, 2008, ⟨http://www.institut-fuer-menschenrechte.de/publikationen⟩ letzter Zugriff 4. 5. 2016, S. 8.

Würde des Menschen als ideologische Leerformel: Norbert Hoerster, »Die Menschenwürde und das Recht auf Leben«, in: Konrad Paul Liessmann, *Der Wert des Menschen. An den Grenzen des Humanen*, Wien 2006, S. 47 f.

105 Böckenfördes Auseinandersetzung mit Herdegens Neukommentierung: Matthias Herdegen, »Artikel 1«, in: Theodor Maunz, Günter Dürig u. a. (Hg.), *Grundgesetz. Loseblatt-Kommentar*, München 2003, Rn. 17, 20, 22, 44 f., 69; Ernst-Wolfgang Böckenförde, »Die Würde des Menschen war unantastbar. Abschied von den Verfassungsvätern: Die Neukommentierung von Artikel 1 des Grundgesetzes markiert einen Epochenbruch«, in: *Frankfurter Allgemeine Zeitung*, 3. 9. 2003, S. 33; »Streit über Menschenwürde im Grundgesetz«, in: *Frankfurter Allgemeine Zeitung*, 3. 9. 2003, S 1; Matthias Herdegen, »Artikel 1«, in: Theodor Maunz, Günter Dürig u. a. (Hg.), *Grundgesetz. Loseblatt-Kommentar*, München 2005, Rn. 19 f.; Reinhard Müller, »Menschenwürde in der Abwägung. Die neue Kommentierung im ›Maunz/Dürig‹, in: *Frankfurter Allgemeine Zeitung*, 29. 4. 2005, S. 1.

Kritische und zurückhaltende Reaktionen auf Böckenförde: Konrad Adam, »Naturrecht ohne Natur; Artikel 1 des Grundgesetzes ist neu kommentiert worden; die Kritik daran ist überzogen«, in: *Die Welt*, 4. 9. 2003; Robert Leicht, »Wahret die Anfänge! Bislang galt die Menschenwürde als unantastbar. Ein neuer Kommentar des Grundgesetzes bricht das Tabu«, in: *Die Zeit*, 11. 9. 2003; Walter Grasnick, »Ab mit der Würde«, in: *Frankfurter Allgemeine Zeitung*, 15. 9. 2003, S. 42; Hubert Markl, »Wann beginnt menschliches Leben?«, in: *Die Welt*, 1. 11. 2003, Uwe Justus Wenzel, »Menschenwürde und Menschenbild. Über die Relativität des Absoluten«, in: *Neue Zürcher Zeitung*, 15. 11. 2003; Uwe Volkmann, »Nachricht vom Ende der Gewißheit«, in: *Frankfurter Allgemeine Zeitung*, 24. 11. 2003, S. 8; Friedhelm Hufen, »Erosion der Menschenwürde?«, in: *Juristenzeitung* 59 (2004), S. 313; Helmuth Schulze-Fielitz, »Verfassungsvergleichung als Einbahnstraße? Zum Beispiel der Menschenwürde in der biomedizinischen Forschung«, in: Alexander Blankenagel u. a. (Hg.), *Verfassung im Diskurs der Welt. Liber Amicorum für Peter Häberle zum siebzigsten Geburtstag*, Tübingen 2004, S. 355, 370 f.; Martin Nettesheim, »Die Garantie der Menschenwürde zwischen metaphysischer Überhöhung und bloßem Abwägungstopos«, in: *Archiv des öffentlichen Rechts* 130 (2005), S. 71, 74; Rainer Wahl, »Die Rolle des Verfassungsrechts angesichts von Dissens in der Gesellschaft und in der Rechtspolitik«, in: Giovanni Maio (Hg.), *Der Status des extrakorporalen Embryos. Perspektiven eines interdisziplinären Zugangs*, Stuttgart-Bad Cannstatt 2007, S. 551, 568 ff.

Böckenförde zustimmend: Hans Maier, »Pränataldiagnostik und christliches Menschenbild«, in: *Politische Studien* 56 (2005), S. 103, 110; Christian Starck, »Artikel 1«, in: Hermann von Mangoldt, Friedrich Klein, Christian Starck (Hg.), *Grundgesetz-Kommentar*, Bd. 1, 5. Aufl., München 2005, Rn. 10; Tine Stein, *Himmlische Quellen und irdisches Recht. Religiöse Voraussetzungen eines freiheitlichen Verfassungsstaates*, Frankfurt/M. u. a. 2007, S. 301 ff. (von Böckenförde diagnostizierte Wende in der Würde-Interpretation); Wolgang Graf Vitzthum, »Zurück zum klassischen Menschenwürdebegriff! Eine Erinnerung an Lüth, Dürig und Kant«, in: Thomas Henne, Arne Riedlinger (Hg.). *Das Lüth-Urteil aus (rechts-)historischer Perspektive. Die Konflikte um Veit Harlan und die Grundrechtsjudikatur des Bundesverfassungsgerichts*, Berlin 2005, S. 349, 367.

106 Verfassungsrechtsautonome Bestimmung (außer Herdegen): Renate Bieritz-Harder, *Menschenwürdig leben. Ein Beitrag zum Lohnab-*

standsgebot des Bundesozialhilfegesetzes, seiner Geschichte und verfassungsrechtlichen Problematik, Berlin 2001, S. 235. Hans-Jürgen Papier, »Die Würde des Menschen ist unantastbar«, in: Rainer Grote u. a. (Hg.), *Die Ordnung der Freiheit. Festschrift für Christian Starck zum siebzigsten Geburtstag*, Tübingen 2007, S. 371 f. (Auslegung des positiven Verfassungsrechts).

Kritik dieser positivistischen Position: Josef Isensee, »Die Würde des Menschen«, in: Detlef Merten, Hans-Jürgen Papier (Hg.), *Handbuch der Grundrechte*, Bd. 4, Heidelberg 2011, § 87, Rn. 34 (Fehlen eines inhaltlichen Richtmaßes); Heiner Bielefeldt, *Auslaufmodell Menschenwürde? Warum sie in Frage steht und warum wir sie verteidigen müssen*, Freiburg i. Br. 2011, S. 163 (fehlende Anschlussfähigkeit gegenüber weltanschaulichen Diskursen).

Rückgriff auf Würdekonzepte der philosophischen und theologischen (geistesgeschichtlichen) Tradition: Wolfgang Vögele, *Menschenwürde zwischen Recht und Theologie. Begründungen von Menschenrechten in der Perspektive öffentlicher Theologie*, Gütersloh 2000, S. 385 (philosophische und theologische Dimensionen ließen sich nicht völlig ausblenden); Friedhelm Hufen, »Erosion der Menschenwürde?«, in: *Juristenzeitung* 59 (2004), S. 313 f.; Ernst-Wolfgang Böckenförde, »Bleibt die Menschenwürde unantastbar?«, in: *Blätter für deutsche und internationale Politik* 49 (2004), S. 1216, 1223 (Verweis auf das vorpositive Fundament der Würdegarantie nichts anderes als notwendiger Teil der Inhaltsermittlung des Art. 1 Abs. 1 GG als Teil des positiven Rechts); Klaus Stern, »Die normative Dimension der Menschenwürdegarantie«, in: Michael Brenner u. a. (Hg.), *Der Staat des Grundgesetzes – Kontinuität und Wandel. Festschrift für Peter Badura zum siebzigsten Geburtstag*, Tübingen 2004, S. 571 (Verwurzelung in Philosophie und Theologie); Ernst Benda, »Zur Würde des Menschen in der protestantischen Ethik und im Recht«, in: Susanne Bräcklein, Jürgen Meyer, Henning Scherf (Hg.), *Politisches Denken ist. Festschrift für Margot von Renesse*, Frankfurt/M. 2005, S. 41, 44; Wolfram Höfling, »Menschenwürde und Integritätsschutz vor den Herausforderungen der Biomedizin«, in: Klaus Stern, Peter Tettinger (Hg.), *Die Europäische Grundrechte-Charta im wertenden Verfassungsvergleich*, Berlin 2005, S. 151 f. (außerrechtliche Wurzeln der Menschenwürde); Joachim Perels, »Die Würde des Menschen ist unantastbar. Entstehung und Gefährdung einer Verfassungsnorm«, in: Rüdiger Bub u. a. (Hg.), *Zivilrecht im Sozialstaat. Festschrift für Professor Dr. Peter Derleder*, Baden-Baden 2005, S. 635, 640 (Gedanke der Aufklärung); Karl Eberhard Hain, »Konkretisierung der Menschenwürde durch Abwägung?«, in: *Der Staat* 46 (2006), S. 189, 191-193 (Interpreten zur Metaphysik verdammt); Paul Tiedemann, *Menschenwürde als Rechtsbegriff. Eine philosophische Klärung*, Berlin 2007, S. 111 (Notwendigkeit, sich mit philosophischer Begriffsgeschichte zu beschäftigen); Wolfgang Graf Vitzthum, »Eher Kant als Klon. Ein Zwischenruf im deutschen Bioethikdiskurs«, in: Kristian Kühl (Hg.), *Juristen-Rechtsphilosophie*, Hamburg 2007, S. 213 f.; Matthias Mahlmann, *Elemente einer ethischen Grundrechtstheorie*, Baden-Baden 2008, S. 99; Hans-Georg Dederer, »Die Garantie der Menschenwürde (Art. 1 Abs. 1 GG). Dogmatische Grundfragen auf dem Stand der Wissenschaft«, in: *Jahrbuch des öffentlichen Rechts* 57 (2009), S. 89, 100 ff. (aber keine Verengung auf das Christentum); Christoph Enders, »Die normative Unantastbarkeit der Menschenwürde«, in: Rolf Gröschner, Oliver W. Lembcke (Hg.), *Das Dogma der Unantastbarkeit. Eine Auseinandersetzung mit dem Absolutheitsanspruch der Würde*, Tübingen 2009, S. 69, 78 (aus der Tradition könnten Auslegungsgesichtspunkte gewonnen werden); Christian Hillgruber, »Grundgesetz und Naturrecht«, in: *Internationale katholische Zeitschrift »Communio«* 39 (2010), S. 167, 172; Jan Philipp Schaefer, »Das Individuum als Grund und Grenze deutscher Staatlichkeit. Plädoyer für eine radikalindividualistische Konzeption der Menschenwürdegarantie des Grundgesetzes«, in: *Archiv des öffentlichen Rechts* 135 (2010), S. 404, 407 (die Philosophiegeschichte laste auf der Norm); Heiner Bielefeldt, *Auslaufmodell Menschenwürde? Warum sie in Frage steht und warum wir sie verteidigen müssen*, Freiburg i. Br. 2011, S. 157 ff. (Norm offen für religiöse Deutungen).

Rückgriff auf christliche Theologie: Christoph Link, »Der Einfluß christlicher Werte auf die deutsche Verfassungsordnung«, in: *Akademie-Journal* 2002, Heft 2, S. 58 f.; Arnd Uhle, *Freiheitlicher Verfassungsstaat und kulturelle Identität*, Tübingen 2004, S. 139, 143; Josef Isensee, »Menschenwürde: die säkulare Gesellschaft auf der Suche nach dem Absoluten«, in: *Archiv des öffentlichen Rechts* 36 (2006), S. 173, 206; Christian Hillgruber, *Staat und Religion. Überlegungen zur Säkularität, zur Neutralität und zum religiös-weltanschaulichen Fundament des modernen Staates*, Potsdam 2007, S. 63; Hans-Peter Friedrich, »Bindendes Element unserer Gesellschaft«, in: *Frankfurter Allgemeine Zeitung*, 30. 5. 2011.

Rückgriff auf Erkenntnisse der empirischen Wissenschaften: Paul Tiedemann, »Der Begriff der Menschenwürde. Eine Anfrage an die Sozialphilosophie«, in: *e-Journal Philosophie der Psychologie*, 2006, S. 1 ff., ⟨http://www.jp.philo.at/texte/TiedemannP1.pdf⟩, letzter Zugriff 3. 5. 2016, S. 1, 6.

Würdebestimmung durch gesellschaftlichen Diskurs: Gerhard Robbers, »Rechtsethische Aspekte der Gentechnologie«, in: *Bitburger Gespräche Jahrbuch* 2003, S. 141, 144 (Zeitgeistabhängigkeit der Würdebestimmung); Hasso Hofmann, »Recht, Politik und Religion«, in: *Juristenzeitung* 57 (2002), S. 377, 384; Erhard Denninger, »Embryo und Grundgesetz. Schutz des Lebens und der Menschenwürde vor Nidation und Geburt«, in: *Kritische Vierteljahresschrift für Rechtswissenschaft und Gesetzgebung* 86 (2003), S. 191, 196 f. (rechtspolitischer Diskurs).

Möglichkeit der Synthesenbildung: Paul Kirchhof, »Die Wertgebundenheit des Rechts, ihr Fundament und die Rationalität der Rechtsfortbildung«, in: Eilert Herms (Hg.), *Menschenbild und Menschenwürde*, Gütersloh 2001, S. 156, 161 f.; Ignation Gutiérrez, »Die Menschenwürde als europäischer Verfassungsbegriff – Rechtsvergleichender und verfassungsgeschichtlicher Beitrag zur Debatte um die Menschenwürde«, in: *Kritische Vierteljahresschrift für Gesetzgebung und Rechtswissenschaft* 89 (2006), S. 384, 394 (Synthese, die die Totalität der Tradition annehme).

Ablehnung des Rückgriffs auf weltanschauliche und geistesgeschichtliche Tradition bzw. Verneinung der Möglichkeit einer Synthesenbildung: Michael Dolderer, *Objektive Grundrechtsgehalte*, Berlin 2000, S. 89 f.; Felix Hanschmann, »Kalkulation des Unverfügbaren – Das Folterverbot in der Neu-Kommentierung von Art. 1 Abs. 1 GG im Maunz-Dürig«, in: Gerhard Beestermöller, Hauke Brunkhorst (Hg.), *Rückkehr der Folter. Der Rechtsstaat im Zwielicht?*, München 2006, S. 130, 138; Edzard Schmidt-Jortzig, »Zum Streit um die korrekte dogmatische Einordnung und Anwendung von Art. 1 Abs. 1 GG«, in: Otto Depenheuer u. a. (Hg.), *Staat im Wort. Festschrift für Josef Isensee*, Heidelberg 2007, S. 491, 499 (Wirkungsdimensionen der Norm eigenständig aus der Norm herzuleiten, metaphysisch-spekulative Ideen seien nicht von außen heranzutragen); Rainer Wahl, »Die Rolle des Verfassungsrechts angesichts von Dissens in der Gesellschaft und in der Rechtspolitik«, in: Giovanni Maio (Hg.), *Der Status des extrakorporalen Embryos. Perspektiven eines interdisziplinären Zugangs*, Stuttgart-Bad Cannstatt 2007, S. 551, 575 (Garantie habe juristischen Selbststand); Matthias Herdegen, »Deutungen der Menschenwürde im Staatsrecht«, in: Gert Brudermüller, Kurt Seelmann (Hg.), *Menschenwürde. Begründung, Konturen, Geschichte*, Würzburg 2008, S. 57-59 (in europäischer Geistesgeschichte gebe es wenig allgemein konsensfähige Ansichten); Hasso Hofmann, »Methodische Probleme der juristischen Menschenwürdeinterpretation«, in: Ivo Appel, Georg Hermes (Hg.), *Mensch – Staat – Umwelt*, Berlin 2008, S. 47, 64; Matthias Herdegen, »Die Garantie der Menschenwürde: absolut und doch differenziert?«, in: Rolf Gröschner, Oliver W. Lembcke (Hg.), *Das Dogma der Unantastbarkeit. Eine Auseinandersetzung mit dem Absolutheitsanspruch der Würde*, Tübingen 2009, S. 93, 98 f. (für die Frage der Humangenetik sei die Tradition unergiebig); Erhard Denninger, »Der Menschenwürdesatz im Grundgesetz und seine Entwicklung in der Verfassungsrechtsprechung«, in: Franz Josef Peine, Heinrich Amadeus Wolff (Hg.), *Nachdenken über Eigentum. Festschrift für Alexander v. Brünneck zur Vollendung seines siebzigsten Lebensjahres*, Baden-Baden 2011, S. 397, 408 (Abschneiden aller religiös-weltanschaulichen Bezüge habe guten Sinn); Dieter Hömig, »Menschenwürdeschutz in der Rechtsprechung des Bundesverfassungsgerichts«, in: Rolf Gröschner,

Oliver W. Lembcke (Hg.), *Das Dogma der Unantastbarkeit. Eine Auseinandersetzung mit dem Absolutheitsanspruch der Würde*, Tübingen 2009, S. 25, 37 f.

Rechtsprechung zur weltanschaulichen Neutralität: BVerfGE 88, 203 – Schwangerschaftsabbruch II (1993), S. 252 (Unabhängigkeit von religiösen und philosophischen Überzeugungen); BVerfGE 93, 1 – Kruzifix (1995), S. 16 f. (friedliche Koexistenz könne nur gelingen, wenn Staat selbst in Glaubens- und Weltanschauungsfragen Neutralität bewahre); BVerfGE 105, 279 – Osho (2002), S. 295 (Neutralität des Staates in Glaubens- und Weltanschauungsfragen).

107 Christliche Fundierung der Würdenorm: Christoph Link, »Der Einfluß christlicher Werte auf die deutsche Verfassungsordnung«, in: *Akademie-Journal* 2002, Heft 2, S. 58 f. (Menschenwürdebegriff der Verfassung sei nicht ohne christlichen Würdebegriff zu denken); Arnd Uhle, *Freiheitlicher Verfassungsstaat und kulturelle Identität*, Tübingen 2004, S. 143 (Ausgangspunkt der Würdeidee im Christentum); Josef Isensee, »Menschenwürde: die säkulare Gesellschaft auf der Suche nach dem Absoluten«, in: *Archiv des öffentlichen Rechts* 36 (2006), S. 173, 206 (Ableitung des säkularen Menschenwürde-Ethos aus christlichem Würdeverständnis); Karl Kardinal Lehmann, »Menschenwürde: Herkunft und Zukunft. Philosophisch-theologische Anmerkungen«, in: Günter Seubold (Hg.), *Humantechnologie und Menschenbild. Mit einem Blick auf Heidegger*, Bonn 2006, S. 129 f. (Artikel 1 verlange, nach ethischen Grundsätzen zu handeln), S. 134 (für Verständnis der Menschenwürde habe die biblische Anthropologie eine ganz besondere Bedeutung, sei aber nicht der einzige Ursprung); Christian Hillgruber, *Staat und Religion. Überlegungen zur Säkularität, zur Neutralität und zum religiös-weltanschaulichen Fundament des modernen Staates*, Potsdam 2007, S. 63 (Glaube an Menschenwürde verdanke sich der Sakralisierung der Person); Hans-Peter Friedrich, »Bindendes Element unserer Gesellschaft«, in: *Frankfurter Allgemeine Zeitung*, 30. 05. 2011 (christliches Menschenbild als Substrat der Würdenorm).

Argumente gegen christliche Fundierung: Hans Welzel, *Naturrecht und materiale Gerechtigkeit*, 4. Aufl., Göttingen 1962, S. 144 f., Fn. 56 (Menschenwürde habe gegen die Kirchen durchgesetzt werden müssen); Horst Dreier, »Artikel 1«, in: ders. (Hg.), *Grundgesetz – Kommentar*, Bd. I, 3. Aufl., Tübingen 2013, Rn. 7 ff.; Walter Sparn, »›Aufrechter Gang‹ versus ›krummes Holz‹? Menschenwürde als Thema christlicher Aufklärung«, in: *Jahrbuch für Biblische Theologie* 49 (2000), S. 223 f. (christliche Auseinandersetzung mit dem Konzept »Menschenwürde« habe sich je nach kultur- und religionshistorischer Konstellation unterschiedlich vollzogen); Renate Bieritz-Harder, *Menschenwürdig leben. Ein Beitrag zum Lohnabstandsge-*

bot des Bundesozialhilfegesetzes, seiner Geschichte und verfassungsrechtlichen Problematik, Berlin 2001, S. 217 (kein einheitliches biblisch-theologisches Menschenbild); Ulfried Neumann, »Die Menschenwürde als Menschenbürde – oder wie man ein Recht gegen den Berechtigten wendet«, in: Matthias Kettner (Hg.), *Biomedizin und Menschenwürde*, Frankfurt/M. 2004, S. 42, 49 (religiöse Sichtweise könne nicht Perspektive einer säkularen Verfassungsordnung sein); Kurt Seelmann, *Rechtsphilosophie*, 3. Aufl., München 2004, S. 221 (pluralistischer Staat der Glaubensfreiheit); Horst Dreier, »Kultur im Singular, Aus der Kirchhof-Schule: Wie christlich ist das Grundgesetz?«, in: *Süddeutsche Zeitung*, 28. 11. 2005 (Großkirchen hätten lange Zeit Sklaverei und Leibeigenschaft ebenso für zulässig gehalten wie Folter und Todesstrafe); Tatjana Hörnle, »Die Menschenwürde: Gefährdet durch eine ›Dialektik der Säkularisierung‹ oder ›Religion der Moderne‹?«, in: Walter Schweidler (Hg.), *Postsäkulare Gesellschaft. Perspektiven interdisziplinärer Forschung*, Freiburg i. Br. 2007, S. 170, 174 (konträr zu heutigen Vorstellungen); Friedrich Wilhelm Graf, *Missbrauchte Götter. Zum Menschenbilderstreit in der Moderne*, München 2009, S. 11 (Faktum radikaler religiöser Pluralisierung); Hasso Hofmann, »Methodische Probleme der juristischen Menschenwürdeinterpretation«, in: Ivo Appel, Georg Hermes (Hg.), *Mensch – Staat – Umwelt*, Berlin 2008, S. 47, 59 f. (keine einheitliche christliche Lehre von der Menschenwürde); Wolfram Höfling, »Unantastbare Grundrechte – ein normlogischer Widerspruch? Zur Dogmatik des Art. 1 Abs. 1 GG«, in: Rolf Gröschner, Oliver W. Lembcke (Hg.), *Das Dogma der Unantastbarkeit. Eine Auseinandersetzung mit dem Absolutheitsanspruch der Würde*, Tübingen 2009, S. 111, 116 (kein Vorranganspruch christlicher Deutungen); Philipp Kunig, »Zum Dogma der unantastbaren Menschenwürde«, in: Rolf Gröschner, Oliver W. Lembcke (Hg.), *Das Dogma der Unantastbarkeit. Eine Auseinandersetzung mit dem Absolutheitsanspruch der Würde*, Tübingen 2009, S. 121 (positives Recht stehe nicht unter der Kuratel der christlichen Tradition); Michael Pawlik, »Besser, man nimmt den Mund nicht zu voll«, in: *Frankfurter Allgemeine Zeitung*, 6. 1. 2011, S. 32; Horst Dreier, *Säkularisierung und Sakralität. Zum Selbstverständnis des modernen Verfassungsstaates*, Tübingen 2013, S. 103 ff. (Kritik des Versuchs, Menschenrechte und Menschenwürde auf den Vorgang einer »Sakralisierung der Person« zurückzuführen); Kerstin Holm, »Orthodoxe Menschenwürde. Sei wie die Kirchenväter«, in: *Frankfurter Allgemeine Zeitung*, 29. 10. 2014, S. N 3 (zum Menschenwürdeverständnis der östlichen Christen).

Böckenfördes Korrektur bezüglich der These vom Ursprung des Gedankens der Menschenwürde im Christentum: In der ersten Auflage der *Geschichte der Rechts- und Staatsphilosophie*, Tübingen 2002, schrieb Böckenförde: »*Die christliche Religion ist von Anfang an in ihrem Kern uni-*

versal orientiert, begreift alle Menschen ein, erscheint nicht mehr als (neue) Polis-Religion, als Beziehung Gottes zu einer bestimmten, genauer umgrenzten kultischen Gemeinschaft. Vielmehr besteht eine Gleichheit aller Menschen in ihrem seinsmäßigen Status und der zugehörigen Würde, diese umgreift alles ›was Menschenantlitz trägt‹ – hierin liegt letztendlich die Wurzel des Gedankens der Menschenwürde« (S. 174). In der zweiten Auflage von 2006 ist dieser Satz über die Wurzel des Gedankens der Menschenwürde gestrichen.

Renaissance des Religiösen: Friedrich Wilhelm Graf, Klaus Große Kracht, »Einleitung: Religion und Gesellschaft im Europa des 20. Jahrhunderts«, in: dies. (Hg.), *Religion und Gesellschaft. Europa im 20. Jahrhundert*, Köln 2007, S. 1-3 (diese »Renaissance« sei festzumachen an der starken Rolle, die religiöse Akteure beim Widerstand gegen die kommunistische Staatsgewalt 1989 gespielt hätten, an den religiösen Wirkkräften der Balkankriege sowie den religiösen Motiven des neuen Terrorismus seit 2001); Horst Dreier, *Säkularisierung und Sakralität. Zum Selbstverständnis des modernen Verfassungsstaates*, Tübingen 2013 S. 1 ff. (zahlreiche Nachweise zur Renaissance, Rückkehr, Revitalisierung etc. der Religion und des Religiösen).

108 Tabus als Gehalt der Würdenorm bzw. Tabuisierungsfunktion des Würdearguments: Wolfram Höfling, »Die Unantastbarkeit der Menschenwürde – Annäherungen an einen schwierigen Verfassungsrechtssatz«, in: *Juristische Schulung* 35 (1995), S. 857, 860 (durch Würdenorm lediglich Schutz vor Tabuverletzungen und schweren Beeinträchtigungen elementarer Persönlichkeitsverletzungen); Dieter Birnbacher, »Mehrdeutigkeiten im Begriff der Menschenwürde«, in: *Aufklärung und Kritik*, Sonderheft 1 (1995), S. 1 (Tabuisierungsfunktion des Menschenwürdearguments); Rüdiger Safranski, *Das Böse oder Das Drama der Freiheit*, Frankfurt/M. 1999, S. 289 (Würdenorm wegen der geforderten Unantastbarkeit ein Versuch, in einer säkularen Welt ein »heiliges Tabu« zu errichten; eine gesellschaftliche Entscheidung werde in eine Angelegenheit umgewandelt, die in Zukunft der gesellschaftlichen Entscheidung entzogen bleiben solle); Ralf Poscher, »Menschenwürde als Tabu«, in: *Frankfurter Allgemeine Zeitung*, 2. 6. 2004, S. 8; ders., »Die Würde des Menschen ist unantastbar«, in: *Juristenzeitung* 59 (2004), S. 756, 759 (Weigerung zweckrationaler Argumentation, archaische Regelungsform); Karl-Heinz Ladeur, Ino Augsberg, *Die Funktion der Menschenwürde im Verfassungsstaat. Humangenetik – Neurowissenschaft – Medien*, Tübingen 2008, S. 11 (Würdenorm als Diskussionsstopper); Paul Kirchhof, »Das Grundgesetz – ein oft verkannter Glücksfall«, in: *Deutsches Verwaltungsblatt* 124 (2009), S. 541, 545 (Menschenwürde als Tabu, das nicht berührt werden dürfe, wenn die Rechtsordnung nicht zusammenbrechen solle); Josef Isensee, »Die Würde des Menschen«, in: Detlef Merten,

Hans-Jürgen Papier (Hg.), *Handbuch der Grundrechte*, Bd. 4, Heidelberg 2011, § 87, Rn. 146 (Norm als Schutzdach für Kulturvorbehalt).

Kritik und Ablehnung des Verständnisses der Norm als Tabuspeicher: Hauke Brunkhorst, »Folter, Würde und repressiver Liberalismus«, in: Gerhard Beestermöller, Hauke Brunkhorst (Hg.), *Rückkehr der Folter. Der Rechtsstaat im Zwielicht?*, München 2006, S. 88, 97 (würden den Tabus Begründungen nachgeschoben, sei es mit dem Tabu vorbei); Heiner Bielefeldt, *Auslaufmodell Menschenwürde? Warum sie in Frage steht und warum wir sie verteidigen müssen*, Freiburg i. Br. 2011, S. 101 ff. (Würde könnte und sollte ein Thema rationaler Debatten sein); Christian Fahl, »Notwehr und Tabu«, in: *Juristische Rundschau* 64 (2011), S. 338, 341 (bei Tabuisierungen sei Wissenschaft unmöglich); Horst Dreier, »Artikel 1«, in: ders. (Hg.), *Grundgesetz – Kommentar*, Bd. I, 3. Aufl., Tübingen 2013, Rn. 134, Fn. 557 (Frage, ob Annahme eines Tabus nicht Ausdruck von Resignation sei).

Ermittlung inhaltlicher Minimalkonsense: Ernst Benda, »Menschenwürde und Persönlichkeitsrecht«, in: ders., Werner Maihofer, Hans-Jochen Vogel (Hg.), *Handbuch des Verfassungsrechts der Bundesrepublik Deutschland*, 2. Aufl., Berlin u. a., 1994, Rz. 42 (Notwendigkeit, in einem beständigen Versuch der Konsensbildung die Rechtskultur zu entwickeln, die für die Auslegung des Begriffs der Menschenwürde Anhaltspunkte liefere); Peter Lerche, »Verfassungsrechtliche Aspekte der Gentechnologie«, in: Rudolf Lukes, Rupert Scholz (Hg.), *Rechtsfragen der Gentechnologie*, Köln 1986, S. 88, 99 f., 110 (selbstverständliche Übereinstimmungen); Eric Hilgendorf, »Die missbrauchte Menschenwürde. Probleme des Menschenwürdetopos am Beispiel der bioethischen Diskussion«, in: *Jahrbuch für Recht und Ethik* 7 (1999), S. 137, 147 (Menschenwürde als Ensemble für bestimmte subjektive Rechte); Horst Dreier, »Konsens und Dissens bei der Interpretation der Menschenwürde. Eine verfassungsrechtliche Skizze«, in: Christian Geyer (Hg.), *Biopolitik. Die Positionen*, Frankfurt/M. 2001, S. 232 ff.; Uwe Kischel, *Die Begründung. Zur Erläuterung staatlicher Entscheidungen gegenüber dem Bürger*, Tübingen 2003, S. 118; Rolf Grawert, »Wechselwirkungen zwischen Bundes- und Landesgrundrechten«, in: Detlef Merten, Hans-Jürgen Papier (Hg.), *Handbuch der Grundrechte in Deutschland und Europa*, Bd. 3, Heidelberg 2009, § 81, Rn. 46 (Menschenwürde als konsensabhängiger Begriff); Horst Dreier, »Artikel 1«, in: ders. (Hg.), *Grundgesetz – Kommentar*, Bd. I, 3. Aufl., Tübingen 2013, Rn. 52, 60 ff. (bestimmte Grundaussagen im Sinne allgemein akzeptierter zwingender Konsequenzen).

Kritik und Einschränkung des Konsensermittlungsansatzes: Albing Eser, *Neuartige Bedrohungen ungeboren Lebens. Embryoforschung und »Fetozid« in rechtsvergleichender Perspektive*, Heidelberg 1990, S. 36 (Berufung auf Menschenwürde könne tendenziell zur Zerstörung des gesellschaftlichen Konsenses führen); Paul Tiedemann, »›Die Würde des Menschen ist unantastbar‹. Versuch einer Aufklärung«, in: *Rechtstheorie* 36 (2005), S. 116, 121 f. (wer auf den Maßstab abstelle, dessen Legitimation im Konsens liege, nehme den Dissens nicht ernst).

109 Anwendungsbereiche der Würdegarantie: BVerfGE 39, 1 – Schwangerschaftsabbruch I (1975), S. 41 f. (vorgeburtliches Leben); S. 88, 203 – Schwangerschaftsabbruch II (1993), S. 255 ff. (vorgeburtliches Leben); BVerfGE 30, 173 – Mephisto (1971), S. 194 (Verstorbene); BVerfGE 87, 209 – Tanz der Teufel (1992), S. 228 (Mensch als Gattungswesen); BVerfGE 65, 1 – Volkszählung (1983), S. 41 ff.; BVerfGE 103, 21 – Genetischer Fingerabdruck (2000), S. 29 (Recht bzw. Grundrecht auf informationelle Selbstbestimmung); BVerfGE 120, 274 – Online-Durchsuchung (2008), S. 308 ff. (Recht auf Vertraulichkeit und Integrität informationstechnischer Systeme); BVerfGE 123, 267 – Lissabon (2009), S. 341 (Anspruch auf freie und gleiche Teilhabe an der öffentlichen Gewalt in Art. 1 Abs. 1 GG verankert); BVerfGE 129, 124 – FES (2011), S. 169 (»letztlich in der Würde des Menschen wurzelnde[r] Anspruch des Bürgers auf Demokratie«); BVerfGE 125, 175 – Hartz IV (2010), S. 222 (Grundrecht auf Gewährleistung eines menschenwürdigen Existenzminimums).

Sachverhalte, in denen die Würdegarantie als Maßstab erörtert wurde: Nachweise dazu etwa bei Horst Dreier, »Artikel 1«, in: ders. (Hg.), *Grundgesetz – Kommentar*, Bd. I, 3. Aufl., Tübingen 2013, Rn. 50 ff.; Matthias Herdegen, »Artikel 1«, in: in: Theodor Maunz, Günter Dürig u. a. (Hg.), *Grundgesetz. Loseblatt-Kommentar*, München 2009, Art. 1, Rn. 83 ff.

110 Mensch als geistig-sittliches Wesen mit Fähigkeit zur Selbstbestimmung und -entfaltung: BVerfGE 45, 187 – Lebenslängliche Freiheitsstrafe (1977), S. 227; BVerfGE 49, 286 – Transsexuelle I (1978), S. 298; BVerfGE 115, 1 – Transsexuelle III (2005), S. 14; BVerfGE 117, 71 – Strafrestaussetzung (2006), S. 89; BVerfGE 123, 267 – Lissabon (2009), S. 413.

Beschreibung vom Verletzungsvorgang her: BVerfGE 1, 97 – Hinterbliebenenrente I (1951), S. 104; BVerfGE 27, 1 – Mikrozensus (1969), S. 6; BVerfGE 30, 1 – Abhörurteil (1970), S. 25; BVerfGE 72, 105 – Lebenslange Freiheitsstrafe II (1986), S. 115 ff.; BVerfGE 109, 279 – Großer Lauschangriff (2004), S. 312. Kritisch dazu etwa: Christoph Goos, *Innere Freiheit. Eine Rekonstruktion des grundgesetzlichen Würdebegriffs*, Göttingen 2011, S. 29, mit zahlreichen weiteren Nachweisen.

Objekt-Formel als Kriterium einer Verletzung: BVerfGE 30, 1 – Abhörurteil (1970), S. 25 f., 39 ff.; BVerfGE 45, 187 – Lebenslängliche Freiheitsstrafe I, S. 228; BVerfGE 72, 105 – Lebenslängliche Freiheitsstrafe II (1986), S. 116; BVerfGE 96, 375 – Kind als Schaden (1997), S. 399; BVerfGE

109, 275 – Großer Lauschangriff (2004), S. 312. Kritisch dazu etwa: Eric Hilgendorf, »Die missbrauchte Menschenwürde. Probleme des Menschenwürdetopos am Beispiel der bioethischen Diskussion«, in: *Jahrbuch für Recht und Ethik* 7 (1999), S. 137, 142 ff.; Edzard Schmidt-Jortzig, »›Menschenwürde‹ als Zauberwort der öffentlichen Debatte. Demokratische Meinungsbildung in hoch komplexen Problemfeldern«, in: *Zeitschrift für evangelische Ethik* 52 (2008), S. 50, 54.

Absolutheit der Würdegarantie: BVerfGE 34, 238 – Tonband (1973), S. 245; BVerfGE 75, 369 – Strauß-Karikatur (1987), S. 380; BVerfGE 93, 266 – Soldaten sind Mörder (1995), S. 293; BVerfGE 107, 275 – Schockwerbung II (2003), S. 284; BVerfGE 109, 279 – Großer Lauschangriff (2004), S. 314; BVerfGE 113, 348 – Präventive TKÜ (2005), S. 391; BVerfGE 115, 118 – Luftsicherheitsgesetz (2006), S. 153. Kritisch dazu etwa: Manfred Baldus, »Menschenwürdegarantie und Absolutheitsthese. Zwischenbericht zu einer zukunftsweisenden Debatte«, in: *Archiv des öffentlichen Rechts* 136 (2011), S. 529 ff., mit zahlreichen weiteren Nachweisen; Christoph Möllers, »Legalität, Legitimität und Legitimation des Bundesverfassungsgerichts«, in: Matthias Jestaedt u. a. (Hg.), *Das entgrenzte Gericht. Eine kritische Bilanz nach sechzig Jahren Bundesverfassungsgericht*, Berlin 2011, S. 281, 394 f. (keine Gewährleistung eines absoluten Schutzes); Rosemarie Will, »Bedeutung der Menschenwürde in der Rechtsprechung«, in: *Aus Politik und Zeitgeschichte* 61 (2011), Heft 35-36, S. 8, 14 (Schein der Absolutheit); Michael Anderheiden, »Die Menschenwürde beim Sterben erhalten: Rechtliche Bedingungen«, in: ders., Wolfgang Uwe Eckart (Hg.), *Handbuch Sterben und Menschenwürde*, Bd. 1, Berlin u. a. 2012, S. 213, 232 (Nichtabwägbarkeit werde vom Bundesverfassungsgericht nicht durchgehalten); Oliver W. Lembcke, »Human Dignity – a constituent and constitutional principle«, in: Winfried Brugger, Stephan Kirste (Hg.), *Human Dignity as a foundation of Law. Proceedings of the Special Workshop held at the 24th World Congress of the International Association for Philosophy of Law and Social Philosophy in Beijing, Archiv für Rechts- und Sozialphilosophie* Beiheft 137 (2013), S. 207 ff.

Unverlierbarkeit der Würde: BVerfGE 87, 209 – Tanz der Teufel (1992), S. 288; BVerfGE 109, 133 – Langfristige Sicherungsverwahrung (2004), S. 150; BVerfGE 115, 118 – Luftsicherheitsgesetz (2006), S. 152. Kritisch dazu etwa: Christoph Enders, »Die Menschenwürde als Recht auf Rechte – die missverstandene Botschaft des Bonner Grundgesetzes«, in: *Archiv für Rechts- und Sozialphilosophie*, Beiheft 10 (2004), S 49, 56 f.; Oliver W Lembcke, »Zwischen Selbstbefreiung und Selbstbindung: Paradigmen und Paradoxien der Würde des Menschen«, in: Gary S. Schaal (Hg.), *Techniken rationaler Selbstbindung*, Berlin 2009, S. 75, 77.

Ausblenden von Rechtsfolgen im Falle einer Kollision zwischen Abwehr- und Schutzanspruch: Josef Isensee, »Leben gegen Leben«, in:

Michael Pawlik, Rainer Zaczyk (Hg.), *Festschrift für Günter Jakobs zum 70. Geburtstag am 26. Juli 2007*, Köln 2007, S. 205, 233 (»*schizophrener Idealismus*«); ders., »Not kennt Gebot«, in: *Frankfurter Allgemeine Zeitung*, 21. 1. 2008, S. 10 (»*Verfassungsautismus*«); Manfred Baldus, »Gefahrenabwehr in Ausnahmelagen. Das Luftsicherheitsgesetz auf dem Prüfstand«, in: *Neue Zeitschrift für Verwaltungsrecht* 25 (2006), S. 532, 534 (mangelnde Berücksichtigung der Opfer an Absturzstelle); Christian M. Burkiczak, »Das Luftsicherheitsgesetz vor dem Bundesverfassungsgericht«, in: *Neue Zeitschrift für Wehrrecht* (48) 2006, S. 89, 99 f. (Vermengung von Würdegarantie und Lebensrecht); Einiko Benno Franz, »Der Bundeswehreinsatz im Innern und die Tötung Unschuldiger im Kreuzfeuer von Menschenwürde und Recht auf Leben. Zugleich Anmerkung zum Urteil des Bundesverfassungsgerichts zum Luftsicherheitsgesetz«, in: *Der Staat* 45 (2006), S. 501, 514 (Kritik der Objekt-Formel; Relativierung des Würdeanspruchs); Christoph Gramm, »Der wehrlose Verfassungsstaat – Urteilsanmerkungen zur Entscheidung des BVerfG zum LuftSiG vom 15. Februar 2006 – 1 BvR 357/05«, in: *Deutsches Verwaltungsblatt* 121 (2006), S. 653, 661 (unbedingter Ausschluss der Tötung Unschuldiger nicht überzeugend); Günter Spendel, »Luftsicherheitsgesetz und Bundesverfassungsgericht. Eine notwendige Kritik«, in: *Recht und Politik* 42 (2006), S. 131, 133 (Saldierungsverbot kenne Ausnahmen); Thomas Elsner, Klara Schobert, »Gedanken zur Abwägungsresistenz der Menschenwürde – angestoßen durch das Urteil des Bundesverfassungsgerichts zur Verfassungsmäßigkeit der Sicherungsverwahrung«, in: *Deutsches Verwaltungsblatt* 122 (2007), S. 278 ff. (Ausblenden der Subjektstellung der potentiellen Opfer an Absturzstelle); Christian Hillgruber, »Der Staat des Grundgesetzes – nur ›bedingt abwehrbereit‹? – Plädoyer für eine wehrhafte Verfassungsinterpretation«, in: *Juristenzeitung* 62 (2007), S. 209, 217 (prinzipielle Abwägungsfestigkeit der Menschenwürde finde Grenze bei Pflichtenkollision); Ulrich Vosgerau, »Zur Kollision von Grundrechtsfunktionen. Ein zentrales Problem der Grundrechtsdogmatik«, in: *Archiv des öffentlichen Rechts* 133 (2008), S. 346, 383 f. (Gericht gehe zu Unrecht von Primat der abwehrrechtlichen Dimension aus); Thomas Würtenberger, »Sicherheitsarchitektur im Wandel«, in: Dieter Kugelmann (Hg.), *Polizei unter dem Grundgesetz*, Baden-Baden 2010, S. 73, 82 (Würdeschutz der Opfer des Anschlags werde völlig negiert; mit Wortlaut des Art. 1 GG sei dies nicht vereinbar, da Eingriffsabwehr und Schutzpflicht gleichen Rang hätten; auch Unterlassen könne als Eingriff gewertet werden; es bestehe eine Gleichrangigkeit von Achtungs- und Schutzpflicht, so dass Kollisionen durch Abwägung gelöst werden müssten; kein Tabubruch); Manfred Baldus, »Artikel 87a«, in: Hermann von Mangoldt, Friedrich Klein, Christian Starck (Hg.), *Grundgesetz-Kommentar*, Bd. 1, 6. Aufl., München 2010, Rdnr. 108 (»gespaltene Würdegarantie«).

Grundsätzliche Kritik an der vom Bundesverfassungsgericht zur Würdenorm entwickelten Dogmatik: Christian Grimm, *Allgemeine Wehrpflicht und Menschenwürde*, Berlin 1982, S. 46 (Norm habe Charakter des positiven Rechts verloren); Peter Lerche, »Verfassungsrechtliche Aspekte der Gentechnologie«, in: Rudolf Lukes, Rupert Scholz (Hg.), *Rechtsfragen der Gentechnologie*, 1986, S. 88, 104 (unklare Entscheidungslinien, die auf Mangel an Rationalität hindeuteten); Christoph Goos, *Innere Freiheit. Eine Rekonstruktion des grundgesetzlichen Würdebegriffs*, Göttingen 2011, S. 217 (Menschenwürde sei bedeutungsloser Rechtsbegriff geworden); Josef Isensee, »Die Würde des Menschen«, in: Detlef Merten, Hans-Jürgen Papier (Hg.), *Handbuch der Grundrechte*, Bd. 4, Heidelberg 2011, § 87, Rn. 6 (inkonsistente Rechtsprechung); Hektor Wittwer, »Ein Vorschlag zur Deutung von Art. 1 des Grundgesetzes aus rechtsphilosophischer Sicht«, in: Jan C. Joerden, Eric Hilgendorf, Natalia Petrillo, Felix Thiele (Hg.), *Menschenwürde und moderne Medizintechnik*, Baden-Baden 2011, S. 161 (verwirrendes wie unübersichtliches Bild); Manfred Baldus, »The Norm Concerning Human Dignity in the Basic Law of Germany: the Development since 1949«, *Almanac. Constitutional Justice on the Millennium*, Yerevan (Armenia), 2014, S. 76, 85 (development of the provision has now embarked upon a critical stage; dogmatic concept has now reached its frontier).

111 **Zu verschiedenen Paradoxien der Vorstellungen von der Würde des Menschen sowie der Würdenorm:** Kurt Bayertz, »Die Idee der Menschenwürde: Probleme und Paradoxien«, in: *Archiv für Rechts- und Sozialphilosophie* 81 (1995), S. 465, 480 f. (der Mensch als Subjekt der Natur werde zugleich Objekt seiner eigenen Subjektivität; das Festhalten an Idee der Menschenwürde bedeute zugleich ihre Zerstörung, Aufgeben dieser Idee ihre Bestätigung); Oliver W. Lembcke, »Zwischen Selbstbefreiung und Selbstbindung: Paradigmen und Paradoxien der Würde des Menschen«, in: Gary S. Schaal (Hg.), *Techniken rationaler Selbstbindung*, Berlin 2009, S. 75, 77 (Unbestimmtheit der Menschenwürde, obwohl man von ihrer Verletzung erst reden könne, wenn man wisse, was darunter zu verstehen sei); Navid Kermani, »Rede zur Feierstunde ›65 Jahre Grundgesetz‹«, ⟨http://www.bundestag.de⟩, letzter Zugriff 4. 5. 2016, (Paradox: Würde sei unantastbar und bedürfe dennoch des Schutzes); Sabrina Zucca-Soest, »Autonomie als notwendige, aber nicht hinreichende Bestimmung der Menschenwürde«, in: *Archiv für Rechts- und Sozialphilosophie* Beiheft 142 (2015), S. 117, 119 (Paradoxie I: gehe man von Würdenträgern als Vernunftwesen aus, stelle man auf Fähigkeiten ab, die geistig Behinderte aus dem Kreis der Würdeinhaber ausschlösse; Paradoxie II: gehe man naturalistisch vom Dasein des Menschen aus und schließe damit auch Behinderte mit ein, schneide man die soziale Dimension des Menschseins heraus).

112 Deutungen der Würdenorm in Philosophie und Theologie: Siehe oben, Anm. 4 (breite Debatten nicht nur zur Idee der Menschenwürde, sondern auch zur Würdenorm).

Textsammlungen, Wörter- und Handbücher zur Menschenwürde: Franz Josef Wetz, *Texte zur Menschenwürde*, Stuttgart 2011; Rolf Gröschner, Antje Kapust, Oliver W. Lembcke (Hg.), *Wörterbuch der Würde*, Paderborn 2013; Marcus Düwell, Jens Braarvig, Roger Brownsword, Dietmar Mieth (Hg.), *The Cambridge Handbook of Human Dignity. Interdisciplinary Perspectives*, Cambridge 2014.

Streben nach Erlangung von Meinungsmacht durch Berufung auf Würdenorm: Horst Dreier, »Artikel 1«, in: ders. (Hg.), *Grundgesetz – Kommentar*, Bd. I, 3. Aufl., Tübingen 2013, Rn. 49 (Einfallstor für bestimmte Partikularethiken oder politische Anschauungen, die als allgemeinverbindliche Maximen des positiven Verfassungsrechts ausgegeben werden); Edzard Schmidt-Jortzig, »Zum Streit um die korrekte dogmatische Einordnung und Anwendung von Art. 1 Abs. 1 GG«, in: Otto Depenheuer u. a. (Hg.), *Staat im Wort. Festschrift für Josef Isensee*, Heidelberg 2007, S. 491, 493 f. (sprachliche Offenheit und hohe Bedeutung verlockten zu vermehrter Nutzung); Friedrich Wilhelm Graf, *Missbrauchte Götter. Zum Menschenbilderstreit in der Moderne*, München 2009, S. 178 (Würdejoker, um der eigenen Position die Aura unüberbietbarer verfassungsrechtlicher Legitimität zu verschaffen); Josef Isensee, »Die Würde des Menschen«, in: Detlef Merten, Hans-Jürgen Papier (Hg.), *Handbuch der Grundrechte*, Bd. 4, Heidelberg 2011, § 87, Rn. 8 (mit geringstem hermeneutischen Aufwand lasse sich größter praktischer Effekt erzielen; Streit um inhaltliche Besetzung der Würdeklausel als sublimer, aber besonders wirksamer Machtkampf).

Vehemenz und Schärfe der Debatten: Dazu insbesondere oben die Abschnitte zur Humangenetik sowie zur Rettungsfolter.

Mahnungen zur Zurückhaltung: Peter Schneider, »Die Menschenrechte in staatlicher Ordnung«, in: *Archiv für Rechts- und Sozialphilosophie* 50 (1964), S. 77, 83, 85; Ernst Forsthoff, »Der Persönlichkeitsschutz im Verwaltungsrecht«, in: *Festschrift für den 45. Deutschen Juristentag. Überreicht von der Juristischen Studiengesellschaft in Karlsruhe*, Karlsruhe 1964, S. 41, 58; ders., »Zur heutigen Situation einer Verfassungslehre«, in: Hans Barion u. a. (Hg.), *Epirrhosis. Festgabe für Carl Schmitt*, Berlin 1968, S. 185, 195; ders., »Buchbesprechung zu: Kriele, Martin, Theorie der Rechtsgewinnung, entwickelt am Problem der Verfassungsinterpretation, 1967«, in: *Der Staat* 8 (1969), S. 523 f.; Peter Lerche, »Verfassungsrechtliche Aspekte der Gentechnologie«, in: Rudolf Lukes, Rupert Scholz (Hg.), *Rechtsfragen der Gentechnologie*, 1986, S. 88, 111; Wolfgang Graf Vitzthum, »Gentechnologie und Menschenwürdeargument«, in: *Zeitschrift für Rechtspolitik* 20 (1987),

S. 33 (inflationäre Verwendung; »Wanderdüne« ohne Halt); Alexander Blankenagel, »Gentechnologie und Menschenwürde. Über die Strapazierung von juristischem Sachverstand und gesundem Menschenverstand anläßlich eines ernsten Themas«, in: *Kritische Justiz* 20 (1987), S. 379, 387; Rainer Wahl, »Freiheit der Wissenschaft als Rechtsproblem«, in: *Freiburger Universitätsblätter* 26 (1987), S. 19, 26-29 (Auffangproblemlöser).

Sakralisierung der Person als Erklärung für Bedeutungsexpansion der Würdenorm: Hans Joas, *Braucht der Mensch Religion? Über Erfahrungen der Selbsttranszendenz*, Freiburg i. Br. u. a. 2004, S. 155 (Glaube an Menschenrechte und Menschenwürde als Ausdruck eines Prozesses der Sakralisierung der Person); ders., *Die Sakralität der Person. Eine neue Genealogie der Menschenrechte*, Berlin 2011, S. 82 f. (Umschreibung des Begriffs der Sakralisierung unter Verwendung eines Zitats von Emile Durkheim aus dem Jahr 1898); Christian Hillgruber, *Staat und Religion. Überlegungen zur Säkularität, zur Neutralität und zum religiös-weltanschaulichen Fundament des modernen Staates*, Potsdam 2007, S. 63 (Glaube an die Menschenwürde verdanke sich fortschreitender Sakralisierung der Person).

Kritik der »Sakralisierungsthese«: Horst Dreier, *Säkularisierung und Sakralität. Zum Selbstverständnis des modernen Verfassungsstaates*, Tübingen 2013, S. 105 f. (Zweifel, ob man überhaupt von Sakralität und Heiligkeit des und jedes Menschen sprechen könne), S. 106 (Prägung unseres Rechtssystems durch die Grund-und Menschenrechte erfolge auf undramatische und von sakralen Beigaben eher freie Weise); Christoph Hübenthal, »Human dignity: can a historical foundation alone suffice? From Joas' affirmative genealogy to Kierkegaard's leap of faith«, in: Marcus Düwell, Jens Braarvig, Roger Brownsword, Dietmar Mieth (Hg.), *The Cambridge Handbook of Human Dignity. Interdisciplinary Perspectives*, Cambridge 2014, S. 208, 213 (Joas' »*affirmative genealogy neither can justify the moral necessity of the human rights practice nor can it enforce the affirmation of human dignity as the underlying value*«).

Zu den Liberalisierungsprozessen in der westdeutschen Geschichte: Manfred Görtemaker, *Geschichte der Bundesrepublik Deutschland. Von der Gründung bis zur Gegenwart*, München 1999, S. 271 (Zunahme an Vielfalt durch neue soziale Bewegungen); Hans-Ulrich Wehler, *Deutsche Gesellschaftsgeschichte. Fünfter Band. Bundesrepublik Deutschland und DDR 1949-1990*, München 2008, S. 277 (Fundamentalliberalisierung; Umwandlung in ein liberal-demokratisches Gemeinwesen); Christoph Schönberger, »Anmerkungen zu Karlsruhe«, in: Matthias Jestaedt u. a. (Hg.), *Das entgrenzte Gericht. Eine kritische Bilanz nach sechzig Jahren Bundesverfassungsgericht*, Berlin 2011, S. 9, 35 (Liberalisierung durch Aktivierung der Grundrechte); Ulrich Herbert, *Geschichte Deutschlands im 20. Jahrhundert*, München 2014, S. 876 ff.

113 Verrechtlichung: Rainer Wahl, »Verfassungsdenken jenseits des Staates. Abschiedsvorlesung vom 8. Juli 2006«, in: Ivo Appel, Georg Hermes (Hg.), *Mensch – Staat – Umwelt*, Berlin 2008, S. 135, 137 (tiefgreifende Verrechtlichung des politischen Lebens durch Entwicklung der Verfassungsstaatlichkeit nach 1949); Hans-Ulrich Wehler, *Deutsche Gesellschaftsgeschichte. Fünfter Band. Bundesrepublik Deutschland und DDR 1949-1990*, München 2008, S. 421 (übermäßige Verrechtlichung der letzten Jahrhunderte).

Verfassungsstaatlichkeit: Hans Vorländer, *Die Verfassung. Idee und Geschichte*, München 1999, S. 114 (Verfassung bei Institutionalisierung einer politischen Ordnung von entscheidender Bedeutung); Tom Ginsburg, »The Global Spread of Constitutional Review«, in: Keith E. Whittington, R. Daniel Keleman, Gregory A. Caldeira (Hg.), *The Oxford Handbook of Law and Politics*, Oxford und New York 2008, S. 81; Matthias Jestaedt, »Phänomen Bundesverfassungsgericht. Was das Gericht zu dem macht, was es ist«, in: ders. u. a. (Hg.), *Das entgrenzte Gericht. Eine kritische Bilanz nach sechzig Jahren Bundesverfassungsgericht*, Berlin 2011, S. 77, 86 (Ambivalenz: freiheitlich-demokratische Werteverwirklichung durch Konstitutionalisierung der Rechtsordnung einerseits, Politik als Verfassungsvollzug andererseits); Christoph Schönberger, »Der Aufstieg der Verfassung: Zweifel an einer geläufigen Triumphgeschichte«, in: Thomas Vesting, Stefan Korioth (Hg.), *Der Eigenwert des Verfassungsrechts. Was bleibt von der Verfassung nach der Globalisierung*, Tübingen 2011, S. 7 f. (Aufstieg der Verfassung durch Vorrang der Verfassung vor dem Gesetzgeber; in der Bundesrepublik habe sich Verfassungsrecht als neuer Stabilitätsanker für das einfache Recht aufgedrängt und im Moment großer Verunsicherung neuen Halt geboten); Uwe Volkmann, »Der Aufstieg der Verfassung. Beobachtungen zum grundlegenden Wandel des Verfassungsbegriffs«, in: Thomas Vesting, Stefan Korioth (Hg.), *Der Eigenwert des Verfassungsrechts. Was bleibt von der Verfassung nach der Globalisierung*, Tübingen 2011, S. 23 ff.

Verfassungspatriotismus: Dolf Sternberger, »Verfassungspatriotismus« (1979), in: ders., *Verfassungspatriotismus*, Frankfurt/M. 1990, S. 13 ff. (»*Wohltat dieses Grundgesetzes*«; »*Verfassung ist aus der Verschattung hervorgekommen, worin sie entstanden war*«; »*hat sich unmerklich ein neuer, ein zweiter Patriotismus ausgebildet, der eben auf die Verfassung sich gründet. Das Nationalgefühl bleibt verwundet, wir leben nicht im ganzen Deutschland. Aber wir leben in einer ganzen Verfassung, in einem ganzen Verfassungsstaat, und das ist selbst eine Art von Vaterland*«); Jürgen Habermas, »Eine Art Schadensabwicklung«, in: *»Historikerstreit«. Die Dokumentation der Kontroverse um die Einzigartigkeit der nationalsozialistischen Judenvernichtung*, München 1987, S. 62, 75 (»*Der einzige Patriotismus, der uns dem Westen nicht entfremdet, ist ein Verfassungspatriotismus*«).

Erklärungen und kritische Würdigung dieser Art von Patriotismus: Eckart Klein, »Die Staatsräson der Bundesrepublik Deutschland«, in: Kay Hailbronner u. a. (Hg.), *Staat und Völkerrechtsordnung. Festschrift für Karl Doehring*, Berlin u. a. 1989, S. 459, 466 (Verfassungspatriotismus zu selektiv, überanstrenge die Verfassung und es sei vom Ansatz her verfehlt, damit die deutsche Frage für erledigt erklären zu wollen); Detlef Merten, »Verfassungspatriotismus und Verfassungsschwärmerei – Betrachtungen eines Politischen«, in: *Verwaltungsarchiv* 84 (1993), S. 283, 285 (»*Verfassungsliebe als Alibi-Patriotismus*«); Otto Depenheuer, »Integration durch Verfassung – Zum Identitätskonzept des Verfassungspatriotismus«, in: *Die öffentliche Verwaltung* 48 (1995), S. 854, 858 (Verfassungspatriotismus greife theoretisch zu kurz); Dieter Grimm, »Identität und Wandel – das Grundgesetz 1949 und heute«, in: *Leviathan* 37 (2009), S. 603, 606 (Verfassung als Grundlage der Identität der bundesrepublikanischen Gesellschaft; ihre Integration habe sich zum erheblichen Teil über ihre Verfassung vollzogen), S. 614 (keiner der üblichen Integrationsfaktoren habe zur Verfügung gestanden); Gerd Roellecke, »Nicht für die Ewigkeit«, in: *Frankfurter Allgemeine Zeitung*, 15. 1. 2009, S. 8 (Verfassungspatriotismus weder notwendig noch wünschenswert; Verfassungen würden auch für die gelten, die sich nicht dafür begeisterten); Christoph Möllers, *Das Grundgesetz. Geschichte und Inhalt*, München 2009, S. 116 (es gebe keinen Verfassungspatriotismus, nur eine Idee davon: Das allgemeine Interesse am Grundgesetz bleibe gering, sein Identifikationswert für Mehrheiten sehr beschränkt); Jan Drees Kuhnen, *Die Zukunft der Nationen in Europa. Ist das Zeitalter der Nationen und Nationalstaaten vorüber?*, Berlin 2009, S. 191 ff. (Überblick über Entstehung dieser Vorstellung und kritisch-ablehnende Stellungnahmen); Jan-Werner Müller, *Verfassungspatriotismus*, Berlin 2010, S. 21 ff. (Ideen- und Gefühlsgeschichte des Verfassungspatriotismus); Horst Dreier, »Der freiheitliche Verfassungsstaat als riskante Ordnung«, in: *Rechtswissenschaft* 1 (2010), S. 11, 33 f. (Kritik insbesondere an Habermas' universalistischem Konzept von Verfassungspatriotismus, das sich kaum sinnvoll auf einen konkret existierenden Staat beziehen lasse); Matthias Jestaedt, »Phänomen Bundesverfassungsgericht. Was das Gericht zu dem macht, was es ist«, in: ders. u. a. (Hg.), *Das entgrenzte Gericht. Eine kritische Bilanz nach sechzig Jahren Bundesverfassungsgericht*, Berlin 2011, S. 77, 86 (Grundgesetz sei zur Integrationsordnung des Gemeinwesens avanciert, zum partiellen Nation-Ersatz); Christoph Schönberger, »Anmerkungen zu Karlsruhe«, in: Matthias Jestaedt u. a. (Hg.), *Das entgrenzte Gericht. Eine kritische Bilanz nach sechzig Jahren Bundesverfassungsgericht*, Berlin 2011, S. 9, 45 ff. (eigenartiges Phänomen; kurioser Fall, dass Verfassung Grundlage des Patriotismus sei; Grundgesetz habe Lücke gefüllt, weil übliche Integrationsfaktoren wie Geschichte, Nation und Kultur nur begrenzt in Betracht gekommen seien);

ders., »Der Aufstieg der Verfassung: Zweifel an einer geläufigen Triumphgeschichte«, in: Thomas Vesting, Stefan Korioth (Hg.), *Der Eigenwert des Verfassungsrechts. Was bleibt von der Verfassung nach der Globalisierung?*, Tübingen 2011, S. 7, 17 (Ersatz für nationale Identität angesichts der schwierigen Erbschaft des Nationalsozialismus und der deutschen Teilung).

Verfassungssakralisierung: Wolfgang Graf Vitzthum, »Gentechnologie und Menschenwürdeargument«, in: *Zeitschrift für Rechtspolitik* 20 (1987), S. 33 f. (Grundgesetz sei zur säkularisierten Bibel geworden, entscheidender Legitimationsquell in einem an Mythen, Traditionen und Institutionen armen Gemeinwesen); Horst Dreier, *Gilt das Grundgesetz ewig? Fünf Kapitel zum modernen Verfassungsstaat*, München 2009, S. 98 ff. (zu den Gefahren, Kosten und Defiziten einer Verfassungssakralisierung); Uwe Volkmann, »Der Aufstieg der Verfassung. Beobachtungen zum grundlegenden Wandel des Verfassungsbegriffs«, in: Thomas Vesting, Stefan Korioth (Hg.), *Der Eigenwert des Verfassungsrechts. Was bleibt von der Verfassung nach der Globalisierung?*, Tübingen 2011, S. 23, 34 f. (Sakralisierung der Verfassung sei der Verfassungsidee nicht fremd); Michael Stolleis, *Geschichte des öffentlichen Rechts in Deutschland. Vierter Band. Staats- und Verwaltungsrechtswissenschaft in West und Ost 1945-1990*, München 2012, S. 378 (Grundgesetz sei so etwas wie ein sakralisierter Text geworden).

Bundesverfassungsgericht als Machtfaktor: Manfred Baldus, »Frühe Machtkämpfe – Zu den historischen Gründen der Autorität des Bundesverfassungsgerichts«, in: Thomas Henne, Arne Riedlinger (Hg.). *Das Lüth-Urteil aus (rechts-)historischer Perspektive. Die Konflikte um Veit Harlan und die Grundrechtsjudikatur des Bundesverfassungsgerichts*, Berlin 2005, S. 237 ff.; Hans Vorländer, »Die Deutungsmacht des Bundesverfassungsgerichts«, in: Robert Chr. van Ooyen, Martin H. W. Möllers (Hg.), *Das Bundesverfassungsgericht im politischen System*, Wiesbaden 2006, S. 189 ff.; Oliver W. Lembcke, *Hüter der Verfassung. Eine institutionentheoretische Studie zur Autorität des Bundesverfassungsgerichts*, Tübingen 2007; André Brodocz, *Die Macht der Judikative*, Wiesbaden 2009, S. 179 ff. (Deutungsmacht des Bundesverfassungsgerichts); Dietmar Willoweit, *Deutsche Verfassungsgeschichte. Vom Frankenreich bis zur Wiedervereinigung Deutschlands*, 6. Aufl., München 2009, S. 368 (Verfassungsgerichtsbarkeit wichtigster Faktor in der Verfassungsgeschichte der Bundesrepublik); Matthias Jestaedt, »Phänomen Bundesverfassungsgericht. Was das Gericht zu dem macht, was es ist«, in: ders. u. a. (Hg.), *Das entgrenzte Gericht. Eine kritische Bilanz nach sechzig Jahren Bundesverfassungsgericht*, Berlin 2011, S. 77, 87 ff.; Oliver Lepsius, »Die maßstabsetzende Gewalt«, in: Matthias Jestaedt u. a. (Hg.), *Das entgrenzte Gericht. Eine kritische Bilanz nach sechzig Jahren Bundesverfassungsgericht*, Berlin 2011, S. 159, 164 (zur wahren Macht »Karlsruhes«), S. 165 (Machtfülle nicht durch Kompetenz, Rechtsstreitigkeiten zu entscheiden, sondern durch die Aufgabe, politischem Handeln inhaltlichen Rahmen vorzugeben); Christoph Schönberger, »Anmerkungen zu Karlsruhe«, in: Matthias Jestaedt u.a. (Hg.), *Das entgrenzte Gericht. Eine kritische Bilanz nach sechzig Jahren Bundesverfassungsgericht*, Berlin 2011, S. 9, 27 (Bundesverfassungsgericht als Geburtshelfer der zweiten deutschen Demokratie), S. 40 (weltweiter Siegeszug der Verfassungsgerichtsbarkeit in der zweiten Hälfte des 20. Jahrhunderts); ders., »Der Aufstieg der Verfassung: Zweifel an einer geläufigen Triumphgeschichte«, in: Thomas Vesting, Stefan Korioth (Hg.), *Der Eigenwert des Verfassungsrechts. Was bleibt von der Verfassung nach der Globalisierung?*, Tübingen 2011, S. 7, 16 (Aufstieg der Verfassung sei in erster Linie Aufstieg der Verfassungsgerichtsbarkeit gewesen); Ernst-Wolfgang Böckenförde, »Grundrechte als Grundsatznormen. Zur gegenwärtigen Lage der Grundrechtsdogmatik« (1990), in: *Wissenschaft, Politik, Verfassungsgericht. Aufsätze von Ernst-Wolfgang Böckenförde. Biographisches Interview von Dieter Gosewinkel*, Berlin 2011, S. 189, 220f. (Übergang vom parlamentarischen Gesetzgebungsstaat zum verfassungsgerichtlichen Jurisdiktionsstaat; Verfassungsgericht als Verfassungs-Areopag); Michael Stolleis, *Geschichte des öffentlichen Rechts in Deutschland. Vierter Band. Staats- und Verwaltungsrechtswissenschaft in West und Ost 1945-1990*, München 2012, S. 146 (Bundesverfassungsgericht sei zu einem der führenden Staatsorgane aufgestiegen).

Zur offenen Gesellschaft der Verfassungsinterpreten: Peter Häberle, »Die offene Gesellschaft der Verfassungsinterpreten«, in: *Juristenzeitung* 30 (1975), S. 297ff.; ders., »Verfassungsgerichtsbarkeit in der offenen Gesellschaft«, in: Robert Chr. van Ooyen, Martin H. W. Möllers (Hg.), *Handbuch Bundesverfassungsgericht im politischen System*, 2. Aufl., Wiesbaden 2015, S. 31, 34 (das Wort von der »*offenen Gesellschaft der Verfassungsinterpreten sei ohne Popper ebensowenig zu denken wie ohne das protestantische Priestertum aller Gläubigen*«); Ernst-Wolfgang Böckenförde, »Die Methoden der Verfassungsinterpretation – Bestandsaufnahme und Kritik« (1976), in: *Wissenschaft, Politik, Verfassungsgericht. Aufsätze von Ernst-Wolfgang Böckenförde. Biographisches Interview von Dieter Gosewinkel*, Berlin 2011, S. 120, 133f.; Dietmar Willoweit, *Deutsche Verfassungsgeschichte. Vom Frankenreich bis zur Wiedervereinigung Deutschlands*, 6. Aufl., München 2009, S. 360f. (Häberles Ansatz als Erklärung für Unvermeidlichkeit des Verfassungswandels und des Versuchs, tatsächliche Gegebenheiten zu beschreiben).

Zur offenen Gesellschaft der Menschenwürde-Interpreten: Josef Isensee, »Die Würde des Menschen«, in: Detlef Merten, Hans-Jürgen Papier (Hg.), *Handbuch der Grundrechte*, Bd. 4, Heidelberg 2011, § 87, Rn. 8.

114 **Würdenorm als Ausdruck einer Sehnsucht nach dem Absoluten:** Horst Dreier, »Artikel 1«, in: ders. (Hg.), *Grundgesetz – Kommentar*,

Bd. I, 3. Aufl., Tübingen 2013, Rn. 42 (Satz von der Menschenwürde als Absolutum in einer zutiefst relativistischen Welt); Josef Isensee, »Menschenwürde: die säkulare Gesellschaft auf der Suche nach dem Absoluten«, in: *Archiv des öffentlichen Rechts* 36 (2006), S. 173, 180 (Drang nach dem Absoluten, dem Fluch des Relativismus entrinnen); Tatjana Hörnle, »Die Menschenwürde: Gefährdet durch eine ›Dialektik der Säkularisierung‹ oder ›Religion der Moderne‹?«, in: Walter Schweidler (Hg.), *Postsäkulare Gesellschaft. Perspektiven interdisziplinärer Forschung*, Freiburg i. Br. 2007, S. 170, 176 (»Verlangen nach Unverfügbarem«).

Norm als zivilreligiöser Anker: Henning Ottmann, »Die Würde des Menschen. Fragen zu einem fraglos anerkannten Begriff«, in: Jan Beaufort, Peter Prechtl (Hg.), *Rationalität und Prärationalität. Festschrift für Alfred Schöpf*, Würzburg 1998, S. 167, 177 (als Artikel der Zivilreligion komme ihr die Aufgabe zu, Minimalkonsens und Minimaldogmatik der konfessionell und weltanschaulich pluralistisch gewordenen Gesellschaft zu sein); Horst Dreier, »Artikel 1«, in: ders. (Hg.), *Grundgesetz – Kommentar*, Bd. I, 3. Aufl., Tübingen 2013, Rn. 42 (Würdesatz erscheine als eine Art zivilreligiöser Anker).

Dagegen Kritik gegenüber der Vorstellung von der Notwendigkeit eines zivilreligiösen Bodens säkularisierter Gesellschaften: Georg Essen, *Sinnstiftende Unruhe im System des Rechts. Religion im Beziehungsgeflecht von modernem Verfassungsstaat und säkularer Zivilgesellschaft*, Göttingen, 2004, S. 90 f. (religiöse Unterbauung gesamtgesellschaftlicher Norm- und Wertevorstellungen führe zu einer Vermischung der jeweils hereinspielenden Begründungsniveaus; Mehrwert einer zivilreligiösen Überhöhung eines vernunftrechtlichen Prinzips leuchte nicht ohne weiteres ein); Horst Dreier, »Religion und Verfassungsstaat im Kampf der Kulturen«, in: ders., Eric Hilgendorf (Hg.), *Kulturelle Identität als Grund und Grenze des Rechts. Akten der IVR-Tagung vom 28.-30. September 2006 in Würzburg*, Stuttgart 2008, S. 11, 23 (hilflose Beschwörung oder Einfallstor für eine dem freiheitlichen Verfassungsstaat zuwiderlaufende Gesinnungsprüfung); Ernst-Wolfgang Böckenförde, »Der säkularisierte Staat, seine Rechtfertigung und seine Probleme im 21. Jahrhundert«, in: Gian Enrico Rusconi (Hg.), *Der säkulare Staat im postsäkularen Zeitalter*, Berlin 2010, S. 27, 37 (Form der Selbstsicherung des säkularisierten Staates, der damit seine Freiheitlichkeit, den ihm eigenen liberalen Kern, abbaue).

Zur Einheitsfunktion der Würdenorm: Klaus Dicke, »Die der Person innewohnende Würde und die Frage der Universalität der Menschenrechte«, in: Heiner Bielefeldt u. a. (Hg.), *Würde und Recht des Menschen. Festschrift für Johannes Schwartländer zum 70. Geburtstag*, Würzburg 1992, S. 161, 167 (einheitsstiftendes Prinzip); Udo Di Fabio, »Die Suche nach dem Kompaß. Wie kann Menschenwürde in einer fragmentierten Welt begründet werden?«, in: *Frankfurter Allgemeine Zeitung*, 26.6.2001, S.10 (Würde des Menschen als Einheitsbegriff); Uwe Volkmann, »Nachricht vom Ende der Gewißheit«, in: *Frankfurter Allgemeine Zeitung*, 24.11.2003, S.8 (einheitsstiftende Idee); ders., *Grundzüge einer Verfassungslehre der Bundesrepublik Deutschland*, Tübingen 2013, S.157 (unübersichtliche, orientierungslose und von Zukunftsängsten geplagte Gesellschaften suchten nach ideal formulierten Sinngehalten und Prinzipien, in denen man sich noch einig wisse; Menschenwürdegarantie sei deshalb zu einer allgegenwärtigen Heils- und Schlichtungsformel geworden); Christoph Schönberger, »Anmerkungen zu Karlsruhe«, in: Matthias Jestaedt u.a. (Hg.), *Das entgrenzte Gericht. Eine kritische Bilanz nach sechzig Jahren Bundesverfassungsgericht*, Berlin 2011, S.9, 61 (grundsätzliche Skepsis gegenüber der Einheitsbildung vom Verfassungsrecht her, insbesondere mit Blick auf das Ineinandergreifen unterschiedlicher Rechtsschichten).

Ideenpolitische Sonderstellung Deutschlands: Horst Möller, »Referat«, in: Karl Dietrich Bracher (Hg.), *Deutscher Sonderweg – Mythos oder Realität? (Kolloquien des Instituts für Zeitgeschichte)*, München 1982, S.9f. (fundamentale Erschütterungen hätten in der deutschen Geschichte jeweils zu spezfischen Wertungen mit politischer Pointe geführt; solche auslösenden Erschütterungen seien die Revolution von 1848/49, der Erste Weltkrieg, die Revolution von 1918/19, die NS-Machtergreifung 1933 und das Kriegsende 1945 gewesen); Heinrich August Winkler, *Der lange Weg nach Westen. Deutsche Geschichte vom »Dritten Reich« bis zur Wiedervereinigung*, Bd.2, München 2000, S.648 (Hitlers Herrschaft als Gipfelpunkt der deutschen Auflehnung gegen die politischen Ideen des Westens; *»es gab einen deutschen Sonderweg«*); Hans-Ulrich Wehler, *Deutsche Gesellschaftsgeschichte. Fünfter Band. Bundesrepublik Deutschland und DDR 1949-1990*, München 2008, S.424f. (Sonderbedingungen des deutschen Wegs in die Moderne, »Wirbel der Herrschaftsformen«), S.437 (*»wirrer Wechsel in der politischen Ideenwelt«*).

Belastete Ideen, die nach 1949 zur Identitätsbildung ausfielen: Zunächst die **Ideen von 1848/49:** Heinrich August Winkler, »Ende aller Sonderwege«, in: Stefan Aust, Gerhard Spörl (Hg.), *Die Gegenwart der Vergangenheit. Der lange Schatten des Dritten Reichs*, München 2004, S.152, 157 (»Versuch der Liberalen und Demokraten scheiterte, Einheit und Freiheit zugleich zu verwirklichen«); **Idee der Nation:** Heinrich August Winkler, »Ende aller Sonderwege«, in: Stefan Aust, Gerhard Spörl (Hg.), *Die Gegenwart der Vergangenheit. Der lange Schatten des Dritten Reichs*, München 2004, S.152, 157 (*»Einheit kam als Ergebnis von Bismarcks »Revolution von oben«; »durch Kriege von 1866 gegen Österreich und 1870/71 gegen Frankreich wurde die Einheitsfrage gelöst, aber nicht im großdeutschen, sondern im kleindeutschen Sinn – ohne Österreich und unter preußischer Führung. Die Frei-*

heitsfrage blieb ungelöst. Die Deutschen erhielten zwar das allgemeine gleiche Reichstagswahlrecht für Männer, aber keine dem Reichstag verantwortliche Regierung. Die nationale Parole verwandelte sich nach der Reichsgründung zum Schlachtruf der Rechten. National sein hieß nicht mehr anti-feudal, sondern anti-international sein«); Friedrich Kießling, Bernhard Rieger, »Einleitung: Neuorientierung, Tradition und Transformation in der Geschichte der alten Bundesrepublik«, in: dies. (Hg.), *Mit dem Wandel leben. Neuorientierung und Tradition in der Bundesrepublik der 1950er und 60er Jahre*, Köln 2011, S. 7, 22 (diejenigen Traditionsbestände seien verworfen worden, »die sich mit nationalen Macht- und Herrschaftsformen befassten«); **Kaiserreich und Reichsgedanke:** Jost Hermand, *Der alte Traum vom neuen Reich. Völkische Utopien und Nationalsozialismus*, Frankfurt/M. 1988, S. 321 ff. (Reichsgedanke durch nationalsozialistische Großraumpolitik diskreditiert); Herfried Münkler, *Reich, Nation, Europa. Modelle politischer Ordnung*, Weinheim 1996, S. 58 f.; Heinrich August Winkler, *Der lange Weg nach Westen. Deutsche Geschichte vom »Dritten Reich« bis zur Wiedervereinigung*, Bd. 2, München 2000, S. 6 f. (»Reich« als Kampfbegriff gegen die Weimarer Republik; zugleich wies Begriff in Vergangenheit und Zukunft); Jörn Ipsen, »60 Jahre Grundgesetz – 60 Jahre Bundesrepublik Deutschland«, in: *Niedersächsische Verwaltungsblätter* 16 (2009), S. 153 f. (Kaiserreich und bismarcksche Reichsverfassung als Vorbilder ungeeignet, weil im monarchischen Untertanenstaat viele der Bedingungen gesetzt worden seien, die zur deutschen Katastrophe geführt hätten); **Weimar:** Helge Grebing, *Der »deutsche Sonderweg« in Europa 1806-1945. Eine Kritik*, Stuttgart 1986, S. 12 (»*Niederlage wurde durch den bis zu Haßgefühlen sich steigernden Zweifel am Werte- und Normensystem der Sieger kompensiert, und folgerichtig wurden Zweifel und Haß auch auf die Weimarer Republik übertragen, die in ihrer Verfassungsform als eine schlechte Kopie des institutionellen Rahmens dieses westlichen Werte- und Normensystems angesehen wurde*«); Heinrich August Winkler, »Ende aller Sonderwege«, in: Stefan Aust, Gerhard Spörl (Hg.), *Die Gegenwart der Vergangenheit. Der lange Schatten des Dritten Reichs*, München 2004, S. 152, 158 (»*Die Geburt der parlamentarischen Demokratie aus der deutschen Niederlage wurde zur schweren psychologischen Vorbelastung der ersten deutschen Demokratie; Appell an das verbreitete Ressentiment gegen die westliche Demokratie, der angeblich ›un-deutschen‹ Staatsform der Sieger, die nur auf dem Papier stand*«); Jörn Ipsen, »60 Jahre Grundgesetz – 60 Jahre Bundesrepublik Deutschland«, in: *Niedersächsische Verwaltungsblätter* 16 (2009), S. 153 f. (Weimar habe wegen seiner innenpolitischen Zerstrittenheit kein Vorbild sein können); Sebastian Ullrich, *Der Weimar-Komplex. Das Scheitern der ersten deutschen Demokratie und die politische Kultur der frühen Bundesrepublik 1945-1959*, Göttingen 2009; Werner Frotscher, Bodo Pieroth, *Verfassungsgeschichte*, 13. Aufl., München 2014, Rn. 787 (Weimar als eine langsam im Chaos versinkende Demokratie); **»Volk« und »Volksgemeinschaft«:** Paul Nolte, *Die Ordnung der Gesellschaft. Selbstentwurf und Selbstbeschreibung im 20. Jahrhundert*, München 2000, S. 377 (»*Aber wie sollten die Deutschen die Grundlagen ihrer politischen Vergemeinschaftung neu definieren? Das ›Volk‹ als Projektion und Urgrund von Einheit hatte ausgedient*«); Heinrich August Winkler, *Der lange Weg nach Westen. Deutsche Geschichte vom »Dritten Reich« bis zur Wiedervereinigung*, Bd. 2, München 2000, S. 6 (»*in deutscher Volksgemeinschaft hatten nur arische Deutsche einen Platz*«); Ulrich Herbert, *Geschichte Deutschlands im 20. Jahrhundert*, München 2014, S. 306 (»Volksgemeinschaft« als »Leitvokabel der Moderne«, in dem sich Kritik an den die soziale Gegebenheiten zerreißenden Klassen der Industriegesellschaft sowie an den Gegensätzen zwischen den Konfessionen mit der Ablehnung des Parlamentarismus verband).

115 Unbestimmte Identität und ideenpolitische Leere der Bundesrepublik Deutschland: Rüdiger Altmann, *Das Erbe Adenauers*, Stuttgart 1960, S. 11 (Bundesrepublik »*ein Staat ohne geistigen Schatten*«), S. 57 (geistige Leere), S. 201 (Politiker brauchten die Überzeugung, dass Ideen das Leben beherrschten, und den Willen, »*Ideen zu verwirklichen und nicht nur Geschäfte zu machen*«); Karl Jaspers, *Wohin treibt die Bundesrepublik? Tatsachen. Gefahren. Chancen*, München 1966, S. 177 (»*Man hat von einem Vakuum unseres politischen Bewußtseins gesprochen. Wir haben in der Tat noch kein in den Herzen gegründetes politisches Ziel, kein Bewußtsein, auf einem selbstgeschaffenen Grunde zu stehen, keine Beschwingtheit durch den Willen zur Freiheit. […] Es gibt für uns noch immer keinen politischen Ursprung und kein Ideal, kein Herkunftsbewußtsein und kein Zielbewußtsein, kaum eine andere Gegenwärtigkeit an den Willen zum Privaten, zum Wohlleben und zur Sicherheit*«); S. 192 (freie Marktwirtschaft vermochte »*schnell blühende Wirtschaft hervorzubringen. Aber der wirtschaftliche Boden ist ungewiß und ungenügend. Er hat keine ethisch formende Macht. […] Ein Boden der sittlich-politischen Verfassung des gemeinsamen öffentlichen Geistes existiert noch nicht. Nicht materiell, wohl aber sittlich-politisch dauert die Situation von 1945 noch an*«); Mario Rainer Lepsius, »Die unbestimmt gehaltene Identität der Bundesrepublik«, in: *Hochland* 60 (1967/68), S. 562 (»*Bundesrepublik in ihrer Existenz höchst unbestimmt geblieben*«), S. 563 (»*Staatswesen ohne eigenen Symbolgehalt*«, »*dem Staatswesen keine explizite eigene Begründung*«), S. 564 (»*keine eigenständige Bestimmung*«); Ernst Forsthoff, *Der Staat der Industriegesellschaft. Dargestellt am Beispiel der Bundesrepublik Deutschland*, München 1971, S. 54 (»*Bundesrepublik nicht fähig zur geistigen Selbstdarstellung*«), S. 164 (gleichwohl stabiles Gebilde, Bundesrepublik verdankt Stabilität der Industriegesellschaft). **Außerdem:** Friedrich Sieburg, *Die Lust am Untergang. Selbstgespräche auf Bundesebene*, Reinbek 1961, S. 74

(Staatsgebilde ohne Seele, »*ihm fehlen Bewußtsein und geistige Vorstellung seiner selbst*«); S. 75 (Bundesrepublik als »*Zweckverband*«); Burghard Freudenfeld, »Das perfekte Provisorium. Auf der Suche nach einem deutschen Staat«, in: *Hochland* 60 (1967/68), S. 421 (»*Verlust der historisch-politischen Identität*«).

Aus der zeithistorischen Literatur zur Bundesrepublik: Edgar Wolfrum, »Geschichtspolitik in der Bundesrepublik Deutschland 1949-1989. Phasen und Kontroversen«, in: Petra Bock, Edgar Wolfrum (Hg.), *Umkämpfte Vergangenheit. Geschichtsbilder, Erinnerung und Vergangenheitspolitik im internationalen Vergleich*, Göttingen 1999, S. 56 (»*in der formativen Phase der Bundesrepublik*« hätten »*die Traditionsbestände [...] allesamt neu erstritten werden« müssen*); Christian Meier, *Das Verschwinden der Gegenwart. Über Geschichte und Politik*, München 2004, S. 128 (»*Die deutsche Nachkriegszeit von 1945 bis 1989 ist dadurch bestimmt, daß die Deutschen [...] besonders radikal mit großen und kleinen, problematischen und unproblematischen, mit schlimmen und guten Traditionen brachen*«); Jörn Ipsen, »60 Jahre Grundgesetz – 60 Jahre Bundesrepublik Deutschland«, in: *Niedersächsische Verwaltungsblätter* 16 (2009), S. 153 f. (»*Der neue Staat war in einer Identitätskrise, weil die Anknüpfung an die deutsche Geschichte problematisch*« gewesen sei).

Einrücken des Grundgesetzes in ideenpolitischen Leerraum: Hans Vorländer, »Die Deutschen und ihre Verfassung«, in: *Aus Politik und Zeitgeschichte* 58 (2009), Heft 18-19, S. 8, 12 (»*Die Verfassung rückte symbolisch in die Leerstelle eines unbesetzt gebliebenen identitätsstiftenden Zentrums der bundesrepublikanischen Gesellschaft ein*«).

Nur scheinbare Beruhigung in der Ideenwelt: Vgl. die Nachweise in Anm. 4 bis 8 sowie 11 und 12, sowie nicht nur, aber insbesondere Kapitel 8, »Fakultäten- und Glaubenskämpfe«. Die Problematik völlig verkennend etwa Christoph Menke, Arnd Pollmann, *Philosophie der Menschenrechte zur Einführung*, Hamburg 2007, S. 131 (die Würdenorm habe es geistig und politisch so unterschiedlichen, ja gegensätzlichen Positionen wie etwa dem Liberalismus, dem Sozialismus und dem Katholizismus erlaubt, sich auf einen Begriff zu verständigen, der eben deshalb ein gemeinsamer Leitbegriff habe werden können, weil er keiner der Positionen bereits zugehört habe; alle Positionen hättten sich verändern oder wenigstens neu beschrieben werden müssen, um diesen Begriff verwenden zu können; es handele sich um ein Beispiel für die Universalisierung im Prozess, durch den allein ein weltweites Menschenrechtsverständnis gewonnen werden könne); Uwe Volkmann, *Grundzüge einer Verfassungslehre der Bundesrepublik Deutschland*, Tübingen 2013, S. 157 (Menschenwürdegarantie als Heils- und Schlichtungsformel).

116 Stellungnahmen zur Geschichte der Würdenorm: Ernst-Wolfgang Böckenförde, »Die Würde des Menschen war unantastbar. Abschied von den Verfassungsvätern: Die Neukommentierung von Artikel 1 des Grundgesetzes markiert einen Epochenbruch«, in: *Frankfurter Allgemeine Zeitung*, 3.9.2003, S.33 (Pfeiler im Strom); Uwe Volkmann, »Nachricht vom Ende der Gewißheit«, in: *Frankfurter Allgemeine Zeitung*, 24.11.2003, S.8 (Verfall der Menschenwürde als einheitsstiftende Idee); Christian Walter, »Menschenwürde im nationalen Recht, Europarecht und Völkerrecht«, in: Petra Bahr, Hans-Michael Heinig (Hg.), *Menschenwürde in der säkularen Verfassungsordnung. Rechtswissenschaftliche und theologische Aspekte*, Tübingen 2006, S.127, 129 (Diskussion unter Grundgesetz als eine der Krise und des Verfalls); Michael Pawlik, »Im fahlen Reich des Ausnahmezustandes«, in: *Frankfurter Allgemeine Zeitung*, 29.8.2008, S.37 (das riskante Unterfangen, einen gänzlich unerprobten Terminus zur Grundnorm der Verfassung zu erheben, sei nicht zuletzt deshalb ein Erfolg gewesen, weil man sich in den ersten Jahrzehnten der Bundesrepublik allen weltanschaulichen Unterschieden zum Trotz im Wesentlichen einig gewesen sei, welche Sachverhalte als menschenwürdewidrig zu gelten hatten; diese Einigkeit sei mittlerweile dahin, wie die Folterdiskussion und die Kontroversen um den Umgang mit den neuen Biowissenschaften zeigten); Horst Dreier, »Human Dignity in German Law«, in: Marcus Düwell, Jens Braarvig, Roger Brownsword, Dietmar Mieth (Hg.), *The Cambridge Handbook of Human Dignity. Interdisciplinary Perspektives*, Cambridge 2014, S.374 (*»triumphant development of human dignity«*).

Zu den angeblichen Vorzügen der Offenheit: Wolfgang Vögele, »Menschenwürde und Gottesebenbildlichkeit«, in: Jörg Dierken, Arnulf von Scheliha (Hg.), *Freiheit und Menschenwürde. Studien zum Beitrag des Protestantismus*, 2005, S.265, 267 (im Diskurs über einen solchen allgemeinen politischen Begriff verständige sich eine politische Kultur über ihre fundamentalen Handlungsorientierungen), Manfred Aschke, *Staatssouveränität, Völkermord und die Unantastbarkeit der Menschenwürde. Facetten eines globalen Lernprozesses*, 2011 (unveröffentlichtes Manuskript), S.3 (dadurch sei Anschlussfähigkeit gegenüber philosophischen und religiösen Traditionen gewährleistet); Dieter Birnbacher, »Menschenwürde-Skepsis«, in: Jan Joerden, Eric Hilgendorf, Felix Thiele (Hg.), *Menschenwürde und Medizin. Ein interdisziplinäres Handbuch*, Baden-Baden 2013, S.159, 165f. (Ermöglichung von Formelkompromissen, Inspirationsquelle der Rechtsfortbildung; Stimulans einer kontinuierlichen Konkretisierung und Differenzierung).

Argumentationsstrategische Vorteile: Friedrich Wilhelm Graf, *Missbrauchte Götter. Zum Menschenbilderstreit in der der Moderne*, München 2009, S.178 (*»Man zieht den Würdejoker, um der eigenen Position die Aura* *unüberbietbarer verfassungsrechtlicher Legitimität zu verschaffen. Und wer anderen vorwirft, ihre Position […] widerspreche der ›Menschenwürde‹, lässt sie in eine kognitive wie moralische Abseitsfalle laufen. Wer sich als Hüter der ›Menschenwürde‹ inszeniert, macht es sich insoweit bequem: Er hat gleichsam das Heilige, Auratisierte, vorstaatliche Ewige auf seiner Seite*«).

Würdegarantie aus Ausdruck der Sehnsucht nach dem Absoluten: Nachweise dazu oben, Anm. 114.

Akzeptanz der Rationalitätsdefizite: Hasso Hofmann, »Recht, Politik und Religion«, in: *Juristenzeitung* 57 (2002), S. 377, 384; Uwe Volkmann, »Was uns trägt. Wie kommt das Verfassungsgericht zu seinen Entscheidungen? Wichtiger als der Text ist das, was hinter ihm steht. Das hat Methode«, in: *Frankfurter Allgemeine Zeitung*, 26. 8. 2010, S. 6 (akzeptanzfördernder Effekt der Öffnung der Verfassung hin zur gesellschaftlichen Kommunikation); Ulrich Haltern, »Unsere protestantische Menschenwürde«, in: Petra Bahr/Hans Michael Heinig (Hg.), *Menschenwürde in der säkularen Verfassungsordnung. Rechtswissenschaftliche und theologische Perspektiven*, Tübingen 2006, S. 93, 117 (die Menschenwürdedogmatik sorge dafür, dass eine Grenze zwischen Transzendenz und Immanenz im Text selbst einbezogen werde; so bleibe es möglich, »*das mysterium tremendum im heiligen Schauer zu erspüren, allerdings nur aus der Präsenz des Heiligen im Text selbst heraus*«).

117 **Streit um Interpretation als integrierendes Moment:** Uwe Justus Wenzel, »Menschenwürde und Menschenbild. Über die Relativität des Absoluten«, in: *Neue Zürcher Zeitung*, 15. 11. 2003 (der Interpretationsstreit selbst sei es, der die Streitenden binde). Allgemein zur Rolle des Grundgesetzes als Konflikt- und zugleich integrierende Verfassung: Hans Vorländer, »Die Deutschen und ihre Verfassung«, in: *Aus Politik und Zeitgeschichte* 58 (2009), Heft 18-19, S. 8, 11 (Grundgesetz sei rasch zur Konfliktverfassung geworden; Konflikte hätten das Grundgesetz aber selbst gestärkt, weil es zum Bezugspunkt aller politischen Akteure und damit zu einer integrierenden Verfassung geworden sei).

Zum Verlust der praktischen Wirksamkeit infolge fehlender Definition: Josef Isensee, »Die Würde des Menschen«, in: Detlef Merten, Hans-Jürgen Papier (Hg.), *Handbuch der Grundrechte*, Bd. 4, Heidelberg 2011, § 87, Rn. 46; Edzard Schmidt-Jortzig, »Zum Streit um die korrekte dogmatische Einordnung und Anwendung von Art. 1 Abs. 1 GG«, in: Otto Depenheuer u. a. (Hg.), *Staat im Wort. Festschrift für Josef Isensee*, Heidelberg 2007, S. 491, 496, 499.

Beliebigkeit, fehlende Rechtssicherheit, Willkür: Christian Grimm, *Allgemeine Wehrpflicht und Menschenwürde*, Berlin 1982, S. 46; Micha H. Werner, »Menschenwürde in der bioethischen Debatte – Eine Diskurstopologie«, in: Matthias Kettner (Hg.), *Biomedizin und Menschenwürde*,

Frankfurt/M. 2004, S. 191-193 (Würdenorm werde häufig zur Begründung unterschiedlicher, teilweise sogar entgegengesetzter Handlungsoptionen in Anspruch genommen); Franz Josef Wetz, »Menschenwürde als Opium fürs Volk. Der Wertstatus von Embryonen«, in: Matthias Kettner (Hg.), *Biomedizin und Menschenwürde*, Frankfurt/M. 2004, S. 221, 229; Dieter Birnbacher, »Menschenwürde – abwägbar oder unabwägbar?«, in: Matthias Kettner (Hg.), *Biomedizin und Menschenwürde*, Frankfurt/M. 2004, S. 249, 251; Niels Petersen, »Auf dem Weg zur zweckrationalen Relativität des Menschenwürdeschutzes«, in: *Kritische Justiz* 37 (2004), S. 316, 318; Paul Tiedemann, *Menschenwürde als Rechtsbegriff. Eine philosophische Klärung*, Berlin 2007, S. 82.

118 Zur Skepsis gegenüber den Möglichkeiten, die Würdenorm auf dem Weg eines interdisziplinären Diskurses zu bestimmen: Udo Di Fabio, »Die Suche nach dem Kompaß. Wie kann Menschenwürde in einer fragmentierten Welt begründet werden?«, in: *Frankfurter Allgemeine Zeitung*, 26. 6. 2001, S. 10 (interdisziplinär hergestellte Konsense könne man nicht die Zuständigkeit für die Konkretisierung gesamtgesellschaftlich verbindlicher Vernunft zubilligen); Ernst Benda, »Die Verfassung und das Leben. Gegen die These vom Wertungswiderspruch«, Christian Geyer (Hg.), *Biopolitik. Die Positionen*, Frankfurt/M. 2001, S. 247, 260 (interdisziplinäres Gespräch könne zusammen-, aber auch auseinanderführen); Peter Michael Huber, »Die Demontage des öffentlichen Rechts«, in: Winfried Kluth u. a. (Hg.), *Wirtschaft – Verwaltung – Recht. Festschrift für Rolf Stober zum 65. Geburtstag am 11. Juni 2008*, Köln 2008, S. 547, 556 (in Abgrenzungen, nicht in Übergängen sei juristisch zu denken, um das diversifizierte Handeln unter dem spezifisch juristischen Code »Recht-Unrecht« zu domestizieren).

Befürwortung einer Konsensermittlung: Ernst Benda, »Menschenwürde und Persönlichkeitsrecht«, in: ders., Werner Maihofer, Hans-Joachim Vogel (Hg.), *Handbuch des Verfassungsrechts der Bundesrepublik Deutschland*, 2. Aufl., Berlin u. a. 1994, Rn. 42 (in beständigem Versuch der Konsensbildung sei eine Rechtskultur zu entwickeln, die für die Auslegung der Würdenorm zumindest Anhaltspunkte liefern könnte); Horst Dreier, »Artikel 1«, in: ders. (Hg.), *Grundgesetz-Kommentar*, Bd. I, Tübingen 1996, Rn. 44; Uwe Kischel, *Die Begründung. Zur Erläuterung staatlicher Entscheidungen gegenüber dem Bürger*, Tübingen 2003, S. 118; Rolf Grawert, »Wechselwirkungen zwischen Bundes- und Landesgrundrechten«, in: Detlef Merten, Hans-Jürgen Papier (Hg.), *Handbuch der Grundrechte in Deutschland und Europa*, Bd. 3, Heidelberg 2009, § 81, Rn. 46 (Würde als konsensabhängiger Begriff); Horst Dreier, »Artikel 1«, in: ders. (Hg.), *Grundgesetz – Kommentar*, Bd. I, 3. Aufl., Tübingen 2013, Rn. 53.

Kritik der Konsensermittlungsstrategie: Albin Eser, *Neuartige Bedrohungen ungeborenen Lebens. Embryoforschung und »Fetozid« in rechtsvergleichender Perspektive*, Heidelberg 1990, S. 36 (Berufung auf Menschenwürde könne tendenziell zur Zerstörung des gesellschaftlichen Konsenses führen); Tatjana Geddert-Steinacher, *Menschenwürde als Verfassungsbegriff. Aspekte der Rechtsprechung des Bundesverfassungsgerichts zu Art. 1 Abs. 1 Grundgesetz*, Berlin 1990, S. 29 (Würdenorm solle gerade dann eingreifen, wenn würdefeindlicher Konsens bestehe); Uwe Kischel, *Die Begründung. Zur Erläuterung staatlicher Entscheidungen gegenüber dem Bürger*, Tübingen 2003, S. 119 (Gefahr, dass Gehalt der Norm dann nur Nachvollzug des Zeitgeistes sei); Paul Tiedemann, »›Die Würde des Menschen ist unantastbar‹. Versuch einer Aufklärung«, in: *Rechtstheorie* 36 (2005), S. 116, 121 f. (wer auf einen Maßstab abstelle, dessen Legitimation im Konsens liege, nehme den Dissens nicht ernst), S. 122 (Konsense bestätigten Mehrheitsmeinungen, schützten aber keine Minderheiten); Christoph Möllers, *Das Grundgesetz. Geschichte und Inhalt*, München 2009, S. 46 (verfassungsrechtliche Normen könnten kaum den Konsens eines pluralen demokratischen Systems in einem unumstrittenen Begriff zuzsammenfassen).

119 Zur Bestimmung des Gehalts der Würdenorm durch ihr Verständnis als Reaktion auf den Nationalsozialismus: Peter Badura, »Generalprävention und Würde des Menschen«, in: *Juristenzeitung* 19 (1964), S. 337, 341 f.; Werner Maihofer, *Rechtsstaat und menschliche Würde*, Frankfurt/M., 1968, S. 12, 15, 25 f., 33; Erhard Denninger, *Staatsrecht. Einführung in die Grundprobleme des Verfassungsrechts der Bundesrepublik Deutschland. 1. Die Leitbilder: Leerformeln? Lügen? Legitimationen?*, Reinbek 1973, S. 25 (Würdenorm als zuverlässige Handlungsanleitung für äußersten Grenzbereich brutaler physischer Vergewaltigung und Vernichtung (Folter, Gaskammer); Reinhold Zippelius, »Menschenwürde«, in: *Evangelisches Staatslexikon*, 2. Aufl., Stuttgart 1975, S. 1554 (Reaktion des Verfassungsgebers auf den Nationalsozialismus als wichtiger hermeneutischer Anhalt); Erich Fechner, »Menschenwürde und generative Forschung und Technik – eine rechtstheoretische und rechtspolitische Untersuchung«, in: *Juristenzeitung* 41 (1986), S. 653, 656 (begrenzter Konsens einer ethischen Grundentscheidung, dass Schändung des Menschenbildes während der Nazizeit sich nie wiederholen dürfe, ergebe festeres Fundament als alle rationalen Begründungsversuche); Horst Dreier, »Artikel 1«, in: ders. (Hg.), *Grundgesetz – Kommentar*, Bd. I, 3. Aufl., Tübingen 2013, Rn. 52 (Einigkeit lasse sich am ehesten in Bezug auf diejenigen Fälle erzielen, die dem historischen Verfassungsgeber vor Augen gestanden hätten).

Kritik der Rückführung der Würdenorm auf ihren ursprünglich vom Parlamentarischen Rat beigelegten Gehalt: BVerfGE 30, 1 – Abhörurteil (1970), S. 39 (Sondervotum der abweichenden Richter Gellert, Rupp und von Schlabrendorff: Einschränkung auf Folter, Schandpfahl und Methoden des Dritten Reichs werde Konzeption und Geist des Grundgesetzes nicht gerecht); Klaus Stern, »Menschenwürde als Wurzel der Menschen- und Grundrechte«, in: Norbert Achterberg u. a. (Hg.), *Recht und Staat im sozialen Wandel. Festschrift für Hans Ulrich Scupin*, Berlin 1983, S. 627, 631 (rückwärtsgewandte Sicht werde dem Grundansatz nicht gerecht; hinter der Würdenorm stehe eine bestimmte Auffassung vom Menschen); Hasso Hofmann, »Die versprochene Menschenwürde«, in: *Archiv des öffentlichen Rechts* 118 (1993), S. 353, 356 f. (in ursprünglicher Bedeutung gehe der Sinn bundesrepublikanischer Staatlichkeit nicht auf); Ernst Benda, »Menschenwürde und Persönlichkeitsrecht«, in: ders., Werner Maihofer, Hans-Joachim Vogel (Hg.), *Handbuch des Verfassungsrechts der Bundesrepublik Deutschland*, 2. Aufl., Berlin 1994, Rn. 41 (Verengung; Verletzungsvorgänge der Vergangenheit in freiheitlicher Demokratie im Allgemeinen auszuschließen); Horst Dreier, »Konsens und Dissens bei der Interpretation der Menschenwürde. Eine verfassungsrechtliche Skizze«, in: Christian Geyer (Hg.), *Biopolitik. Die Positionen*, Frankfurt/M. 2001, S. 232, 235 (rückwärtsgewandte Mahn- und Erinnerungsfunktion sei weitgehend bedeutungslos; Aktivierung nur noch im Exzess; ohne die Norm sei kaum etwas anders zu beurteilen); Uwe Volkmann, »Nachricht vom Ende der Gewißheit«, in: *Frankfurter Allgemeine Zeitung*, 24. 11. 2003, S. 8 (Lösung für Probleme, die sich hier und heute und für uns gar nicht mehr stellten).

Bedeutungsverlust der Verfassung und des Verfassungsrechts: Dieter Grimm, »Die Zukunft der Verfassung« (1990), in: ders., *Die Zukunft der Verfassung*, Frankfurt/M. 1991, S. 408 ff.; Hans Vorländer, *Die Verfassung. Idee und Geschichte*, München 1999, S. 116 (Nachlassen der Funktion des Verfassungsrechts bei Weiterentwicklung vom liberalen Rechtsstaat zum modernen Sozial- und Wohlfahrtsstaat); Dieter Grimm, »Identität und Wandel – das Grundgesetz 1949 und heute«, in: *Leviathan* 37 (2009), S. 603, 616 (Bedeutungsschwund der Verfassung sei noch nicht in vollem Umfang zum Bewusstsein gekommen); Christoph Schönberger, »Anmerkungen zu Karlsruhe«, in: Matthias Jestaedt u. a. (Hg.), *Das entgrenzte Gericht. Eine kritische Bilanz nach sechzig Jahren Bundesverfassungsgericht*, Berlin 2011, S. 9, 58 f. (Regelungsvermögen der Verfassung erodiere aufgrund der Wohlfahrts- und Sozialstaatlichkeit sowie einer Verlagerung von Freiheitsbedrohungen auf gesellschaftliche Akteure); ders., »Der Aufstieg der Verfassung: Zweifel an einer geläufigen Triumphgeschichte«, in: Thomas Vesting, Stefan Korioth (Hg.), *Der Eigenwert des Verfassungsrechts. Was bleibt von der Verfassung nach der Globalisierung?*, Tübingen 2011, S. 7, 21 (Verlust des gesellschaftlichen Resonanzraums des Verfassungsrechts; Wandel der Verfassung von einem die gesamte Rechtsordnung durchdringenden Leitbild hin zu einem eifersüchtig verteidigten Rückzugsraum; defensive Appelle an Identität der deutschen Rechtsordnung).

Namenregister

Sachregister

Ausführliches Inhaltsverzeichnis

Kapitel 4: Erste Anwendungen und Deutungen

Kapitel 5: Gegenkonzepte und ihre Folge

Kapitel 6: Expansionen

Kapitel 7: Weitere Wachstumsschübe

Kapitel 8: Fakultäten- und Glaubenskämpfe

Kapitel 9: Facetten der Selbstbestimmung

Kapitel 10: Jüngere Metadebatten

Kapitel 11: Bilanz und Prognose

Rechtswissenschaft im Suhrkamp Verlag
Eine Auswahl

Robert Alexy
- Theorie der Grundrechte. stw 582. 548 Seiten
- Theorie der juristischen Argumentation. Die Theorie des rationalen Diskurses als Theorie der juristischen Begründung. Mit einem Nachwort (1990): Antwort auf einige Kritiker. stw 436. 435 Seiten

Ernst-Wolfgang Böckenförde. Staat, Nation, Europa. Studien zur Staatslehre, Verfassungstheorie und Rechtsphilosophie. stw 1419. 290 Seiten

Ernst-Wolfgang Böckenförde/Dieter Gosewinkel. Wissenschaft, Politik, Verfassungsgericht. Aufsätze von Ernst-Wolfgang Böckenförde. Biographisches Interview von Dieter Gosewinkel. stw 2006. 492 Seiten

Hauke Brunkhorst/Wolfgang R. Köhler/Matthias Lutz-Bachmann (Hg.). Recht auf Menschenrechte. Menschenrechte, Demokratie und internationale Politik. stw 1441. 352 Seiten

Hauke Brunkhorst/Peter Niesen (Hg.). Das Recht der Republik. stw 1392. 403 Seiten

Ronald Dworkin. Bürgerrechte ernstgenommen. Übersetzt von Ursula Wolf. stw 879. 592 Seiten

Andreas Fischer-Lescano/Gunther Teubner. Regime-Kollisionen. stw 1803. 230 Seiten

NF 124/1/8.12

Stanley Fish. Das Recht möchte formal sein. Essays. Herausgegeben und eingeleitet von Heinz Bude und Michael Dellwing. Aus dem Amerikanischen von Klaus Binder. stw 2008. 279 Seiten

Günter Frankenberg
- Autorität und Integration. Zur Grammatik von Recht und Verfassung. stw 1622. 418 Seiten
- Die Verfassung der Republik. Autorität und Solidarität in der Zivilgesellschaft. stw 1331. 264 Seiten

Johan Galtung. Menschenrechte – anders gesehen. stw 1084. 235 Seiten

Ute Gerhard/Jutta Limbach (Hg.). Rechtsalltag von Frauen. es 1423. 251 Seiten

Oliver Gerstenberg. Bürgerrechte und deliberative Demokratie. Elemente einer pluralistischen Verfassungstheorie. stw 1298. 143 Seiten

Stefan Gosepath/Georg Lohmann (Hg.). Philosophie der Menschenrechte. stw 1338. 417 Seiten

Dieter Grimm.
- Die Zukunft der Verfassung. stw 968. 447 Seiten
- Die Zukunft der Verfassung II. Auswirkungen von Europäisierung und Globalisierung. stw 2027. 400 Seiten

Jürgen Habermas. Faktizität und Geltung. Beiträge zur Diskurstheorie des Rechts und des demokratischen Rechtsstaats. stw 1361. 704 Seiten

NF 124/2/8.12

H. L. A. Hart. Der Begriff des Rechts. Mit dem Postskriptum von 1994 und einem Nachwort von Christoph Möllers. Aus dem Englischen von Alexander von Baeyer. stw 2009. 395 Seiten

Georg Wilhelm Friedrich Hegel. Die Philosophie des Rechts. Vorlesung von 1821/22. Herausgegeben von Hansgeorg Hoppe. stw 1721. 237 Seiten

Materialien zu Hegels Rechtsphilosophie. Herausgegeben von Manfred Riedel. Band 1: stw 88. 437 Seiten

Otfried Höffe
- Gibt es ein interkulturelles Strafrecht? Ein philosophischer Versuch. stw 1396. 180 Seiten
- Kategorische Rechtsprinzipien. Ein Kontrapunkt der Moderne. stw 1170 und kartoniert. 431 Seiten
- Strategien der Humanität. Zur Ethik öffentlicher Entscheidungsprozesse. Mit einem neuen Nachwort. stw 540. 373 Seiten
- Vernunft und Recht. Bausteine zu einem interkulturellen Rechtsdiskurs. stw 1270. 296 Seiten

Herbert Jäger. Verbrechen unter totalitärer Herrschaft. Studien zur nationalsozialistischen Gewaltkriminalität. Mit einem Nachwort zur Neuauflage von Adalbert Rückerl. stw 388. 410 Seiten

Hans Joas. Die Sakralität der Person. Eine neue Genealogie der Menschenrechte. 303 Seiten. Gebunden

Wolfgang Kersting (Hg.). Gerechtigkeit als Tausch? Auseinandersetzungen mit der politischen Philosophie Otfried Höffes. stw 1297. 375 Seiten

NF 124/3/8.12

Klaus Lüderssen

- Abschaffen des Strafens? es 1914. 427 Seiten
- Erfahrung als Rechtsquelle. Abduktion und Falsifikation von Hypothesen im juristischen Entscheidungsprozeß. Eine Fallstudie aus dem Kartellstrafrecht. 259 Seiten. Gebunden
- Genesis und Geltung in der Jurisprudenz. es 1962. 365 Seiten
- Kriminalpolitik auf verschlungenen Wegen. Aufsätze zur Vermittlung von Theorie und Praxis. stw 347. 483 Seiten
- Rechtsfreie Räume? stw 2042. 694 Seiten

Klaus Lüderssen/Fritz Sack (Hg.)

- Seminar: Abweichendes Verhalten
  Band 1: Die selektiven Normen der Gesellschaft.
  stw 84. 508 Seiten
  Band 2: Die gesellschaftliche Reaktion auf Kriminalität.
  Band 1. Strafgesetzgebung und Strafrechtsdogmatik.
  stw 85. 387 Seiten

Niklas Luhmann

- Ausdifferenzierung des Rechts. Beiträge zur Rechtssoziologie und Rechtstheorie. stw 1418. 459 Seiten
- Das Recht der Gesellschaft. stw 1183. 598 Seiten

Christoph Menke/Francesca Raimondi (Hg.). Die Revolution der Menschenrechte. Grundlegende Texte zu einem neuen Begriff des Politischen. stw 1988. 498 Seiten

Bernhard Peters. Rationalität, Recht und Gesellschaft. 366 Seiten. Gebunden

Ulrich K. Preuß. Die Internalisierung des Subjekts. Zur Kritik der Funktionsweise des subjektiven Rechts. 356 Seiten. Kartoniert

NF 124/4/8.12

John Rawls
- Gerechtigkeit als Fairneß. Ein Neuentwurf. Herausgegeben von Erin Kelly. Übersetzt von Joachim Schultze. 316 Seiten. Gebunden
- Eine Theorie der Gerechtigkeit. Übersetzt von Hermann Vetter. stw 271. 674 Seiten

Karl F. Schumann. Der Handel mit Gerechtigkeit. Funktionsprobleme der Strafjustiz und ihre Lösungen – am Beispiel des amerikanischen plea bargaining. stw 214. 264 Seiten

Alexander Somek. Rechtliches Wissen. stw 1802. 240 Seiten

Rudolf Steinberg. Der ökologische Verfassungsstaat. 480 Seiten. Gebunden

Michael Stolleis. Recht im Unrecht. stw 1155. 342 Seiten

Gunther Teubner. Verfassungsfragmente. Gesellschaftlicher Konstitutionalismus in der Globalisierung. stw 2028. 291 Seiten

Rainer Wahl. Verfassungsstaat, Europäisierung, Internationalisierung. stw 1623. 442 Seiten

Uwe Wesel
- Juristische Weltkunde. Eine Einführung in das Recht. stw 467. 213 Seiten
- Der Mythos vom Matriarchat. Über Bachofens Mutterrecht und die Stellung von Frauen in frühen Gesellschaften vor der Entstehung staatlicher Herrschaft. stw 333. 168 Seiten

NF 124/5/8.12

Politische Theorie
im Suhrkamp Verlag
Eine Auswahl

Mahmoud Bassiouni. Menschenrechte zwischen Universalität und islamischer Legitimität. stw 2114. 390 Seiten

Klaus von Beyme
- Die Kunst der Macht und die Gegenmacht der Kunst. Studien zum Spannungsverhältnis von Kunst und Politik. stw 1368. 405 Seiten
- Die politische Klasse im Parteienstaat. stw 1064. 224 Seiten
- Theorie der Politik im 20. Jahrhundert. Von der Moderne zur Postmoderne. Erweiterte Ausgabe. stw 969. 450 Seiten

Ernst-Wolfgang Böckenförde
- Recht, Staat, Freiheit. Studien zur Rechtsphilosophie, Staatstheorie und Verfassungsgeschichte. stw 914. 382 Seiten
- Staat, Nation, Europa. Studien zur Staatslehre, Verfassungstheorie und Rechtsphilosophie. stw 1419. 290 Seiten

Armin von Bogdandy/Ingo Venzke. In wessen Namen? Internationale Gerichte in Zeiten globalen Regierens. stw 2088. 383 Seiten

Manfred Brocker. Geschichte des politischen Denkens. Ein Handbuch. stw 1818. 826 Seiten

Hauke Brunkhorst. Solidarität. Von der Bürgerfreundschaft zur globalen Rechtsgenossenschaft. stw 1560. 247 Seiten

Hauke Brunkhorst (Hg.). Demokratischer Experimentalismus. Politik in der komplexen Gesellschaft. stw 1369. 397 Seiten

NF 112/1/10.15

Hauke Brunkhorst/Wolfgang R. Köhler/Matthias Lutz-Bachmann (Hg.). Recht auf Menschenrechte. Menschenrechte, Demokratie und internationale Politik. stw 1441. 352 Seiten

Hauke Brunkhorst/Peter Niesen (Hg.). Das Recht der Republik. stw 1392. 403 Seiten

Judith Butler
- Antigones Verlangen: Verwandtschaft zwischen Leben und Tod. Übersetzt von Reiner Ansén. es 2187. 160 Seiten
- Gefährdetes Leben. Politische Essays. Übersetzt von Karin Wördemann. es 2393. 179 Seiten
- Haß spricht. Zur politischen Performation. es 2414. 263 Seiten
- Körper von Gewicht. Die diskursiven Grenzen des Geschlechts. Übersetzt von Karin Wördemann. es 1737. 400 Seiten
- Kritik der ethischen Gewalt. Übersetzt von Reiner Ansén. Adorno-Vorlesungen 2002. stw 1792. 180 Seiten
- Psyche der Macht. Das Subjekt der Unterwerfung. Übersetzt von Reiner Ansén. es 1744. 260 Seiten
- Das Unbehagen der Geschlechter. Übersetzt von Kathrina Menke. es 1722. 240 Seiten

Christine Chwaszcza/Wolfgang Kersting (Hg.). Politische Philosophie der internationalen Beziehungen. stw 1365. 604 Seiten

Iris Därmann. Figuren des Politischen. stw 1911. 304 Seiten

Nicole Deitelhoff. Überzeugung in der Politik. Grundzüge einer Diskurstheorie internationalen Regierens. stw 1821. 347 Seiten

NF 112/2/10.15

Jacques Derrida
- Das andere Kap. Die vertagte Demokratie. Zwei Essays zu Europa. Übersetzt von Alexander García Düttmann. es 1769. 97 Seiten
- Schurken. Übersetzt von Horst Brühmann. 224 Seiten. Gebunden. stw 1778. 219 Seiten

Andreas Folkers/Thomas Lemke (Hg.). Biopolitik. Ein Reader. stw 2080. 526 Seiten

Michel Foucault
- Geschichte der Gouvernementalität. Band 1: Sicherheit, Territorium, Bevölkerung. stw 1808. 600 Seiten. Band 2: Die Geburt der Biopolitik. stw 1809. 517 Seiten
- Die Regierung der Lebenden. Vorlesungen am Collège de France 1979-1980. Übersetzt von Andrea Hemminger. 496 Seiten. Gebunden

Armin Grunwald. Technik und Politikberatung. Philosophische Perspektiven. stw 1901. 403 Seiten

Rahel Jaeggi/Daniel Loick. Nach Marx. Philosophie, Kritik, Praxis. stw 2066. 518 Seiten

Hans Joas/Martin Kohli (Hg.). Der Zusammenbruch der DDR. es 1777. 325 Seiten

Matthias Kettner (Hg.). Angewandte Ethik als Politikum. stw 1458. 416 Seiten

Ekkehart Krippendorff
- Kritik der Außenpolitik. es 2139. 240 Seiten
- Staat und Krieg. Die historische Logik politischer Unvernunft. es 1305. 436 Seiten

NF 112/3/10.15

Ernst-Joachim Lampe (Hg.). Zur Entwicklung von Rechtsbewußtsein. stw 1315. 520 Seiten

Niklas Luhmann. Die Wirtschaft der Gesellschaft. stw 1152. 356 Seiten

Avishai Margalit
- Politik der Würde. Über Achtung und Verachtung. Übersetzt von Gunnar Schmidt und Anne Vonderstein. stw 2041. 277 Seiten
- Über Kompromisse – und faule Kompromisse. Übersetzt von Michael Bischoff. 251 Seiten. Gebunden

Ingeborg Maus. Menschenrechte, Demokratie und Frieden. Perspektiven globaler Organisation. stw 2113. 238 Seiten

Ulrich Menzel/Dieter Senghaas. Europas Entwicklung und die Dritte Welt. Eine Bestandsaufnahme. es 1393. 295 Seiten

Ulrich Menzel u. a. (Hg.). Die Neue Weltwirtschaft. Entstofflichung und Entgrenzung der Ökonomie. es 1983. 336 Seiten

Julian Nida-Rümelin. Demokratie als Kooperation. stw 1430. 224 Seiten

Peter Niesen/Benjamin Herborth (Hg). Anarchie der kommunikativen Freiheit. Jürgen Habermas und die Theorie der internationalen Politik. stw 1820. 464 Seiten

Martha C. Nussbaum. Politische Emotionen. Warum Liebe für Gerechtigkeit wichtig ist. Übersetzt von Ilse Utz. 623 Seiten. Gebunden

Claus Offe. Selbstbetrachtung aus der Ferne. Tocqueville, Weber und Adorno in den Vereinigten Staaten. Kartoniert. 144 Seiten

NF 112/4/10.15

Bernhard Peters. Der Sinn von Öffentlichkeit. Herausgegeben von Hartmut Weßler. Mit einem Vorwort von Jürgen Habermas. stw 1836. 410 Seiten

Karl Polanyi. The Great Transformation. Politische und ökonomische Ursprünge von Gesellschaften und Wirtschaftssystemen. Übersetzt von Heinrich Jelinek. stw 260. 394 Seiten

John Rawls
- Gerechtigkeit als Fairneß. Ein Neuentwurf. stw 1804. 316 Seiten
- Geschichte der politischen Philosophie. Herausgegeben von Samuel Freeman. Aus dem Amerikanischen von Joachim Schulte. Gebunden. 671 Seiten

Hartmut Rosa. Beschleunigung. Die Veränderung der Zeitstrukturen in der Moderne. stw 1760. 537 Seiten

Dieter Senghaas
- Friedensprojekt Europa. es 1717. 226 Seiten
- Konfliktformationen im internationalen System. Weltpolitische Betrachtungen. es 1509. 230 Seiten
- Rüstung und Militarismus. es 498. 370 Seiten
- Weltwirtschaftsordnung und Enwicklungspolitik. Plädoyer für Dissoziation. es 856. 358 Seiten
- Zivilisierung wider Willen. Der Konflikt der Kulturen mit sich selbst. es 2081. 228 Seiten
- Die Zukunft Europas. Probleme der Friedensgestaltung. es 1339. 273 Seiten

Dieter Senghaas (Hg.). Frieden machen. es 2000. 592 Seiten

NF 112/5/10.15

Quentin Skinner. Freiheit und Pflicht. Thomas Hobbes' politische Theorie. Frankfurter Adorno-Vorlesungen 2005. Institut für Sozialforschung an der Johann Wolfgang Goethe-Universität, Frankfurt am Main. Aus dem Englischen von Karin Wördemann. Broschur. 141 Seiten

Gary Smith/Avishai Margalit (Hg.). Amnestie oder Die Politik der Erinnerung in der Demokratie. es 2016. 243 Seiten

Horst Steinmann/Andreas Georg Scherer (Hg.). Zwischen Universalismus und Relativismus. Philosophische Grundlagenprobleme des interkulturellen Managements. stw 1380. 424 Seiten

Wolfgang Streeck. Gekaufte Zeit. Die vertagte Krise des demokratischen Kapitalismus. 271 Seiten. Gebunden

Cass. R. Sunstein. Gesetze der Angst. Jenseits des Vorsorgeprinzips. Aus dem Amerikanischen von Robin Celikates und Eva Engels. Gebunden. 344 Seiten

NF 112/6/10.15